AF238060

ACCESO GRATIS a la Lectura en la Nube

Para visualizar el libro electrónico en la nube de lectura envíe junto a su nombre y apellidos una fotografía del código de barras situado en la contraportada del libro y otra del ticket de compra a la dirección:

ebooktirant@tirant.com

En un máximo de 72 horas laborales le enviaremos el código de acceso con sus instrucciones.

LOS PROGRAMAS DE DELACIÓN EN LATINOAMÉRICA

ANÁLISIS COMPARATIVO

LOS PROGRAMAS DE DELACIÓN EN LATINOAMÉRICA

ANÁLISIS COMPARATIVO

Alfonso Miranda Londoño

tirant lo blanch
Bogotá, D.C. 2023

DIRECTOR DE COLECCIÓN
JORGE OVIEDO ALBÁN

BIBLIOTECA CARLOS GAVIRIA DÍAZ
CATALOGACIÓN EN PUBLICACIÓN
EDITOR: TIRANT LO BLANCH
TÍTULO: LOS PROGRAMAS DE DELACIÓN EN LATINOAMÉRICA: ANÁLISIS COMPARATIVO
OCTUBRE DE 2023

Miranda Londoño, Alfonso, autor

Los programas de delación en Latinoamérica : análisis comparativo / Alfonso Miranda Londoño. – Primera Edición. – Bogotá : Tirant lo Blanch, 2023.

492 páginas.

Incluye referencias bibliográficas.

Originalmente presentada con tesis del autor (Doctoral)–Universidad de Salamanca, Salamanca, 2022.

ISBN: 978-84-1197-440-0

1. Competencia (Derecho). 2. Acusaciones. 3. Derecho comercial. 4. Derecho de la competencia. I. Palacios Mejía, Hugo, autor de prólogo.

LC: KH759

CDD: 346.0721 ed. 23

Catalogación en publicación de la Biblioteca Carlos Gaviria Díaz

---

© Alfonso Miranda Londoño

© TIRANT LO BLANCH
EDITA: TIRANT LO BLANCH
Calle 11 #2-16 (Bogotá, D.C.)
TELF.: 4660171
Email: tlb@tirant.com
www.tirant.com
Librería virtual: www.tirant.com/co/
ISBN: 978-84-1197-440-0

Si tiene alguna queja o sugerencia, envíenos un mail a: *atencioncliente@tirant.com*. En caso de no ser atendida su sugerencia, por favor, lea en *www.tirant.net/index.php/empresa/politicas-de-empresa* nuestro procedimiento de quejas.
Responsabilidad Social Corporativa: *http://www.tirant.net/Docs/RSCTirant.pdf*

Agradezco a mi profesor, el doctor Fernando Carbajo Cascón, por su ejemplo, su orientación y su guía en este proyecto.

Dedico este trabajo a mi familia, que me ha apoyado de manera incondicional y amorosa en todos los momentos de mi vida.

Para Luisa, Catalina, Alfonso y Paula.

¡Ohana!

"La propiedad de la clemencia es que no sea forzada; cae como la dulce lluvia del cielo sobre el llano que está por debajo de ella; es dos veces bendita: bendice al que la concede y al que la recibe. Es lo que hay de más poderoso en lo que es todopoderoso; sienta mejor que la corona al monarca sobre su trono. El cetro puede mostrar bien la fuerza del poder temporal, el atributo de la majestad y del respeto que hace temblar y temer a los reyes. Pero la clemencia está por encima de esa autoridad del cetro; tiene su trono en los corazones de los reyes; es un atributo de Dios mismo, y el poder terrestre se aproxima tanto como es posible al poder de Dios cuando la clemencia atempera la justicia. Por consiguiente, judío, aunque la justicia sea tu punto de apoyo, considera bien esto: que en estricta justicia ninguno de nosotros encontrará salvación, rogamos para solicitar clemencia, y este mismo ruego, mediante el cual la solicitamos, nos enseña a todos que debemos mostrarnos clementes con nosotros mismos. No he hablado tan largamente más que para instarte a moderar la justicia de tu demanda. Si persistes en ella, este rígido tribunal de Venecia, fiel a la ley, deberá necesariamente pronunciar sentencia contra el mercader aquí presente".

Porcia, en el Mercader de Venecia,
William Shakespeare, acto IV, primera escena.

Índice

Capítulo 4
Principales retos de los programas de delación en latinoamérica y propuestas para su mejormiento (Parte II) *339*

Capítulo 5
Conclusiones y recomendaciones **453**

La presente obra se basa en la tesis doctoral titulada *"Los programas de amnistía, clemencia o delación en el derecho de la competencia latinoamericano"*. *Retos y soluciones a partir de una perspectiva de derecho comparado,* la cual fue elaborada por el autor dentro del Programa de Doctorado de la Universidad de Salamanca, bajo la dirección del doctor Fernando Carbajo Cascón (decano y profesor de Derecho Mercantil de la Universidad de Salamanca). La tesis se defendió en la ciudad de Salamanca el día 9 de noviembre de 2022. Los jurados de la tesis fueron la Dra. Mercedes Curto Polo (presidenta, profesora de la U. N. E. D Madrid), el Dr. Jerónimo Maillo González-Oris (vocal, Universidad CEU San Pablo Madrid) y el Dr. Fernando Cachafeiro García (secretario, Universidad de la Coruña). El tribunal le otorgó a la tesis la calificación de Sobresaliente *Cum Laude* y un puntaje de calificación a efectos de Premio Extraordinario de 29/30.

El día 23 de junio 2023 se reunió el jurado de la sexta edición del premio a la excelencia académica José Manuel Gómez Pérez que otorga la Asociación de Antiguos Alumnos y Amigos de la Universidad de Salamanca (Alumni-USAL) y decidió otorgarles el premio a la mejor tesis doctoral a las tesis presentadas por Roberto Martín López, por su trabajo titulado *"La protección del consumidor adquirente de contenidos y servicios digitales al amparo de la Directiva" (UE) 2019/770*, y Alfonso Miranda Londoño, por su trabajo titulado *"Los programas de amnistía, clemencia o declaración en el derecho de la competencia latinoamericano. Retos y soluciones a partir de una perspectiva de derecho comparado"*.

El autor agradece especialmente los acertados y valiosos comentarios del jurado calificador durante la defensa de la tesis, los cuales han sido utilizados para complementar la obra que ahora se publica.

Así mismo agradece el apoyo de Luis Daniel Morales Hernández, Cristina Esguerra Miranda y Francisco Fernández López, quienes aportaron en diferentes aspectos conceptuales de la obra. También agradece los comentarios de Paula Miranda Fernández, quien revisó integralmente el texto.

Bogotá, marzo de 2023

Abreviaturas

ANI: Agencia Nacional de Infraestructura de Colombia.

CAN: Comunidad Andina.

Camre: Consejo Andino de Ministros de Relaciones Exteriores.

Caricom: Comunidad del Caribe.

CE: Comisión Europea.

CeCo: Centro Competencia de la Universidad Adolfo Ibáñez (UAI) de Chile.

Cedec: Centro de Estudios de Derecho de la Competencia de la Pontificia Universidad Javeriana de Colombia.

CNMC: Comisión Nacional de los Mercados y la Competencia de España.

Cepal: Comisión Económica para Latinoamérica y el Caribe.

COP: Pesos Colombianos.

CWG: Grupo de Trabajo de Cárteles de la Red Internacional de Competencia (Cartel Working Group at the International Competition Network, ICN).

Cofece: Comisión Federal de Competencia Económica de México.

DOJ: Departamento de Justicia de los E. U. A. (U. S. Department of Justice).

ECN: Red Europea de Competencia (European Competition Network).

E. U. A. o EEUU: Estados Unidos de América.

FNE: Fiscalía Nacional Económica de Chile.

FTC: Comisión Federal de Comercio de los E. U. A. (Federal Trade Commission).

ICN: Red Internacional de Competencia (International Competition Network).

INCO: Instituto Nacional de Concesiones de Colombia.

Indecopi: Instituto Nacional de Defensa de la Competencia y de la Protección de la Propiedad Intelectual del Perú.

Invias: Instituto Nacional de Vías de Colombia.

LORCPM: Ley Orgánica de Regulación y Control de Poder del Mercado de Ecuador.

MCAA: Mercado Común Centroamericano.

Mercosur: Mercado Común del Sur.

MX: Pesos mexicanos.

OCDE: Organización para la Cooperación y el Desarrollo Económico.

PA: Parlamento Andino.

PBC: Programa de Beneficios por Colaboración de Colombia.

SCPM: Superintendencia de Control de Poder del Mercado de Ecuador.

SGCAN: Secretaría General de la Comunidad Andina.

SIC: Superintendencia de Industria y Comercio de Colombia.

TJCA: Tribunal de Justicia de la Comunidad Andina.

TJUE: Tribunal de Justicia de la Unión Europea.

TLDC: Tribunal de Defensa de la Libre Competencia de Chile.

TFUE: Tratado de Funcionamiento de la Unión Europea.

UE: Unión Europea.

USD: Dólares de los Estados Unidos (United States dollars).

Alfonso Miranda Londoño, pionero y maestro

HUGO PALACIOS MEJÍA[1]

Alfonso Miranda Londoño es uno de mis alumnos de los que más he aprendido. Porque, cuando fui su profesor y cuando escribí libros que él leyó, nada podía enseñarle sobre derecho de la competencia; y, en cambio, lo que he aprendido lo debo, en buena parte, a él.

En efecto, en Colombia, al comienzo de la segunda mitad del siglo XX, cuando los abogados de mi generación llegamos a la Universidad, no eran muchas las normas ni la jurisprudencia ni la doctrina sobre derecho de la competencia. Y, lo que hicimos al iniciar el ejercicio de nuestra profesión y, luego, al atrevernos a dar lecciones a los abogados más jóvenes, fue avanzar un poco en lo que habíamos aprendido. El derecho de la competencia no era parte, ni pequeña, de ese "poco".

En primer término, lo poco que los profesores de Alfonso Miranda Londoño habíamos aprendido sobre "competencia" no fue en las clases que recibimos de "derecho constitucional". Porque la Constitución de 1886, con las reformas que se le hicieron antes de 1991, no mencionaba la palabra sino para referirse a las "competencias" de jueces, funcionarios y organismos estatales. Es verdad que las leyes 5 de 1947, 16 de 1936 y 27 de 1888, regularon, de paso, en artículos aislados, temas que hoy podrían considerarse relacionados con el derecho a la competencia. Pero tampoco las lecciones que recibimos sobre derecho comercial mencionaban el asunto, como si los redactores del Código de Comercio Terrestre de 1887

---

[1] Fundador y actual "Consejero Senior" de la firma Estudios Palacios Lleras S.A.S. (Bogotá). Doctor en Derecho, y Doctor en Economía de la Universidad Javeriana (Bogotá). Master of Arts en Economía, Vanderbilt University (Nashville, USA). Ex Conjuez de la Corte Constitucional, la Corte Suprema de Justicia y el Consejo de Estado. "Profesor Distinguido" de la Universidad Javeriana. Ex Gerente General del Banco de la República y Ex Ministro de Hacienda y Crédito Público de Colombia.

-vigente hasta 1971- hubiesen considerado que el tema de "competencia" poca o ninguna relación tenía con el comercio. Fue solo a propósito de los temas de "propiedad industrial" que las leyes 110 de 1914 y 31 de 1925 se ocuparon de la "competencia", y ofrecieron una definición de "competencia desleal" circunscrita a los actos de "confusión" o "descrédito". Para sancionar tales conductas, crearon acciones tendientes a su represión y a reclamar perjuicios.

Luego, durante la dictadura de Rojas Pinilla, el ministro de Hacienda Carlos Villaveces quiso amedrentar a los industriales que se oponían al gobierno, y firmó para ello el Decreto 2061 de 1955, que prohibía "los procedimientos contrarios al libre comercio"[2]. El gobierno juzgaba, quizás con razón, que le convenía más el libre comercio que las elecciones libres.

La dictadura de Rojas fue efímera, y no hay noticia de que el Decreto 2061 haya producido víctimas o sentencias judiciales notables. Y luego se produjeron dos grandes hitos en el desarrollo del derecho de la competencia en Colombia, que sí han sido parte de nuestra vida profesional. El primero data del gobierno de Alberto Lleras, con el cual comienza el régimen bipartidista del Frente Nacional, y es la Ley 155 de 1959 sobre "prácticas comerciales restrictivas". La impulsó en el Congreso el ministro de Hacienda Hernando Agudelo Villa, y lleva también la firma de Rodrigo Llorente Martínez, ministro de Fomento. El solo título de esta ley anuncia toda una perspectiva nueva sobre el derecho de la competencia en Colombia, que mira más allá de la protección a la "propiedad industrial". Algunas de sus normas siguen vigentes. Pero, al tiempo con esa ley, comenzó en Colombia una fuerte tendencia hacia la regulación y el control de precios por vía administrativa.

El segundo gran hito en el desarrollo del derecho de la competencia tiene lugar en el gobierno de Misael Pastrana, el último del Frente Nacional. En ese gobierno, el Ministro Escobar Méndez expide en 1971, con facultades extraordinarias que le otorgó el Congreso, un nuevo Código de Comercio que contenía una parte extensa, hoy derogada, sobre "Competencia desleal".

Estas eran las pocas normas que los abogados de mi generación, maestros de Alfonso Miranda Londoño, conocíamos sobre derecho de la competencia cuando iniciamos nuestra vida profesional. Pero ya en 1974, un

---

[2]   https://centrocedec.org/2014/08/10/el-decreto-2061-de-1955-y-los-origenes-del-derecho-de-la-competencia-en-colombia-andres-palacios/.

economista y abogado austríaco, Friedrich von Hayeck, obtuvo el premio Nobel de Economía, con sus críticas a las ideas socialistas y a la planificación soviética, y con sus trabajos sobre la función de los precios en mercados competitivos para la asignación de recursos en la economía. Y otros varios economistas, en los años de la segunda postguerra del siglo XX, perfeccionaron y expusieron con lucidez análisis para mostrar cómo, en competencia y con libertad de precios, los mercados pueden hacer que los países y las personas usen sus recursos con eficiencia para sacar el mayor provecho de ellos; y cómo la eliminación de las barreras a la competencia puede ayudar a superar el subdesarrollo; y cómo, uniendo competencia a una mejor distribución del ingreso y la propiedad, se puede avanzar en la superación de la pobreza.

Llegamos, así, durante la presidencia de César Gaviria, a la Constitución colombiana de 1991 en la que se produjo un ejemplar entendimiento entre los diversos sectores políticos para lograr acuerdos sobre asuntos tales como la autonomía del Banco de la República y el derecho "de todos" a la "competencia". Con apoyo inmediato en un artículo transitorio de la Constitución el presidente César Gaviria produjo entonces el decreto 2153 de 1992 que incluyó un conjunto de normas sustantivas sobre actos y acuerdos contrarios a la libre competencia, abuso de posición dominante, e integración de empresas. Lo que debo resaltar es que el espíritu del decreto consistía en dejar que el control de precios se ejerciera más por medio de la competencia que de las regulaciones administrativas, y que la función del gobierno, a través de la Superintendencia de Industria y Comercio, consistiera en proteger e impulsar la competencia. En el mismo gobierno, y por encargo suyo, colaboré para que las Leyes 1 de 1991, sobre puertos, y 142 de 1994 sobre servicios públicos domiciliarios (acueducto, saneamiento público, energía y telefonía) adoptaran en forma explícita el principio "pro-competencia" en la regulación de los sectores respectivos.

La Ley 1340 de 2009, en el gobierno de Álvaro Uribe, complementó la legislación sobre competencia, y creó la "abogacía de la competencia" para evitar que la creciente regulación administrativa enmarañe las posibilidades de la libre competencia.

Surgió así, en Colombia, gracias a estos hitos, una nueva rama del derecho, limítrofe entre los derechos constitucional, comercial y administrativo: es el "derecho de la competencia". Dos grandes aspectos forman el núcleo de esta nueva rama del derecho: la "competencia desleal" y las "prácticas restrictivas de la competencia". Los fundamentos de sus normas y de su sistema probatorio vienen dados, en buena parte, por la teoría económica; una simbiosis que ya en los Estados Unidos, de tiempo atrás, había llevado a que abogados y economistas coincidieran en estudios que se agruparon bajo el nombre de *Law and Economics*.

Es entonces cuando, dentro del marco conceptual e institucional que surgió en Colombia en 1991, Alfonso Miranda Londoño asume el ejercicio profesional pero, además, una vocación académica y pedagógica que da vida propia y expansiva a las normas sobre competencia. Su padre había sido un jurista destacado en el campo de las finanzas públicas. Y la Universidad Javeriana ha sido el medio académico desde el cual Alfonso Miranda, luego de hacer una maestría en derecho en la Universidad de Cornell, regenta una cátedra y, a partir del año 1997, lidera en el país el desarrollo conceptual del "derecho económico" y, en particular, el del "derecho de la competencia".

En el año 2005 Alfonso Miranda es ya Director del Departamento de Derecho Económico de la Facultad de Derecho en la Universidad Javeriana, y del Centro de Estudios de Derecho de la Competencia, CEDEC (fundado desde 1995). Ese año dirige y publica, con otros profesores y estudiantes, una obra enciclopédica de recopilación, concordancia normativa e información jurisprudencial sobre el derecho de la competencia colombiano. Al mismo tiempo crea, desde el CEDEC, la "Revista del Derecho de la Competencia", con la colaboración de juristas europeos y latinoamericanos; ejercicio académico para el cual no es fácil encontrar pares en Colombia. Y ese mismo año un artículo suyo sobre los "Objetivos de la regulación", elaborado en compañía de otro distinguido abogado, y publicado en la revista "Universitas", obtiene el premio "José Ignacio de Márquez" en Derecho Económico, en el concurso nacional que, cada año, durante más de 35 años, organizó la Corporación José Ignacio de Márquez, una entidad sin ánimo de lucro e independiente de cualquier gobierno o institución privada..

En el año 2012, cuando en Colombia y en el mundo los sistemas financieros se caracterizan por infinidad de integraciones que traen consigo debates que aún no terminan acerca de su impacto sobre la competencia, Alfonso Miranda publica un libro, pequeño en extensión, pero amplio en información internacional y doméstica, sobre "El régimen especial de integraciones empresariales para el sistema financiero y asegurador". Dos años después publica una obra robusta en la información y el análisis sobre "Control de las concentraciones empresariales en Colombia" que, hasta hoy, es faro en la materia.

Al tiempo que realiza toda la intensa y extensa actividad pedagógica y académica a la que he hecho referencia y que, de suyo, sería suficiente para llenar la vida de varios juristas, Alfonso Miranda desempeña un ejercicio profesional vigoroso y destacado, y atiende algunos de los procesos más importantes que se han adelantado en los estrados colombianos sobre asuntos de competencia. De esa manera, según la breve reseña que antecede, se puede afirmar que Alfonso Miranda, desde la cátedra, con su abundante producción bibliográfica, y con su ejercicio profesional, ha sido constructor del nuevo derecho colombiano de la competencia.

Siendo así las cosas, un día cualquiera este docto profesor, escritor y litigante que es Alfonso Miranda nos sorprende con la noticia de que vuelve a entrar a la Universidad …pero esta vez se va a la Universidad de Salamanca, la de las primicias universitarias europeas, la que "no da lo que natura no presta", y la de Luis de León y de Miguel de Unamuno, rebeldes contra las inquisiciones.

En España, la tesis de Alfonso Miranda obtuvo en el año 2023 el premio que la Asociación de Antiguos Alumnos y Amigos de la Universidad de Salamanca otorga a la mejor tesis doctoral en el concurso "José Manuel Gómez Pérez".

Es así como, unos años después de haber emprendido la conquista de un nuevo saber, viene ahora Alfonso Miranda de Salamanca, con un título de "Doctor", que, en su caso, resulta redundante, pues aquí se lo había ganado entre todos lo que saben qué significa ser "doctor", más allá de lo que dicen los pergaminos universitarios. Y la tesis de grado que, además, trae, nos lleva a mirar el desempeño de una institución particular del derecho de la competencia, la "delación". Alfonso Miranda coloca esa institución en un universo geográfico y jurídico más amplio que el colombiano y que, por supuesto, no le era extraño a él, pero que, ahora, refiere con particular interés a cuatro países latinoamericanos: Colombia, Chile, Méjico y Perú. El telón de fondo de su exposición es el derecho de la competencia que aplica España, que es el de la Unión Europea, cuyos rasgos son más próximos al derecho latinoamericano que el de los Estados Unidos de América. Y, como podía esperarse por su vocación hacia el "derecho económico" y por el tema de la competencia, en el análisis de la "delación" Alfonso Miranda encuentra de nuevo utilidad para la teoría de juegos y la de los incentivos económicos.

Esa tesis doctoral salmantina, con algunos cambios, es el libro que el lector tiene ahora entre manos.

Inspirados en la "teoría de juegos" y en el famoso "Dilema del prisionero", los "Programas de Amnistía, Clemencia o Delación", a los que Alfonso Miranda se refiere simplemente como "Programas de Delación", son sistemas de incentivos que pueden usar las autoridades para romper la lealtad entre las personas que se han puesto de acuerdo para romper las normas sobre competencia. Usados desde hace varias décadas en muchos países han demostrado ser muy eficaces en algunos. En Colombia nacen con la Ley 1340 de 2009.

En el libro, Alfonso Miranda explica las bases económicas de estos programas y los beneficios que se obtienen, o que podrían obtenerse de ellos para promover la competencia en los mercados, en la medida en que las normas se ajustaran a los supuestos de la teoría económica. Alfonso Miranda muestra cómo los programas resultan efectivos cuando contienen incentivos claros y suficientes -reducción de sanciones- para quienes proporcionan informes que pueden ser útiles contra otros infractores. Partiendo de ese supuesto básico, el libro es particularmente sagaz y claro, también, en mostrar cómo ciertos diseños legislativos, aunque pretenden aprovechar la misma teoría económica, frustran los efectos que podrían obtenerse de ella.

En especial, Alfonso Miranda critica que varios de los asuntos propios de los "Programas de delación" se hayan llevado, más allá del derecho y las instituciones de policía administrativa, a los códigos penales y especialmente a las leyes "anticorrupción". El debate que plantea es, pues, un debate de mucha trascendencia en el campo de las políticas públicas, porque compara la relativa flexibilidad, rapidez y eficacia de los procedimientos administrativos contra las conductas antisociales, con la rigidez y lentitud de los procedimientos penales típicos.

Los procedimientos penales, en asuntos de competencia, relacionados, por ejemplo, con la colusión entre oferentes por contratos de entidades públicas, parten del supuesto de que la mejor forma de desincentivar tal conducta es incluirla en un programa penal. Se dice que se busca, con ello, además, reparar a "la sociedad" y no solo a las "víctimas", de los perjuicios de la infracción al régimen de competencia. Pero si se combinan, sin suficiente cuidado, los procedimientos administrativos de "delación" con los procedimientos penales se pueden obtener malos resultados. Tal ocurre cuando hay, al tiempo, autoridades administrativas que investigan y buscan sancionar infracciones al derecho de la competencia, y fiscales y jueces penales que actúan con el mismo objetivo. En tales circunstancias surge para los infractores un desincentivo para colaborar con la autoridad de competencia, si, a pesar de esa colaboración el juez penal, con la información que proviene de la actuación administrativa, les pueda imponer sanciones que excedan los beneficios recibidos al colaborar con las autoridades de competencia.

Censura Alfonso Miranda, igualmente, la dificultad en la que se encuentran algunas autoridades de competencia, con funciones administrativas, pero no judiciales, para dictar condenas de indemnización de perjuicios contra los infractores del régimen de competencia. La separación entre las actuaciones administrativas y los procesos civiles o constitucionales para recuperar perjuicios crea a los infractores dispuestos a colaborar con la administración, en programas de "delación", el riesgo de enfrentar luego, ante los jueces, condenas por perjuicios a las que no habrían estado expuestos si no hubiesen colaborado.

No menor que los anteriores es, según Alfonso Miranda, el reto que crean los organismos supranacionales de integración, como los de la Comunidad Andina de Naciones. En la medida en que las conductas anticompetitivas tengan lugar entre personas situadas en diferentes países, la existencia de normas propias de la autoridad supranacional, en conflicto con las normas de cada país miembro, crea el grave riesgo de que la colaboración por "delación" que se obtenga en un país pueda perjudicar al delator, en otro país, al aplicar la norma comunitaria.

El libro de Alfonso Miranda identifica, pues, con claridad, los beneficios que podría producir para las políticas de promoción de la competencia un programa de "delación" bien diseñado, y las dificultades prácticas que se enfrentan en nuestros países para obtener esos beneficios.

Algunos de los que hemos tenido oportunidad de conocer los planteamientos de Alfonso Miranda pensamos que las dificultades que él explica con tanta lucidez provienen en Colombia, ante todo de la legislación, pues no hay en la Constitución obstáculo para que las autoridades administrativas, que a menudo imponen sanciones por infracciones a normas comerciales, y en beneficio de los damnificados, las impongan también al culminar actuaciones sobre competencia, evitando las duplicaciones y desincentivos que puede implicar un proceso penal paralelo, o procesos indemnizatorios sucesivos, o actuaciones simultáneas de organismos supranacionales. Y si el propósito final es prevenir conductas antisociales parece mejor, sin duda, sacrificar enfoques dogmáticos y, en cambio, adoptar las reglas que puedan ser más eficaces para lograr el objetivo. Las propuestas de reforma que insinúa Alfonso Miranda deberían ser acogidas por el Congreso.

Celebro, pues, este libro, nuevo aporte de Alfonso Miranda al derecho de la competencia, y al estudio de las relaciones entre el derecho y la economía. Su lectura y estudio será útil a los juristas y a los practicantes; y a los legisladores que, al elaborar políticas públicas, tengan la suerte de encontrarlo.

HUGO PALACIOS MEJÍA
2023

Introducción

Como la mayoría de los países del entorno occidental, los países latinoamericanos han adoptado la libre competencia económica como un elemento estructural para el funcionamiento de la economía de mercado dentro del Estado de derecho, ya que se considera que ello contribuye al mejoramiento de la eficiencia de la economía y, sobre todo, al bienestar de los consumidores, los cuales podrán acceder, gracias a la libre competencia económica, a una mayor cantidad y variedad de bienes y servicios de mejor calidad y a un mejor precio y podrán satisfacer de manera más eficiente sus necesidades.[3]

De manera correlativa se considera que las prácticas restrictivas de la competencia afectan el funcionamiento de los mercados, incrementan los precios, congelan la innovación y, en general, disminuyen el bienestar de los consumidores. Estas prácticas han sido clasificadas como conductas generadoras de daños, infracciones administrativas y, en algunos casos, criminales, por el perjuicio que le causan directa o indirectamente a la estructura del mercado y, a la postre, a la sociedad. El derecho de la competencia es reconocido hoy en día en Latinoamérica, así como en la mayor parte del mundo, como una especie de estatuto anticorrupción para el funcionamiento del mercado y el incumplimiento de sus normas empieza a ser rechazado por la sociedad, que ha comprendido el efecto nocivo de conductas prohibidas, tales como los cárteles empresariales.[4]

---

[3]   Se debe reconocer que para los exponentes de la escuela "neobrandeisiana" (*"New Brandeis School"*) o del llamado *"Hipster Antitrust"* los objetivos de las normas de competencia no solo están enfocadas en criterios económicos, como es el caso de la "maximización del bienestar del consumidor", sino que además, deben tener objetivos extraeconómicos como (i) la protección del empleo; (ii) la desigualdad social; (iii) la protección de las pequeñas empresas que a veces no tienen, en razón de su tamaño, ninguna posibilidad de permanecer en el mercado; (iv) la defensa de la industria nacional; (v) la equidad social; (vi) la protección al medio ambiente o (vii) la protección del consumidor.

[4]   José María Beneyto y Jerónimo Maillo (directores), *Tratado de derecho de la Competencia. Unión Europea y España.* segunda edición, (2017), 286. Los autores definen el cártel empresarial como "toda concertación entre competidores, frecuentemente secreta (o al menos con elementos de ocultación), que derive en un falseamiento significativo de las condiciones de competencia, en beneficio de las empresas infractoras y en perjuicio de los consumidores y/o la economía en general. Constituyen ejemplos de estas conductas colusorias altamente perniciosas

Por esta razón, la libre competencia económica ha sido consagrada como un derecho económico en las constituciones de los países latinoamericanos, los cuales cuentan hoy con normativa y autoridad de competencia, con la notable excepción de Guatemala, país que seguramente culminará pronto el proceso de expedición de su ley de competencia.

La investigación y sanción de conductas anticompetitivas es difícil[5], pues suele suceder que no se encuentran muchas evidencias directas, ya que los involucrados comprenden el carácter ilegal de sus actos y sofistican los mecanismos para realizarlos, lo cual hace más difícil su detección. Adicionalmente, desde el punto de vista de la teoría de juegos, la posición más segura para todos los miembros de un cártel empresarial consiste en mantenerse fieles entre sí y guardar silencio ante cualquier requerimiento de la autoridad, ya que, si nadie habla, la posibilidad de que cualquiera de los miembros del cártel resulte sancionado es menor.

Los "programas de amnistía, clemencia o delación" [6] pretenden generar incentivos para romper la lealtad entre los infractores. Para ello, ofrecen inmunidad total o parcial de las multas a quienes colaboren con la autori-

---

la fijación de precios, la limitación de la producción, el reparto de mercado o las pujas fraudulentas entre competidores".

[5]   María Beneyto y Jerónimo Maillo (directores), *Tratado de derecho de la Competencia. Unión Europea y España.* segunda edición, (2017), 47. Respecto de la dificultad que tienen las autoridades de competencia para descubrir y sancionar las prácticas restrictivas y de la utilización de los propios infractores para apoyar las investigaciones, por medio del programa de delación, los autores citados dicen: "La acción investigadora de las autoridades de competencia, cuando se produce de oficio, o incluso tras una denuncia, tiene por definición sus límites. Los recursos de las autoridades son limitados para abarcar de modo eficaz todos los sectores de la economía y para detectar infracciones cada vez más sofisticadas. Para paliar estas carencias y siguiendo una vez más el modelo norteamericano, la Unión Europea y sus Estados Miembros se han dotado de un sistema de detección de cárteles cuyo origen se encuentra, aunque pueda parecer paradójico, en los propios infractores de la norma. Las empresas participantes en un cártel son invitadas a auto incriminarse y a proporcionar a la autoridad toda la información necesaria para que esta pueda investigar y sancionar eficazmente la conducta anticompetitiva, a cambio de la exención de la multa que, de otro modo, le hubiera podido ser impuesta, o de una reducción en su cuantía".

[6]   Los norteamericanos y anglófonos se refieren a esta institución, en general, como *leniency program*. En Colombia se le denomina Programa de Beneficios por Colaboración; en Ecuador se le llama Programa de Reducción del Pago de la Multa; en España se le denomina Programa de Clemencia; en Chile y Perú se les llama Programa de Delación Compensada y en México Programa de Inmunidad.

dad. Hoy en día se considera que los programas de delación son la herramienta más eficaz en la lucha contra los cárteles empresariales[7] y por ello han sido introducidos en las legislaciones de competencia de los países latinoamericanos, los cuales han venido desarrollando sus primeros casos durante la última década.

Los programas de amnistía, clemencia o delación (a los cuales en adelante nos referiremos principalmente como "programas de delación" con el fin de abreviar) pueden describirse como herramientas procesales que les permiten a las autoridades de competencia garantizarles a los participantes en un acuerdo anticompetitivo de carácter horizontal ("cártel") o en otras conductas anticompetitivas (según lo permita la respectiva legislación) la inmunidad total o parcial, siempre que decidan autoincriminarse, es decir, confesar su participación en las conductas ilegales y proporcionarle a la autoridad información relevante y pruebas sobre la existencia y funcionamiento del cártel y la identidad de los participantes en el mismo.

Los cárteles generalmente son acuerdos horizontales de fijación de precios, repartición de mercados, fijación de cuotas o colusión en licitaciones u ofertas públicas, aunque pueden revestir otras modalidades.

Los delatores son de gran ayuda para las autoridades de competencia, cuyo objetivo al implementar estos programas es detener las conductas rápidamente y disuadir a los participantes actuales o potenciales de participar en las mismas. En los últimos cuarenta (40) años, la mayoría de los países han incluido en su normativa de competencia los programas de delación, precisamente por su eficacia en la lucha contra los cárteles empresariales.

Las autoridades de competencia de la mayor parte de los países alrededor del mundo son conscientes de los importantes perjuicios que los cárteles causan en el mercado y en la vida diaria de la población, además de la dificultad de ser detectados y desarticulados, razón por la cual han procurado implementar los programas de delación, los cuales se basan en

---

[7]   René Barents, "Directory of EU Case Law on Competition", en Wolters Kluwer, *International Competition Law Series*, segunda edición, (2017), 1264: "Leniency programmes are useful tools of efforts to uncover infringements of competition rules and bring an end to them are to be effective and served, therefore, the objective of effective application of Articles 101 TFEU and 102 TFEU [Los programas de clemencia son herramientas útiles para que los esfuerzos por descubrir las infracciones de las normas de competencia y ponerles fin sean eficaces y sirvan, por tanto, al objetivo de aplicación efectiva de los artículos 101 TFUE y 102 TFUE] [Traducción propia]".

la promesa de un incentivo económico que consiste en recibir inmunidad total o parcial de las multas que se pueden imponer por el incumplimiento de las leyes de competencia. Los destinatarios de estos beneficios son las empresas y personas que solicitan participar en el programa, quienes deciden denunciar su propia conducta ilegal y cooperar con las autoridades en el desmantelamiento del cártel.

Como resultado de este incentivo y de acuerdo con la lógica de la teoría de juegos, los programas de delación buscan disuadir a los empresarios de formar y operar los cárteles.[8] Lo anterior sucede porque, en presencia de un programa de delación eficiente, los empresarios vivirán con el temor constante de ser acusados por cualquier miembro del cártel que decida reportarlos a la autoridad para obtener la inmunidad, con la consecuencia del desmantelamiento del acuerdo y la aplicación de importantes sanciones para los participantes delatados.

Además de los anteriores beneficios, los programas de delación son también muy importantes porque ayudan a las autoridades de competencia a ahorrar tiempo, esfuerzos y recursos en su lucha contra los cárteles. Es más, gracias a los programas de delación, los solicitantes o delatores no solo ayudan a descubrir los cárteles, sino que también colaboran con el recaudo de evidencias, lo cual les permite a las autoridades adelantar investigaciones mucho más robustas y adoptar decisiones más rápidas y sólidas que mejoran la reputación de la autoridad y de la política pública de competencia.[9]

---

[8]   Al respecto, Marvao y Spagnolo afirman que en la actualidad la evidencia empírica sugiere que los programas de delación son efectivos en disuadir la formación de nuevos cárteles en los Estados Unidos en donde las sanciones son muy grandes; pero que esto no es predicable de las demás jurisdicciones, en las cuales no está claro si los programas de delación generan un efecto disuasorio importante o si reducen el bienestar de la sociedad al incorporar grandes costos para la administración, sin lograr disminuir el número de los cárteles. Marvao, Catarina y Giancarlo Spagnolo, "What Do We Know about the Effectiveness of Leniency Policies? A survey of the Empirical and Experimental Evidence", en *Anti-Cartel Enforcement in a Contemporary Age, Leniency Religion*, (Oxford and Portland Oregon: Hart Publishing, 2015), 56-79.

[9]   En la Unión Europea "A leniency programme pursues the objective of investigating, suppressing and deterring practices forming part of the most serious infringements of Article 101 TFEU (T-12/06, Deltafina/Commission, 9 September 2011, EU:T2011:441,–107), (T/250/12, CECC/Commission, 6 October 2015, EU:T:2015:749,–91) [Un programa de clemencia persigue el objetivo de investigar, suprimir y disuadir las prácticas que forman parte de las infracciones más graves del artículo 101 TFUE (T-12/06, Deltafina/Comisión, 9 de septiembre de

Como consecuencia de todo esto, la sociedad se ve beneficiada, primero, por el desmantelamiento de los cárteles y, segundo, porque las autoridades incrementan su eficiencia, lo cual se traduce en la reducción en el tiempo que toman las investigaciones y el costo de las mismas. En definitiva, los programas de delación generan ventajas para la sociedad, las autoridades y los solicitantes o delatores.

Debe tenerse en cuenta, sin embargo, que en nuestros países los programas de delación enfrentan importantes problemas para su implementación exitosa, ya que se han expedido normas tendientes a la criminalización del derecho de la competencia, lo cual genera algunas dificultades para el desarrollo de los programas de delación. En efecto, lo que sucede en la mayoría de nuestros países es que las autoridades de competencia son autoridades administrativas especializadas que están facultadas para otorgar inmunidad a quienes aplican al programa de delación –respecto a las normas de competencia y, especialmente, a las multas–, pero no tienen potestad para detener las investigaciones criminales o para brindar inmunidad frente a las mismas, lo cual genera un desincentivo para delatar. Este problema se aborda en la tercer capítulo de la primera parte de este libro.

De otra parte, en Latinoamérica y, en una menor medida, en Europa, uno de los aspectos importantes que aún hace falta desarrollar es el de la indemnización de daños y perjuicios por la realización de prácticas restrictivas de la competencia, para lo cual las legislaciones de los países ofrecen diferentes clases de acciones judiciales, cuya activación podría también interferir con el desarrollo de los programas de delación[10]. Al respecto debe considerarse que, además de la acción pública de lucha contra los cárteles que adelantan las autoridades de competencia, también reviste importancia para el Estado proteger el derecho de los perjudicados a obtener la reparación de los daños y perjuicios causados por estos, lo cual tiene el efecto de disuadir a las empresas de la realización

---

2011, EU:T2011:441,–107) (T/250/12, CECC/Comisión, 6 de octubre de 2015, EU:T:2015:749,–91)] [traducción propia]". René Barents, "Directory of EU Case Law on Competition", en Wolters Kluwer, *International Competition Law Series*, segunda edición, (2017), *1264*.

[10] Debe reconocerse que a raíz de la expedición de la Directiva 2014/104/UE del Parlamento Europeo y del Consejo, cuyo objetivo es precisamente promover las acciones de indemnización de los perjuicios causados por la realización de prácticas restrictivas de la competencia, en Europa ya se está avanzando con paso firme en esta materia, lo cual aún no sucede en Latinoamérica.

de prácticas restrictivas de la competencia. Este problema se aborda en el tercer capítulo de la segunda parte de este libro.

Así mismo, en Latinoamérica los programas de delación pueden resultar afectados por la aplicación de normas supranacionales como es el caso de la Decisión 608 de 2005 de la Comunidad Andina (CAN), sistema de competencia que aún no tiene programa de delación, lo cual puede llegar a interferir con el desarrollo de los programas de este tipo en los países andinos y más allá de los mismos. En efecto, en el caso de que una empresa aplique al programa de delación en un país andino y obtenga inmunidad de las conductas delatadas, pero después la Secretaría de la CAN decida investigar esta misma conducta por considerar que tiene dimensión comunitaria, la empresa investigada puede ver afectada la inmunidad que le concedió una autoridad nacional por la aplicación del régimen andino, que no cuenta con una herramienta adecuada para el derecho de la competencia, como lo es el programa de delación. Este problema se trata en el cuarto capítulo de la segunda parte de esta obra.

Las situaciones brevemente descritas y algunas otras que se explorarán a lo largo de este libro generan retos muy importantes para el desarrollo del derecho de la competencia en Latinoamérica y justifican su análisis cuidadoso, con el objeto de formular propuestas que permitan armonizar la herramienta de la delación con la estructura institucional y la legislación de nuestros países, de tal manera que los programas de delación en Latinoamérica puedan ser utilizados de manera efectiva y cumplan su propósito en beneficio de la sociedad.

En atención a la situación arriba enunciada, la presente obra describe hipotéticamente, en el segundo capítulo, las características que debe tener y los requisitos que debe cumplir un programa de delación para ser considerado como una herramienta eficaz en la lucha contra los cárteles empresariales, tomando como referencias comparadas los ordenamientos estadounidense y europeo, que corresponden a las jurisdicciones más maduras en esta materia. Una vez establecido lo anterior, se identifican los principales retos o dificultades que afectan la efectividad de los programas de delación de los países latinoamericanos y se sugieren las posibles soluciones a los retos y dificultades enunciados.

La primera hipótesis (que se encuentra en los primeros cinco apartados del segundo capítulo) se refiere entonces a la identificación de las características que deben tener los programas de delación en Latinoamérica para lograr el objetivo de convertirse en una herramienta eficaz para la lucha contra los cárteles empresariales. Para ello, se identifican los incentivos económicos y también los que, desde los puntos de vista sociológico y cultural, resultan más apropiados en nuestros países, para que los empresarios consideren que la delación es la salida más atractiva cuando se encuentren en una situación de cártel. Dentro de estas características, se analiza el incremento de las sanciones, la criminalización de las conductas y otras medidas aplicables a las personas naturales y jurídicas, como es el caso las restricciones para ocupar cargos directivos, ejercer el comercio o contratar con el Estado.

Al analizar la criminalización de las prácticas restrictivas de la competencia (en el primer apartado del tercer capítulo) se propone una solución frente a la dificultad que implica el hecho de que la investigación criminal y la investigación de las conductas anticompetitivas sean adelantadas por autoridades diferentes, como sucede en varios países latinoamericanos en la actualidad. En este sentido, con base en la experiencia norteamericana y los recientes desarrollos legislativos en Chile, se plantea una solución que permita que el delator pueda tener la seguridad de que obtendrá inmunidad o rebaja en las sanciones criminales y de libre competencia de manera simultánea, de tal manera que la criminalización del derecho de la competencia no se convierta en un desincentivo para que los potenciales delatores acudan ante la autoridad para buscar los beneficios que ofrecen los programas de clemencia o delación.

Con base en la experiencia norteamericana y europea, se proponen medidas para lograr que las personas y empresas, que se acojan al programa de beneficios por colaboración, no queden en situación de inferioridad respecto de quienes no han colaborado con la autoridad a la hora de enfrentar las acciones judiciales que se adelanten para obtener la indemnización de los perjuicios ocasionados por las prácticas restrictivas de la competencia (esto se encuentra en el tercer capítulo de la segunda parte del libro).

En consideración a la experiencia europea, se propone la implementación de un programa de delación en la CAN y en los demás mecanismos comunitarios o tratados de integración económica que prevean la aplicación de una normativa supranacional de competencia.

Así mismo, se proponen mecanismos que les garanticen a las personas y empresas que se acogen al programa de delación que, una vez hayan obtenido inmunidad frente a las normas de competencia de uno o más países miembros de la entidad supranacional, los beneficios prometidos serán respetados por la autoridad de competencia supranacional. De igual manera, se sugieren reglas para evitar que las personas o empresas que se acogen al programa de clemencia o delación, en uno o más países, tengan que enfrentar una nueva investigación adelantada por una autoridad supranacional por los mismos hechos y corran el riesgo de que se les impongan sanciones que eliminen los beneficios obtenidos (como se señala en el cuarto capítulo, de la segunda parte del libro).

Como lo indica el título de la obra, el abordaje de los retos y soluciones propuestos para los programas de delación en los países latinoamericanos requiere de una perspectiva de derecho comparado, lo cual no implica la realización de una exhaustiva referencia a la totalidad de las coincidencias y divergencias que se encuentran en las legislaciones de los países latinoamericanos y su comparación con las tendencias internacionales, ya que esta dispendiosa tarea reflejaría un ejercicio de microcomparatística que, a mi juicio, no resulta útil para lograr los objetivos propuestos. Por otro lado, resalta que hay varios países de Latinoamérica que, a pesar de haber incluido el programa de delación en sus legislaciones, no han adelantado hasta ahora ningún caso con base en el mismo.

En atención a lo anterior, hemos decidido tomar como base del análisis principalmente cuatro jurisdicciones latinoamericanas que consideramos representativas por la cantidad y calidad de casos de delación que han manejado. Dichas jurisdicciones son las de Colombia, Perú, Chile y México[11]. Consideramos que los mencionados países son representativos para el análisis por las siguientes razones:

a. Como se verá más adelante, uno de los retos de los programas de delación en Latinoamérica que se analizarán en la obra es el de la aplicación de la normativa andina en los casos multijurisdiccionales, lo cual refuerza la escogencia de Colombia y Perú dentro de los países respecto de los cuales se realiza el análisis, además de que en dichos países el programa de delación ha sido utilizado de manera importante. Los otros dos países de la CAN, Ecuador y Bolivia, tienen un derecho de la competencia mucho más joven y unos programas de delación que aún no han sido probados.

b. Otro de los retos analizados en la obra es el de la criminalización del derecho de la competencia y el impacto de la misma sobre el programa de delación, problema que ha sido abordado por Chile

---

[11]   Esto, sin perjuicio de las referencias que se hacen a lo largo de la obra a los programas de delación de otras jurisdicciones, como son los casos de las de Europa, los Estados Unidos y Brasil, principalmente.

de manera muy interesante, con el fin de lograr la armonización del programa de delación con la aplicación de las normas penales a los casos de competencia. Por esta razón, decidimos incluir a Chile dentro del análisis comparativo principal de la obra.

c. Por *último*, decidimos incluir a México, debido a la importancia de la jurisdicción y a la cantidad y representatividad de los casos que ha manejado la Cofece en los últimos tiempos.

En el siguiente cuadro se muestra la forma en que se ha venido aplicando el programa de delación en los países escogidos, con base en los informes anuales publicados por las autoridades de competencia, en los cuales se evalúa el resultado de sus correspondientes programas de delación.

Tabla 1. Desarrollo de los programas de delación

País	Desarrollo de los programas de delación
Colombia	La autoridad de competencia de Colombia, la Superintendencia de Industria y Comercio (SIC), presentó en su informe de gestión para el periodo que va de 2009 a 2018, compuesto por una una serie de datos y estadísticas sobre el programa de delación, que permite evaluar su desarrollo así[12]: • Desde el inicio del programa se han presentado treinta y una (31) solicitudes para participar en el programa. • Estas solicitudes de participación en el programa de delación se tradujeron en la apertura de cinco (5) investigaciones por cartelización, en las cuales se aplicó el programa de delación. • En tres (3) de estas cinco (5) investigaciones se impusieron sanciones.

---

12   Al respecto, la Superintendencia de Industria y comercio manifestó: "Desde el 2012 a la fecha se han recibido 31 solicitudes de ingreso al Programa de Beneficios por colaboración [...] y abierto 5 investigaciones en los siguientes mercados: pañales, papeles, cuadernos, tuberías de cemento y materiales pétreos, de las cuales 3 (pañales, papeles suaves, y cuadernos) han sido sancionadas con multas por valor de $446.422 millones. [...] Estas sanciones corresponden con el valor inicial de la multa, esto es, antes de la resolución del recurso de reposición. No incluyen el descuento otorgado como beneficio por el Programa de Beneficios por Colaboración." Superintendencia de Industria y Comercio (SIC), y Gobierno de Colombia, *Informe de rendición de cuentas a la ciudadanía. Periodo 2011-2018*, 49-50. https://www.sic.gov.co/sites/default/files/files/Nuestra_Entidad/Control_Rendicion_de_Cuentas/Informe-Rendicion-de-Cuentas-2018.pdf

	Mas recientemente la sic, de manera concordante con la reforma introducida por la Ley 2195 de 2022, que, como se ha advertido, fue declarada inexequible por la Corte Constitucional[13], realizó una revisión al programa de delación y un formato de memoria justificativa para la expedición del Decreto 253 de 2022, en los cuales actualiza estas cifras de la siguiente manera[14]:
	• Del 2018 al 2021 se han presentado dos (2) solicitudes de acceso al programa.
	• De las solicitudes que se han presentado dieciocho (18) se volvieron convenios.
	• Se han expedido nueve (9) resoluciones sancionatorias con ocasión de los convenios de delación.
Perú	La autoridad de competencia de Perú, Instituto Nacional de Defensa de la Competencia y de la protección de la Propiedad Intelectual (Indecopi), presentó un informe con el estado de las solicitudes de acceso al programa de clemencia, junto con una serie de estadísticas que permiten evaluar el desarrollo del programa de clemencia de esta jurisdicción en el periodo de 2012 a 2018[15].
	Se han presentado un total de diecisiete (17) solicitudes de admisión al Programa de Clemencia ante el Indecopi.
	El seguimiento a estas solicitudes muestra que, de estas, seis (6) fueron aceptadas y los beneficios otorgados a los delatores.; y tres (3) fueron rechazadas, por lo que los solicitantes no pudieron acceder a los beneficios.

---

[13]   Las reformas al régimen de Protección de la Competencia introducidas por la Ley 2195 de 2022 fueron declaradas inexequibles por la Corte Constitucional, mediante Sentencia C- 080 de 2023, con ponencia del Magistrado Jorge Enrique Ibáñez Nájar, lo cual no afecta la pertinencia de los datos incluidos en la memoria justificativa para la expedición del Decreto 253 de 2022.

[14]   Al respecto la Superintendencia de Industria y Comercio manifesto lo siguiente: "desde el año 2013, año en que se suscribió el primer acuerdo de beneficios por colaboración, se han presentado 21 solicitudes de acceso al Programa, de las cuales 18 se volvieron convenios, que derivaron en 9 resoluciones sancionatorias. Sin embargo, según la información de la Delegatura para la Protección de la Competencia, el número de solicitudes ha caído significativamente, pasando de 6 en 2015 a 1 en 2017 y, 0 en 2020". Superintendencia de Industria y Comercio, *Formato Memoria Justificativa (Versión preliminar para la publicación). Proyecto de Decreto "Por el cual se sustituye el Capítulo 29 del Título 2 de la Parte 2 del Libro 2 del Decreto Único Reglamentario del Sector Comercio, Industria y Turismo, Decreto 1074 de 2015, modificado por el Decreto 1523 de 2015"*, 1.

[15]   Instituto Nacional de Defensa de la Competencia y de la Protección de la Propiedad Intelectual (Indecopi). *Estado de las solicitudes presentadas en el marco del*

Chile	Desde la implementación del Programa de Delación en Chile, las autoridades de esta jurisdicción han investigado y posteriormente sancionado siete (7) cárteles diferentes. Un conjunto de estudios permiten recaudar las siguientes estadísticas sobre el desarrollo del programa de Delación:
	Período 2010-2017: la Fiscalía Nacional Económica (FNE) reportó que el veinte por ciento (20 %) de los requerimientos por cartelización, se realizaron con ocasión de un Programa de Delación.[16]
	Período 2010 y 2017: la Fiscalía Nacional Económica (FNE) reportó que un ocho por ciento (8 %) del total las multas de la entidad corresponden a los requerimientos realizados con ocasión de un Programa de Delación.[17]
	Aproximadamente el treinta y cinco por ciento (35 %) de las acusaciones de la Fiscalía Nacional Económica (FNE) se realizaron con ocasión del Programa de Delación.[18]
	En lo que respecta a las solicitudes y los casos de delación en esta jurisdicción se encuentra lo siguiente: Se han presentado durante este periodo un total de siete (7) solicitudes de delación. De estas solicitudes, dos (2) son corresponden a casos de cárteles multijurisdiccionales, y dos (2) casos involucran a un segundo delator.[19]

Programa de Clemencia, Carta No. 1360-2018/SEG-Sac. http://www2.congreso.gob. pe/sicr/cendocbib/con5_uibd.nsf/467A43642C68F539052583430052AB6D/$FI LE/Estad%C3%ADsticas-Indecopi.pdf

[16] Fiscalía Nacional Económica por delación compensada (FNE), *Requerimientos de la Fiscalía Nacional Económica por delación compensada.* http://www2.congreso.gob.pe/sicr/cendocbib/con5_uibd.nsf/6526DB1D4C0B 41A505258337005EB617/$FILE/Estadisticas.pdf

[17] Fiscalía Nacional Económica por delación compensada (FNE), *Requerimientos de la Fiscalía Nacional Económica por delación compensada.* http://www2.congreso.gob. pe/sicr/cendocbib/con5_uibd.nsf/6526DB1D4C0B41A505258337005EB617/$F ILE/Estadisticas.pdf

[18] Benjamín Grebe Lira, *Hacia una delación compensada 2.0 en Chile,* (Centro de Competencia (CeCo), 2020). https://centrocompetencia.com/wp-content/ uploads/2020/03/Grebe_Hacia-una-delaci%C3%B3n-compensada-2-0-en-Chile. pdf. DAF, COMP, y LACF, *Foro Latinoamericano y del Caribe de Competencia,* (2016). http://www.oecd.org/officialdocuments/publicdisplaydocumentpdf/?cote=D AF/COMP/LACF(2016)7&docLanguage=Es

[19] Benjamín Grebe Lira, *Hacia una delación compensada 2.0 en Chile,* (Centro de Competencia (CeCo), 2020). https://centrocompetencia.com/wp-content/ uploads/2020/03/Grebe_Hacia-una-delaci%C3%B3n-compensada-2-0-en-Chile. pdf. DAF, COMP, y LACF, *Foro Latinoamericano y del Caribe de Competencia,* (2016). http://www.oecd.org/officialdocuments/publicdisplaydocumentpdf/?cote=D AF/COMP/LACF(2016)7&docLanguage=Es

México	Desde la implementación del Programa de Delación en México, la Comisión Federal de Competencia Económica (Cofece) y la Organización para la Cooperación y el Desarrollo Económico (OCDE) han realizado diversos estudios para analizar la efectividad del desarrollo del Programa de Delación en esta jurisdicción, los cuales arrojan las siguientes estadísticas:
	Periodo 2006 y el 2012: el programa mejoró gracias a los incentivos que se incluyeron en la reforma del año 2011, los cuales produjeron un mayor riesgo de detección y un incremento de las sanciones penales. Esta mejoría se puede ver estadísticamente en las siguientes cifras: se presentaron un total de sesenta y una (61) aplicaciones al Programa. De estas solicitudes, cuarenta y cinco (45), es decir el cuarenta y dos punto seis por ciento (42.6 %), se presentaron con posterioridad a la reforma del Programa. Esto indica que la reforma del Programa de Delación ha tenido el efecto de incentivar las aplicaciones al mismo.[20]
	Período 2014-2017: las aplicaciones al Programa de Delación se vieron afectadas como consecuencia la reforma constitucional del 2013, en la cual se disminuyeron los beneficios otorgados por el programa. Esta desmejora se puede ver estadísticamente en las siguientes cifras: en el 2014

---

[20]   Organisation for Economic Co-operation and Development (OECD), *Roundtable on challenges and co-ordination of leniency programmes – Note by Mexico*. DAF/COMP/WP3/WD, (2018), 9. https://one.oecd.org/document/DAF/COMP/WP3/WD(2018)9/en/pdf: "In 2011, the Law was subject to a set of modifications [...] the improvements were made to increase the possibility of detecting cartels, they added to the deterrent factor, and created incentives to join the Leniency Program and cooperate with the authority, as the cost of engaging in these practices became higher with the added criminal responsibility. From 2006 to 2012, 61 applications were registered, 45 of which were presented after the implementation of the amendments to the FECL in April 2011, meaning that 42.6 % of total applications in this period were presented in 2012. Applications by international and national economic agents increased 44,2%, reflecting the effectiveness of the 2011 amendments. [En 2011, la Ley fue objeto de un conjunto de modificaciones [...] las mejoras se realizaron para aumentar la posibilidad de detectar cárteles, se añadieron al factor disuasorio y crearon incentivos para adherirse al Programa de Clemencia y cooperar con la autoridad, a medida que el costo de participar en estas prácticas aumentaba con la responsabilidad penal añadida. De 2006 a 2012, se registraron 61 solicitudes, 45 de las cuales se presentaron después de la aplicación de las modificaciones a la FECL en abril de 2011, lo que significa que el 42,6 % del total de solicitudes en este período se presentaron en 2012. Las solicitudes de agentes económicos internacionales y nacionales aumentaron un 44,2 por ciento, lo que refleja la eficacia de las enmiendas del 2011] [traducción propia].

> se registraron seis (6) aplicaciones; en el 2015 se registraron dieciocho (18) aplicaciones, en el 2016 se registraron veintiséis (26) aplicaciones, y en el 2017 se registraron quince (15) aplicaciones. Esto indica que la reforma del Programa de Delación no tuvo el mismo efecto de la reforma del 2011 de incentivar las aplicaciones al mismo.[21]
>
> De estos estudios la OCDE concluyó que el Programa de Delación ha producido resultados positivos. Esto se debe a que en nueve (9) casos en los cuales se hicieron aplicaciones al Programa de Delación se impusieron sanciones a los investigados. Adicionalmente, el dieciocho punto cinco por ciento (18.5%) de las investigaciones adelantadas por la COFECE se basaron en solicitudes al Programa de Delación.[22]

A lo largo de la obra haremos referencia principal a la legislación y los casos que se han presentado en los mencionados países y los contrastaremos con la experiencia internacional.

Aunque decidimos no incluir a Brasil dentro de los países objeto de la principal comparación, debido a que es una economía de mucho mayor tamaño que las de los países escogidos y a que su régimen de competencia no presenta o ha superado los retos de los países analizados, por la importancia que tiene este régimen de competencia, a lo largo de la obra se harán algunas referencias a su programa de delación.

---

[21]   Organisation for Economic Co-operation and Development (OECD), *Roundtable on challenges and co-ordination of leniency programmes – Note by Mexico.* DAF/COMP/WP3/WD, (2018), 9. https://one.oecd.org/document/DAF/COMP/WP3/WD(2018)9/en/pdf

[22]   Organisation for Economic Co-operation and Development (OECD), *Roundtable on challenges and co-ordination of leniency programmes – Note by Mexico.* DAF/COMP/WP3/WD, (2018), 9. https://one.oecd.org/document/DAF/COMP/WP3/WD(2018)9/en/pdf: "The program has proven its effectiveness over the past four years, as 9 cases in which at least an application was submitted, resulted in sanctions (Table 1). Additionally, from the investigations that were opened during the same period, 18,5% derived from leniency applications [Este programa ha probado su efectividad durante los últimos cuatro años, donde 9 casos donde al menos una aplicación se registró resultaron en sanción (Tabla 1). Adicionalmente, de las investigaciones que iniciaron durante este periodo, 18.5 % se derivaron de aplicaciones al programa de inmunidad] [traducción propia].

Capítulo 1

Los programas de delación

En este capítulo se analizará el concepto de la clemencia o delación, así como su justificación desde el punto de vista jurídico, económico y social. En particular se analizará el valor que aporta a la sociedad otorgar beneficios por delación a los empresarios. Así mismo, se hará un análisis del programa desde la perspectiva de la teoría de juegos y del análisis económico del derecho.

1. ELEMENTOS CONCEPTUALES DE LOS PROGRAMAS DE DELACIÓN

En el derecho de la competencia se habla de los *programas de amnistía, clemencia o delación* como un fenómeno al cual se refieren las leyes, las autoridades y los doctrinantes de los diferentes países, con esas palabras que tienen significados diferentes pero que representan una misma institución jurídica, que habilita a las autoridades de competencia a brindarles inmunidad frente a las sanciones aplicables a empresas y personas que han incurrido en una conducta anticompetitiva, que en la mayoría de las jurisdicciones que tienen un derecho de la competencia (que hoy en día son casi todas) está tipificada como una infracción administrativa y a veces como un delito, siempre que los investigados decidan confesar su participación en las conductas ilegales y proporcionarles a las autoridades información relevante y pruebas sobre la existencia y funcionamiento del cártel y la identidad de los participantes en el mismo.[23]

---

[23] René Barents, "Directory of EU Case Law on Competition", en Wolters Kluwer, *International Competition Law Series*, segunda edición, (2017), 1265. "Undertaking participating in a leniency programme offer active and voluntary cooperation in the investigation by facilitation the Commissions task of establishing and suppressing infringements of the competition rules. In return for thar cooperation, they may obtain favorable treatment as regards the fines that would otherwise have been imposed on them, provided that they meet the conditions laid down in thee applicable Leniency Notice [En Europa la doctrina explica el Programa de delación de la siguiente manera; 'las empresas que participan en un programa de clemencia ofrecen una cooperación activa y voluntaria en la investigación facilitando

De conformidad con la *Guía para incrementar la cooperación transfronteriza de los programas de delación*[24] expedida por el International Competition Network (ICN) en el 2020,

"El término clemencia significa un sistema de inmunidad y reducción de las multas y sanciones (dependiendo de la jurisdicción) que de otro modo serían aplicables al participante de un cártel, a cambio de informar sobre actividades anticompetitivas ilegales y proporcionar información o pruebas. Los programas de clemencia cubren tanto la política de clemencia definida de manera estrecha (es decir, el conjunto de normas y condiciones adoptadas por escrito por una autoridad de competencia) como otros elementos que complementan la política en un entorno más amplio (traducción propia)".

Tabla 2. Descripción de los programas de delación en las guías de Colombia, Perú, Chile y México

País	Descripción de los programas de delación en las guías de las autoridades de competencia
Colombia	En Colombia, la Guía del Programa de Beneficios por Colaboración de la Superintendencia de Industria y Comercio (SIC) explica lo que es el Programa de Delación de la siguiente manera: • Por un lado, afirma que "los programas de clemencia son mecanismos que han resultado ser efectivos en la lucha contra los cárteles anticompetitivos a nivel mundial. Por virtud de ellos, los participantes de un acuerdo violatorio de las normas de protección a la competencia reciben beneficios

---

la tarea de la Comisión de establecer y reprimir las infracciones de las normas de competencia. A cambio de la cooperación, podrán obtener un trato favorable en lo que respecta a las multas que de otro modo se les habrían impuesto, siempre que cumplan las condiciones establecidas en la Comunicación sobre la cooperación aplicable'] [traducción propia].

[24] "The term leniency means a system of immunity and reduction of fines and sanctions (depending on the jurisdiction) that would otherwise be applicable to a cartel participant in exchange for reporting on illegal anticompetitive activities and supplying information or evidence. Leniency Programmes cover both the narrower defined leniency policy (i.e., the written set of rules and conditions adopted by a competition agency) as well as other elements supplementing the policy in a wider environment. This guidance document covers leniency applications submitted both prior to and after initiation of a case by the competition agency". International Competition Network (ICN), *Guidance on Enhancing Cross–Border Leniency Cooperation. Cartel Working Group: Subgroup 1,* (2020), 3.

en materia sancionatoria si colaboran con la autoridad, denunciando la existencia del cártel y proveyendo la información que la misma considera necesaria".[25]

- Por otro lado, explica que "el Programa de Beneficios por Colaboración permite que las personas naturales o jurídicas que hayan participado en acuerdos anticompetitivos accedan a significativos beneficios en materia de multas y sanciones. Quienes pretendan obtener las ventajas descritas deberán cumplir con ciertos requisitos entre los cuales esta que los interesados pongan fin a su participación en la conducta y que colaboren con la autoridad de competencia proporcionándole información relevante y suficiente sobre el acuerdo".[26]

En el año 2022 Colombia realizó una importante reforma al régimen de competencia a través de la Ley 2195 de 2022 y los Decretos 092 y 253 de 2022, a los cuales se hará referencia a lo largo de la obra[27],. El Decreto 253 de 2022 modificó el Decreto 1523 de 2015 y contiene la actual reglamentación del Programa de Delación. Para la expedición de este decreto, la Superintendencia elaboró dos documentos: el primero es un documento sin fecha titulado *Revisión del Programa de Beneficios por Colaboración (PBC) del Despacho del Superintendente de Industria y Comercio* y el segundo, que está fechado el 19 de noviembre de 2021, se titula *Memoria Justificativa del Proyecto*.

En el primer documento, el Despacho manifiesta que las modificaciones propuestas deben ir acompañadas de otras estrategias para la protección de la libre competencia y la detección y represión de conductas anticompetitivas como: (i) la publicación de guías, (ii) campañas publicitarias y (iii) el acompañamiento de la Oficina Servicios al Consumidor y de Apoyo Empresarial –Oscae–.

Por esta razón, puede suponerse que en los próximos meses la SIC podría actualizar la guía del Programa de Beneficios por Colaboración (PBC).

---

[25] Superintendencia de Industria y Comercio, *Guía Programa de Beneficios por Colaboración*, 3. https://www.sic.gov.co/sites/default/files/files/Nuestra_Entidad/Publicaciones/Guia_Programa_Beneficios_Colaboracion_VF_Para_Publicar.pdf

[26] Superintendencia de Industria y Comercio, *Guía Programa de Beneficios por Colaboración*, 3. https://www.sic.gov.co/sites/default/files/files/Nuestra_Entidad/Publicaciones/Guia_Programa_Beneficios_Colaboracion_VF_Para_Publicar.pdf

[27] Las reformas al régimen de Protección de la Competencia introducidas por la Ley 2195 de 2022 fueron declaradas inexequibles por la Corte Constitucional, mediante Sentencia C- 080 de 2023, con ponencia del Magistrado Jorge Enrique Ibáñez Nájar.

Perú	En Perú, la Guía del Programa de Clemencia del Instituto Nacional de Defensa de la Competencia y de la Protección de la Propiedad Intelectual (Indecopi) explica lo que es el Programa de Clemencia de la siguiente manera: "Al respecto, en línea con las disposiciones adoptadas por otras jurisdicciones, el artículo 26 de la Ley de Libre Competencia, que sustenta el Programa de Clemencia, establece que cualquier persona natural o jurídica podrá solicitar a la Secretaría Técnica la exoneración de la sanción a cambio de aportar pruebas que proporcionen elementos para detectar y acreditar la existencia de una práctica colusoria, así como sancionar a los responsables". "El Programa de Clemencia tiene, de esta manera, el objetivo de facilitar la detección de los cárteles utilizando como incentivo la posible exoneración –o reducción– de la multa que hubiese resultado aplicable a los infractores que presten una colaboración decidida con la Secretaria Técnica y la Comisión. Es por lo tanto una herramienta dirigida esencialmente a desestabilizar cárteles existentes y disuadir la formación de nuevos acuerdos restrictivos".[28]
Chile	En Chile, la Guía de Delación Compensada en Casos de Colusión de la Fiscalía Nacional Económica se aproxima al Programa de Delación de dos maneras: "Por un lado, como la herramienta prevista en el DL 211 para la detección, sanción y disuasión de la colusión puesto que "Esta figura permite la exención o reducción de las sanciones a que se expone quien ha intervenido en una conducta colusoria, si esa persona entrega antecedentes que conduzcan a acreditar la conducta y a determinar a sus responsables".[29] "Adicionalmente explica y define la delación compensada de la siguiente manera: "Quien se coluda se expone a sanciones administrativas y penales, incluida la privación de libertad. La delación compensada exime de dichas sanciones, o las reduce. Para acceder a estos beneficios, quien ha intervenido en una colusión debe aportar a la autoridad antecedentes que conduzcan a la acreditación de dicha conducta y a la determinación de los responsables".[30]

28   Instituto Nacional de Defensa de la Competencia y de la Protección de la Propiedad Intelectual, *Guía del Programa de Clemencia*, 2. https://www.indecopi.gob.pe/documents/1902049/3761587/Gu%C3%ADa+del+Programa+de+Clemencia.pdf/0a0d49ba-167d-f9f3-e878-b21c326b31ff

29   Fiscalía Nacional Económica, *Guía Interna sobre Delación Compensada en Casos de Colusión*, 6, https://www.fne.gob.cl/wp-content/uploads/2017/03/Guia_Delacion_Compensada.pdf

30   Fiscalía Nacional Económica, *Guía Interna sobre Delación Compensada en Casos de Colusión*, 7, https://www.fne.gob.cl/wp-content/uploads/2017/03/Guia_Delacion_Compensada.pdf

México	En México, la *Guía del Programa de Inmunidad y Reducción de Sanciones* se refiere al Programa de Delación de la siguiente manera:
	Programa de Inmunidad y Reducción de Sanciones: Procedimiento especial contemplado en el artículo 103 de la LFCE, así como 114 a 116 de las Disposiciones Regulatorias.
	Lo describe como "una herramienta que facilite de manera eficiente la investigación y sanción de los cárteles económicos [...] para generar información sobre la comisión de acuerdos ilegales entre competidores, así como en un mecanismo disuasivo contra su creación, al elevar la probabilidad de detección y sanción de los acuerdos colusorios [...] este procedimiento está dirigido a las personas físicas o morales que realicen o hayan realizado directamente o bien coadyuvado, propiciado o inducido en acuerdos ilegales entre competidores conocidos como prácticas monopolísticas absolutas, lo reconozcan y aporten elementos de convicción ante la COFECE. Así, el programa establece un procedimiento especial que brinda la posibilidad de obtener una reducción del monto de las sanciones establecidas en la LFCE, a cambio de la entrega de información a la Comisión y el cumplimiento de algunos requisitos como la cooperación plena y continua con la Comisión. Además, para las personas físicas o morales que se apeguen al Programa, no habrá responsabilidad penal por la comisión de la práctica".[31]
	"La Guía responde a la pregunta ¿qué es el programa de inmunidad y reducción de sanciones? de la siguiente manera "El Programa de Inmunidad y Reducción de Sanciones de la COFECE permite que un Agente económico reciba una reducción de las sanciones que recibiría en caso de ser partícipe de una Práctica monopólica absoluta. Para ello, es necesario que el Solicitante: i) así lo solicite expresamente ante la Comisión; ii) reconozca su participación en esta práctica; iii) haga entrega de información de dichas conductas a la autoridad; iv) coopere plena y contundentemente con la COFECE; y v) termine su participación en la conducta ilegal".[32]

---

[31] Comisión Federal de Competencia Económica, *Guía del Programa de Inmunidad y Reducción de Sanciones*, 9. https://www.cofece.mx/wp-content/uploads/2017/12/guia-0032015_programa_inm.pdf

[32] Comisión Federal de Competencia Económica, *Guía del Programa de Inmunidad y Reducción de Sanciones*, 11. https://www.cofece.mx/wp-content/uploads/2017/12/guia-0032015_programa_inm.pdf

1.1 Etimología

Al consultar el Diccionario de la lengua española de la Real Academia Española (RAE)[33], encontramos las acepciones que en el lenguaje común tienen estas palabras:

> "Amnistía: Del gr. ἀμνηστία amnēstía; propiamente 'olvido'. f. Perdón de cierto tipo de delitos, que extingue la responsabilidad de sus autores." [...] Clemencia: Del lat. *clementia*. f. Compasión, moderación al aplicar justicia. [...] "Delación: Del lat. delatio, -ōnis. f. Acusación, denuncia".

Como se puede observar, desde el punto de vista del significado normal de las palabras, la institución que estudiamos es una en la cual el infractor de las normas de competencia realiza una *acusación o denuncia,* con base en la cual la autoridad encargada de aplicar la norma tiene *compasión* o *moderación al aplicar justicia,* por lo que el delator recibe de la autoridad el *perdón* y la *extinción de la responsabilidad* originada en su infracción.[34] Como lo veremos más adelante, el significado normal de las palabras no alcanza a explicar el contenido del concepto de delación, que resulta mucho más complejo y, como lo señalamos más adelante, poliédrico, ya que requiere

---

[33]   Real Academia Española Actualización, Diccionario de la lengua Española. Versión 23.3 Actualización 201. https://dle.rae.es

[34]   Sin embargo, es importante tener en cuenta lo que dice la Comisión sobre este particular, cuando explica lo siguiente: "The aim of the Commission leniency programme is not to make available to undertakings participating in secret cartels an opportunity to escape the pecuniary consequences of their responsibility, but to facilitate the detection of such practices and then, in the administrative procedure, to assist the Commission in its efforts to reconstruct relevant facts as far as possible. Accordingly, the benefits with may be obtained by undertakings participating in such practices cannot exceed the level that is necessary to ensure full effectiveness of the leniency programme and of the administrative procedures carried out by the Commission. [El objetivo del programa de clemencia de la Comisión no es poner a disposición de las empresas que participen en cárteles secretos la oportunidad de escapar de las consecuencias pecuniarias de su responsabilidad, sino facilitar la detección de tales prácticas y, a continuación, en el procedimiento administrativo, ayudar a la Comisión en sus esfuerzos por reconstruir los hechos pertinentes en la medida de lo posible. Por consiguiente, los beneficios que pueden obtener las empresas que participan en tales prácticas no pueden superar el nivel necesario para garantizar la plena eficacia del programa de clemencia y de los procedimientos administrativos llevados a cabo por la Comisión] (T-521/09, Alstom Grid/Commission, 27 November 2014, EU:T:2014:1000, 81)". René Barents, "Directory of EU Case Law on Competition", en Wolters Kluwer, *International Competition Law Series,* segunda edición, (2017), 1265.

para su comprensión de conceptos jurídicos, éticos, culturales y económicos que vamos a analizar a lo largo de este documento.

1.2 Problemática de los programas de delación

No cabe duda de que para crear una institución de este tipo, en un Estado de derecho, es necesario que la misma se encuentre consagrada en la ley, porque de otra forma no podría la autoridad de competencia tomar la decisión de exonerar o disminuir la sanción a quien ha admitido haber incurrido en una conducta prohibida. En efecto, lo normal en un Estado de derecho sería que a alguien que confiesa haber violado el imperativo hipotético contenido en la ley el Estado le aplique las consecuencias sancionatorias previstas en la norma; sin embargo, en el caso de la delación, el Estado se abstiene de aplicarle al infractor la sanción que le correspondería, porque este realiza un acto que es valorado de manera positiva por la autoridad, el cual consiste en revelar y contribuir a demostrar la existencia de la conducta ilegal, su participación en la misma y la identidad y participación de los demás infractores.

Lo anterior suscita importantes inquietudes respecto del funcionamiento del ordenamiento jurídico, como pasamos a explicar:

- De una parte, la ley admite que no le aplicará la sanción a personas o empresas que han infringido la ley, lo cual implica un tratamiento desigual con las demás personas y empresas que violan las normas, a las cuales sí se les aplican las sanciones correspondientes.[35]

- De otra parte, la ley anuncia que para poder beneficiarse del programa de clemencia, lo que debe hacer el infractor es ser el primero

---

[35] Esta desigualdad de trato refleja, en principio, una vulneración del principio aristotélico de justicia distributiva, cuyo concepto, en palabras de Aristóteles se resume así: "Así pues, si lo injusto es desigual, lo justo es igual, lo cual, sin necesidad de argumentos todos admiten […] necesariamente, lo justo será un término medio e igual en relación con algo y con algunos. […] Lo justo deberá requerir, por lo menos, cuatro términos: pues, aquellos para quienes es justo son dos, y las cosas en las que reside también son dos. Y la igualdad será la misma en las personas y en las cosas, pues la relación de unas y otras es la misma. […] De ahí que se susciten disputas y acusaciones, cuando aquellos que son iguales no tienen o reciben partes iguales y cuando los que no son iguales tienen y reciben partes iguales. Y esto es claro porque ocurre con respecto al mérito". Aristóteles, *Ética nicomáquea* (Editorial Gredos, 1985), 245, 1131a.

en traicionar a los demás infractores, delatar la conducta ilegal que venía realizando junto con ellos y entregarle a la autoridad las pruebas que sirvan para incriminarlos y sancionarlos, lo cual realiza con el fin de exonerarse de la sanción.

Las anteriores inquietudes podrían obviarse si se asume una postura pragmática, de conformidad con la cual el infractor, con base en un ejercicio de racionalidad netamente económica, sin importar los efectos negativos de su conducta ilegal, ni tampoco los beneficios que la delación genera para la sociedad, procede a renunciar a su presunción de inocencia para adquirir la certeza de la rebaja o exoneración de la multa y el Estado, también, desde la racionalidad económica, decide "pagarle" al delator, con la rebaja o exoneración de la multa, ya que la información que este puede darle para desmantelar el cártel, lo que sería (sin la información) más costoso, demorado o imposible obtener. Visto de esta manera, el programa de delación no pasaría de ser una transacción económica sin contenido axiológico que vulneraría los fundamentos del ordenamiento jurídico y comportaría una injusticia, consistente en que no se le aplica el castigo a un infractor confeso.

Sin embargo, la delación es como lo hemos advertido, un fenómeno poliédrico y pluridimensional que no puede ser simplificado en la forma descrita, sino que debe ser analizado de manera profunda, con el fin de desentrañar sus elementos fundamentales y comprender su verdadera naturaleza.[36] Para el efecto, procederemos a estudiar la forma en que cada uno de los actores o sujetos que participan en la delación enfrenta la situación respecto de la institución.

1.3 Análisis de la problemática de los programas de delación desde el punto de vista de los sujetos

Para realizar este ejercicio de análisis, hemos considerado que los actores de los *programas de delación* son el delator, el Estado, los demás infractores y el mercado o la sociedad en su conjunto. En esta sección analizare-

---

[36]   De hecho, como se ve en el pie de página anterior, la justicia aristotélica admite aplicar condiciones de igualdad para los iguales y de desigualdad para los desiguales; y por eso es factible también desde el punto de vista axiológico darle al delator beneficios que no se le otorgan a los demás investigados, ya que el delator está en una situación diferente de los demás, porque colabora eficazmente con la autoridad en el desmantelamiento del cártel, lo cual es de utilidad para la sociedad.

mos la delación desde el punto de vista de cada uno de estos actores, para comprender mejor la forma en la cual cada uno de ellos interactúa con la institución jurídica bajo estudio.

1.3.1 Los programas de delación desde el punto de vista del delator

El delator es ante todo un infractor. Se trata de una persona natural o jurídica que ha infringido la normativa de protección o defensa de la competencia y que por diferentes motivos ha decidido renunciar a su presunción de inocencia y autoincriminarse o denunciarse a sí mismo y a los demás miembros del cártel, con el fin de obtener una recompensa que es principalmente de carácter económico y que consiste, también, de manera principal, en la reducción o exoneración de la multa.

Tabla 3. Noción del delator en Colombia, Perú, Chile y México

País	Noción de Delator en las Leyes de Competencia y Guías de las Autoridades de Competencia
Colombia	En Colombia, el Decreto 253 de 2022 define dos (2) nociones relacionadas con el delator: • Por un lado, el numeral cuarto del artículo 2.2.2.29.1.2. del Decreto 253 de 2022 define al solicitante como aquella persona "que presente una solicitud de beneficios por colaboración" en cumplimiento de los requisitos previstos en ese mismo decreto. • Por otro lado, el numeral quinto del artículo 2.2.2.29.1.2. del Decreto 253 de 2022 define al delator como aquella persona "que ha suscrito un Convenio de Beneficios por Colaboración con el Funcionario Competente." Adicionalmente debe tenerse en cuenta la definición del "facilitador", que es la persona (natural o jurídica) que le ayuda en forma activa o pasiva al agente del mercado que incurre en la infracción a las normas de competencia. Al respecto establece el numeral tercero del artículo 2.2.2.29.1.2 lo siguiente: "Facilitador. Cualquier persona que colabore, autorice, promueva, impulse, ejecute o tolere conductas contrarias a la libre competencia, en los términos de la Ley 155 de 1959, Decreto 2153 de 1992, Ley 1340 de 2009, y demás normas que las complementen o modifiquen". La *Guía del Programa de Beneficios por Colaboración de la Superintendencia de Industria y Comercio* no consagra una definición de solicitante o delator, únicamente hace referencia a quienes pueden acogerse al programa, diciendo que estos son personas naturales y jurídicas que: "Hayan sido parte de un acuerdo restrictivo de la competencia. Sin embargo, esta noción quedo derogada con la expedición del Decreto 253 de 2022,

	puesto que ahora son los Agentes del Mercado o Facilitadores que hayan participado en conductas contrarias a la libre competencia adelantadas de manera coordinada por dos (2) o más agentes del mercado, al igual que los Facilitadores de otras conductas anticompetitivas, en los términos del artículo 2.2.2.29.4.2. del decreto 253 de 2022". "No hayan actuado como promotor o instigador o instigador de la conducta anticompetitiva. Actualmente esta descripción concuerda con el artículo 2.2.2.29.2.1. de Decreto 253 de 2022 toda vez que prohíbe conceder al instigador o promotor los beneficios por colaboración". "Colaboren durante el curso del proceso, aportando elementos probatorios útiles sobre los cuales tengan conocimiento. Actualmente esta descripción concuerda con el numeral segundo del artículo 2.2.2.29.2.6. del Decreto 253 de 2022 puesto que exige para la suscripción del Convenio de Beneficios por Colaboración, el suministro de información y aporte de pruebas útiles sobre la existencia de la conducta contraria a la libre competencia y su forma de operación".
Perú	En Perú, la Ley de Libre Competencia no trae una definición expresa relacionada con la figura del delator, sin embargo, la *Guía del Programa de Clemencia del Instituto Nacional de Defensa de la Competencia y de la Protección de la Propiedad Intelectual* (Indecopi) sí define tres nociones relacionadas con el delator, que presentamos a continuación: Se define al solicitante como "Toda persona natural o jurídica que solicite para sí alguno de los beneficios contemplados en el artículo 26 de la Ley de Libre Competencia. En el caso de personas jurídicas, puede incluir a los funcionarios, ex funcionarios o personas jurídicas que pertenezcan a su grupo económico, siempre que asuman el Deber de colaboración. [...] También se considerará Solicitante a las personas naturales o jurídicas comprendidas en el artículo 2.4 de la Ley de Libre Competencia (agentes facilitadores de cárteles) que soliciten para sí alguno de los beneficios contemplados en el artículo 26 de la Ley de Libre Competencia".[37] • Así mismo, define al colaborador como "El solicitante que recibe un beneficio condicional mediante la suscripción de un Compromiso de Exoneración o Reducción de Sanción, comprometiéndose a cumplir con lo establecido en él. En el caso de personas jurídicas, puede incluir a los

[37]   Instituto Nacional de Defensa de la Competencia y de la Protección de la Propiedad Intelectual, *Guía del Programa de Clemencia*, 3. https://www.indecopi.gob.pe/documents/1902049/3761587/Gu%C3%ADa+del+Programa+de+Clemencia.pdf/0a0d49ba-167d-f9f3-e878-b21c326b31ff

		funcionarios, ex funcionarios o personas jurídicas que pertenezcan a su grupo económico, siempre que asuman el Deber de colaboración".[38] • Y, por último, define al beneficiario como "El Colaborador que recibe un beneficio definitivo contemplado por el artículo 26 de la Ley de Libre Competencia".[39]
	Chile	En Chile, la Ley n.° 211 de 1973 no trae una definición expresa relacionada con la figura del delator, sin embargo, la *Guía de la Fiscalía Nacional Económica si define al postulante al Programa de Delación* de la siguiente manera: "Postulante: Cualquier persona, natural o jurídica, a la que pueda atribuírsele alguna responsabilidad por haber intervenido en una conducta de aquellas previstas en el artículo 3 letra a), con independencia de su grado de intervención o papel en la colusión, que solicite alguno de los Beneficios".[40] Adicionalmente, la Guía también explica quiénes pueden solicitar el beneficio, noción que de igual manera hace referencia a la figura de delator, de la siguiente manera: • "Quiénes pueden solicitar el beneficio. Puede solicitar alguno de los Beneficios cualquier persona, natural o jurídica, a la que pueda atribuírsele alguna responsabilidad por haber intervenido en una conducta de aquellas previstas en el artículo 3 letra a), con independencia de su grado de intervención o papel en la colusión ("Postulante"). Así, por ejemplo, puede solicitar el beneficio una empresa que ha participado en el cártel, como también cualquiera de sus ejecutivos, trabajadores, asesores y/o mandatarios, actuales o pasados, a título personal, y las asociaciones gremiales, incluyendo sus ejecutivos, que lo hayan facilitado. Si el Postulante es una persona jurídica, debe actuar mediante representantes legales debidamente acreditados".[41]

---

[38] Instituto Nacional de Defensa de la Competencia y de la Protección de la Propiedad Intelectual, *Guía del Programa de Clemencia*, 3. https://www.indecopi.gob.pe/documents/1902049/3761587/Gu%C3%ADa+del+Programa+de+Clemencia.pdf/0a0d49ba-167d-f9f3-e878-b21c326b31ff

[39] Instituto Nacional de Defensa de la Competencia y de la Protección de la Propiedad Intelectual, *Guía del Programa de Clemencia*, 3. https://www.indecopi.gob.pe/documents/1902049/3761587/Gu%C3%ADa+del+Programa+de+Clemencia.pdf/0a0d49ba-167d-f9f3-e878-b21c326b31ff

[40] Fiscalía Nacional Económica, *Guía Interna sobre Delación Compensada en Casos de Colusión*, 30. https://www.fne.gob.cl/wp-content/uploads/2017/03/Guia_Delacion_Compensada.pdf

[41] Fiscalía Nacional Económica, *Guía Interna sobre Delación Compensada en Casos de Colusión*, 10. https://www.fne.gob.cl/wp-content/uploads/2017/03/Guia_Delacion_Compensada.pdf

México	En México, la Ley Federal de Competencia Económica (LFCE) de 1993 no trae una definición expresa relacionada con la figura del delator; sin embargo, la Guía del Programa de Inmunidad y Reducción de Sanciones de la Comisión Federal de Competencia Económica (Cofece) sí contiene una noción relacionada con el solicitante del Programa de Delación, de la siguiente manera: **"Solicitante:** Persona física o moral que presenta una solicitud para apegarse al Programa y que obtuvo una Clave".[42]

El delator ha incurrido por lo tanto en una conducta reprochable, pero ha decidido detenerla y colaborar con la autoridad de competencia en la búsqueda del bien, que se identifica con la protección del principio de libre competencia. Esta decisión entraña por lo tanto un contenido ético, que podemos rastrear desde Aristóteles, quien sienta las bases que posteriormente utilizaron pensadores tales como Santo Tomás, Francisco Suárez, Martha Nussbaum y Hume en el campo de la ética. Para Aristóteles "Todo arte y toda investigación e, igualmente, toda acción y libre elección parecen tender a algún bien; por esto se ha manifestado, con razón, que el bien es aquello hacia lo que todas las cosas tienden".[43]

Se advierte además que la decisión de delatar tiene un valor especial para la sociedad, ya que no solamente favorece al delator sino a toda la sociedad, que se verá libre de las prácticas anticompetitivas que gracias a la delación serán detenidas. Al respecto dice también el estagirita que "aunque sea el mismo el bien del individuo y el de la ciudad, es evidente que es mucho más grande y más perfecto alcanzar y salvaguardar el de la ciudad; porque procurar el bien de una persona es algo deseable, pero es más hermoso y divino conseguirlo para un pueblo y para ciudades".[44]

Esta es precisamente la justificación del tratamiento desigual en favor del delator que señalábamos en aparente pugna con el principio aristotélico de la justicia distributiva. En efecto, la ley otorga el beneficio de la exoneración de la multa al delator, porque es a través de ese beneficio que se obtiene un bien mayor para toda la comunidad (el bien común), que es el de la eliminación del cártel y el castigo de los demás infractores. En este

---

[42]   Comisión Federal de Competencia Económica, *Guía del Programa de Inmunidad y Reducción de Sanciones*, 7. https://www.cofece.mx/wp-content/uploads/2017/12/guia-0032015_programa_inm.pdf

[43]   Aristóteles, *Ética nicomáquea* (Editorial Gredos, 1985), 131, 1094a.

[44]   Aristóteles, *Ética nicomáquea* (Editorial Gredos, 1985), 133, 1094b 5.

sentido, explica Antonio Osuna Fernández-Largo, en la 'Introducción a las cuestiones 90 a 97'de la *Suma Teológica* de Santo Tomás de Aquino, que "como la ley se constituye primariamente por el orden al bien común, cualquier otro precepto sobre actos particulares no tiene razón de ley sino en cuanto se ordena al bien común"[45] y que "toda ley se ordena al bien común de los hombres, y de esta finalidad recibe su poder y condición de ley".[46]

De esta manera podemos cerrar el círculo diciendo que las normas que contienen los *programas de delación* establecen un tratamiento desigual que favorece al delator en el sentido de que le permite obtener la exoneración de la multa a cambio de su confesión y cooperación en el desmantelamiento del cártel, porque ello resulta eficiente y apropiado para proteger el bien común, que es superior al bien que obtiene el delator y que consiste en la eliminación del cártel y de sus efectos nocivos para el mercado y la sociedad en general. En este sentido, podemos decir con Aristóteles que las normas que establecen los programas de delación son "justas", porque "… es evidente que todo lo legal es, en cierto modo, justo, pues lo establecido por la legislación es legal y cada una de estas disposiciones decimos que es justa".[47]

Al respecto manifiesta Caron Beaton Wells, lo siguiente:

> "Con base en el modelo teórico de juegos conocido en la teoría económica como el "dilema del prisionero", el uso de la política de clemencia en la represión legal de los cárteles está justificada por las autoridades generalmente con fundamento en que es el mecanismo más efectivo y menos costoso para detectar e investigar conductas sistemáticas, deliberadas y encubiertas. También se considera que contribuye a la disuasión de las conductas de cártel. Los gobiernos y autoridades de competencia consideran que estos beneficios pesan más que cualquier efecto adverso en términos de sanciones más bajas, y en consecuencia una menor disuasión general, así como cualquier implicación adversa en términos políticos, morales o de otra índole (traducción propia)".[48]

---

[45]   Santo Tomas de Aquino, *Suma de Teología. Parte I–III* (Biblioteca de Autores Cristianos, 2001), 705.

[46]   Santo Tomas de Aquino, *Suma de Teología. Parte I–III* (Biblioteca de Autores Cristianos, 2001), 753.

[47]   Aristóteles, *Ética nicomáquea* (Editorial Gredos, 1985), 240, 1129b, 10.

[48]   Christopher Harding; Caron Beaton-Wells y Jennifer Edwards, "Leniency Policies: Revolution or Religion", en *Anti-Cartel Enforcement in a Contemporary Age, Leniency Religion* (Hart Publishing, 2015). En el original en inglés: "Based on the game theoretic model known in economic theory as the 'prisoner's dilemma', the use of a leniency policy in anti-cartel law enforcement is justified by authorities generally

La ley exige que el delator confiese de manera irrestricta su participación en las conductas anticompetitivas, para lo cual debe renunciar, de manera voluntaria, a su presunción de inocencia y a su derecho de no autoincriminación. Así mismo, exige la ley que el delator colabore de manera efectiva con información valiosa para efectos de esclarecer la verdad, detener la conducta anticompetitiva y sancionar a los demás infractores.

La ley no indaga sobre el arrepentimiento del delator, pero sí exige que la conducta se detenga, y en muchas jurisdicciones las autoridades requieren de la realización de medidas remediales y manifestaciones públicas que en la práctica implican signos externos de arrepentimiento, con lo cual podría decirse, en términos tomistas, que la ley logra el objetivo de acercar al bien a los destinatarios de la norma, ya que según Santo Tomás

> "[…] el efecto propio de la ley es hacer buenos a sus destinatarios, bien en un sentido absoluto, bien en un sentido meramente relativo. Porque si el legislador se propone conseguir el verdadero bien, que es el bien común regulado en consonancia con la justicia divina, la ley hará buenos a los hombres en sentido absoluto".[49]

1.3.2 Los programas de delación desde el punto de vista del Estado

Al Estado le corresponde la aplicación del ordenamiento jurídico de libre competencia. En el caso de los países latinoamericanos esto se hace a través de un esquema de aplicación pública del Derecho de la Competencia, que en general es desarrollado por una autoridad administrativa de competencia, con facultades de inspección, vigilancia y sanción, la cual desarrolla una investigación que generalmente es de naturaleza administrativa, para determinar la posible infracción de las normas de protección de la competencia, caso en el cual prohíbe la realización de la conducta anticompetitiva e impone sanciones a los infractores. La autoridad de competencia actúa en protección del orden público económico en su categoría de libre competencia, que es un principio que los países latinoamericanos

---

on the grounds that it is the most effective and least costly mechanism for detecting and prosecuting activity that is systematic, deliberate and covert. It is also seen as contributing to the deterrence of cartel conduct. These benefits are regarded by governments and competition authorities as outweighing any adverse effects in terms of lower penalties, and hence reduced general deterrence, overall as well as any adverse political, moral or other implications".

[49] Santo Tomas de Aquino, *Suma de Teología Parte I–III* (Biblioteca de Autores Cristianos, 2001), 718.

han incluido en normas de rango constitucional, fundamentalmente des-de la década de los años noventa.

En la siguiente tabla presentamos las principales autoridades de competencia en Colombia, Perú, Chile y México.

**Tabla 4. Principales autoridades de competencia
de Colombia, Perú, Chile y México**

País	Autoridades de competencia
Colombia	En Colombia, de conformidad con el artículo 6 de la Ley 1340 de 2009 " *la Super*intendencia de Industria y Comercio es la autoridad nacional de protección de la competencia", a la cual le corresponde conocer "en forma privativa de las investigaciones administrativas, impondrá las multas y adoptará las demás decisiones administrativas por infracción a las disposiciones sobre protección de la competencia, así como en relación con la vigilancia administrativa del cumplimiento de las disposiciones sobre competencia desleal". El Decreto 092 de 2022 modificó la estructura de la Superintendencia de Industria y Comercio y las funciones de sus dependencias. El artículo primero del mencionado decreto, modificó el artículo 1 del Decreto 4886 de 2011 donde se regulaban las funciones de la Superintendencia de Industria y Comercio como Autoridad Nacional de Protección de la libre Competencia.
Perú	En Perú, la autoridad de competencia es el Instituto Nacional de Defensa de la Competencia y de la Protección de la Propiedad Intelectual (Indecopi). Específicamente de conformidad con el artículo 13 del Decreto Legislativo 1034 de 2008, compilado por el Decreto Supremo n.° 030-2019-PCM, Texto Único Ordenado de la Ley de Represión de Conductas Anticompetitivas (en adelante TUO del DL 1034 de 2008), las autoridades de defensa de la libre competencia son **(i)** la Comisión de Defensa de la Libre Competencia del Indecopi y **(ii)** el Tribunal de Defensa de la Competencia y de la Protección de la Propiedad Intelectual del Indecopi.
Chile	En Chile, de conformidad con lo dispuesto por el artículo 2 del DL 211 de 1973, las autoridades de competencia son (i) el Tribunal de Defensa de la Libre Competencia y (ii) la Fiscalía Nacional Económica, a quienes corresponde dar aplicación al DL 211 de 1973 y resguardar la libre competencia en los mercados.
México	En México, de conformidad con lo dispuesto por el artículo 10 de la Ley Federal de Competencia Económica de 1993, la autoridad de competencia es la Comisión Federal de Competencia Económica "que tiene por objeto garantizar la libre concurrencia y competencia económica, así como prevenir, investigar y combatir los monopolios, las prácticas monopólicas, las concentraciones y demás restricciones al funcionamiento eficiente de los mercados".

En este sentido, la posición inicial de las autoridades de competencia es la de investigar y sancionar las conductas anticompetitivas, razón por la cual los programas de delación vienen a ser un complemento o una ayuda a la misión inicial de inspección, vigilancia y sanción.

Debe considerarse, sin embargo, que el objetivo de las autoridades de competencia es la protección y promoción de la libre competencia económica, principio contenido en una normativa cuyo aspecto teleológico o finalístico es, a su vez, la libre participación de los agentes económicos en el mercado, la eficiencia económica y el bienestar del consumidor.[50] El objetivo principal de las autoridades de competencia no es entonces el de imponer multas y sancionar, castigar o reprimir a los agentes económicos. Dichas actividades, que forman parte del derecho administrativo sancionatorio y a veces del derecho penal, son apenas una arista de su actividad, la cual debe ser de suyo propositiva y orientada hacia la construcción de una sociedad en la cual las empresas actúen de manera libre y leal en el mercado, absteniéndose de incurrir en la realización de prácticas restrictivas de la competencia y de conductas de competencia desleal.

El objetivo de las multas y demás sanciones que las autoridades de competencia imponen a quienes incurren en conductas anticompetitivas es el de orientarlos hacia el cumplimiento de las normas de competencia y disuadirlos de vulnerarlas. Las sanciones no tienen un objetivo de retribución o venganza. Como dice Martha C. Nussbaum:

> "Esquilo sugiere que la justicia política no solamente pone una jaula alrededor de la rabia, fundamentalmente la transforma, de algo difícilmente humano, obsesivo y sediento de sangre, en algo humano, que acepta razones, calmado, deliberado y mesurado. Más aún, la justicia no se enfoca en el pasado que nunca podrá ser alterado sino en la creación de futuros bienestar

---

50   En Colombia, el artículo 3 de la Ley 1340 de 2009 establece que el propósito de la actuación de la Superintendencia de Industria y Comercio es "velar por la observancia de las disposiciones sobre protección de la competencia; atender las reclamaciones o quejas por hechos que pudieren implicar su contravención y dar trámite a aquellas que sean significativas para alcanzar en particular los siguientes propósitos: la libre participación de las empresas en el mercado, el bienestar de los consumidores y la eficiencia económica". Como lo expresamos arriba, debe reconocerse que en la actualidad existe una corriente de pensamiento en el derecho de la competencia, los *neobrendesianos* (o *hipster antitrust*) que considera que esta normativa debe tener otros objetivos diferentes a la protección del bienestar del consumidor, como es el caso de los intereses de los pequeños empresarios, la disminución de la concentración del mercado y otros objetivos meta económicos como es el caso del medio ambiente o el empleo.

y prosperidad. El sentido de responsabilidad que habita instituciones justas, no es en modo alguno un sentimiento retributivo, es un juicio mesurado en defensa de la vida actual y la futura. [...] Más aún, la responsabilidad por las conductas realizadas en el pasado está enfocada en el futuro: en la disuasión más que en la retribución (traducción propia)".[51]

Nos parece importante destacar el pensamiento de esta autora, pues consideramos que muchas veces las autoridades de competencia en Latinoamérica y en otras partes del mundo han enfocado sus energías de manera primordial en el ejercicio de la facultad sancionatoria, lo cual es sin duda importante, pero hace que muchas veces la autoridad se ensañe en la persecución de las empresas y pierda de foco que la sanción es solamente una herramienta para el logro del verdadero objetivo, que es la efectividad del principio de libre competencia económica previsto en el ordenamiento constitucional y legal, para lo cual la autoridad cuenta con herramientas adicionales como la promoción de las políticas de cumplimiento (*compliance*) al interior de las empresas[52], la difusión académica, pedagógica y didáctica del principio de libre competencia económica en

---

[51] Martha Nussbaum, *Anger and Forgiveness Resentment, Generosity, Justice*, (Oxford, 2016), 3: "Aeschylus suggests that political justice does not just put a cage around anger, it fundamentally transforms it, from something hardly human, obsessive, bloodthirsty, to something human, accepting reasons, calm, deliberate, and measured. Moreover, justice focuses not on the past that can never be altered but on the creation of future welfare and prosperity. The sense of accountability that inhabits just institutions is, in fact, not a retributive sentiment at all, it is measured judgement in defense of current and future life. [...] Moreover, accountability for past acts is focused on the future: on deterrence rather than payback".

[52] En Colombia, por medio del Decreto 092 de 2022, el Gobierno modificó la estructura y las funciones de la Superintendencia de Industria y Comercio y creó, dentro de la Delegatura de Protección de la Competencia una nueva Dirección de Cumplimiento dentro de la cual funcionan dos grupos de trabajo: el Grupo de Gobierno Corporativo y Promoción de Buenas Prácticas y el Grupo de Monitoreo, Vigilancia de Riesgos y Controles. Adicionalmente, la Superintendencia de Industria y Comercio promovió la creación de una norma técnica no obligatoria de cumplimiento de la normativa de competencia, que es la Norma Técnica Colombiana (NTC) 6378, expedida por el Instituto Colombiano de Normas Técnicas y Certificación (Icontec) en el 2020, la cual contiene los "Requisitos para el establecimiento de buenas prácticas de protección para la libre competencia". Esta norma se puede revisar en el siguiente enlace: https://tienda.icontec.org/gp-requisitos-para-el-establecimiento-de-buenas-practicas-de-proteccion-para-la-libre-competencia-ntc6378-2020.html. Finalmente, en noviembre de 2022, la Superintendencia de Industria y Comercio de Colombia expidió la *Guía de orientación para la implementación de programas de cumplimiento en derecho de la competencia*, la cual se

asocio del sector académico y la abogacía de la competencia. En este sentido dice Martha C. Nussbaum:

> "La ley otorga un doble beneficio: nos mantiene seguros desde afuera, y nos permite cuidarnos los unos a los otros, sin la carga de la rabia retributiva, desde adentro, [...] lo que se debe hacer entonces es entregarle estos asuntos a la ley, que debe manejarlos sin rabia y con un espíritu de mirada hacia Adelante, [...] en este reino [reino de la política], la virtud primordial es la justicia imparcial, una virtud benévola que busca el bien común, [...] en el caso de la justicia de cada día yo debo argumentar que la búsqueda de la justicia resulta perjudicada por un enfoque estrecho en un castigo de cualquier tipo, pero especialmente perjudicada por un enfoque retributivo de derecho criminal, aunque sea de tipo sofisticado. Por encima de todo, la sociedad debe adoptar una perspectiva ex ante, analizando el problema global del crimen y buscando las mejores estrategias para abordarlo mirando hacia adelante. Dichas estrategias ciertamente deben incluir el castigo a los infractores, pero solamente como una parte de un proyecto mucho más grande (traducción propia)".[53]

Por lo anterior, nos resulta preocupante percibir, en la aplicación de la política pública de competencia de algunos países, una tendencia de las autoridades a no considerar como válidos los argumentos de defensa de los investigados, a no decretar o valorar las pruebas que se aportan en defensa de su conducta y a conducirse, en fin, con un marcado ánimo sancionatorio, a la vez que se liberan informes a los medios de comunicación de manera que se afecta negativamente la reputación de todo aquél que es investigado (cuando aún no ha sido demostrada su culpabilidad) y se abstiene de utilizar mecanismos tales como el de las garantías o acuerdos de cese (los norteamericanos los llaman *consent decrees*), que están consagrados en la ley como un gana–gana, en el cual

---

puede revisar en el siguiente enlace: https://www.sic.gov.co/sites/default/files/files/2022/Guia%20competencia2-final-12-07-2022v0-5.pdf

[53] Martha Nussbaum, *Anger and Forgiveness Resentment, Generosity, Justice*, (Oxford, 2016), 4-8: "Law gives a double benefit: it keeps us safe without, and permits us to care for one another, unburdened by retributive anger, within [...] the thing to do is to turn matters over to the law, which should deal with them without anger and in a forward-looking spirit. [...] In this realm [political realm], the primary virtue is impartial justice, a benevolent virtue that looks to the common good. [...] In the case of everyday justice I shall argue that the pursuit of justice is ill-served by a narrow focus on punishment of any type, but especially ill-served by criminal law retributivism, even if a sophisticated sort. Above all, society should take an ex ante perspective, analyzing the whole problem of crime and searching for the best strategies to address it going forward. Such strategies may certainly include punishment of offenders, but as just one part of a much larger project".

la autoridad no se tiene que desgastar en la demostración de la conducta anticompetitiva y el investigado no tiene que permanecer *sub judice* cuando ofrece medidas razonables que protegen el principio de libre competencia de manera inmediata. [54]

Por descontado se advierte que no se trata de proponer aquí que se tienda un manto de impunidad sobre las conductas anticompetitivas, ni de proteger a las empresas infractoras en aquellos casos en los que con claridad se demuestre, después de realizar una investigación regida por el debido proceso, en la cual los investigados hayan podido ejercer el derecho a la defensa con plenas garantías, que se ha incurrido en cualquiera de las conductas prohibidas, como es el caso de los cárteles de precios, los acuerdos de repartición de mercados o la colusión en las licitaciones públicas, que afectan a los consumidores o comprometen el patrimonio del Estado, a la vez que condenan a nuestros países al desangre de los recursos públicos y al atraso de la infraestructura nacional. Está claro que en estos casos se deben imponer sanciones ejemplarizantes con todo rigor, pero con el pleno de las garantías constitucionales y legales.[55]

Y es que sucede que, en muchos casos, en el derecho de la competencia las cosas no pueden ser vistas bajo una óptica de blanco o negro, porque existen tonalidades de grises. Como lo reporta el autor William Landes

> "Ronald Coase (1991 Premio Nobel de Economía) dijo que se había cansado del antitrust, porque cuando los precios subieron, los jueces dijeron que había monopolio, cuando los precios bajaron, dijeron que había precios predatorios, y cuando se mantuvieron iguales, dijeron que había colusión tácita [traducción propia]".[56]

Adicionalmente, es importante para el robustecimiento de la economía de mercado que no se persiga a los empresarios como criminales, salvo que realmente existan pruebas para ello, ya que como dijo Winston Churchill, "Muchas personas miran al empresario como al lobo que hay que abatir, otros muchos lo miran como a una vaca que hay que exprimir, y muy pocos

---

[54] Alfonso Miranda Londoño, Reformas necesarias al Derecho de la Competencia en Colombia, Recomendaciones para el cuatrienio 2018–2022, Centro de Estudios de Derecho de la Competencia (2018), 9.

[55] Alfonso Miranda Londoño, Reformas necesarias al Derecho de la Competencia en Colombia, Recomendaciones para el cuatrienio 2018–2022, Centro de Estudios de Derecho de la Competencia (2018), 9.

[56] William Landes, *The Fire of Truth: A remembrance of Law and Economics at Chicago* (JLE, 1981), 193.

lo miran como el caballo que tira del carro".[57] Es necesario, por lo tanto, eliminar o reducir hasta donde sea posible el llamado "error de tipo uno" (1) o "falso positivo", para lo cual se debe dotar a la política de competencia de garantías institucionales y procesales.[58]

De otra parte, a pesar de que las definiciones o significados de las palabras con las que se identifican los programas de delación indican, en el caso de la amnistía, que el Estado otorga el perdón a una persona, que se extingue su responsabilidad respecto de la conducta ilícita que ha realizado y que, en el caso de la clemencia, el Estado aplica la justicia con compasión o moderación, en mi opinión, estos programas comportan la reducción o eliminación de la multa que el Estado impone a los infractores de las normas sobre protección o defensa de la competencia, pero no implican el perdón de sus conductas ni eliminan su responsabilidad respecto de las mismas.

En efecto, puede pensarse que el perdón comporta en sí mismo un problema de injusticia, en la medida en que llegue a representar un tratamiento desigualmente benévolo para algunos, pero no para otros. Al respecto Kathleen Dean Moore dice: "Debido a que el perdón aparta a alguien de los demás *para darle un tratamiento especial, todo perdón es potencialmente una injusticia comparativa, una violación del principio de tratam*iento igual bajo la ley (traducción propia)".[59] De otra parte, la clemencia, en el sentido de aplicación más suave o menos severa de la ley, parece más bien una prerrogativa divina que una potestad que pueda ser ejercida con seriedad por una autoridad, sin incurrir en discriminaciones. Así se deduce de las palabras de William Shakespeare en el *Mercader de Venecia*:

> "PORCIA.- La propiedad de la clemencia es que no sea forzada; cae como la dulce lluvia del cielo sobre el llano que está por debajo de ella; es dos veces bendita: bendice al que la concede y al que la recibe. Es lo que hay de más poderoso en lo que es todopoderoso; sienta mejor que la corona

---

[57] Marta Martínez Arellano, *Opiniones, innovación y crecimiento. https://leereflexionayopina.wordpress.com/*

[58] Alfonso Miranda Londoño, Reformas necesarias al Derecho de la Competencia en Colombia, Recomendaciones para el cuatrienio 2018–2022, Centro de Estudios de Derecho de la Competencia (2018), 9.

[59] Kathleen Dean Moore, "Pardon for Good and Sufficient Reasons", *University of Richmond Law Review* Vol. 27 U. Rich. L Rev. 281 (1993). *http://scholarship.richmond.edu/lawreview/vol27/iss2/7*. "Because a pardon singles someone out for special treatment, every pardon is potentially a comparative injustice, a violation of the principle of equal treatment under the law".

al monarca sobre su trono. El cetro puede mostrar bien la fuerza del poder temporal, el atributo de la majestad y del respeto que hace temblar y temer a los reyes. Pero la clemencia está por encima de esa autoridad del cetro; tiene su trono en los corazones de los reyes; es un atributo de Dios mismo, y el poder terrestre se aproxima tanto como es posible al poder de Dios cuando la clemencia atempera la justicia. Por consiguiente, judío, aunque la justicia sea tu punto de apoyo, considera bien esto: que en estricta justicia ninguno de nosotros encontrará salvación, rogamos para solicitar clemencia, y este mismo ruego, mediante el cual la solicitamos, nos enseña a todos que debemos mostrarnos clementes con nosotros mismos. No he hablado tan largamente más que para instarte a moderar la justicia de tu demanda. Si persistes en ella, este rígido tribunal de Venecia, fiel a la ley, deberá necesariamente pronunciar sentencia contra el mercader aquí presente (cursivas propias)".[60]

Martha Nussbaum recoge los requisitos del perdón propuestos por Charles Griswold, algunos de los cuales corresponden a requisitos de los programas de delación. Al analizarlos se descubre también que el perdón tiene otros requisitos que no forman parte de los programas de delación y que carece de otros elementos que son indispensables para el funcionamiento de la figura jurídica de la delación, porque, como hemos dicho, estos programas reflejan una realidad diferente de la del perdón:

"El Perdón, argumenta él [Charles Griswold], es un proceso de dos personas, que involucra la moderación de la rabia y la cesación de los proyectos de venganza, en respuesta al cumplimiento de seis condiciones. Un candidato al perdón debe:

1. Admitir que ella fue el agente responsable.
2. Repudiar sus actos.
3. Expresar remordimiento a la afectada por haberle producido este particular perjuicio a ella.
4. Comprometerse a convertirse en el tipo de persona que no inflige perjuicios y demuestra este compromiso tanto con hechos como con palabras.
5. Demostrar que ella comprende, desde la perspectiva de la persona perjudicada, el daño causado por la conducta.
6. Ofrecer un relato de la forma en que causó el perjuicio, como ese perjuicio no expresa la totalidad de su persona, y como se está convirtiendo en alguien digno de aprobación[61] (traducción propia)".

---

[60] Juan Valdés Cesar, "Alegato sobre la clemencia. Porcia, en el mercader de Venecia de William Shakespeare", *Juan* (blog). *http://juanvaldescesar.blogspot.com/2011/08/alegato-sobre-la-clemencia-porcia-en-el.html*

[61] Martha Nussbaum, *Anger and Forgiveness Resentment, Generosity, Justice* (Oxford, 2016), 56: "Forgiveness, he [Charles Griswold] argues, is a two-person process involving a moderation of anger and a cessation of projects of revenge, in response to the fulfillment of six conditions. A candidate for forgiveness must:
1. Acknowledge that she was the responsible agent.

Como se puede observar, el perdón comparte con los programas de delación elementos tales como la confesión o admisión respecto de la realización de la conducta; el compromiso de cese de la conducta; y la descripción de la forma en que se realizó la conducta. No es requisito para la participación en los programas de delación que el delator repudie sus actos, que exprese remordimiento o que demuestre que comprende el daño causado por su conducta.

Adicionalmente, está claro que para ser admitido como delator, el infractor debe cumplir cargas y requisitos adicionales que demuestran las diferencias que existen entre el perdón y los programas de delación. Las principales diferencias son las siguientes:

a) Para poder acceder a la exoneración total de la multa, el delator debe ser el primero en confesar ante la autoridad de competencia la realización de la conducta anticompetitiva. Los delatores posteriores pueden aspirar solamente a una rebaja de la multa, pero no a la exoneración total de la misma.

b) El delator no solamente debe confesar o autoincriminarse, sino que debe también acusar a los demás participantes en el cártel.

c) El delator no solamente debe describir de manera completa la conducta, sino que debe además aportar pruebas que le permitan a la autoridad de competencia adelantar su investigación y sancionar a los demás infractores y colaborar con la autoridad a lo largo de la investigación.

d) El delator recibe a cambio la exoneración o reducción de la multa, pero no queda exonerado de la responsabilidad civil[62] por los daños que su conducta ilegal haya causado. Sin embargo, debería recibir

---

2. Repudiate her deeds.
3. Express regret to the injured at having caused this particular injury to her.
4. Commit to becoming the sort of person who does not inflict injury and show this commitment through deeds as well as words.
5.Show that she understands, from the injured person's perspective, the damage done by the injury.
6. Offer a narrative accounting for how she came to do wrong, how that wrongdoing ford not express the totality of her person, and how she is becoming worthy of approbation".

[62] En algunas jurisdicciones. como la colombiana, no queda exonerado tampoco de la eventual responsabilidad penal en la que incurre por la violación de las normas de competencia.

un tratamiento más suave, lenient, que el que recibirán los demás investigados, lo cual, en muchas jurisdicciones, se refleja en la confidencialidad de su identidad, la confidencialidad del expediente de delación y un tratamiento especial en caso de acciones de reparación de perjuicios, caso en el cual lo que se ha propuesto, en Europa y en países como Colombia, es que su responsabilidad no sea solidaria con la de los demás infractores[63].

En efecto, los programas de delación no tienen el poder liberatorio del perdón, en el sentido en que lo define Hannah Arendt:

"Perdonar, en otras palabras, es la única reacción que no implica meramente reaccionar, sino que actúa de manera nueva e inesperada, sin estar condicionada por el acto que lo provoca y por lo tanto libera de sus consecuencias tanto a quien perdona como al que es perdonado (traducción propia)".[64]

De otra parte, el Estado no puede en realidad otorgar perdón en nombre de la sociedad, ya que, como lo dice Derrida, invocando a Jankélévitch,

"[...] el anónimo cuerpo del Estado o de una institución pública no puede perdonar. No tiene el derecho ni el poder para hacerlo; y además, ello no tendría significado alguno. El representante del Estado puede juzgar, pero el perdón, precisamente, no tiene nada que ver con el juzgamiento (traducción propia)".[65]

---

[63] Al respecto pueden verse en la Sección 2.4 del Capítulo IV de este documento, las medidas adoptadas por la UE a través de la normativa 2014/104/UE, con el objeto de promover la indemnización de perjuicios de las personas afectadas por las prácticas restrictivas de la competencia; a la vez que se protege el Programa de Delación.

[64] Hannah Arendt, *The Human Condition* (University of Chicago Press, 1998), 241: "Forgiving, in other words, is the only reaction which does not merely re-act but acts anew and unexpectedly, unconditioned by the act which provoked it and therefore freeing from its consequences both the one who forgives and the one who is forgiven".

[65] Jacques Derrida, *On Cosmopolitanism and Forgiveness* (Routledge, 2001): "The anonymous body of the State or of a public institution cannot forgive. It has neither the right nor the power to do so; and besides, that would have no meaning. The representative of the State can judge, but forgiveness has precisely nothing to do with judgement".

1.3.3 Los programas de delación desde el punto de vista de los demás infractores

Los demás infractores son agentes de mercado que se ven acusados debido a la traición en la cual ha decidido incurrir el delator respecto del cartel al tomar la decisión de renunciar a su presunción de inocencia y colaborar con la autoridad.

Tabla 5. Concepto de los demás infractores diferentes del delator

País	Concepto de los demás infractores diferentes del delator
Colombia	En Colombia, el artículo 2 (2) de la Ley1340 de 2009 se refiere a los demás infractores diferentes del Delator en función de los sujetos a los cuales les son aplicables las normas de competencia, definidos como "todo aquel que desarrolle una actividad económica o afecte o pueda afectar ese desarrollo independientemente de su forma o naturaleza jurídica y en relación con las conductas que tengan o puedan tener efectos total o parcialmente en los mercados nacionales, cualquiera sea la actividad o sector económico".
	En consecuencia, esta definición se refiere de manera general a las personas que pueden infringir las normas de competencia, así: (i) el agente del mercado; (ii) el instigador o promotor y (iii) el facilitador. estos sujetos se encuentran definidos así:
	• El agente del mercado: de conformidad con el numeral 2 del artículo 2.2.2.29.1.2. del Decreto 253 de 2022 se define al Agente del Mercado como "…toda persona que desarrolle una actividad económica y afecta o pueda afectar ese desarrollo, independientemente de su forma o naturaleza jurídica, cualquiera que sea la actividad o sector económico".
	• Instigador o promotor de la conducta anticompetitiva: de conformidad con el numeral 1 del artículo 2.2.2.29.1.2. del Decreto 253 de 2022 y la Ley 2195 de 2022 la definición más reciente en Colombia de Instigador o Promotor de la conducta anticompetitiva es "…la persona que mediante coacción o grave amenaza induzca a otra u otras a iniciar o hacer parte de una conducta anticompetitiva en la que participen dos (2) o más agentes del mercado de forma coordinada, siempre que dicha coacción o grave amenaza permanezca durante la ejecución de la conducta y resulte determinante en la conducta de los agentes involucrados".
	• Facilitador: con el numeral 3 del artículo 2.2.2.29.1.2. del Decreto 253 de 2022 y la Ley 2195 de 2022 la definición más reciente de facilitador se refiere a "Cualquier persona que colabore, autorice, promueva, impulse, ejecute o tolere conductas contrarias a la libre competencia, en los términos de la Ley 155 de 1959, Decreto 2153 de 1992, Ley 1340 de 2009, y demás normas que las complementen o modifiquen".

Perú	En Perú, los infractores diferentes del Delator están comprendidos en la definición de los agentes económicos que es a quienes se les aplica la legislación de competencia. De conformidad con la Guía de Clemencia, se trata de aquellos sujetos definidos como tales por el artículo 2 de la Ley de Libre Competencia. Al respecto, el artículo 2 del TUO del DL 1034 de 2008 al delimitar su ámbito de aplicación subjetivo establece que la normativa de competencia se aplica a las siguientes personas que infrinjan la Ley de Libre Competencia:
	a. "Las personas naturales o jurídicas, sociedades irregulares, patrimonios autónomos u otras entidades de derecho público o privado, estatales o no, con o sin fines de lucro, que en el mercado oferten o demanden bienes o servicios o cuyos asociados, afiliados, agremiados o integrantes realicen dicha actividad. Se aplica también a quienes ejerzan la dirección, gestión o representación de los sujetos de derecho antes mencionados, en la medida que hayan tenido participación en el planeamiento, realización o ejecución de la infracción administrativa".
	b. "Las personas naturales que actúan en nombre y por encargo de las personas jurídicas, sociedades irregulares, patrimonios autónomos o entidades mencionadas en el párrafo anterior, con sus actos generan responsabilidad en éstas, sin que sea exigible para tal efecto condiciones de representación civil".
	c. "Las personas naturales o jurídicas que, sin competir en el mercado en el que se producen las conductas materia de investigación, actúen como planificadores, intermediarios o facilitadores de una infracción sujeta a la prohibición absoluta. Se incluye en esta disposición a los funcionarios, directivos y servidores públicos, en lo que no corresponda al ejercicio regular de sus funciones".
Chile	En Chile, el ámbito de aplicación subjetivo del Decreto Ley No. 211 de 1973 es amplio, dado que se refiere a aquél que "que ejecute o celebre, individual o colectivamente cualquier hecho, acto o convención que impida, restrinja o entorpezca la libre competencia, o que tienda a producir dichos efectos". Por lo tanto, la calificación de los infractores deberá mirarse a la luz de cada hecho, acto o convención que impida, restrinja o entorpezca la libre competencia o que tienda a producir dichos efectos.
	Se aclara que el artículo 47 del DL 211de 1973 define Agente Económico como "toda entidad, o parte de ella, cualquiera que sea su forma de organización jurídica o aun cuando carezca de ella, que ofrezca o demande bienes o servicios. Se considerará asimismo como un agente económico el conjunto de activos tangibles o intangibles, o ambos, que permitan ofrecer o demandar bienes o servicios".

México	En México, el ámbito de aplicación subjetivo de la Ley Federal de Competencia Económica de 1993 (artículo 4) hace referencia a los Agentes Económicos, que son quienes pueden infringir las normas de competencia.
	El articulo 3(I) de la Ley Federal de Competencia Económica de 1993 define a los agentes económicos como "Toda persona física o moral, con o sin fines de lucro, dependencias y entidades de la administración pública federal, estatal o municipal, asociaciones, cámaras empresariales, agrupaciones de profesionistas, fideicomisos, o cualquier otra forma de participación en la actividad económica".
	En este orden de ideas, de conformidad con la definición anterior y su respectivo ámbito de aplicación, serán infractores aquellos agentes económicos "que hayan tomado o adoptado la decisión, así como instruido o ejercido influencia decisiva en la toma de decisión, y el directamente involucrado en la realización de la conducta prohibida por" la Ley Federal de Competencia Económica.

La posición de los demás infractores queda entonces comprometida por la palabra del delator y tienen ellos dos alternativas: colaborar también con la investigación y tratar de obtener algún beneficio que se refleje en la disminución de la multa o defenderse y negar su participación en las conductas anticompetitivas, lo cual puede resultar difícil en presencia de un delator, que, por la calidad de la información y pruebas que ha aportado, ha sido aceptado como tal por la autoridad de competencia.

En relación con la última alternativa propuesta, es decir, la de negar la conducta y defenderse, observamos que es posible que los demás infractores puedan defender mejor su buen nombre en las etapas iniciales de la investigación, en las cuales aún sostienen de manera púbica su inocencia y están amparados por las presunciones de buena fe y de inocencia, que por regla general son de rango constitucional.

Sin embargo, de conformidad con las reglas de los programas de delación, los demás infractores que decidan no colaborar con la autoridad corren el riesgo de ser tratados de manera rigurosa, ya que la información y pruebas aportadas por el delator deberían hacer que la autoridad de competencia los encuentre culpables de manera más fácil y los sancione de manera ejemplar.

En un sistema jurídico como el europeo y el que tiene actualmente Colombia, al menos en teoría, los demás infractores corren un riesgo mayor que el delator de cara a las demandas de clase o de grupo que los afectados pueden iniciar, ya que su responsabilidad es solidaria con todos los investigados, mientras que el delator solamente responde por los perjuicios que ocasionó de manera directa[66]. Sin embargo, como se verá más adelante, en muchas jurisdicciones que aún no han adoptado reglas para proteger al delator, este puede verse en una situación más comprometida que la de los demás infractores de cara a las acciones de perjuicios, por cuenta de su confesión y del acceso que los demandantes puedan tener al expediente de la delación.

1.3.4 Los programas de delación desde el punto de vista del mercado o de la sociedad

Puede decirse que el mercado, la sociedad y, si se quiere, los consumidores son las verdaderas víctimas de las prácticas restrictivas de la competencia. La razón de la existencia de los programas de delación es la protección de sus intereses, lo cual se logra, de manera paradójica, asegurándole al delator la exoneración o reducción de las multas que por ley deberían aplicársele, de no ser por los beneficios que ofrece el programa.

Es posible que los consumidores y la opinión pública en general rechacen los programas de delación, porque impiden que algunos infractores sean sancionados y los protegen de las consecuencias de sus actos de diversas maneras. Al respecto debe considerarse que los programas de delación en verdad protegen los intereses del mercado y de los consumidores, porque es gracias a ellos que el cártel llega al conocimiento de la autoridad y la misma puede hacer cesar sus efectos de manera más rápida y eficaz, con el fin de beneficiar a la sociedad y poder castigar de manera contundente a los demás infractores, lo cual tiene sin duda un importante efecto disuasorio. Por lo anterior, las autoridades de competencia en todas las jurisdicciones se preocupan por informarle al público y educarlo sobre la importancia de los programas de delación y los efectos benéficos que tienen para la sociedad, como lo propone el documento titulado *Revisión del Programa de Beneficios por Colaboración (PBC) del Despacho del Superintendente de Industria y Comercio,* elaborado por la Superintendencia de Industria y Comercio de Colombia como parte de la preparación para la expedición del Decreto 253 de 2022 por medio del cual se reformuló el Programa de Beneficios por Colaboración (PBC) de Colombia.

---

[66] En la Sección 2.6 del Capítulo III de este documento, se muestran las medidas adoptadas por la UE a través de la normativa 2014/104/UE, con el objeto de promover la indemnización de perjuicios de las personas afectadas por las prácticas restrictivas de la competencia; a la vez que se protege el Programa de Delación.

1.4 Justificación económica de los programas de delación

Aunque la decisión del delator en el sentido de colaborar con la autoridad puede ser motivada por factores morales, éticos, culturales o sociales como los descritos en la sección anterior de la obra, lo cierto es que el derecho de la competencia no está contando con el arrepentimiento de los infractores ni con su sentido moral, ético, cívico o de respeto por el ordenamiento jurídico.

En efecto, el éxito de los programas de delación se basa en los incentivos económicos que ofrece el programa y en la percepción que tenga el potencial delator de que los mismos superen a la opción de permanecer en el cártel.[67] El cálculo que debe hacer el potencial delator debe tener en cuenta lo siguiente: (i) por un lado, se debe considerar la decisión de delatar, con las repercusiones que esa decisión puede causar sobre la reputación, ajustadas por el efecto económico de la exoneración o disminución de la multa a imponer, por el riesgo futuro de las acciones indemnizatorias y por la posibilidad de retaliaciones comerciales o de otro tipo por parte de los demás competidores u otros agentes del mercado que puedan resultar afectados; (ii) por otro, se debe tener en cuenta el efecto económico neto de permanecer en el cártel, lo cual implica medir la utilidad que genera el cártel, ajustada por la posibilidad de que el mismo sea descubierto y sancionado con base en la investigación de la autoridad o en la delación de otro infractor y los efectos que esa situación puede causar sobre la reputación. Está claro que en el evento de que la primera parte de la ecuación arroje un resultado favorable al delator, que supere el valor de la segunda parte de la misma, el infractor se decidirá a delatar.[68]

---

[67] La utilización de los incentivos económicos como parámetro de análisis de la efectividad de los programas de clemencia simplifica la comparación que el presente trabajo debe realizar entre los programas de delación de los países latinoamericanos y los desarrollados en los Estados Unidos de América o en Europa. A pesar de dicha simplificación, la aplicación y la efectividad de los programas de delación en las diferentes jurisdicciones seguirán estando influenciadas por factores históricos, culturales, sociológicos y religiosos, lo cual incrementa de manera importante la complejidad de este tipo de análisis.

[68] Una expresión matemática de la decisión entre delatar y no delatar, se encuentra en Carlos Pablo Márquez Escobar y Diana Castiblanco, "Análisis económico de la delación en materia de protección de la competencia en Colombia: las falencias de los beneficios por colaboración", en Estudios de Derecho de la Competencia (Universidad Externado de Colombia, 2022), 427.

La relación antes descrita puede expresarse en lenguaje matemático de la siguiente manera[69]:

Ecuación 1. Decisión de delatar o permanecer en el cártel

$$\beta - (\phi + \delta + \kappa + \gamma') > (1 - p) * \Pi^{i}_{c} + p * (\alpha + \phi' + \delta + \gamma)$$

Esta desigualdad refleja las condiciones bajo las cuales una empresa infractora *i* tomaría la decisión de delatar. En este caso, la empresa compararía el resultado económico (*pay-off*) de delatar con el resultado económico (*pay-off*) de permanecer en el cártel. Los valores de la ecuación son los siguientes:

β Es el valor que la empresa *i* deja de pagarle al Estado en caso de que decida delatar.

ϕ Representa el daño a la reputación al declararse parte de un cártel. Distinguimos ϕ como el daño a la reputación en caso de ser descubierto el cártel, que no necesariamente es igual al daño a la reputación causado por la delación.

δ Es el posible cobro al delator por concepto de indemnización de los perjuicios causados a otros agentes económicos por su participación en el cártel (responsabilidad civil).

κ Simboliza las posibles represalias comerciales de los otros miembros del cártel en contra del delator.

γ Denota los posibles costos por responsabilidad penal al cartelista en caso de ser descubierto el cártel. Al respecto distinguimos γ' que se refiere a estos mismos costos para el delator, que los señalamos como menores y que en algunas jurisdicciones desaparecen porque al menos el primer delator resulta exonerado de la sanción penal.

p Representa la probabilidad de que la empresa *i* sea descubierta.

Π^{i}_{c} Refleja los beneficios (netos) de la firma *i* de permanecer en el cártel.

α Representa la multa que se le aplicaría a la empresa *i* en caso de ser descubierta.

De conformidad con lo anterior, la empresa *i* permanecerá en el cártel si el valor de permanecer en el mismo es mayor al valor que la empresa recibe por delatar. El lado izquierdo de la ecuación muestra entonces los beneficios de delatar (β), menos los costos de delatar (en paréntesis), mientras que en el lado derecho tenemos el valor esperado de permanecer en el cártel (ponderado por la probabilidad *p* de ser descubierto).

---

[69] Agradecemos el apoyo del economista Francisco Fernández Mejía para el desarrollo y expresión de la fórmula matemática.

En vista de lo anterior, en esta sección se va a analizar de manera breve, sin ahondar en las complejidades matemáticas de la teoría de juegos, los incentivos económicos que los programas de delación ofrecen a los infractores, para ayudarles a tomar la decisión de colaborar con las autoridades de competencia.

Los programas de delación pueden ser representados a través de los juegos estáticos (es decir, juegos en los cuales las decisiones se adoptan de manera simultánea) con información completa e imperfecta, propios de la teoría de juegos. Estos juegos se caracterizan por representar situaciones en las que el beneficio de los participantes es producto de sus decisiones analizadas en conjunto. Dicho de otra forma, el beneficio que obtiene cada agente económico no depende únicamente de sus decisiones en el mercado, sino que es el resultado de la interacción de sus decisiones con las decisiones de sus competidores.

Los juegos estáticos con información completa e imperfecta se caracterizan porque en ellos cada uno de los jugadores que participan de manera simultánea tienen pleno conocimiento de las potenciales acciones de los demás participantes y de los beneficios individuales correspondientes a cada una de ellas (por lo que se dice que tienen información completa). Dado que el juego es estático o simultáneo, por definición las partes no conocen de antemano las decisiones que toman sus contrapartes y de ahí que se diga que operan con información imperfecta. Además de lo anterior, la teoría de juegos asume que los agentes de mercado se comportan como sujetos perfectamente racionales y que toman decisiones con el objetivo de maximizar su bienestar individual. Para ello, se supone que los agentes económicos tratan de adoptar decisiones racionales, basadas en la lógica, la experiencia y en un análisis juicioso del costo-beneficio de las mismas, como el que se explicó al inicio, para buscar la maximización de su utilidad.

Como ya lo advertimos, en el caso de los programas de delación, las opciones del agente económico cartelizado se pueden clasificar en dos alternativas: la de delatar o la de guardar silencio y continuar siendo parte del cártel. Cada miembro del cártel, con posterioridad al inicio de éste, se enfrenta al problema de determinar si los beneficios de salir del cártel son superiores a los beneficios de continuar siendo parte del mismo, en consideración al impacto que las potenciales decisiones de los demás participantes pueden tener sobre su situación.

Si esta disyuntiva se analiza a la luz del "dilema del prisionero", cada agente económico tendrá incentivos individuales para delatar a la otra parte, aunque en conjunto las empresas estarían mejor en caso de que ninguna de ellas delatara. Bajo este marco conceptual, los intereses y las remuneraciones de cada empresa en un escenario de cartelización por repartición horizontal de mercados y posible delación, se podrían explicar de la siguiente manera:

- Cuando ninguna de las empresas delata, logran repartirse el mercado de conformidad con su acuerdo de cartelización. En este caso los agentes económicos pueden comportarse como un monopolio y son capaces de fijar de manera conjunta un precio monopolístico. Las empresas se podrán ver afectadas por una pena de menor magnitud dado que ninguna proveyó a la autoridad de competencia las pruebas suficientes para acreditar cabalmente la conducta.

- Cuando únicamente una de las empresas delata, se podría pensar que la empresa delatora se verá beneficiada con la exoneración de la multa que la autoridad de competencia potencialmente le podría imponer. En cambio, la empresa que no delató será severamente sancionada por la autoridad de competencia y no recibirá ningún tipo de rebaja.

- Cuando ambas empresas delatan (equilibrio de Nash), la teoría de juegos asume que la autoridad rebajará la pena de cada una de ellas en una menor proporción, puesto que las pruebas individuales aportadas por cada una de ellas tienen un menor valor, dada la decisión de delatar de la otra parte. Sin embargo, esta aproximación del llamado equilibrio de Nash, que está referida al derecho penal, no resulta aplicable en la mayoría de los programas de delación, los cuales están basados en un sistema de marcadores, en el cual siempre habrá una empresa que delató unos minutos, horas o días antes que las otras, con lo cual adquiere el estatus de primer delator, que le da la posibilidad de recibir la exoneración total de la multa, mientras que la empresa o empresas que delatan en segundo lugar o en lugares posteriores, (que puede ser inclusive el mismo día y aún con minutos de diferencia) según el sistema de marcadores, recibirán una reducción menor de la sanción.

- Dicho lo anterior, el fenómeno de la delación bajo la estructura del dilema del prisionero se puede representar de la siguiente manera.

Tabla 6. Dilema del prisionero (1)

		Empresa A	
		Delatar	No delatar
Empresa B	Delatar	A -5, -5 (no es posible en un programa de delación con sistema de marcadores)	B -1,-10
	No delatar	C -10,-1	D -2, -2

Se asume que cada una de las empresas se va a comportar como un sujeto racional que únicamente valora sus beneficios individuales, razón por la cual cada una de ellas decidirá delatar a la otra, porque esta es una estrategia dominante. Es decir, que brinda un mayor beneficio para cada uno de los jugadores, con independencia de la acción del otro jugador.

Como se puede ver, cuando ambas firmas delatan (equilibrio de Nash), cada una de ellas es sancionada con una pena de cinco unidades, lo cual, como ya se dijo, no resulta cierto en un programa de delación que utilice el sistema de marcadores. Cuando una firma delata y la otra no lo hace, la delatora recibe una pena menor correspondiente a una unidad, mientras que la otra recibe una sanción de diez unidades. Por último, si ninguna de las firmas delata, se podría pensar que la autoridad de competencia podrá imponer una sanción, en cualquier caso menor, porque no tiene la totalidad de las pruebas necesarias para imponer una mayor.

La estructura de beneficios y sanciones anteriormente representada tendrá un efecto positivo en la cantidad de delaciones, en la medida en que genera incentivos inequívocos a delatar para ambos jugadores. [70]

La figura de la delación también podrá representarse de una manera en la que no genera los incentivos adecuados para que los participantes en el cártel acudan ante las autoridades. Por ejemplo, bajo la siguiente estructura de sanciones y beneficios, el juego tendrá dos equilibrios de Nash: uno donde ambas empresas delatan y otro donde ninguna de ellas lo hace. Una estructura de decisiones de este tipo podría verse justificada por el hecho de que la empresa delatora no descarta verse afectada por una mayor sanción como resultado de una colaboración con la autoridad de competen-

---

[70]   Christopher Leslie, "Antitrust Amnesty, Game Theory and Cartel Stability", *Journal of corporation Law*, Vol. 31, pp. 453–488, (2006). *https://ssrn.com/abstract=924376.*

cia, en caso de que no le sea condonada la totalidad de la pena o de que pueda sufrir otras consecuencias desfavorables, como sería el caso de una condena en un potencial litigio de indemnización de perjuicios. En otras palabras, las empresas podrían preferir no delatar si creen que su decisión incrementa sustancialmente la posibilidad de verse sancionadas por la autoridad o de sufrir otras consecuencias desfavorables, sin ser absueltas del pago de una parte más que sustancial de la pena.

También vale la pena mencionar que las empresas podrían tener una disposición diferente a asumir riesgos: podrían ser adversas al riesgo, amantes o indiferentes al mismo. Si la empresa es adversa al riesgo, preferirá no delatar porque dicho comportamiento incrementa sustancialmente el espectro de las penas que pueden ser impuestas por la autoridad. Dicho de otra forma, aumentará su varianza. Por lo anterior, como se verá más adelante, para lograr el éxito del programa de delación, la autoridad de competencia deberá generar la suficiente certeza respecto de los costos que potencialmente tendrán que asumir los delatores. [71]

Así mismo, los miembros del cártel siempre van a tener un menor o mayor grado de incertidumbre sobre la posibilidad de que se inicie una investigación en su contra, bien sea porque fueron traicionados por otra empresa que participa en el cártel o porque un tercero, como un consumidor, los denuncia. Es esa desconfianza la que debe agudizarse para que incline la balanza hacia la decisión de delatar.

Tabla 7. Dilema del prisionero (2)

		Empresa A	
		Delatar	No delatar
Empresa B	Delatar	-5, -5	-3, -10
	No delatar	-10, -3	-2, -2

---

[71] Nathan H. Miller, "Strategic Leniency and Cartel Enforcement", *American Economic Review*, 99 (3): 750-768) (2009). https://www.aeaweb.org/articles?id=10.1257/aer.99.3.750

Por último, la diferencia en las rebajas para los subsiguientes delatores debe ser de la magnitud apropiada, de tal manera que se mantengan los incentivos para colaborar con la autoridad de competencia sin afectar el apremio que cada uno de los participantes debe sentir para querer ser el primero en delatar y así obtener el máximo beneficio.

2. ORIGEN Y EVOLUCIÓN DE LOS PROGRAMAS DE DELACIÓN

En esta sección presentaremos un recuento histórico de los programas de delación, así como el estado de la cuestión en general y, en especial, en los países de Latinoamérica.

2.1 Orígenes de los programas de delación en el derecho norteamericano

Los programas de delación tienen su origen en el *plea bargain* o "acuerdo de culpabilidad" establecido en el derecho criminal norteamericano como una herramienta pragmática tendiente a hacer más rápida y efectiva la justicia, ya que frente a la posibilidad de no poder demostrar la culpabilidad del acusado, "más allá de una duda razonable", los fiscales del Departamento de Justicia llegan a un trato o acuerdo con el mismo, de tal manera que este acepta la culpabilidad de uno o más cargos (posiblemente cargos menores) y renuncia a discutirlos frente al juez (*nolo contendere*) a cambio de prerrogativas que el fiscal le puede ofrecer. De esa forma, el sistema legal norteamericano (muy criticado por la prevalencia del pragmatismo sobre la justicia) logra un mayor número de convicciones en un menor tiempo y con un menor costo.

Muchas veces los beneficios del *plea agreement* están atados a la delación de otras personas o empresas y a la entrega de pruebas, razón por la cual se ha constituido en una herramienta muy importante en la lucha contra el crimen organizado, que se caracteriza por el despliegue de estructuras jerárquicas o cuadros de mando en los que impera la ley del silencio, denominada *omertà* por la mafia siciliana, un código de honor que prohíbe a los miembros del clan dar informes sobre los delitos y la identidad de sus autores.

Con este fundamento, el Departamento de Justicia norteamericano (Department of Justice, DOJ) expidió en 1978 la primera versión de la *Po-*

lítica corporativa de clemencia[72] que consistía en ofrecer inmunidad a quien se autoincriminara y delatara a los demás partícipes del acuerdo, con el objetivo de descubrir cárteles secretos. Sin embargo, como lo mencionan O'Brien y muchos otros autores, esta política no fue exitosa, pues no ofrecía a los delatores suficientes incentivos para detectar cárteles importantes.

En 1993, el DOJ revisó su política de clemencia con el fin de crear mayores incentivos para que las empresas vieran la conveniencia de aplicar al programa de delación. Según Scott Hammond[73], quien cita documentos oficiales del DOJ, tres son los principales cambios que fueron introducidos en la reforma de 1993: (i) la exoneración total se le otorga de manera automática a las compañías delatoras que cumplan los requisitos de la ley, cuando no se ha iniciado una investigación; (ii) la posibilidad de otorgar inmunidad total al delator, aun cuando ya se esté adelantando una investigación, y (iii) la extensión de la inmunidad a los ejecutivos, directores, administradores y empleados que cooperen bajo la sombrilla de la compañía, los cuales quedan protegidos y no serán imputados penalmente.[74]

Estos cambios produjeron el efecto esperado, pues las aplicaciones al programa de clemencia que hasta 1993 eran apenas de una por año, pasaron a ser de una por mes en el 2003 y en el 2010 el DOJ ya reportaba un número de aplicaciones veinte veces superior al que se presentaba antes de la modificación del programa. El DOJ afirma que el programa de delación es la herramienta más eficaz para investigar cárteles y que ha producido resultados extraordinarios, ya que entre 1996 y el 2010 se impusieron más de cinco billones de dólares en multas, de los cuales el 90 % fueron impuestos en investigaciones asistidas por delatores.[75]

---

[72] Ann O'Brien, Leadership of Leniency, Anti-Cartel Enforcement in a Contemporary Age, Leniency Religion (Hart Publishing, 2015), 32 – 42.

[73] Scott Hammond trabajó en la División Antitrust del Departamento de Justicia de los Estados Unidos entre 1988 y 2013. Durante su carrera en el DOJ se enfocó en el programa de delación y en la aplicación criminal del Antitrust, bajo la dirección de Gary R. Spratling, quien en esa época ocupaba el cargo de Deputy Assistant Attorney General Antitrust Division U. S. Department of Justice . entre el 2005 y el 2013, Hammond fue el director de la División de Protección de la Competencia de la División Antitrust del DOJ.

[74] Scott Hammond, "The Evolution of Criminal Antitrust Enforcement Over the Last Two Decades", en *The 24th Annual National Institute on White Collar Crime*, (Miami, 2010), 2.

[75] Scott Hammond, "The Evolution of Criminal Antitrust Enforcement Over the Last Two Decades", en *The 24th Annual National Institute on White Collar Crime*,

A pesar de lo anterior, voces autorizadas, como la del profesor William Kovacic, alertan sobre los efectos colaterales que puede tener para las autoridades de competencia el depender en exceso de su programa de delación: El primero consiste en que se refuerza de manera importante la tendencia no muy sana a considerar que el monto de las sanciones recaudadas a gran velocidad por la agencia de competencia es una medida apropiada para medir la efectividad de la autoridad. El segundo consiste en que la excesiva confianza en el programa de delación puede hacer que las autoridades de competencia dejen de considerar como un riesgo la capacidad de adaptación y el ingenio de los cartelistas, los cuales pueden llegar incluso a utilizar el programa de delación para lograr sus propósitos. El profesor Kovacic sostiene que los programas de delación son un elemento importante en la lucha contra los cárteles empresariales, pero deben ser parte de un conjunto de políticas y medidas normativas cuyo objetivo es afianzar el principio de libre competencia económica y lograr la disminución de los cárteles, no el incremento en el recaudo de multas para el Estado.[76]

La última modificación del Programa de Delación de los Estados Unidos fue publicada el 4 de abril de 2022, cuando la División Antitrust del Departamento de Justicia (DOJ) publicó la modificación al Título 7 del *Manual de justicia* (*Justice Manual*) y la subsección 7-3.300, que contiene la *Antitrust Division Leniency Policy and Procedures,* que se podría traducir como la "Política y Procedimientos de Clemencia de la División Antitrust del DOJ".

Los principales aspectos de la reforma introducida por la División Antitrust del Departamento de Justicia (DOJ) al Programa de Delación en abril del 2022 son los siguientes:

a. Clases de delación: el programa de delación se divide en dos: la delación corporativa y la delación individual. A su vez, la delación corporativa se divide en delación "tipo a" y delación "tipo b".

b. Delación corporativa "tipo a"[77]: el DOJ le otorgará clemencia a la organización que confiese su participación en actividades ilegales antes de que el DOJ haya iniciado una investigación, siempre que:

(Miami, 2010), 3.

76 William Kovacic, A case for Capping the Dosage, Leniency and Competition Authority Governance Anti-Cartel Enforcement in a Contemporary Age, Leniency Religion (Hart Publishing, 2015), 117.

77 Department of Justice. "Justice Manual". Title 7 "Antitrust". Section 7-3000 "Criminal Enforcement". Subsection 7-3.300 "Antitrust Division Leniency Policy and

- Al momento de la presentación de la solicitud de acceso al programa, el DOJ no haya recibido información sobre la actividad ilegal proveniente de otra fuente.

- El solicitante le haya reportado al DOJ la actividad ilegal, de manera rápida, después de haber descubierto su existencia.

- El solicitante le reporte al DOJ la existencia de la actividad ilegal de manera cándida y completa y que realice una confesión de su participación que comporte un verdadero acto corporativo, por oposición a las confesiones aisladas de los directores, ejecutivos y empleados.

- El solicitante le preste al DOJ cooperación oportuna, sincera, continua y completa a lo largo de la investigación.

- El solicitante realice sus mejores esfuerzos para indemnizar los perjuicios sufridos por las personas afectadas por las actividades ilegales y para mejorar su programa de cumplimiento con el fin de mitigar el riesgo de volver a incurrir en conductas ilegales en el futuro.

- Resulte claro que el solicitante no es el líder u originador de la actividad ilegal.

Si el DOJ le otorga al solicitante la delación corporativa "tipo a", los directores, ejecutivos y empleados de la empresa no serán investigados criminalmente, siempre que en relación con las actividades ilegales reportadas por la empresa le proporcionen al DOJ cooperación oportuna, sincera, continua y completa.

c. Delación corporativa "tipo b"[78]: el DOJ le otorgará clemencia a la organización que confiese su participación en actividades ilegales pero no cumpla con los requisitos para obtener la delación corporativa "tipo a", siempre que:

  ○ Al momento de la presentación de la solicitud de acceso al programa, el DOJ no tenga evidencia en contra del solicitante que,

---

Procedures". Subsection 7-3.310 – "Type A Corporate Leniency". April of 2022. 15 U.S.C. § 7a.

[78] Department of Justice. "Justice Manual". Title 7 "Antitrust". Section 7-3000 "Criminal Enforcement". Subsection 7-3.300 "Antitrust Division Leniency Policy and Procedures". Subsection 7-3.320 – "Type B Corporate Leniency". April of 2022. 15 U.S.C. § 7a.

a criterio del DOJ, le pueda servir para obtener una sentencia en contra del solicitante.

○ El solicitante le haya reportado al DOJ la actividad ilegal, de manera rápida, después de haber descubierto su existencia.

○ El solicitante le reporte al DOJ la existencia de la actividad ilegal de manera cándida y completa y que realice una confesión de su participación que comporte un verdadero acto corporativo, por oposición a las confesiones aisladas de los directores, ejecutivos y empleados.

○ El solicitante le preste al DOJ a lo largo de la investigación, cooperación oportuna, sincera, continua y completa.

○ El solicitante realice sus mejores esfuerzos para indemnizar los perjuicios sufridos por las personas afectadas por las actividades ilegales y para mejorar su programa de cumplimiento con el fin de mitigar el riesgo de volver a incurrir en conductas ilegales en el futuro.

○ El solicitante no haya aplicado coacción sobre otra persona o empresa para que participara en las actividades ilegales y resulte claro que el solicitante no es el líder u originador de la actividad ilegal.

○ El solicitante sea el primer agente económico que clasifica para obtener clemencia respecto de las actividades ilegales reportadas y el DOJ considera que otorgarle la clemencia no resulta injusto para otras personas.

Para evaluar si el otorgarle clemencia al solicitante resulta injusto para otras personas, el DOJ tendrá en cuenta la naturaleza de las actividades ilegales, el rol del solicitante en las mismas, los antecedentes criminales del solicitante y la oportunidad de la solicitud de clemencia.

En el caso de la delación corporativa "tipo b", el DOJ no le garantiza a los directores, ejecutivos y empleados inmunidad criminal, pero puede considerar otorgársela discrecionalmente. Las personas que deseen obtener inmunidad criminal dentro de una delación corporativa "tipo b", deben confesar su participación en las conductas ilegales de manera cándida y completa y deben cooperar con el DOJ de manera oportuna, sincera, continua y completa, de tal manera que su cooperación ayude a la investigación del DOJ.

d. Delación individual[79]: el DOJ le otorgará clemencia al individuo que confiese su participación en actividades ilegales antes de que el DOJ haya iniciado una investigación, siempre que:

- Al momento de la presentación de la solicitud, el DOJ no tenga evidencia de la conducta ilegal de ninguna otra fuente.

- El individuo le reporte al DOJ la existencia de la actividad ilegal de manera cándida y completa y que le preste al DOJ a lo largo de la investigación, cooperación oportuna, sincera, continua y completa.

- El individuo no haya aplicado coacción sobre otra persona o empresa para que participara en las actividades ilegales y resulte claro que no es el líder u originador de la actividad ilegal.

Cualquier individuo que no califique para obtener clemencia bajo el Programa de Delación Individual podrá ser considerado para obtener un acuerdo de inmunidad o una clemencia informal, decisión que el DOJ adoptará caso a caso, de conformidad con los principios federales de investigación.

2.2 Los programas de delación en Canadá y Europa

Con base al ejemplo del programa de delación implementado por el DOJ en los Estados Unidos, las demás jurisdicciones alrededor del mundo comenzaron a implementar los programas de delación, como es el caso de Canadá en 1991 y la Unión Europea en 1996. Estos programas inicialmente tuvieron problemas de transparencia y predictibilidad, pero en el año 2000 Canadá expidió su *Immunity Bulletin* y en los años 2002 y 2006 la Comisión Europea modificó una directiva revisada del Programa de Clemencia, con lo cual, estas tres jurisdicciones han seguido una ruta de convergencia en la aplicación de sus políticas, ejemplo que ha sido seguido por muchas otras autoridades de competencia alrededor del mundo, con el impulso y la guía del *International Competition Network* (ICN), el *European Competition Network* (ECN) y de la *Organización para la Cooperación y el Desarrollo Económico*

---

[79] Department of Justice. "Justice Manual". Title 7 "Antitrust". Section 7-3000 "Criminal Enforcement". Subsection 7-3.300 "Antitrust Division Leniency Policy and Procedures". Subsection 7-3.330 – "Individual Leniency". April of 2022. 15 U.S.C. § 7a.

(OCDE), lo cual ha redundado en una aplicación cada vez más similar de esta política pública alrededor del mundo.[80]

Es indudable que el programa de delación ha desempeñado un papel muy importante en la política de competencia tanto de la Unión Europea, como de los países que la integran[81], y que a partir de su implementación la Comisión ha podido adelantar un número mayor de investigaciones y ha sancionado con cuantiosas multas a un mayor número de cárteles.

El éxito inicial del programa de delación en la Unión Europea se debe a la eficacia de la Comisión para adelantar investigaciones complejas de manera expedita y para sancionar los cárteles y otras prácticas anticompetitivas con multas importantes, lo que genera un ambiente propicio para que las empresas decidan utilizar el programa de delación.[82]

Al analizar la evolución del programa de delación en la Unión Europea se observa que la Comunicación de 1996 no les ofrecía a los delatores la suficiente previsibilidad, ya que no les otorgaba los beneficios de exoneración de la multa de manera automática. La reforma del año 2002 ofreció mayores beneficios a los solicitantes y trató de mejorar la confianza en el programa al informarles, de manera específica y por escrito, los requisitos que deberían cumplir para recibir los beneficios del programa. Por su parte, la reforma del 2006, que es la que se encuentra vigente en la actualidad, introdujo el sistema de marcadores, con el fin de establecer el

---

[80]   William Kovacic, A case for Capping the Dosage, Leniency and Competition Authority Governance Anti-Cartel Enforcement in a Contemporary Age, Leniency Religion (Hart Publishing, 2015), 112–130.

[81]   Luis Berenguer Fuster, César A. Giner Parreño y Antonio Robles Martín-Laborda, *La nueva legislación española ante la evolución del derecho e la competencia* (Fundación Rafael del Pino y Marcial Pons. Ediciones Jurídicas y Sociales, S. A. San Sotero, 6–28037 MADRID . ISBN: 978-84-9123-025-0.), 284. En este capítulo Luis Berenguer Fuster, a quien correspondió como presidente del Tribunal de Defensa de la Competencia poner en marcha el Programa de Clemencia en España, informa que dicho programa fue introducido en la Ley de Competencia del 2007, con evidente paralelismo respecto de la normativa europea. Afirma, además, "que el éxito del programa en la persecución de los cárteles por la Comisión Europea ha disipado muchas de las reticencias para su introducción en nuestro país, y buena prueba de ello fueron los comentarios favorables que merecieron la propuesta en el debate abierto como consecuencia de la publicación del Libro Blanco para la reforma del sistema español de defensa de la competencia. El sistema español de la Ley de 2007 tiene evidente paralelismo con el comunitario".

[82]   Arlette Stadler, *The rise and fall of leniency applications in Europe: What is next?*, Thesis Supervisor: dhr.prof. dr. mr. Rein Wessling. University of Amsterdam, 17.

orden de prelación para el otorgamiento de los beneficios del programa, y una norma para proteger las declaraciones de los representantes legales de las empresas.[83] Por último, debe considerarse la importancia de la Directiva 2014/104/UE del Parlamento Europeo y del Consejo, por medio de la cual se reglamentó el tema de las acciones de daños por infracción de las normas de competencia de los estados miembros y de la Unión Europea. Esta directiva contiene una serie de medidas para mitigar los efectos de las acciones de reparación de perjuicios sobre el programa de delación.

Es evidente que en la Unión Europea el programa de delación ha sido clave para el desmantelamiento de numerosos cárteles en fase temprana y, seguramente también, para disuadir a muchas empresas de desarrollar esquemas de cártel.

Dicho lo anterior, debe anotarse que a partir del año 2010 se ha presentado un sensible decrecimiento en las solicitudes de acceso al programa de delación, que algunos estiman en un 50 % de reducción del número de solicitudes de delación respecto de los años anteriores.[84] Las razones de este decrecimiento pueden ser varias e incluyen: (i) la incertidumbre en general acerca del otorgamiento y estabilidad de los beneficios del programa; (ii) la incertidumbre respecto de la cobertura de la inmunidad dependiendo del tipo de cartel; (iii) la incertidumbre respecto de la ilegalidad de algunas prácticas como es el caso del intercambio de información; (iv) la incertidumbre asociada a la discrecionalidad del sistema de marcadores; (v) el riesgo de que la aplicación al programa resulte en nuevas investigaciones en mercados diferentes al de la delación; (vi) el riesgo de las acciones de daños que se percibe mayor después de la expedición de la Directiva 2014/104/UE; (vii) el riesgo de que la empresa termine investigada y sancionada en otros países, cuando los casos son multijurisdiccionales y (viii) la pérdida de capacidad investigativa de las autoridades de competencia causada por una exagerada dependencia en los programas de delación.[85]

---

[83] Arlette Stadler, *The rise and fall of leniency applications in Europe: What is next?*, Thesis Supervisor: dhr.prof. dr. mr. Rein Wessling. University of Amsterdam, 18.

[84] Arlette Stadler, *The rise and fall of leniency applications in Europe: What is next?*, Thesis Supervisor: dhr.prof. dr. mr. Rein Wessling. University of Amsterdam, 18.

[85] Arlette Stadler, *The rise and fall of leniency applications in Europe: What is next?*, Thesis Supervisor: dhr.prof. dr. mr. Rein Wessling. University of Amsterdam, 30.

2.3 Los programas de delación en Latinoamérica

Los programas de delación fueron incluidos en el derecho de la competencia de los países latinoamericanos durante los últimos veinte (20) años. El primero de los países latinoamericanos en incluir un programa de clemencia fue Brasil, con la expedición de la Ley 10.149 de 2000, por medio de la cual se modificó la Ley 8.884 de 1994 y se introdujo, en los artículos 35-B y 35-C de la ley, la posibilidad de llegar a acuerdos de clemencia con los infractores.

Los demás países de la región siguieron el ejemplo del Brasil como se puede observar en la siguiente tabla ordenada de manera cronológica:

Tabla 8. Creación de los programas de delación en Latinoamérica

Creación de los programas de delación en Latinoamérica		
País	Año de iniciación del Programa	Norma jurídica
Colombia	2009	Ley No. 1340 (21 de julio de 2009)
Perú	2008	Decreto Legislativo No. 1034 (24 de junio de 2008)
Chile	2009	Ley No. 20.361 (26 de junio de 2009)
México	2014	Ley Federal de Competencia Económica DOF 23-05-2014 (29 de abril de 2014)
Brasil	2000	Ley No. 10.149 (21 de diciembre de 2000)
Nicaragua	2006	Ley No. 601 (28 de septiembre de 2006)
Panamá	2007	Ley No. 45 (31 de octubre de 2007)
Uruguay	2007	Decreto No. 404 (20 de octubre de 2007)
El Salvador	2007	Decreto No. 436 (18 de octubre de 2007)
Bolivia	2008	Decreto Supremo No. 29519 (16 de abril de 2008)
Ecuador	2011	Ley Orgánica de Regulación y Control del Poder de Mercado (29 de septiembre de 2011)

Paraguay	2013	Ley No. 4956 de 2013 y el Decreto 1490 de 2014 como ley y reglamentario de ley de competencia, respectivamente.
Honduras	2015	Decreto No. 4-2015 (11 de febrero de 2015)
República Dominicana	2017	Ley No. 42-08 sobre la defensa de la competencia, vigente desde el año 2017.
Argentina	2018	Ley 27442 (9 de mayo de 2018)
Costa Rica	2019	Ley No. 9736 (18 de noviembre de 2019)

Las principales modificaciones que los países Latinoamericanos ha introducido a sus programas de delación están referidas a aspectos tales como[86]:

- El incremento de las multas.

- La expedición de guías que incrementan la transparencia y predictibilidad en el funcionamiento del programa.

- La elegibilidad del primer solicitante y de los solicitantes siguientes para participar en el programa.

- La elegibilidad (o no elegibilidad) del instigador o promotor de la conducta para participar en el programa.

- La calidad de la información que se requiere para ser admitido al programa y para recibir los beneficios del mismo.

- Las formalidades necesarias para aplicar al programa (necesidad de una aplicación escrita).

- El establecimiento de un sistema de marcadores para establecer el orden de prelación de los solicitantes al programa.

- Extensión de los beneficios del programa a las conductas criminales imputadas en relación con el cártel.

- Protección de los solicitantes frente a las demandas civiles.

- Confidencialidad del expediente de delación.

---

[86]   Felipe Serrano, *Programas de clemencia en América Latina y el Caribe: experiencias recientes y lecciones aprendidas* (OCDE, 2016). http://www.oecd.org/officialdocuments/ publicdisplaydocumentpdf/?cote=DAF/COMP/LACF(2016)5&docLanguage=Es

La evolución normativa de los programas de delación de los países tomados como referencia en este documento se encuentra en la siguiente tabla.

Tabla 9. Evolución normativa de los programas de delación de Colombia, Perú, Chile y México

País	Evolución normativa de los programas de delación
Colombia	El Programa de Delación fue introducido en Colombia con la Ley 1340 de 2009, "por medio de la cual se dictan normas en materia de protección de la competencia". El artículo 14 de la mencionada ley le otorga a la Superintendencia de Industria y Comercio la posibilidad de "conceder beneficios a las personas naturales o jurídicas que hubieren participado en una conducta que viole las normas de protección a la competencia, en caso de que informen a la autoridad de competencia acerca de la existencia de dicha conducta y/o colaboren con la entrega de información y de pruebas, incluida la identificación de los demás participantes, aun cuando la autoridad de competencia ya se encuentre adelantando la correspondiente actuación". En un reciente documento del Cedec se ha plasmado la evolución normativa del Programa de Delación así: "Toda vez que el numeral 11 del artículo 189 de la Constitución consagra la facultad reglamentaria para expedir los decretos mediante los cuales se desarrolla la ley con el fin de lograr su cumplimiento y ejecución, el Presidente de la Republica para regular el Programa de Beneficios por Colaboración previsto en el artículo 14 de la Ley 1340 de 2009 primero expidió el Decreto 2896 de 2010, el cual fue incorporado al Capítulo 29 del Título 2 de la Parte 2 del Libro 2 del Decreto Único Reglamentario del Sector Comercio, Industria y Turismo, Decreto 1074 de 2015, el cual fue posteriormente modificado por el Decreto 1523 de 2015, y más recientemente, el 23 de febrero de 2022, el Gobierno expidió el actual Decreto 253 'por el cual se sustituye el Capítulo 29 del Título 2 de la Parte 2 del Libro 2 del Decreto Único Reglamentario del Sector Comercio, Industria y Turismo, Decreto 1074 de 2015, modificado por el Decreto 1523 de 2015'".[87]

---

[87] Alfonso Miranda Londoño y Luis Daniel Morales Hernández, Análisis de las modificaciones introducidas al programa de beneficios por colaboración por el decreto 253 del 23 de febrero de 2022 (Centro de Estudios de Derecho de la Competencia, 2022). https://centrocedec.files.wordpress.com/2022/04/analisis-del-decreto-253-del-23-de-febrero-de-2022.pdf

Perú	El Programa de Delación fue introducido en el Perú, con la expedición del Decreto Legislativo No. 1034 de 2008 Decreto Legislativo que aprueba la Ley de Represión de Conductas Anticompetitivas (compilado por el Decreto Supremo No. 030-2019-PCM, Texto Único Ordenado de la Ley de Represión de Conductas Anticompetitivas, al cual nos referimos también como el TUO del DL 1034 de 2008). El artículo 26 de la mencionada norma le otorgó al Indecopi la posibilidad de exonerar de la sanción a quienes cometan practicas colusorias, cuando el delator aporte pruebas e información que permita la detección y represión de la practica colusoria.
	La norma citada fue posteriormente modificada por el Decreto Legislativo 1205 del 2015.
	Así mismo, una de las evoluciones normativas más representativas en materia de Delación fue la Resolución No. 059-2017-CLC-Indecopi por medio de la cual se aprobó *la Guía del Programa de Clemencia y Exposición de Motivo*.
Chile	El Programa de Delación fue introducido en Chile, con la expedición de la Ley No. 20.361 de 2009 que Modifica el Decreto con Fuerza de Ley No. 1 del Ministerio de Economía, Fomento y Reconstrucción, de 2005, publicado el 7 de marzo de 2005, el cual fijo el texto refundido, coordinado y sistematizado del Decreto Ley No. 211 de 1973. En esa reforma se introdujo el numeral 18 del artículo 39 bis, en el cual se establece la posibilidad para quien ejecute una conducta prevista en el literal a) del artículo 3° del DL 211 de "acceder a una reducción o exoneración de la multa cuando aporte a la Fiscalía Nacional Económica antecedentes que conduzcan a la acreditación de dicha conducta y a la determinación de los responsables".
	Posteriormente, la Ley 20.945 de 2016 modificó el programa de delación compensada e introdujo la exoneración en materia de responsabilidad penal como se estudiará más adelante.
	La primera Guía de delación compensada fue expedida en el año 2009 por la Fiscalía Nacional Económica. Posteriormente, en el año 2015, la Fiscalía Nacional Económica expidió una segunda Guía de delación compensada. Por último, en el 2017 la Fiscalía Nacional Económica expidió una nueva Guía Interna sobre Delación Compensada en Casos de Colusión.
México	En México, con la expedición de la reforma a la Ley Federal de Competencia Económica DOF 23-05-2014 (29 de abril de 2014) se incorporó al ordenamiento jurídico el Programa de Delación. El artículo 100 de la Ley introdujo la posibilidad de que un Agente Económico reciba los beneficios de dispensa o reducción del importe de las multas.
	Así mismo, mediante el Acuerdo No. CFCE-312-2020 y DOF: 26/01/2021 la Comisión Federal de Competencia Económica emitió la *Guía de los procedimientos de dispensa y reducción del importe de multas*.

Algunos de los casos más representativos de aplicación de los *Programas de Delación* que se han presentado en Colombia, Perú, Chile y México en estos últimos años son los siguientes:

Tabla 10. Casos representativos de delación

País	Casos representativos de delación
Colombia[88]	**Cártel de los pañales (Kimberly Clark–Familia, et al)** Mediante Resolución No. 47965 del 4 agosto de 2014, la Delegatura para la Protección de la Competencia de la Superintendencia de Industria y Comercio (sic), abrió una investigación y formuló pliego de cargos contra de las sociedades Colombiana Kimberly y Colpapel S. A. (en adelante Kimberly Clark), Tecnoquímicas S. A. (en adelante Tecnoquímicas), Productos Familia S. A. (en adelante Familia), Tecnosur S.A.S. (en adelante Tecnosur), Drypers Andina S. A. (en adelante Drypers),empresas que actúan en el mercado colombiano de "pañales desechables para bebés", con el fin de determinar si se habían realizado las siguientes conductas anticompetitivas: • Acuerdo para la fijación directa o indirecta de precios de los pañales desechables para bebés. • Violación de la cláusula de prohibición general de las prácticas restrictivas de la competencia, en la forma de un acuerdo para estandarizar la calidad de los pañales desechables para bebés.

---

[88]   Es importante tener en cuenta que sin perjuicio de estos casos es necesario hacer referencia a dos de casos más recientes. El primero de ellos es el caso de la Ruta del Sol II en el cual la Superintendencia de Industria y Comercio acepto como primer delator a Gabriel Ignacio García Morales quien fue Viceministro de Transporte y Director Encargado del INCO e Invias para la época. El delator obtuvo la exoneración del cien por ciento (100 %) de la multa, la cual correspondió a la suma de veintiséis mil trescientos cuarenta y nueve millones ciento ochenta mil pesos (COP 26.349.180.000,oo) equivalente aproximadamente a seis millones quinientos mil dólares (USD 6.500.000). Asimismo producto de la investigación mediante Resolución 82510 de 2020 la autoridad de competencia impuso una multa aproximada de 295 mil millones de pesos, aproximadamente setenta y cinco millones de dólares (USD 75.000.000) a las entidades investigadas en su conjunto. El segundo de ellos es conocido con el caso del cártel de "cloro y soda cáustica", donde la empresa Brinsa obtuvo la condición de primer delator, y por lo tanto en un principio la exoneración del cien por ciento (100%) de la sanción. Sin embargo, como se puede evidenciar en la Resolución 57600 del 2019, la autoridad de competencia en el marco de la investigación encontró que el delator había incumplido las obligaciones del programa de delación (Programa de Beneficios por Colaboración) y en consecuencia se le excluyo del programa.

- Violación de la cláusula de prohibición general de las prácticas restrictivas de la competencia, en la forma de un acuerdo para la coordinación del comportamiento de los competidores en el mercado.[89]

La Superintendencia de Industria y Comercio (sic) también formuló un pliego de cargos a las personas naturales funcionarios y exfuncionarios, empleados y exempleados o personas vinculadas con estas sociedades que hubieran colaborado, facilitado, autorizado, ejecutado o tolerado las conductas que presuntamente habían cometido las sociedades investigadas.

Durante el trámite de la averiguación preliminar adelantada por la autoridad de competencia, primero, Kimberly Clark y, luego, Productos Familia se acogieron al Programa de Beneficios por Colaboración, previsto en el artículo 14 de la Ley 1340 de 2009, para lo cual confesaron su participación en las prácticas restrictivas de la competencia de fijación de precios y proporcionaron tanto información relevante como pruebas durante la etapa preliminar de la investigación.

Kimberly Clark fue aceptado en el programa como primer delator y obtuvo la inmunidad total, es decir, una exoneración del cien por ciento (100 %) de la multa a imponer, que era la máxima multa posible bajo la ley colombiana, es decir, sesenta y ocho mil novecientos cuarenta y cinco millones quinientos mil pesos (cop 68.945.500.000), de conformidad con el artículo 4 (15) del Decreto 2153 de 1992, modificado por el artículo 25 de la Ley 1430 de 2009, equivalente en ese momento a unos veintitrés millones de dólares (usd 23.000.000). Para entender el alcance patrimonial y contable de este beneficio debemos considerar que esta sanción hubiera equivalido al 5.6 % aproximadamente del patrimonio de la empresa a 2015, y al 7.4 % de los ingresos operacionales de la empresa a 2015.

Las personas naturales investigadas que estaban vinculadas a Kimberly Clark recibieron el beneficio de la inmunidad respecto de las multas a imponer, al igual que la empresa, es decir, la exoneración del cien por ciento (100 %) de la multa. Esto es importante si se tiene en cuenta que la multa más alta calculada para las personas naturales vinculadas con la empresa fue de doscientos cuarenta y un millones trescientos nueve mil doscientos cincuenta pesos (cop 241.309.250), equivalente aproximadamente en su momento a ochenta mil seiscientos cincuenta y un dólares (usd 80.651).

Sin embargo, al resolver el recurso de reposición interpuesto por Brinsa, la SIC mantuvo los beneficios y en consecuencia pudo evitar el pago de treinta y tres mil cuatrocientos ochenta y nueve millones once mil cuarenta pesos colombianos (COP 33.489.011.040), suma que equivale aproximadamente a ocho millones quinientos mil dólares (USD 8.500.000).

[89] Superintendencia de Industria y Comercio. Resolución No. 47965 del 4 agosto de 2014 "Por la cual se abre investigación y se formula pliego de cargos" Rad. 13-266923.

En el caso de Familia, por tratarse del segundo delator, la sanción aplicable fue reducida a la mitad, es decir, una reducción del cincuenta por ciento (50 %); igual tratamiento se les dio a las personas naturales investigadas que estaban vinculadas con Familia. Sin la exoneración de la sanción, esta hubiera representado aproximadamente el 4.9 % del patrimonio de la empresa a 2015 y el 7.4 % de los ingresos operacionales de la misma a 2015.[90]

La SIC le impuso a Tecnoquímicas la máxima multa prevista en la legislación colombiana en esa época[91], de conformidad con artículo 4 (15) del Decreto 2153 de 1992 modificado por el artículo 25 de la Ley 1430 de 2009 es decir sesenta y ocho mil novecientos cuarenta y cinco millones quinientos mil pesos (COP 68.945.500.000) equivalente en ese momento a unos veintitrés millones de dólares (USD 23.000.000). Para entender el impacto de la sanción es importante traer a colación que "esta sanción equivale al 8.6 % aprox. de su patrimonio de 2015 y al 5.4 % aprox. de los ingresos operacionales globales de 2015". [92]

Es importante mencionar que la SIC encontró pruebas de que Tecnoquímicas mintió en el proceso de investigación, al igual que les instruyó a las personas naturales vinculadas a la investigación como facilitadores de su conducta, para que también mintieran. En consecuencia, la SIC determinó que esta conducta procesal ameritaba una agravación de la sanción del 10 %. Sin embargo, como la multa a imponer era ya la máxima legal, como se mencionó, la multa se impuso por esa cuantía.[93]

---

90   Superintendencia de Industria y Comercio. Resolución No. 43218 del 28 de junio de 2016 "Por la cual se imponen unas sanciones por infracciones del régimen de protección de la competencia y se adoptan otras determinaciones". Rad. 13-266923.

91   Las multas, como se explicará más adelante, habían sido incrementadas exponencialmente con la expedición de la Ley 2195 de 2022, sin embargo, las reformas al régimen de Protección de la Competencia introducidas por dicha ley fueron declaradas inexequibles por la Corte Constitucional, mediante Sentencia C- 080 de 2023, con ponencia del Magistrado Jorge Enrique Ibáñez Nájar, con lo cual las multas aquí señaladas, que son las que establece la Ley 1340 de 2009, son las máximas posibles en Colombia.

92   Superintendencia de Industria y Comercio. Resolución No. 43218 del 28 de junio de 2016 "Por la cual se imponen unas sanciones por infracciones del régimen de protección de la competencia y se adoptan otras determinaciones". Rad. 13-266923.

93   "En cuanto a la conducta procesal del investigado, este despacho observó que Tecnoquímicas mintió como parte de una estrategia encaminada a demostrar que no tuvo participación alguna en el cártel empresarial investigado y que Tecnosur se involucró en la práctica restrictiva por instrucción de Kimberly, circunstancia que, tal y como se ha demostrado en esta resolución, es abiertamente falsa. Para

En lo que respecta a la responsabilidad de Tecnosur, la sɪc encontró que en el transcurso de la investigación no se logró encontrar ni probar que esta empresa hubiera formado parte del acuerdo de precios y de las prácticas restrictivas de la libre competencia en las que incurrió el cártel empresarial de pañales desechables para bebé en el mercado colombiano. En consecuencia, se les absolvió de la imputación que se le formuló mediante la resolución de apertura de investigación con pliego de cargos y se ordenó archivar la actuación.[94]

Por último, al analizar la responsabilidad de Drypers, la sɪc determinó que si bien en el marco de la investigación se encontró acervo probatorio suficiente para determinar que la empresa participó en el acuerdo de precios y de las prácticas restrictivas en las que incurrió el cártel empresarial de pañales desechables para bebé en el mercado colombiano, esta actuación se realizó durante el periodo 2005-2006 y no se encontró prueba alguna de que la participación de la empresa en el cártel continuara con posterioridad a este

---

el desarrollo de esta estrategia de defensa, reprochable desde el punto de vista de su conducta procesal, Tecnoquímicas instruyó a las personas naturales vinculadas a la investigación como facilitadores de su conducta, para que mintieran en el mismo sentido, llegando incluso a contradecirse abiertamente con declaraciones anteriores al Pliego de cargos cuando no tenían conocimiento de una actuación administrativa en su contra. Su conducta procesal constituye una circunstancia de agravación de la sanción del 10 % en la estimación de la multa a imponer. En todo caso, el Despacho advierte que en aplicación de esta circunstancia de agravación, la multa a imponer sobrepasa el límite legal de cien mil salarios minimos legales mensuales vigentes (100.000 SMMLV), razón por la cual, en estricta aplicación de la Ley 1340 de 2009, la multa a fijar se ajustara a la baja para cumplir con el tope legal mencionado". Superintendencia de Industria y Comercio. Resolución No. 43218 del 28 de junio de 2016 "Por la cual se imponen unas sanciones por infracciones del régimen de protección de la competencia y se adoptan otras determinaciones". Rad. 13-266923. 2016.

94 "[E]n este caso no se demostró que Tecnosur haya formado parte en el acuerdo de precios investigado, pues no se encontraron pruebas de que esta empresa haya participado en las practicas mediante las cuales se desarrolló el cártel empresarial de pañales desechables para bebé en el mercado colombiano. [...] En consecuencia, se absolverá a Tecnosur de la imputación formulada mediante la Resolución de Apertura de Investigación con liego de Cargos, ordenándose el correspondiente archivo de la actuación respecto de dicha empresa". Superintendencia de Industria y Comercio. Resolución No. 43218 del 28 de junio de 2016 "Por la cual se imponen unas sanciones por infracciones del régimen de protección de la competencia y se adoptan otras determinaciones". Rad. 13-266923. 2016.

periodo. Por este motivo "la facultad sancionatoria de la Superintendencia de Industria y Comercio estaría caducada"[95].

Esta decisión la ratificó el Superintendente de Industria y comercio mediante Resolución No. 86817 de 2016, al resolver los recursos de reposición contra la Resolución Sancionatoria presentados por Tecnoquímicas, las personas naturales vinculadas con Tecnoquimicas y Drypers. Adicionalmente, Familia y algunas de las personas naturales vinculadas presentaron un recurso de reposición solicitando que se les exonerara del setenta por ciento (70 %) de la sanción, pretensión a la cual la Superintendencia no accedió.

Cártel colombiano del papel suave (Kimberly Clark–Familia, et al)

Como consecuencia de la investigación interna adelantada por Kimberly Clark en su calidad de delator dentro del caso de los pañales, la Delegatura de Protección de la Competencia de la Superintendencia de Industria y Comercio (sic), mediante Resolución número 69518 del 24 de noviembre del 2014 decidió abrir investigación y formular pliego de cargos en contra de las sociedades Colombiana Kimberly Colpapel S. A. (en adelante Kimberly Clark), Productos Familia S. A. (en adelante Familia), Papeles Nacionales S. A. (en adelante Papeles Nacionales), C. y P. del R. S. A. (en adelante Cartones y Papeles de Risaralda) y Drypers Andina S. A. (en adelante Drypers Andina), con el fin de determinar si estas empresas habían celebrado un acuerdo anticompetitivo cuyo objeto fuera la fijación de los precios "en el mercado colombiano de fabricación, distribución y comercialización de papeles suaves o tisú, que representa el papel de tocador o higiénico (en adelante, papel higiénico); las servilletas; las toallas de cocina; y los pañuelos para manos y cara (en adelante papeles suaves o tisú)".[96]

De las cinco (5) empresas investigadas a las cuales se les formuló un pliego de cargos, tres (3) confesaron y se sometieron al Programa de Beneficios por Colaboración de la Superintendencia de Industria y Comercio. En desarrollo de esta colaboración, las empresas allegaron material probatorio suficiente que le permitió a la sic acreditar la existencia de un cártel, la fijación de precios y la vinculación de las empresas investigadas. Así mismo, la autoridad de competencia pudo encontrar lo siguiente: (i) que existió un acuerdo anticompetitivo con el objeto de fijar los precios de los papeles suaves en Colombia; (ii)

---

[95]   Superintendencia de Industria y Comercio. Resolución No. 43218 del 28 de junio de 2016 "Por la cual se imponen unas sanciones por infracciones del régimen de protección de la competencia y se adoptan otras determinaciones". Rad. 13-266923. 2016.

[96]   Superintendencia de Industria y Comercio. Resolución No. 69518 del 24 de noviembre del 2014 "Por la cual se abre una investigación y se formula pliego de cargos". Rad. 14-151027. 2014.

que quienes iniciaron el acuerdo anticompetitivo fueron Productos Familia y Kimberly Clark; (iii) que después de iniciado el acuerdo se unieron Papeles Nacionales (2001), Cartones y Papeles del Risaralda (2003) y (iv) que el cártel estuvo en funcionamiento durante el periodo 2000 a 2013. Con base en estas consideraciones, la SIC formuló un pliego de cargos contra las mencionadas empresas, pero también contra cuarenta y dos (42) personas naturales.[97]

Mediante Resolución No. 31739 de 2016, la SIC sancionó a veintiún (21) personas naturales y cuatro (4) empresas: Productos Familia, Kimberly Clark, Papeles Nacionales y Cartones y Papeles del Risaralda El valor acumulado de la sanción impuesta por la autoridad de competencia en este caso corresponde aproximadamente a la suma de ciento ochenta y cinco mil millones de pesos colombianos (COP 185.000.000.000) en total, aproximadamente, en ese momento sesenta y tres millones quinientos mil dólares (USD 63.500.000). La SIC consideró que las tres (3) empresas cumplían con los requisitos para ser admitidos como delatores. Kimberly Clark obtuvo la posición de primer delator y en consecuencia una rebaja de la sanción del 100 %; Cartones y Papeles del Risaralda participo como tercer delator y obtuvo el beneficio de la rebaja de la sanción, correspondiente al 30 %. En el marco de la investigación, la SIC encontró que Productos Familia incumplió el programa de delación, motivo por el cual, si bien había accedido al programa como segundo delator y buscaba una rebaja del 50% de la sanción, dicho beneficio le fue negado. En lo que respecta a Drypers, la investigación fue archivada.[98]

Es importante tener en cuenta que mediante Resolución 69906 de 2016, la SIC, en consideración de la "confesión y aceptación de responsabilidad en la participación en el acuerdo cartelista de precios"[99], le otorgó a Papeles Nacionales una reducción del cinco por ciento (5 %) por la aceptación de responsabilidad, esto con base en lo dispuesto por el parágrafo del numeral 15 del artículo 4 del Decreto 2153.

---

[97] Superintendencia de Industria y Comercio. Noticia: "Por cartelización empresarial para fijar los precios del papel higiénico y otros papeles suaves, la Superindustria formula Pliego de Cargos contra 5 empresas". https://www.sic.gov.co/noticias/pliegos-de-cargos-contra-5-empresas-por-cártelizaci%C3%B3n-empresarial-en-papel-higienico-y-otros-papeles-suaves

[98] Superintendencia de Industria y Comercio. Noticia: "Por cartelización empresarial para fijar los precios del papel higiénico y otros papeles suaves, la Superindustria sanciona a 4 empresas". https://www.sic.gov.co/noticias/por-cártelizacion-empresarial-en-papel-higienico-y-otros-papeles-suaves-superindustria-sanciona-a-4-empresas-productoras

[99] Superintendencia de Industria y Comercio. Resolución No. 69906 del 19 de octubre de 2016 "Por medio de la cual se deciden unos recursos de reposición". Rad. 14-151027. 2016.

Cártel de los cuadernos (Kimberly Clark–Carvajal, et al)

La Superintendencia de Industria y Comercio (sic) inició una investigación con el fin de determinar si en el mercado de los cuadernos de escritura existía un acuerdo anticompetitivo con el objeto de fijar los precios del mercado.

Mediante Resolución No. 7897 del 27 de febrero de 2015 la sic le formuló pliego de cargos a Carvajal Educación, Colombiana Kimberly Colpapel y Scribe Colombia.

De estas empresas, dos de ellas, Kimberly y Scribe, decidieron someterse conjuntamente al Programa de Beneficios por Colaboración, con lo que se presentó el primer caso de delación conjunta en Colombia. Las empresas buscaban obtener como beneficio, cada una de ellas, la exoneración del 100 % de la multa. En desarrollo del deber de colaboración, las empresas allegaron material probatorio suficiente, lo que le permitió a la sic acreditar la existencia de un cártel, la fijación de precios y la vinculación de las empresas investigadas. De otra parte, la autoridad de competencia así mismo pudo encontrar lo siguiente: (i) que existió un acuerdo anticompetitivo con el objeto de fijar los precios de los cuadernos en Colombia; (ii) que quienes iniciaron el acuerdo anticompetitivo fueron Carvajal y Kimberly Clark; (iii) que después de iniciarse el acuerdo, en el 2011 Scribe compró el negocio de cuadernos de Kimberly Clark y (iv) que el cártel estuvo en funcionamiento entre los años 2001 y 2014. Con base en estas consideraciones, la SIC formuló un pliego de cargos contra las mencionadas empresas y veintisiete (27) personas naturales.[100]

Mediante Resolución No. 54403 de 2016, la Superintendencia de Industria y Comercio determinó que Carvajal, Kimberly y Scribe celebraron un acuerdo anticompetitivo que tenía por objeto fijar los precios del mercado de cuadernos durante el periodo de 2001 a 2014. Sin embargo, Kimberly Clark y Scribe Colombia fueron admitidos como *primer delator*, en desarrollo de la doctrina conocida como *predecessor–successor*. En efecto, debido a que Kimberly Clark le había vendido su negocio a Scribe Colombia en el año 2011 y había dejado de participar en el mercado de los cuadernos desde esa época, la sic aceptó que Kimberly Clark y Scribe podían ocupar conjuntamente el primer lugar en el orden de delación y recibir la inmunidad total de la multa.

Para Kimberly, esto representó una exoneración de la sanción de veinticuatro mil ochocientos veinte millones trescientos ochenta mil pesos moneda corriente ($24.820.380.000,oo) equivalente, en ese entonces, aproximadamente, a ocho millones cuatrocientos sesenta y dos mil cuatrocientos cincuenta y

---

[100] Superintendencia de Industria y Comercio. Noticia: "Por presunta cartelización empresarial para fijar los precios de los cuadernos, Superindustria formula Pliego de Cargos contra 3 empresas". https://www.sic.gov.co/noticias/por-presunta-cártelizacion-empresarial-para-fijar-los-precios-de-los-cuadernos-superindustria-formula-pliego-de-cargos-contra-3-empresas

	cuatro dólares (USD 8.462.454). Asimismo, para Scribe esto representó una exoneración de la sanción de nueve mil seiscientos cincuenta y dos millones trescientos setenta mil pesos moneda corriente (COP 9.652.370.000,oo), equivalente, en ese entonces, aproximadamente, a tres millones doscientos noventa mil novecientos cincuenta y cuatro (USD 3.290.954,oo).

En lo que respecta a Carvajal, la SIC le impuso una multa de doce mil cuatrocientos diez millones ciento noventa mil pesos moneda corriente (COP 12.410.190.000,oo), equivalente, en ese entonces, aproximadamente a cuatro millones doscientos treinta y un mil doscientos veintisiete dólares (USD 4.231.227,oo).

Esta decisión la ratificó el Superintendente de Industria y comercio mediante la Resolución No. 90560 de 2016, pues al resolver los recursos de reposición contra la resolución sancionatoria decidió confirmar íntegramente la resolución. |
| Perú | **Cártel peruano del papel higiénico (Kimberly Clark–Protisa)**

En diciembre de 2015, el Indecopi inició una investigación en contra de Kimberly Clark Perú y Productos Tissue del Perú S. A. Protisa (quien tenía una participación del 88 % del mercado de papel higiénico en Perú), por un presunto acuerdo horizontal orientado a incrementar los precios del papel higiénico y otros productos de papel *tissue* en el Perú.

Este caso dio lugar al primer acuerdo de clemencia en la historia de la ley de competencia de Perú. Según lo señaló el Indecopi, tanto Kimberly Clark como Protisa solicitaron acceso al programa de delación y a cambio de los beneficios del mismo se comprometieron a proporcionar colaboración y evidencia del acuerdo anticompetitivo investigado por la autoridad de competencia.

De conformidad con lo dispuesto en la ley peruana, en la Resolución No. 010-2017/CLC, el Indecopi sancionó en primera instancia a Kimberly Clark, con una multa de 42,385.14 UIT, y a Protisa, con una multa de 25,726.28 UIT. [101] Sin embargo, debido a que ambas empresas se acogieron al programa de clemencia, el Indecopi exoneró de la sanción a la primera en delatar el cártel y se redujo la sanción en cincuenta por ciento (50 %) a la segunda.

Como consecuencia de la aplicación del Programa de Clemencia, también se logró sancionar a catorce (14) personas naturales vinculadas a estas empresas. |

---

[101]   Instituto Nacional de Defensa de la Competencia y de la Protección de la Propiedad Intelectual de Perú (Indecopi). Resolución 010- 2017/CLC-INDECOPI. Expediente 017-2015/CL.

Cártel de las empresas navieras (Compañía Sudamericana–Compañía Marítima Chilena, et al.)

En el año 2015 el Indecopi decidió investigar a las empresas navieras Compañía Marítima Chilena S. A., Eukor Car Carrier Inc., Kawasaki Kisen Krishna Ltd., Mitsui O. S. K., Lines Ltd., Nippon Yusen Kabushiki Kaisha, y la Compañía Sudamericana de Vapores S. A., por su presunta participación en un cártel del transporte marítimo internacional de vehículos.

Mediante Resolución No. 030-2018 del 14 de mayo de 2018 se resolvió en primera instancia que las compañías involucradas incurrieron en prácticas colusorias horizontales con el objeto de repartirse cuentas de manera coordinada en el servicio de transporte marítimo internacional de carga rodante, por lo menos entre el 2001 y el 2015, con efectos en puertos peruanos hasta 2015, en violación de los artículos 1 y 11.2 literal c de la Ley de Represión de Conductas Anticompetitivas, sin embargo, no se pudo determinar que las empresas incurrieron en prácticas colusorias horizontales con el objeto de incrementar tarifas de manera coordinada en el servicio de transporte marítimo.

En consecuencia, el Indecopi en esta misma resolución impuso las siguientes multas: (i) Compañía Marítima Chilena S.A. 19,35 UIT; (ii) Compañía Sudamericana de Vapores S.A. 13.904,43 UIT; (iii) Eukor Car Carrier Inc., 4.189,60 4 UIT (iv) Kawasaki Kisen Krishna Ltd., 2.223,30; (v) Mitsui O.S.K. Lines Ltd., 1.916,86, y (vi) Nippon Yusen Kabushiki Kaisha, 5.300,59.

Una vez interpuestos los recursos pertinentes, mediante Resolución se decidió confirmar la resolución 030-2018, pero modificar las multas impuestas a las siguientes compañías, de la siguiente manera: (i) Compañía Marítima Chilena S. A. 17,87 UIT; (ii) Eukor Car Carrier Inc., 3,870.60 UIT, y (iii) Kawasaki Kisen Krishna Ltd., 2,054.01 UIT.

El total de las multas impuestas fue en consecuencia, aproximadamente, 27.064,36 UIT, lo que correspondía, aproximadamente, a treinta y cuatro millones quinientos catorce mil trescientos treinta y cinco dólares (USD 34.514.335)

En el marco de la investigación, la empresa Compañía Sudamericana de Vapores S. A. y la empresa Nippon Yusen Kabushiki Kaisha solicitaron ser admitidos al programa de clemencia. El Indecopi le concedió a la empresa Compañía Sudamericana de Vapores S. A. la exoneración total de la multa, por considerar suficiente la colaboración del empresario y el material probatorio que aportó a la investigación. A la empresa Nippon Yusen Kabushiki Kaisha se le concedió una reducción del cuarenta por ciento (40 %) de la multa.

Es importante tener en cuenta que "distintas variantes del cártel fueron sancionadas en diversas jurisdicciones, como Estados Unidos, Australia, la Unión Europea, Japón, México, Chile, China, Brasil y Corea del Sur".

Chile	**Cártel de los compresores para refrigeradores (Whirlpool S. A. y Tecumseh)**
	Este fue uno de los primeros casos de clemencia en Chile. En el año 2004, las empresas Whirlpool y Tecumseh realizaron un acuerdo restrictivo de la competencia para poder "elevar el precio de los compresores herméticos de baja potencia, que son componentes empleados en la fabricación de refrigeradores vendidos en Chile". La empresa Tecumseh acudió al programa de clemencia, aportó las pruebas necesarias y obtuvo los beneficios correspondientes.
	Un aspecto interesante de este caso es que, al momento de ratificar su fallo, el Tribunal de Defensa de la Libre Competencia chileno afirmó que "a pesar de que el cártel tiene lugar fuera del territorio chileno, la Fiscalía Nacional Económica–FNE y los tribunales tendrán competencia para juzgarlo, siempre y cuando el acuerdo anticompetitivo afecte al mercado chileno, como lo fue en este caso".
	El Tribunal de Defensa de la Competencia (TDLC) de Chile acogió la recomendación de la Fiscalía Nacional Económica FNE de Chile y condenó a Whirlpool al pago de una multa de 10.500 U.T.A., aproximadamente diez millones de dólares (USD $10.000.000).
	Cártel de las navieras (CSAV- Eukor Car Carriers, et al)
	En este caso la FNE investigó a las siguientes empresas: Compañía Sudamericana de Vapores (CSAV), Eukor Car Carriers, Kawasaki Kisen Kaisha, Mitsui O. S. K0 Lines, Nippon Yusen Kabushiki, Compañía Marítima de Chile y Kawasaki Kisen Kaisha, por un acuerdo anticompetitivo para la adjudicación de contratos de transporte marítimo de automóviles.[102]
	La Compañía Sudamericana de Vapores, como primer delator, y Nippon Yusen Kabushiki, como segundo delator, se acogieron al programa de clemencia. Este fue el primer caso de Chile en el cual se le otorgaron los beneficios de delación a dos empresas en un mismo cártel.
	Eventualmente la investigación de la FNE concluyó que las seis (6) empresas navieras celebraron acuerdos anticompetitivos para la adjudicación de diferentes cuentas de rutas marítimas entre 2000 y 2012, motivo por el cual presentó una acusación en contra de las empresas investigadas ante el Tribunal de Defensa de la Libre Competencia (TDLC), órgano que se pronunció mediante Sentencia No. 171 de 2019, por medio de la cual sancionó a tres (3) de las seis (6) empresas navieras.[103]

---

[102] Centro de Competencia (CECO), *Caso Navieras llega a "puerto" luego de más de 5 años de litigio Corte Suprema aumenta multas. https://centrocompetencia.com/caso-navieras-llega-a-puerto-luego-de-mas-de-5-anos-de-litigio-corte-suprema-aumenta-multas/*

[103] Fiscalía Nacional Económica (FNE), *TDLC aplica multa de US$ 9 millones a navieras que integraron cártel del transporte marítimo de vehículos hacia Chile.* https://www.fne.gob.cl/tdlc-aplica-multa-de-us-9-millones-a-navieras-que-integraron-cártel-del-transporte-maritimo-de-vehiculos-hacia-chile/

La FNE interpuso un recurso ante la Corte Suprema de Justicia, la cual se pronunció por medio de Sentencia No. 15005 de 2019, en la cual se separó de la decisión del TDLC y sancionó a las seis (6) empresas navieras. En este caso la Corte Suprema de Justicia consideró que las excepciones interpuestas por las empresas navieras habían prescrito, a diferencia de la interpretación del TDLC, motivo por el cual procedió a condenar a las seis (6) empresas navieras.[104]

Es importante tener en consideración que las empresas navieras investigadas también fueron sancionadas en otras jurisdicciones, como es el caso de Estado Unidos, Australia y la Unión Europea.

Cártel chileno del papel suave (CMPC–SCA)

Este fue el segundo caso en el cual las autoridades chilenas le otorgaron el beneficio de acceder al programa de delación a dos (2) empresas que participaron en el mismo cártel. A comienzos de la década del 2000, las empresas CMPC y SCA Chile, productoras de papel higiénico, toallas de papel y servilletas, que tenían una participación del 90 % en el mercado del papel suave, decidieron iniciar una guerra de precios con la cadena de supermercados Walmart, antes conocida como D&S, la cual había creado su marca blanca de papeles higiénicos y papel *tissue*. Como consecuencia de esta guerra de precios, los ingresos de CMPC y SCA bajaran notablemente, por lo que decidieron ponerse de acuerdo respecto de los siguientes puntos:

- Subir los precios a los niveles que tenían antes de la guerra de precios.

- Mantener una estabilidad en las participaciones de mercado (76 % del mercado para CMPC Tissue y 24 % para SCA Chile S. A.).

- Fijar precios para cada uno de sus productos.

En el año 2014, luego de que CMPC y SCA Chile S. A acudieran a la Fiscalía Nacional Económica (FNE), para solicitar el beneficio de delación compensada, la FNE inició una investigación en contra de dichas empresas por la presunta realización de un acuerdo de repartición de mercados. [105]

---

[104]	Centro de Competencia (CECO), *Caso Navieras llega a "puerto" luego de más de 5 años de litigio Corte Suprema aumenta multas*, https://centrocompetencia.com/caso-navieras-llega-a-puerto-luego-de-mas-de-5-anos-de-litigio-corte-suprema-aumenta-multas/. Fiscalía Nacional Económica (FNE), *Corte Suprema acoge parcialmente reclamación de la FNE y sanciona a todas las navieras que integraron cártel del transporte marítimo de vehículos hacia Chile, con multas totales de US$ 30,5 millones*. https://www.fne.gob.cl/corte-suprema-acoge-parcialmente-reclamacion-de-la-fne-y-sanciona-a-todas-las-navieras-que-integraron-cártel-del-transporte-maritimo-de-vehiculos-hacia-chile-con-multas-totales-de-us-305-millones/

[105]	Fiscalía Nacional Económica (FNE), *Corte Suprema condena a CMPC y SCA por colusión en el mercado de papel tissue*. https://www.fne.gob.cl/corte-suprema-condena-a-cmpc-y-sca-por-colusion-en-el-mercado-del-papel-tissue/

La FNE aceptó a las empresas en el programa de delación compensada por considerar que habían aportado suficientes pruebas y que su colaboración era suficiente. El TDLC le otorgó a CMPC el primer lugar en el programa de delación y la exoneración total de la multa, por haberse presentado primero ante la autoridad. Por otro lado, el Tribunal condenó a SCA Chile S.A., empresa que llegó en segundo lugar al programa de delación a pagar el equivalente en pesos a 20.000 unidades tributarias de chile a título de multa administrativa por la realización de las prácticas restrictivas de la competencia. Esta multa equivale en pesos chilenos a once mil doscientos setenta y tres millones doscientos ochenta mil pesos (CLP 11.273.280.000) y en dólares, a la tasa de 2017, a la suma de USD diecisiete millones trescientos sesenta y un mil 403 dólares (USD 17.361.403).[106]

Es de anotar que en un proceso paralelo del cual fue parte el Sernac, la autoridad de consumidor de Chile, CMPC se comprometió a pagar en forma directa una compensación a los consumidores afectados por el cártel del papel *tissue*. En total CMPC pagó a los consumidores una compensación por ciento cincuenta millones de dólares (USD 150.000.000).

En un giro sorpresivo en este caso, que genera preocupación respecto de la estabilidad y credibilidad de los programas de delación en Latinoamérica, en especial en jurisdicciones tan maduras como la Chilena, el día seis (6) de enero de 2019, la Corte Suprema de Justicia de Chile revocó el beneficio de delación compensada (como se le denomina en Chile) que había sido otorgado a CMPC, por considerar que esta empresa había actuado como organizador del cártel, motivo por el cual se cumplía la condición para negar la solicitud de acceder a los beneficios del programa de delación. Como consecuencia de esta decisión, CMPC fue condenada también a una multa de 20.000 unidades tributarias, que equivalían aproximadamente a la suma de diecisiete millones trescientos sesenta y un mil cuatrocientos tres dólares (USD 17.361.403).[107]

---

[106] Tribunal de Defensa de la Libre Competencia de la República de Chile. Sentencia No. 160/2017. Rad. 6422. CASO CMPC Y SCA (2017).

[107] Centro de Competencia (CECO), *Caso Tissue y los nuevos desafíos para la delación compensada*, *https://centrocompetencia.com/caso-tissue-y-los-nuevos-desafios-para-la-delacion-compensada/*. Centro de Competencia (CECO),"Director de CeCo analiza sentencias del caso Tissue", *El Mercurio*, *https://centrocompetencia.com/director-de-ceco-analiza-sentencia-del-caso-tissue-en-entrevista-al-mercurio/*

México	**Cártel de la Ribera del Lago de Chapala:**
	La autoridad de competencia en México, la Comisión Federal de Competencia Económica, Cofece, dio aplicación por primera vez al programa de inmunidad en el año 2009. Este programa consistía en reducir las sanciones previstas en la legislación para el primer agente económico que cooperara con la autoridad de competencia.
	En el año 2009, se presentó el caso del mercado inmobiliario de la ribera del lago de Chapala, por la comisión de prácticas monopolísticas absolutas. En este caso se demostró que catorce (14) agencias inmobiliarias, quince corredores titulares de las agencias, dos corredores independientes, el Grupo Inmobiliario Lago A. C. y la Asociación Mexicana de Profesionales Inmobiliarios Sección Chapala, A. C., entre otros agentes económicos, acordaron fijar una sola comisión a cobrar por la prestación de servicios inmobiliarios. Para la autoridad de competencia a la luz de la ley vigente en este momento, esta conducta era constitutiva de una violación al artículo 9, fracción I de la Ley Federal de Competencia Económica[108]
	Uno de los agentes económicos, que decidió permanecer en el anonimato, se acogió al Programa de Inmunidad previsto en las reformas a la ley de Competencia del año 2006 y entregó información a cambio de acceder al Programa de Inmunidad, con el fin de obtener el beneficio de reducción de la sanción prevista para su conducta al mínimo.
	En este caso, la autoridad impuso multas a los demás investigados por un total de 24.373.975 pesos mexicanos, que equivalían a USD 1.805.707 a la tasa de cambio del 2009.
	Cártel de los compresores para refrigeración (whirlpool – spa, et al)
	El 11 de marzo de 2014, la Comisión Federal de Competencia Económica, Cofece, impuso una multa de doscientos veintitrés millones doscientos setenta mil pesos mexicanos (MX $223.270.000), que equivalían a dieciséis millones setecientos ochenta y tres mil ciento setenta y nueve dólares (USD 16.783.179), a Whirlpool, Appliances Components Companies SpA, Panasonic Corporation, Tecumseh do Brasil Ltda., Embraco México, S de RL, Embraco North America Inc. y Tecumseh Products Company, por realizar un acuerdo anticompetitivo con el objeto de fijar, de manera ilegal, los precios de los compresores herméticos, entre los años 2004 a 2008.[109]
	Este fue el primer caso en el cual la autoridad de competencia de México sancionó un cártel internacional, el cual se investigó con ocasión de un delator que presentó una solicitud de inmunidad.

---

[108] Comisión Federal de Competencia de México (Cofece). *Comunicado 05 – 2009 Multa CFC a agentes inmobiliarios de Chapala por cometer prácticas monopólicas absolutas.* https://www.cofece.mx/wp-content/uploads/2018/10/cfc005-2009.pdf

[109] Comisión Federal de Competencia de México (Cofece), *Comunicado Cofece-005-2014 Multa a red global de fabricantes de compresores para la refrigeración.* https://

Este caso resulta relevante para el Programa de Inmunidad de México, ya que la información y pruebas que se recolectaron y posteriormente utilizaron en el marco de la investigación, para eventualmente llegar a la sanción y multa impuesta por Cofece, fueron obtenidas gracias al delator que se acogió a los beneficios del Programa de Inmunidad. Una vez se inició la investigación, se presentaron confesiones ante autoridades extranjeras, las cuales pudieron ser utilizadas por la Cofece para imponer la sanción, gracias a los acuerdos de cooperación existentes.[110]

Cártel de los fondos para el retiro

En febrero de 2015, la Cofece inició una investigación e impuso una multa de mil cien millones de pesos mexicanos (MX 1.100.000.000), que equivalían a sesenta y nueve millones doscientos sesenta y cinco mil ciento cincuenta y nueve dólares (USD 69.265.159), a las empresas Profuturo GNP Afore, Afore Sura, Afore XXI Banorte y Principal Afore, al igual que a once personas naturales, por la celebración de seis acuerdos anticompetitivos que tenían por objeto restringir el traspaso de los clientes y sus respectivas cuentas, en el mercado de servicios de administración de fondos para el retiro en México entre el 2012 y 2014.[111]

Este caso dio lugar a la imposición a una multa que en su momento era la más alta que había impuesto la Cofece.

Algunas de las empresas investigadas y sancionadas solicitaron el acceso al Programa de Inmunidad con el objetivo de recibir los beneficios lo cual implicaba colaborar con la autoridad de competencia. Sin embargo, mediante un comunicado se informó que no todas las empresas que aplicaron al Programa de Inmunidad lograron obtener los beneficios del mismo, debido a que no cumplieron los requisitos de cooperación previstos por la ley mexicana para el efecto.[112]

---

www.cofece.mx/images/Comunicados/Cofece_005_2014.pdf

[110] Comisión Federal de Competencia de México (Cofece), *Comunicado Cofece-005-2014 Multa a red global de fabricantes de compresores para la refrigeración.* https://www.cofece.mx/images/Comunicados/Cofece_005_2014.pdf

[111] Comisión Federal de Competencia de México (Cofece), Comunicado Cofece-25-17 Sanciona Cofece a Afores por pactar convenios para reducir los traspasos de cuentas individuales. https://www.cofece.mx/sanciona-cofece-a-afores-por-pactar-convenios-para-reducir-los-traspasos-de-cuentas-individuales/. Superintendencia de Industria y Comercio (SIC) Observatorio internacional de Decisiones de Defensa de la Libre Competencia Grupo de Estudios Económicos. *Boletín jurídico, Acuerdo anticompetitivo en el mercado de servicios de administración de fondos para el retiro en México – 4 Mayo 2017.* https://www.sic.gov.co/sites/default/files/files/Boletin-juridico/2017/AFORESMX.pdf

[112] Comisión Federal de Competencia de México (Cofece), *Comunicado COFECE-25-17 Sanciona Cofece a Afores por pactar convenios para reducir los traspasos de*

Por otro lado, resaltamos que hay varios países de Latinoamérica que, a pesar de haber incluido el programa de delación en sus legislaciones, no han adelantado hasta ahora ningún caso con base en el mismo.

2.4 Estado actual de los programas de delación

La literatura especializada en esta materia da cuenta de la aparente disminución de los casos de delación en muchas jurisdicciones, lo cual ha motivado una reciente ola de modificaciones a esta política, con el fin de crear mayores incentivos y presiones a los empresarios, los cuales no obtendrán los beneficios plenos del programa a menos que realicen una delación "tipo a" en los términos de la legislación norteamericana; es decir, que los empresarios no accederán a los beneficios plenos del programa a menos que la delación se lleve a cabo antes de la iniciación de una investigación formal por la autoridad de competencia, modificación esta que fue introducida en Colombia por el Decreto 253 de 2022.

En los capítulos siguientes de esta obra analizamos precisamente los retos de los programas de delación en Latinoamérica, es decir, las circunstancias y características de la arquitectura jurídica, económica y social de los países analizados, que pueden hacer que los programas de delación no funcionen de manera efectiva. Frente a este análisis, vale la pena preguntarse si los programas de delación son un elemento positivo dentro del derecho de la competencia y si el experimento de su implementación ha sido exitoso.

Al respecto, a pesar de las dificultades y obstáculos que se describen en las secciones restantes de la obra, la conclusión al revisar la historia de los programas de delación en diferentes parte del mundo es que se trata de una herramienta valiosa, que ya ha prestado un servicio invaluable a la población de aquellos países en los cuales se ha implementado y que les ha permitido a las autoridades de competencia desmantelar muchos carteles nocivos para la calidad de vida de los habitantes. En este sentido,

---

cuentas individuales. https://www.cofece.mx/sanciona-cofece-a-afores-por-pactar-convenios-para-reducir-los-traspasos-de-cuentas-individuales/. Superintendencia de Industria y Comercio (SIC) Observatorio internacional de Decisiones de Defensa de la Libre Competencia Grupo de Estudios Económicos. *Boletín jurídico, Acuerdo anticompetitivo en el mercado de servicios de administración de fondos para el retiro en México – 4 Mayo 2017.* https://www.sic.gov.co/sites/default/files/files/Boletin-juridico/2017/AFORESMX.pdf

consideramos que se trata de una institución exitosa y valiosa para la sociedad y que cada país debe buscar su funcionamiento efectivo, para lo cual se deben identificar en cada jurisdicción los retos que se describen en los capítulos siguientes de la obra y encontrarles una solución.

Capítulo 2

Principales características que contribuyen a la efectividad de los programas de delación

En este capítulo se analizarán las principales características de los programas de delación que han contribuido a hacerlos más exitosos en la lucha contra los cárteles empresariales y se presentan comentarios sobre la presencia de estas características en algunas de las jurisdicciones de Latinoamérica y en especial en las escogidas para efectos de comparación.

De conformidad con el *International Competition Network, ICN,* tres son los requisitos para que los programas de delación sean efectivos: (i) alto riesgo de detección de los cárteles; (ii) sanciones significativas y (iii) certeza jurídica y transparencia.[113] Como se verá a continuación, estos requisitos forman parte de lo que en la primera sección de este capítulo hemos denominado como los "principios" de los programas de delación.

1. PRINCIPIOS DE LOS PROGRAMAS DE DELACIÓN

En esta sección nos referiremos a los seis principios que, de acuerdo con Scott Hammond[114], contribuyen de manera más importante a la eficacia de los programas de delación. A la lista anterior añadiremos un principio adicional, aplicable a los casos multijurisdiccionales, cada vez más frecuentes en un entorno globalizado. Los siete principios a los cuales nos referiremos son los siguientes.

---

[113] International Competition Network (ICN), *Anti-cartel enforcement manual* (2009), 3.

[114] Scott Hammond, "Guiding Principles For An Effective Corporate Inmunity Program", en *Segundo Congreso Internacional de Derecho de la Competencia,* (SIC, 2014).

1.1 Efectividad de la autoridad

La autoridad debe ser efectiva, es decir, debe tener la capacidad jurídica y técnica para detectar, investigar y sancionar los cárteles y para proteger a los delatores que colaboran con ella.

Para el efecto, la autoridad debe contar con un marco jurídico robusto que le otorgue las facultades para requerir información de los agentes económicos; practicar visitas sorpresivas o *dawn raids* (como se les denomina en el argot del derecho de la competencia) e interrogar a las personas bajo juramento y realizar estudios y análisis económicos de calidad, todo lo cual es necesario para adelantar investigaciones e imponer sanciones que puedan ser defendidas frente a un posterior control jurisdiccional. Para poder cumplir estas tareas, la autoridad debe ser dotada de un presupuesto suficiente, de recursos técnicos, sobre todo en el campo de la investigación digital forense, y debe contar con personal especializado, capaz y comprometido con la misión de la autoridad de competencia.

Es importante que la autoridad sea efectiva, pero adicionalmente, para el buen funcionamiento del programa de delación, es indispensable que los agentes económicos la perciban como tal, con el fin de que las compañías que trasgreden o piensan trasgredir la ley consideren que existe una gran probabilidad de que la autoridad pueda detectar a tiempo la existencia del cártel y que es capaz de investigarlo y de imponer sanciones ejemplarizantes. Al respecto, es necesario comentar que para lograr esta percepción en la sociedad, algunas de las autoridades de los países de Latinoamérica han buscado darle una orientación mediática a su gestión, lo cual puede vulnerar los derechos fundamentales de los investigados cuando la publicidad de los casos se hace al inicio de la investigación, etapa en la cual las conductas no se encuentran aún demostradas; lo que por supuesto puede afectar el principio de confidencialidad del programa de delación, al cual se hace referencia más abajo.[115]

De otra parte, la efectividad de la autoridad se traduce también en que la misma le pueda brindar protección al delator, lo cual se traduce en aspectos tales como la confidencialidad de su identidad y de la información

---

[115] Felipe Serrano, *Programas de Clemencia en América Latina y el Caribe: Experiencias recientes y lecciones aprendidas.* (OCDE, 2016), 6. http://www.oecd.org/officialdocuments/publicdisplaydocumentpdf/?cote=DAF/COMP/LACF(2016)5&docLanguage=Es

que aporta a la investigación y la protección frente a situaciones tales como las acciones penales y las de indemnización de perjuicios[116].

Si la autoridad no es efectiva en las dos dimensiones mencionadas, es decir, en su capacidad de perseguir los cárteles y de proteger a los delatores, ningún agente económico que participe en un cártel se la tomará en serio, ya que no temerá la detección del cártel y tampoco tendrá certeza respecto de la capacidad de la autoridad para brindarle protección en caso de que decidiera delatar.[117]

1.2 Multas sustanciales que se traducen en incentivos para aplicar al programa de delación

Es fundamental que las sanciones sean sustanciales por dos razones: **(i)** para que cumplan con el objetivo de disuadir a los agentes económicos de violar la ley y **(ii)** para que la rebaja de las multas sea percibida por los infractores actuales y potenciales, como un incentivo económico atractivo para aplicar al programa de delación de conformidad con la teoría de juegos explicada en la Sección 1.4 del Capítulo I.

En efecto, el programa de delación se basa en que los infractores actuales y potenciales de la ley sientan que tienen mucho que perder porque existe una alta probabilidad de que alguno de los miembros del cártel aplique al programa, el cual debe contar con un sistema de *"marcadores"* (explicado más adelante) que permitirá establecer el orden de llegada de los solicitantes y determinará su orden de prelación en el programa y el beneficio que se les otorgará. Esto genera una especie de "carrera" o "efecto de estampida"[118], en la cual todos los sujetos del cártel compiten y el ganador

---

[116]   Estos aspectos, que son muy importantes, fueron incluidos en Colombia, en la reforma llevada a cabo por medio de la Ley 2195 y el Decreto 253, ambos de 2022. Sin embargo, las reformas al régimen de Protección de la Competencia introducidas por la Ley 2195 de 2022, fueron declaradas inexequibles por la Corte Constitucional, mediante Sentencia C-080 de 2023, con ponencia del magistrado Jorge Enrique Ibáñez Nájar.

[117]   Felipe Serrano, *Programas de Clemencia en América Latina y el Caribe: Experiencias recientes y lecciones aprendidas.* (OCDE, 2016), 7. http://www.oecd.org/officialdocuments/publicdisplaydocumentpdf/?cote=DAF/COMP/LACF(2016)5&docLanguage=Es

[118]   International Competition Network (ICN), *Anti-cartel enforcement manual* (2009), 3. El manual del ICN llama este efecto *first in door*.

se quedará con la posición de primer solicitante al programa de delación, con la posibilidad de obtener la inmunidad total de las multas.

Como se dijo anteriormente, en el primer capítulo, la delación genera un triple beneficio: para la sociedad, para la autoridad y para los solicitantes. El beneficio para los solicitantes es crucial, pues el éxito de la delación depende de que los solicitantes que sean aceptados en el programa puedan acceder a la exención total o parcial de las multas, de acuerdo con su posición definida por el sistema de "marcadores".

La ausencia de incentivos económicos ciertos o suficientes puede llevar a que los participantes del cártel prefieran esperar a ver si la autoridad es capaz de descubrir el cártel por sí misma, lo cual por cierto es bastante difícil, ya que como lo demuestran las estadísticas a nivel mundial sobre la materia, alrededor del mundo las autoridades de competencia consiguen detectar un número muy pequeño de cárteles, por lo cual el programa de delación tiene un reconocimiento tan grande en el derecho de la competencia.[119]

---

[119] "The introduction of leniency programmes in numerous jurisdictions had a major impact on detection and prosecution of illegal agreements, as it has allowed competition authorities to complement their ex officio efforts with a powerful reactive detection tool. Formally, leniency programmes refer to "mechanisms offering the opportunity to cartel members to self-report their conduct, provide information and evidence and co-operate with an investigation, in exchange for immunity from, or a reduction in, sanctions, and, in some jurisdictions, immunity from proceedings/prosecution (OECD, 2019). [...] As cartels are typically arranged in secret, evidence of illegal agreements and direct communications between cartels members can be hard to uncover. Leniency programmes are intended to provide an additional instrument to detect and prosecute cartels, but not to replace proactive detection tools widely used by competition agencies. According to the Review of the 1998 OECD Recommendation concerning Effective Action against Hard Core Cartels, all OECD members have a leniency programme in place and consider it an extremely effective tool for detecting and punishing cartels (OECD, 2019). [La introducción de programas de clemencia en numerosas jurisdicciones tuvo un impacto importante en la detección y enjuiciamiento de acuerdos ilegales, ya que ha permitido a las autoridades de competencia complementar sus esfuerzos de oficio con una potente herramienta de detección reactiva. Formalmente, los programas de clemencia se refieren a 'mecanismos que ofrecen a los miembros del cártel la oportunidad de auto-informar de su conducta, proporcionar información y pruebas y cooperar con una investigación, a cambio de inmunidad o reducción de las sanciones, y, en algunas jurisdicciones, inmunidad de los procedimientos/ procesamiento' (OCDE, 2019) [...] Dado que los cárteles suelen organizarse en secreto, las pruebas de acuerdos ilegales y comunicaciones

De conformidad con un estudio elaborado por la OCDE, desde el año 2000 se ha experimentado un crecimiento exponencial de los programas de delación alrededor del globo. El estudio revela que en el año 2000 menos de diez (10) autoridades de competencia tenían programas de delación en su jurisdicción y ya para el año 2017 ochenta y nueve (89) jurisdicciones contaban con un programa de delación[120].

En los últimos años ha habido una tendencia a incrementar las sanciones de las conductas anticompetitivas en Latinoamérica, lo cual incrementa la posibilidad de éxito de los programas de delación.[121]

El panorama de las multas para los casos de Colombia, Perú, Chile y México es el siguiente:

Tabla 11. Monto máximo de las multas

País	Monto máximo de las multas
Colombia	En Colombia, el monto máximo de las multas que la SIC puede imponer a los agentes económicos se encuentra previsto hoy en día en el artículo 25 de la Ley 1340 de 2009, debido a que las reformas al régimen de Protección de la Competencia introducidas por la Ley 2195 de 2022 fueron declaradas inexequibles por la Corte Constitucional, mediante la Sentencia C- 080 de 2023, con ponencia del Magistrado Jorge Enrique Ibáñez Nájar. De conformidad con el artículo 25 de la Ley 1340 de 2009, la multa a imponer por la violación de las normas de competencia para las Personas Jurídicas

---

directas entre los miembros del cártel pueden ser difíciles de descubrir. Los programas de clemencia tienen por objeto proporcionar un instrumento adicional para detectar y enjuiciar los cárteles, pero no para sustituir las herramientas de detección proactiva ampliamente utilizadas por los organismos de competencia. Según el Examen de la Recomendación de la OCDE de 1998 sobre la acción efectiva contra los cárteles nocivos, todos los miembros de la OCDE disponen de un programa de clemencia y lo consideran un instrumento extremadamente eficaz para detectar y castigar a los cárteles (OCDE, 2019) [Traducción propia]. OCDE, *OECD Competition Trends 2020*, (2020). http://www.oecd.org/competition/oecd-competition-trends.htm

[120]   OCDE, *OECD Competition Trends 2020*, (2020). http://www.oecd.org/competition/oecd-competition-trends.htm

[121]   Felipe Serrano, *Programas de clemencia en América Latina y el Caribe: experiencias recientes y lecciones aprendidas* (OCDE, 2016), 6. http://www.oecd.org/officialdocuments/publicdisplaydocumentpdf/?cote=DAF/COMP/LACF(2016)5&docLanguage=Es

va hasta la suma de cien mil salarios mínimos mensuales legales vigentes (100.000 SMLMV) o, si resulta ser mayor, hasta el ciento cincuenta por ciento (150 %) de la utilidad obtenida con la práctica restrictiva.

En 2022, el salario mínimo correspondía a la suma de millón de pesos (COP 1.000.000,oo), por lo tanto, la multa máxima a imponer fue de cien mil millones de pesos (COP 100.000.000.000,oo).

Adicionalmente, el articulo 25, para efectos de graduar la multa, consagra los siguientes criterios que debe tener en cuenta la Superintendencia de Industria y Comercio:

1. "El impacto que la conducta tenga sobre el mercado.

2. La dimensión del mercado afectado;

3. El beneficio obtenido por el infractor con la conducta;

4. El grado de participación del implicado;

5. La conducta procesal de los investigados;

6. La cuota de mercado de la empresa infractora, así como la parte de sus activos y/o de sus ventas involucrados en la infracción.

7. El Patrimonio del infractor".

Por último, Ley 1340 establece en el parágrafo del articulo 25 las hipótesis de agravación y atenuación de la multa:

i. Hipótesis de circunstancias de agravación de la multa: "La persistencia en la conducta infractora; la existencia de antecedentes en relación con infracciones al régimen de protección de la competencia o con incumplimiento de compromisos adquiridos o de órdenes de las autoridades de competencia; el haber actuado como líder, instigador o en cualquier forma promotor de la conducta".

ii. Hipótesis de circunstancia de atenuación de la multa: "La colaboración con las autoridades en el conocimiento o en la investigación de la conducta será circunstancia de atenuación de la sanción".

En el caso de los facilitadores, ya sean personas naturales o jurídicas, el monto máximo de las multas a imponer es el previsto en el artículo 26 de la Ley 1340 de 2009, también debido a que las reformas al régimen de Protección de la Competencia introducidas por la Ley 2195 de 2022 fueron declaradas inexequibles por la Corte Constitucional, mediante Sentencia C-080 de 2023, con ponencia del Magistrado Jorge Enrique Ibáñez Nájar.

De conformidad con el artículo 26 de la Ley 1340 de 2009, la multa a imponer a los facilitadores, personas naturales o jurídicas que colaboren faciliten, autoricen, ejecuten o toleren conductas violatorias del régimen de competencia sería de hasta dos mil salarios mínimos mensuales legales vigentes (2.000 SMLMV).

En 2022 el salario mínimo correspondía a la suma de un millón de pesos (COP $1.000.000,oo), por lo tanto, la multa máxima a imponer fue de dos mil millones de pesos (COP 2.000.000.000,oo)

Adicionalmente el articulo 26, a efectos de graduar la multa, consagraba los siguientes criterios que debe tener en cuenta la Superintendencia de Industria y Comercio:

1. "La persistencia en la conducta infractora;

2. El impacto que la conducta tenga sobre el mercado;

3. La reiteración de la conducta prohibida;

4. La conducta procesal del investigado; y,

5. El grado de participación de la persona implicada".

Por último, las multas no pueden ser pagadas ni aseguradas por la empresa a la cual está vinculada la persona natural, ni por sus vinculadas.

Como lo hemos venido señalando, en el año 2022 se realizó una importante reforma al régimen de competencia, mediante a expedición de la Ley 2195 y los Decretos 092 y 253, todos ellos del 2022. La reforma de la Ley 2195 de 2022, que como ya se ha advertido fue declarada inexequible por la Corte Constitucional, mediante la Sentencia C- 080 de 2023, con ponencia del Magistrado Jorge Enrique Ibáñez Nájar, comportaba un incremento exponencial de las sanciones en Colombia. En efecto, de conformidad con el artículo 67 de la Ley 2195 de 2022[122], las multas a imponer eran las siguientes:

- "Hasta el veinte por ciento (20 %) de los ingresos operacionales del infractor en el año fiscal inmediatamente anterior al de la imposición de la sanción".

- "Hasta el veinte por ciento (20 %) del patrimonio del infractor en el año fiscal inmediatamente anterior al de la imposición de la sanción".

- "Hasta el equivalente a cien mil salarios mínimos legales mensuales vigentes (100.000 SMLMV)". En 2022 el salario mínimo corresponde a la suma de un millón de pesos (COP 1.000.000), por lo tanto, la multa máxima a imponer sería de cien mil millones de pesos (COP 100.000.000.000,oo), es decir, aproximadamente USD 26,329,660[123].

---

[122] Esta Ley modificó los articulo 25 y 26 Ley No 1340 del 21 de julio de 2009, "Por medio de la cual se dictan normas en materia de protección de la competencia", *Diario Oficial* No. 47420 de 24/07/2009. Como lo hemos advertido, las reformas al régimen de Protección de la Competencia introducidas por la Ley 2195 de 2022, fueron declaradas inexequibles por la Corte Constitucional, mediante Sentencia C- 080 de 2023, con ponencia del Magistrado Jorge Enrique Ibáñez Nájar.

[123] El cálculo se realizó con base en la tasa de cambio de 26 de marzo de 2022.

- "Hasta el treinta por ciento (30%) del valor del contrato estatal, cuando la practica restrictiva afecta o pueda afectar procesos de contratación pública".

- "Hasta el trescientos por ciento (300 %) del valor de las utilidades percibidas por el infractor de la conducta anticompetitivas, siempre y cuando fuere posible cuantificarlas y dicho porcentaje fuere superior a los criterios 1 2 y 3 a los que nos referimos anteriormente".

La SIC como Autoridad Nacional de Competencia debía graduar el monto de la multa hasta estos máximos teniendo en cuenta (i) la idoneidad que tuviera la conducta para afectar el mercado o la afectación al mismo; (ii) la naturaleza del bien o servicio involucrado; (iii) el grado de participación del implicado; (iv) el tiempo de duración de la conducta y (v) la cuota de participación que tuviera el infractor en el mercado del infractor.

Después de la graduación de la multa, la SIC podía aplicar los criterios de agravación de la misma, cada uno de los cuales podía significar un incremento de la sanción del 10 % del valor de la sanción. Dichos criterios de agravación eran:

- "El haber actuado como líder, instigador o en cualquier forma promotor de la conducta".

- "La continuación de la conducta infractora una vez iniciada la investigación".

- "La reincidencia o existencia de antecedentes en relación con infracciones al régimen de protección de la competencia. o con el incumplimiento de compromisos adquiridos con la Autoridad de Competencia, o de las órdenes impartidas por esta".

- "La conducta procesal del infractor tendiente a obstruir o dilatar el trámite del proceso, incluyendo la presentación de solicitudes que sean evidentemente improcedentes".

Para los facilitadores, el monto máximo de la multa podía ir hasta los dos mil (2.000) salarios mínimos, por lo tanto, el monto máximo de la multa a imponer sería dos mil millones de pesos (COP 2.000.000.000,oo), es decir, aproximadamente quinientos veintiséis mil trescientos veinte dólares (USD 526,320). Como se puede observar, este monto máximo es el mismo que trae la Ley 1340 de 2009, con lo cual la situación de los facilitadores no había cambiado con la expedición de la Ley 2195 de 2022 y no cambia ahora que las modificaciones que traía dicha ley han sido declaradas inexequibles.

Al igual que para los agentes del mercado, la SIC debía graduar el monto de la multa hasta este máximo teniendo en cuenta (i) el grado de involucramiento del facilitador en la conducta del agente del mercado, (ii) la reincidencia o existencia de antecedentes en relación con infracciones al régimen de protección de la competencia o con incumplimiento de compromisos adquiridos o de órdenes de la autoridad de competencia y (iii) el patrimonio del facilitador.

	En el caso del Facilitador, también se establecían criterios de agravación de la misma, cada uno de los cuales puede significar un incremento de la sanción del 10 % del valor de la sanción. Dichos criterios de agravación son: (i) "Continuar facilitando la conducta infractora una vez iniciada la investigación"; (ii) "La reincidencia o existencia de antecedentes en relación con infracciones al régimen de protección de la competencia, o con el incumplimiento de compromisos adquiridos con la Autoridad de Competencia, o de las órdenes impartidas por esta" y (iii) "La conducta procesal del facilitador tendiente a obstruir o dilatar el trámite del proceso, incluyendo la presentación de solicitudes que sean evidentemente improcedentes".
Perú	En Perú, para las conductas anticompetitivas realizadas por infractores en caso de que la conducta sea considerada leve, el tope máximo de imposición de sanción serán quinientas (500) UIT[124], es decir, aproximadamente USD 619,195[125], sin que se supere el ocho por ciento (8 %) de los ingresos brutos del infractor. Si la conducta se hubiese calificado como grave la sanción no podrá exceder de las mil (1.000) UIT, es decir, aproximadamente, USD 12,27,185, sin superar el diez por ciento (10 %) de los ingresos brutos del sancionado. Y, si la infracción hubiese sido estimada como muy grave, la multa aplicable no podrá ser superior a mil (1.000) UIT sin superar el doce (12 %) de los ingresos brutos del infractor. Adicionalmente, dichos porcentajes se calcularán según lo que conste en el ejercicio contable inmediatamente anterior al de la resolución de la comisión de la conducta. Adicionalmente, para los casos que se traten de colegios profesionales o gremios de empresas o agentes económicos que hubieran iniciado sus actividades después del 1 de enero del ejercicio anterior, la multa no puede superar en ningún caso las mil (1.000) UIT, es decir, aproximadamente USD 1,227,185. Para cada uno de los representantes legales y las personas que integren los órganos de dirección o administración cuando el infractor sea una persona jurídica, sociedad irregular, patrimonio autónomo o entidad, se impondrá una multa de hasta cien (100) UIT, es decir, aproximadamente USD 1,22,718. Ahora bien, el legislador peruano tiene en cuenta al momento de la graduación de la sanción distintos criterios como la profesionalidad del infractor, la duración de la comisión de la conducta, el beneficio que hubiese esperado

---

124 Presidencia de la República de Perú. TUO del Decreto Legislativo No. 1034 del 24 de junio de 2008. "Que aprueba la Ley de Represión de Conductas Anticompetitivas" Lima, Perú. Título VI. Cap. I. Art. 43, Art. 44.

125 El Ministerio de Economía y Finanzas de Perú fijo la Unidad Impositiva Tributaria (UIT) en 4,600 soles para el año 2022. Los cálculos de las sanciones se realizaron con base en la tasa de cambio de 7 de marzo de 2022.

	obtener el infractor y la reincidencia, todo esto sobre el daño ocasionado a la competencia, efectiva o potencial, el mercado donde se desempeña el infractor y el consumidor.
Chile	En Chile, las multas se aplican en relación con el beneficio fiscal del infractor hasta por una suma equivalente al treinta por ciento (30 %) de las ventas del infractor, correspondientes a la línea de productos o servicios asociados a la infracción durante el periodo que se ha extendido la infracción o hasta el doble del beneficio económico reportado por la infracción[126].

En caso de que no sea posible determinar las ventas ni el beneficio económico obtenido por el infractor, se pueden aplicar multas hasta por una suma equivalente a sesenta mil unidades tributarias anuales (60,000 UTA); es decir, aproximadamente USD 47.901.868[127].

Las multas pueden ser impuestas a personas jurídicas o naturales que realizaren el acto. Y se tiene en cuenta el beneficio económico obtenido con motivo de la infracción, en caso de que lo hubiere, (i) la gravedad de la conducta, (ii) el efecto disuasivo, (iii) la calidad de reincidente por infracciones anticompetitivas durante los últimos diez años, (iv) la capacidad económica del infractor y (v) la colaboración. |
| **México** | En México, en el caso de las prácticas monopólicas absolutas, se aplica una multa de hasta el diez por ciento (10 %) de los ingresos del agente económico.

En el caso de las prácticas monopólicas relativas se aplica una multa de hasta el ocho por ciento (8 %) de los ingresos del agente económico.

En el caso de la realización de una concentración ilícita se aplica una multa de hasta el ocho por ciento (8 %) de los ingresos del Agente Económico. También podrá imponer una multa de hasta cinco mil (5.000) salarios mínimos y hasta el equivalente al cinco por ciento (5 %) de los ingresos del agente económico, por no haber notificado la concentración cuando legalmente debió hacerla. En el caso de incumplir con las condiciones fijadas en la resolución de una concentración aplicara una multa de hasta el diez por ciento (10 %) de los ingresos del agente económico. |

---

[126]   Fiscalía Nacional Económica (FNE). Decreto Ley No. 211 de 1973 "Que Fija Normas Para la Defensa de la Libre Competencia". Reforma Diario Oficial No. 41.546 del 30 de agosto de 2016. Chile. Art. 26.

[127]   El Servicio de Impuestos Internos de Chile estableció una Unidad Tributaria Anual (UTA) de seiscientos ochenta y un mil cuatrocientos cuarenta y cuatro pesos chilenos (CLP 681.444) para el mes de mayo del año 2022. El cálculo a dólares se realizó con base en la tasa de cambio del de marzo del año 2022 de 853,55 pesos chilenos por dólar.

En el caso de un agente económico que controle un insumo esencial e incumpla la regulación respecto del mismo, se le aplicará una multa de hasta el diez por ciento (10 %) de sus ingresos.

A los que participen directa o indirectamente en prácticas monopólicas o concentraciones ilícitas, en representación o por cuenta y orden de personas morales, se les aplicará una multa de hasta doscientas mil (200.000) veces el salario mínimo general diario vigente para el Distrito Federal, es decir aproximadamente USD 1.715.831.

A quienes hayan coadyuvado, propiciado o inducido en la comisión de prácticas monopólicas, concentraciones ilícitas u otras conductas que restrinjan el funcionamiento eficiente de los mercados en los términos de la Ley Federal de Competencia Económica se le aplicará una multa de hasta el ciento ochenta mil (180.000) veces el salario mínimo general diario vigente para el Distrito Federal, es decir, aproximadamente USD 1.544.248.

A los fedatarios públicos que intervengan en los actos relativos a una concentración cuando no hubiera sido autorizada por la Comisión se les aplicara una multa de hasta ciento ochenta mil (180.000) veces el salario mínimo general diario vigente para el Distrito Federal, es decir aproximadamente USD 1.544.248.

Adicionalmente, el artículo 27 de la Ley Federal de Competencia Económica también consagra unas multas relacionadas con el comportamiento de los infractores en el marco de la investigación. Así las cosas, para los casos en donde se haya declarado falsamente o entregado información falsa a la Comisión, se puede imponer una multa de hasta ciento setenta y cinco mil (175.000) veces el salario mínimo general diario vigente para el Distrito federal, es decir, aproximadamente USD 1.501.352. También, se les impondrá una multa de hasta el ocho por ciento (8 %) de los ingresos del agente económico a quienes hayan incumplido las resoluciones emitidas en términos del artículo 101 o en las fracciones I y II de la Ley Federal de Competencia Económica. Y, por último, se les impondrá una multa de hasta el diez por ciento (10%) de los ingresos del agente económico por el incumplimiento de la orden cautelar.

Estos topes establecidos para las diferentes conductas se escalonan teniendo en cuenta de forma general el daño causado y factores como la intencionalidad del infractor, su capacidad económica, la duración de la conducta y como disuasión de la comisión de la conducta nuevamente considera el castigo de la reincidencia. [128]

Como se puede observar, estas multas son sustanciales y su monto cumple con los objetivos señalados para desincentivar la comisión de conductas anticompetitivas. Sin embargo, se observa que, de las cuatro jurisdicciones

---

[128]   Cámara de Diputados del Congreso de la Unión. Diario Oficial de la Federación; 23 de mayo de 2014 Ley Federal de Competencia Económica de 1993, Ciudad de México. Art 127, Art. 130.

que se estudiaron, Perú es la única que todavía mantiene un sistema de sanciones que establece una suma mínima y una máxima preestablecidas. Es decir, la multa siempre corresponderá a una suma de hasta un monto máximo preestablecido en UIT, sin exceder, en algunos casos, el porcentaje preestablecido de los ingresos brutos de la persona sancionada.

En Chile, el sistema de sanciones considera dos variables: (i) las ventas correspondientes a la línea de productos o servicios asociados a la infracción durante el periodo que se ha extendido la infracción y (ii) el beneficio económico reportado por la infracción. En México, el sistema de sanciones se basa en los ingresos del Agente Económico.

En Colombia, el sistema de sanciones mantiene como uno de sus criterios un monto máximo en salarios mínimos para la imposición de la multa (cien mil salarios mínimos, que equivalen a cien mil millones de pesos, que son aproximadamente veintiséis millones de dólares). Sin embargo, también se establecen los siguientes criterios: (i) el veinte por ciento (20 %) de los ingresos operacionales de la empresa en el año anterior al de la sanción; (ii) el veinte por ciento (20 %) del patrimonio del infractor en el año anterior al de la sanción; (iii) el trescientos por ciento (300 %) de la utilidad obtenida por el infractor con la práctica restrictiva; y (iv) el treinta por ciento (30 %) del valor del contrato estatal. La SIC deberá tomar de ellos el mayor para la graduación de la multa.

Al comparar los criterios presentados en la tabla anterior, encontramos lo siguiente:

- Respecto del beneficio económico o la utilidad percibida por la infracción como criterio para la imposición de la multa, Chile lo limita a un máximo del 200% de la multa a imponer, mientras que Colombia establece un límite del 300 %, con lo cual Colombia es la jurisdicción con el límite más alto establecido con base en este criterio.

- Chile es el único país que usa el porcentaje de ventas como criterio para establecer el tope de la sanción.

- Respecto de los ingresos como criterio para establecer el tope máximo de la multa, es Colombia quien tiene el mayor porcentaje para este criterio, toda vez que en México el porcentaje más alto que se le asigna es del 10 % mientras que en Colombia es del 20 %.

- Colombia es la única jurisdicción que utiliza como criterio para establecer el máximo de la multa aplicable, el valor del contrato estatal al cual está vinculada la práctica restrictiva y el patrimonio del infractor.

Como se puede observar, de las jurisdicciones estudiadas, la autoridad de competencia de Colombia es aquella que tiene la mayor capacidad de sanción.

1.3 Transparencia, predictibilidad y buena fe

Las empresas estarán más inclinadas a participar en el programa de delación si perciben que pueden confiar en la autoridad, porque la misma actúa de manera transparente, es predecible y actúa de buena fe en la aplicación del programa.

Se puede decir que el programa de delación goza de transparencia, cuando las reglas del mismo son conocidas o pueden ser consultadas y comprendidas fácilmente por los actuales o potenciales delatores, para lo cual se necesita que las normas sean claras y que la autoridad realice esfuerzos por darlas a conocer y explicar su alcance. En especial, se considera que debe haber transparencia en relación con (i) los requisitos para ser admitido al programa, así como la existencia y funcionamiento del sistema de marcadores; (ii) el hecho de que el otorgamiento de los beneficios sea automático o si por el contrario se requiere de una evaluación por la autoridad; (iii) la cantidad y calidad de la información que se requiere para que la empresa sea admitida al programa; y (iv) el nivel de confidencialidad que brinda el programa. Con el fin de incrementar la transparencia, las autoridades de Competencia de varios países en Latinoamérica, como es el caso de Colombia, Chile, Brasil, México, Perú y Panamá han expedido guías que explican el funcionamiento del programa y ofrecen respuestas a las principales dudas que han expresado las empresas y personas que deciden participar en el programa. [129]

---

[129] Felipe Serrano, *Programas de clemencia en América Latina y el Caribe: experiencias recientes y lecciones aprendida* (OCDE, 2016), 6. http://www.oecd.org/officialdocuments/pu blicdisplaydocumentpdf/?cote=DAF/COMP/LACF(2016)5&docLanguage=Es. Debe tenerse en cuenta que en el 2013 la autoridad de Colombia expidió la Guía del Programa de Beneficios por Colaboración, la cual no es citada en este artículo del 2016. Al consultar la guía, que se encuentra en la página Web de la SIC, www. sic.gov.co en febrero de 2021, la misma está desactualizada y no tiene en cuenta las modificaciones introducidas al Programa de Delación por el Decreto 1523 de 2015.

El programa de delación será predecible si las empresas pueden saber de antemano, con certeza, cuáles son las oportunidades que tienen de obtener los beneficios prometidos por la ley y si al cumplir con los requisitos exigidos los beneficios les son otorgados. En Colombia, por ejemplo, los beneficios del programa de delación son confirmados por el Superintendente solo hasta el final de la investigación. Entonces, los solicitantes solo estarán 100 % seguros de sus beneficios al final del procedimiento. Aun así, la autoridad debe generar un ambiente de predictibilidad, de tal manera que los solicitantes tengan la tranquilidad de que, si siguen las normas e instrucciones de la autoridad, al final los beneficios prometidos por la autoridad serán confirmados[130].

---

[130] "In the first stage of the leniency procedure, the undertaking intending to cooperate with the Commission must approach the Commission and provide evidence of a presumed cartels affecting competition within the EU. That evidence must be such as to enable the Commission either to adopt a decision to carry out an investigation. In the second stage, once it has received the application for immunity, the Commission assesses the evidence supplied in support of the application in order to ascertain whether the undertaking satisfies the relevant conditions. Lastly, it is only in the third stage, at the end of the administrative procedure, when the Commission adopts the final decision, that it does or does not grant, in that decision, immunity from fines in the strict sense to the undertaking that was granted conditional immunity. It is at that precise time that the procedural status resulting from conditional immunity ceases to produce its effects. It thus follows that before the final decision is taken the undertaking seeking immunity does not obtain immunity from fines in the strict sense but benefits only from a procedural status that may be transformed into immunity from fines at the end of the administrative procedure if the requisite conditions are met. [En la primera fase del procedimiento de clemencia, la empresa que tenga la intención de cooperar con la Comisión debe dirigirse a la Comisión y aportar pruebas de un presunto cártel que afecte a la competencia dentro de la UE. Estas pruebas deben permitir a la Comisión adoptar una decisión de investigación. En la segunda fase, una vez recibida la solicitud de dispensa, la Comisión evalúa las pruebas aportadas en apoyo de la solicitud para comprobar si la empresa cumple los requisitos pertinentes. Por último, sólo en la tercera fase, al término del procedimiento administrativo, cuando la Comisión adopta la decisión definitiva, concede o no, en dicha Decisión, la dispensa del pago de multas en sentido estricto a la empresa a la que se concedió la dispensa condicional. Es precisamente en ese momento cuando el estatuto procesal resultante de la inmunidad condicional deja de producir sus efectos. De ello se deduce que, antes de que se adopte la decisión definitiva, la empresa que solicita la dispensa no obtiene la reducción en la dispensa de las multas en sentido estricto, sino que sólo se beneficia de un estatuto procesal que puede transformarse en dispensa de multas al

Tabla 12. Otorgamiento de los beneficios por la autoridad de competencia

País	Otorgamiento de los beneficios por la autoridad de competencia
Colombia	En Colombia, de conformidad con el artículo 2.2.2.29.3.1. del decreto 253 de 2022, los beneficios del programa de delación son confirmados por el superintendente de Industria y Comercio solo hasta el final de la investigación, esto es "en el acto administrativo que decida la actuación administrativa". En este sentido, los solicitantes solo estarán 100 % seguros de sus beneficios al final del procedimiento, previa evaluación por la autoridad. En efecto, quien suscribe el Convenio de Colaboración con el solicitante es el superintendente delegado para la protección de la competencia, pero, en ese convenio, los beneficios se otorgan de manera preliminar y solamente son confirmados por el superintendente de Industria y Comercio al final de la investigación, en el acto administrativo por medio del cual se le pone fin a la misma, previa evaluación del cumplimiento de las obligaciones del delator bajo el Convenio de Colaboración.[131] Esto se puede ver reflejado en la explicación que hace la *Guía del Programa de Beneficios por Colaboración* a la evaluación del mérito para conceder la exoneración de la multa: "La evaluación preliminar está a cargo del Superintendente Delegado para la Protección de la Competencia. [...] La decisión final sobre la solicitud de beneficios se comunicará cuando la SIC decida sobre la existencia y las consecuencias del acuerdo restrictivo de la competencia. De cumplirse todos los supuestos señalados en el Decreto 2896 de 2010, el Superintendente de Industria y Comercio concederá la exoneración total".[132]

---

final del procedimiento administrativo si se cumplen los requisitos exigidos] [traducción propia]. (T-12/06, Deltafina/Comisión, 9 de septiembre de 2011, EU:T:2011:441, 112-118) (T-655/11, FSL Holdings a.o./Comisión, 16 de junio de 2015, EU:T:2015:383, 114-120). René Barents, "Directory of EEU Case Law on Competition", en Wolters Kluwer, *International Competition Law Series*, segunda edición, (2017), 1267-1268.

[131]   Artículos 2.2.2.29.2.6. y 2.2.2.29.3.1. del decreto 253 de 2022.

[132]   Superintendencia de Industria y Comercio, *Guía Programa de Beneficios por Colaboración*, 5. https://www.sic.gov.co/sites/default/files/files/Nuestra_Entidad/Publicaciones/Guia_Programa_Beneficios_Colaboracion_VF_Para_Publicar.pdf. Debe tenerse en cuenta que esta guía es de la época del primer decreto reglamentario del programa de delación, que fue el Decreto 2896 de 2010, el cual ha sido modificado ya tres veces. Lo más probable es que en atención a las modificaciones introducidas al programa de delación por el Decreto 253 del 2022, próximamente se expida una guía actualizada del programa de delación.

Perú	En Perú, de conformidad con el artículo 26.2. del TUO del DL 1034 de 2008, los beneficios del programa de delación son confirmados por la Comisión, al momento de la imposición de las sanciones respectivas, en el marco del procedimiento administrativo sancionador, mediante la resolución final, previa evaluación por la autoridad.
	Por lo tanto, la Secretaria Técnica es quien negocia el compromiso de exoneración de sanción y es con ella que el delator la suscribe. Posteriormente, es la Comisión quien evalúa y confirma la colaboración del delator para determinar si otorga los beneficios o no.[133] Esto se puede ver reflejado en la explicación que la Guía del Programa de Clemencia hace sobre el otorgamiento definitivo del beneficio, de la siguiente manera.
	"Corresponde a la Comisión la ratificación del beneficio condicional otorgado por la Secretaría Técnica, una vez obtenido un resultado efectivo en el marco del procedimiento administrativo sancionador a través de la emisión de una resolución determinando la existencia de una infracción y sancionando a los responsables.
	La Comisión únicamente podrá denegar el carácter definitivo al beneficio cuando la Secretaría Técnica hubiese informado de un incumplimiento no subsanado al Deber de colaboración asumido por el Colaborador en el Compromiso de exoneración o reducción de sanción o –en el caso del beneficio de exoneración (Clemencia Tipo A o B)– cuando la Secretaría Técnica hubiese indicado que el Colaborador se encuentra incurso en el supuesto de coerción previsto en el artículo 26.5 de la Ley.
	En caso la Secretaría Técnica no informe acerca de un eventual incumplimiento del Compromiso de exoneración o reducción de sanción por parte del Colaborador o sobre la existencia de coerción, la Comisión entenderá que el Colaborador ha cumplido con el Compromiso de exoneración o reducción de sanción y, en particular, con su Deber de colaboración, otorgando de manera definitiva el beneficio correspondiente al Colaborador.
	El beneficio otorgado de manera definitiva sea de exoneración o reducción de sanción, será oponible ante cualquier instancia del Indecopi. El otorgamiento definitivo del beneficio se realizará a través de una resolución independiente y confidencial emitida por la Comisión a favor del Colaborador".[134]

---

[133] Artículo 26.2. literales c y f. del TUO del DL 1034

[134] Instituto Nacional de Defensa de la Competencia y de la Protección de la Propiedad Intelectual. *Guía del Programa de Clemencia*, 19-20. https://www.indecopi.gob. pe/documents/1902049/3761587/Gu%C3%ADa+del+Programa+de+Clemenc ia.pdf/0a0d49ba-167d-f9f3-e878-b21c326b31ff

La *Guía del Programa de Clemencia* explica lo aquí mencionado a través del siguiente flujograma:

Flujograma: Trámite de Solicitudes de beneficios

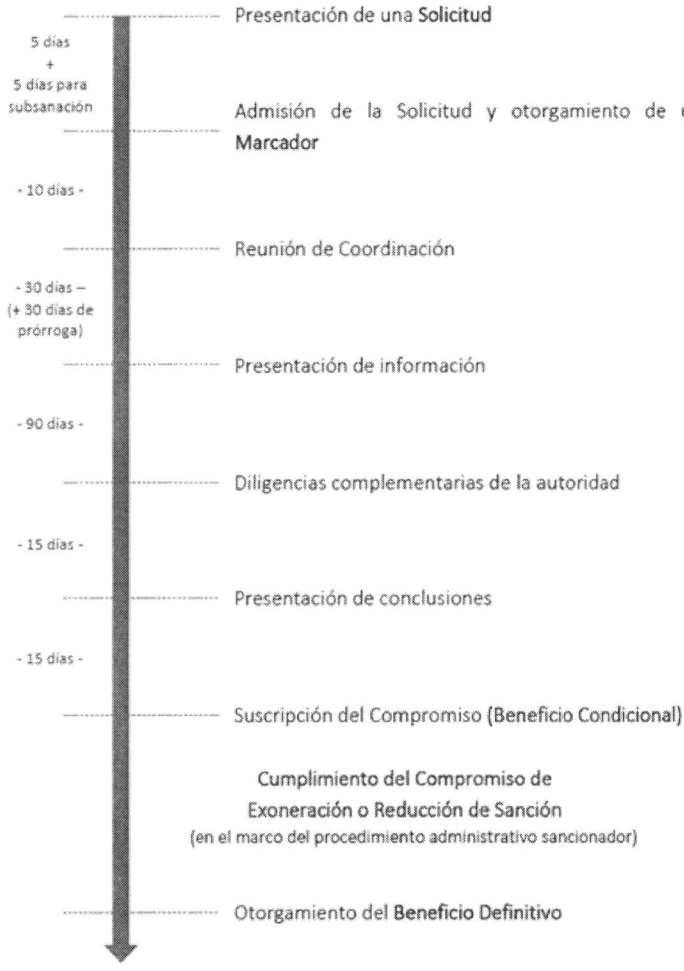

Fuente: Instituto Nacional de Defensa de la Competencia y de la Protección de la Propiedad Intelectual. *Guía del Programa de Clemencia* (pág. 23).

Chile	En Chile, de conformidad con el artículo 39 bis del DL 211 de 1973, el otorgamiento de los beneficios del programa de delación le corresponde al fiscal nacional económico, con la interposición del requerimiento correspondiente ante el TDLC.
	El trámite se surte así: el solicitante debe presentar ante el encargado de delación compensada la solicitud de indicador de postulación. En caso de que la solicitud cumpla con los requisitos, el encargado de delación compensada le debe entregar al postulante un indicador de postulación, debe proceder a recibir la solicitud de beneficios y le debe recomendar al fiscal nacional económico el otorgamiento del beneficio. En ese momento, el Fiscal Nacional Económico debe decidir si acepta o rechaza la solicitud de beneficios y si otorga o no el beneficio provisorio. Por último, "el Beneficio Provisorio adquiere el carácter de Beneficio Definitivo con la presentación del requerimiento por parte de la FNE en relación con la conducta que ha sido objeto de la Solicitud de Beneficios" (pág. 26) sin perjuicio de que el delator este sujeto a la obligación de colaborar "leal y eficazmente con la FNE en el juicio ante el TDLC que se inicie por el requerimiento y en el posterior procedimiento penal, si lo hubiere, y hará todos los esfuerzos necesarios para que sus ejecutivos, trabajadores, asesores y/o mandatarios, actuales o pasados, también colaboren".[135]
	La *Guía de delación compensada* explica este procedimiento para la obtención de los beneficios de la siguiente manera: *"El Postulante inicia el procedimiento de delación compensada solicitando que se le indique el lugar de postulación en que se encuentra ("solicitud de indicador de postulación"). Dicha solicitud le permite reservar el lugar para postular a alguno de los Beneficios para un caso en particular. Recibida la Solicitud de Indicador de Postulación, la FNE informará y garantizará al Postulante el lugar de postulación en que se encuentra mediante el otorgamiento de un "indicador de postulación". Junto con entregar el Indicador, la FNE fijará un plazo para solicitar formalmente el beneficio y acompañar los antecedentes fundantes de su delación ("solicitud de beneficios"). Si la Solicitud de Beneficios cumple con los requisitos señalados en esta Guía, la FNE otorgará el beneficio solicitado con carácter provisorio ("**Beneficio Provisorio**"), mediante un oficio ("oficio de conformidad") que establecerá los requisitos que debe cumplir el Postulante para obtener el beneficio con carácter definitivo ("beneficio definitivo"). Si el Postulante cumple con los requisitos establecidos en el Oficio de Conformidad, el Beneficio Provisorio pasará a ser Definitivo al interponerse el requerimiento por la FNE."136* (pág. 11).

[135]   Fiscalía Nacional Económica, *Guía Interna sobre Delación Compensada en Casos de Colusión*, 26. https://www.fne.gob.cl/wp-content/uploads/2017/03/Guia_Delacion_Compensada.pdf

[136]   Fiscalía Nacional Económica, *Guía Interna sobre Delación Compensada en Casos de Colusión*, 11. https://www.fne.gob.cl/wp-content/uploads/2017/03/Guia_Delacion_Compensada.pdf

La *Guía interna sobre Delación Compensada* refleja lo aquí mencionado en el siguiente diagrama:

IV. DIAGRAMA DEL PROCEDIMIENTO

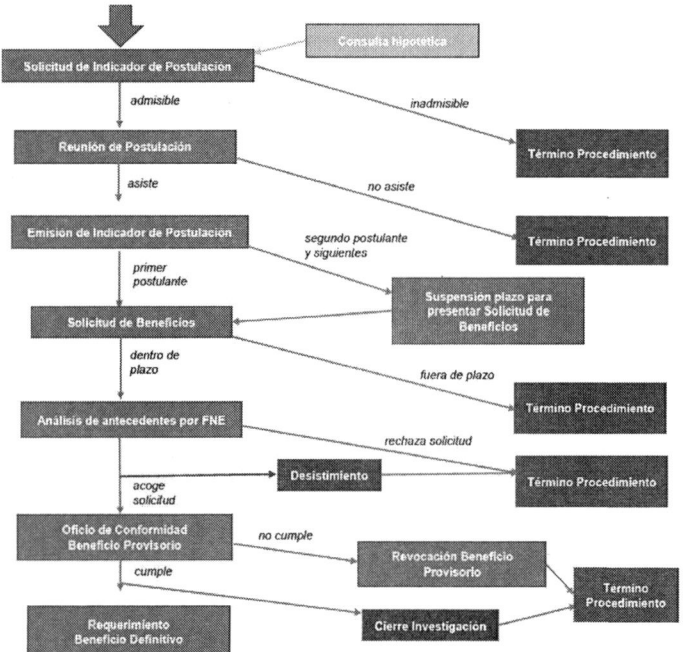

Fuente: Fiscalía Nacional Económica. Guía Interna sobre Delación Compensada en Casos de Colusión (pág. 31).

México	En México, de conformidad con el artículo 101 de la Ley Federal de Competencia Económica de 1993, el otorgamiento de los beneficios del programa de delación son confirmados por la COFECE mediante una resolución definitiva, la cual debe aceptar el solicitante. Para el efecto, el solicitante presenta su aplicación al programa ante la Autoridad Investigadora de la Comisión la cual presenta un dictamen con su opinión. En caso de ser favorable el dictamen, la autoridad investigadora celebra con el delator un acuerdo condicional de inmunidad. Después, es la Comisión quien emite la resolución mediante la cual se otorgan los beneficios. La Guía del Programa de Inmunidad y Reducción de Sanciones refleja este procedimiento de la siguiente manera:

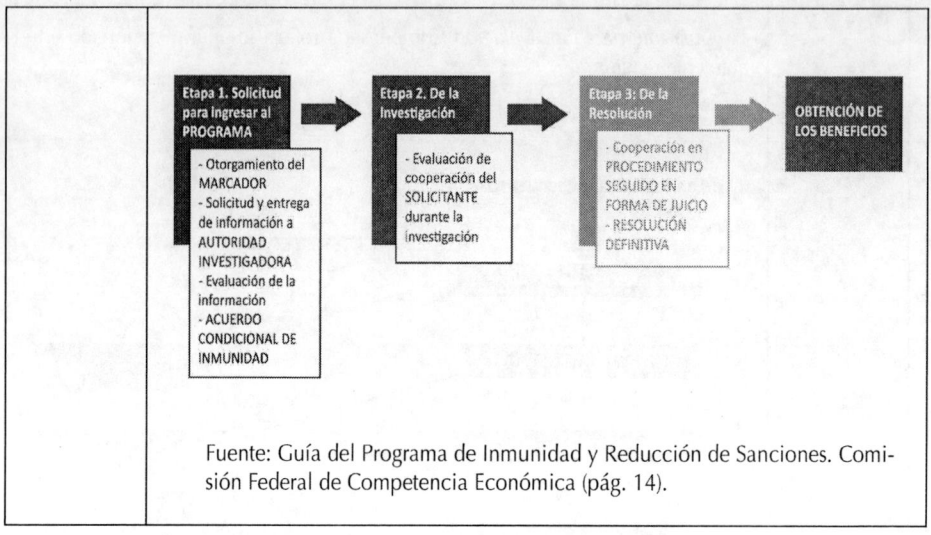

Fuente: Guía del Programa de Inmunidad y Reducción de Sanciones. Comisión Federal de Competencia Económica (pág. 14).

Si no hay certeza respecto de la obtención de los beneficios que las normas prometen a los participantes del programa de delación, la confianza en la autoridad se verá quebrantada y el programa no prosperará, pues las empresas que en el futuro estén en posición de aplicar al programa, no estarán dispuestas a asumir los riesgos que implica la delación, sin tener seguridad respecto de la obtención de los beneficios.[137]

Las autoridades de competencia pueden crear certeza y predictibilidad para los solicitantes mediante la expedición de manuales o guías de delación, los cuales deben ser aplicados de manera consistente en la práctica. Al respecto el *Manual de aplicación anti-cárteles* del *ICN* recomienda:

> "Las autoridades de competencia deben velar porque sus políticas de clemencia sean claras, completas, actualizadas periódicamente, bien publicitadas, aplicadas de manera coherente y suficientemente atractivas para los solicitantes en términos de las recompensas que puedan concederse". [138]

Todo lo anterior requiere que, además, los funcionarios encargados de la aplicación del programa obren con lealtad y buena fe, es decir, que

---

[137]   Scott Hammond, "Guiding Principles For And Effective Corporate Inmunity Program", en *Segundo Congreso Internacional de Derecho de la Competencia* (SIC, 2014).

[138]   "Competition agencies should ensure that their leniency policies are clear, comprehensive, regularly updated, well publicised, coherently applied, and sufficiently attractive for the applicants in terms of the rewards that may be granted." ICN Cartel Working Group, *Anti- Cartel Enforcement Manual*, supra note 4, atp. 6.

sean absolutamente confiables en la administración del programa, de tal manera que los usuarios y solicitantes del mismo no sientan que han sido traicionados.

1.4 En caso de duda la autoridad debe favorecer al delator

Como resultado del principio de transparencia, predictibilidad y buena fe, en caso de duda, el programa de delación debe favorecer al solicitante, quien ha tomado el riesgo de abandonar la presunción de inocencia con el fin de cooperar con la autoridad y solicitar los beneficios que la ley ofrece. De otra manera, los infractores no querrán delatar, porque no tendrán suficiente confianza en la autoridad o en el programa. Es importante convencer a las empresas de las ventajas de aplicar y de quedarse en el programa, el cual debe estar diseñado de tal manera que las empresas lo perciban como una solución y no como otro problema aún mayor.[139]

1.5 Aplicación de la regla de oro de la delación

La autoridad debe procurar, en todas las circunstancias del programa de delación, aplicar la llamada *regla de oro* que es tal vez el principio más importante de esta política pública.

De conformidad con este principio, los solicitantes al programa no pueden estar nunca en posición de inferioridad, es decir, en peores condiciones que aquellos que han decidido no cooperar con la autoridad[140]. Al respecto la *Guía para incrementar la cooperación transfronteriza de los programas de delación* elaborada por el ICN es bastante asertiva al afirmar que:

> "En el proceso de creación de la confianza de las empresas y sus representantes, se espera que las autoridades de competencia proporcionen a los solicitantes la mayor certeza posible de que no se les pondrá en una situación menos favorable que aquellos que no cooperan con la autoridad (traducción propia)".[141]

---

[139]   Scott Hammond, "Guiding Principles For And Effective Corporate Inmunity Program", en *Segundo Congreso Internacional de Derecho de la Competencia* (SIC, 2014).

[140]   Scott Hammond, "Guiding Principles For And Effective Corporate Inmunity Program", en *Segundo Congreso Internacional de Derecho de la Competencia* (SIC, 2014).

[141]   "In the process of building the trust of firms and their representatives, competition agencies are expected to provide applicants with as much certainty as possible that they will not be put in a less favorable position than non-cooperators".

Así mismo, el Subgrupo 1 del Grupo de Cárteles del *ICN* ha dicho lo siguiente:

> "En general, el objetivo de los legisladores puede ser asegurarse de que los solicitantes de clemencia no estén al menos peor que los otros co-cartelistas. Sin embargo, los medios para lograr este objetivo son diversos. La razón de esta diversidad se puede encontrar en las diferentes tradiciones legales, así como los objetivos de la aplicación privada en el sistema legal respectivo (traducción propia)".[142]

Uno de los puntos fundamentales a este respecto consiste en que mientras que los demás miembros del cártel pueden durar años negando la realización de la conducta anticompetitiva, el delator afronta un inmediato golpe a su reputación y puede ser el blanco inicial de las acciones civiles de indemnización de perjuicios, razón por la cual en muchas jurisdicciones se han establecido reglas relacionadas con la confidencialidad de la identidad del delator, la confidencialidad del expediente de delación hasta la finalización del procedimiento administrativo y la exoneración de la responsabilidad solidaria del delator, el cual solamente responde por los perjuicios que haya causado de manera directa a las víctimas del cártel.[143]

1.6 Confidencialidad

El principio de confidencialidad es determinante en el éxito del programa de delación. Si los potenciales solicitantes al programa de delación tienen dudas respecto de la confidencialidad de su aplicación y de la in-

---

International Competition Network (ICN*), Guidance on Enhancing Cross – Border Leniency Cooperation. Cartel Working Group: Subgroup 1* (2020), 5.

[142] "Generally, the goal of lawmakers may be to make sure that leniency applicants are at least not worse off than the other co-cartelists. However, the means to achieve this goal are diverse. The reason for this diversity can be found in the different legal traditions as well as the goals of private enforcement in the respective legal system". International Competition Network (ICN), *Good practices for incentivising leniency applications. Cartel Working Group. Subgroup 1* (2019), 8.

[143] Precisamente las medidas para la protección del delator, a las que hace referencia este párrafo, habían sido introducidas en Colombia en el año 2022, por medio de la Ley 2195 de 2022. Sin embargo, las reformas al régimen de Protección de la Competencia introducidas por la Ley 2195 de 2022, fueron declaradas inexequibles por la Corte Constitucional, mediante Sentencia C- 080 de 2023, con ponencia del Magistrado Jorge Enrique Ibáñez Nájar, por lo que será necesario que estas medidas, positivas para el Programa de Delación de Colombia, vuelvan a ser introducidas en una nueva reforma.

formación que le están aportando a la investigación, ello puede inducirlos a no participar en el mismo, lo cual afectaría la eficiencia y el desarrollo del programa de delación y la efectividad de las investigaciones. Lo anterior sucede porque el hecho de que los participantes del cártel apliquen al principio de delación significa que están renunciando a la presunción de inocencia y por lo tanto deben confesar a la autoridad su participación en el cártel, el cual muy seguramente les ha producido perjuicios a los consumidores y a la economía en general. Además, los solicitantes deben presentar la evidencia e información de la participación de terceras partes involucradas en la conducta ilegal.

Todo esto conlleva a que, a los ojos de la sociedad, la compañía obtenga una mala reputación, la cual puede ser la semilla de un potencial litigio contra el solicitante por parte de los consumidores y de los otros participantes del cártel. Además, puede presentarse el caso de represalias comerciales en contra el delator.

La confidencialidad sobre la identidad de los solicitantes de la delación va de la mano con el principio de la *regla de oro*. El hecho de que no se garantice la confidencialidad, afecta al solicitante del programa de delación de dos maneras: **(i)** porque su reputación sufrirá aún más que la de aquellos que no aceptaron los cargos y **(ii)** porque el solicitante no tendrá las mismas posibilidades de defenderse a sí mismo en caso de que se presenten acciones privadas (acciones de clase o de grupo), ya que, si no existe la confidencialidad, los demandantes tendrán mejor información y acceso a la evidencia en contra del solicitante, no en contra los demás participantes del cártel.[144]

En adición a los problemas mencionados por Scott Hammond, la *Guía para incrementar la cooperación transfronteriza de los programas de delación* elaborada por el ICN señala que en caso de que no se respete el principio de confidencialidad que debe existir en los programas de delación, los potenciales solicitantes del programa podrían abstenerse de concurrir al mismo por el temor de que se inicien investigaciones en otras jurisdicciones en las cuales no han aplicado al programa de delación o, peor aún, jurisdicciones en las cuales no existe el programa de delación, como lo veremos más adelante en el caso de la CAN. También es posible que en ausencia de un

---

[144]   Scott Hammond, "Guiding Principles For And Effective Corporate Inmunity Program", en *Segundo Congreso Internacional de Derecho de la Competencia* (SIC, 2014).

manejo confidencial, los miembros de un cártel se abstengan de delatar por el temor a las retaliaciones de los demás miembros del cártel.[145]

En el caso norteamericano, por ejemplo, se establece que la información recuperada en el proceso de clemencia sólo se divulgará en caso de litigio, no antes. [146] Cosa similar sucede en el caso de la UE, ya que la Directiva 2014/104/UE del Parlamento Europeo y del Consejo establecen que los órganos judiciales de los países miembros solamente pueden ordenar la exhibición de las pruebas aportadas dentro del programa de delación, "únicamente después de que una autoridad de competencia haya dado por concluido su procedimiento mediante la adopción de una resolución".[147]

En el caso colombiano[148], la norma que regula el Programa de Beneficios por Colaboración, Decreto 253 de 2022, establece en su artículo 2.2.2.29.4.3 que el expediente de cada solicitud de beneficios se tramita de manera separada al expediente de la investigación.

> "Decreto 253 (23 febrero 2022)
> Artículo 2.2.2.29.4.3. Expediente por cada solicitud de beneficios. Cada solicitud de beneficios por colaboración se tramitará en expediente separado del que corresponda a la investigación".[149]

En adición a establecer que cada solicitud de beneficios por colaboración conforma un expediente separado, el decreto citado contiene en su artículo 2.2.2.29.4.4 el principio de reserva de la identidad del delator, el cual reitera lo que establecía la norma anterior, en el sentido de que dicho principio se aplica en los términos de la Ley 1340 de 2009. El mencionado artículo establece lo siguiente:

---

[145] International Competition Network (ICN), Guidance on Enhancing Cross – Border Leniency Cooperation. Cartel Working Group: Subgroup 1 (2020), 4.

[146] Scott Hammond, "Guiding Principles For And Effective Corporate Inmunity Program", en *Segundo Congreso Internacional de Derecho de la Competencia* (SIC, 2014).

[147] Artículos 5(5) y 7(2) de la Directiva 2014/104/UE del Parlamento Europeo y del Consejo.

[148] Para un análisis detallado de las reglas de confidencialidad en Colombia, Perú, Chile y México revisar la tabla número 14.

[149] Gobierno de Colombia. Decreto 253 de 2022, "por el cual se sustituye el Capítulo 29 del Título 2 de la Parte 2 del Libro 2 del Decreto Único Reglamentario del Sector Comercio, Industria y Turismo, Decreto 1074 de 2015, modificado por el Decreto 1523 de 2015".

"Decreto 253 (23 de febrero de 2022)
Articulo 2.2.2.29.4.4. Reserva. La reserva en el trámite de solicitud de bene-ficios por colaboración se regirá por lo dispuesto en la Ley 1340 de 2009 y demás normas que la norma que la modifiquen, adicionen o sustituyan".[150]

En relación con el tema de la confidencialidad de la identidad del dela-tor, el parágrafo 2 del artículo 15 de la Ley 1340 de 2009 (hoy en día vigen-te tras la declaratoria de inconstitucionalidad de los artículos correspon-dientes de la Ley 2195 de 2022) establece que la SIC podía mantener en reserva la identidad del delator, a petición de este último, cuando existiera el riesgo de que pudiera ser víctima de represalias comerciales por causa de la delación:

"Ley 1340 (24 julio 2009).
Articulo 15. Reserva de documentos.
[...]
Parágrafo 2. La Superintendencia de Industria y Comercio podrá por solicitud del denunciante o del solicitante de beneficios por colaboración guardar en reserva la identidad de quienes denuncien prácticas restrictivas de la com-petencia, cuando en criterio de la Autoridad Única de Competencia existan riesgos para el denunciante de sufrir represalias comerciales a causa de las denuncias realizadas".[151]

Desafortunadamente, la reforma que había introducido la Ley 2195 de 2022 a este importante tema fue declarada inexequible por la Corte Cons-titucional, mediante la Sentencia C- 080 de 2023, con ponencia del Magis-trado Jorge Enrique Ibáñez Nájar. La mencionada ley había modificado el artículo 14 de la Ley 1340 de 2009, entre otras razones, para reforzar la confidencialidad del programa de delación en Colombia, en relación con: **(i)** el proceso de negociación del programa de delación, **(ii)** la identidad de los beneficiarios y **(iii)** las pruebas que los beneficiarios aporten a la SIC y que sean trasladadas al expediente de la investigación. De acuerdo con lo anterior, la confidencialidad de la identidad de los beneficiarios, así como la de las pruebas que estos aportaran, se mantendría hasta que se profiriera

---

[150] Gobierno de Colombia. Decreto 253 de 2022, "por el cual se sustituye el Capítulo 29 del Título 2 de la Parte 2 del Libro 2 del Decreto Único Reglamentario del Sector Comercio, Industria y Turismo, Decreto 1074 de 2015, modificado por el Decreto 1523 de 2015".

[151] Congreso de Colombia. Ley No 1340 del 21 de julio de 2009, "Por medio de la cual se dictan normas en materia de protección de la competencia", Diario Oficial No. 47420 de 24/07/2009, Bogotá, Colombia. Art. 15.

y estuviera en firme el acto administrativo definitivo. Las mencionadas normas (ahora declaradas inexequibles) establecían lo siguiente:

> "Ley 2195 de 2022.
> Artículo 66. Modifíquese el artículo 14 de la Ley 1340 de 2009, el cual quedara así:
> Artículo 14. Beneficios por Colaboración con la Autoridad.
> [...]
> Parágrafo 1. La identidad de los beneficiarios, así como las pruebas que estos aporten a la Superintendencia de Industria y Comercio y que sean trasladadas al expediente de la respectiva investigación, serán reservadas hasta que se profiera y esté en firme el acto administrativo definitivo a que hubiere lugar. Esto, sin perjuicio de que los investigados puedan tener acceso a la totalidad del acervo probatorio, garantizándose los derechos al debido proceso y de defensa.
> Parágrafo 2. El proceso de negociación de beneficios por colaboración por la presunta comisión de acuerdos restrictivos de la competencia será reservado".[152]

Las reformas mencionadas que resultaron fallidas eran de la mayor importancia para la estabilidad del programa de delación, ya que ambos aspectos, el de la confidencialidad de la identidad del delator y el de la confidencialidad del expediente de delación, fueron sometidos a prueba durante el caso del *cártel de los pañales* en Colombia.[153]

En efecto, en este caso, como ya lo mencionamos antes, Kimberly Clark fue admitido como primer delator al Programa de Beneficios por Colaboración y Tecnoquímicas, empresa que no se acogió al programa, solicitó, en protección de su derecho al debido proceso, acceso al expediente de la delación, alegando su derecho a conocer cualquier prueba que se fuera a utilizar en la investigación y que la pudiera afectar. La SIC negó el acceso al expediente de delación, que como se ha visto, era diferente del expediente de la investigación misma. En vista de esta negativa, Tecnoquímicas acudió ante el Tribunal Administrativo de Cundinamarca en recurso de insistencia y, posteriormente, su empresa vinculada, Tecnosur, ante el fracaso de las solicitudes de acceso al expediente de delación, interpuso una tutela con el fin de forzar a la SIC a revelarlo.

---

[152]   Gobierno de Colombia. Decreto 253 de 2022, "por el cual se sustituye el Capítulo 29 del Título 2 de la Parte 2 del Libro 2 del Decreto Único Reglamentario del Sector Comercio, Industria y Turismo, Decreto 1074 de 2015, modificado por el Decreto 1523 de 2015".

[153]   Resolución SIC No. 43218 del 28 de junio de 2016, confirmada por la Resolución SIC No. 86817 de 2016, por medio de la cual se resolvieron los recursos de reposición interpuestos.

Por sentencia del 23 de octubre de 2014, el juez catorce (14) administrativo oral de Bogotá negó la protección de la tutela, por considerar que el accionante tendría otros mecanismos jurídicos a su alcance y que por lo tanto no procedía proteger el derecho al debido proceso por la vía de la tutela que es un recurso constitucional de carácter residual. La sentencia fue impugnada ante la Sección Segunda, Subsección A del Tribunal Administrativo de Cundinamarca, la cual expidió su sentencia de segunda instancia el día 23 de febrero de 2015, por medio de la cual modificó la sentencia de primera instancia en el sentido de confirmar la negativa de la tutela por considerar que no había habido violación del derecho constitucional al debido proceso de Tecnosur. Al respecto manifestó el Tribunal lo siguiente:

> "Conforme los argumentos de la demanda, manifiesta la parte actora que se trunca su derecho de contradicción cuando se le niega el acceso a la totalidad de los expedientes de delación que sirvieron de base para la expedición de la Resolución Nº 47965 de 2014, sin embargo, a juicio de esta Sala, no hay lugar a tal vulneración por cuanto, los descargos que se presentaron contra el acto por el cual se formuló pliego de cargos, debían dirigirse exclusivamente, contra las pruebas y motivaciones que sirvieron de base para la expedición del acto en mención, de allí que no deba referirse a temas y pruebas no contemplados en la Resolución, puesto que no puede pretender ejercer defensa sobre actuaciones o imputaciones que no se le han formulado, o pruebas sobre las cuales no se han basado las acusaciones.
>
> De acuerdo con lo anterior, la Superintendencia de Industria y Comercio, ha manifestado a la entidad accionante que trasladó al expediente Nº13-2666923, la totalidad de las pruebas que le resultan oponibles a la entidad accionante y que fueron obtenidas en el proceso de delación, sobre las cuales el actor ha podido tener acceso, por lo que en lo demás no resulta pertinente levantar la reserva legal por parte de este juez constitucional, sobre otro tipo de información que no corresponde al resorte de la investigación adelantada contra la sociedad TECNOSUR S.A.S, tales como procedimientos internos de las sociedades delatoras, datos empresariales sobre otros mercados, actuaciones de impulso procesal, secretos comerciales e industriales de las delatoras, secreto profesional y privacidad de los empleados, entre otros".[154]

Es por lo tanto muy importante que las reformas que había introducido la fallida reforma de la Ley 2195 de 2022 en esta materia vuelvan a ser incluidas en el régimen de competencia de Colombia.

---

[154] Tribunal Contencioso Administrativo de Cundinamarca, Sección Segunda, Subsección A. Sentencia del 23 de febrero de 2015. Magistrada ponente, Dra. Carmen Alicia Rengifo Sanguino. Expediente No. AT-2014-00616-01. La sentencia fue firmada también por los magistrados José María Armenta Fuentes y Jaime Henry Ramírez Moreno.

1.7 Cooperación internacional entre autoridades de competencia en casos multijurisdiccionales

Este principio se encuentra desarrollado en la *Guía para incrementar la cooperación transfronteriza de los programas de delación155* expedida por el *ICN* en el 2020. El objetivo de la mencionada guía es el de dar consejos prácticos a las autoridades de competencia respecto de la interacción con otras jurisdicciones en casos de delación que comprometen a varios países, con dos finalidades principales: (i) buscar la efectividad de las investigaciones en casos multijurisdiccionales; y (ii) ayudar a reducir los desincentivos para los posibles solicitantes de los programas de delación.

En el caso europeo

> "Las autoridades nacionales de competencia y la Comisión forman conjuntamente una red de poderes públicos que actúan al servicio del interés público y cooperan estrechamente para proteger la competencia. La red es un foro de discusión y cooperación para la aplicación y el control del cumplimiento de la política comunitaria de competencia. Proporciona un marco para la cooperación de las autoridades europeas de competencia en los asuntos de aplicación de los artículos 81 y 82 del Tratado y constituye la base para crear y mantener una cultura común de competencia en Europa. Esta red se denomina "Red Europea de Competencia" (REC)".[156]

Como se puede observar, frente a las diferencias que existen entre las autoridades de competencia de Europa, la creación de la *(REC)* tiene como objetivo el de fortalecer la eficacia de la aplicación de las normas de competencia para la identificación, investigación y represión de conductas anticompetitivas en los casos de aquellas que tengan lugar en más de una jurisdicción, casos en los cuales la cooperación en la REC resulta indispensable.[157]

---

[155] International Competition Network (ICN), Guidance on Enhancing Cross – Border Leniency Cooperation. Cartel Working Group: Subgroup 1 (2020), 3.

[156] Unión Europea, "Comunicación de la Comisión sobre la cooperación en la Red de Autoridades de Competencia", *Diario Oficial de la Unión Europea* (2004/ C 101/03), 1.

[157] "La estructura de las autoridades nacionales de competencia varía según los Estados miembros. En algunos, una sola autoridad investiga los asuntos y toma todos los tipos de decisiones. En otros, las funciones están divididas entre dos autoridades, una responsable de investigar los casos y otra, a menudo de tipo colegial, responsable de decidir. Por último, en ciertos Estados miembros las decisiones de prohibición e imposición de multas sólo pueden ser tomadas por un órgano jurisdiccional, mientras que otra autoridad de competencia actúa como fiscal ante ese órgano jurisdiccional. Con arreglo al principio general de eficacia, el artículo 35

1.7.1 Aplicación de los principios de cooperación internacional

Para el efecto, la guía hace suyos los principios generales de cooperación internacional entre autoridades de competencia y plantea como características de la cooperación internacional, en casos de delación con implicaciones multijurisdiccionales, las siguientes:

a. La cooperación puede beneficiar tanto a las autoridades de competencia como a los solicitantes del programa de delación, los cuales también tienen un rol y pueden contribuir a facilitar la cooperación eficiente entre autoridades de diferentes países.

b. La cooperación entre autoridades de competencia es voluntaria y depende del interés o beneficio que cada autoridad considere que puede obtener de dicha cooperación. Las autoridades de competencia son libres de definir, discrecionalmente, la intensidad de la cooperación con otras jurisdicciones en cada caso.

c. La cooperación efectiva requiere de confianza mutua y de compromiso para construir una relación entre las autoridades de competencia de diferentes jurisdicciones.

d. Adicionalmente, las autoridades de competencia deben establecer mecanismos, reglas y protocolos para compartir la información que de conformidad con la ley les es posible compartir con las autoridades de otras jurisdicciones, para lo cual es necesario que se realicen reuniones de coordinación, se conformen equipos de trabajo conjuntos y se firmen convenios de cortesía positiva (positive comity), que son acuerdos internacionales de cooperación entre las autoridades de competencia.[158]

---

del Reglamento del Consejo permite a los Estados miembros designar a sus autoridades nacionales de competencia y repartir las funciones entre ellas. En virtud de principios generales del Derecho comunitario, los Estados miembros tienen la obligación de instaurar un sistema de sanciones que contemple sanciones efectivas, proporcionadas y disuasorias para las infracciones del Derecho comunitario (3). Los sistemas nacionales que velan por la aplicación del Derecho comunitario presentan diferencias, pero los Estados miembros reconocen mutuamente los principios del sistema de cada uno como base de cooperación (4)". Unión Europea, "Comunicación de la Comisión sobre la cooperación en la Red de Autoridades de Competencia", *Diario Oficial de la Unión Europea* (2004/ C 101/03), 1.

[158] International Competition Network (ICN), Guidance on Enhancing Cross – Border Leniency Cooperation. Cartel Working Group: Subgroup 1 (2020), 4 y 12.

e. También hay casos en los cuales los Estados firman Tratados de Asistencia Legal Mutua (mutual legal assistance treaties, MLAT) Se trata de tratados bilaterales cuyo objetivo único no es la cooperación en casos de competencia, sino más que todo en asuntos criminales. Generalmente, estos tratados le permiten a los Estados que forman parte del tratado solicitar del otro o los otros miembros asistencia de diversa índole, lo cual incluye el uso de su capacidad de investigación, la realización de allanamientos o visitas y compartir información confidencial.[159]

Para aplicar estos principios de cooperación internacional, las autoridades de competencia han celebrado acuerdos de colaboración. Algunos de los más representativos son los siguientes:

Tabla 13. Acuerdos más representativos de colaboración internacional

País	Acuerdos más representativos de colaboración de Colombia, Perú, Chile y México
Colombia	En esta sección, relacionamos los principales acuerdos internacionales, y acuerdos de cooperación internacional en materia de competencia celebrados por la República de Colombia y por la autoridad de competencia Colombiana, la SIC. Los principales acuerdos de cooperación o colaboración internacional celebrados por la Republica de Colombia en esta materia son: Acuerdo de colaboración con la Comunidad Andina (CAN): "De conformidad con el artículo 14 de la Decisión 608 de la Comunidad Andina de Naciones (CAN), la Secretaría General de la CAN solicitará la cooperación de las autoridades nacionales de los países afectados por las conductas anticompetitivas investigadas por la Comisión. Para que la Comisión inicie una investigación es necesario que la conducta tenga dimensión comunitaria, es decir, que el comportamiento afecte a los mercados de más de un país miembro (traducción propia)".[160]

---

159   OCDE, "Organization for Economic Co-operation and Development – OECD. Recommendation of the OECD Council Concerning International Co-operation on Competition Investigations and Proceedings, 2014". https://legalinstruments. oecd.org/en/instruments/OECD-LEGAL-0408. Las características de este tipo de tratados se pueden consultar en el siguiente enlace: http://www.oecd.org/daf/ competition/2014-rec-internat-coop-competition.pdf

160   "Pursuant to Article 14th of Decision 608 of the Andean Community of Nations (CAN by its Spanish initials), the General Secretariat of the CAN will request the cooperation of the national authorities of the countries affected by the anti-com-

- Tratado de Libre Comercio (TLC) Colombia–Estados Unidos (Ley 1143 de 2007): "El 4 de julio de 2007, el Congreso aprobó la Ley 1143 que contiene el Tratado de Libre Comercio entre Colombia y los Estados Unidos. De conformidad con el TLC, cada parte acordó mantener una ley de competencia y autoridad para aplicarla, con la obligación de conceder a los acusados el debido proceso, el derecho de defensa y la posibilidad de imputar las decisiones de la autoridad de competencia ante un tribunal independiente.

- De conformidad con el artículo 13.3 del Tratado, las partes acordaron cooperar entre sí en el ámbito de la política de competencia para lograr una aplicación efectiva de las leyes de competencia".[161]

   Tratado de Libre Comercio (TLC) Colombia, Perú y la Unión Europea: "Disposiciones similares están contenidas en otros Tratados de Libre Comercio como el firmado entre Colombia, Perú y la Unión Europea".[162]

   Organización para la Cooperación y el Desarrollo Económicos (OCDE): "Colombia participa como observadora en el Comité de Competencia de la OCDE desde 2011 y asiste regularmente a los Foros de Competencia. También fue sede de la 9ª reunión del Foro latinoamericano de competencia OCDE-BID en 2011 (traducción propia)".[163]

---

petitive conducts investigated by the Commission. In order for the Commission to start an investigation it is necessary that the conduct have community dimension, that is, that the conduct affects the markets of more than one member country". Alfonso Miranda Londoño, "Chapter 14 Competition Law in Colombia", en *Competition Law in Latin America A Practical Guide*, Ed, Julián Peña & Marcelo Calliari, (Wolters Kluwer, 2016), 263-299.

[161] "On July 4, 2007, Congress approved Law 1143 that contains the Free Trade Agreement between Colombia and the United States. Pursuant to the FTA, each party agreed to maintain a competition law and authority to apply it, with the obligation to grant the accused persons due process, right of defense and the possibility to impeach the decisions of the competition authority before an independent tribunal. Pursuant to Article 13.3 of the Treaty, the parties agreed to cooperate with each other in the area of competition policy in order to achieve an effective application of the competition laws". Alfonso Miranda Londoño, "Chapter 14 Competition Law in Colombia", en *Competition Law in Latin America a Practical Guide*, Ed, Julián Peña & Marcelo Calliari, (Wolters Kluwer, 2016), 263-299.

[162] Similar provisions are contained in other Free Trade Agreements like the one signed between Colombia, Perú and the European Union. Alfonso Miranda Londoño, "Chapter 14 Competition Law in Colombia", en *Competition Law in Latin America A Practical Guide*, Ed, Julián Peña & Marcelo Calliari, (Wolters Kluwer, 2016), 263-299.

[163] Colombia participates as an observer in the Competition Committee of the OCDE since 2011 and attends Competition Forums on a regular basis. It also hosted

Los principales acuerdos internacionales, y acuerdos de cooperación internacional celebrados por la autoridad de competencia de Colombia, la SIC, son:

- Memorando de entendimiento entre las autoridades de competencia de Suiza (SECO), ONU (Unctad) y Colombia (SIC) en 2009, COPAL II, de protección a la competencia y al consumidor.

- Memorando de entendimiento entre las autoridades de competencia de Ecuador (Mipro) y Colombia (SIC) en 2010 y 2011.

- Acuerdo entre las autoridades de competencia de Panamá (Acodeco) Y Colombia (SIC) en 2010 de protección a la competencia.

- Acuerdo entre las autoridades de competencia de Perú (Indecopi) y Colombia (SIC) en 2011 de protección a la competencia, protección al consumidor, y propiedad intelectual.

- Acuerdo de colaboración entre las autoridades de España (CNC) y Colombia (SIC) en 2012 de protección a la competencia.

- Acuerdo de colaboración entre las autoridades de competencia de México (CFC) y Colombia (SIC) en 2012 de protección a la competencia.

- Declaración de lima 2013, las autoridades de competencia de Chile (FNE), Colombia (SIC), y Perú (Indecopi) firmaron un acuerdo de protección a la competencia y al consumidor: "Comprometidas en trabajar por el bienestar de los consumidores mediante la defensa de la competencia y los mercados las Agencias de Defensa de la Competencia de Chile (Fiscalía Nacional Económica), Colombia (Superintendencia de Industria y Comercio) y Perú (Instituto Nacional para la Defensa de la Competencia y la Propiedad Intelectual) INDECOPI, firmaron la "Declaración de Lima" en la que, acordaron crear un espacio de intercambio de experiencias entre las agencias de competencia en temas jurídicos y/o económicos y, además, fortalecer los mecanismos de cooperación y capacitación".[164]

- Red Internacional de Competencia (RIC o ICN por sus siglas en inglés): "Colombia participa activamente en la Red Internacional de Competencia (ICN), con una participación activa en el Subgrupo de Cárteles (traducción propia)".[165]

---

the 9th meeting of the OECD-IDB Latin American Competition Forum in 2011. Alfonso Miranda Londoño, "Chapter 14 Competition Law in Colombia", en *Competition Law in Latin America A Practical Guide,* Ed, Julián Peña & Marcelo Calliari, (Wolters Kluwer, 2016), 263-299.

[164] Fiscalía Nacional Económica, *Agencias de competencia de Chile, Colombia y Perú firman acuerdo de colaboración en Lima.* https://www.fne.gob.cl/agencias-de-competencia-de-chile-colombia-y-peru-firman-acuerdo-de-colaboracion-en-lima/

[165] "Colombia is an active participant in the International Competition Network – ICN, with an active participation in the Cartels Subgroup". Alfonso Miranda Lon-

	• Acuerdo entre las autoridades de competencia de Brasil (CADE) y Colombia (SIC) 2014 de protección a la competencia.
	• Convenio de cooperación entre las autoridades de Estados Unidos Comisión Federal de Comercio (FTC) por sus siglas en ingles) y Departamento de Justicia de los Estados Unidos (DOJ) por sus siglas en inglés) con la autoridad de competencia de Colombia Superintendencia de Industria y Comercio (SIC) en septiembre de 2014.
	• Acuerdo entre las autoridades de competencia de Paraguay (CNC) y Colombia (SIC) en 2017 de protección a la competencia.
	• Memorando de entendimiento entre las autoridades de competencia de Canadá (CB) y Colombia (SIC) en 2017 para la protección de la competencia.
	• Declaración de cooperación técnica entre las autoridades de competencia de Ecuador (SCPM) y Colombia (SIC) en 2018.
	• Convenio de cooperación entre la Superintendencia de Industria de Colombia y Comercio y la Superintendencia de Control del Poder de Mercado de Ecuador.[166]
	• Acuerdo de colaboración Colombia–Brasil: el Consejo Administrativo de Defensa Económica (CADE) celebraron un convenio de intercambio de pruebas e información en investigaciones de violación de la libre competencia.[167]

---

doño, "Chapter 14 Competition Law in Colombia", en *Competition Law in Latin America A Practical Guide*, Ed, Julián Peña & Marcelo Calliari, (Wolters Kluwer, 2016), 263-299.

[166] Superintendencia de Industria y Comercio, *Superindustria firma convenio de cooperación con la Superintendencia de Control del Poder de Mercado de Ecuador.* https://www.sic.gov.co/slider/superindustria-firma-convenio-de-cooperaci%C3%B3n-con-la-superintendencia-de-control-del-poder-de-mercado-de-ecuador

[167] Superintendencia de Industria y Comercio, Colombia y Brasil convenio para intercambiar pruebas e información en investigaciones de violación de la libre competencia. https://www.sic.gov.co/Colombia-y-Brasil-firman-convenio-para-intercambiar-pruebas-e-informacion-en-investigaciones-de-violacion-a-la-libre-competencia

Perú	En esta sección relacionamos los principales acuerdos internacionales, y acuerdos de cooperación internacional en materia de competencia, celebrados por la autoridad de competencia Peruana, el Instituto Nacional de Defensa de la Competencia y de la Protección de la Propiedad Intelectual (Indecopi):
	• Acuerdo de cooperación internacional con la autoridad de competencia de Panamá.
	• Acuerdo de cooperación con la autoridad de competencia de Francia.
	• Acuerdo de Cooperación técnica entre las autoridades de competencia de Perú, el Instituto Nacional de Defensa de la Competencia y de la Protección de la Propiedad Intelectual, y México (Cofece).
	• Acuerdo de cooperación internacional con la autoridad de competencia de Brasil.
	• Acuerdo de cooperación con la autoridad de Argentina.
	• Convenio de cooperación entre las autoridades de Estados Unidos Comisión Federal de Comercio (FTC) por sus siglas en ingles) y Departamento de Justicia de los Estados Unidos (DOJ) por sus siglas en inglés) con la autoridad de competencia de Perú (Indecopi) en mayo de 2016.[168]
	• Acuerdo de cooperación con la autoridad de competencia de la Republica Dominicana.
	• Acuerdo de colaboración Chile, Colombia y Perú (Septiembre 2013): "Comprometidas en trabajar por el bienestar de los consumidores mediante la defensa de la competencia y los mercados las Agencias de Defensa de la Competencia de Chile (Fiscalía Nacional Económica), Colombia (Superintendencia de Industria y Comercio) y Perú (Instituto Nacional para la Defensa de la Competencia y la Propiedad Intelectual) INDECOPI, firmaron la "Declaración de Lima" en la que, acordaron crear un espacio de intercambio de experiencias entre las agencias de competencia en temas jurídicos y/o económicos y, además, fortalecer los mecanismos de cooperación y capacitación".[169]
	• Acuerdo de cooperación interinstitucional entre las autoridades de competencia de Perú (Indecopi) y Chile (FNE) el 12-08-2010.

---

[168] *Department of Justice and Federal Trade Commission sign Cooperation Agreement with Peru´s Antitrust Agency.* https://www.justice.gov/opa/pr/department-justice-and-federal-trade-commission-sign-cooperation-agreement-peru-s-antitrust

[169] Fiscalía Nacional Económica, *Agencias de competencia de Chile, Colombia y Perú firman acuerdo de colaboración en Lima.* https://www.fne.gob.cl/agencias-de-competencia-de-chile-colombia-y-peru-firman-acuerdo-de-colaboracion-en-lima/

	• Acuerdo de cooperación con la autoridad de competencia de Nicaragua. • Acuerdo de cooperación con la autoridad de competencia de El Salvador. • Acuerdo entre las autoridades de competencia de Perú (Indecopi) y Colombia (SIC) en 2011 de protección a la competencia, protección al consumidor, y propiedad intelectual. • Acuerdo de cooperación con la autoridad de competencia con Ecuador. • Acuerdo de cooperación internacional con la autoridad de competencia de Turquía.
Chile	En esta sección relacionamos los principales acuerdos internacionales, y acuerdos de cooperación internacional en materia de competencia, celebrados por la autoridad de competencia Chilena, la Fiscalía Nacional Económica (FNE)[170]: • Memorando de Entendimiento celebrado por las autoridades de competencia de Canadá (CB) y Chile (FNE) respecto de la aplicación de sus leyes de competencia el 17-12-2001. • Memorando de Entendimiento celebrado por las autoridades de Costa Rica el Ministerio de Economía, Industria y Comercio, y la autoridad de competencia de Chile (FNE) el 06-08-2003. • Acuerdo de cooperación celebrado entre la autoridad de competencia de México (CFC) y de Chile (FNE) sobre la aplicación de la legislación de competencia el 14-06-2004). • Acuerdo de cooperación entre las autoridades de Brasil Consejo de Defensa Económica (CADE) la Secretaria de Derecho Económico del Ministerio de Justicia (SDE), y la Secretaria de Supervisión Económica del Ministerio de Hacienda (SEAE) y la autoridad de competencia de Chile (FNE) para la aplicación de sus respectivas leyes de competencia, el 23-10-2008.

---

[170] La Fiscalía Nacional Económica de Chile ha tenido ya experiencia de colaboración con las autoridades de competencia de otros países. En algunos casos el delator ha otorgado autorización a la FNE y a otras autoridades para compartir la información entregada dentro del programa de delación. Según lo reporta la OCDE, en un caso de internacional en el mercado del transporte, una autoridad le envió a la FNE un aviso después de realizar una visita sorpresiva coordinada con otras autoridades de competencia de otros países, gracias a lo cual la FNE pudo iniciar su propia investigación y recibió dos aplicaciones al programa de delación. Estos delatores a su vez le autorizaron a la FNE a compartir información del programa de delación con las autoridades de otros países en los que también habían solicitado clemencia.

	• Memorando de Entendimiento celebrado entre la autoridad de competencia de El Salvador, la Superintendencia de Competencia, y DE Chile (FNE) EL 10-09-2009.
	• Acuerdo de cooperación interinstitucional entre las autoridades de competencia de Perú (INDECOPI) y Chile (FNE) el 12-08-2010.
	• Convenio de cooperación entre las autoridades de Estados Unidos Comisión Federal de Comercio (FTC) por sus siglas en ingles) y Departamento de Justicia de los Estados Unidos (DOJ) por sus siglas en inglés) con la autoridad de competencia de Chile en 2011.
	• Acuerdo de Asistencia Técnica celebrado entre la autoridad de Ecuador, el Ministerio de Industria y Productividad, y la autoridad de competencia de Chile (FNE) el 15-09-2012.
	• Declaración de lima–Acuerdo de colaboración celebrado entre las autoridades de competencia de Chile, Colombia y Perú en Septiembre de 2013: "Comprometidas en trabajar por el bienestar de los consumidores mediante la defensa de la competencia y los mercados las Agencias de Defensa de la Competencia de Chile (Fiscalía Nacional Económica), Colombia (Superintendencia de Industria y Comercio) y Perú (Instituto Nacional para la Defensa de la Competencia y la Propiedad Intelectual) Indecopi, firmaron la "Declaración de Lima" en la que, acordaron crear un espacio de intercambio de experiencias entre las agencias de competencia en temas jurídicos y/o económicos y, además, fortalecer los mecanismos de cooperación y capacitación".[171]
México[172]	En esta sección relacionamos los principales acuerdos internacionales, y acuerdos de cooperación internacional en materia de competencia, celebrados por el Gobierno de México y por la autoridad de competencia Mexicana, la Comisión Federal de Competencia (Cofece): Los principales acuerdos de colaboración en materia de competencia celebrados por el Gobierno de México son: • Tratado de libre comercio de América del Norte entre México, los Estados Unidos y Canadá (NAFTA por sus siglas en ingles), Capítulo 21 Políticas de Competencia. • Acuerdo de cooperación entre los Estados Unidos y México sobre la aplicación de las Leyes de Competencia.

---

[171] Fiscalía Nacional Económica, *Agencias de competencia de Chile, Colombia y Perú firman acuerdo de colaboración en Lima.* https://www.fne.gob.cl/agencias-de-competencia-de-chile-colombia-y-peru-firman-acuerdo-de-colaboracion-en-lima/

[172] Comisión Federal de Competencia Económica, *Marco jurídico y normativo. Acuerdos internacionales.* https://www.cofece.mx/publicaciones/marco-juridico-y-normativo/#normateca-4

- Acuerdo de cooperación entre Canadá y México sobre la aplicación de las Leyes de Competencia.

- Tratado de libre comercio con la Unión Europea y sus Estados Miembros (Artículos 51-55).

- Acuerdo de Asociación Económica, Concentración Política y Cooperación con la Unión Europea y sus Estados Miembros. (Artículos 10-12 y 39-43, y Anexo XV).

- Acuerdo de Complementación Económica número 66 celebrado entre el Gobierno Mexicano y el Gobierno de Bolivia.

- Tratado de libre comercio Chile (Capitulo 14).

- Tratado de libre comercio Colombia (G-2) (Capitulo 16).

- Tratado De libre comercio con Uruguay (Capítulo 14).

- Tratado de libre comercio con Venezuela (Suspendido).

- Tratado de libre comercio con Costa Rica, El Salvador, Guatemala, Honduras y Nicaragua (Articulo 16.5 Control de Practicas y Condiciones Abusivas o Contrarias a la Competencia).

- Tratado de libre comercio con Israel (Capitulo 8).

- Acuerdo con Japón de Fortalecimiento de la Asociación Económica (Capitulo 12) y acuerdo de implementación.

Los acuerdos internacionales, y acuerdos de cooperación internacional, celebrados por la autoridad de competencia de México, Comisión Federal de Competencia Económica (Cofece), son:

- Acuerdo de cooperación celebrado entre la autoridad de competencia de México (CFC) y de Chile (FNE) sobre la aplicación de la legislación de competencia el 14-06-2004).

- Convenio de cooperación entre las autoridades de Estados Unidos Comisión Federal de Comercio (FTC, por sus siglas en ingles) y Departamento de Justicia de los Estados Unidos (DOJ, por sus siglas en inglés) con la autoridad de competencia de México en 2000.

- Acuerdo de cooperación celebrado entre las autoridades de competencia de Argentina Comisión Nacional de la Defensa de la Competencia de la República Argentina y México (Cofece).

- Memorando de Entendimiento entre las autoridades de competencia de Brasil (CADE) y México (Cofece).

- Acuerdo de cooperación entre las autoridades de competencia de Colombia (SIC) y México (Cofece).

- Acuerdo de cooperación entre la Comisión de Competencia de la CARICOM Surinam y la autoridad de competencia de México (Cofece).

	<ul><li>Acuerdo para la aplicación de la legislación entre la autoridad de competencia de Corea (Comisión de Comercio Justo de la República de Corea) y de México (Cofece).</li><li>Acuerdo de cooperación técnica entre las autoridades de Costa Rica la Comisión para Promover la Competencia de la Republica de Costa Rica, y la Superintendencia de Telecomunicaciones de la Republica de Costa Rica, y la autoridad de competencia de México (Cofece).</li><li>Acuerdo de cooperación técnico con la autoridad de competencia de Ecuador, la Superintendencia de Control de Poder de Mercado, y México (Cofece).</li><li>Acuerdo de cooperación técnica entre las autoridades de competencia de El Salvador, la Superintendencia de Competencia, y México (Cofece).</li><li>Acuerdo administrativo en materia de cooperación en el ámbito del derecho a la competencia y su aplicación celebrado entre la Dirección General de Competencia de la Comisión Europea, y la autoridad de competencia de México (Cofece).</li><li>Acuerdo de cooperación técnico entre las autoridades de competencia de Honduras, la Comisión para la Defensa y Promoción de la Competencia, y México (Cofece).</li><li>Acuerdo de cooperación técnico entre las autoridades de competencia de Nicaragua, el Instituto Nacional de Promoción de la Competencia, y México (Cofece).</li><li>Acuerdo de cooperación técnica entre las autoridades de competencia de Panamá, la Autoridad de Protección al Consumidor y Defensa de la Competencia, y México (Cofece).</li><li>Acuerdo de Cooperación técnica entre las autoridades de competencia de Perú, el Instituto Nacional de Defensa de la Competencia y de la Protección de la Propiedad Intelectual, y México (Cofece).</li><li>Acuerdo de cooperación técnica entre las autoridades de competencia de la Republica Dominicana, la Comisión Nacional de Defensa de la Competencia, y México (Cofece).</li><li>Acuerdo en el Ámbito de la Política de Competencia entre las autoridades de competencia de Rusia, el Servicio Federal Antimonopolios, y México (Cofece).</li></ul>

La OCDE ha realizado algunas recomendaciones para lograr una mayor aplicación del principio de colaboración internacional en las diferentes jurisdicciones. En relación con la aplicación de este principio en la lucha contra los cárteles multijurisdiccionales, la OCDE menciona los siguientes datos relevantes:

"Las investigaciones de los cárteles suelen ser procesos largos llevados a cabo por una autoridad de competencia, sola o en cooperación con otras, o por múltiples autoridades de competencia, si el cártel afecta a diferentes jurisdicciones.[173] [....] La gran mayoría (79%) de los cárteles internacionales fueron sancionados en una sola jurisdicción. Sin embargo, este porcentaje cae al 32% cuando los cárteles internacionales tienen una cobertura geográfica global. Figura 2.5, 68% de los cárteles internacionales con cobertura geográfica global fueron sancionados por múltiples jurisdicciones.[174] [...] El porcentaje de cárteles internacionales investigados por múltiples jurisdicciones ha disminuido en los últimos 20 años. En promedio, en la última década menos del 20% de todos los cárteles internacionales fueron investigados y sancionados por múltiples jurisdicciones (traducción propia)".[175]

Lo que estas estadísticas demuestran es que la aplicación del principio de colaboración internacional entre autoridades de competencia es todavía muy incipiente, lo cual ha generado efectos y resultados negativos en la investigación de los cárteles multijurisdiccionales, tales como los siguientes: (i) un mayor tiempo de investigación de los cárteles; (ii) un alto nivel de impunidad y (iii) la tendencia a sancionar los cárteles multijurisdiccionales en un solo país.

Como se explicará en el cuarto capítulo, en la segunda parte de este libro, uno de los retos de los programas de delación en Latinoamérica es, precisamente, el de la correcta aplicación del principio de colaboración internacional, ya que una interpretación y aplicación erróneas de este

---

[173] "Cartel investigations are usually long processes carried out by one competition authority, alone or in co-operation with others, or by multiple competition authorities, if the cartel affects different jurisdictions". OECD, *OECD Competition Trends 2020* (2020). http://www.oecd.org/competition/oecd-competition-trends.htm http://www.oecd.org/competition/oecd-competition-trends.htm

[174] "The vast majority (79 %) of international cartels were sanctioned in a single jurisdiction. However, this percentage falls to 32% when international cartels have a global geographical coverage. Figure 2.5, 68% of international cartels with global geographical coverage were sanctioned by multiple jurisdictions". OECD, *OECD Competition Trends 2020* (2020). http://www.oecd.org/competition/oecd-competition-trends.htm http://www.oecd.org/competition/oecd-competition-trends.htm

[175] "The percentage of international cartels investigated by multiple jurisdictions has decreased over the past 20 years. On average, in the past decade less than 20 % of all international cartels were investigated and sanctioned by multiple jurisdictions". OECD, *OECD Competition Trends 2020* (2020). http://www.oecd.org/competition/oecd-competition-trends.htm http://www.oecd.org/competition/oecd-competition-trends.htm

principio puede ocasionar un grave perjuicio a los programas de delación de los países y al derecho de la competencia en general. Esto fue precisamente lo que sucedió en el caso del papel suave que adelantó la CAN contra Kimberly Clark y Familia, con base en una denuncia presentada por la Superintendencia de Control de Poder del Mercado (SCPM) del Ecuador ante la Secretaría General de la Comunidad Andina (SGCAN), para lo cual la SCPM utilizó sin autorización la información autoincriminatoria y confidencial que le había presentado Kimberly Clark dentro del Programa de Reducción del Pago de la Multa contenido en la Ley Orgánica de Regulación y Control de Poder del Mercado (LORCPM) del Ecuador. Esta denuncia dio lugar a la apertura de una investigación por un presunto cártel multijurisdiccional de precios entre las mencionadas empresas en Colombia y Ecuador y a la expedición de la Resolución 2006 de 2018 de la CAN, por medio de la cual se impusieron multas tanto a Familia como a Kimberly Clark, lo cual resulta sorprendente porque ambas empresas habían aplicado al programa de delación en Colombia y Kimberly Clark había aplicado al programa de delación en Ecuador, en donde la SCPM cerró la investigación y procedió a denunciar a las empresas ante la CAN, con lo cual afectó de manera grave la credibilidad de los programas de delación de la región. En relación con este asunto, que será tratado posteriormente, como ya se indicó, manifiesto en otro escrito lo siguiente:

> "Indudablemente una decisión de este tipo afecta los programas de clemencia de la Comunidad Andina y de toda la región, ya que ninguna empresa tendrá tranquilidad para aplicar a los programas de delación, cuando las pruebas que presente pueden ser utilizadas en su contra por la SGCAN, bajo una norma comunitaria que ni siquiera tiene un programa de clemencia. [...] Se hace indispensable, por lo tanto, que los países miembros promuevan una modificación de la Decisión 608 de 2005 de la CAN con el fin de actualizarla e incluir el programa de clemencia que como se sabe es considerado en todo el mundo como la herramienta más eficaz en la lucha contra los cárteles empresariales. Pero adicionalmente, es necesario que se establezca en el derecho interno de los países miembros, como es el caso de Colombia, un mecanismo de cooperación y coordinación internacional con otras autoridades de competencia, con el fin de prevenir conflictos con otras autoridades para decidir los casos del futuro, que en muchas ocasiones pueden afectar más de una jurisdicción".[176]

---

[176]   Londoño Miranda Alfonso, *Reformas al derecho de la competencia en Colombia, Recomendaciones para el cuatrienio 2018-2022* (Centro de Estudios de Derecho de la Competencia, 2018).

En Europa

> "[...] la solicitud de clemencia dirigida a una autoridad no se considerará presentada ante todas las autoridades. Por ello, será el interesado quien deberá presentar la solicitud ante todas las autoridades de competencia cualificadas para aplicar el artículo 81 del Tratado en el territorio afectado por la infracción y que puedan considerarse bien situadas para actuar contra la infracción en cuestión. [...] Corresponderá al solicitante dar los pasos que considere apropiados para proteger su posición en lo tocante a posibles procedimientos por parte de dichas autoridades".[177]

Esto implica grandes retos para la aplicación uniforme de los programas de clemencia en los casos de carteles que tengan efectos anticompetitivos en múltiples jurisdicciones, en especial para la protección de la confidencialidad de la identidad e información aportada por los delatores toda vez que

> "[...] cuando una autoridad nacional de competencia tramite un asunto instruido como consecuencia de una solicitud de clemencia, deberá informar a la Comisión y poner la información a disposición de los otros miembros de la Red [...] La Comisión ha asumido una obligación análoga de información a las autoridades nacionales de competencia".[178]

Sin embargo, si existe una protección que salvaguarde la efectividad de los programas de clemencia, ya que

> "[...] la información presentada a la Red de conformidad con dicho artículo no será utilizada por otros miembros de la Red como base para abrir una investigación, ni con arreglo a las normas de competencia del Tratado ni, por lo que respecta a las autoridades nacionales de competencia, a sus legislaciones nacionales de competencia u otras leyes. Esto se entiende sin perjuicio de la potestad de la autoridad para iniciar una investigación sobre la base de la información recibida de otras fuentes o, de acuerdo con de lo previsto en los puntos 40 y 41, para solicitar, recibir y utilizar información, con arreglo al artículo 12 del Reglamento del Consejo, procedente de cualquier miembro de la Red, incluidos los miembros a los que se haya remitido la solicitud de clemencia".[179]

---

[177]   Unión Europea, "Comunicación de la Comisión sobre la cooperación en la Red de Autoridades de Competencia", *Diario Oficial de la Unión Europea* (2004/ C 101/03), 6.

[178]   Unión Europea, "Comunicación de la Comisión sobre la cooperación en la Red de Autoridades de Competencia", *Diario Oficial de la Unión Europea* (2004/ C 101/03), 6.

[179]   Unión Europea, "Comunicación de la Comisión sobre la cooperación en la Red de Autoridades de Competencia", *Diario Oficial de la Unión Europea* (2004/ C 101/03), 6.

1.7.2 Aplicación de los principios de los programas de delación a los casos de cooperación internacional entre autoridades de competencia en casos multijurisdiccionales

En los casos multijurisdiccionales se deben cumplir con especial rigor los principios de los programas de delación a los que hace referencia este capítulo; y en especial los principios de: (i) confidencialidad y (ii) transparencia, predictibilidad y buena fe.

Al respecto, muchas jurisdicciones han incluido normas que protegen la identidad de los delatores y la confidencialidad de la información que ha aportado el delator, la cual no puede ser revelada a terceros, incluyendo otras autoridades de competencia, sin autorización del delator. Es importante que las normas de competencia de cada país contengan reglas claras y transparentes sobre confidencialidad, las cuales deben incluir los términos en los cuales se puede llegar a cooperar y compartir información con otras autoridades de competencia, con el fin de brindar tranquilidad a los potenciales delatores y facilitar la cooperación entre autoridades.

Tabla 14. Reglas de confidencialidad

País	Reglas de confidencialidad
Colombia	De conformidad con lo dispuesto por la Ley 1340 de 2009 y el Decreto 253 de 2022, las reglas respecto de la confidencialidad en la negociación del programa de delación, la identidad del delator y de la información aportada por el mismo, son las siguientes: a. **Reserva del proceso de negociación del programa de delación:** El artículo 2.2.2.29.4.4. del Decreto 253 de 2022 dispone que, respecto de la reserva del trámite de beneficios por colaboración, se aplica lo dispuesto en la Ley 1340 de 2009, norma que había sido modificada por la Ley 2195 de 2022, la cual le había introducido un parágrafo segundo al artículo 14 en el cual se establecía que el proceso de negociación del programa de delación sería confidencial. Con la declaratoria de inconstitucionalidad de esta parte de la Ley 2195 de 2022, la reserva del proceso de negociación del programa de delación depende de la negociación que se realice con la autoridad.[180]

---

[180]   La reforma que había introducido la Ley 2195 de 2022 a este importante tema, fue declarada inexequible por la Corte Constitucional, mediante Sentencia C- 080 de 2023, con ponencia del Magistrado Jorge Enrique Ibáñez Nájar.

b.   **Reserva de la identidad del delator:** El artículo 2.2.2.29.4.4. del Decreto 253 de 2022 dispone que, respecto de la reserva del trámite de beneficios por colaboración, se aplica lo dispuesto en la Ley 1340 de 2009, norma que había sido modificada por la Ley 2195 de 2022, la cual le había introducido un parágrafo primero al artículo 14, en el cual se establecía que la autoridad de competencia guardaría confidencialidad respecto de la identidad del delator hasta que se profiriera y se encontrara en firme el acto administrativo definitivo. Con la declaratoria de inconstitucionalidad de esta parte de la Ley 2195 de 2022, la reserva de la identidad del delator puede ser solicitada por éste a la autoridad, como lo permite el parágrafo 2 del artículo 15 de la Ley 1340 del 2009.[181]

En efecto, en los casos donde existan riesgos para el denunciante (en este caso el delator) de sufrir represalias comerciales a causa de las denuncias realizadas, la Ley 1340 de 2009, en su parágrafo segundo del artículo 15, dispone que la autoridad de competencia puede guardar en reserva la identidad de quien denuncie la realización de prácticas restrictivas, cuando a su criterio exista un riesgo de represalias comerciales a causa de la denuncia. Es decir, que se le aplica al delator el mismo régimen de reserva que existe para proteger al denunciante, lo cual tiene sentido, pues el delator se auto denuncia y denuncia a los demás integrantes del cártel.

c.   **Reserva de la información aportada por el delator:** por un lado, el artículo 2.2.2.29.4.3. del Decreto 253 de 2022, establece que cada solicitud de beneficios por colaboración, es decir, cada delación, se tramita en un expediente separado al de la investigación, razón por la cual ni los demás investigados ni los terceros pueden acceder a dicha información, como lo vimos en la sección 1.7.1, cuando nos referimos al caso de Kimberly Clark.

Adicionalmente, como ya lo habíamos mencionado, La Ley 2195 de 2022 había introducido un parágrafo primero al artículo 14 de la Ley 1340 de 2009, en el cual se establecía que la autoridad de competencia guardaría la confidencialidad de las pruebas que los beneficiarios aportaran a la autoridad de competencia, y que serían trasladadas al expediente de la respectiva investigación, hasta que se profiriera y estuviera en firme el acto administrativo definitivo. Con la declaratoria de inconstitucionalidad de esta parte de la Ley 2195 de 2022 la reserva del proceso de negociación del programa de delación depende de la negociación que se realice con la autoridad.[182]

---

[181]   La reforma que había introducido la Ley 2195 de 2022 a este importante tema, fue declarada inexequible por la Corte Constitucional, mediante Sentencia C-080 de 2023, con ponencia del magistrado Jorge Enrique Ibáñez Nájar.

[182]   La reforma que había introducido la Ley 2195 de 2022 a este importante tema, fue declarada inexequible por la Corte Constitucional, mediante Sentencia C-080 de 2023, con ponencia del magistrado Jorge Enrique Ibáñez Nájar.

	Además de lo anterior, el artículo 13 de la Ley 155 de 1959 establece que las investigaciones de prácticas restrictivas de la competencia, son de carácter absolutamente reservado. Así mismo, el delator puede solicitar la reserva y confidencialidad de la información relativa a secretos empresariales u otra respecto de la cual exista un deber legal de reserva. En este caso se deberá aportar junto con la información cuya reserva se solicita, un resumen no confidencial de la misma, el cual será guardado en un expediente público, mientras que la información que goza de confidencialidad se colocará en un expediente de carácter reservado.
Perú	De conformidad con lo dispuesto por el TUO del DL 1034 de 2008, y la Guía del Programa de Clemencia del INDECOPI, las reglas respecto de la confidencialidad de la identidad del delator y de la información aportada por el mismo, son las siguientes: a. **Reserva de la identidad del delator:** Al respecto, el artículo 26.2 del TUO del DL 1034 de 2008 prevé que, en el marco de un compromiso de exoneración de sanción, la autoridad de competencia debe mantener como confidencial el origen de las pruebas aportadas, es decir la autoridad de competencia (Secretaria Técnica) debe mantener con carácter confidencial la identidad del delator. La sanción por el incumplimiento de esta regla de confidencialidad es la responsabilidad administrativa y penal del funcionario. Esta regla de confidencialidad la reitera la Guía del Programa de Clemencia, la cual establece que la Secretaria Técnica y la Comisión deben "mantener en reserva la identidad del colaborador".[183] b. **Reserva de la información aportada por el delator:** el decreto legislativo no tiene una regla especifica que regule la confidencialidad de la información aportada por el delator. Sin embargo, por un lado, existe una regulación general de la información y el expediente en el cual se tramita el procedimiento administrativo sancionador, en los artículos 31 y 32 del decreto legislativo. En estos artículos se estipula que hasta que el procedimiento no concluya en sede administrativa, se debe mantener la confidencialidad del expediente, lo cual incluye la información aportada por el delator al expediente de la solicitud de beneficios y que la autoridad incorpore al expediente de la investigación. En estas circunstancias, únicamente la parte investigada, el denunciante de parte o los terceros con interés legítimo tienen acceso al expediente.

---

[183]   Instituto Nacional de Defensa de la Competencia y de la Protección de la Propiedad Intelectual. *Guía del Programa de Clemencia*, 21. https://www.indecopi.gob.pe/documents/1902049/3761587/Gu%C3%ADa+del+Programa+de+Clemencia.pdf/0a0d49ba-167d-f9f3-e878-b21c326b31ff

La Guía del Programa de Clemencia si regula la confidencialidad de la información aportada por el delator. Primero se obliga a la Secretaria Técnica y la Comisión a "mantener en reserva [...] la información proporcionada por este (el colaborador) que se encuentra en el expediente confidencial donde se tramita su Solicitud de beneficios".[184] adicionalmente se da el carácter de confidencial a (i) "la información mínima requerida para admitir a trámite la solicitud de beneficios al omento de la presentación de una solicitud de beneficios"[185] y (ii) "los documentos (originales y copias), declaraciones, registros audiovisuales, bases de datos, correos entrevistas y, en general, de cualquier documento o elemento de prueba aportado a dicho expediente por el colaborador".[186]

Adicionalmente, toda vez que dentro de las reglas de confidencialidad de la *Guía del Programa de Clemencia se establece* que "cada Solicitud de beneficios será tramitada en un Expediente confidencial distinto al expediente de la investigación preliminar o a aquel en el cual se tramita el procedimiento administrativo sancionador"[187], se protege la confidencialidad de las pruebas aportadas por el delator de los investigados o los terceros con interés legítimo y en caso de que el delator no sea el denunciante, hasta su incorporación en el expediente correspondiente. Los responsables de este expediente son el encargado y el equipo asignado para el trámite de la solicitud de beneficios, quienes son nombrados por la Secretaria Técnica y serán ellos los únicos con acceso a la información confidencial aportada por el delator. La sanción por el incumplimiento de esta regla de confidencialidad es la responsabilidad administrativa y penal del funcionario.

c. **Reserva de documentos:** de conformidad con la Guía del Programa de Clemencia hay confidencialidad respecto de los siguientes documentos: (i) el contenido de la solicitud de beneficios, (ii) el compromiso de exoneración o reducción de sanción y (iii) el contenido de otros escritos presentados en la tramitación del expediente sobre exoneración o reducción de sanción.

---

[184] Instituto Nacional de Defensa de la Competencia y de la Protección de la Propiedad Intelectual. *Guía del Programa de Clemencia*, 14. https://www.indecopi.gob.pe/documents/1902049/3761587/Gu%C3%ADa+del+Programa+de+Clemencia.pdf/0a0d49ba-167d-f9f3-e878-b21c326b31ff

[185] Instituto Nacional de Defensa de la Competencia y de la Protección de la Propiedad Intelectual. *Guía del Programa de Clemencia*, 21. https://www.indecopi.gob.pe/documents/1902049/3761587/Gu%C3%ADa+del+Programa+de+Clemencia.pdf/0a0d49ba-167d-f9f3-e878-b21c326b31ff

[186] Instituto Nacional de Defensa de la Competencia y de la Protección de la Propiedad Intelectual. *Guía del Programa de Clemencia*, 21. https://www.indecopi.gob.pe/documents/1902049/3761587/Gu%C3%ADa+del+Programa+de+Clemencia.pdf/0a0d49ba-167d-f9f3-e878-b21c326b31ff

[187] Instituto Nacional de Defensa de la Competencia y de la Protección de la Propiedad Intelectual. *Guía del Programa de Clemencia*, 20. https://www.indecopi.gob.

Chile	De conformidad con lo dispuesto por el Decreto Ley 211 de 1973, las reglas respecto de la confidencialidad de la identidad del delator y de la información aportada por el mismo son las siguientes:
	a. **Reserva de la identidad del delator:** el artículo 39 del Decreto Ley 211 de 1973 establece que la Fiscalía Nacional Económica – FNE deberá proteger la identidad del delator que acuda ante el programa de delación.
	b. **Reserva de la información aportada por el delator:** de conformidad con lo dispuesto por el artículo 55 del Decreto ley 211 de 1973, la regla general es la de la publicidad del expediente de prácticas restrictivas. Sin embargo, el literal a) del artículo 39 del Decreto Ley 211 establece que la FNE y el Tribunal de Defensa de la Libre Competencia deben mantener en reserva frente a terceros y a los propios investigados, la información confidencial aportada por el delator, cuando la misma se refiera a secretos empresariales o industriales, cuya revelación pueda afectar de manera significativa el desenvolvimiento competitivo de su titular.
	Adicionalmente, "de conformidad con lo dispuesto en el artículo 42 y las causales establecidas en los números 1, letras a) y b), 2 y 5 del artículo 21 de la Ley No 20.285 sobre Acceso a la Información Pública, los funcionarios de la FNE mantendrán en estricta reserva de toda información, dato o antecedente de que tomen conocimiento en virtud del procedimiento de delación compensada, los que solamente podrán ser utilizados para el cumplimiento de las funciones de la FNE y el ejercicio de las acciones ante del TDLC o los tribunales de justicia. Lo anterior no obsta a la posibilidad que la FNE obtenga de parte del Postulante una dispensa a fin de poder compartir dicha información con algún otro organismo del Estado o alguna autoridad extranjera o internacional".[188]
	Así mismo, el Tribunal puede ordenar al delator presentar una versión no confidencial de la información y, en determinadas circunstancias, el cese de la obligación de confidencialidad.
	De acuerdo con el artículo 64 del Decreto Ley 211 de 1973, el Ministerio Publico le puede solicitar al Tribunal de Defensa de la Libre Competencia la información reservada o confidencial aportada por el delator, para ser utilizada en el proceso penal.

---

pe/documents/1902049/3761587/Gu%C3%ADa+del+Programa+de+Clemenc ia.pdf/0a0d49ba-167d-f9f3-e878-b21c326b31ff

[188] Fiscalía Nacional Económica, *Guía Interna sobre Delación Compensada en Casos de Colusión*, 27. https://www.fne.gob.cl/wp-content/uploads/2017/03/Guia_Dela cion_Compensada.pdf

México	De conformidad con lo dispuesto por la Ley Federal de Competencia Económica DOF 20-05-2021 del 23 de mayo de 2014, las reglas respecto de la confidencialidad de la identidad del delator y de la información aportada por el mismo, son las siguientes.
	a. **Reserva de la identidad del delator:** el artículo 103 de la Ley Federal de Competencia Económica establece que la autoridad de competencia guardará con confidencialidad la identidad de aquellos individuos delatores que quieran acogerse al Programa de Delación para el procedimiento de dispensa y reducción del importe de multas. Esta confidencialidad de conformidad con la Guía de Inmunidad se hace mediante la asignación de una clave alfanumérica. Toda vez que la solicitud de inmunidad se tramita en un expediente separado y los únicos con acceso a ese expediente son "los servidores públicos de la DGIPMA asignados y el titular de la Autoridad Investigadora, pues dichos expedientes son confidenciales"[189], también se protege la confidencialidad del delator.
	b. **Reserva de la información aportada por el delator:** la Ley Federal de Competencia Económica no contiene una regla especifica que regule la confidencialidad de la información aportada por el delator. Sin embargo, existe una regulación general de la información y el expediente en los artículos 124 y 125.
	En efecto, la Ley Federal de Competencia Económica dispone que la información y los documentos obtenidos por la autoridad de competencia en el marco de una investigación se deben mantener en reserva. Sin embargo, los agentes económicos con interés jurídico, pueden tener acceso al expediente, con excepción de la información confidencial respecto de la cual el interesado solicite y demuestre que es de carácter confidencial.
	La consecuencia jurídica de divulgar esta información es la responsabilidad de los servidores públicos.

Consideramos importante en esta sección hacer referencia al análisis realizado por la OCDE respecto de la aplicación del principio de confidencialidad de la información aportada por el delator al programa de clemencia de Chile.

"18. La Ley de Competencia de Chile establece que el Fiscal podrá declarar de oficio, o a petición de una parte interesada, que determinados documentos del expediente se clasifiquen como reservados o confidenciales, siempre que el objetivo del tratamiento confidencial sea proteger la identidad de quienes hayan depuesto o proporcionado información en el marco del programa de clemencia. La misma ley, también establece que todos los funcionarios de y

---

[189]   Comisión Federal de Competencia Económica, *Guía del Programa de Inmunidad y Reducción de Sanciones*, 22. https://www.cofece.mx/wp-content/uploads/2017/12/guia-0032015_programa_inm.pdf

otras personas que prestan servicios a la FNE estarán obligados a mantener la confidencialidad con respecto a toda la información, datos o material al que tenga acceso en el ejercicio de sus competencias siendo objeto de sanciones penales y administrativas si no se cumple dicha obligación.

19. De conformidad con estas normas, la FNE ha aplicado varias medidas para mantener la confidencialidad de la información facilitada en el marco de un proceso de clemencia. Por ejemplo, se nombró un oficial de clemencia permanente y se formó un equipo de clemencia ad hoc para cada caso. Este equipo en los primeros pasos del proceso no comparte la información proporcionada por el solicitante de clemencia con la Unidad Anti-Cártel (que son los encargados de los casos de cártel). Sólo después de que el Fiscal concede el beneficio, otros equipos de la FNE tienen acceso a la información de clemencia y también tienen la obligación de mantenerla confidencial durante toda la investigación.

20. Es importante destacar que los funcionarios de la FNE no son los únicos que tienen acceso a la solicitud de clemencia. Los solicitantes de clemencia, así como sus asesores legales y ejecutivos, tienen acceso a la documentación de clemencia. Asimismo, dado que nuestro régimen de competencia involucra a dos entidades a lo largo del proceso (FNE en la fase de investigación y el Tribunal de la Competencia en el proceso contencioso), la FNE tiene que divulgar la documentación de clemencia al Tribunal de la Competencia en el marco de un litigio. Además, después de la modificación de 2016, si el Tribunal de la Competencia declara la existencia de un cártel, tal conducta puede desencadenar una reclamación penal (que sólo puede ser presentada por la FNE). Si la FNE decide presentar una denuncia penal, el fiscal penal puede tener acceso a documentos de clemencia si así lo autoriza el Tribunal de Competencia. 21. Un desafío importante será mantener confidencial la información proporcionada por los solicitantes de clemencia durante las diversas etapas del proceso, en las que participan diferentes organismos (traducción propia)".[190]

---

[190]   Organisation for Economic Co-operation and Development (OECD), *Roundtable on challenges and co-ordination of leniency programmes – Note by Chile*. https://one. oecd.org/document/DAF/COMP/WP3/WD(2018)3/en/pdf: "18. The Chilean Competition Act establishes that the Prosecutor may declare ex officio, or upon request of an interested party, that certain documents of the case file be classified as reserved or confidential, provided that the aim of the confidential treatment is to protect the identity of those who have deposed or provided information under the leniency program. The same law, also establishes that all officials of and other persons that supply services to the FNE shall be bound to maintain the confidentiality in regard to all information, data, or material that it has access to in the exercise of its powers being subjected to criminal and administrative sanctions if such obligation is not complied with. [...] 19. In line with these rules, the FNE has implemented several measures to maintain the confidentiality of the information provided under a leniency process. For example, a permanent leniency officer was

El análisis la OCDE hace énfasis en la importancia que tiene la confidencialidad del expediente de delación y de la identidad del delator, para proteger los incentivos que existen a delatar. En este sentido, la ley y la práctica adoptada por la Fiscalía Nacional Económica de Chile demuestran una alta sensibilidad hacia la protección de la llamada *regla de oro* de la delación, a la cual ya se ha hecho referencia. En efecto, es importante que los actuales y potenciales delatores perciban que al proteger la confidencialidad de su documentación y de su identidad la autoridad de competencia evita que sean un blanco inmediato de las acciones de daños y que por el hecho de la delación tienen una vulnerabilidad mayor que la que tienen otros infractores que han decidido no colaborar con la autoridad.

Adicionalmente, útil el establecimiento de medidas tales como el nombramiento del oficial permanente de clemencia y de los grupos *ad hoc* de funcionarios de clemencia para cada caso, los cuales después no tienen contacto con la investigación, todo lo cual contribuye a brindar confianza y transparencia al programa de delación en Chile. A lo anterior se suman los cuidados que establece el régimen chileno para proteger esta confidencialidad durante las diferentes etapas del proceso, frente a la interacción de las diferentes entidades que pueden participar en el mismo y a la posibilidad de la utilización de la acción penal.

---

appointed and an ad-hoc leniency team is formed for each case. This team in the first steps of the process do not share the information provided by the leniency applicant with the Anti- Cartel Unit (which are the case handlers for cartel cases). It is only after the Prosecutor grants the benefit that other teams in the FNE have access to the leniency information and they also have the obligation to keep it confidential throughout the investigation. […] 20. It is important to highlight that the FNE officers are not the only ones that have access to the leniency application. The leniency applicants, as well as their legal advisors and executives, have access to the leniency documentation. Likewise, given that our competition regime involves two entities throughout the process (FNE in the investigation phase and the Competition Court in the litigation process), the FNE has to disclose the leniency documentation to the Competition Court in the context of litigation. Additionally, after the 2016 amendment, if the Competition Court declares the existence of a cartel, such conduct may trigger a criminal claim (which may be filed only by the FNE). If the FNE decides to file a criminal complaint, the criminal prosecutor may have access to leniency documents if it is so authorized by the Competition Tribunal. 21. One important challenge will be to keep the information provided by leniency applicants confidential during the several stages of the process, in which different bodies are involved".

Se considera positivo que este tipo de medidas ya se están implementando en las legislaciones y en la práctica de los otros países analizados. En efecto, recientemente se expidió en Colombia la Ley 2195 de 2022, desarrollada en esta materia por el Decreto 253 también de 2022, la cual introdujo normas importantes para la protección de la identidad del delator y del expediente de delación, el cual no puede ser revelado sino hasta después de concluida la investigación de prácticas restrictivas de la competencia.

1.7.3 Intercambio de información no confidencial

Algunos de los datos que las autoridades de competencia de diferentes jurisdicciones pueden compartir entre sí, incluso de manera proactiva, hacen referencia a aspectos tales como los siguientes: (i) la información sobre las normas de competencia, los estándares de prueba, los procedimientos y sanciones, las características y cobertura del programa de clemencia; (ii) la información relacionada con los mercados en los cuales se desarrolla la práctica, la estructura del mercado, los competidores, sus participaciones de mercado y las cifras generales del mismo y (iii) la consecución de documentos que están disponibles en la respectiva jurisdicción y la ayuda necesaria para interpretarlos, entre otros asuntos que no son confidenciales y que las autoridades de competencia pueden compartir, para lo cual es recomendable que se establezcan contactos personales entre los funcionarios en varios niveles de las respectivas organizaciones y que se firmen acuerdos de cooperación como los ya descritos en la sección 1.7.1 de este capítulo.

En todo caso, es vital que se mantenga la confidencialidad de la identidad del delator y la de los documentos que aporte a la investigación, con el fin de no generar un desincentivo para que los potenciales delatores adopten la decisión de colaborar con la autoridad.

Como se puede observar, el manejo de la confidencialidad en las investigaciones multijurisdiccionales está íntimamente relacionado con el principio de transparencia, predictibilidad y buena fe. El éxito de un programa de delación depende en gran medida de que los potenciales solicitantes puedan predecir razonablemente la forma de aplicación del programa, así como las consecuencias de no acogerse al mismo, todo lo cual debe ser explicado de manera clara y sencilla a través de guías que deben expedir las autoridades de competencia, las cuales se deben referir de manera específica al tema de la cooperación entre autoridades de competencia en casos de delación con efectos multijurisdiccionales.

1.7.4 Intercambio de información confidencial

El intercambio de información confidencial entre autoridades de competencia en general está prohibido por las leyes de cada uno de los países y solamente se puede realizar cuando la parte en cuyo poder se encuentra la información legítimamente renuncia expresamente (mediante la expedición de un *waiver*[191]) a la confidencialidad de la información y autoriza que su información sea compartida con otras autoridades de competencia, ya sea que se trate de una empresa o persona que solicita ser admitido al programa de delación o de un tercero. En estos casos es fundamental que la autoridad que recibe el permiso para compartir la información lo haga solamente en los términos y condiciones autorizados por el propietario de la misma.

Cuando se analiza esta situación en su conjunto y desde la óptica de las autoridades de competencia o, si se quiere, de la perspectiva de la política pública, no cabe duda de la conveniencia que tiene para el derecho de la competencia en general el que los delatores renuncien a la confidencialidad con el fin de que la autoridad de competencia que primero recibió la información la pueda compartir con otras autoridades de competencia que aún no han abierto una investigación, en relación con conductas que impactan varias jurisdicciones. Sin embargo, no debemos olvidar que la participación en el programa de delación es voluntaria y que la confidencialidad de la identidad del delator y de la información que aporta al programa está garantizada en casi todas las legislaciones; razón por la cual se considera, en relación con el tema de la renuncia a la confidencialidad (*waiver*), lo siguiente: **(i)** la renuncia a la confidencialidad debe ser absolutamente voluntaria y la negativa a otorgarla no puede ser considerada

---

[191] "A waiver of confidentiality is consent from a leniency applicant to waive, within the limits set out in the consent, the confidentiality protections afforded to it in the jurisdiction of the investigating competition agency. [La renuncia a la confidencialidad es el consentimiento de un solicitante de clemencia para renunciar, dentro de los límites establecidos en el consentimiento, las protecciones de confidencialidad que se le otorgan en la jurisdicción de la autoridad que adelanta la investigación] [traducción propia]". International Competition Network (ICN), *Guidance on Enhancing Cross – Border Leniency Cooperation. Cartel Working Group: Subgroup 1* (2020), 9.

como un factor en contra del otorgamiento de los beneficios por colaboración; **(ii)** la autoridad frente a la cual el delator renuncia a la confidencialidad se debe circunscribir a los precisos términos de la renuncia; **(iii)** en el caso de una conducta multijurisdiccional, es normal que el delator establezca una estrategia que le permita priorizar de la manera más efectiva posible las decisiones sobre delación en las diferentes jurisdicciones, lo cual debe ser respetado por la autoridad de competencia y, **(iv)** dado el caso, la autoridad de competencia del país en el cual el delator fue admitido al programa debería estar en condiciones de apoyar subsecuentes solicitudes de delación en otros países.[192]

Al respecto, es preciso hacer referencia nuevamente al caso de Kimberly Clark, en el cual la autoridad de competencia del Ecuador, la Superintendencia de Control de Poder del Mercado (SCPM) tomó la decisión (hoy día declarada ilegal) de desclasificar la información autoincriminatoria y confidencial aportada por Kimberly Clark al programa de delación del Ecuador y denunciar con ella a Kimberly Clark y a Familia por la realización de un cártel andino para la fijación de los precios del papel suave.

Hoy en día, después de que el tribunal Administrativo de Guayaquil declaró la nulidad e ilegalidad de la decisión de desclasificar la información aportada al Programa de Delación, en agosto del 2019, la SCPM expidió la Resolución No. SCPM-DS-2019-38 por medio de la cual dio a conocer el *Instructivo para el otorgamiento de beneficios de exención o reducción del importe de la multa de la superintendencia de control del poder de mercado.* El artículo 3 del mencionado instructivo dispone lo siguiente:

> "Art. 3.- Confidencialidad.- Durante el procedimiento de exención o reducción del importe de la multa, los funcionarios y servidores públicos de la Superintendencia de Control del Poder de Mercado, que tomen conocimiento de este procedimiento, guardarán absoluta confidencialidad sobre: la identidad de los operadores económicos, el contenido de la solicitud, actuaciones, reuniones, entrevistas, pruebas, evidencias, indicios, informes presentados, entre otros.
>
> La información y documentación que conste en el expediente de exención o reducción será considerada confidencial, salvo los elementos de prueba que el órgano de investigación agregue al expediente de investigación, previa autorización del solicitante, contenida en el acuerdo de colaboración.
>
> En caso de ser necesario remitir la información o documentación del expediente de exención o reducción del importe de la multa a una autoridad

---

[192]   International Competition Network (ICN), *Guidance on Enhancing Cross – Border Leniency Cooperation. Cartel Working Group: Subgroup 1* (2020), 9

internacional de competencia, se deberá contar con la autorización expresa del solicitante".

Como se puede observar, hoy en día la SCPM considera que es indispensable obtener la aquiescencia del investigado para remitir información del expediente de delación a una autoridad internacional de competencia.

Estas reglas especiales de confidencialidad se pueden ver reflejadas en cada una de las jurisdicciones de la siguiente manera:

Tabla 15. Reglas de confidencialidad para el intercambio de información entre autoridades de competencia

País	Reglas de Confidencialidad para el intercambio de información entre autoridades de competencia
Colombia	En el régimen de competencia de Colombia no encontramos normas relacionadas con la confidencialidad en el intercambio de información entre autoridades de competencia. Sin embargo, conocemos algunos casos en los cuales los delatores han suscrito un *waiver*, con el fin de permitirle a la SIC compartir una parte de la información aportada dentro del Programa de Delación.
Perú	En Perú, de conformidad con la disposición complementaria tercera del TUO del DL 1034 de 2008, al regular la cooperación internacional en los casos de "conductas anticompetitivas desarrolladas en el territorio nacional pero con efectos en uno o más países" y en los que se cuente con un acuerdo o convenio con la autoridad de competencia de otra jurisdicción "la Secretaria Técnica podrá intercambiar información, incluyendo información confidencial, con las autoridades de competencia de los países que formen parte de dichos acuerdos o convenios".
	Sin embargo, este intercambio de información está protegido por la confidencialidad del programa de delación toda vez que "esta facultad se ejerce sin perjuicio del deber de reserva aplicable al trámite de solicitudes de exoneración de sanción, conforme a los establecido en el Artículo 26 de la presente ley (DL. 1034)".
	La Guía del Programa de Clemencia profundiza y desarrolla estas disposiciones al explicar la "colaboración con autoridades de competencia de otras jurisdicciones" de la siguiente manera: "El Colaborador deberá indicar en qué otros países ha presentado una solicitud de beneficios en relación con el cártel revelado. Sin perjuicio de ello, *solo mediante autorización previa y por escrito del Colaborador, la Secretaría Técnica y la Comisión podrán compartir con autoridades de competencia en otras jurisdicciones los elementos de prueba que el Colaborador haya proporcionado y que no hayan sido trasladado al expediente en el cual se tramita el procedimiento administrativo sancionador.*

	El compartir la información entre autoridades de competencia tendrá el único fin de coadyuvar y coordinar acciones de investigación con otras jurisdicciones. *El Colaborador podrá negarse a firmar dicha autorización, sin que su negativa pueda ser considerada como una falta a su Deber de colaboración*" (cursiva propia).[193]
Chile	En Chile, de conformidad con las atribuciones y deberes del Fiscal Nacional Económico previsto en el artículo 39 literal m) del DL 211 de 1973,está la de "Convenir con otros servicios públicos y organismos del Estado la transferencia electrónica de información, que no tenga el carácter de secreta o reservada de acuerdo a la ley, para facilitar el cumplimiento de sus funciones. Asimismo, y previa resolución fundada del Fiscal Nacional Económico, podrá convenir la interconexión electrónica con organismos o instituciones privadas. Del mismo modo, podrá convenir esta interconexión con organismos públicos extranjeros u organizaciones internacionales, con los cuales haya celebrado convenios o memorándum de entendimiento".
	La posibilidad prevista para la información en los convenios de cooperación se hace sin perjuicio de la confidencialidad prevista para el programa de delación. La Guía Interna Sobre Delación Compensada en Casos de Colusión trata la aplicación del principio de confidencialidad en casos multijurisdiccionales desde dos hipótesis: la primera, relacionada con la confidencialidad ante autoridades extranjeras y la segunda, como una excepción a esta confidencialidad, de la siguiente manera:
	"Protección de la confidencialidad ante solicitud de autoridades o de terceras personas. En el caso que se requiera por o a través de un Tribunal o autoridad, nacional o extranjera, el acceso a cualquier tipo de información entregada por un Postulante en el marco de la solicitud de alguno de los Beneficios de la delación compensada, la FNE procurará proteger la confidencialidad de dicha información utilizando los medios que la ley le franquea".[194]
	"Dispensa en caso de cárteles internacionales. En el caso de cárteles internacionales, la FNE podrá solicitar al Postulante que entregue una dispensa respecto de una o más de las jurisdicciones en las cuales ha

[193] Instituto Nacional de Defensa de la Competencia y de la Protección de la Propiedad Intelectual, *Guía del Programa de Clemencia*, 21. https://www.indecopi.gob.pe/documents/1902049/3761587/Gu%C3%ADa+del+Programa+de+Clemencia.pdf/0a0d49ba-167d-f9f3-e878-b21c326b31ff

[194] Fiscalía Nacional Económica, *Guía Interna sobre delación compensada en casos de colusión*, 27. https://www.fne.gob.cl/wp-content/uploads/2017/03/Guia_Delacion_Compensada.pdf

	solicitado clemencia o delación compensada, o celebrado acuerdos de colaboración, por la misma conducta colusoria, de manera que eximan de la obligación de confidencialidad a dichas agencias respecto a la FNE en lo que concierne a dichas solicitudes o negociaciones y en cuanto se refieran a las conductas objeto de la postulación ante la FNE".[195]
México	En México, para los casos de prácticas monopólicas absolutas con alcance internacional, la Guía del Programa de Inmunidad y Reducción de Sanciones protege los lineamientos generales de confidencialidad. Sin perjuicio de lo anterior, existe la posibilidad de que el solicitante autorice que se comparta la información.[196].
	La guía del programa de delación establece que se sugiere al delator aportar en la reunión previa a la suscripción del acuerdo de inmunidad condicional "una Autorización para compartir información –también conocida por su término en inglés Waiver–, por medio del cual el Solicitante haga excepciones a la obligación de confidencialidad de la Cofece. *Se reconocen dos tipos de autorizaciones a través de los cuales la Autoridad Investigadora puede compartir información con otras autoridades de competencia. El primero es limitado a la identidad del Solicitante e información procesal relacionada con su solicitud (autorización procesal o procedural waiver). El segundo, permite a la Autoridad Investigadora compartir, además de la identidad del Solicitante y cualquier información procesal, la información sustantiva de la solicitud (autorización completa o full waiver); e Identifique si ha buscado ingresar a programas similares al Programa ante autoridades de competencia en otras jurisdicciones"* (cursiva propia).[197]

---

[195]   Fiscalía Nacional Económica, *Guía Interna sobre delación compensada en casos de colusión*, 27. https://www.fne.gob.cl/wp-content/uploads/2017/03/Guia_Delacion_Compensada.pdf

[196]   "Manifestación voluntaria oral o por escrito que permite a la Autoridad Investigadora compartir con determinadas autoridades de competencia información relacionada con el Solicitante o su solicitud para ingresar al Programa. También es conocida con el término en inglés waiver". Comisión Federal de Competencia Económica. *Guía del Programa de Inmunidad y Reducción de Sanciones*, 5. https://www.cofece.mx/wp-content/uploads/2017/12/guia-0032015_programa_inm.pdf

[197]   Comisión Federal de Competencia Económica. *Guía del Programa de Inmunidad y Reducción de Sanciones*, 17. https://www.cofece.mx/wp-content/uploads/2017/12/guia-0032015_programa_inm.pdf

1.7.5 Coordinación de las investigaciones que adelantan autoridades de competencia de diferentes jurisdicciones

De conformidad con las mejores prácticas a las que hace referencia la *Guía para incrementar la cooperación transfronteriza de los programas de delación198* expedida por el ICN en el 2020, las autoridades de competencia tienen la posibilidad de coordinar sus esfuerzos de investigación, especialmente cuando enfrentan conductas anticompetitivas multijurisdiccionales. Estos esfuerzos de coordinación no necesariamente requieren que se comparta información de carácter confidencial y pueden referirse a aspectos tales como los siguientes:

- Compartir el análisis preliminar de una posible conducta anticompetitiva, las normas potencialmente infringidas, el posible daño al mercado, el alcance, duración, ámbito geográfico, modalidades, sospechosos, el mercado o mercados relevantes involucrados, los estudios de mercado, datos generales tales como contactos, números de teléfono, direcciones y certificados públicos de las empresas, así como la teoría del caso que está desarrollando cada una de las autoridades de competencia.

- Cuando exista un solicitante que se encuentra aplicando al programa de delación en más de un país, puede resultar beneficioso para las autoridades de los países involucrados coordinar el alcance de los marcadores otorgados al solicitante, los tiempos que se le otorgan para realizar la investigación interna, la realización de visitas sorpresivas y requerimientos de información a los demás sospechosos y la recepción de testimonios.

- Así mismo, en desarrollo de los acuerdos de cortesía positiva (*positive comity*), a los que ya nos hemos referido, una autoridad de competencia puede solicitarle a otra realizar visitas de inspección o recaudar información que puede ser útil en las investigaciones que adelantan ambos países, siempre que sea posible compartir dicha información de conformidad con las normas de cada jurisdicción.

- Las autoridades de los diferentes países que están trabajando en investigaciones paralelas y posiblemente con la ayuda de un mismo delator, pueden mantenerse informadas sobre los hitos de las

---

[198] International Competition Network (ICN), Guidance on Enhancing Cross – Border Leniency Cooperation. Cartel Working Group: Subgroup 1 (2020), 14.

respectivas investigaciones, la identificación de piezas claves de evidencia que pueden estar en los archivos de ambas autoridades y la forma en que dichas evidencias se deben interpretar.

- Dentro de las posibilidades que brindan las leyes en cada jurisdicción, las autoridades de competencia pueden discutir y analizar de manera conjunta el tipo y el monto de las sanciones y de las medidas correctivas que se impondrán en cada país a las empresas y personas investigadas, así como los beneficios que se le otorgarán al delator.

- Finalmente, las autoridades de competencia pueden prestarse ayuda cuando se trata de entrar en contacto con autoridades diferentes de la autoridad de competencia en otro país. Es posible que la autoridad local pueda establecer puentes de comunicación y ayudar a su homóloga con la que ya tiene una relación de cooperación, a interactuar con otras autoridades de su país.

2. PRINCIPALES BENEFICIOS DE LOS PROGRAMAS DE DELACIÓN

Las autoridades de competencia aplican la reducción de sanciones de manera discrecional dentro de los límites establecidos en la ley de cada país, teniendo en cuenta la calidad de la información recibida y el momento de la aplicación en el programa. En Latinoamérica hay países que le otorgan beneficios solamente al primer aplicante[199], como son los casos

---

[199]   Así explica la doctrina de la Unión Europea la justificación de esta política pública de competencia:"Under a Leniency Notice, a single undertaking, namely the first one to provide evidence concerning the existence of a cartel, may receive a substantial reduction in the fine, to the exclusion of other undertaking which, at a subsequent stage in the administrative procedure, produce particular evidence relating to the same cartel. (C-328/05 P, SGL Carbon/Commission, 10 May 2007, EU:C:2007:277 – 82) [...] It is inherent in the logic of immunity from fines that only one of the cartel members can have the benefit, given that the effect being sought is to create a climate of uncertainty within cartels by encouraging their denunciation to the Commission. That uncertainty results precisely form the fact that the cartel participants know that only one of them can benefit from immunity from being fined by denouncing the other participants in the infringement, thereby exposing them to the risk that they face more severe fines. (T-127/04, KME Germany a.o./Commission, 6 May 2009, EU:T:2009:142 – 30) [En virtud de una comunicación sobre la cooperación, una sola empresa, a saber, la primera que aporta pruebas relativas a la existencia de un cártel, puede recibir una reducción sustancial de la multa, con exclusión de otras empresas que, en una fase

de Brasil, Panamá, el Salvador y Uruguay y de los países que otorgan beneficios también a los delatores que llegan después del primero. Los límites son por regla general los siguientes:

a. El primer solicitante elegible, en los términos de la ley, será recompensado con la inmunidad total, es decir, con la reducción del cien por ciento (100 %) de la multa aplicable. En algunos países la exoneración del cien por ciento (100 %) de la sanción solamente está disponible para aquellos solicitantes que se aproximan en primer lugar a la autoridad antes de la apertura de la investigación. Si la solicitud se presenta con posterioridad, el porcentaje de rebaja disminuye. En Colombia al segundo solicitante se le otorga el treinta por ciento (30 %) de rebaja, que parece una suma demasiado baja y que no resulta atractiva para los potenciales solicitantes.

b. El segundo solicitante elegible será recompensado con la reducción de entre el treinta por ciento (30 %) y el cincuenta por ciento (50 %) de la multa aplicable. En Colombia estos porcentajes se aplicarán siempre que la solicitud se presente antes de la apertura de la investigación formal, ya que, si se hace después, la rebaja será de hasta el veinte por ciento (20 %).

c. En el caso colombiano, el tercer solicitante elegible, puede ser recompensado con un máximo del veinticinco por ciento (25 %) de reducción de la multa aplicable cuando la solicitud de ingreso al programa se presente hasta el día antes de la fecha de expedición del acto administrativo de apertura de investigación y formulación de pliego de cargos. También podrá ser recompensado con un máximo del quince por ciento (15 %) cuando la solicitud de ingreso al

---

posterior del procedimiento administrativo, presenten pruebas particulares relativas al mismo cártel. (C-328/05 P, SGL Carbon/Comisión, 10 de mayo de 2007, EU:C:2007:277 – 82) [...] Es inherente a la lógica de la dispensa del pago de las multas que sólo uno de los miembros del cártel pueda obtener el beneficio, dado que el efecto que se persigue es crear un clima de incertidumbre dentro de los cárteles fomentando su denuncia ante la Comisión. Esta incertidumbre se debe precisamente al hecho de que los participantes en el cártel saben que sólo uno de ellos puede beneficiarse de la dispensa de ser multado denunciando a los demás participantes en la infracción, exponiéndolos así al riesgo de que se enfrenten a multas más severas. (T-127/04, KME Alemania a.o./Comisión, 6 de mayo de 2009, EU:T:2009:142 – 30)] [traducción propia]. René Barents, "Directory of EEU Case Law on Competition", en Wolters Kluwer, *International Competition Law Series*, segunda edición, (2017), 1264-1265.

programa se presente el día de la fecha de expedición del acto administrativo de apertura de investigación y formulación de pliego de cargos, o con posterioridad a la misma.

d. Adicionalmente, hay países en los cuales a los delatores que no alcanzan a tener el primer lugar y que por lo tanto, que no obtienen una inmunidad total en el primer cártel, pueden mejorar sus beneficios si delatan un segundo cártel, dentro de lo que se ha denominado el "Amnesty plus". En el caso colombiano el *Amnesty plus* otorga un beneficio adicional en el primer cártel delatado, de hasta el veinte por ciento (20 %) cuando la delación se realiza antes de la apertura de la segunda investigación; y hasta del diez por ciento (10 %) cuando se realiza con posterioridad a la apertura de la investigación.[200]

En la actualidad los países *objeto de análisis* otorgan los siguientes beneficios a los delatores:

Tabla 16. Beneficios para los Delatores

País	Beneficios para los Delatores

Colombia	En Colombia, los beneficios para los delatores que se acogen al programa de delación al que hace referencia el artículo 14 de la ley 1340 de 2009, son los siguientes:
	
	• Exoneración y reducción de la multa para los Agentes del Mercado[201]: de conformidad con el articulo 2.2.2.29.2.2.del Decreto 253 de 2022 los beneficios que reciben los Agentes del Mercado dependen del momento en que se solicite la entrada al programa de delación.
	
	  ○ Para aquellos Agentes del Mercado que hayan presentado la solicitud de ingreso al programa de delación hasta el día antes de la fecha de expedición del acto administrativo de apertura de investigación y formulación de pliego de cargos, se pueden otorgar los siguientes beneficios:
	
	    » Primer delator: Exoneración total de la multa a imponer, es decir el cien por ciento (100 %).

---

[200] Colombia. Decreto 1523 de 2015, Artículo No 2.2.2.29.4.1.

[201] De conformidad con el artículo 2.2.2.29.1.2. (3) del Decreto 253 de 2022 se entiende por facilitador a la persona natural o jurídica "que colabore, autorice, promueva, impulse, ejecute o tolere conductas contrarias a la libre competencia".

» Segundo delator: Reducción de la multa a imponer de entre el treinta por ciento (30 %) y hasta el cincuenta por ciento (50 %).

» Tercer delator: Reducción de la multa a imponer de hasta el veinticinco por ciento (25 %).

○ Para aquellos Agentes del Mercado que hayan presentado la solicitud de ingreso al programa de delación el día de la fecha de expedición, o con posterioridad, del acto administrativo de apertura de investigación y formulación de pliego de cargos, se pueden otorgar los siguientes beneficios:

» Primer delator: Reducción de la multa a imponer de hasta el treinta por ciento (30 %).

» Segundo delator: Reducción de la multa a imponer de hasta el veinte por ciento (20 %).

» Tercer delator: Reducción de la multa a imponer de hasta el quince por ciento (15 %).

• Exoneración y reducción de la multa para los Facilitadores: de conformidad con el artículo 2.2.2.29.3.2. del Decreto 253 de 2022 la exoneración o reducción de la multa del agente del mercado se extiende, en el mismo porcentaje, a todos los Facilitadores[202] que actúan o hayan actuado para aquel y que colaboren en el curso de la actuación.

En Colombia la nueva legislación solamente permite otorgar beneficios a tres (3) delatores.

• Beneficio adicional-*Amnesty plus*: De conformidad con el artículo 2.2.2.29.4.1. del Decreto 253 de 2022, cuando el segundo y tercer delator de una conducta anticompetitiva en una primera investigación, delaten otras conductas anticompetitivas que sean propias de una investigación diferente, pueden obtener los siguientes beneficios, por delatar en primer lugar la nueva conducta anticompetitiva:

○ Para aquellos Facilitadores que hayan presentado la solicitud de ingreso al programa de delación con anterioridad a la fecha de expedición del acto administrativo de apertura de investigación y formulación de pliego de cargos de la actuación de la otra conducta anticompetitiva delatada, se pueden otorgar una reducción de hasta el veinte por ciento (20 %) del total de la multa a imponer.

○ Para aquellos Facilitadores que hayan presentado la solicitud de ingreso al programa de delación en la fecha o con posterioridad a la fecha

---

202 De conformidad con el artículo 2.2.2.29.1.2. (2) del Decreto 253 de 2022 se entiende por Agente del Mercado "Toda persona que desarrolle una actividad eco-

de expedición del acto administrativo de apertura de investigación y formulación de pliego de cargos de la actuación de la otra conducta anticompetitiva delatada, se pueden otorgar una reducción de hasta el diez por ciento (10 %) del total de la multa a imponer.

- Beneficio en materia penal:

  ○ Reducción de la pena y la multa en los casos de colusión en licitaciones públicas: el artículo 27 del Estatuto Anticorrupción (Ley 1474 de 2011) introdujo a la Ley 599 de 2000 (Código Penal Colombiano) el artículo 410-A, por el cual el delator de un acuerdo anticompetitivo en una licitación pública (colusión en licitaciones públicas) pueda obtener los siguientes beneficios:

    » Reducción de la pena: el delator obtendrá una reducción de una tercera parte de la pena aplicable al delito de acuerdos restrictivos de la competencia.

    » Reducción de la multa: el delator podrá obtener una reducción del cuarenta por ciento (40%) de la multa a imponer.

    » Reducción de la sanción: de conformidad con el artículo 410-A se sanciona a quienes cometan el delito de acuerdos restrictivos de la competencia con una inhabilidad para contratar con entidades estatales de ocho (8) años. El delator de estos acuerdos anticompetitivos únicamente será sancionado con una inhabilidad para contratar con entidades estatales de cinco (5) años.

- Beneficio en matera de responsabilidad civil:

  Si bien el programa de delación no prevé ninguna exoneración o reducción de la responsabilidad del delator por los daños causados por su conducta anticompetitiva, el parágrafo 3 del artículo 66 de la Ley 2195 de 2022 que había modificado el artículo 14 de la Ley 1340 de 2009, si otorgaba un beneficio al delator que obtuviera los beneficios del programa de delación, el cual ya no respondería de forma solidaria junto con los demás participes del acuerdo competitivo. Desafortunadamente este importante beneficio para el delator, incluido en la reforma que había introducido la Ley 2195 de 2022, fue declarado inexequible por la Corte Constitucional, mediante Sentencia C- 080 de 2023, con ponencia del Magistrado Jorge Enrique Ibáñez Nájar. Es conveniente que el legislador colombiano vuelva a introducir esta regla en el programa de delación de Colombia y de los demás países.

---

nómica y afecte o pueda afectar ese desarrollo, independientemente de su forma o naturaleza jurídica, cualquiera que sea la actividad o sector económico".

Perú[203]	En Perú, los beneficios para los delatores que se acogen al programa de delación al que hace referencia el artículo 26 del TUO del DL 1034 de 2008, tanto para las personas naturales como para las personas jurídicas, son los siguientes:
	• Clemencia tipo a: De conformidad con el artículo 26 del TUO del DL 1034 de 2008 y la Guía del Programa de Clemencia del Indecopi, para el primer delator que haya presentado la solicitud "antes de que la Secretaria Técnica cuenta con indicios de la existencia del cártel a través del ejercicio de sus facultades como la realización de visitas de inspección, la recepción de denuncias, entre otras diligencias con tal finalidad"[204], se le otorgarán los siguientes beneficios:
	○ Exoneración de la multa: el delator obtendrá la exoneración total de la multa a imponer, es decir el cien por ciento (100 %).
	○ Medida correctiva: el delator obtiene la exoneración de la medida correctiva de restitución, siempre que renuncie a la confidencialidad de su identidad.
	○ Inmunidad: "la Secretaría Técnica, la Comisión, o ninguna otra autoridad administrativa, podrán iniciarle o seguirle al Beneficiario un nuevo procedimiento por infracción a las normas de libre competencia en relación con las conductas materia del beneficio"[205].
	• Clemencia tipo b: De conformidad con el artículo 26 del TUO del DL 1034 de 2008 y la Guía del Programa de Clemencia del Indecopi, para el primer delator que haya presentado la solicitud después de que la Secretaria Técnica cuente con indicios de la existencia del cártel, pero antes de que se inicie un procedimiento administrativo sancionatorio, se le otorgarán al delator los siguientes beneficios:

---

[203] Como se explica en la Sección 1 del Capítulo III (Sección 1.2.1.2) relacionada con la criminalización del Derecho de la Competencia, el Derecho Peruano no contempla la exoneración de la responsabilidad penal para el delator, lo cual resulta en un problema para el Programa de Delación. Y aunque existe en el Derecho Penal un programa de inmunidad a cambio de colaboración para los investigados por conductas criminales, dicho programa no cobija los nuevos delitos relacionados con el Derecho de la Competencia.

[204] Instituto Nacional de Defensa de la Competencia y de la Protección de la Propiedad Intelectual, *Guía del Programa de Clemencia*, 6. https://www.indecopi.gob. pe/documents/1902049/3761587/Gu%C3%ADa+del+Programa+de+Clemenc ia.pdf/0a0d49ba-167d-f9f3-e878-b21c326b31ff

[205] Instituto Nacional de Defensa de la Competencia y de la Protección de la Propiedad Intelectual, *Guía del Programa de Clemencia*, 7. https://www.indecopi.gob. pe/documents/1902049/3761587/Gu%C3%ADa+del+Programa+de+Clemenc ia.pdf/0a0d49ba-167d-f9f3-e878-b21c326b31ff

- Reducción de la multa: El delator obtendrá una reducción de la multa a imponer de entre el cincuenta por ciento (50 %), y hasta el cien por ciento (100%).

- Clemencia tipo c: de conformidad con el artículo 26.3 del TUO del DL 1034 de 2008 y la Guía del Programa de Clemencia del INDECOPI, se podrá otorgar un beneficio en caso de que ya exista una solicitud de acceso al programa de delación o exista un procedimiento administrativo sancionador en trámite, para quien quiera delatar proporcionando información a la autoridad de competencia; este beneficio es el siguiente:

  - Para el primer delator de clemencia tipo c: reducción de la multa a imponer del treinta por ciento (30 %) al cincuenta por ciento (50 %).

  - Para el segundo delator de clemencia tipo c: reducción de la multa a imponer del veinte por ciento (20 %) al treinta por ciento (30 %).

  - Para el tercer y demás delatores de clemencia tipo c: reducción de la multa a imponer de hasta el veinte por ciento (20 %).

Vale la pena aclarar, que a excepción del beneficio previsto para la clemencia tipo a, "los beneficios de exoneración o reducción de sanciones no impiden la imposición de medidas correctivas de restablecimiento del proceso competitivo"[206]. Adicionalmente, para todos los tipos de clemencia los beneficios de exoneración o reducción de sanciones no "limitan la responsabilidad civil de los agentes económicos por los daños provocados como consecuencia de la infracción cometida, de conformidad con lo dispuesto por el artículo 26.6 de la Ley de Libre Competencia"[207].

Clemencia para los facilitadores y otras empresas del grupo económico: de conformidad con la Guía del Programa de Clemencia "la Solicitud podrá alcanzar a otras empresas del grupo económico del solicitante, así como a los funcionarios y ex funcionarios del Colaborador, estando los beneficios aplicables condicionados al cumplimiento oportuno del Deber de colaboración por parte de cada uno de aquellos a quienes se extienda la Solicitud. El Colaborador deberá desplegar sus mayores esfuerzos para asegurar el cumpli-

[206]   Instituto Nacional de Defensa de la Competencia y de la Protección de la Propiedad Intelectual, *Guía del Programa de Clemencia*, 12. https://www.indecopi.gob.pe/documents/1902049/3761587/Gu%C3%ADa+del+Programa+de+Clemencia.pdf/0a0d49ba-167d-f9f3-e878-b21c326b31ff

[207]   Instituto Nacional de Defensa de la Competencia y de la Protección de la Propiedad Intelectual, *Guía del Programa de Clemencia*, 12. https://www.indecopi.gob.pe/documents/1902049/3761587/Gu%C3%ADa+del+Programa+de+Clemencia.pdf/0a0d49ba-167d-f9f3-e878-b21c326b31ff

	miento del Deber de colaboración de los ex funcionarios y las otras personas jurídicas del grupo económico"[208].
	En Perú los solicitantes del programa de delación no obtienen ningún beneficio con respecto a su eventual responsabilidad penal.
Chile	En Chile, los beneficios para los delatores que se acogen al programa de delación al que hace referencia el DL. 211 de 1973 y la Guía Interna sobre Delación Compensada en Casos de Colusión de la FNE son los siguientes:
	• Primer delator: el primer delator obtendrá el "beneficio de exención" el cual le conferirá las siguientes exoneraciones:
	○ Exoneración de la multa: el delator obtendrá la exoneración total de la multa a imponer, es decir el cien por ciento (100 %).
	○ Inmunidad a la personalidad jurídica: el delator obtendrá la exoneración de la sanción prevista en el artículo 26 (b) del DL 211 de 1973, la cual consiste en la disolución de la persona jurídica infractora.
	○ Inmunidad penal: de conformidad con el artículo 63 del DL 211 de 1973[209] quien se acoja al programa de delación como primer delator estará exento de responsabilidad penal por el delito de colusión.
	• Segundo delator: el segundo delator obtendrá el "beneficio de reducción" el cual le conferirá las siguientes reducciones como beneficio:
	○ Reducción de la multa: el delator obtendrá una reducción de hasta un cincuenta por ciento (50 %) de la multa.
	○ Reducción de la pena: el delator obtendrá la rebaja de un grado de la pena por el delito de conclusión.
	○ Exención de la privación efectiva de libertad: el delator "no deberá cumplir el año de privación efectiva de libertad que contempla el inciso cuarto del artículo 62, si el requerimiento de la FNE involucra a más de dos competidores y el beneficiario cumple los requisitos establecidos en la Ley N° 18.216 para sustituir la ejecución de penas privativas o restrictivas de libertad".
	• Beneficio adicional-*amnesty plus*: "Aquel que no pueda optar al Beneficio de Exención por no ocupar el primer lugar entre los Postulantes, podrá

---

[208] Instituto Nacional de Defensa de la Competencia y de la Protección de la Propiedad Intelectual, *Guía del Programa de Clemencia*, 15. https://www.indecopi.gob. pe/documents/1902049/3761587/Gu%C3%ADa+del+Programa+de+Clemenc ia.pdf/0a0d49ba-167d-f9f3-e878-b21c326b31ff

[209] "DL. 211 de 1973. Artículo 63°.- Estarán exentos de responsabilidad penal por el delito tipificado en el artículo 62 aquellas personas que primero hayan aportado a la Fiscalía Nacional Económica antecedentes de conformidad al artículo 39 bis. El

	confesar a la FNE la existencia de una segunda conducta colusoria, distinta de la primera. En tal caso, si el interesado cumple con los requisitos para obtener el Beneficio de Reducción respecto de la primera conducta, y con los requisitos para obtener el Beneficio de Exención respecto de la segunda, la FNE otorgará el máximo de reducción de multa que permite la normativa respecto de la primera conducta colusoria, y el Beneficio de Exención respecto de la segunda".[210] Debe aclararse que los beneficios del programa de delación en Chile *"en ningún caso [...] podrá(n) extenderse a la indemnización de los perjuicios que tuviere lugar"*[211].

México	En México, los beneficios para los delatores que se acogen al programa de delación al que hace referencia el artículo 103 de la Ley Federal de Competencia Económica DOF 23-05-2014 (29 de abril de 2014) y la Guía del Programa de Inmunidad y Reducción de Sanciones de la COFECE, son las siguientes:
	
	• "Primer delator:
	
	   ◦ Reducción de la multa: De conformidad con el artículo 103 de la Ley Federal de Competencia Económica, para el primer delator la Comisión impondrá una multa mínima, lo que esto significa de conformidad con la Guía del Programa de Inmunidad y Reducción de Sanciones es que el primer delator "podrá obtener la reducción del importe de multas a un salario mínimo general vigente para el Distrito Federal"[212].
	
	• "Delatores subsecuentes: De conformidad con el artículo 103 de la Ley Federal de Competencia Económica y el numeral 3 de la Guía del Programa de Inmunidad y Reducción de Sanciones, los demás delatores, esto es quienes no son el primero entre los Agentes Económicos o individuos involucrados en la comisión de la practica contraria a la libre competencia, podrán obtener los siguientes beneficios:
	
	   ◦ Reducción de la multa: Los delatores subsecuentes podrán obtener una reducción de la multa, de hasta el cincuenta (50%), treinta (30%) o veinte por ciento (20%).

requerimiento del Fiscal Nacional Económico individualizará a las personas exentas de responsabilidad penal y dicha calidad será así declarada por el Tribunal de Defensa de la Libre Competencia".

[210] Fiscalía Nacional Económica, *Guía interna sobre delación compensada en casos de colusión*, 8. https://www.fne.gob.cl/wp-content/uploads/2017/03/Guia_Delacion_Compensada.pdf

[211] Dl. 211. Inciso Final artículo 39 Bis.

[212] Comisión Federal de Competencia Económica, *Guía del Programa de Inmunidad y Reducción de Sanciones*, 13. https://www.cofece.mx/wp-content/uploads/2017/12/guia-0032015_programa_inm.pdf

	• Inmunidad penal: De conformidad con el artículo 254 bis del Código Penal Federal no existirá responsabilidad penal para quienes se acojan al programa de delación, la guía reitera esta disposición al afirmar que "en todos los casos, no existirá responsabilidad penal, previa resolución de la COFECE"[213].
	Debe aclararse que de conformidad con el artículo 102 de la Ley Federal de Competencia Económica los beneficios de acogerse al programa de delación no incluyen beneficio alguno respecto de la responsabilidad civil del delator.

Como se deduce de la tabla anterior, el panorama respecto de la exoneración de la responsabilidad penal en los países objeto de análisis es el siguiente:

• En México se otorga inmunidad respecto de la responsabilidad penal, a todos los delatores "previa resolución de la Cofece"[214].

• En Chile, se le otorga la inmunidad penal al primer delator y una reducción de la pena al segundo delator del delito de colusión.

• En Colombia solamente se otorga una disminución de un tercio de la pena al primer delator en el delito de colusión en licitaciones públicas en la contratación estatal.

• En Perú la ley no le otorga inmunidad penal al delator.

En ninguno de los países investigados la ley otorga inmunidad a los delatores respecto de la responsabilidad civil relacionada con los daños ocasionados por las prácticas restrictivas de la competencia.

2.1 Beneficios para el primer solicitante en calificar al programa de beneficios por colaboración

En la mayoría de las jurisdicciones que tienen un programa de delación, el beneficio para el primer solicitante es la exoneración total de la multa

---

[213] Comisión Federal de Competencia Económica, *Guía del Programa de Inmunidad y Reducción de Sanciones*, 13. https://www.cofece.mx/wp-content/uploads/2017/12/guia-0032015_programa_inm.pdf

[214] Comisión Federal de Competencia Económica, *Guía del Programa de Inmunidad y Reducción de Sanciones*, 13. https://www.cofece.mx/wp-content/uploads/2017/12/guia-0032015_programa_inm.pdf

a imponer[215]. Sin embargo, como lo vimos atrás, en muchas jurisdicciones se ofrece la inmunidad total al primer delator, siempre que presente su solicitud antes de que la autoridad haya abierto una investigación formal; y en caso contrario se ofrece apenas una reducción, como lo vimos en el caso de Colombia y Perú.

Por regla general la exoneración total se refiere a las sanciones administrativas, es decir que los solicitantes al programa de clemencia en muchas jurisdicciones no están protegidos de las potenciales acciones criminales ni tampoco de las acciones privadas que buscan compensar los daños causados por las conductas anticompetitivas.

El aspecto de la exoneración de las sanciones criminales es especialmente importante, ya que este tipo de sanciones constituyen el principal desincentivo para que las personas involucradas en un cártel apliquen al Programa de Delación, razón por la cual en la primera parte, en el tercer capítulo, de la obra se señala la criminalización del derecho de la competencia como uno de los retos principales para la efectividad de los programas de clemencia. Al respecto es importante señalar que en los cuatro países que tomamos como base de análisis para la obra: Colombia, Perú, Chile y México, existen algunas reglas establecidas para mitigar las dificultades que presenta la criminalización de derecho de la competencia para la aplicación de los programas de delación, las cuales serán analizadas en el apartado 1.2 del tercer capítulo.

2.2 Beneficios para los subsiguientes solicitantes

Cuando un solicitante busca la inmunidad total, pero no reúne los requisitos necesarios para obtener tal beneficio, o cuando un solicitante directamente solicita la disminución de la multa a cambio de cooperación, la multa puede ser reducida por la autoridad. Esta es la situación del segundo solicitante y de los siguientes. En estos casos, el proceso es el mismo que el del solicitante que busca la inmunidad total.

---

[215]   Como ya vimos, en el caso de México, de conformidad con el artículo 103 de la Ley Federal de Competencia Económica de 1993, al primer delator se le impondrá una multa mínima, la cual de conformidad con la Guía del Programa de Inmunidad y Reducción de Sanciones es un salario mínimo general vigente para el Distrito Federal, lo cual es casi el equivalente funcional a la exoneración de la multa por su mínima cuantía, comparado a las sanciones previstas en este ordenamiento jurídico pro la comisión de conductas anticompetitivas.

La autoridad de competencia debe evaluar la reducción de multa que debe ser garantizada a los solicitantes dependiendo de la posición en el programa. El resultado de esta evaluación solo se conocerá al final de la investigación.

2.3 Aplicación de "otros beneficios"-beneficio por amnesty plus

En adición a las reducciones básicas que ya se explicaron, en muchas jurisdiccione,s la ley concede "otros beneficios". Se trata de lo que en el argot de los programas de clemencia se conoce como el *amnesty plus*. En el caso colombiano, por ejemplo, al solicitante que no tenga la primera posición, pero que delata en calidad de primer delator otro cártel diferente desconocido para la autoridad, se le otorga en el cártel inicial (en el cual no tiene la primera posición) una reducción adicional de veinte por ciento (20 %) o del quince por ciento (15 %) de la sanción, dependiendo del momento en el que presente su solicitud. Esta recompensa adicional la recibe por su efectiva colaboración en la develación de un nuevo cártel.

Es importante advertir que esta reducción se agrega a la reducción original (dependiendo de la posición del solicitante en el programa de clemencia), incluso si esto significa exceder los topes establecidos según el lugar de precedencia de los diferentes solicitantes.

Para conseguir este beneficio, el solicitante debe informar a la autoridad de competencia acerca de este segundo cártel antes de firmar el convenio de colaboración de la investigación del primer cártel.

Para poner un ejemplo del funcionamiento de la regla del *amnesty plus* en el derecho colombiano, si un delator presenta su solicitud en segundo lugar de prelación, antes de la apertura de la investigación formal, puede obtener el cincuenta por ciento (50%) de rebaja de la pena a imponer; pero si además, antes de firmar el Convenio de Colaboración, delata en el primer lugar de prelación un segundo cártel hasta entonces desconocido por la autoridad, puede obtener la inmunidad total en ese segundo cártel y un beneficio *amnesty plus* del veinte por ciento (20 %) adicional en el primer cártel, beneficio que se suma al ya obtenido, por lo que en el primer cártel sumará una rebaja del setenta por ciento (70 %) de la multa a imponer.

2.4 Orden de prelación para acceder a los beneficios

La autoridad de competencia solo garantizará inmunidad total de la multa al primer solicitante[216], siempre y cuando se cumplan los requisitos del programa. Si el solicitante incumple las condiciones del programa, el siguiente solicitante en turno podrá conseguir el primer puesto y los correspondientes beneficios. Lo mismo sucede con los demás solicitantes en turno, quienes tendrán derecho a ascender en el respectivo orden de prelación.

Cabe advertir que en Colombia, en el *cártel de los cuadernos*[217], de manera excepcional, la SIC concedió la inmunidad total a dos (2) compañías, porque el negocio de los cuadernos, que inicialmente era de propiedad de Kimberly Clark, fue adquirido más tarde por la compañía mexicana Scribe. Debido a la duración de la conducta de acuerdo horizontal de precios, las dos compañías estaban involucradas en la conducta ilegal en diferentes periodos de tiempo. Como se puede ver, aun siendo el programa de delación nuevo en nuestro ordenamiento, Colombia logró aplicar la denominada *predecessor–successor doctrine*.

El procedimiento para la aplicación al programa de delación y los criterios de calificación funcionan de igual manera para los agentes de mercado, que generalmente son sociedades mercantiles u otras personas jurídicas, y para los facilitadores de la conducta, que generalmente son personas naturales, pero podrían ser también personas jurídicas.[218] Sin embargo, es importante advertir los supuestos que se expondrán a continuación.

---

[216] El orden de prelación se establece a través del sistema de "marcadores", el cual se explica más adelante en la Sección 2.5.1 de este capítulo.

[217] Superintendencia de Industria y Comercio, Resolución 90560 de 2016, "Por medio de la cual se deciden unos recursos de reposición", Rad. 14-151036. Superintendencia de Industria y Comercio, Resolución 86862 de 2016, "Por medio de la cual se decide un recurso de reposición", Rad. 14-151036
Superintendencia de Industria y Comercio, Resolución 54403 de 2016, "Por la cual se imponen unas sanciones por infracciones del régimen de protección de la competencia y se adoptan otras determinaciones", Rad. 14-151036.

[218] Esto se debe a que al ser ambos partes de la conducta anticompetitiva cuya delación busca incentivar la autoridad de competencia, los riesgos que ambos tipos de agentes corren de ser sancionados se han incrementado, tanto por el incremento del tamaño de las multas como por el incremento de la eficacia de la autoridad para investigar y sancionar. La OCDE muestra esta tendencia en imposición de multas de la siguiente manera "el número de empresas multadas en casos de cártel disminuyó en el período 2015-2020 en todas las regiones, excepto en Otras. El

2.4.1 Extensión de los beneficios obtenidos por el agente de mercado al facilitador

Por regla general los beneficios concedidos al agente de mercado que solicita su ingreso al programa de delación serán automáticamente extendidos a cualquier facilitador. La normativa colombiana define facilitador como: "Cualquier persona que colabore, autorice, promueva, impulse, ejecute o tolere conductas contrarias a la libre competencia, en los términos de la Ley 155 de 1959, Decreto 2153 de 1992, Ley 1340 de 2009, y demás normas que las complementen o modifiquen".[219]

En la siguiente tabla se explica el tema de la extensión de los beneficios del agente de mercado a los facilitadores en los países objeto de análisis.

---

número de empresas multadas en casos de cártel [...] fue materialmente mayor en Europa que en las regiones restantes, a pesar de que el número total de decisiones de cártel [...] fue relativamente similar en todas las regiones. La mayoría de las empresas multadas se encontraban en Europa (56,6 %), luego en América (19,0 %), Asia-Pacífico (16,5 %) y Otros (8,0 %). En las Américas, Asia-Pacífico y Europa, la disminución en el número de empresas multadas en casos de cártel [...] fue mayor que la disminución en el número de decisiones de cártel [...] en el período 2015-2020. Así, el número promedio de empresas multadas por decisión de cártel disminuyó en estas regiones durante el período 2015-2020. [...] El número de casos de cárteles con multas a particulares fue relativamente variable durante el período 2015-2020, dependiendo de la región. Disminuyó en Asia Pacífico y Europa. Aumentó en Otros. Varió ampliamente en las Américas, pero finalmente aumentó. El número total de casos de cártel en los que una persona fue multada disminuyó un 9,9 % en 2020 en relación con 2015. A nivel regional, las Américas y otros aumentaron durante el período 2015-2020. Hubo un fuerte aumento (1000 %, de 1 a 11) en la región Otros. En las Américas, el número de casos aumentó en un 38,3 % (de 47 a 65), mientras que el número de casos disminuyó en Asia-Pacífico y Europa durante el período. En Asia-Pacífico disminuyó un 76,9 % (del 39 al 9), y en Europa disminuyó un 37,5 % (del 24 al 15). En las jurisdicciones para las que se disponía de datos, el número de casos de cártel con multas impuestas a particulares fue una proporción relativamente alta de todas las decisiones de cártel (alrededor del 27 % durante el período 2015-2020). Las mismas tendencias en el número de casos por región se observan cuando se presentan como porcentaje de todas las decisiones de cártel". Organisation for Economic Co-operation and Development (OECD), *OECD Competition Trends 2022*. https://www.oecd.org/daf/competition/oecd-competition-trends-2022.pdf

[219]   Numeral 3 del Artículo 2.2.2.29.1.2. del Decreto 253 de 2022.

**Tabla 17. Extensión de los beneficios obtenidos
por el Agente de Mercado al Facilitador**

País	Extensión de los beneficios obtenidos por el agente de mercado al facilitador
Colombia	En Colombia, los beneficios por la delación del Agente de Mercado se extienden al Facilitador, por mandato del artículo 2.2.2.29.3.2 del Decreto 253 de 2022: "La exoneración total o reducción de la multa concedida a un Delator que haya participado como Agente del Mercado en una conducta anticompetitiva, se extenderá, en el mismo porcentaje, a todos los sujetos de derecho que actúan o hayan actuado para aquel como Facilitadores, y que colaboren en el curso de la actuación". Sin embargo, el mismo artículo 2.2.2.29.3.2 del Decreto 253 de 2022 prevé que los facilitadores a quien se les extienden los beneficios por la delación de la compañía puede perder estos beneficios cuando: • "Nieguen su participación o responsabilidad en la conducta anticompetitiva objeto de delación o nieguen los hechos reconocidos dentro del trámite de suscripción del Convenio de Beneficios por Colaboración. • [...] sean renuentes a concurrir a la práctica de pruebas en las que su presencia sea requerida. • [...] destruyan, alteren u obstaculicen el acceso a información o elementos de prueba relevantes en relación con la conducta anticompetitiva delatada. • [...] el Delator para el que actúan o hayan actuado pierda los beneficios por colaboración".
Perú	En Perú, la Guía del Programa de Clemencia al regular la clemencia corporativa, extiende solicitud de los beneficios por la delación de la compañía a las personas naturales; "Tratándose de personas jurídicas, la Solicitud de beneficios corresponderá a la responsabilidad que le sea atribuible al Colaborador por su participación en calidad de agente económico o de facilitador de un cártel. La Solicitud de beneficios debe corresponder a una decisión corporativa tomada por un órgano de administración o dirección con poderes suficientes para allanarse a un eventual procedimiento administrativo sancionador y garantizar la plena colaboración de la empresa. En este caso, *la Solicitud podrá alcanzar a otras empresas del grupo económico del solicitante, así como a los funcionarios y ex funcionarios del Colaborador, estando los beneficios aplicables condicionados al cumplimiento oportuno del Deber de colaboración por parte de cada uno de aquellos a quienes se extienda la Solicitud. El Colaborador deberá desplegar sus mayores esfuerzos*

	para asegurar el cumplimiento del Deber de colaboración de los ex funcionarios y las otras personas jurídicas del grupo económico (cursivas propias)".[220]
	Como bien lo menciona la guía, a quienes se le extiende la solicitud de beneficios se les obliga a colaborar con la autoridad de competencia so pena de perder los beneficios; sin embargo, su incumplimiento al deber de colaboración no implica la pérdida del beneficio de la compañía. Corresponde a la autoridad de competencia ponderar y analizar cada caso en concreto para determinar la pérdida del beneficio.
Chile	En Chile, de conformidad con la Guía Interna sobre Delación Compensada en Casos de Colusión se extienden los beneficios de la compañía a las personas naturales y jurídicas vinculadas en los siguientes términos: "En caso de que el Postulante sea una persona jurídica, serán beneficiarios, además del Postulante, las personas jurídicas pertenecientes a su mismo grupo empresarial, sus ejecutivos, trabajadores, asesores y/o mandatarios, actuales y pasados. Para que la FNE pueda dar cumplimiento a lo establecido en el inciso quinto del artículo 39 bis y a los incisos primero y cuarto del artículo 63, el Postulante debe individualizar a las personas jurídicas y naturales que desee incluir en su solicitud, según se detalla en el párrafo 51".[221]
	Por lo tanto, esto significa que para que la personas naturales y jurídicas vinculadas puedan obtener la extensión del beneficio en el contenido de la solicitud de la compañía debe identificar a "las personas jurídicas de su grupo empresarial, los ejecutivos, trabajadores, asesores y/o mandatarios, actuales y pasados"[222] a quienes se les extienden los beneficios por la colaboración de la compañía.
México	En México, la Ley Federal de Competencia Económica de 2014 extiende los beneficios por la colaboración de la compañía a las personas que hayan colaborado con la práctica restrictiva. Así el artículo 103 establece que: "Los individuos que hayan participado directamente en prácticas monopólicas absolutas, en representación o por cuenta y orden de los Agentes Económicos

---

[220] Instituto Nacional de Defensa de la Competencia y de la Protección de la Propiedad Intelectual. *Guía del Programa de Clemencia*, 15. https://www.indecopi.gob.pe/documents/1902049/3761587/Gu%C3%ADa+del+Programa+de+Clemencia.pdf/0a0d49ba-167d-f9f3-e878-b21c326b31ff

[221] Fiscalía Nacional Económica, *Guía interna sobre delación compensada en casos de colusion*, 10. https://www.fne.gob.cl/wp-content/uploads/2017/03/Guia_Delacion_Compensada.pdf

[222] Fiscalía Nacional Económica, *Guía interna sobre delación compensada en casos de colusion*, 19. https://www.fne.gob.cl/wp-content/uploads/2017/03/Guia_Delacion_Compensada.pdf

que reciban los beneficios de la reducción de sanciones, podrán verse beneficiados con la misma reducción en la sanción que a éstos correspondiere siempre y cuando aporten los elementos de convicción con los que cuenten, cooperen en forma plena y continua en la sustanciación de la investigación que se lleve a cabo y, en su caso, en el procedimiento seguido en forma de juicio, y realicen las acciones necesarias para terminar su participación en la práctica violatoria de la Ley".

Como bien se puede ver la ley condiciona estos beneficios a (i) el aporte de los elementos probatorios, (ii) el deber de cooperación y (iii) poner fin a su participación en la conducta anticompetitiva.

Así mismo, la Guía del Programa de Inmunidad y Reducción de Sanciones reitera esta posibilidad: "Cuando los beneficios que brinda el Programa sean solicitados por una persona moral, podrán extenderse a otras personas físicas o morales que sean parte del mismo grupo de interés económico, por ejemplo, empresas subsidiarias, empleados, ex empleados, agentes y representantes. Para ello, será necesario que el Solicitante exprese esa intención, identifique a tales personas y en su momento, esas personas cooperen plena y continuamente con la Cofece. Estas personas estarán sujetas a las mismas obligaciones que el Solicitante".[223]

En todo caso, hay ciertas excepciones a la concesión de los beneficios, específicamente, cuando el facilitador investigado se encuentra en cualquiera de estas circunstancias:

a. El facilitador niega la participación en el acuerdo.

b. El facilitador no colabora con la evidencia como la autoridad ha solicitado.

c. El facilitador altera, destruye o esconde, de cualquier manera, evidencia relevante para probar las prácticas anticompetitivas.

d. El Agente de Mercado del cual depende la delación del Facilitador pierde su posición como solicitante del programa o es expulsado del programa de clemencia en la investigación.

e. Cuando el delator no ha cesado su participación en la conducta anticompetitiva.

El agente de mercado, generalmente una sociedad mercantil u otro tipo de persona jurídica, debe facilitar que la autoridad pueda tomar el tes-

---

[223]   Comisión Federal de Competencia Económica, *Guía del Programa de Inmunidad y Reducción de Sanciones,* 14. https://www.cofece.mx/wp-content/uploads/2017/12/guia-0032015_programa_inm.pdf

timonio de sus empleados. Si la empresa está dispuesta a colaborar con la autoridad de competencia para la recolección de los testimonios, el hecho de que uno que otro empleado se rehúse a cooperar no debería perjudicar la aplicación de la empresa, siempre que tenga otras maneras de demostrar la conducta y cumplir con los requisitos para una solicitud de clemencia exitosa.

En términos generales, la obstrucción o negativa a colaborar por parte de los empleados solamente debe afectarlos a ellos mismos. Es decir, no estarán bajo la *sombrilla* de protección de la empresa, pero no afectarán la posición de esta en la aplicación para el programa de delación, a menos que la conducta de obstrucción sea de tal entidad que afecte el cumplimiento de los requisitos de una aplicación exitosa de delación de la empresa como un todo.

Como principio general, la empresa debe realizar esfuerzos razonables para asegurar que todos los empleados y demás facilitadores relevantes cooperen con la autoridad y se abstengan de realizar conductas de obstrucción.

En relación con estos aspectos, pueden ser de suma utilidad los programas de cumplimiento que complementan de manera importante los programas de delación, ya que establecen reglas internas de comportamiento y procedimientos que tenderán a asegurar que la empresa haga una delación exitosa en caso de necesitarla.

Estos programas están teniendo un desarrollo interesante en los países objeto de análisis. En Colombia, por ejemplo, la Superintendencia de Industria y Comercio impulso la creación de la Norma Técnica Colombiana NTC-6378 de 2020, por parte del Instituto Nacional de Normas Técnicas (Icontec), la cual contiene los estándares que la autoridad considera apropiados para el establecimiento de los programas de cumplimiento y a la cual ya habíamos hecho referencia al inicio de la obra[224].

Lo anterior se refuerza con la expedición del Decreto 092 de 2022, por medio del cual Gobierno modificó la estructura y las funciones de la Superintendencia de Industria y Comercio y creó, dentro de la Delegatura de Protección de la Competencia una nueva Dirección de Cumplimiento dentro de la cual funcionan dos grupos de trabajo: el Grupo de Gobierno

---

[224]   Esta norma se puede visitar en el siguiente enlace: https://tienda.icontec.org/gp-requisitos-para-el-establecimiento-de-buenas-practicas-de-proteccion-para-la-libre-competencia-ntc6378-2020.html

Corporativo y Promoción de Buenas Prácticas y el Grupo de Monitoreo, Vigilancia de Riesgos y Controles.

2.4.2 Delación del facilitador

Se entiende por facilitador a cualquier persona, natural o jurídica, que colabore, autorice, promueva, impulse, ejecute o tolere las prácticas anti-competitivas que realice un agente de mercado. Dicho lo anterior, lo que generalmente sucede es que los facilitadores son personas naturales que están vinculados al agente de mercado (que generalmente será una persona jurídica) a título de empleados, asesores o revisores fiscales.

Es importante advertir que hay una gran diferencia entre la solicitud presentada por un empleado u otro facilitador que actúa en nombre de la empresa y un empleado u otro facilitador que presenta su propia solicitud al programa de delación.

Por regla general, las normas de competencia establecen expresamente que los beneficios concedidos a los empleados u otros facilitadores que presentan su propia solicitud al programa de delación no se extenderán al agente de mercado. Entonces, si la empresa presenta su solicitud después de que el facilitador se haya presentado al programa de delación, puede obtener el segundo lugar en el mismo y la respectiva reducción de la multa de acuerdo con su posición en el programa.

2.5 Requisitos que debe cumplir el primer solicitante al programa de delación.

Debe tenerse en cuenta que aún si el primer solicitante firma el convenio de delación, la última palabra sobre la inmunidad y el otorgamiento de los beneficios le corresponderá a la autoridad de competencia en la resolución que ponga fin a la investigación. Por lo tanto, durante todo el proceso de delación, el solicitante tiene apenas una expectativa razonable sobre el otorgamiento de los beneficios.

A continuación, se explicarán los requisitos que debe cumplir el primer solicitante con el fin de mantener su posición.

2.5.1 Oportunidad de la aplicación–sistema de "marcadores"

En Colombia, las partes investigadas pueden aplicar al programa de delación durante el término para descorrer el traslado y pedir y aportar pruebas frente a la resolución de apertura formal de la investigación. En el caso del Perú, la solicitud debe presentarse antes del inicio de un procedimiento administrativo sancionador. En Chile, la solicitud se puede presentar hasta antes de la presentación de un requerimiento, lo que abre la posibilidad a que se presenten solicitudes con investigaciones en curso. En el caso de México, se puede presentar la solicitud en cualquier momento antes de que finalice la investigación.

En todo caso, como ya se reflejó en la Tabla 16, la elegibilidad para la inmunidad total o parcial se evaluará de acuerdo con el orden cronológico de las solicitudes. Para obtener inmunidad total, el solicitante debe ser el primero en solicitar la delación, ya que el procedimiento busca que exista una presión o apremio sobre los integrantes del cártel y que se genere un efecto *carrera* o *estampida* entre los miembros del mismo. A esta solicitud se le conoce como *marcador*.

La solicitud de admisión al programa, con la cual se obtiene el *marcador*, debe presentarse ante el funcionario competente en la forma prevista en la norma respectiva. Generalmente las normas permiten que la solicitud se presente por cualquier medio idóneo, es decir, por escrito radicado, por correo electrónico o de forma presencial. En este último escenario, se tomará como momento de entrada al programa la radicación del acta sobre la ocurrencia de la reunión presencial.

Si la solicitud cumple con los requisitos, el funcionario competente producirá la certificación del *marcador*, la cual debe contener los detalles sobre la fecha y la hora de su presentación y le informará al solicitante sobre la posición que ocupa dentro del orden de prelación en el programa de delación.

El solicitante deberá proveer a la autoridad de competencia con un mínimo de información con el fin de obtener un *marcador*. Es importante observar que la autoridad evaluará la utilidad de la información contenida en los documentos de la aplicación. Por lo tanto, aplicar antes de que haya una apertura de investigación formal le puede dar al solicitante una mejor oportunidad de obtener una inmunidad total, ya que el estándar de utilidad de la información será más bajo. En la medida en que la investigación avance y la evidencia sea recaudada, la probabilidad de que la información proporcionada por el solicitante sea considerada valiosa por la autoridad disminuye. Es por esto que en el programa de beneficios por colaboración la oportunidad es un factor fundamental. De hecho, como lo vimos en la Tabla 16, varios países establecen diferencias importantes en cuanto al otorgamiento de beneficios, dependiendo de si la solicitud se presenta antes o después de la apertura de la investigación formal.

En el caso de Colombia, la normativa dispone que, dentro de los cinco (5) días siguientes a la presentación formal de la solicitud, el funcionario competente se pronunciará respecto de la confirmación o no del *marcador* y la inclusión del solicitante al programa de delación[225]. La regulación no especifica el tiempo que la autoridad debe conceder al solicitante para realizar la colaboración que le permita ser elegible para firmar el convenio de delación. Este término es acordado en cada caso por el solicitante y la autoridad, la cual debe otorgar un tiempo razonable para que el solicitante pueda producir la información requerida. Lo más probable es que la autoridad considere que treinta (30) días es en principio un tiempo razonable para aportar elementos de colaboración efectiva que permita decidir sobre la firma del convenio de delación.

En general es posible extender el plazo para llevar a cabo la colaboración inicial con miras a la firma del convenio de delación. De acuerdo con esto, la autoridad tiene una facultad discrecional para decidir si concede una extensión de plazo al solicitante. La experiencia ha demostrado que es muy probable que la autoridad esté inclinada a extender el tiempo, si el solicitante muestra progreso en su investigación interna. Esto tiene mucho sentido, pues usualmente las compañías que deciden aplicar al programa, solo han descubierto la punta del iceberg en materia probatoria. Seguramente, al adelantar la investigación interna se encontrará más evidencia de la conducta anticompetitiva contenida en el mercado reportado, así como en otros mercados que no estaban incluidos en la aplicación inicial.

En todo caso, un solicitante no perderá su marcador si un segundo solicitante decide delatar con mejor información. El solicitante que se encuentra en la primera posición con la posibilidad de obtener la inmunidad total solo perderá su marcador si la información proporcionada no cumple con los requisitos establecidos en la ley. Si una compañía o una persona aplica primero y cumple con la regla mencionada, puede obtener inmunidad total, aún si el segundo solicitante trae mejor información. La razón de esto es que la ley busca recompensar a la primera compañía que decide delatar, por dar el primer paso hacia la legalidad.

---

[225]   Artículo 2.2.2.29.2.4 del Decreto 253 de 2022.

2.5.2 El solicitante del programa de delación no puede ser el promotor o el instigador del cártel

En muchas jurisdicciones, como es el caso de la Norteamericana, existe esta regla, según la cual el instigador o promotor de la conducta no puede acceder a los beneficios del programa.*226* En el caso colombiano, la definición del instigador o promotor de la conducta fue inicialmente incluida en el artículo 2 del Decreto 2896 del 2010, que fue el primer decreto reglamentario del artículo legal sobre el programa de delación. De conformidad con dicha norma, "para los efectos del presente decreto instigador o promotor es la persona que coacciona o activamente induce otra u otras personas con el objeto de que participen en un acuerdo restrictivo de la libre competencia".

Actualmente *el numeral 1 del artículo* 2.2.2.29.1.2 del Decreto 253 de 2022 contiene la definición más reciente en Colombia de instigador o promotor de la conducta anticompetitiva que es

> "[...] la persona que mediante coacción o grave amenaza induzca a otra u otras a iniciar o hacer parte de una conducta anticompetitiva en la que participen dos (2) o más agentes del mercado de forma coordinada, siempre que dicha coacción o grave amenaza permanezca durante la ejecución de la conducta y resulte determinante en la conducta de los agentes involucrados".

Como se puede observar, el decreto reglamentario definía al instigador o promotor de la conducta de manera estricta y exigía que cumpliera con ciertas características cuya prueba es compleja, so pretexto de que no pueda aplicarse la sanción, en el sentido de excluir a alguien de la obtención de los beneficios por colaboración.

Esto tiene sentido, puesto que la disposición de rango legal en realidad resulta muy inconveniente para el buen funcionamiento del programa de delación. En efecto, la dinámica de los cárteles es bastante informal y no es posible afirmar que porque alguien lleva la agenda o hace las reservaciones de hoteles, restaurantes u otros lugares de encuentro, se convierte en el instigador o promotor de la conducta. Tampoco se puede hacer esa acusación a una empresa por el mero hecho de que es el líder del mercado o la empresa más grande. De hecho, es posible que en un

---

226   Para un análisis comparado de la prohibición prevista en las diferentes legislaciones de que el instigador o promotor de la conducta pueda acceder a los beneficios del programa de delación mirar la tabla No. 28 de este documento.

cártel que dure varios años las situaciones y los roles de las empresas cambien y el comportamiento de quienes jalonan la actividad ilegal del cártel también varíe.

Como se puede observar, una interpretación o aplicación extensiva de esta norma disuadiría a la mayoría de las empresas de delatar, porque podría suceder que una vez se realice la delación, con todo lo que ella implica, se le acuse de ser el instigador o promotor de la conducta y se le quiten sus beneficios.

Es por esta razón que en Colombia posteriormente se modificó esta definición para hacer aún más difícil de probar que existe un instigador o promotor de la conducta. Para el efecto, el Decreto 253 de 2022 define al instigador o promotor de la conducta así: "Es la persona que mediante coacción o grave amenaza induzca a otra u otras a iniciar o hacer parte de una conducta anticompetitiva en la que participen dos (2) o más agentes del mercado de forma coordinada, siempre que dicha coacción o grave amenaza permanezca durante la ejecución de la conducta y resulte determinante en la conducta de los agentes involucrados".

Adicionalmente, se estableció la carga de la prueba para quien acuse a otro de ser el instigador o promotor de la conducta. Al respecto el artículo 2.2.2.29.2.1 del Decreto 253 de 2022 en Colombia establece que "el que afirme que otro es instigador o promotor de la conducta anticompetitiva, deberá probarlo. Así mismo se exige que "para acceder a los beneficios, el Solicitante, declarará que, para efectos de la conducta que delata, no ha sido instigador o promotor".

Este enfoque presenta un potencial riesgo y peligro para el programa de delación, toda vez que los delatores pueden temer que después de haber confesado a la autoridad podrían perder su tratamiento preferencial por el hecho de ser considerados instigadores del cártel.

Esta norma ha sido muy criticada porque es muy frecuente que las empresas cambien sus directivos. En este sentido, un directivo que haya ingresado a la empresa en fecha posterior al hallazgo del cártel no podría delatar el cártel en el cual incurrió un directivo anterior, en la modalidad de instigador o promotor.

2.5.3 El solicitante del programa de delación debe reconocer su participación en el cártel y debe confesar la violación de la ley

Cuando el solicitante realiza su primer acercamiento a la autoridad de competencia para asegurar su marcador, tiene que admitir la violación de la ley, es decir, reconocer su participación en el cártel.

2.5.4 El solicitante al programa de delación debe proporcionarle a la autoridad de competencia información respecto de la existencia, modus operandi, el mercado relevante afectado y los miembros del cártel.

La ley no establece con claridad un límite en relación a la cantidad de información requerida para asegurar la aceptación al programa de delación. En todo caso, la presentación de la aplicación para el programa debe contener argumentos fácticos y legales sólidos que representen una contribución significativa para la investigación.

La autoridad que maneja la investigación evaluará los documentos y demás pruebas presentados por el solicitante. Entre más avanzada esté la investigación, será más difícil que se considere que la información aportada es suficiente para obtener los beneficios de la colaboración, aún de manera preliminar; los cuales están sujetos a una autorización definitiva posterior.

Una vez recibida la aplicación, se evalúa la misma y se informa al solicitante si su solicitud cumple con los requisitos legales establecidos en la ley.

Si la autoridad concluye que la aplicación no cumple con los requisitos, esta será considerada como no presentada y el solicitante podrá retirar la información que había aportado si así lo desea o podrá dejarla en el expediente, lo cual será interpretado en su favor al momento de la sentencia. Por el contrario, si la autoridad considera que la aplicación cumple con los requisitos se procederá a realizar un acta que contendrá el *marcador* por medio de la cual le informará al solicitante su incorporación al programa de delación y su posición dentro del mismo.

2.6 Requisitos que los demás solicitantes al programa de delación deben cumplir

Las obligaciones de cooperación relativas a la reducción de las multas son similares a aquellas requeridas para la inmunidad total. Cuando un solicitante que busca obtener la inmunidad total no cumple las condiciones que se nombraron anteriormente o cuando un solicitante directamente busca una reducción de la multa, la multa será reducida siempre que el solicitante:

a. Reconozca que ha participado o continúa participando en el acuerdo o acuerdos anticompetitivos.

b. Proporcione información útil y evidencia en relación con el acuerdo o acuerdos anticompetitivos que añade un valor significante a la evidencia existente. Ayude a sus empleados a testificar ante la autoridad.

c. Responda a los requerimientos de la autoridad para clarificar los hechos.

d. Se abstenga de destruir, alterar u ocultar información relevante o evidencia en relación con el acuerdo anticompetitivo.

e. Deje de ser parte del acuerdo.

f. Coopere con la autoridad durante la investigación.

g. Asegure que no es el promotor o el instigador de los acuerdos anticompetitivos.

h. Ponga fin a la participación de las conductas anticompetitivas.

3. CONVENIO DE DELACIÓN

El convenio de delación se firma cuando la autoridad de competencia ha evaluado la información y la evidencia entregada por el solicitante y además se verifica el cumplimiento de los requisitos para obtener los beneficios.

3.1 Obligaciones para el solicitante en el convenio de delación

Una vez el primer solicitante ha entregado la información y la evidencia, la autoridad de competencia la evaluará y si cumple con los requisitos establecidos anteriormente, el funcionario firmará un Convenio de Delación con el solicitante. En este documento se requiere que el solicitante cumpla con los siguientes requisitos:

a. Aceptar su participación en la conducta anticompetitiva.

b. Proporcionar información o evidencia, completa y útil, en cuanto a: los objetivos del cártel; las circunstancias de lugar, tiempo y forma de la conducta; las partes del cártel y sus grados de participación (por ejemplo, principales, cómplices o accesorios antes o después del hecho); y los mercados afectados (por ejemplo, productos relevantes y mercados geográficos); el período en el cual el cártel estuvo vigente, etc.

c. Cooperar con la autoridad durante la investigación administrativa. Esto abarca: proporcionar información útil, respuesta oportuna a las solicitudes de la SIC, etc.

d. Abstenerse de destruir, alterar, u ocultar información relevante o evidencia en relación con el acuerdo anticompetitivo.

e. Cesar su participación en el cártel o en la conspiración: La ley no define lo que se constituye como "terminación de la conducta". Tampoco establece que el solicitante debe causar la terminación del cártel. En todo caso, el solicitante debe garantizar que su propia participación ha terminado. Para ser elegible y recibir beneficios por colaboración, el solicitante debe terminar su participación en la conducta ilegal. Esto quiere decir que la compañía debe tomar acciones correctivas antes o inmediatamente después que se realice la aplicación, para poder firmar el Convenio de Delación con la SIC y obtener los beneficios.

3.2 Contenido del Convenio de Delación

Aunque el contenido del convenio de delación depende más de la práctica de cada autoridad que del contenido de las normas, por regla general incluye aspectos tales como los siguientes:

a. El reconocimiento de que el solicitante fue el primero en el tiempo o el reconocimiento de la posición que el solicitante tiene en el programa de delación en esa investigación.

b. En los casos en los que no se ha abierto una investigación formal se vuelve importante acotar los mercados respecto de los cuales se otorga el beneficio de la delación.

c. Una descripción de la evidencia e información proporcionada por el solicitante.

d. El reconocimiento de que el solicitante cumple con los requisitos para obtener una aplicación exitosa como se describió anteriormente.

e. Una explicación en relación con la naturaleza condicional de la inmunidad, en la que se especifique que la misma depende de la confirmación de la autoridad de competencia, la cual constará en la decisión que pone fin a la investigación.

f. La determinación de las obligaciones a cargo del solicitante y eventualmente de aquellas que asume la autoridad, las cuales pueden estar relacionadas con la protección del delator, de sus empleados, de sus testigos, etc. Al respecto se debe reconocer que las legislaciones de los países han venido incorporando este tipo de protecciones, por lo que hoy en día no sería necesario pactarlas en el convenio.

g. Definición de autorizaciones que el delator le puede otorgar a la autoridad para que entre en contacto con otras autoridades de competencia en jurisdicciones diferentes y establezca cooperación respecto del caso o entregue información que no sea por ley confidencial.

Normalmente, solo el solicitante y la autoridad tienen acceso al convenio de delación, el cual permanece en el archivo de la delación que es diferente al archivo de la investigación.

4. CONFIRMACIÓN DE LOS BENEFICIOS POR COLABORACIÓN OTORGADOS DE MANERA CONDICIONAL

La confirmación de la inmunidad condicional inicialmente otorgada en el convenio de delación depende del cumplimiento completo de los requerimientos del programa de delación durante la investigación. Esta evaluación se hará en la decisión final en la que se decida el caso.

Antes de esta confirmación, no hay certeza de los beneficios. Solo existe una expectativa razonable basada en el Convenio de Delación, pero no un derecho garantizado. Es por esto que sería errado decir que existe la posibilidad de revocar los beneficios, ya que en realidad no hay beneficios hasta que la autoridad emita una decisión final.[227]

---

[227] Esta especie de interinidad y falta de garantía de los beneficios del programa de delación, está presente en la mayoría de las legislaciones y constituye sin duda un desincentivo para delatar, puesto que no existe firmeza o certeza respecto del otorgamiento de los beneficios. Está claro que la finalidad de esta norma es la de mantener atado al delator a su compromiso inicial, de tal manera que colabore a lo largo de toda la investigación, si es que quiere ver consolidados los beneficios pactados; pero de otra parte esta incertidumbre es perjudicial para el programa.

Es posible que la autoridad decida no confirmar los beneficios de delación por alguna de las siguientes razones:

a. El solicitante ha fallado en cumplir con las obligaciones aceptadas en el convenio de delación.

b. La autoridad no está de acuerdo con la evaluación en relación a la utilidad de la información y la evidencia en el momento de la firma del convenio de delación.

c. Se ha demostrado que el solicitante era el instigador o promotor del cártel.

d. El solicitante no ha cumplido con la obligación de cesar su participación en la conducta anticompetitiva.

e. El solicitante no colabora con la autoridad de competencia o no responde a sus nuevos requerimientos para entregar información.

f. El solicitante obstruye la investigación al esconder, destruir o manipular la evidencia.

La decisión de no conceder los beneficios por el rol del solicitante como instigador del cártel debe ser tomada por la autoridad, teniendo en cuenta el debido proceso y los derechos de defensa del solicitante.

La resolución final por medio de la cual la autoridad decide el caso generalmente tiene recursos en la vía gubernativa, cuando la decisión es de carácter administrativo.

Si la decisión no es favorable, las partes interesadas pueden demandar ante la jurisdicción administrativa, con el fin de buscar la anulación de la decisión y la indemnización de los perjuicios causados.

5. LOS PROGRAMAS DE RECOMPENSAS Y DE PROTECCIÓN DE INFORMANTES COMO COMPLEMENTO DEL PROGRAMA DE DELACIÓN

Una vez analizados los beneficios que ofrece el programa de delación para quienes deciden autodenunciarse con el fin de obtener la inmunidad

---

Es por esta razón, que al final de la obra estamos proponiendo un sistema en el cual los beneficios se otorguen en firme al cerrar el convenio de delación; pero que puedan perderse en caso de incumplimiento de las obligaciones del delator.

total o parcial de las multas aplicables, es necesario referirse a los programas de recompensas y de protección de informantes, los cuales han sido establecidos en varias legislaciones del mundo como un complemento del programa de delación[228] que contribuye en la lucha contra los cárteles empresariales.

5.1 El Programa de Recompensas del Perú

En Latinoamérica el Programa de Recompensas ha sido establecido recientemente en el Perú, con base en las tendencias internacionales. Debe destacarse que este programa no ha sido establecido en los demás países de Latinoamérica, razón por la cual resulta de especial interés su análisis y con mayor razón cuando el Perú es una de las cuatro jurisdicciones a las cuales hacemos referencia de manera principal en la obra.

El Programa de Recompensas Peruano fue diseñado para complementar el programa de delación de ese país y mejorar su efectividad. Por esta razón, se incluye en el libro la siguiente exposición que explica los motivos de surgimiento de la norma que lo estableció, se prevé que su finalidad y objetivo principal es

> "[…] maximizar la eficacia del Programa de Clemencia y la efectividad de las actuaciones de investigación de cárteles a cargo de la Secretaria Técnica […] incrementar el número de individuos dispuestos a colaborar con la Secretaria Técnica y la Comisión en la delación y sanción de cárteles".[229]

El Programa de Recompensas fue introducido en la legislación P¿peruana por medio del artículo 2 del Decreto Legislativo 1396 de 2018, que modificó el Decreto Legislativo 1034 de 2008, que contiene la Ley de Represión de Conductas Anticompetitivas y le incluyó a dicha ley un nuevo artículo 26-B, que contiene el Programa de Recompensas. Este Programa le otorga a la Secretaria Técnica facultades para ofrecer y otorgar "compen-

---

[228] Otras jurisdicciones prevén un programa de recompensas para delatores de cárteles como lo es el caso del Reino Unido, Hungría, Eslovaquia. En Europa, el Consejo y el Parlamento Europeos expidieron la Directiva (UE) 2019/1937 del 23 de octubre de 2019, "relativa a la protección de las personas que informen sobre infracciones del Derecho de la Unión".

[229] Instituto Nacional de Defensa de la Competencia y de la Protección de la Propiedad Intelectual (Indecopi), *Lineamientos del Programa de Recompensas*, 2019. https://www.indecopi.gob.pe/documents/51771/4402954/ESP+Lineamientos+del+Programa+de+Recompensas/

saciones económicas a individuos que puedan tener información sobre la conducta anticompetitiva aun cuando no hayan participado directamente de su planeamiento o realización"[230], así lo prevé la ley:

> Decreto Legislativo 1034. Ley de Represión de Conductas Anticompetitivas.
> Artículo 26-B.- Programa de recompensas (Incorporado por el artículo 2 del Decreto Legislativo 1396).
> 26-B.1. La Secretaría Técnica podrá otorgar recompensas económicas a favor de aquellas personas naturales que le brinden información determinante para detectar, investigar y sancionar infracciones sujetas a la prohibición absoluta.

En desarrollo de esta norma legal, el Indecopi expidió en diciembre de 2019 los lineamientos del Programa de Recompensas, cuyos aspectos más representativos se exponen a continuación.

5.1.1 Ámbito de aplicación objetivo del Programa de Recompensas

El ámbito de aplicación objetivo del Programa de Recompensas está referido, como en el caso del Programa de Delación, a las "prácticas colusorias horizontales sujetas a una prohibición absoluta conforme al artículo 11.2 de la Ley de Represión de Conductas Anticompetitivas"[231], es decir, los cárteles. De esta manera, se excluyen del ámbito de aplicación del Programa otras conductas anticompetitivas, como lo señala la exposición de motivos del documento de Lineamientos del Programa de Recompensas expedido por el Indecopi:

> "[...] podrán acceder al Programa de Recompensas las personas naturales que brinden información determinante para detectar, investigar y sancionar las prácticas colusorias horizontales sujetas a una prohibición absoluta, enumeradas en el artículo 11.2 de la Ley de Represión de Conductas Anticompetitivas, a saber:
> • Fijación de precios u otras condiciones comerciales o de servicio.
> • Limitar la producción o las ventas, en particular por medio de cuotas.
> • El reparto de clientes, proveedores o zonas geográficas.
> • Establecer posturas o abstenciones en licitaciones, concursos u otra forma de contratación o adquisición pública prevista en la legislación pertinente, así como en subastas públicas y remates.

---

[230] Instituto Nacional de Defensa de la Competencia y de la Protección de la Propiedad Intelectual (Indecopi), *Lineamientos del Programa de Recompensas*, 2019. https://www.indecopi.gob.pe/documents/51771/4402954/ESP+Lineamientos+del+Programa+de+Recompensas/

[231] El ámbito de aplicación objetivo hace referencia a las conductas que pueden ser objeto del Programa de Recompensa, y su respectivo acuerdo.

[...]
El Programa de Recompensas no aplica para quienes proporcionen información o denuncien otro tipo de conductas anticompetitivas como los abusos de posición de dominio, las prácticas colusorias verticales o las prácticas colusorias horizontales no sujetas a la prohibición absoluta".[232]

5.1.2 Ámbito de aplicación subjetivo del Programa de Recompensas

Como lo señala el artículo 26-B del TUO del Decreto Legislativo 1034 de 2008, solamente las personas naturales pueden aplicar al Programa de Recompensas, lo cual quiere decir que el programa no puede ser aprovechado por las personas jurídicas.

Adicionalmente, el numeral 3.1 de los Lineamientos del Programa de Recompensas contiene la lista de los demás sujetos que están excluidos de su ámbito de aplicación[233], entre los cuales se destacan de manera especial

---

[232]   Instituto Nacional de Defensa de la Competencia y de la Protección de la Propiedad Intelectual (Indecopi), *Lineamientos del Programa de Recompensas*, 2019. https://www.indecopi.gob.pe/documents/51771/4402954/ESP+Lineamientos+del+Programa+de+Recompensas/

[233]   Así se encuentran excluidos del Programa de Recompensas: "a) Las personas jurídicas. b) Las personas naturales, en relación con las conductas anticompetitivas en que hayan participado en su calidad de agentes económicos. c) Las personas naturales, en relación con las conductas anticompetitivas en que hayan intervenido como planificadores o realizadores, en ejercicio de la representación, gestión o dirección de otra persona natural o jurídica. No están excluidos quienes únicamente conozcan de la comisión de la conducta anticompetitiva ni quienes tuvieran un rol periférico, participando exclusivamente en la ejecución, sin capacidad de control o decisión sobre la conducta. d) Las personas naturales, en relación con las conductas anticompetitivas en que incurran participando como intermediarios o facilitadores. e) Los abogados, oficiales de cumplimiento o miembros del Comité de Cumplimiento de las personas naturales o jurídicas, en relación con la información de carácter privilegiado obtenida en el ejercicio de estas funciones. f) Las personas naturales que hayan sido previamente descalificadas, conforme a lo previsto en la sección 11 de los presentes Lineamientos. g) Los funcionarios del Indecopi, sus cónyuges y familiares hasta el cuarto grado de consanguinidad y segundo de afinidad. h) Los funcionarios o servidores públicos, en relación con la información obtenida en el ejercicio de sus funciones". Instituto Nacional de Defensa de la Competencia y de la Protección de la Propiedad Intelectual (Indecopi), *Lineamientos del Programa de Recompensas*, 2019. https://www.indecopi.gob.pe/documents/51771/4402954/ESP+Lineamientos+del+Programa+de+Recompensas/

e importante aquellas personas naturales que hayan participado en el cártel en calidad de agentes económicos, así como los que hayan participado en la planificación y realización del cártel, ya que estas personas tienen a su disposición el Programa de Delación y el legislador peruano no consideró que estas personas deberían tener a disposición un doble beneficio.

También están excluidas de la posibilidad de obtener recompensas otras personas naturales, cuyos roles hacen que sea lógico que no puedan recibir recompensas por denunciar, como es el caso de los intermediarios y facilitadores, de los abogados y oficiales de cumplimiento (en relación con la información confidencial que conozcan en el ejercicio de sus funciones), los funcionarios del Indecopi y otros funcionarios públicos, en relación con la información que hayan conocido en el ejercicio de sus funciones.

Así mismo, señala el Indecopi, en sus lineamientos, que esta restricción no les aplica a los trabajadores u otros colaboradores externos que solo hayan participado de manera periférica en la ejecución del cártel, pero sin capacidad de decisión, los cuales si pueden obtener recompensa por la información que le puedan brindar a la autoridad.[234] El documento de lineamientos dispone al respecto lo siguiente:

> "La Ley de Represión de Conductas Anticompetitivas ha previsto que únicamente las personas naturales podrían percibir beneficios bajo el Programa de Recompensas.
> [...]
> Se excluyen del ámbito de aplicación del Programa de Recompensas, en principio, a aquellas personas que hayan incurrido o sean responsables de la comisión de prácticas colusorias horizontales sujetas a prohibición absoluta (cárteles).
> Estas tienen a su disposición al Programa de Clemencia para mitigar la magnitud de las multas que les resultarían aplicables y, por este motivo, no podrían ser beneficiarias de una recompensa. Este no sería el caso de los trabajadores de una empresa u otros colaboradores externos que, estando al margen de la conducta anticompetitiva, pueden tener conocimiento sobre su existencia y desarrollo. Estas personas sí podrían recibir recompensas a cambio de proporcionar información determinante para detectar, investigar y sancionar dichas conductas anticompetitivas".[235]

---

[234]   Instituto Nacional de Defensa de la Competencia y de la Protección de la Propiedad Intelectual (Indecopi), *Lineamientos del Programa de Recompensas*, 2019. https://www.indecopi.gob.pe/documents/51771/4402954/ESP+Lineamientos+del+Programa+de+Recompensas/

[235]   Instituto Nacional de Defensa de la Competencia y de la Protección de la Propiedad Intelectual (Indecopi), *Lineamientos del Programa de Recompensas*, 2019.

5.1.3 Aplicación al Programa de Recompensas y trámite del mismo

Estos aspectos se encuentran regulados en los numerales 4 a 6 de los Lineamientos expedidos por el Indecopi. La presentación de la aplicación y su trámite tienen las siguientes características:

a. La secretaria Técnica puede recomendar al solicitante del Programa de Recompensa acogerse al Programa de Clemencia (numeral 3.2).

b. El solicitante puede acudir de manera anónima a la Secretaria Técnica para que rinda una consulta previa con el fin de evaluar: (i) el ámbito de aplicación del programa para su caso y (ii) la información que pretende aportar (numeral 5.1 al 5.2).

c. La solicitud se puede tramitar de manera presencial, escrita, escrita vía correo electrónico o mediante el formulario electrónico, teniendo una regulación específica cara procedimiento para su debida tramitación.

d. Existe para el solicitante libertad de la información a aportar. Sin embargo, debe aportar como mínimo respecto de la conducta: (i) el tipo; (ii) el objeto; (iii) ámbito geográfico y temporal y (iv) identidad de las personas participantes o facilitadores involucradas en su planeación ejecución, realización, facilitación u ocultamiento.

e. La Secretaría tiene absoluta discrecionalidad para otorgar o rechazar el beneficio de recompensa y determinar el monto y la forma de pago.

5.1.4 Deber de colaboración del solicitante del Programa de Recompensas

La persona que solicite acceso al Programa de Recompensas debe cumplir con los siguientes deberes de colaboración, so pena de que se revoque el pago de la recompensa y su monto efectivamente pagado:

"a) Brindar, de forma veraz, completa y exacta, toda información relevante bajo su conocimiento o disposición que pueda contribuir con la detección, investigación y sanción de las conductas anticompetitivas objeto de su solicitud, incluso aquella que obtenga en el transcurso de la investigación o el procedimiento administrativo sancionador sobre las conductas materia del compromiso de recompensas.

---

https://www.indecopi.gob.pe/documents/51771/4402954/ESP+Lineamientos+del+Programa+de+Recompensas/

b) Proporcionar de forma veraz, completa y exacta toda la información adicional requerida por la Secretaría Técnica que se encuentre a su disposición o sea de su conocimiento.

c) Asistir a las entrevistas y reuniones convocadas por la Secretaría Técnica.

d) Colaborar con la Secretaría Técnica en las labores de corroboración de la información proporcionada.

e) No obstaculizar o entorpecer las visitas de inspección y otras diligencias de investigación realizadas por la Secretaría Técnica.

f) Brindar su testimonio de forma veraz, completa y exacta ante la propia Secretaría Técnica, la Comisión de Defensa de la Libre Competencia, u otra instancia administrativa o judicial, en caso le sea requerido.

g) No mentir, ocultar, falsear o destruir información relacionada con las conductas anticompetitivas materia de su solicitud de recompensas.

h) Mantener en todo momento un comportamiento coherente absteniéndose de negar o discutir los hechos reportados en su solicitud de recompensa, en particular durante el procedimiento administrativo sancionador sobre las conductas materia del compromiso de recompensas.

i) De ser el caso, cesar toda participación en la conducta anticompetitiva reportada, salvo indicación contraria de la Secretaría Técnica.

j) Mantener en reserva su identidad como colaborador bajo el Programa de Recompensas y la información remitida, salvo autorización expresa y por escrito de la Secretaría Técnica, conforme a la sección 12 de los presentes Lineamientos.

k) Otras obligaciones específicas de colaboración indicadas por la Secretaría Técnica en el compromiso de otorgamiento de recompensas, en función a las posibilidades del solicitante y la necesidad de mantener la reserva de su identidad".[236]

5.1.5 Monto de la recompensa

El pago de la recompensa está condicionado a la veracidad de la información aportada y al cumplimiento de los deberes de colaboración enunciados en la sección anterior.

La recompensa tiene dos componentes a los cuales se les han establecido montos máximos:

---

[236] Instituto Nacional de Defensa de la Competencia y de la Protección de la Propiedad Intelectual (Indecopi), *Lineamientos del Programa de Recompensas*, 2019. https://www.indecopi.gob.pe/documents/51771/4402954/ESP+Lineamientos+del+Programa+de+Recompensas/

a. Componente base máximo: este componente es de doscientos mil soles (soles 200.000), que equivalen[237] aproximadamente a USD 48.326.

b. Componente base variable: En este caso el tope del componente es el 5 % del valor efectivamente pagado por los infractores, hasta un monto de doscientos mil soles (soles 200.000), que equivalen aproximadamente a USD 48.326.

5.1.6 Reglas de confidencialidad del Programa de Recompensas

El Programa de Recompensas prevé las siguientes reglas de confidencialidad:

a. Respecto de la presentación y trámite de la solicitud de acceso al programa de recompensas: " 6.7. La solicitud de acceso al programa de recompensas, las actas levantadas, los testimonios, registros y toda la información aportada en la tramitación de la solicitud de recompensas son mantenidos en reserva por la Secretaría Técnica, bajo responsabilidad. La Secretaría Técnica puede incorporar determinada información relevante al expediente en que se tramita el procedimiento administrativo sancionador sobre las conductas anticompetitivas reveladas por el solicitante, procurando proteger su identidad, salvo que este renuncie a dicha reserva, conforme a lo previsto en la sección 12 de los presentes Lineamientos".[238]

b. Respecto de la identidad del solicitante: "12.2 La información sobre la identidad del solicitante es confidencial y se almacena física o digitalmente en un espacio seguro de acceso restringido, controlado y exclusivo a los funcionarios previamente designados por la Secretaría Técnica. El solicitante de recompensas será identificado con una clave o seudónimo desde el momento en que formaliza su solicitud, para lo cual se levanta el Acta de otorgamiento de código o seudónimo según el Anexo 1 de los presentes Lineamientos".[239]

---

[237] Se ha utilizado el tipo de cambio del sol al dólar, de octubre de 2021.

[238] Instituto Nacional de Defensa de la Competencia y de la Protección de la Propiedad Intelectual (Indecopi), *Lineamientos del Programa de Recompensas*, 2019. https://www.indecopi.gob.pe/documents/51771/4402954/ESP+Lineamientos+del+Programa+de+Recompensas/

[239] Instituto Nacional de Defensa de la Competencia y de la Protección de la Propiedad Intelectual (Indecopi), *Lineamientos del Programa de Recompensas*, 2019.

c. Respecto del expediente del Programa de Recompensas y de la información aportada por el solicitante: "12.3. La solicitud de recompensas se tramita en un expediente confidencial independiente, que incluirá la información aportada por el solicitante y las acciones realizadas en el marco de dicha solicitud. La Secretaría Técnica limita el acceso al expediente en que se tramita la solicitud de recompensas al número mínimo de funcionarios que resulte necesario".[240]

Con el fin de garantizar el cumplimiento de los deberes de colaboración ya enunciados, en especial la veracidad de la información, los Lineamientos del Programa de Recompensas prevén la potestad discrecional de la Secretaria Técnica de desclasificación del solicitante. La Secretaria Técnica también puede acudir a la desclasificación del solicitante cuando se trate de una persona que haya presentado tres solicitudes que hayan sido rechazadas por aportar información irrelevante o impertinente para la investigación.

5.1.7 Derechos del solicitante al Programa de Recompensas

Los principales derechos del solicitante de acceso al programa de recompensas son:

a. El derecho a obtener la recompensa cuando se considere que la información fue determinante para detectar, investigar y sancionar practicas colusorios horizontales, cárteles.

b. El derecho a realizar la consulta preliminar de acceso al programa de recompensas.

c. El derecho a presentar la solicitud de acceso al programa de recompensas.

d. El derecho a presentar la información al momento de presentar la solicitud y complementarla con posterioridad.

---

https://www.indecopi.gob.pe/documents/51771/4402954/ESP+Lineamientos+del+Programa+de+Recompensas/

[240] Instituto Nacional de Defensa de la Competencia y de la Protección de la Propiedad Intelectual (Indecopi), *Lineamientos del Programa de Recompensas*, 2019. https://www.indecopi.gob.pe/documents/51771/4402954/ESP+Lineamientos+del+Programa+de+Recompensas/

e. El derecho a la confidencialidad del expediente, su identidad, y la información aportada.

f. El derecho a recurrir a asesoría legal.

g. El derecho a solicitar la devolución de la información proporcionada en caso de que su solicitud sea rechazada.

h. El derecho a conocer el estado de su solicitud y el procedimiento administrativo sancionador sobre las conductas delatadas.

5.2 El Programa Europeo de Protección de Informantes. Directiva (UE) 2019/1937

El objetivo de la Directiva (UE) 2019/1937 es fortalecer la aplicación de la normativa y las políticas de la Unión Europea, para lo cual se establecen unas reglas para la protección de las personas que informen a las autoridades sobre las infracciones del derecho europeo, lo cual incluye la información respecto de la violación de las normas de competencia de la Unión Europea.

La Directiva protege a quienes informen a las autoridades sobre la realización de actos o conductas que afecten aspectos tales como la contratación pública; los servicios, productos y mercados financieros y las normas sobre blanqueo de capitales y financiación del terrorismo, así como las que afectan los intereses financieros de la unión; la seguridad de los productos y del transporte; la protección del medio ambiente; la protección frente a las radiaciones y la energía nuclear; la seguridad de los alimentos y el bienestar de los animales; la salud pública; la protección de los consumidores, de los datos personales y de las redes y sistemas de información y las infracciones relativas al mercado interior, incluyendo las normas en materia de competencia y ayudas estatales, así como las normas tributarias (artículo 2 de la Directiva).

De conformidad con lo dispuesto en el artículo 4, la Directiva protege a los denunciantes vinculados al sector público o pertenecientes al sector privado y que hayan obtenido en desarrollo de su empleo o por motivo de una relación laboral o no laboral que tengan, con empresas del sector público o privado, información sobre infracciones a la normativa europea en los aspectos antes mencionados, los cuales incluyen, como ya se advirtió, la infracción a las normas de competencia.

La protección que brinda la normativa se extiende a los facilitadores (que son quienes ayudan confidencialmente al denunciante a presentar la acusación), a los terceros vinculados al denunciante, tales como los compañeros de trabajo y familiares que puedan sufrir represalias por la denuncia; y también a las entidades jurídicas de propiedad del denunciante, aquellas para las cuales trabaje o con las que tenga relación en un contexto laboral.

La Directiva establece las reglas y el procedimiento que deben establecer los países miembros para que los denunciantes puedan llevar a cabo con seguridad las denuncias relativas a la infracción de la normativa europea, ya sea por canales internos o externos o mediante revelación pública. Estas reglas incluyen lo relativo al procedimiento, la revisión del procedimiento, el diseño de los canales de denuncia, el tratamiento de datos personales y el registro de las denuncias.

El cuarto capítulo de la Directiva contiene una serie de medidas de protección que benefician al denunciante o informante y que se refieren a aspectos tales como:

a. Prohibición de represalias: se prohíbe la aplicación de represalias tales como la suspensión, destitución o despido del empleo; la degradación o denegación de ascensos; la denegación de formación; la evaluación o referencias negativas con respecto a sus resultados laborales; la imposición de medidas disciplinarias como amonestación o sanciones pecuniarias; la coacción, intimidación, acoso u ostracismo; la discriminación y el trato desfavorable o injusto; abstenerse de convertir un trabajo temporal en indefinido cuando existían expectativas legítimas de obtener este beneficio; la no renovación o terminación anticipada de un contrato de trabajo temporal; el daño a la reputación, en especial en las redes sociales, o las pérdidas económicas, incluidas la pérdida de negocio y de ingresos; la inclusión en listas negras que pueda implicar que en el futuro la persona no vaya a encontrar empleo; la terminación anticipada o anulación de contratos de bienes o servicios; la anulación de una licencia o permiso; y las referencias médicas o psiquiátricas desfavorables.

b. Medidas de apoyo: además de la protección frente a las represalias a las que hace referencia el literal anterior, los Estados miembros deben adoptar medidas de apoyo tales como información y asesoramiento gratuitos, públicos y de fácil acceso, sobre los derechos del denunciante y los recursos de protección frente a las represalias; asistencia efectiva por parte de las autoridades competentes frente a las represalias; asistencia jurídica en los procesos penales y civiles de conformidad con las directivas (UE) 2016/1919 y la Directiva 2008/52/CE del Parlamento Europeo y del Consejo; y asistencia financiera y medidas de apoyo a los denunciantes, incluido apoyo psicológico, en el marco de un proceso judicial.

c. Limitación de responsabilidad: los denunciantes no incurrirán en infracción a las normas que restringen la revelación de información ni en responsabilidad en relación con las denuncias, siempre que tuvieran razones para considerar que la mismas eran necesarias para revelar las infracciones en cuestión. Así mismo no incurrirán en responsabilidad por adquirir o acceder a la información que hace parte de las denuncias, siempre que esa adquisición o acceso no constituya en sí un delito.

d. Sanciones: los Estados miembros aplicarán sanciones a las personas naturales o jurídicas que impidan o intenten impedir las denuncias; adopten medidas de represalia o promuevan procedimientos abusivos en contra de los denunciantes; o incumplan el deber de mantener la confidencialidad de la identidad de los denunciantes. También se impondrán sanciones a los denunciantes que a sabiendas realicen acusaciones falsas y establecerán medidas para indemnizar los perjuicios que estas demandas generen.

Como se puede observar, el Programa Europeo de Protección a los Informantes tiene algunas similitudes con el Programa de Recompensas del Perú, pero también notables diferencias. En todo caso se trata de políticas que van en el mismo sentido que el Programa de Delación, cuyo objetivo principal es el desmantelamiento de los cárteles y otras conductas anticompetitivas.

Capítulo 3

Principales retos de los programas de delación en latinoamérica y propuestas para su mejormiento (Parte I)[241]

Una vez analizados los elementos conceptuales de los Programas de Delación, su justificación económica, su origen y evolución y sus principales características y beneficios, en el presente capítulo se desarrollará la parte central de la obra, cuyo objetivo no es otro que el de investigar si los Programas de Delación de los países latinoamericanos (en especial los escogidos para el análisis por su relevancia) tienen características que afectan su efectividad y que por lo tanto se convierten en retos para su adecuado funcionamiento.

Para el efecto, analizaremos la validez de las siguientes hipótesis de investigación respecto de los Programas de Delación de los países latinoamericanos:

a. La criminalización del derecho de la competencia constituye un desincentivo a los programas de delación, debido a que en los sistemas de aplicación pública del derecho de la competencia, como el que existe en estos países, la autoridad de competencia no tiene por lo general la posibilidad de otorgar inmunidad a los delatores respecto de las sanciones de tipo criminal.

b. Las acciones de indemnización de los perjuicios ocasionados por las prácticas restrictivas de la competencia constituyen un desin-

---

[241] Para la investigación de los principales retos de los programas de delación se realizó una entrevista con un jurista de alto reconocimiento de cada una de las jurisdicciones objeto de estudio. Agradecemos a los entrevistados: Gabriel Ibarra Pardo en Colombia, Luis José Díez Canseco Núñez en Perú, Felipe Irarrázabal Philipi en Chile y Carlos Mena Labarthe en México por su tiempo, esfuerzo, disposición y compromiso. Algunas de las ideas y conclusiones principales de estas entrevistas se ven reflejadas a lo largo de estos dos capítulos. Estas entrevistas están disponibles en el siguiente enlace https://youtube.com/playlist?list=PLcZQSMp7 CBByFwd7AVm_9OSb2ysTRRF85. En la página del Cedec se encuentran también las relatorías de las entrevistas: https://centrocedec.org/

centivo para delatar, en ausencia de normas que protejan al delator, de tal manera que no se encuentre en peores condiciones que aquellos agentes económicos que han decidido no colaborar con la autoridad.

c. El monto y la naturaleza de las sanciones económicas y no económicas que las autoridades de competencia imponen por la realización de prácticas restrictivas de la competencia constituyen un desincentivo para delatar, debido a que la autoridad de competencia no tiene por lo general la posibilidad de otorgar inmunidad a los delatores respecto la totalidad de las sanciones.

d. La aplicación de la normativa supranacional de libre competencia contenida en la decisión 608 de 2005 de la CAN, constituye un desincentivo para delatar en las jurisdicciones de los países miembros de la CAN y en las de los países con los que estos tienen relaciones comerciales. Este desincentivo se presenta debido a que en la actualidad la normativa andina de competencia no tiene Programa de Delación y ha adelantado investigaciones multijurisdiccionales de competencia a empresas que habían sido ya objeto de investigación bajo la legislación de los países miembros y que habían sido reconocidas como delatores en sus respectivas jurisdicciones, todo lo cual genera incertidumbre respecto de la estabilidad de los beneficios de los programas de delación en estos países.

En el presente capítulo se verificará la validez de las hipótesis planteadas tomando como base de análisis y comparación los cuatro (4) países escogidos, Colombia, Perú, Chile y México, y se propondrán soluciones que contribuyan a eliminar los desincentivos que hoy en día se perciben en los programas de delación de los países latinoamericanos.

1. PRIMER RETO: LA CRIMINALIZACIÓN DEL DERECHO DE LA COMPETENCIA[242]

Desde los inicios del derecho de la competencia, muchas jurisdicciones han aplicado sanciones criminales a las conductas anticompetitivas, por el perjuicio que las mismas le pueden causar a la sociedad. Los países

---

[242] La investigación realizada para escribir este capítulo sirvió de base para la preparación de un artículo sobre esta temática. Al respecto, ver Alfonso Miranda Londoño, "Impacto de la criminalización del derecho de la competencia sobre los

latinoamericanos, siguiendo el ejemplo europeo, inicialmente trataron las prácticas restrictivas de la competencia como infracciones administrativas, investigadas por autoridades de inspección y vigilancia, bajo un procedimiento también administrativo, pero no criminal.[243]

En el sistema de aplicación pública *(public enforcement)* que prima en los países latinoamericanos, la autoridad de competencia no tiene a su cargo, por regla general, la aplicación de las normas criminales relacionadas con temas de libre competencia, ni tampoco es juez para decidir sobre la validez o nulidad de los actos jurídicos contrarios a las normas de competencia, ni tampoco sobre la indemnización de los perjuicios que hayan podido sufrir las víctimas de las prácticas restrictivas de la competencia.

En efecto, en un sistema como este, la autoridad de competencia desempeña una función de alta policía administrativa, con facultades de inspección, vigilancia y sanción, en protección general del orden público económico en su categoría de libre competencia. En desarrollo de esta facultad, la autoridad adelanta investigaciones por la presunta infracción de las normas sobre protección de la competencia, como consecuencia de las cuales puede o no imponer sanciones, pero, como ya se dijo, por regla general, no tiene la capacidad para aplicar normas criminales ni para pronunciarse respecto de la validez o nulidad de los actos jurídicos involucrados, ni tampoco sobre la indemnización de los perjuicios que pueden haberse ocasionado a personas particulares con la infracción de la normativa de competencia.

En nuestra opinión la criminalización del derecho de la competencia complica de manera importante la implementación de la política de libre competencia en la mayoría de los países de Latinoamérica, debido a la

---

programas de clemencia o delación", en *Derecho de la competencia: actualidad y retos,* Universidad Externado de Colombia.

[243] José María Beneyto y Jerónimo Maillo (directores), *Tratado de derecho de la competencia. Unión Europea y España,* segunda edición, (2017), 164. Al analizar el tema de la criminalización del derecho de la competencia, los autores manifiestan lo siguiente: "No hay que olvidar, a la hora de plantear esta cuestión, que la norma norteamericana, la Sherman Act de 1890, todavía vigente e inspiradora de casi todas las legislaciones existentes en materia de la competencia, tiene alcance penal y ello ha inspirado un cierto número de legislaciones, especialmente en el área anglosajona. Sin embargo, en el derecho continental europeo se optó por considerar que las infracciones en materia de la competencia constituían una infracción administrativa".

utilización del Sistema de Aplicación Pública. En efecto, el derecho penal económico tiene, sin lugar a duda, una importante intersección con el derecho de la competencia; sin embargo, los bienes jurídicos tutelados por el derecho de la competencia son diferentes de aquellos que protege el derecho penal económico: mientras que el derecho penal económico protege el orden económico y social, el aspecto teleológico del derecho de la competencia se centra en la protección de bienes jurídicos tales como los siguientes: **(i)** la libre participación de las empresas en el mercado; **(ii)** el bienestar de los consumidores y **(iii)** la eficiencia económica. En todo caso, debe tenerse en cuenta que el bien jurídico tutelado de manera principal en el moderno derecho de la competencia es el bienestar del consumidor.

En la siguiente tabla se identifican los bienes jurídicos tutelados por las normas de competencia en Colombia, Perú, Chile y México.

Tabla 18. Bienes jurídicos tutelados por las legislaciones de competencia

País	Bienes jurídicos tutelados por las legislaciones de competencia de Colombia, Perú, Chile y México
Colombia	De conformidad con lo dispuesto por el artículo 3 de la Ley 1340 del 2009, los objetivos de las normas de competencia son (i) la libre participación de las empresas en el mercado; (ii) el bienestar de los consumidores y (iii) la eficiencia económica. Esta norma modificó levemente los objetivos que señalaba el artículo 2 numeral primero del Decreto 2153 de 1992, de conformidad con el cual, al aplicar la normativa de competencia, la autoridad debería buscar las siguientes finalidades: (i) mejorar la eficiencia del aparato productivo nacional; (ii) que los consumidores tengan libre escogencia y acceso a los mercados de bienes y servicios; (iii) que las empresas puedan participar libremente en los mercados y (iv) que en el mercado exista variedad de precios y calidades de bienes y servicios.
	Como se puede observar, la modificación introducida en el año 2009 no es muy grande, ya que los objetivos de las normas señalados en el año 92 eran muy similares. Como ya se advirtió en el texto principal, en Colombia, como en la mayoría del mundo, el objetivo principal de las normas de competencia es el bienestar del consumidor, ya que es el consumidor el que se beneficia si existe el libre acceso de las empresas al mercado, si se incrementa la eficiencia económica o si existe una mayor variedad de precios y calidades de bienes y servicios.

Perú	De conformidad con lo dispuesto por el artículo primero del TUO del Decreto Legislativo número 1034 de 2008, la finalidad de las normas de competencia es "prohibir y sancionar conductas anticompetitivas con la finalidad de promover la eficiencia económica en los mercados para el bienestar de los consumidores"[244]. Esta finalidad de la ley de competencia se complementa con la exposición de motivos del Decreto Legislativo donde se explica el sentido de esta finalidad en las siguientes palabras:
	• "El Decreto Legislativo busca la eliminación de las conductas de abuso de posición de dominio y las practicas colusorias, en la medida que estas dañen el proceso competitivo, impactando negativamente en la eficiencia económica y, por ende, en el bienestar de los consumidores".[245]
	• "Al establecerse como objetivo la promoción de la eficiencia económica a través de la protección del proceso competitivo, lo que el Decreto Legislativo procura es permitir que de la propia dinámica de la competencia se obtenga un desempeño eficiente de los mercados".[246]
	• "La prohibición de aquellas conductas que dañan el proceso competitivo tiene como objetivo permitir un desempeño eficiente de los mercados, lo que redunda en el bienestar de los consumidores".[247]
Chile	El bien jurídico tutelado, es decir, la finalidad de la norma de competencia inicialmente se encontraba consagrado en el texto original del artículo primero del Decreto Legislativo 211 de 1973 en los siguientes términos: "la presente ley tiene por objeto defender la libre competencia en los mercados"[248], por lo que inicialmente el único bien jurídico tutelado era la libre competencia misma.
	Esta disposición cambió con la reforma introducida por la Ley 19.911 de 2003, por medio de la cual se ampliaron los objetivos de la ley, la cual ahora se refiere a la tutela de la libre competencia en las actividades económicas, mediante la corrección, prohibición o represión de las conductas que atenten contra este bien jurídico. De igual manera esta reforma modificó el artículo

---

[244] TUO del Decreto Legislativo número 1034 de 2008. Artículo primero. Perú.

[245] Presidencia del Consejo de ministros. Exposición de Motivos Decreto Legislativo 1034. (24 noviembre de 2008). http://spij.minjus.gob.pe/Textos-PDF/Exposicion_de_Motivos/DL-2008/DL-1034.pdf

[246] Presidencia del Consejo de ministros. Exposición de Motivos Decreto Legislativo 1034. (24 noviembre de 2008). http://spij.minjus.gob.pe/Textos-PDF/Exposicion_de_Motivos/DL-2008/DL-1034.pdf

[247] Presidencia del Consejo de ministros. Exposición de Motivos Decreto Legislativo 1034. (24 noviembre de 2008). http://spij.minjus.gob.pe/Textos-PDF/Exposicion_de_Motivos/DL-2008/DL-1034.pdf

[248] Texto Original. Decreto Ley 211 de 1973. Artículo 1. Chile.

	segundo del Decreto Legislativo 211 de 1973, y le otorgó a las autoridades de competencia chilenas, que son el Tribunal de Defensa de la Libre Competencia y la Fiscalía Nacional Económica, la atribución de aplicar la ley de competencia de esta jurisdicción, para el resguardo de la libre competencia en los mercados, con lo cual se amplió el espectro del bien jurídico tutelado y se le asignó expresamente la misión de velar por la efectividad del mismo a las autoridades de competencia del país.
México	De conformidad con lo dispuesto por el artículo segundo de la Ley Federal de Competencia Económica DOF 23-05-2014 (29 de abril de 2014), el bien jurídico tutelado por las normas de competencia, es **(i)** la promoción, protección y garantía de la libre concurrencia y la competencia económica; **(ii)** prevenir, investigar, combatir, perseguir con eficacia, castigar severamente y eliminar los monopolios, las prácticas monopólicas las concentraciones ilícitas, las barreras a la libre concurrencia y la competencia económica y **(iii)** prevenir, investigar, combatir, perseguir con eficacia, castigar severamente y eliminar las restricciones al funcionamiento eficiente de los mercados.

Se destaca que de los cuatro países analizados de manera principal en la obra, México es el único que hace referencia a la eliminación de los monopolios, objetivo que ha sido abandonado por el moderno Derecho de la Competencia, que generalmente reprime el abuso de la posición dominante, pero no la posición de dominio en el mercado. Situaciones similares existen en las normas constitucionales y legales de otros países de Latinoamérica que prohíben expresamente el monopolio, razón por la cual las autoridades de competencia y los jueces han hecho interpretaciones encaminadas a establecer que no se debe sancionar a una empresa por el mero hecho de ser el único oferente en un mercado, ya que lo que resulta importante para las autoridades de competencia es el comportamiento de ese agente económico, más allá de que se encuentre o no en una situación de monopolio. |

A pesar de la diferencia que existe entre los bienes jurídicos tutelados por el derecho de la competencia de una parte y el derecho penal por la otra, lo cierto es que en la actualidad más de treinta (30) países en el mundo han criminalizado de alguna manera el derecho de la competencia. Muchos lo han hecho desde 1995; otros desde el año 2.000; en todo caso, el número de países que aplican sanciones criminales a las conductas anticompetitivas parece estar creciendo. En efecto, un número importante de países han modificado sus leyes con el objeto de tipificar como criminales algunas prácticas restrictivas de la competencia; muchos han iniciado investigaciones penales y unos pocos han condenado a los infractores a penas de prisión.[249] En otros países se ha optado por incrementar de manera sustancial las multas, sobre todo en los casos de cartelización, con lo cual imponen sanciones que aparecen como cuasi criminales.

Al analizar la criminalización del derecho de la competencia, los autores Beneyto y Maillo concluyen que la misma ofrece aspectos tanto positivos como negativos, ya que si bien las sanciones criminales tienen un mayor efecto disuasor para los empresarios, lo cierto es que el estándar de prueba del derecho penal es muy superior al de las investigaciones administrativas y que las pruebas de este tipo de conductas generalmente son indiciarias. Adicionalmente, argumentan que a nivel europeo la Comisión no tiene facultades para adelantar procesos criminales, por tratarse de un organismo de naturaleza administrativa.[250]

Para demostrar la magnitud de la intersección entre el derecho penal económico y el derecho de la competencia, así como la potencialidad del problema que ello representa, en esta sección presentamos, tomando como base la legislación colombiana, una comparación entre varias conductas criminales y las correspondientes conductas anticompetitivas, lo cual demuestra que en la actualidad podría suceder que los mismos hechos den lugar de manera simultánea a investigaciones de libre competencia y de carácter criminal, lo cual resultaría muy perjudicial para el derecho de la competencia y para la administración de justicia de los países de Latinoamérica.

Al respecto es importante destacar que el análisis que se realiza en la presente sección depende de la comparación de los elementos típicos de las conductas criminales comparados con los elementos típicos de las conductas anticompetitivas, con el fin de observar las similitudes y diferencias que existen entre los dos tipos de conductas y la forma en que se puede producir una especie de "solapamiento típico" entre ambas clases de normas. Por lo anterior, se considera razonable tomar como base una sola jurisdicción, ya que de lo contrario el ejercicio se haría extremadamente detallado y extenso, hasta al punto de que los árboles no dejarían ver el bosque. El objetivo del ejercicio contenido en esta sección, nuevamente, es el de demostrar que en los países latinoamericanos existe un riesgo latente

---

[249]   Christopher Harding; Caron Beaton-Wells y Jennifer Edwards, Leniency Policies: Revolution or Religion, Anti-Cartel Enforcement in a Contemporary Age, Leniency Religion (Hart Publishing, 2015).

[250]   José María Beneyto y Jerónimo Maillo (directores), *Tratado de derecho de la competencia. Unión Europea y España*, segunda edición, (2017), 164.

de que las mismas conductas infrinjan los dos ordenamientos jurídicos, el penal y el de libre competencia, lo cual podría convertirse en un grave desincentivo para la aplicación de los potenciales delatores al programa de delación, el cual no podría proteger a los solicitantes en caso de que se iniciaran acciones criminales por los mismos hechos.

Tabla 19. Tipos penales que tutelan la libre competencia

País	Tipos Penales que Tutelan la Libre Competencia
Colombia	**<u>Código Penal:</u>** "Artículo 304. Daño en materia prima, producto agropecuario o industrial. El que con el fin de alterar las condiciones del mercado destruya, inutilice, haga desaparecer o deteriore materia prima, producto agropecuario o industrial, o instrumento o maquinaria necesaria para su producción o distribución, incurrirá en prisión de dos (2) a ocho (8) años y multa de cincuenta (50) a quinientos (500) salarios mínimos legales mensuales vigentes. En la misma pena incurrirá, el que impida la distribución de materia prima o producto elaborado". "Artículo 301.- Agiotaje. El que realice maniobra fraudulenta con el fin de procurar alteración en el precio de los artículos o productos oficialmente considerados de primera necesidad, salarios, materias primas o cualesquiera bienes muebles o inmuebles o servicios que sean objeto de contratación". "Artículo 297.- Acaparamiento. El que en cuantía superior a cincuenta (50) salarios mínimos legales mensuales vigentes acapare o, de cualquier manera, sustraiga del comercio artículo o producto oficialmente considerado de primera necesidad". "Artículo 298.- Especulación. El productor, fabricante o distribuidor mayorista que ponga en venta artículo o género oficialmente considerado como de primera necesidad a precios superiores a los fijados por autoridad competente". "Artículo 300.- Ofrecimiento engañoso de productos y servicios. El productor, distribuidor, proveedor, comerciante, importador, expendedor o intermediario que ofrezca al público bienes o servicios en forma masiva, sin que los mismos correspondan a la calidad, cantidad, componente, peso, volumen, medida e idoneidad anunciada en marcas, leyendas, propaganda, registro, licencia o en la disposición que haya oficializado la norma técnica correspondiente". "Artículo 410A. Acuerdos restrictivos de la competencia. El que en un proceso de licitación pública, subasta pública, selección abreviada o concurso se concertare con otro con el fin de alterar ilícitamente el procedimiento contractual".

Perú	**Código Penal (incorporado por el artículo 1 de la Ley 31040)**
	"Artículo 232. Abuso del poder económico. El que abusa de su posición dominante en el mercado, o el que participa en prácticas y acuerdos restrictivos en la actividad productiva, mercantil o de servicios con el objeto de impedir, restringir o distorsionar la libre competencia, será reprimido con una pena privativa de libertad no menor de dos ni mayor de seis años, con ciento ochenta a trescientos sesenta y cinco días-multa e inhabilitación conforme al artículo 36, incisos 2 y 4".
	Código Penal (Incorporado por el artículo 1 de la Ley 31040)
	"Artículo 233
	Acaparamiento. El que provoca escasez o desabastecimiento de bienes y servicios esenciales para la vida y la salud de las personas, mediante la sustracción o acaparamiento, con la finalidad de alterar los precios habituales en su beneficio, y con perjuicio de los consumidores, será reprimido con pena privativa de libertad no menor de cuatro ni mayor de seis años y con ciento ochenta a trescientos sesenta y cinco días-multa".
	Código Penal (Modificado por el artículo 2 de la Ley 31040)
	"Artículo 234
	Especulación y alteración de pesos y medidas. El productor, fabricante, proveedor o comerciante que incrementa los precios de bienes y servicios habituales, que son esenciales para la vida o salud de la persona, utilizando prácticas ilícitas que no se sustente en una real estructura de costos y el correcto funcionamiento del mercado, aprovechando una situación de mayor demanda por causas de emergencia, conmoción o calamidad pública será reprimido con pena privativa de libertad no menor de dos ni mayor de seis años y con ciento ochenta a trescientos sesenta y cinco días multa. Si la especulación se comete durante un estado de emergencia, declarado por el Presidente de la República, la pena privativa de la libertad será no menor de cuatro ni mayor de ocho años y con ciento ochenta a trescientos sesenta y cinco días-multa".
	Código Penal (Modificado por el artículo 2 de la Ley 31040)
	"Artículo 235.
	Adulteración. El que altera o modifica la calidad, cantidad, peso o medida de algún bien, en perjuicio del consumidor, será reprimido con pena privativa de la libertad no menor de uno ni mayor de tres años y con noventa a ciento ochenta días-multa. Si la adulteración se comete durante situación de conmoción, calamidad pública o estado de emergencia oficialmente declarado, la pena privativa de la libertad será no menor de cuatro ni mayor de seis años y con ciento ochenta a trescientos sesenta y cinco días-multa".
	Código Penal.
	"Artículo 241.- Fraude en remates, licitaciones y concursos públicos

	Serán reprimidos con pena privativa de libertad no mayor de tres años o con ciento ochenta a trescientos sesentaicinco (sic) días-multa quienes practiquen las siguientes acciones: 1. Solicitan o aceptan dádivas o promesas para no tomar parte en un remate público, en una licitación pública o en un concurso público de precios. 2. Intentan alejar a los postores por medio de amenazas, dádivas, promesas o cualquier otro artificio. Si se tratare de concurso público de precios o de licitación pública, se impondrá además al agente o a la empresa o persona por él representada, la suspensión del derecho a contratar con el Estado por un período no menor de tres ni mayor de cinco años".
Chile[251]	**Código Penal de 1874:** "Artículo 285 Los que por medios fraudulentos consiguieren alterar el precio natural del trabajo, de los géneros o mercaderías, acciones, rentas públicas o privadas o de cualesquiera otras cosas que fueren objetos de contratación, sufrirán las penas de reclusión menor en sus grados mínimo a medio y multa de seis a diez unidades tributarias mensuales". "Artículo 286 Cuando el fraude expresado en el artículo anterior recayere sobre mantenimientos u otros objetos de primera necesidad, además de las penas que en él se señalan, se impondrá la de comiso de los géneros que fueren objeto del fraude". "Artículo 287 Los que emplearen amenaza o cualquier otro medio fraudulento para alejar a los postores en una subasta pública con el fin de alterar el precio del remate, serán castigados con una multa de diez al cincuenta por ciento del valor de la cosa subastada; a no merecer mayor pena por la amenaza u otro medio ilícito que emplearen". **Decreto Ley 211 de 1973:** "Artículo 62 El que celebre u ordene celebrar, ejecute u organice un acuerdo que involucre a dos o más competidores entre sí, para fijar precios de venta o de compra de bienes o servicios en uno o más mercados; limitar su producción o provisión; dividir, asignar o repartir zonas o cuotas de mercado; o afectar

---

251   Es importante tener en cuenta que existe un debate en Chile respecto del ámbito de aplicación y el alcance de los artículo 285, 286 y 287 para sancionar conductas contrarias a la libre competencia.

	el resultado de licitaciones realizadas por empresas públicas, privadas prestadoras de servicios públicos, u órganos públicos, será castigado con la pena de presidio menor en su grado máximo a presidio mayor en su grado mínimo. Asimismo, será castigado con inhabilitación absoluta temporal, en su grado máximo, para ejercer el cargo de director o gerente de una sociedad anónima abierta o sujeta a normas especiales, el cargo de director o gerente de empresas del Estado o en las que éste tenga participación, y el cargo de director o gerente de una asociación gremial o profesional".
México	**Código Penal Federal.** "Artículo 253 Son actos u omisiones que afectan gravemente al consumo nacional y se sancionarán con prisión de tres a diez años y con doscientos a mil días multa, los siguientes: I.- Los relacionados con artículos de consumo necesario o generalizado o con las materias primas necesarias para elaborarlos, así como con las materias primas esenciales para la actividad de la industria nacional, que consistan en: a).- El acaparamiento, ocultación o injustificada negativa para su venta, con el objeto de obtener un alza en los precios o afectar el abasto a los consumidores. b).- Todo acto o procedimiento que evite o dificulte, o se proponga evitar o dificultar la libre concurrencia en la producción o en el comercio. c).- La limitación de la producción o el manejo que se haga de la misma, con el propósito de mantener las mercancías en injusto precio. d) (Se deroga) e).- La suspensión de la producción, procesamiento, distribución, oferta o venta de mercancías o de la prestación de servicios, que efectúen los industriales, comerciantes, productores, empresarios o prestadores de servicios, con el objeto de obtener un alza en los precios o se afecte el abasto de los consumidores. Si se depone la conducta ilícita dentro de los dos días hábiles siguientes al momento en que la autoridad administrativa competente lo requiera, la sanción aplicable será de seis meses a tres años de prisión, o de cien a quinientos días multa; f).- La exportación, sin permiso de la autoridad competente cuando éste sea necesario de acuerdo con las disposiciones legales aplicables. g).- La venta con inmoderado lucro, por los productores, distribuidores o comerciantes en general. En los casos de que el lucro indebido sea inferior al equivalente a sesenta días del salario mínimo general vigente en la región y en el momento donde se consuma el delito, se sancionará con prisión de dos a seis años y de sesenta a trescientos días multa;

h).- Distraer, para usos distintos mercancías que hayan sido surtidas para un fin determinado, por una entidad pública o por sus distribuidores, cuando el precio a que se hubiese entregado la mercancía sea inferior al que tenga si se destina a otros usos.

i).- Impedir o tratar de impedir la generación, conducción, transformación, distribución o venta de energía eléctrica de servicio público.

j) Se deroga.

II.- Envasar o empacar las mercancías destinadas para la venta, en cantidad inferior a la indicada como contenido neto y fuera de la respectiva tolerancia o sin indicar en los envases o empaques el precio máximo oficial de venta al público, cuando se tenga la obligación de hacerlo.

III.- Entregar dolosa y repetidamente, cuando la medición se haga en el momento de la transacción, mercancías en cantidades menores a las convenidas.

IV.- Alterar o reducir por cualquier medio las propiedades que las mercancías o productos debieran tener.

V. Revender a un organismo público, a precios mínimos de garantía o a los autorizados por la Secretaría de Economía, productos agropecuarios, marítimos, fluviales y lacustres adquiridos a un precio menor. Se aplicará la misma sanción al empleado o funcionario del organismo público que los compre a sabiendas de esa situación o propicie que el productor se vea obligado a vender a precios más bajos a terceras personas".

Código Penal Federal

"Artículo 254

Se aplicarán igualmente las sanciones del artículo 253:

I.- Por destrucción indebida de materias primas, productos agrícolas o industriales o medios de producción, que se haga con perjuicio del consumo nacional;

II.- Cuando se ocasione la difusión de una enfermedad de las plantas o de los animales con peligro de la economía rural;

III.- Cuando se publiquen noticias falsas, exageradas o tendenciosas o por cualquier otro medio indebido se produzcan trastornos en el mercado interior, ya sea tratándose de mercancías, de monedas o títulos y efectos de comercio.

IV.- Al que dolosamente, en operaciones mercantiles exporte mercancías nacionales de calidad inferior, o en menor cantidad de lo convenido.

V.- Al que dolosamente adquiera, posea o trafique con semillas, fertilizantes, plaguicidas, implementos y otros materiales destinados a la producción agropecuaria que se hayan entregado a los productores por alguna entidad o dependencia pública a precios subsidiado.

En los distritos de riego, el agua de riego será considerada como material a precio subsidiado.

Si el que entregue los insumos referidos, fuere el productor que los recibió de las instituciones oficiales, se le aplicará una pena de 3 días a 3 años de prisión.

VI.- A los funcionarios o empleados de cualquiera entidad o dependencia pública que entreguen estos insumos a quienes no tengan derecho a recibirlos; o que indebidamente nieguen o retarden la entrega a quienes tienen derecho a recibirlos, se harán acreedores a las sanciones del artículo 253.

VII.- Se deroga.

VIII.- Se deroga.

IX. Al que sin derecho realice cualquier sustracción o alteración de equipos o instalaciones del servicio público de energía eléctrica.

Las penas que correspondan por los delitos previstos en este artículo, se aumentarán en una mitad más para el trabajador o servidor público que, con motivo de su trabajo, suministre información de las instalaciones, del equipo o de la operación de la industria que resulte útil o pueda auxiliar a la comisión de los delitos de referencia".

Código Penal Federal

"Artículo 254 bis

Se sancionará con prisión de cinco a diez años y con mil a diez mil días de multa, a quien celebre, ordene o ejecute contratos, convenios, arreglos o combinaciones entre agentes económicos competidores entre sí, cuyo objeto o efecto sea cualquiera de los siguientes:

I. Fijar, elevar, concertar o manipular el precio de venta o compra de bienes o servicios al que son ofrecidos o demandados en los mercados;

II. Establecer la obligación de no producir, procesar, distribuir, comercializar o adquirir sino solamente una cantidad restringida o limitada de bienes o la prestación o transacción de un número, volumen o frecuencia restringidos o limitados de servicios;

III. Dividir, distribuir, asignar o imponer porciones o segmentos de un mercado actual o potencial de bienes y servicios, mediante clientela, proveedores, tiempos o espacios determinados o determinables;

IV. Establecer, concertar o coordinar posturas o la abstención en las licitaciones, concursos, subastas o almonedas, y

V. Intercambiar información con alguno de los objetos o efectos a que se refieren las anteriores fracciones".

<u>Código Penal Federal.</u>

"Artículo 254 bis 1

Se sancionará con prisión de uno a tres años y con quinientos a cinco mil días de multa, a quien por sí o por interpósita persona, en la práctica de una visita de verificación, por cualquier medio altere, destruya o perturbe de forma total o parcial documentos, imágenes o archivos electrónicos que contengan información o datos, con el objeto de desviar, obstaculizar o impedir la investigación de un posible hecho delictuoso o la práctica de la diligencia administrativa".

<u>Código Penal Federal.</u>

"Artículo 254 Ter

Se impondrá de tres meses a un año de prisión o de cien a trescientos días multa a quien, sin derecho, obstruya o impida en forma total o parcial, el acceso o el funcionamiento de cualesquiera de los equipos, instalaciones o inmuebles afectos de la industria petrolera a que se refiere la Ley Reglamentaria del Artículo 27 Constitucional en el Ramo del Petróleo o bien de los equipos, instalaciones o inmuebles afectos del servicio público de energía eléctrica.

Si con los actos a que se refiere el párrafo anterior se causa algún daño, la pena será de dos a nueve años de prisión y de doscientos cincuenta a dos mil días multa".

1.1 Comparación entre tipos penales y conductas anticompetitivas

Sin perjuicio de la precisión respecto de las diferentes finalidades de uno y otro ordenamiento jurídico, lo cierto es que en el derecho de la competencia se estudian conductas que pueden tener una adecuación típica dentro del derecho penal económico. Así mismo, existen conductas de competencia desleal y conductas contrarias a las normas de protección al consumidor que pueden resultar también contrarias al derecho penal[252]. En esta sección se compararán solamente conductas criminales con prácticas restrictivas de la competencia.

Como ya lo anunciamos, para ilustrar la realidad descrita en el párrafo anterior, en esta sección presentaremos una comparación entre varias

---

[252] Fabio Humar, "Derecho Penal Económico: Criminalización de las Conductas del Derecho de la Competencia", *Revista de Derecho de la Competencia Cedec*, XIII, (2013), 103–137.

conductas anticompetitivas y tipos penales, tomando como base la legislación colombiana: (i) daño en materia prima, producto agropecuario o industrial vs. cláusula de prohibición general; (ii) agiotaje vs. fijación de precios; (iii) acaparamiento vs. acuerdos anticompetitivos; (iv) especulación vs. actos anticompetitivos; (v) ofrecimiento engañoso de productos y servicios vs. acto anticompetitivo contrario a las normas de publicidad y (vi) colusión en licitaciones públicas vs. acuerdos anticompetitivos.

1.1.1 Daño en materia prima, producto agropecuario o industrial vs. cláusula de prohibición general

La razón por la cual se compara este delito con la cláusula de prohibición general contra las prácticas restrictivas de la competencia, es porque en ambos casos el sujeto activo de la conducta pretende afectar las condiciones del mercado, como se verá a continuación.

1.1.1.1 El delito de daño en materia prima, producto agropecuario o industrial (artículo 304 del Código Penal de Colombia)

El delito de "daño en materia prima, producto agropecuario o industrial" se encuentra consagrado en el artículo 304 del Código Penal de Colombia (Ley 599 del 2000):

> "Artículo 304. Daño en materia prima, producto agropecuario o industrial. El que con el fin de alterar las condiciones del mercado destruya, inutilice, haga desaparecer o deteriore materia prima, producto agropecuario o industrial, o instrumento o maquinaria necesaria para su producción o distribución, incurrirá en prisión de dos (2) a ocho (8) años y multa de cincuenta (50) a quinientos (500) salarios mínimos legales mensuales vigentes.
> En la misma pena incurrirá, el que impida la distribución de materia prima o producto elaborado".

Como se puede apreciar, se trata de una conducta con sujeto activo indeterminado. El sujeto pasivo será el titular del orden económico social, es decir, el Estado. Las personas que pueden resultar perjudicadas por la conducta ilegal pueden ser los agentes del mercado o los consumidores de los productos afectados, que se pueden ver privados de los mismos y por lo tanto no podrán satisfacer adecuadamente sus necesidades.

La conducta penal puede ser atribuida también a quien impida la distribución de materias primas o productos elaborados.

De conformidad con lo anterior, el delito comporta una conducta que puede ser unilateral o plurilateral, pero cuyo objetivo es alterar las condiciones de mercado con el fin de crear de manera artificial la escasez de un producto, mediante maniobras consistentes en destruir, inutilizar, hacer, desaparecer, deteriorar –materia prima o producto agropecuario– o también impedir la distribución de materia prima o producto elaborado.

1.1.1.2 Cláusula de prohibición general

La cláusula de prohibición general es posiblemente la norma más utilizada en el Derecho de la Competencia de Colombia y se encuentra contenida en el artículo 1 de la Ley 155 de 1959, en concordancia con el artículo 46 del Decreto 2153 de 1992, normas que establecen lo siguiente:

> "• Ley 155 de 1959
> Articulo 1.- Quedan prohibidos los acuerdos o convenios que directa o indirectamente tengan por objeto limitar la producción abastecimiento, distribución o consumo de materias primas, productos, mercancías o servicios nacionales o extranjeros, y en general toda clase de prácticas, procedimientos o sistemas tendientes a limitar, la libre competencia, con el propósito de determinar o mantener precios inequitativos en prejuicio de los consumidores y de los productores de materias primas.
>
> [...]
>
> • Decreto 2153 de 1992
> Articulo 46.- Prohibición. En los términos de la Ley 155 de 1959 y del presentes Decreto están prohibidas las conductas que afecten la libre competencia en los mercados, las cuales, en los términos del Código Civil, se consideran de objeto ilícito".

1.1.1.3 Diferencias y similitudes

La Cláusula de Prohibición General de la legislación colombiana contenida en el Artículo 1 de la Ley 155 de 1959 y el Artículo 46 del Decreto 2153 de 1992 resulta mucho más general, vaga e imprecisa que el delito de "daño en materia prima, producto agropecuario o industrial", conducta que requiere la intención de alterar las condiciones del mercado a través de la realización de algunos de los verbos rectores como destruir, hacer desaparecer o deteriorar ciertos bienes específicamente definidos, como son las materias primas, producto agropecuario o industrial, o instrumentos o maquinaria necesaria para su producción o distribución; y también la obstrucción a la distribución de materia primas o productos elaborados. Estas conductas configuran prácticas restrictivas, ya que pueden al mismo tiempo comportar prácticas y procedimientos o sistemas tendientes a limitar la libre competencia y a mantener o determinar precios inequitativos; o bien se puede considerar que son prácticas que pueden afectar la libre competencia en los mercados. En todo caso, los requisitos del delito analizado, desde el punto de vista de la tipicidad, son mucho mayores y más específicos que los que se requieren para determinar la existencia de una práctica restrictiva de la competencia.

Por medio de la Resolución No. 39869 de 2008, la Superintendencia de Industria y Comercio de Colombia impuso sanciones a los agricultores de cebolla larga del municipio de Aquitania en Boyacá, por realizar conductas tendientes a limitar la oferta del producto y así lograr un incremento en los precios, con lo cual violaron el artículo 1 de la Ley 155 de 1959 (prohibición general) y el artículo 47(1) del Decreto 2153 de 1992 (acuerdos de fijación de precios). En palabras de la Superintendencia:

> "Según se demostró en la investigación, los agricultores que dejaban una parte de la producción en el sitio de Llano Alarcón buscaban controlar la sobre oferta de producto y de esta forma hacer que los precios en el mercado de compra del producto subieran".[253]

Como se puede observar, las conducta anticompetitivas sancionadas tienen una relación muy cercana con el delito que se analiza y con otros a los que se hace referencia en esta sección, como es el caso del agiotaje.

1.1.2 Agiotaje vs. fijación de precios como conducta anticompetitiva

El delito del agiotaje y las conductas anticompetitivas relacionadas con la fijación de precios tienen en común que, en ambos casos, la conducta reprochable se refiere a la afectación de los precios del mercado. A continuación, explicaremos cada una de las conductas para entender sus diferencias y similitudes.

1.1.2.1 El delito de agiotaje (artículo 301 del Código Penal de Colombia)

El delito de agiotaje se encuentra descrito en el artículo 301 del Código Penal de Colombia (Ley 599 del 2000):

---

[253] Superintendencia de Industria y Comercio de Colombia. Resolución No. 39869 de 2008. Expediente radicado bajo el No. 119024 de 2005.

"Artículo 301.- Agiotaje. El que realice maniobra fraudulenta con el fin de procurar alteración en el precio de los artículos o productos oficialmente considerados de primera necesidad, salarios, materias primas o cualesquiera bienes muebles o inmuebles o servicios que sean objeto de contratación".

El agiotaje es un delito con sujeto activo indeterminado. Es decir que la conducta puede ser desarrollada por cualquier persona. El sujeto pasivo será el titular del orden económico social, es decir, el Estado. Sin embargo, cabe resaltar que otras personas pueden verse afectadas con la conducta.[254]

De acuerdo con la doctrina Colombiana, "la maniobra engañosa puede darse por cualquier medio y de cualquier forma, siempre y cuando tenga la capacidad de suscitar una falsa percepción en las personas a las que va dirigida"[255]. Por otro lado, *procurar* significa conseguir o adquirir algo. Por lo tanto, la conducta se concreta con la realización de la maniobra fraudulenta para procurar la alteración de los precios.

Se trata de un delito de mera conducta, en el sentido de que es suficiente la realización de la maniobra fraudulenta para que se consume el delito. Por lo tanto, no se requiere que efectivamente se alteren los precios. Tan es así que el artículo establece que, en caso de que efectivamente se alteren los precios, habrá un aumento de la pena.[256]

La conducta recae sobre los precios de los artículos o productos oficialmente considerados de primera necesidad, salarios y materias primas, y sobre cualesquiera otros bienes muebles o inmuebles o servicios que sean objeto de contratación, con lo cual la norma amplía su ámbito de aplicación y cubre la totalidad de los bienes y servicios que se transan en la economía. No se trata por lo tanto de una conducta exclusivamente orientada a proteger los bienes y servicios de primera necesidad de los colombianos, sino que se aplica a todos los productos que se transan en los diferentes mercados de bienes y servicios del país.

---

[254] Miguel Córdoba Angulo y Carmen Eloísa Ruiz, "Delitos contra el orden económico social", en *Lecciones de Derecho Penal*, (Bogotá: Universidad Externado de Colombia, 2016).

[255] Miguel Córdoba Angulo y Carmen Eloísa Ruiz, "Delitos contra el orden económico social", en *Lecciones de Derecho Penal*, (Bogotá: Universidad Externado de Colombia, 2016).

[256] Miguel Córdoba Angulo y Carmen Eloísa Ruiz, "Delitos contra el orden económico social", en *Lecciones de Derecho Penal*, (Bogotá: Universidad Externado de Colombia, 2016).

1.1.2.2 Fijación de precios

En Colombia existen tres modalidades principales de conductas anticompetitivas, las cuales se encuentran definidas en los artículos 45 y 50 del Decreto 2153 de 1992: (i) los acuerdos, definidos como "todo contrato, convenio, concertación, práctica concertadas o conscientemente paralela entre dos o más empresas."; (ii) los actos, definidos como "todo comportamiento de quienes ejerzan una actividad económica", y (iii) las conductas de abuso de la posición dominante, tipificadas en el artículo 50 del Decreto 2153 de 1992.

Las conductas anticompetitivas relacionadas con la fijación de precios pueden analizarse en la categoría de acuerdos (conductas bilaterales o plurilaterales) y también en la de actos (conductas unilaterales).

La prohibición de los acuerdos anticompetitivos de fijación de precios tiene en Colombia dos (2) modalidades: (i) los acuerdos prohibidos en la llamada Cláusula General de Prohibición, contenida en el Artículo 1 de la Ley 155 de 1959, en concordancia con el Artículo 46 del Decreto 2153 de 1992, y (ii) los acuerdos anticompetitivos de fijación de precios, tanto horizontales como verticales, prohibidos por el Artículo 47(2) del Decreto 2153 de 1992.

A su vez, la prohibición de los actos anticompetitivos de fijación unilateral de precios tiene en Colombia dos (2) modalidades: (i) los actos prohibidos en la llamada Cláusula General de Prohibición, contenida en el Artículo 1 de la Ley 155 del 1959, en concordancia con el Artículo 46 del Decreto 2153 de 1992, y (ii) los actos definidos en el Artículo 48(1) y (2) del Decreto 2153 de 1992.

A continuación, se transcriben las normas en cuestión:

"• Ley 155 de 1959
Artículo 1.- Quedan prohibidos los acuerdos o convenios que directa o indirectamente tengan por objeto limitar la producción abastecimiento, distribución o consumo de materias primas, productos, mercancías o servicios nacionales o extranjeros, y en general toda clase de prácticas, procedimientos o sistemas tendientes a limitar, la libre competencia, con el propósito de determinar o mantener precios inequitativos en prejuicio de los consumidores y de los productores de materias primas.

• Decreto 2153 de 1992
Artículo 46.- Prohibición. En los términos de la Ley 155 de 1959 y del presentes Decreto están prohibidas las conductas que afecten la libre competencia en los mercados, las cuales, en los términos del Código Civil, se consideran de objeto ilícito.

Artículo 47.- Acuerdos contrarios a la libre competencia. Para el cumplimiento de las funciones a que se refiere el artículo 44 del presente Decreto se consideran contrarios a la libre competencia, entre otros, los siguientes acuerdos:

1. Los que tengan por objeto o tengan como efecto la fijación directa o indirecta de precios.

Artículo 48.- Actos contrarios a la libre competencia. Para el cumplimiento de las funciones a que se refiere el artículo 44 del presente decreto, se consideran contrarios a la libre competencia los siguientes actos:
[...]

2. Influenciar a una empresa para que incremente los precios de sus productos o servicios o para que desista de su intención de rebajar los precios.

3. Negarse a vender o prestar servicios a una empresa o discriminar en contra de la misma cuando ello pueda entenderse como una retaliación a su política de precios".

a. La fijación de precios como acuerdo

Los acuerdos anticompetitivos de fijación de precios, a los cuales se refiere el Artículo 47(1) del Decreto 2153 de 1992, pueden ser acuerdos de carácter horizontal (cárteles), los cuales se realizan entre empresas que compiten en un mismo nivel del proceso productivo, razón por la cual son consideradas como ilegales *per se* en muchas jurisdicciones, o bien acuerdos de carácter vertical, que por definición se realizan entre empresas que se encuentran en diferentes niveles del proceso productivo, por lo cual su análisis ha tenido una evolución que ha llevado a que, en muchas jurisdicciones, hoy en día, se analicen bajo la *regla de la razón*.[257]

En efecto, en noviembre de 1997, la Corte Suprema de Justicia de los Estados Unidos, con ponencia de la magistrada Sandra Day O'Connor, se pronunció en el caso de State Oil vs. Barkat Khan, por medio del cual modificó de manera importante la doctrina establecida en 1968 en el caso de Albrecht vs. Herald Co.[258], en el cual la Corte Suprema había establecido que los acuerdos verticales de fijación de precios máximos eran ilegales *per se*. En dicho caso, la Corte estableció que los acuerdos verticales de fijación

---

[257] Para un análisis de la aplicación de la Regla Per Se y de la Regla de la Razón en Colombia, ver: Alfonso Miranda Londoño, *La regla de la razón y la regla per se en el derecho colombiano* (Centro de Estudios de Derecho de la Competencia, 2017).

[258] U. S. Supreme Court, "Albert v. Herald co"., 390 U.S. 145 No. 43 (1968).

de precios máximos al público debían ser analizados bajo la *regla de la razón* y no bajo la *regla per se.*

El motivo para realizar este cambio en la jurisprudencia radicó en que la Corte no pudo continuar sosteniendo que los acuerdos para la fijación de precios máximos eran tan irremediablemente anticompetitivos, que los jueces no deberían gastar tiempo y esfuerzo en la investigación de cualquier posible efecto pro competitivo o en favor de los consumidores.

De acuerdo con la decisión mencionada, en los casos de fijación concertada de precios máximos de venta al público, los consumidores se benefician porque los fabricantes o distribuidores mayoristas obligan a los distribuidores minoristas a compartir con los consumidores las eficiencias y ganancias que se producen al nivel mayorista.

El análisis de la *regla de la razón* se basa en la determinación de cuatro aspectos fundamentales de parte de la autoridad de la competencia: el mercado relevante, la naturaleza, el propósito y el efecto de la práctica bajo estudio. En este tipo de investigación resulta válido, por tanto, que la autoridad sopese los efectos anticompetitivos versus los procompetitivos de la práctica en cuestión.

Como un importante sector de la doctrina lo venía proponiendo desde hace tiempo, la Corte aplicó en el caso de State Oil vs. Barkat Khan un raciocinio similar al utilizado para definir la legalidad de los acuerdos verticales de repartición de mercados en el caso de Continental Tv. Inc. vs. GTE Sylvania[259].

En 2007, es decir, diez años después del famoso *State Oil vs. Barkat Khan,* la Corte decidió el caso de *Leegin Creative Leather Products, Inc. vs. PSKS, Inc. et al,* por medio del cual pasó de la *regla per se* a la *regla de la razón,* los acuerdos verticales de fijación de precios mínimos, lo cual demuestra que este derecho se mueve hacia una mayor utilización de la *regla de la razón,* es decir, hacia la posibilidad de admitir mayor nivel de explicación económica como defensa frente a las acusaciones por prácticas restrictivas de la competencia.

En Colombia, el problema consiste en que el artículo 47 del Decreto 2153 de 1992 no distingue entre la fijación de precios de tipo vertical u horizontal. Entonces, se consideran contrarios a la libre competencia los

---

[259]   E. Thomas Sullivan y Herbert Hovenkamp, *Antitrust Law Policy and Procedure* (The Michie Company, 1989), 315. Puede verse el texto del caso 433 U. S. 36 (1977).

acuerdos que tenga por objeto o como efecto la fijación directa o indirecta de precios, sin distinguir si son horizontales o verticales. Esa distinción sí está en los acuerdos de repartición de mercados (artículo 47, 3), que establece que se considera que son contrarios a la libre competencia los acuerdos que tengan por objeto o como efecto la repartición de mercados entre productores o entre distribuidores. Entonces, los redactores del Decreto 2153 de 1992 sí tenían la noción de que había unos acuerdos que, cuando eran verticales, no eran *per se* anticompetitivos. Sin embargo, debe anotarse que en la época en la cual se expidió el Decreto 2153 (es decir, en 1992) no se había expedido aún el caso de *Khan* (que es de 1997) y se consideraba, en los Estados Unidos y en la mayor parte de las jurisdicciones, que los acuerdos de fijación vertical de precios eran *per se* ilegales.

En Colombia, a partir del año 2012, con el caso de los *televisores,* se empezó a romper esa lectura del Decreto 2153 de 1992. La Superintendencia ha determinado que no necesariamente todos los acuerdos verticales de fijación de precios son anticompetitivos. En relación con esta evolución del derecho de la competencia en Colombia, debe considerarse que sería mucho mejor reformar la norma, de tal manera que la prohibición contenida en el Artículo 47(1) del Decreto 2153 de 1992 distinguiera apropiadamente entre los acuerdos verticales y los horizontales de fijación de precios. Más adelante aparecieron los casos de *Terpel* y el de *Molinos Roa* y *Florhulia.* [260]

Otra dificultad que presenta el caso colombiano se debe a la interpretación desarrollada por la SIC, autoridad que ha entendido que las conductas de Fijación Unilateral de Precios (FUP), en una interpretación que contradice el significado mismo de las palabras, deben ser entendidas como conductas que generan un acuerdo, una forma de colusión de precios que debe ser sancionada bajo el artículo 47(1) del Decreto 2153 de 1992. En este sentido, la FUP (al ser una restricción de carácter vertical) se ha entendido, a través de diferentes conceptos y resoluciones[261], como una conducta ilícita y como un acuerdo restrictivo de la competencia.

---

[260] Superintendencia de Industria y Comercio, Resolución 16562 de 2015 "Por la cual se imponen unas sanciones al régimen de protección de la competencia y se dictan órdenes e instrucciones", Rad. 11-137432. (Caso Molinos Roa y Florhuila) Superintendencia de Industria y Comercio, Resolución 40598 de 2014 "Por la cual se ordena el archivo de una averiguación preliminar". Rad. 171392 de 2011. (Caso Terpel).

[261] Superintendencia de Industria y Comercio, "Resolución 925 del 30 de enero de 1996" (Automóviles I–Caso Sofasa). Superintendencia de Industria y Comercio,

Como ya se dijo, los últimos pronunciamientos de la SIC[262] han dado a entender que no todos los acuerdos verticales de precios deben ser considerados ilegales por la autoridad. Lo que se ha establecido es que esta clase de acuerdos pueden ser defendidos bajo la *regla de la razón*, para lo cual debe argumentarse y demostrarse que el acuerdo o acto tiene un objetivo meritorio, que al realizar un test de balanceo entre los efectos pro-competitivos y los anticompetitivos de la conducta, la misma resulta positiva para la competencia inter-marcas y que incrementa el beneficio y el bienestar de los consumidores.

En estas resoluciones la SIC no profundiza en el test de legalidad de los acuerdos verticales, sino que se contenta con indicar que puede tomar cualquier aspecto que se estime pertinente en cada caso para definir sobre la legalidad o ilegalidad de la práctica. Las indicaciones que ofrece la SIC respecto de la posible legalidad de los acuerdos verticales de fijación de precios son bastante vagas e imprecisas, lo cual deja a los empresarios en una situación precaria.[263]

b. La fijación de precios como acto

La SIC también ha sancionado la FUP como una conducta unilateral o un acto violatorio del artículo 48(2) del Decreto 2153 de 1992, por medio del cual se prohíbe que una empresa influencie a otra para que suba sus precios o desista de su intención de rebajarlos, y del Artículo 48(3) del De-

---

"Resolución 801 del 30 de enero de 1996" (Automóviles II–Caso GMC). Superintendencia de Industria y Comercio, "Resolución 697 del 21 de enero de 1997" (Automóviles III–Caso Hyundai). Superintendencia de Industria y Comercio, Resolución 7203 del 23 de abril de 1999" (Caso Purina). Superintendencia de Industria y Comercio, "Resolución 16562 del 14 de abril de 2005" (Caso Molinos Roa y Florhuila).

[262] Superintendencia de Industria y Comercio, Resolución 16562 de 2015 "Por la cual se imponen unas sanciones al régimen de protección de la competencia y se dictan órdenes e instrucciones", Rad. 11-137432 (Caso Molinos Roa y Florhuila). Superintendencia de Industria y Comercio, Resolución 40598 de 2014 "Por la cual se ordena el archivo de una averiguación preliminar". Rad. 171392 de 2011 (Caso Terpel). Superintendencia de Industria y Comercio, Resolución 48092 de 2012 "Por la cual se ordena un archivo de una averiguación preliminar" Rad. 1524 de 2011. (Caso Televisores).

[263] Para un análisis de la evolución de la fijación vertical de precios en Colombia ver Alfonso Miranda Londoño y Gabriel Ibarra Pardo, *La fijación unilateral de precios* (FUP)*. Análisis y evolución en colombia*" (Centro de Estudios de Derecho de la Competencia, Cedec, 2016).

creto 2153 de 1992, por medio del cual se prohíbe la Negativa Unilateral a Contratar (NUC) y la discriminación en contra de una empresa, cuando ello pueda entenderse como una retaliación a su política de precios.[264]

Ahora bien, respecto de la fijación de precios como acto (es decir, como conducta unilateral), existen varias normas contradictorias entre sí que es importante tener en cuenta: De una parte el Artículo 9 de la ley 155 de 1959, junto con los Artículos 18 a 20 del antiguo Estatuto de Protección al Consumidor, Decreto 3466 de 1982; y de otra parte el Artículo 48 (2) y (3) del Decreto 2153 de 1992.

Al respecto, el Artículo 9 de la Ley 155 de 1959 dispone lo siguiente

> "Artículo 9.- Cuando las empresas industriales fijen precios de venta al públi-co, ni la misma empresa, directamente, o por medio de filiales, o distribuido-ras, ni los comerciantes independientes, podrán venderlos a *precios diferentes de los fijados por el producto*r, so pena de incurrir en las sanciones previstas para los casos de competencia desleal (cursivas propias)".

Mucho se ha discutido acerca de la vigencia o derogatoria de este artí-culo. Si se aceptara que continúa vigente, se podría argumentar que la FUP en Colombia es legal *per se* y que además es una norma de obligatorio segui-miento por parte de las redes de distribución y comercialización, cuando los productores ejercen la facultad de fijar de manera unilateral los precios de venta al siguiente eslabón de la cadena. Es preciso aclarar, sin embargo, que tanto la SIC[265], como el Consejo de Estado[266] han expresado que este artículo se encuentra derogado.

---

[264]   Los principales pronunciamientos en este sentido son Superintendencia de In-dustria y Comercio, "Resolución 27263 del 15 de diciembre de 1999" (Caso Col-tavira). Superintendencia de Industria y Comercio, "Resolución 08231 del 21 de marzo de 2001" (Caso Casa Luker). Superintendencia de Industria y Comercio, "Resolución 8310 del 28 de marzo de 2003" (Caso Gabrica).

[265]   Superintendencia de Industria y Comercio (SIC). Concepto No. 94006125 del 17 de febrero de 1994: "Con la expedición del Código de Comercio el artículo quedó derogado. Esto en atención a que la competencia desleal, una de cuyas modalida-des se encontraba descrita en ese artículo, es materia regulada de manera íntegra en el título V del libro primero de esa codificación, en los términos de su artículo 2033". El artículo, según esta posición, implicaba competencia desleal porque no era un ataque al mercado mismo y a la competencia, sino a los competidores.

[266]   Consejo de Estado, Sala de lo Contencioso Administrativo, Sección Primera, Bogotá D.C., Sentencia del diecinueve (19) de noviembre de dos mil nueve (2009). "Tampoco es de recibo el argumento de la parte demandante, en cuanto a que el artículo 9o de la Ley 155 de 1959 es aplicable a este caso. Al respecto, esta

En adición a lo anterior es necesario considerar los Artículos 18 a 20 del Decreto 3466, el cual fue en su mayoría sustituido por el Nuevo Estatuto de Protección al Consumidor, contenido en la Ley 1480 de 2011. El Decreto 3466 contenía disposiciones que permitían la aplicación de la FUP en Colombia, como se puede observar a continuación:

"Artículo 18.- Obligación de fijar los precios máximos al público: Todo proveedor o expendedor está obligado a fijar los precios máximos al público de los bienes o servicios que ofrezca, para lo cual puede elegir, según la reglamentación de la autoridad competente o, a falta de ésta, según sus posibilidades o conveniencia, el sistema de fijación en lista o el de fijación en los bienes mismos. Cuando el productor haya establecido, voluntariamente o en obedecimiento a una determinación en tal sentido de la autoridad competente, precios máximos al público indicados en los bienes mismos, el proveedor o expendedor estará exento de la obligación prevista en este artículo, pero podrá establecer precios inferiores al precio máximo al público, los cuales constituirán los precios máximos al público fijados por el proveedor o expendedor.

Artículo 19.- Sistema de fijación de precios en lista: La fijación de precios máximos al público, por el sistema de listas, deberá hacerse en caracteres perfectamente legibles y en sitio visible al público.

En las listas se indicará cuál o cuáles precios de bienes o servicios han sido fijados oficialmente, y será obligación del proveedor o expendedor informar a toda persona que lo solicite la disposición oficial que haya establecido o fijado el precio, así como el organismo o autoridad que la haya dictado.

Parágrafo: Para efecto de lo dispuesto en este artículo, los organismos o autoridades encargados de establecer o fijar precios de bienes o servicios ordenarán la publicación de las disposiciones respectivas en el Diario Oficial y al menos en dos (2) diarios más de amplia circulación nacional.

"Artículo 20.- Sistema de fijación de precios en los bienes mismos: Se entiende por sistema de fijación de precios en los bienes mismos, la indicación que de dichos precios hagan los productores, proveedores o expendedores en el empaque, el envase o el cuerpo del bien o en etiquetas adheridas a cualquiera de ellos.

La utilización de este sistema es obligatoria para todos los bienes procesados, transformados o manufacturados y para los que determine la autoridad competente".

Resulta importante destacar que las normas mencionadas no fueron derogadas en forma expresa o tácita por el Nuevo Estatuto de Protección al Consumidor, contenido en la Ley 1480 de 2011. En efecto, el artículo

---

Sala comparte el criterio del a quo, quien señala que esta disposición se encuentra derogada, por ser contraria a las finalidades del artículo 48 del Decreto Ley 2153 de 1992". Según esto, y dando aplicación al artículo 59 del Decreto 2153 de 1992, el artículo 9 de la Ley 155 de 1959 debe entenderse derogado.

84 de dicha Ley, relativo a la vigencia de la misma, establece que esta "deroga todas las normas que le sean contrarias", pero se abstuvo de realizar una derogatoria expresa y absoluta del anterior Estatuto de Protección al Consumidor contenido en el Decreto 3466 de 1982. Así pues, el operador jurídico se ve obligado a realizar un ejercicio de hermenéutica con el fin de establecer cuáles reglas del Estatuto de Protección al Consumidor anterior son contrarias a lo dispuesto en el nuevo estatuto, puesto que las que no le sean contrarias, tienen plena vigencia y aplicación.

A pesar de estas normas que parecen permitir la fijación unilateral de precios, (Artículo 9 de la ley 155 y Artículos 18 a 20 del Decreto 3466), la recomendación más sensata para los empresarios es la de no incurrir en actos unilaterales de fijación de precios de venta al público, porque pueden ser interpretados como acuerdos y ser investigados o ser interpretados como actos y por lo tanto habría una violación del artículo 48(2) o (3) del Decreto 2153 de 1992.

1.1.2.3 Diferencias y similitudes entre la fijación de precios y el agiotaje

El análisis de las diferencias y similitudes entre la conducta criminal del agiotaje y las conductas anticompetitivas relacionadas con la fijación de precios nos permite afirmar lo siguiente:

a. Los sujetos activos tanto del agiotaje como de la fijación de precios son indeterminados. Respecto de los sujetos pasivos, consideramos que si bien el Estado puede llegar a ser perjudicado por las conductas ilegales de fijación de precios, en general los sujetos pasivos de estas conductas son los consumidores.

b. En el derecho de la competencia las conductas de fijación anticompetitiva de precios toman la forma de acuerdos (horizontales o verticales) y de actos de FUP. En el derecho penal no se establece ninguna forma o modalidad de realización de la conducta de agiotaje, ya que el tipo normativo habla solamente de la realización de una "maniobra fraudulenta".

c. El agiotaje se concreta con la realización de la maniobra fraudulenta, realizada con la finalidad de lograr la alteración del precio de los productos, lo cual nos indica que, al igual que sucede con el énfasis subjetivo en muchas de las conductas prohibidas por derecho de la competencia, la conducta no es de resultado (lo cual es típico del énfasis objetivo), ya que lo que se requiere para que se realice la adecuación típica de la conducta es que se realice la maniobra fraudulenta orientada o con la intención de lograr la alteración de los precios de los productos, pero no es necesario que se logre o se obtenga dicha alteración.[267]

d. En efecto, en los acuerdos anticompetitivos de fijación de precios tampoco se requiere que se concreten los efectos de la conducta, ya que la norma prohíbe los acuerdos " que tengan por objeto o tengan como efecto la fijación directa o indirecta de precios", lo cual nos demuestra que la norma del derecho de la competencia tiene tanto el énfasis subjetivo, como el objetivo. Es decir, que para realizar el acuerdo anticompetitivo y también el delito de agiotaje, se requiere la realización de la conducta con la intención de fijar los precios en el primer caso y de alterarlos en el segundo.

e. Respecto de la fijación de precios como acto, si bien la norma no trae la expresión "por objeto o como efecto", la SIC ha establecido que el solo hecho de influenciar sin que ocurra efecto alguno, ya es reprochable[268]. En el caso de la NUC, bastaría con demostrar la negativa a contratar como una forma de retaliación contra la política de precios, sin que tuviera que producirse el efecto de determinarlos en un nivel cualquiera. Por lo tanto, las conductas analizadas de agiotaje y de fijación de precios comparten el énfasis subjetivo y, para que se aplique la sanción, tanto la de libre competencia como la penal, se requiere solamente la demostración de la conducta con la intención de producir el resultado considerado como antijurídico (la fijación o la alteración de precios según sea el caso), pero no es necesario demostrar que el resultado antijurídico se produjo.

f. En cuanto a los bienes sobre los cuales recae el delito de agiotaje, existe una determinación en el tipo, ya que se refiere a los "artículos o productos oficialmente considerados de primera necesidad, salarios, materias primas o cualesquiera bienes muebles o inmuebles o servicios que sean objeto de contratación". Como se advirtió antes, aunque podría parecer que el legislador quiso limitar el delito de agiotaje a las alteraciones de precios de los bienes de primera nece-

---

[267]   Para una explicación de los énfasis subjetivo y objetivo en el Derecho de la Competencia puede verse Alfonso Miranda Londoño, *Origen y evolución del derecho de la competencia en Colombia. La Ley 155 de 1959 y su legado* (Centro de Estudios de Derecho de la Competencia, Cedec, 2011).

[268]   Superintendencia de Industria y Comercio, Resolución No. 16562 del 14 de abril de 2015.

sidad o pertenecientes a la canasta familiar, lo cierto es que la redacción completa de la norma nos indica que en realidad puede haber agiotaje respecto de cualquier tipo de productos. De otra parte, en las conductas del derecho de la competencia sobre fijación de precios, no hay ninguna limitación respecto de los bienes sobre los cuales recae la conducta.

g. Por último, pero no por ello menos importante, como ya se ha establecido en capítulos anteriores, existe la posibilidad de que en un análisis de la regla de la razón, la SIC llegue a la conclusión de que una acuerdo vertical de fijación de precios no debe ser sancionado porque produce efectos pro-competitivos en el mercado, pero este tipo de decisión no se ha dado aún porque la SIC se ha limitado, hasta el presente, a cerrar algunas investigaciones preliminares, pero no ha aplicado un análisis de regla de la razón a un acuerdo vertical de precios dentro de una investigación formal. En todo caso, el análisis de los efectos pro competitivos no tiene cabida en el derecho penal, justamente porque este protege un bien jurídico distinto.

1.1.3 Acaparamiento vs. acuerdos anticompetitivos

1.1.3.1 Acaparamiento

El delito de Acaparamiento se encuentra tipificado en el Artículo 297 del Código Penal de Colombia (Ley 599 del 2000), el cual dispone lo siguiente: "Artículo 297.- Acaparamiento. El que en cuantía superior a cincuenta (50) salarios mínimos legales mensuales vigentes acapare o, de cualquier manera, sustraiga del comercio artículo o producto oficialmente considerado de primera necesidad".

El sujeto activo de este delito es indeterminado mientras que el sujeto pasivo del mismo es el Estado. En todo caso, este delito perjudica tanto a los consumidores que se ven privados de la posibilidad de adquirir estos bienes para satisfacer sus necesidades, o bien se ven obligados a pagar precios superiores a los que se cobrarían en condiciones de competencia. De otra parte, la conducta también perjudica a los competidores, cuya capacidad para participar en el mercado se ve restringida por el acaparamiento que reduce la disponibilidad del bien o lo elimina del mercado.

El tipo penal que se analiza es compuesto o alternativo, ya que contiene dos verbos rectores. Por un lado, está el verbo acaparar, que de acuerdo con el doctor Córdoba y la doctora Ruiz significa "adquirir y retener cosas propias del comercio en cantidad suficiente para dar la ley de mercado"[269]. Por otro lado, sustraer del comercio se refiere a apartar, separar o extraer del mercado los bienes o servicios en cuestión.

El acaparamiento es un delito de mera conducta, es decir, que se consuma en el momento en el cual se acapara o se sustrae del comercio el producto. De acuerdo con la doctrina[270], se trata de un delito de peligro abstracto, en el sentido de que no se requiere que efectivamente se produzca una lesión del orden económico social, sino que basta que el comportamiento tenga la capacidad para lograr una alteración en el mercado.

Este tipo penal recae sobre bienes que tienen dos características: (i) se trata de bienes de primera necesidad y (ii) su valor debe superar los cincuenta (50) salarios mínimos legales mensuales vigentes.

1.1.3.2 Acuerdos anticompetitivos

En el derecho colombiano existen varias clases de acuerdos anticompetitivos que tienen elementos comunes con el delito del acaparamiento, en la medida en que se trata de conductas cuyo objeto o efecto es el de restringir la presencia de productos (bienes y servicios) en el mercado. A continuación, haremos una breve explicación de cada uno de ellos.

a. Acuerdos horizontales de repartición de mercados

En Colombia, estos acuerdos se encuentran prohibidos por el Artículo 47(3) del Decreto 2153 de 1992, de conformidad con el cual se considera que son contrarios a la libre competencia los acuerdos "que tengan por objeto o como efecto la repartición de mercados entre productores entre productores o entre distribuidores".

Es evidente que si los competidores pactan la repartición de los mercados, geográficamente, por clientes o de cualquier otra manera, se va a restringir la disponibilidad de los productos de otros competidores, los cuales

---

[269]   Miguel Córdoba Angulo y Carmen Eloísa Ruiz, "Delitos contra el orden económico social", en *Lecciones de derecho penal*, (Bogotá: Universidad Externado de Colombia, 2016).

[270]   Miguel Córdoba Angulo y Carmen Eloísa Ruiz, "Delitos contra el orden económico social", en *Lecciones de derecho penal*, (Bogotá: Universidad Externado de Colombia, 2016).

no estarán disponibles para que los consumidores puedan ejercer el derecho de libre escogencia para satisfacer sus necesidades, sino que tendrán que hacerlo únicamente a través del producto del competidor asignado por la mecánica del cártel para ese determinado mercado.

b. Acuerdos de asignación de cuotas de producción o de suministro

En Colombia estos acuerdos se encuentran prohibidos por el Artículo 47(4) del Decreto 2153 de 1992, de conformidad con el cual se considera que son contrarios a la libre competencia los acuerdos "que tengan por objeto o como efecto la asignación de cuotas de producción o suministro".

En este caso, se restringe la competencia en dos formas: (i) se afectan los precios, ya que, de acuerdo con la ley de la oferta y la demanda, la escasez significa un aumento en los precios, y, (ii) en un escenario de libre competencia, si un agente del mercado deja de producir, los competidores deberían suplir este vacío; es decir que los competidores deberían aprovechar este espacio para producir y vender más. Sin embargo, en la medida en que exista un acuerdo de cuotas, ningún competidor aprovechará este espacio para tratar de competir, ya que el objetivo del cártel consiste precisamente en generar escasez para que se incrementen los precios.

c. Acuerdos de asignación o limitación de fuentes de abastecimiento de insumos productivos

En Colombia estos acuerdos se encuentran prohibidos por el Artículo 47(5) del Decreto 2153 de 1992, de conformidad con el cual se considera que son contrarios a la libre competencia los acuerdos "que tengan por objeto o como efecto determinar la asignación o limitación de fuentes de abastecimiento de insumos productivos".

Esta conducta tiene impacto en aquellos mercados en los cuales la producción depende del suministro de un insumo productivo. Es decir que la conducta requiere de la existencia de un mercado aguas arriba y un mercado aguas abajo. En este sentido, la asignación o limitación de las fuentes de abastecimiento de las materias primas aguas arriba tiene la capacidad de restringir la producción de bienes y servicios aguas abajo, con lo cual se pueden inclusive definir cuotas de producción aguas abajo, todo lo cual restringe la competencia.

d. Acuerdos de no producir

En Colombia estos acuerdos se encuentran prohibidos por el Artículo 47(8) del Decreto 2153 de 1992, de conformidad con el cual se considera que son contrarios a la libre competencia los acuerdos "que tengan por objeto o tengan como efecto abstenerse de producir un bien o servicio o afectar sus niveles de producción".

A diferencia de los acuerdos de asignación de cuotas, en este tipo de acuerdos se pacta que no se va a producir un determinado bien o servicio o que se van a restringir o limitar sus niveles de producción. En el acuerdo de asignación de cuotas, como su nombre lo indica, se determina en qué cantidad se va a producir. En todo caso, la asignación de cuotas puede ser una forma de afectación de los niveles de producción.

e. Acuerdos para obstruir el acceso al mercado

En Colombia estos acuerdos se encuentran prohibidos por el Artículo 47(10) del Decreto 2153 de 1992, de conformidad con el cual se considera que son contrarios a la libre competencia los acuerdos "que tengan por objeto o tengan como efecto impedir a terceros el acceso a los mercados o a los canales de comercialización".

Como se puede observar, este tipo de acuerdos también se encuentran orientados a impedir que los consumidores puedan tener acceso a los bienes y servicios que les permiten satisfacer sus necesidades, por lo cual resultan anticompetitivos y presentan una similitud con el tipo del acaparamiento que se estudia en esta sección.

1.1.3.3 Diferencias y similitudes

El análisis de las diferencias y similitudes entre la conducta criminal del acaparamiento y los diferentes acuerdos anticompetitivos antes reseñados permiten afirmar lo siguiente:

- Tanto en el derecho de la competencia como en el derecho penal, las conductas analizadas cuentan con un sujeto activo indeterminado. En cuanto al sujeto pasivo, en el delito de acaparamiento, es el Estado, sin perjuicio de que otros sujetos resulten perjudicados, y, en el derecho de la competencia, los afectados son los competidores, los consumidores y el mercado en general.

- Por otro lado, en los dos tipos conductas se puede investigar por la realización de la conducta con el objetivo o la intención de producir los resultados antijurídicos descritos por las normas, pero sin que sea necesario para la imposición de la infracción que se produzca el resultado perseguido. Lo anterior porque el delito de acaparamiento es de mera conducta y los acuerdos anticompetitivos son investigados cuando tienen "por objeto o como efecto" la restricción de la libre competencia en los mercados, lo cual refleja que la arquitectura jurídica de la normativa de competencia utiliza tanto el énfasis subjetivo, como el objetivo, como ya se explicó.

- La principal diferencia consiste en que en el derecho de la competencia la conducta puede recaer sobre cualquier tipo de bien, mientras que en el derecho penal, el delito recae sobre bienes de primera necesidad y que superen un valor de cincuenta (50) salarios mínimos legales mensuales vigentes.

1.1.4 Especulación vs. fijación de precios

El delito de especulación y la fijación de precios se asemejan en que en ambos la conducta reprochable se refiere a la alteración de los precios. Sin embargo, la especulación, a diferencia del agiotaje, no exige una maniobra fraudulenta para alterar los precios. Además, en la especulación, se trata de bienes cuyo precio es fijado por las autoridades.

1.1.4.1 El delito de Especulación

El delito de especulación se encuentra tipificado en el artículo 298 del del Código Penal de Colombia (Ley 599 del 2000), el cual dispone lo siguiente: "Artículo 298.- Especulación. El productor, fabricante o distribuidor mayorista que ponga en venta artículo o género oficialmente considerado como de primera necesidad a precios superiores a los fijados por autoridad competente".

Este es un delito de mera conducta, ya que basta con "poner a la venta" los artículos considerados de primera necesidad, a precios superiores a los regulados, para que se consume el delito, sin que se tenga que causar una lesión.[271]

---

[271]   Miguel Córdoba Angulo y Carmen Eloísa Ruiz, "Delitos contra el orden económico social", en *Lecciones de derecho penal*, (Bogotá: Universidad Externado de Colombia, 2016).

También se puede observar que se trata de un delito de sujeto activo calificado, pues el articulado habla de "productor, fabricante o distribuidor mayorista".

El objeto material es un artículo o género oficialmente considerado como de primera necesidad y cuyos precios hayan sido fijados por una autoridad competente.

1.1.4.2 Fijación de precios

El análisis sobre la fijación de precios, desde el punto de vista de libre competencia es el mismo que presentamos en el caso del delito de agiotaje, razón por la cual es preciso referirse a la sección 1.1.2.2 de este documento en este punto.

1.1.4.3 Diferencias y similitudes

El análisis de las diferencias y similitudes entre la conducta criminal de la especulación y los diferentes acuerdos anticompetitivos a los cuales se ha hecho referencia, nos permite afirmar lo siguiente:

- La especulación es un delito con sujeto activo calificado, ya que quien incurre en esta conducta es el productor, fabricante o distribuidor mayorista.

- Respecto de los sujetos pasivos, en el caso de la especulación tenemos al Estado como sujeto pasivo; y en la fijación de precios, si bien el Estado puede resultar perjudicado, el sujeto pasivo directo son los consumidores.

- En cuanto a las conductas anticompetitivas de fijación de precios, estas toman dos formas: como acto y como acuerdo. En el derecho penal, no se establecen como tal las formas que puede tomar esta conducta; simplemente se habla de "poner en venta" lo productos de primera necesidad a precios diferentes de los regulados.

- La especulación se concreta con la venta del producto de primera necesidad y de precio regulado, lo cual lo hace un delito de resultado, más asimilable al énfasis objetivo de las conductas anticompetitivas.

- Los bienes sobre los cuales recae la conducta de especulación son los de primera necesidad, cuyo precio es fijado por una autoridad competente. Sin embargo, en la conducta de fijación de precios del derecho de la competencia, no hay ninguna limitación respecto de los bienes sobre los cuales recae la conducta.

- Por último, como ya se ha establecido en la sección 1.1.2, existe la posibilidad de que los acuerdos verticales de fijación de precios no sean sancionados por la SIC, por encontrarlos procompetitivos bajo la regla de la razón, lo cual no sucede con el delito de especulación.

1.1.5 Ofrecimiento engañoso de productos y servicios vs. acto anticompetitivo

1.1.5.1 Ofrecimiento engañoso de productos y servicios

El delito de Ofrecimiento Engañoso de Productos y Servicios se encuentra tipificado en el artículo 300 del Código Penal de Colombia (Ley 599 del 2000), el cual dispone lo siguiente:

Artículo 300.- Ofrecimiento engañoso de productos y servicios. El productor, distribuidor, proveedor, comerciante, importador, expendedor o intermediario que ofrezca al público bienes o servicios en forma masiva, sin que los mismos correspondan a la calidad, cantidad, componente, peso, volumen, medida e idoneidad anunciada en marcas, leyendas, propaganda, registro, licencia o en la disposición que haya oficializado la norma técnica correspondiente.

Se trata de un delito de mera conducta, en el entendido de que el delito se consuma cuando el

> "[...] productor, distribuidor, proveedor, comerciante, importador, expendedor o intermediario" ofrece productos "sin que los mismos correspondan a la calidad, cantidad, componente, peso, volumen, medida e idoneidad anunciada en marcas, leyendas, propaganda, registro, licencia o en la disposición que haya oficializado la norma técnica correspondiente".

Ahora bien, el tipo penal se configura sólo si se el producto se ofrece de manera *masiva*272.

---

272   Miguel Córdoba Angulo y Carmen Eloísa Ruiz, "Delitos contra el orden económico social", en *Lecciones de derecho penal*, (Bogotá: Universidad Externado de Colombia, 2016).

El sujeto activo es calificado: *productor, distribuidor, proveedor, comerciante, importador, expendedor o intermediario*. Por su parte, el sujeto pasivo es el Estado al pertenecer este delito al capítulo de delitos contra el orden económico y social.[273]

1.1.5.2 Acto anticompetitivo

La conducta que resulta equiparable al artículo 300 en el Derecho de la Competencia colombiano es el Artículo 48(1) del Decreto 2153 de 1992:

> "Artículo 48.- Actos contrarios a la libre competencia. Para el cumplimiento de las funciones a que se refiere el artículo 44 del presente decreto, se consideran contrarios a la libre competencia los siguientes actos:
> 1. Infringir las normas sobre publicidad contenidas en el estatuto de protección al consumidor".

Esta conducta remite al Estatuto de Protección al Consumidor de Colombia, hoy en día contenido en la Ley 1480 de 2011, el cual contiene las reglas sobre publicidad en sus artículos 29 al 33.

Un ejemplo del uso de este numeral por la SIC es la Resolución No. 3839 de 2013, por medio de la cual la SIC decidió archivar una investigación en contra de la Fábrica de Licores de Antioquia frente a una denuncia presentada por Bavaria (el principal fabricante de cerveza de Colombia), por una publicidad que la Fábrica de Licores de Antioquia sacó en varias revistas, en donde se aseguraba que la cerveza engordaba más que el aguardiente y no contenía la leyenda obligatoria para la publicidad de bebidas alcohólicas, con la manifestación en el sentido de que el alcohol es perjudicial para la salud.

La SIC encontró que sí hubo infracción al estatuto del consumidor, pero que dicha conducta no había generado un impacto significativo en el mercado de las bebidas alcohólicas, ya que no hubo desplazamiento de clientes de la cerveza al aguardiente como consecuencia de la mencionada pieza publicitaria, razón por la cual la autoridad de competencia de Colombia se abstuvo de sancionar a la Fábrica de Licores de Antioquia por la violación del régimen de prácticas restrictivas de la competencia.

---

[273]   Miguel Córdoba Angulo y Carmen Eloísa Ruiz, "Delitos contra el orden económico social", en *Lecciones de derecho penal*, (Bogotá: Universidad Externado de Colombia, 2016).

1.1.5.3 Diferencias y similitudes

Como se puede evidenciar, la conducta anticompetitiva es mucho más abierta que la penal, ya que se remite a las normas del Estatuto de Protección al Consumidor.

En el caso del delito de *ofrecimiento engañoso de productos o servicios*, la infracción es de mera conducta, es decir que basta probar que se cometió la conducta, sin necesidad de demostrar que esta efectivamente haya causado efectos dañinos.

Sin embargo, como se deduce del caso resuelto por la SIC en la Resolución No. 3839 de 2013, en el caso del acto anticompetitivo de infracción de las normas de publicidad contenidas en el estatuto de protección al consumidor, para que la Superintendencia de Industria y Comercio entienda que se presentó una infracción del régimen de libre competencia, se requiere que la conducta haya producido un impacto significativo en el mercado; porque de lo contrario la autoridad entenderá ,como en el caso reseñado, que aunque se haya producido una infracción de las normas de protección al consumidor, ello no implica necesariamente que se haya vulnerado el régimen de protección o defensa de la competencia.

Salta a la vista que el sujeto activo en el derecho penal es el *productor, distribuidor, proveedor, comerciante, importador, expendedor o intermediario*, mientras que el sujeto activo en el Decreto 2153 de 1992 es indeterminado.

1.1.6 Colusión en licitaciones Públicas vs. acuerdos anticompetitivos

En esta sección se analiza la que es sin duda la norma más importante para el estudio de la criminalización del derecho de la competencia en Colombia, ya que por primera vez el legislador incluyó en el Código Penal una conducta que se define como un acuerdo restrictivo de la libre competencia.

En la Tabla 11 que se incluye más arriba en esta sección, se incluyen los tipos penales que tutelan la libre competencia, entre los cuales se encuentra el de la colusión en las licitaciones u ofertas públicas, el cual está relacionado como una conducta anticompetitiva en las cuatro legislaciones de Latinoamérica que hemos tomado como referencia para la obra: Colombia, Perú, Chile y México.

En nuestra opinión, el derecho de la competencia en Latinoamérica debería mantenerse como una expresión del derecho administrativo sancionador y no debería ser criminalizado. En efecto, el derecho penal debería ser considerado por la sociedad como la última ratio, en desarrollo del principio de subsidiariedad o principio de mínima intervención.

1.1.6.1 Delito de colusión en licitaciones públicas

El Artículo 410A del Código Penal de Colombia, adicionado a la Ley 599 de 2000 por el artículo 27 de la Ley 1474 de 2011 (en adelante también denominada como "Estatuto Anticorrupción"), tipifica la conducta del que "se concertare con otro con el fin de alterar ilícitamente un procedimiento contractual" en los casos de licitación pública, subasta pública, selección abreviada o concurso. La norma dispone textualmente lo siguiente:

> "Artículo 410A. Acuerdos restrictivos de la competencia. El que en un proceso de licitación pública, subasta pública, selección abreviada o concurso *se concertare* con otro *con el fin de alterar ilícitamente el procedimiento contractual*, incurrirá en prisión de seis (6) a doce (12) años y multa de doscientos (200) a mil (1.000) salarios mínimos legales mensuales vigentes e inhabilidad para contratar con entidades estatales por ocho (8) años.
> Parágrafo. El que en su condición de delator o clemente mediante resolución en firme obtenga exoneración total de la multa a imponer por parte de la Superintendencia de Industria y Comercio en una investigación por acuerdo anticompetitivos en un proceso de contratación pública obtendrá los siguientes beneficios: reducción de la pena en una tercera parte, un 40 % de la multa a imponer y una inhabilidad para contratar con entidades estatales por cinco (5) años (cursivas propias)".

Esta norma fue introducida por el artículo 27 de la Ley 1474 de 2011, cuya entrada en vigor se produjo con su publicación en el *Diario Oficial* el 12 de julio del 2011. En el curso del trámite legislativo se realizaron las siguientes observaciones en relación con esta disposición en concreto:

> "Se adiciona como nuevo tipo penal los acuerdos restrictivos de competencia en materia de contratación estatal para sancionar fundamentalmente los ya frecuentes casos en los cuales los proponentes de un proceso precontractual se ponen de acuerdo para engañar al Estado. (Gacetas No. 607, 784 y 1002 del 2010 SENADO).
> El Capítulo II hace alusión a los temas penales. En ese sentido, el proyecto de ley entre otros aspectos excluye de beneficios a quienes incurran en delitos contra la administración pública; amplía los términos de prescripción de la acción penal en delitos asociados a corrupción; crea nuevos tipos penales como la corrupción privada, la administración desleal, la utilización indebida de información privilegiada, la evasión fiscal en monopolios rentísticos, el tráfico de influencia de particulares, los acuerdos restrictivos de la competencia, el fraude a subvenciones y una serie de delitos asociados a la penalización de conductas relacionadas con la salud; amplía los términos de investigación

para facilitar el trabajo de la Fiscalía; permite la realización de operaciones encubiertas para develar casos de corrupción; permite la aplicación del principio de oportunidad para quien denuncie la realización de un cohecho".[274]

Como lo manifestamos en la obra *La colusión en los procesos de selección para la celebración de contratos estatales*

> "Esta norma constituye el primer paso en la criminalización del Derecho de la Competencia en Colombia, ya que tipifica claramente como delito los acuerdos contrarios a la libre competencia relacionados con la colusión en licitaciones u ofertas públicas de derecho administrativo. Aunque en general consideramos que no es conveniente criminalizar el Derecho de la Competencia en Latinoamérica, debido a que la cultura de competencia aún no ha penetrado de manera suficiente a la sociedad ni existe una conciencia difundida acerca de la ilegalidad de la conducta y la magnitud de sus efectos, es evidente que la conducta anticompetitiva que en mayor medida afecta bienes jurídicos protegidos es, precisamente, la colusión en las licitaciones u ofertas públicas, ya que son las que afectan más gravemente el desarrollo del país y las condiciones de vida de la población".[275]

Para Fabio Humar[276], se trata de un delito monoofensivo, de mera conducta, de conducta instantánea y de sujeto activo indeterminado. A su vez, el sujeto pasivo es el Estado y el verbo rector es *"concertarse"* con otro.

1.1.6.2 Acuerdo anticompetitivo

En Colombia la colusión en las licitaciones u ofertas públicas se encuentra expresamente definida en el Artículo 47(9) del Decreto 2153 de 1992, de conformidad con el cual se considera que son contrarios a la libre competencia los acuerdos "que tengan por objeto la colusión en las licitaciones o concursos o los que tengan como efecto la distribución de adjudicacio-

---

[274] Congreso de la República de Colombia. Senado de la República, *Gaceta*, Número 311, (2011). Congreso de la República de Colombia, Cámara de la Representantes, *Gaceta*, Número 19, (2011). Congreso de la República de Colombia, Cámara de la Representantes, *Gaceta*, Número 128, (2011). Congreso de la República de Colombia, Cámara de la Representantes, *Gaceta*, Número 312, (2011).

[275] Alfonso Miranda Londoño y Carolina Deik Acostamadiedo, *La conlusión en los procesos de selección para la celebración de contratos estatales* (Bogotá: Universidad Javeriana y Grupo Editorial Ibáñez, 2018)

[276] Fabio Humar "Derecho Penal Económico: Criminalización de las Conductas del Derecho de la Competencia", *Revista de Derecho de la Competencia Cedec*, XIII, (2013), 103–137.

nes de contratos, distribución de concursos o fijación de términos de las propuestas".

Los acuerdos anticompetitivos en procesos de selección para la celebración de contratos estatales pueden ser perseguidos por la autoridad de competencia por su objeto o su efecto y por la distorsión que le ocasionen al mercado.[277] La sanción por el efecto persigue tres situaciones diferentes, a saber: (i) la distribución de adjudicaciones de contratos; (ii) la distribución de concursos y (iii) la fijación de términos de las propuestas.[278-279]

Como se puede observar, los fenómenos de colusión en las licitaciones u ofertas públicas de derecho administrativo se analizan a la luz del artículo 47(9) del Decreto 2153, en todo lo referente a los acuerdos entre dos o más empresas, como ocurre cuando quienes deberían competir en el mercado coluden para no hacerlo y para, así, asegurar unas ventajas frente a quienes no hacen parte del acuerdo. Para todo aquello que no constituya un "acuerdo" entre dos o más empresas (por situaciones de control empresarial o cuando las conductas anticompetitivas se realizan entre una empresa y los funcionarios públicos, por ejemplo), podría eventualmente utilizarse la Cláusula de Prohibición General contra todas las prácticas restrictivas de la competencia, contenida en el Artículo 1 de la Ley 155, en concordancia con el Artículo 46 del Decreto 2153; aunque es posible que conductas de corrupción realizadas por funcionarios públicos y que afectan el proceso licitatorio no constituyan prácticas restrictivas de la competencia, sino que deban ser tratadas a través de otros ordenamientos jurídicos, como el penal.

---

[277] Superintendencia de Industria y Comercio, Resolución 8917 del 04 de marzo de 2013, "Por la cual se resuelven unos recursos de reposición", Rad. No. 08-126301. Op. Cit., hoja 43. Superintendencia de Industria y comercio, Resolución 40835 del 9 de julio de 2013, "Por la cual se ordena el cierre de una investigación", Rad. No. 11-60730. Op. Cit., hoja 8.

[278] Superintendencia de Industria y Comercio, Resolución 83037 del 29 de diciembre de 2014, "Por la cual se imponen unas sanciones a INCOEQUIPOS, PAVIGAS y otros, por contravención a la prohibición general del artículo 1 de la Ley 155 de 1959 y por incurrir en acuerdos colusorios" Rad. No. 12-174085. Op. Cit., hoja 72.

[279] Superintendencia de Industria y Comercio, Resolución 8917 del 04 de marzo de 2013, "Por la cual se resuelven unos recursos de reposición", Rad. No. 08-126301. Op. Cit., hoja 11.

1.1.6.3 Diferencias y similitudes

El análisis de las diferencias y similitudes entre la conducta criminal de los acuerdos restrictivos de la competencia y la colusión en licitaciones u ofertas públicas a los cuales se ha hecho referencia nos permite afirmar lo siguiente:

a. La norma de Derecho de la Competencia se refiere a la colusión en licitaciones u ofertas públicas realizadas por entidades privadas y también por entidades públicas; mientras que claramente el delito de acuerdos restrictivos de la competencia se refiere solamente a la colusión en la contratación estatal.

b. Ambas conductas tienen un sujeto activo indeterminado, lo que quiere decir que cualquier persona puede incurrir en ambos tipos de conductas.

c. De acuerdo con Fabio Humar[280], lo que marca la pauta para aplicar la ley penal en el delito de acuerdos restrictivos de la competencia es que la concertación debe realizarse "ilícitamente".

d. Mientras que la hipótesis de la conducta en el derecho penal es la de "concertarse" con otro con el fin de alterar ilícitamente el procedimiento contractual, en el derecho de la Competencia como vimos las hipótesis son tres: (i) la distribución de adjudicaciones de contratos; (ii) la distribución de concursos y (iii) la fijación de términos de las propuestas.

1.2 Los programas de delación frente a la aplicación criminal del derecho de la competencia

En los acápites anteriores de esta sección tomamos como caso base para nuestro estudio la legislación colombiana (aunque el ejercicio se podría replicar en cualquiera de las otras legislaciones de Latinoamérica o de cualquier país del mundo), con el fin de demostrar que es posible que unos mismos hechos vulneren de manera simultánea normas del derecho penal y del derecho de la competencia; y que en este orden de ideas es posible

---

[280] Fabio Humar "Derecho Penal Económico: Criminalización de las Conductas del Derecho de la Competencia", *Revista de Derecho de la Competencia Cedec*, XIII, (2013), 103–137.

que se apliquen sanciones provenientes del régimen penal y también del régimen de competencia, por la realización de unas mismas conductas.

Como se anticipó, los programas de delación pueden entrar en conflicto con las normas que tienden a criminalizar el derecho de la competencia. Se identificaron tres grandes problemas: el primero está relacionado con los incentivos para delatar, el segundo se refiere a la doble delación y el tercero se aproxima al derecho probatorio.

Los programas de delación se han venido perfeccionando en los últimos cuarenta (40) años en todo el mundo debido a que la investigación y sanción de conductas anticompetitivas no es para nada fácil.[281] En efecto, en muchos casos no se encuentran evidencias directas, ya que los involucrados han sofisticado los mecanismos para realizar las conductas anticompetitivas, lo cual hace más difícil su detección. Adicionalmente, como lo vimos en el apartado 1.4 del primer capítulo, desde el punto de vista de la teoría de juegos, la posición más segura para todos los miembros de un cártel empresarial consiste en mantener lealtad entre ellos y guardar silencio ante cualquier requerimiento de la autoridad, ya que, si nadie habla, la posibilidad de que cualquiera de los miembros del cártel resulte sancionado es significativamente menor.

1.2.1 Los incentivos del Programa de Delación

Como lo vimos en el primer capítulo y en la capítulo tercero de la segunda parte, los programas de delación pretenden generar incentivos para romper la lealtad entre los infractores. Para ello, ofrecen inmunidad total, parcial o reducción de las multas a quienes colaboren con la autoridad. Como se ha repetido a lo largo de la obra, estos programas son considerados como una herramienta más eficaz en la lucha contra los cárteles empresariales y, por ello, han sido introducidos en las legislaciones de competencia de los países latinoamericanos, los cuales han venido desarrollando sus primeros casos durante la última década.

Ahora bien, lo que sucede en la mayoría de los países de Latinoamérica es que las autoridades de competencia son autoridades administrati-

---

[281] Fernando García de la Vega, *La Clemencia (Leniency) en el Derecho de la Competencia (Antitrust). Exención o reducción de multas en casos de cártel* (Dykinson S. L. 2017), 15. Este autor manifiesta al respecto: "Uno de los obstáculos más habituales y relevantes en la aplicación del Derecho de Defensa de la Competencia es la dificultad de detectar y probar las conductas ilícitas o anticompetitivas".

vas especializadas que están facultadas para otorgar inmunidad a quienes aplican al programa de delación, frente a las normas de competencia y en especial respecto de las multas; pero no tienen potestad para detener las investigaciones criminales o brindarles inmunidad a los delatores respecto de las mismas, lo cual genera un importante desincentivo para delatar. Esta situación ha sido señalada por el Grupo de Trabajo de Cárteles del ICN, en el documento sobre buenas prácticas para promover las solicitudes de delación:

> "El conflicto más evidente entre la clemencia y las sanciones penales da la impresión de aparecer en los regímenes administrativos de competencia, en los cuales la conducta del cártel, por ejemplo, la colusión el licitaciones, también se investiga como un delito, por fuera de la capacidad de investigación de la autoridad administrativa de competencia. En muchos de estos casos, las autoridades de competencia sólo pueden proporcionar clemencia para sanciones administrativas o civiles, pero no para las penales. En este contexto, no puede excluirse que el riesgo de exposición a sanciones penales pueda desalentar las solicitudes de clemencia y pueda tener un efecto negativo en el programa de clemencia de que se trate (traducción propia)".[282]

Además, es necesario tener en cuenta que las autoridades que aplican el derecho penal por regla general desconocen las normas de competencia, que la acción penal es por regla general obligatoria y que no ejercerla puede conducir a un prevaricato por parte del servidor público.

En ese sentido, el ICN ha establecido que, en las jurisdicciones en las cuales (como es el caso de las latinoamericanas) la autoridad penal y la autoridad de competencia son distintas, se hace más complicado que un miembro del cártel acuda al programa de delación para colaborar con la autoridad puesto que, incluso si obtiene un perdón total por parte de la

---

[282] "The most obvious conflict between leniency and criminal sanctions seems to appear in administrative antitrust regimes where cartel conduct, e.g. bid-rigging, is also prosecuted as a criminal offence falling outside administrative antitrust enforcement. In many such cases, competition agencies can only provide leniency for administrative or civil sanctions, but not for criminal ones. In this context, it cannot be ruled out that the risk of exposure to criminal sanctions can discourage leniency applications and could have a negative effect on the leniency programme concerned". International Competition Network (ICN), *Good practices for incentivizing leniency applications. Cartel Working Group. Subgroup 1* (2019), 14.

autoridad de competencia, puede enfrentar cargos penales[283] y una pena privativa de la libertad[284].

Esta situación genera retos muy importantes para el desarrollo del derecho de la competencia en Latinoamérica y requiere de la expedición de normas que permitan armonizar la herramienta de la delación con la estructura institucional y las normas del derecho penal, de tal manera que el programa de delación pueda ser utilizado de manera efectiva y cumpla su propósito en beneficio de la sociedad.

En las secciones siguientes mostraremos la forma en que esta problemática ha sido abordada en los cuatro países escogidos para nuestro análisis. Como se podrá observar, con la excepción de la solución chilena, que es la que mejor ha logrado armonizar la aplicación del derecho criminal al derecho de la competencia, en los otros países todavía hay un camino para recorrer, con el fin de solucionar este reto.

1.2.1.1 Exoneración parcial de la sanción penal para el delator en Colombia

En Colombia, como es el caso de la mayoría de los países latinoamericanos, la autoridad penal y la autoridad de competencia son diferentes como se verá a continuación:

a. De conformidad con el artículo 6 de la Ley 1340 de 2009, la sic es la autoridad nacional de competencia y, en esa calidad,

---

[283] International Competition Network, "Relationship between Competition Agencies and Public Procurement Bodies", en *Anti-Cartel Enforcement Manual, ed. ICN CWG Subgroup 2: Enforcement Techniques* (ICN , 2015), 14. "In these jurisdictions, the success of detection bid-rigging practices through a leniency program is greatly impaired because cartel members (especially directors and high-ranking executives of companies) may face criminal charges even if they obtain full immunity in an antitrust investigation [En estas jurisdicciones, el éxito en la detección de colusión en las licitaciones u ofertas públicas a través de un programa de clemencia se ve muy deteriorado porque los miembros del cártel (especialmente los directores y altos ejecutivos de las empresas) pueden enfrentar cargos criminales incluso si obtienen inmunidad total en una investigación de prácticas restrictivas de la competencia] [traducción propia]".

[284] Como se referenció anteriormente, el artículo 410A del Código Penal le da una rebaja de un tercio de la pena a imponer a quien obtenga el 100% de la rebaja de la multa a imponer por parte de la SIC en razón de su participación en el programa de Beneficios por Colaboración.

"[...] conocerá en forma privativa de las investigaciones administrativas, impondrá las multas y adoptará las demás decisiones administrativas por infracción a las disposiciones sobre protección de la competencia, así como en relación con la vigilancia administrativa del cumplimiento de las disposiciones sobre competencia desleal".[285]

Esta función prevista en la ley, se ve reiterada por el articulo 1(2) del Decreto 4886 de 2001, en el cual se reafirma que la SIC es la Autoridad Nacional de Protección de la Competencia en Colombia.

b. Por otro lado, de conformidad con lo dispuesto por el Articulo 250 de la Constitución Política de Colombia de 1991, La Fiscalía General de la Nación es la autoridad de investigación en el campo penal, razón por la cual tiene el deber de

"[...] adelantar el ejercicio de la acción penal y realizar la investigación de los hechos que revistan las características de un delito que lleguen a su conocimiento por medio de denuncia, petición especial, querella o de oficio, siempre y cuando medien suficientes motivos y circunstancias fácticas que indiquen la posible existencia del mismo".[286]

Lo anterior se ve reiterado en el artículo 66 del Código de Procedimiento Penal (Ley 906 de 2004) el cual establece que

"[...] el Estado, por intermedio de la Fiscalía General de la Nación, está obligado a ejercer la acción penal y a realizar la investigación de los hechos que revistan las características de un delito, de oficio o que llegan a su conocimiento por medio de denuncia, petición especial, querella o cualquier otro medio".

Con el fin de mitigar las consecuencias negativas que la existencia de dos autoridades, una penal y otra de competencia, tiene sobre la eficacia del Programa de Beneficios por Colaboración, la Fiscalía General de la Nación y la Superintendencia de Industria y Comercio firmaron un "convenio para fortalecer la lucha contra la cartelización empresarial y otras formas de colusión en contrataciones públicas"[287].

---

[285] Artículo 6. Ley 1340 de 2009.

[286] Artículo 250 Constitución de Colombia 1991.

[287] Superintendencia de Industria y Comercio, Fiscalía y Superindustria firman convenio para fortalecer la lucha contra la cartelización empresarial y otras formas de colusión en contrataciones públicas. https://www.sic.gov.co/noticias/fiscalia-y-superindustria-firman-convenio-para-fortalecer-la-lucha-contra-la-cártelizacion-empresarial-y-otras-formas-de-colusion-en-contrataciones-publicas

El convenio tiene

> "[...] como objetivo unir esfuerzos en búsqueda de más efectividad y eficien-
> cia en las labores de detección, procesamiento y sanción dentro de las inves-
> tigaciones judiciales y administrativas que adelantan estas entidades por carte-
> lización empresarial y otras formas de colusión en contrataciones públicas[288]
> [mediante el intercambio de] [...] información y elementos de prueba con el
> fin de que cada entidad ejerza las correspondientes funciones de policía admi-
> nistrativa económica y policía judicial de forma más contundente"[289].

A pesar de las buenas intenciones expresadas por las mencionadas autoridades colombianas en el convenio interinstitucional mencionado, lo
cierto es que en Colombia, como ya se explicó, el artículo 27 de la Ley 1474
de 2012 creó un nuevo delito de "acuerdos restrictivos de la competencia",
cuyo análisis se debe hacer junto con el artículo 47(9) del decreto 2153 de
1992, que prohíbe la colusión en las licitaciones u ofertas públicas como
acuerdo anticompetitivo, lo cual implica, como ya se explicó, la posibilidad
de que por unos mismos hechos se adelanten dos investigaciones: (i) La
primera, por prácticas restrictivas de la competencia y (ii) la segunda, por
la realización de un delito de colusión en licitaciones u ofertas públicas de
derecho administrativo.

El problema surge debido a que en el caso de la primera conducta, es
decir, el de la práctica anticompetitiva, es posible para el delator acceder
al programa de clemencia y obtener la exoneración de la multa si cumple
con los requisitos para el efecto; mientras que en el procedimiento penal
no es posible obtener una exoneración total de la condena, como se pasa
a explicar.

En efecto, el artículo 410 A del Código Penal (Ley 599 de 2000) no establece la posibilidad de exoneración total o inmunidad del delator frente
a la infracción criminal, sino que apenas introduce en su parágrafo un
atenuante de la pena, es decir, una rebaja prevista para el delito de "acuer-

---

288   Superintendencia de Industria y Comercio, Fiscalía y Superindustria firman convenio para fortalecer la lucha contra la cartelización empresarial y otras formas
de colusión en contrataciones públicas. https://www.sic.gov.co/noticias/fiscalia-
y-superindustria-firman-convenio-para-fortalecer-la-lucha-contra-la-cártelizacion-
empresarial-y-otras-formas-de-colusion-en-contrataciones-publicas

289   Superintendencia de Industria y Comercio, Fiscalía y Superindustria firman convenio para fortalecer la lucha contra la cartelización empresarial y otras formas
de colusión en contrataciones públicas. https://www.sic.gov.co/noticias/fiscalia-
y-superindustria-firman-convenio-para-fortalecer-la-lucha-contra-la-cártelizacion-
empresarial-y-otras-formas-de-colusion-en-contrataciones-publicas

dos restrictivos de la competencia". La mencionada rebaja se refiere a una disminución de la tercera parte de la pena de prisión, que es de seis (6) a doce (12) años; a una reducción del 40 % de la multa a imponer, que es de doscientos (200) a mil (1000) salarios mínimos mensuales[290], y a una reducción de la inhabilidad para contratar con entidades estatales, que era de ocho (8) años a cinco (5) años.

Para que se materialicen los beneficios antes mencionados deben darse los siguientes presupuestos: (i) el delator debe haberse coludido con un tercero, en un proceso de licitación pública, subasta pública, selección abreviada o concurso, con el fin de alterar ilícitamente el procedimiento de contratación; (ii) el delator debe haber acudido al Programa de Beneficios por Colaboración en calidad de primer solicitante y (iii) el delator debe haber obtenido la exoneración total de la multa a imponer por la Superintendencia de Industria y Comercio. El artículo 410-A del Código Penal Colombiano establece lo siguiente:

Ley 599 de 2000. (Código Penal Colombiano)

> "Artículo 410A. Acuerdos restrictivos de la competencia. El que en un proceso de licitación pública, subasta pública, selección abreviada o concurso *se concertare* con otro *con el fin de alterar ilícitamente el procedimiento contractual*, incurrirá en prisión de seis (6) a doce (12) años y multa de doscientos (200) a mil (1.000) salarios mínimos legales mensuales vigentes e inhabilidad para contratar con entidades estatales por ocho (8) años.
> Parágrafo. El que en su condición de delator o clemente mediante resolución en firme obtenga exoneración total de la multa a imponer por parte de la Superintendencia de Industria y Comercio en una investigación por acuerdo anticompetitivos en un proceso de contratación pública obtendrá los siguientes beneficios: reducción de la pena en una tercera parte, un 40 % de la multa a imponer y una inhabilidad para contratar con entidades estatales por cinco (5) años (cursivas propias)".

Como se menciona anteriormente, el problema de la fórmula establecida en el derecho colombiano es que el incentivo para el delator es demasiado bajo, desde el punto de vista cualitativo y cuantitativo. En efecto, si bien el delator obtiene una rebaja de la pena, esta no es suficiente, pues, como se puede ver, aún con la rebaja el delator puede quedar sometido a

---

[290]   Doscientos (200) salarios mínimos legales mensuales equivalen aproximadamente a cincuenta y dos mil quinientos veintisiete dólares (USD 52,527,oo); y mil (1.000) salarios mínimos legales mensuales equivalen aproximadamente a sesenta y dos mil seiscientos cuarenta dólares (USD 62.240,oo). Cálculo realizado con base en la tasa de cambio de marzo de 2022.

un conjunto de sanciones penales que le son en extremo perjudiciales: (i) prisión de cuatro (4) a ocho (8) años; (ii) una multa que puede ascender a los seiscientos (600) salarios mínimos legales mensuales vigentes, que equivalen aproximadamente a USD 158,378.20[291], y (iii) una inhabilidad para contratar con entidades estatales por cinco (5) años, lo que le perjudica su actividad comercial.

Por último, se debe mencionar que las rebajas para el delator de las sanciones establecidas por el Código Penal Colombiano para el delito de Acuerdos Restrictivos de la Competencia, al cual hace referencia el varias veces citado y transcrito artículo 410-A del Código Penal Colombiano, aplican solamente para este delito, pero, como se ha demostrado a lo largo del presente capítulo, es posible que varias conductas anticompetitivas sean también investigadas como conductas criminales, como sucede con los casos del daño en materia prima, el agiotaje, el acaparamiento, la especulación y el ofrecimiento engañoso de productos y servicios.

Aunque hasta el presente no se han adelantado en Colombia investigaciones de naturaleza criminal por las prácticas restrictivas de la competencia que resultan equiparables a las conductas criminales antes señaladas, en el evento de que ello llegue a suceder, el investigado que pretenda acogerse al Programa de Delación se verá bastante desprotegido desde el punto de vista del derecho penal y deberá analizar si le es posible y si le conviene acogerse también al principio de oportunidad previsto en la ley penal, porque no existen otras opciones de reducción ni mucho menos de exoneración de la sanción penal. Así mismo, el convenio de colaboración firmado entre la SIC y la Fiscalía General de la Nación, al cual se ha hecho referencia, está orientado solamente a la represión de las conductas de colusión en la contratación pública.

Debemos tener en cuenta que esta hipótesis, el delator ya "confesó" su participación en la conducta, por lo que no tiene sentido que no se allane a los cargos en la investigación penal. Ahora bien, en caso de que el delator decida allanarse al momento de la formulación de imputación, recibirá una rebaja de hasta la mitad de la pena (pena que vendrá con el descuento del parágrafo del artículo 410A del Código Penal, en caso de haber optado por el esquema de delación en la SIC). Si lo hace entre la acusación y el inicio de la audiencia de juicio oral, tendrá una rebaja de 1/3 y si lo hace en la audiencia de juicio oral, de 1/6.

---

[291]   Calculado con la tasa representativo del mercado a 14 de marzo de 2022 equivalente a 1 USD = 3,788.40 COP.

Adicionalmente, lo usual será que el delator-imputado solicite un principio de oportunidad ante la Fiscalía General de la Nación (FNG) y hacia allá deberían dirigirse los esfuerzos de coordinación entre la FGN y la SIC: si la segunda otorga el máximo beneficio por delación, la primera debería otorgarle al sujeto investigado un principio de oportunidad. Sin embargo, el problema es que el principio de oportunidad, a diferencia del allanamiento a cargos, no es un derecho al que puede acceder el procesado en virtud de la ley (confesión ≠ rebaja), sino que depende de la voluntad y determinación de la FGN, que es la única autoridad con facultades para definir sobre el ejercicio de la acción penal, el cual es obligatorio, con la excepción que se puede generar por causa de la aplicación del principio de oportunidad, caso en el cual el fiscal puede decidir no ejercer la acción penal, con base en las causales que explicaremos más adelante.

Al respecto, la FGN debe utilizar alguna de las causales que más adelante se individualizan, para aplicar el principio de oportunidad, con lo cual renunciará al ejercicio de la acción penal en la actuación y, de esa forma, se lograrán los mismos objetivos que orientan la aplicación del programa de delación: desarticular el cártel y sancionar a los demás involucrados en el mismo.

Ahora bien, en relación con la posibilidad que tiene el imputado por un delito como los señalados en la primer apartado de este capítulo de acogerse al principio de oportunidad, debe tenerse en cuenta que el mismo fue introducido en la legislación colombiana por el Acto Legislativo No. 03 de 2002, por medio del cual se ajustó la Constitución Política en lo pertinente, para poder proferir con posterioridad la reforma estructural al proceso penal, que introduciría el sistema de tendencia acusatoria en Colombia. Fue posteriormente en el Código de Procedimiento Penal, contenido en la Ley 906 de 2004, en donde se reguló la aplicación de la figura en la legislación interna y se autorizó a la FGN a reglamentar su aplicación al interior de la entidad (en tanto es esta la única que puede decidir si lo concede o no), lo que se ha hecho mediante resoluciones 6658/04, 6657/04, 6618/08, 3884/09, 692/12, 1168/14, 2370/16. Adicionalmente, por medio de la Ley 1312 de 2009, se le introdujeron algunas modificaciones al principio de oportunidad[292].

El principio de oportunidad en el derecho penal colombiano presenta algunas similitudes y notables diferencias con el Programa de Delación

---

[292] También en el 2009 se expidió la Ley 1340 de ese año, en la cual se incluyó por primera vez el Programa de Delación.

establecido en el derecho de la competencia. En efecto, algunas de sus características más importantes son las siguientes:

a. El principio de oportunidad puede ser concedido por la Fiscalía General de la Nación en el curso de la investigación criminal, o en el juicio, hasta antes de la audiencia de juzgamiento. El principio de oportunidad se encuentra definido en los artículos 321 y siguientes del Código de Procedimiento Penal, Ley 906 de 2004, en los siguientes términos:

    Artículo 321.- El principio de oportunidad es la facultad constitucional que le permite a la Fiscalía General de la Nación, no obstante que existe fundamento para adelantar la persecución penal, suspenderla, interrumpirla o renunciar a ella, por razones de política criminal, según las causales taxativamente definidas en la ley, con sujeción a la reglamentación expedida por el Fiscal General de la Nación y sometido a control de legalidad ante el Juez de Garantías.

b. El investigado penalmente puede acogerse al principio de oportunidad siempre que el delito por el cual se le investiga esté sancionado con una pena privativa de la libertad cuyo máximo no exceda de seis (6) años y que se haya reparado integralmente a la víctima cuando esta sea conocida o deberá constituir una caución para garantizar la reparación. El otorgamiento del principio de oportunidad en el caso de los delitos cuya pena máxima excede ese término, es potestad del Fiscal General de la Nación o del funcionario en que haya delegado esa facultad. Esta situación es la que se presenta en el caso del delito de daño en materia prima, el agiotaje y la colusión en la contratación pública, conductas que tienen una pena máxima superior al límite señalado.

    En esto el principio de oportunidad difiere del Programa de Delación, el cual no exige que el infractor haya reparado los perjuicios ocasionados a las víctimas de la conducta anticompetitiva, los cuales en algunas oportunidades podrían ser miles o millones de consumidores.

c. El principio de oportunidad es aplicable en los casos de extradición señalados en la ley. Debe tenerse en cuenta que el fenómeno de la extradición en Colombia ha estado ligado, entre otros, a los delitos relacionados con el narcotráfico y por supuesto nunca se ha hablado de una extradición relacionada con temas de libre competencia como si ha sucedido en otros países.[293]

d. En otra de las causales se establece que también es aplicable este principio cuando el investigado colabore eficazmente, hasta antes de iniciarse la audiencia de juzgamiento, para evitar que el delito se siga ejecutando o que se realicen otros delitos, o cuando le suministre a la Fiscalía información eficaz para la desarticulación de bandas de delincuencia organizada. En esto se parece el principio de oportunidad al Programa de Delación, pero debe anotarse que mientras que en el caso del principio de oportunidad la colaboración es una de las causales para acceder a los beneficios que ofrece la ley, en el caso del Programa de Delación la colaboración eficaz es indispensable en todos los casos.

e. En otra de las causales, el imputado o acusado puede acceder a los beneficios hasta antes de iniciarse la audiencia de juzgamiento, si se compromete a servir como testigo de cargo contra los demás procesados, bajo inmunidad total o parcial. En esto el principio de oportunidad se parece al Programa de Delación, pero reiteramos el comentario que se realizó respecto del literal anterior, en el sentido de que en el Programa de Delación la colaboración efectiva es siempre obligatoria, por lo que no es una opción ni una modalidad para el delator el testificar en contra de los demás participantes en el cártel, sino que debe siempre hacerlo.

En esta y en la causal anterior, lo que sucede en la práctica es que el proceso se "suspende" mientras se verifica la eficacia de la colaboración en el caso de la causal anterior; o el solicitante declara en juicio como testigo de cargo cuando se trata de la causal contenida en este literal; y solo cuando ello efectivamente sucede, se otorga el principio de oportunidad como disposición de la acción penal.

f. En otra de las causales se establece que el Principio de Oportunidad puede ser utilizado cuando se afecten mínimamente bienes colectivos, siempre y cuando se dé la reparación integral y pueda deducirse

---

[293] Colombia ha extraditado a muchas personas (incluso a ciudadanos colombianos), por delitos distintos al tráfico de estupefacientes, aunque no es lo más usual. Incluso, el Código de Procedimiento Penal dispone que la extradición procede por cualquier delito, en tanto la conducta por la que el sujeto fue solicitado también constituya delito en Colombia (aun cuando se denomine distinto) y que la pena mínima sea de cuatro (4) años o más.

que el hecho no volverá a presentarse. En estos casos, la reparación puede no ser económica, sino que puede referirse a actos de no repetición y a una reparación de carácter simbólico.

g. Así mismo, hay otras causales para aplicar al principio de oportunidad que no tendrían relación con el Programa de Delación, tales como las siguientes:

- Cuando el imputado o acusado, hasta antes de iniciarse la audiencia de juzgamiento, haya sufrido, a consecuencia de la conducta culposa, daño físico o moral grave que haga desproporcionada la aplicación de una sanción o implique desconocimiento del principio de humanización de la sanción.

- Cuando proceda la suspensión del procedimiento a prueba en el marco de la justicia restaurativa y como consecuencia de este se cumpla con las condiciones impuestas.

- Cuando la realización del procedimiento implique riesgo o amenaza graves a la seguridad exterior del Estado.

- En los casos de atentados contra bienes jurídicos de la administración pública o de la recta administración de justicia, cuando la afectación al bien jurídico funcional resulte poco significativa y la infracción al deber funcional tenga o haya tenido como respuesta adecuada el reproche institucional y la sanción disciplinaria correspondientes.

- En delitos contra el patrimonio económico, cuando el objeto material se encuentre en tal alto grado de deterioro respecto de su titular, que la genérica protección brindada por la ley haga más costosa su persecución penal y comporte un reducido y aleatorio beneficio.

- Cuando la imputación subjetiva sea culposa y los factores, que la determinan califiquen la conducta como de mermada significación jurídica y social.

- Cuando el juicio de reproche de culpabilidad sea de tan secundaria consideración que haga de la sanción penal una respuesta innecesaria y sin utilidad social.

- Cuando la persecución penal de un delito comporte problemas sociales más significativos, siempre y cuando exista y se produzca una solución alternativa adecuada a los intereses de las víctimas. Quedan excluidos en todo caso los jefes, organizaciones, promotores, y financiadores del delito.

- Cuando la conducta se realice excediendo una causal de justificación, si la desproporción significa un menor valor jurídico y social explicable en el ámbito de la culpabilidad.

- Cuando quien haya prestado su nombre para adquirir o poseer bienes derivados de la actividad de un grupo organizado al margen de la ley o del narcotráfico, los entregue al fondo para Reparación de Víctimas siempre que no se trate de jefes, cabecillas, determinadores, organizadores promotores o directores de la respectiva organización.

- Al desmovilizado de un grupo armado organizado al margen de la ley que en los términos de la normatividad vigente haya manifestado con actos inequívocos su propósito de reintegrarse a la sociedad, siempre que no haya sido postulado por el Gobierno Nacional al procedimiento y beneficios establecidos en la Ley 975 de 2005 y no cursen en su contra investigaciones por delitos cometidos antes o después de su desmovilización con excepción de la pertenencia a la organización criminal, que para efectos de esta ley incluye la utilización ilegal de uniformes e insignias y el porte ilegal de armas y municiones.

1.2.1.2 *Ausencia de reglas para la exoneración de la sanción penal en el Perú*

En el Perú, como sucede en el caso de Colombia, la autoridad penal y la autoridad de competencia son diferentes. De conformidad con el artículo 13 del TUO del Decreto Legislativo 1034 de 2008–Ley de Represión de Conductas Anticompetitivas, las autoridades de competencia son la Comisión de Defensa de la Libre competencia del Instituto Nacional de Defensa de la Competencia y de la Protección de la Propiedad Intelectual (el Indecopi) y el Tribunal de Defensa de la Competencia y de la Protección de la Propiedad Intelectual del Indecopi. La mencionada norma dispone:

> "Artículo 13.- Las autoridades de competencia.-
> 13.1. En primera instancia administrativa la autoridad de competencia es la Comisión, entendiendo por ésta a la Comisión de Defensa de la Libre Competencia del Indecopi.
> 13.2. En segunda instancia administrativa la autoridad de competencia es el Tribunal, entendiendo por éste al Tribunal de Defensa de la Competencia y de la Protección de la Propiedad Intelectual del Indecopi".

De conformidad con el inciso 4 del artículo 159 de la Constitución Política de Perú, el Ministerio Publico es la autoridad penal, debiendo este conducir "desde su inicio la investigación del delito". Así lo ha reiterado la doctrina:

"De acuerdo al inciso 4 del artículo 159 de la Constitución Política que nos rige, el Ministerio Público 'conduce desde su inicio la investigación del delito'. En tal sentido, se entiende que el Ministerio Público tiene el monopolio de la acción penal pública y por ende, de la investigación del delito desde que ésta se inicia, cuyos resultados como es natural determinará si los Fiscales promueven o no la acción penal".[294]

Dentro de este esquema, corresponde a la Fiscalía conducir la investigación en los siguientes términos:

"[...] el inciso 2 del Art. 60 CPP, se reitera que el Fiscal conduce desde su inicio la investigación del delito, con tal propósito o finalidad los efectivos de la Policía Nacional están en la obligación de cumplir los mandatos de los Fiscales en el ámbito de la investigación del delito. Incluso, el legislador ha pretendido dejar en claro qué significa conducir en el inciso 1 del artículo 330 CPP. En efecto, allí se prevé que el Fiscal puede realizar por sí mismo diligencias preliminares de investigación tendientes a determinar si formaliza o no investigación preparatoria. En suma, por mandato de la ley fundamental conducir no es otra cosa que dirigir, ser el titular, amo y señor de toda la investigación del delito desde que se inicia, ya sea en sede fiscal o policial. O como afirma Claus Roxin, significa tener el señorío del procedimiento investigatorio".[295]

Con el fin de atenuar las consecuencias negativas que la existencia de dos autoridades, una penal y otra de competencia, tienen sobre la eficacia del Programa de Clemencia, el TUO del Decreto Legislativo 1034 de 2008–Ley de Represión de Conductas Anticompetitivas introdujo una serie de disposiciones que buscan la cooperación entre las autoridades penales y las de competencia. Las primeras se encuentran consagradas en los artículos 15 y 28.3 del mencionado decreto, en los cuales se promueve la colaboración de la Secretaría Técnica del Indecopi con el Ministerio Publico y la Policía para el recaudo de material probatorio en los siguiente términos:

"Decreto Legislativo 1034 de 2008
Artículo 15.- La Secretaría Técnica.
[...]
15.2. Son atribuciones de la Secretaría Técnica:
[...]

---

[294]   Ramiro Salinas Siccha, Conducción de la investigación y relación del fiscal con la Policía en el Nuevo Código Procesal Penal, *Revista JUS-Doctrina*, No 3.

[295]   Ramiro Salinas Siccha, Conducción de la investigación y relación del fiscal con la Policía en el Nuevo Código Procesal Penal, *Revista JUS-Doctrina*, No 3.

(d) Solicitar el levantamiento del secreto de las comunicaciones para recabar elementos de juicio sobre una infracción, en los casos que corresponda. La solicitud se presenta ante el Juez Especializado en lo Contencioso Administrativo con competencia para conocer de las impugnaciones contra las decisiones de los órganos resolutivos del Indecopi. Para estos efectos, la Secretaría Técnica sigue el procedimiento descrito en el literal precedente y puede solicitar la colaboración del Ministerio Público o de la Policía Nacional.
28.3. Tanto para la actuación de las pruebas como para la realización de las diligencias, la Secretaría Técnica o el funcionario designado por ésta podrá requerir la intervención de la Policía Nacional, sin necesidad de notificación previa, para garantizar el cumplimiento de sus funciones".

Sin embargo, es importante acudir a las disposiciones complementarias finales del TUO del Decreto Legislativo 1034 de 2008. El artículo quinto prevé una regla general de cooperación para el intercambio de información entre las entidades de la Administración Pública y la Secretaria Técnica, para el cumplimiento de sus funciones, que en este caso se refieren a la protección de la competencia:

"Decreto Legislativo 1034 de 2008
QUINTA.- Cooperación de las entidades de la Administración Pública.-Las entidades de la Administración Pública están obligadas a entregar la información que requiera la Secretaría Técnica para el cumplimiento de sus funciones. Esta facultad se ejerce sin perjuicio de la reserva tributaria y el secreto bancario, conforme a la normativa de la materia. La información que tenga carácter reservado recibirá un tratamiento equivalente por parte de la Secretaría Técnica".

En el caso de Perú, la legislación de competencia y la legislación penal no tienen previsto ningún beneficio para los delatores que soliciten ingresar al Programa de Clemencia previsto en esta jurisdicción. Lo anterior tiene sin lugar a dudas implicaciones negativas para la efectividad del Programa de Clemencia. La ausencia de beneficios para los delatores en materia de responsabilidad penal tiene una relevancia especial en la actualidad, debido al conjunto de nuevos delitos introducidos por la Ley 31040 de 2020, por medio de los cuales se criminaliza el derecho de la competencia.

Sin perjuicio de lo anterior, es importante tener en cuenta que en el Perú existe un programa de inmunidad a cambio de colaboración del investigado en materia penal, que tiene un desarrollo normativo, lleva en vigencia varios años y ha probado su efectividad en casos similares a aquellos sujetos al ámbito de aplicación del programa de Clemencia. Se trata del Programa de Colaboración Eficaz, previsto en el apartado "Procedimientos Especiales", "Sección VI. Proceso de Colaboración Eficaz", artículos 472 a 481ª del Código de Procesal Penal de Perú (Decreto Legislativo 957 de 2004).

El único problema para aplicar este Programa a los delitos previstos en la Ley 31040 de 2020, es el ámbito de aplicación de los Acuerdos que se pueden celebrar, el cual está limitado a los siguientes:

> "a) Asociación ilícita, terrorismo, lavado de activos, delitos informáticos, contra la humanidad, trata de personas y sicariato. b) Para todos los casos de criminalidad organizada previstos en la ley de la materia. c) Concusión, peculado, corrupción de funcionarios, delitos tributarios, delitos aduaneros contra la fe pública y contra el orden migratorio, siempre que el delito sea cometido en concierto por pluralidad de personas. d) Los delitos prescritos en los artículos del 382 al 401 del Código Penal y el artículo 1 de la Ley 30424, modificado por el Decreto Legislativo 1352, cuando el colaborador sea una persona jurídica".[296]

Lo anterior quiere decir que el Programa de Colaboración Eficaz, que es parecido al principio de oportunidad del derecho colombiano, no puede ser utilizado en investigaciones relacionadas con otros delitos que pueden tener una relación más estrecha con el derecho de la competencia, como es el caso de los nuevos delitos consagrados en la Ley 3140 de 2020 y otros similares a los analizados en el caso colombiano.

A pesar de lo dicho, en el caso Lava Jato, que tuvo una incidencia tan grave en el Perú como la que tuvo Odebrecht que en otros países de Latinoamérica, varios de sus ejecutivos se acogieron al Programa de Colaboración Eficaz, lo cual les permitió a las autoridades investigar y sancionar a diversos sujetos involucrados en relación con varias actividades criminales y que tenían como finalidad obtener como contraprestación la adjudicación de contratos del Estado. Si bien los ejecutivos de Odebrecht se acogieron al Programa por un delito que estaba incluido dentro del mismo, el caso estableció un precedente muy importante respecto de la necesidad de otorgar inmunidad penal para esta clase de delitos, en especial la cartelización, los acuerdos restrictivos de la competencia y la colusión en licitaciones públicas.

Lo anterior demuestra la importancia que tiene para la eficacia del Programa de Clemencia del Perú el hecho que los nuevos delitos con los cuales se inicia la criminalización del derecho de la competencia, sean incluidos dentro del listado de los delitos respecto de los cuales es posible llegar

---

[296] Los delitos que pueden ser objeto de Acuerdo se pueden encontrar en el Articulo 474 numeral segundo Decreto Legislativo 957 de 2004.

a un acuerdo entre la Fiscalía y los investigados, dentro del Programa de Colaboración Eficaz en materia penal. Esta posibilidad resulta consistente con los lineamientos del Indecopi en los cuales se advierte que

"[…] en el ordenamiento jurídico peruano existen mecanismos preliminares análogos que buscan promover el reporte de conductas ilícitas. Ello ocurre, por ejemplo, con las recompensas que se puede otorgar ante la entrega de información para promover y lograr la captura de miembros de organizaciones terroristas y responsables de delitos de alta lesividad, la legislación de protección al denunciante en el ámbito administrativo y el régimen de colaboración eficaz en el ámbito penal".[297]

1.2.1.3 Exoneración total de la sanción penal para el delator en Chile

En Chile, al igual que en Colombia y en el Perú, la autoridad penal y la autoridad de competencia son diferentes. Sin embargo, a partir de la reforma del año 2016, el régimen de competencia chileno presenta notables diferencias con los de los otros tres (3) países que se analizan en la obra y con los demás países de Latinoamérica, en los cuales prevalece la aplicación pública del derecho de la competencia.

En efecto, aunque en Chile la FNE no adelanta los procesos criminales, si es la autoridad encargada de decidir si la acción penal se utilizará o no en un caso de prácticas restrictivas y es competente para brindar inmunidad respecto de la acción penal. Con ello se evita el choque de trenes que puede surgir en otros países entre la autoridad de competencia y la autoridad en materia penal, sobre todo cuando se trata de casos en los cuales se quiere utilizar el programa de delación y la autoridad de competencia pretende darle inmunidad a un investigado respecto de las infracciones de competencia, sin que ello obligue a la autoridad penal a dar un tratamiento más suave al imputado, lo cual genera un desincentivo para delatar.

En este sentido, la solución que ofrece el derecho chileno al otorgarle al fiscal nacional económico la facultad de decidir cuándo se utiliza la acción penal y de otorgar beneficios al delator, tanto en el campo del derecho de la competencia como en el campo penal, permite armonizar estos ordena-

---

[297] Instituto Nacional de Defensa de la Competencia y de la Protección de la Propiedad Intelectual (Indecopi), *Lineamientos del Programa de Recompensas* (2019). https://www.indecopi.gob.pe/documents/51771/4402954/ESP+Lineamientos+del+Programa+de+Recompensas/

mientos jurídicos y mantener la efectividad del programa de delación. Así está previsto en legislación chilena de la siguiente manera:

"Decreto Ley 211 de 1973.
Artículo 64°.- Las investigaciones de los hechos señalados en el inciso prime-ro del artículo 62 sólo se podrán iniciar por querella formulada por la Fiscalía Nacional Económica, la que podrá interponerla una vez que la existencia del acuerdo haya sido establecida por sentencia definitiva ejecutoriada del Tribunal de Defensa de la Libre Competencia, sin que sea admisible denuncia o cualquier otra querella. Para estos efectos, no se aplicará lo dispuesto en el artículo 166 del Código Procesal Penal".

En concordancia con lo anterior, en el caso de Chile, el artículo 63 del Decreto Ley 211 de 1973 les otorga inmunidad penal a los delatores que se acogen al programa de delación en esta jurisdicción.

"Decreto Ley 211 de 1973
Artículo 63°.- Estarán exentos de responsabilidad penal por el delito tipificado en el artículo 62 aquellas personas que primero hayan aportado a la Fisca-lía Nacional Económica antecedentes de conformidad al artículo 39 bis. El requerimiento del Fiscal Nacional Económico individualizará a las personas exentas de responsabilidad penal y dicha calidad será así declarada por el Tribunal de Defensa de la Libre Competencia".

La inmunidad en matera de responsabilidad penal para aquellos dela-tores que se sujetan al programa de Delación de esta jurisdicción ha sido elogiada por estudios internacionales sobre la eficacia de la delación, y ha sido explicada de la siguiente manera:

"Por otro lado, el artículo 63 de la Ley chilena de competencia establece el beneficio de clemencia para el delito tipal en el artículo 62 de la Ley chilena de competencia relacionado con los casos de cártel2. El artículo 63 anterior establece que las personas que hayan sido las primeras en aportar informa-ción a la FNE de conformidad con el artículo 39 bis también estarán exen-tas de responsabilidad penal por el delito sancionado en el artículo 62. La denuncia de la FNE identificará a las personas exentas de responsabilidad penal, que serán declaradas por el Tribunal de la Competencia. 12. Las per-sonas identificadas en la subsección anterior presentarán al Fiscal Penal y al Tribunal Penal competente la misma información que facilitaron previamente a la FNE, y testificarán en el juicio penal correspondiente. 13. Un testigo legalmente citado será privado de la exención de responsabilidad penal si no comparece sin causa justificada o se niega a ratificar la declaración que ha presentado ante la FNE, y el juez penal competente a petición del Fiscal Penal declara tal circunstancia. 14. Para el segundo solicitante de clemencia, la sanción penal establecida se reducirá en un grado con respecto a las per-sonas que hayan aportado información adicional a la FNE de conformidad con el artículo 39 bis, y no será castigado con prisión cuando dichas personas comparezcan ante el Fiscal Penal y el tribunal penal competente y ratifique la declaración que presentaron ante la FNE, a menos que la denuncia de esta última involucre única y mutuamente a dos competidores y uno de dichos competidores tenga derecho a la prestación de exención de multas declarada por el Tribunal de la Competencia de conformidad con el artículo 39 bis. La denuncia de la FNE identificará a los beneficiarios de la reducción de penas, cuya situación será declarada por el Tribunal de la Competencia (traducción propia)".[298]

Como se puede observar, uno de los aspectos más valiosos y dignos de imitación del sistema chileno, que debería ser adoptado por las demás jurisdicciones de Latinoamérica, hace referencia a la solución que ofrece el derecho de esta jurisdicción, al otorgarle al fiscal nacional económico la facultad de decidir cuándo se utiliza la acción penal y de otorgar beneficios al delator, tanto en el campo del derecho de la competencia como en el campo penal, lo cual permite armonizar y articular estos ordenamientos jurídicos y mantener la efectividad del programa de delación.

---

[298] Organisation for Economic Co-operation and Development (OECD), *Roundtable on challenges and co-ordination of leniency programmes – Note by Chile.* http://www.oecd. org/daf/competition/challenges-and-coordination-of-leniency-programmes. htm. "On the other hand, article 63 of the Chilean Competition Act establishes the leniency benefit for the criminal offense set forth in article 62 of the Chilean Competition Act related to cartel cases2 . The foregoing article 63 establishes that the persons that have been the first to contribute information to the FNE in accordance with article 39 bis shall also be exempted of criminal liability for the offense sanctioned in article 62. The FNE's complaint shall identify the persons exempted from criminal liability, which shall be declared by the Competition Court. 12. The persons identified in the preceding subsection shall submit to the Criminal Public Prosecutor and the competent criminal court the same information that they previously provided to the FNE, and testify in the corresponding criminal trial. 13. A legally summoned witness shall be deprived of the criminal liability exemption if he or she fails to appear without justified cause or refuses to ratify the deposition that it has submitted before the FNE, and the competent criminal judge at the request of the Criminal Public Prosecutor declares such circumstance. 14. For the second leniency applicant, the established criminal sanction shall be reduced in one degree regarding the persons that have contributed additional information to the FNE in accordance with article 39 bis, and will not be punished with imprisonment when said persons appear before the Criminal Public Prosecutor and the competent criminal court and ratifies the deposition that they submitted to the FNE, unless the latter's complaint solely and mutually involves two competitors and one of said competitors is entitled to the fine exemption benefit declared by the Competition Court in accordance with article 39 bis. The FNE's complaint shall identify the beneficiaries of the penalty reduction, whose situation will be declared by the Competition Court".

1.2.1.4 Exoneración parcial de la sanción penal para el delator en México

En México, al igual que en las otras tres jurisdicciones analizadas en la obra, la autoridad penal y la autoridad de competencia son diferentes. La autoridad de competencia es la Cofece, la cual, de conformidad con el artículo 10 de la Ley Federal de Competencia Económica DOF 23-05-2014 (29 de abril de 2014) tiene por objeto

> "[...] garantizar la libre concurrencia y competencia económica, así como prevenir, investigar y combatir los monopolios, las prácticas monopólicas, las concentraciones y demás restricciones al funcionamiento eficiente de los mercados". Este objetivo se reitera en la función de la COFECE prevista en el numeral I. del artículo 12 "Garantizar la libre concurrencia y competencia económica; prevenir, investigar y combatir los monopolios, las prácticas monopólicas, las concentraciones y demás restricciones al funcionamiento eficiente de los mercados, e imponer las sanciones derivadas de dichas conductas, en los términos de esta Ley".

De conformidad con el artículo 21 de la Constitución Política de México, el Ministerio Publico es la autoridad penal y, en conjunto con las policías, investiga los delitos:

> "Artículo 21. La investigación de los delitos corresponde al Ministerio Público y a las policías, las cuales actuarán bajo la conducción y mando de aquél en el ejercicio de esta función.
> El ejercicio de la acción penal ante los tribunales corresponde al Ministerio Público. La ley determinará los casos en que los particulares podrán ejercer la acción penal ante la autoridad judicial".

Al igual que en los casos de Colombia y Perú, con el fin de atenuar las consecuencias negativas que la existencia de dos autoridades, una penal y otra de competencia, tiene sobre la eficacia del Programa de Clemencia, la Ley Federal de Competencia Económica DOF 23-05-2014 del 29 de abril de 2014 prevé una serie de disposiciones que promueven la cooperación entre las dos autoridades, unas que actúan de manera general y otras de manera específica.

Las disposiciones de cooperación previstas de manera general hacen referencia a la regulación de las atribuciones de la Cofece, en las cuales se manifiesta el sentido de cooperación con las demás entidades. Estas son, entre otras, las siguientes:

> "Ley Federal de Competencia Económica DOF 23-05-2014 (29 de abril de 2014)
> Artículo 12. La Comisión tendrá las siguientes atribuciones:
> [...]

IV. Establecer acuerdos y convenios de coordinación con las Autoridades Públicas para el combate y prevención de monopolios, prácticas monopólicas, concentraciones ilícitas, barreras a la libre concurrencia y la competencia económica y demás restricciones al funcionamiento eficiente de los mercados;
[...]
XXVII. Establecer mecanismos de coordinación con Autoridades Públicas en materia de políticas de libre concurrencia y competencia económica y para el cumplimiento de las demás disposiciones de esta Ley u otras disposiciones aplicables".

Las disposiciones de cooperación previstas de manera específica hacen referencia a la cooperación entre la autoridad de competencia y el Ministerio Publico y la Procuraduría. Estas disposiciones tienen cierta similitud con aquellas previstas para la jurisdicción chilena, sin embargo difieren en el sentido de que la Cofece no tiene una competencia exclusiva para poner en movimiento la acción penal en casos de competencia, como si la tiene la FNE en el caso chileno.

Lo anterior significa que al igual que en Chile, en México la autoridad de competencia tiene injerencia explicita al momento de ejercer denuncia y querella ante la autoridad penal; sin embargo, en México el ejercicio de la acción penal no depende de manera exclusiva de que la denuncia o querella sea presentada por la autoridad de competencia. Las atribuciones que le entrega la Ley a la Cofece en relación con este tema son las siguientes:

"Ley Federal de Competencia Económica DOF 23-05-2014 (29 de abril de 2014)
Artículo 12. La Comisión tendrá las siguientes atribuciones:
[...]
V. Formular denuncias y querellas ante el Ministerio Público respecto de las probables conductas delictivas en materia de libre concurrencia y competencia económica de que tengan conocimiento;
Artículo 77. En cualquier momento la Autoridad Investigadora podrá presentar denuncia o querella ante la Procuraduría General de la República respecto de probables conductas delictivas en materia de libre concurrencia y competencia económica y, en su caso, ser coadyuvante en el curso de las investigaciones que deriven de la citada denuncia o querella".

Adicionalmente, en el caso de México, el artículo 254 Bis del Código Penal consagra la posibilidad que tienen quienes se acogen al programa de delación, de obtener también la inmunidad respecto de la acción penal que se les puede iniciar por incurrir en el delito de acuerdos anticompetitivos. Al respecto la norma establece:

"Código Penal Federal:
Artículo 254 Bis.

Se sancionará con prisión de cinco a diez años y con mil a diez mil días de multa, a quien celebre, ordene o ejecute contratos, convenios, arreglos o combinaciones entre agentes económicos competidores entre sí, cuyo objeto o efecto sea cualquiera de los siguientes:

I. Fijar, elevar, concertar o manipular el precio de venta o compra de bienes o servicios al que son ofrecidos o demandados en los mercados;

II. Establecer la obligación de no producir, procesar, distribuir, comercializar o adquirir sino solamente una cantidad restringida o limitada de bienes o la prestación o transacción de un número, volumen o frecuencia restringidos o limitados de servicios;

III. Dividir, distribuir, asignar o imponer porciones o segmentos de un mercado actual o potencial de bienes y servicios, mediante clientela, proveedores, tiempos o espacios determinados o determinables;

IV. Establecer, concertar o coordinar posturas o la abstención en las licitaciones, concursos, subastas o almonedas, y

V. Intercambiar información con alguno de los objetos o efectos a que se refieren las anteriores fracciones."

Frente a estos delitos, el inciso segundo prevé que para quienes se acojan al beneficio previsto en el Programa de Delación de esta jurisdicción, articulo 103 de la Ley Federal de Competencia Económica, no existirá responsabilidad penal:

"Código Penal Federal:
Artículo 254 Bis.
(…) No existirá responsabilidad penal para los agentes económicos que se acojan al beneficio a que se refiere el artículo 103 de la Ley Federal de Competencia Económica, previa resolución de la Comisión Federal de Competencia Económica o del Instituto Federal de Telecomunicaciones que determine que cumple con los términos establecidos en dicha disposición y las demás aplicables".

Como se puede observar, la legislación mexicana ofrece una solución al problema que se genera para el Programa de Delación, por el hecho de que la autoridad de competencia sea diferente a la autoridad criminal, ya que de una parte la Cofece tiene la capacidad de iniciar la acción penal relacionada con prácticas restrictivas de la competencia; y de la otra, la ley establece que las personas que participan en el Programa de Delación no tendrán responsabilidad de tipo criminal.

Sin embargo, el control que tiene la Cofece sobre la aplicación del derecho penal a las conductas anticompetitivas no es completo, puesto que la acción penal puede ser propuesta o impulsada por otras autoridades; mientras que en el caso chileno, esta es una potestad exclusiva de la FNE, lo cual le otorga a esta autoridad un control absoluto sobre la aplicación de normas penales a conductas de libre competencia y le permite proteger su Programa de Delación.

1.2.2 Doble delación

La criminalización del Derecho de la Competencia en los sistemas de aplicación pública como los que predominan en los países Latinoamericanos plantea problemas novedosos, como es el caso de la doble delación.

Este caso se basa en el supuesto en el cual un empresario se acerca ante la autoridad de competencia para delatar la conducta anticompetitiva y otro se acerca ante la autoridad encargada de aplicar el derecho penal para delatar la misma conducta como un delito, en virtud del principio de oportunidad. En este supuesto es necesario analizar los siguientes escenarios: (i) si el delator de la conducta anticompetitiva puede o no obtener beneficios en materia penal; (ii) si el delator de la conducta criminal puede o no obtener beneficios en materia de competencia y (iii) si en el evento de que el delator de la conducta anticompetitiva sea también el delator de la conducta criminal, puede beneficiarse dos veces.

Para Fabio Humar[299], se trata de dos figuras distintas, y por lo tanto, su aplicación no es excluyente. Lo anterior se fundamenta en tres argumentos: (i) el orden lógico es que la investigación de los hechos se desarrolle primero ante la autoridad de competencia y después ante la autoridad penal, teniendo en cuenta que la delación es una figura propia del Derecho de la Competencia; (ii) en segundo lugar, como se ha expuesto anteriormente, podría suceder que las autoridades opten por decisiones diferentes y (iii) la acumulación de rebajas de las sanciones penales y administrativas está permitida.

Por lo tanto, bien puede darse un doble beneficio, como también puede que únicamente se otorgue un beneficio en materia penal, o por el contrario, que sólo se otorgue el beneficio en materia de competencia, todo lo cual dificulta y desincentiva el Programa de Delación.

---

[299]   Fabio Humar, "Derecho Penal Económico: Criminalización de las Conductas del Derecho de la Competencia", *Revista de Derecho de la Competencia Cedec*, XIII, (2013), 103–137.

1.2.3 Manejo del régimen probatorio en las investigaciones de competencia y en las penales

Otra dificultad que presenta la criminalización del derecho de la competencia, tiene que ver con la diferencia en el manejo de las pruebas en los procedimientos que se adelantan ante las autoridades de competencia y los que se adelantan ante las autoridades encargadas de los procesos penales.

El supuesto que se analiza es aquél en el cual la autoridad de competencia ha investigado y sancionado una conducta anticompetitiva y procede, en algunos casos desde la propia apertura de la investigación, a compulsarle copias a la autoridad en derecho penal, para que proceda a investigar la eventual comisión de delitos.

Al analizar la situación de los cuatro países tomados como base para la investigación, encontramos que todos ellos presentan una problemática similar, relacionada con el manejo de un estándar probatorio y unas reglas diferentes para el manejo de la prueba en los procedimientos de competencia y los procedimientos penales, lo cual nos permite concluir que en efecto la criminalización del derecho de la competencia en los países latinoamericanos introduce una complejidad por el manejo probatorio, lo cual se traduce en un desincentivo para los programas de delación.

En el caso colombiano, las pruebas recaudadas por la autoridad de competencia tienen un régimen diferente a las pruebas del proceso penal. El procedimiento penal, si bien es más invasivo, cuenta con muchas más garantías que las que ofrece el procedimiento administrativo que utiliza la Superintendencia de Industria y Comercio. Por ejemplo, las pruebas de las autoridades de competencia, por regla general no tienen un control judicial, a diferencia de lo que sucede con las pruebas en el derecho penal. En relación con este tema la Corte Suprema de Justicia de Colombia sostuvo lo siguiente en la sentencia del 25 de julio de 2017:

> "Si se concluye que es necesario el control judicial (previo y/o posterior) cuando la Fiscalía pretende utilizar información obtenida por otras autoridades, debe precisarse si el mismo recae solo sobre el acto de investigación ordenado por la Fiscalía (por ejemplo, la obtención de copias de la información que reposa en la otra entidad), o si el escrutinio abarca, además, las actividades realizadas por estas para acceder a esa información (en este caso, la visita que realizó la Superintendencia a las empresas que participaron del proceso de contratación, la supuesta obtención de autorizaciones para registrar computadores y teléfonos, etcétera), porque en uno y otro caso los análisis pueden

ser sustancialmente diferentes. En todo caso, debe justificarse la decisión que
se tome sobre el particular".[300]

En este sentido, al existir dos procesos, uno administrativo y otro penal,
el tratamiento de las pruebas se debe manejar con suma prudencia, pues
se trata de regímenes distintos.

Ahora bien, vale la pena preguntarse si las pruebas entregadas por el
delator, al ser entregadas voluntariamente por él mismo, necesitan de un
control judicial y si deben tener el mismo tratamiento que las pruebas en
el proceso penal.

Es importante tener en cuenta el ya mencionado "Convenio para fortalecer la lucha contra la cartelización empresarial y otras formas de solución en contrataciones públicas"[301] firmado entre la Superintendencia de
Industria y Comercio de Colombia y la Fiscalía General de la Nación, pues
el mismo afecta el manejo del régimen probatorio, debido al intercambio
de "información y elementos de prueba con el fin de que cada entidad
ejerza las correspondientes funciones de policía administrativa económica
y policía judicial de forma más contundente"[302].

En el caso del Perú, las pruebas recaudadas por la autoridad de competencia se rigen por una serie de disposiciones especiales que hacen referencia a aspectos tales como (i) la carga de la prueba; (ii) los medios
de prueba que puede utilizar la autoridad de competencia y la forma de
sufragar los costos involucrados en su práctica y (iii) la colaboración que la
Policía Nacional le debe brindar a la Secretaría Técnica del Indecopi para
la práctica de las pruebas.

---

[300]   M. P. Patricia Salazar Cuellar. Radicación No. 92832 Acta No. 236. Corte Suprema
        de Justicia. (Bogotá, 25 de julio de 2017).

[301]   Superintendencia de Industria y Comercio, Fiscalía y Superindustria firman con-
        venio para fortalecer la lucha contra la cartelización empresarial y otras formas
        de colusión en contrataciones públicas. https://www.sic.gov.co/noticias/fiscalia-
        y-superindustria-firman-convenio-para-fortalecer-la-lucha-contra-la-cártelizacion-
        empresarial-y-otras-formas-de-colusion-en-contrataciones-publicas

[302]   Superintendencia de Industria y Comercio, Fiscalía y Superindustria firman con-
        venio para fortalecer la lucha contra la cartelización empresarial y otras formas
        de colusión en contrataciones públicas. https://www.sic.gov.co/noticias/fiscalia-
        y-superindustria-firman-convenio-para-fortalecer-la-lucha-contra-la-cártelizacion-
        empresarial-y-otras-formas-de-colusion-en-contrataciones-publicas

Lo anterior demuestra que en esta jurisdicción se presenta también un tratamiento complejo del material probatorio, causado por la dualidad de autoridades y procesos. Este problema se debe en parte a que la reforma que incorporó los delitos contra la libre competencia en Perú es reciente, y las normas de confidencialidad en esta jurisdicción, como ya se mencionó, son estrictas. Por este motivo la ausencia de una norma que permita la colaboración e incorporación del tratamiento probatorio en ambos procesos es un reto en la actualidad. Adicionalmente debe tenerse en cuenta que en el Perú aún no se ha formalizado un convenio de delación entre la autoridad de competencia y la autoridad penal, como el que existe en Colombia.

Sin perjuicio de la problemática ya enunciada, existe una disposición general que obliga a las autoridades públicas a cooperar con la Secretaría Técnica del Indecopi en el desarrollo de sus investigaciones, la cual podría ser utilizada para armonizar los procedimientos penales y de competencia que adelantan las autoridades encargadas. Dicha disposición, incorporada por el Artículo 2 del Decreto Legislativo N.° 1205, publicado el 23 septiembre 2015, establece:

Quinta.- Cooperación de las entidades de la Administración Pública.- Las entidades de la Administración Pública están obligadas a entregar la información que requiera la Secretaría Técnica para el cumplimiento de sus funciones. Esta facultad se ejerce sin perjuicio de la reserva tributaria y el secreto bancario, conforme a la normativa de la materia. La información que tenga carácter reservado recibirá un tratamiento equivalente por parte de la Secretaría Técnica.

La problemática a la cual hemos hecho referencia tiene un menor impacto en el caso de Chile, ya que si bien el tratamiento de las pruebas es diferente al tratarse de dos autoridades diferentes, una penal y una de competencia, lo que a su vez igualmente implica un tratamiento probatorio diferente al interior de cada procedimiento, la ley chilena contiene disposiciones que permiten una efectiva colaboración e incorporación al proceso penal, de las pruebas recaudadas en la investigación de competencia. Al respecto, el artículo 64 del Decreto Ley 211 de 1973 dispone lo siguiente:

"Decreto Ley 211 de 1973.
Artículo 64°.- Las investigaciones de los hechos señalados en el inciso primero del artículo 62 sólo se podrán iniciar por querella formulada por la Fiscalía Nacional Económica, la que podrá interponerla una vez que la existencia del acuerdo haya sido establecida por sentencia definitiva ejecutoriada del Tribunal de Defensa de la Libre Competencia, sin que sea admisible denuncia

o cualquier otra querella. Para estos efectos, no se aplicará lo dispuesto en el artículo 166 del Código Procesal Penal.

[...]

Para los efectos de su incorporación al proceso penal, se entenderá que las copias de los registros, evidencias y demás antecedentes que hayan sido recabados por la Fiscalía Nacional Económica, a partir de diligencias realizadas con autorización judicial de un ministro de Corte de Apelaciones, cumplen con lo dispuesto por el artículo 9º del Código Procesal Penal".

Como se puede observar, la ley chilena señala de manera expresa que las pruebas recaudadas en el proceso de competencia que adelanta la Fiscalía Nacional Económica cumplen con los estándares del Código Penal de ese país. Ahora bien, es importante recordar que en Chile, el procedimiento que adelanta la FNE ante el Tribunal de Defensa de la Libre Competencia, es de naturaleza jurisdiccional y no administrativa, como sucede en la mayoría de los países Latinoamericanos, lo cual forma parte de la particularidad (para efectos de Latinoamérica) que presenta el sistema chileno, el cual mitiga o elimina muchos de los retos que se plantan para el funcionamiento adecuado del Programa de Delación, razón por la cual es el ejemplo Chileno el que hemos propuesto se debe seguir para solucionar muchos de los problemas que se plantean en la obra.

En el caso de México, la ley le da a la Cofece una gran libertad para la apreciación de las pruebas y contiene, al igual que en el Perú, una disposición general que obliga a los particulares y a las entidades públicas a cooperar con la Cofece para el ejercicio de sus funciones. Al respecto, el artículo 73 de Ley Federal de Competencia Económica DOF 23-05-2014 del 29 de abril de 2014 dispone:

"Artículo 73. La Autoridad Investigadora podrá requerir de cualquier persona los informes y documentos que estime necesarios para realizar sus investigaciones, debiendo señalar el carácter del requerido como denunciado o tercero coadyuvante, citar a declarar a quienes tengan relación con los hechos de que se trate, así como ordenar y practicar visitas de verificación, en donde se presuma que existen elementos para la debida integración de la investigación. Las personas y las Autoridades Públicas tendrán un plazo de diez días para presentar los informes y documentos requeridos por la Autoridad Investigadora, que a petición de las personas y las Autoridades Públicas requeridas, podrá ampliarse por una sola ocasión hasta por diez días más, si así lo amerita la complejidad o volumen de la información requerida".

2. SEGUNDO RETO: LA INDEMNIZACIÓN DE PERJUICIOS DE LAS PERSONAS AFECTADAS POR LA REALIZACIÓN DE LAS PRÁCTICAS RESTRICTIVAS DE LA COMPETENCIA[303]

Las prácticas restrictivas de la competencia producen múltiples efectos dañinos: (i) afectan de manera general a la comunidad al disminuir el bienestar del consumidor, la eficiencia económica y la posibilidad de participación de los competidores en el mercado; (ii) pueden generar perjuicios de manera directa y particular a consumidores y agentes económicos individualmente considerados y (iii) vician de nulidad por objeto ilícito los actos jurídicos a través de los cuales se materializan.[304]

Las normas del derecho de la competencia y el ordenamiento jurídico de cada país deben brindar herramientas que permitan contrarrestar los efectos dañinos antes mencionados. Es decir, que a través de las normas pertinentes, ya sea que pertenezcan o no al régimen de competencia se debe prohibir la realización de las prácticas restrictivas y establecer sanciones disuasorias para prevenir y castigar a los infractores; se deben ofrecer mecanismos para que los directamente perjudicados por las prácticas restrictivas sean indemnizados; y se deben establecer acciones judiciales que permitan declarar la nulidad de los actos jurídicos a través de los cuales se materialicen las conductas anticompetitivas.

---

[303]   Esta sección toma algunos elementos del documento titulado *El control jurisdiccional del régimgen general de protección de la competencia y prácticas comerciales restrictivas*, de Alfonso Miranda Londoño. Centro De Estudios De Derecho De La Competencia, Cedec, (1998).

[304]   Patricia Vidal y Agustín Capilla, Título VI "De la compensación de los daños causados por las prácticas restrictivas de la competencia", en *Comentario a la Ley de Defensa de la Competencia y a los preceptos sobre organización y procedimientos de la ley de creación de la Comisión de los Mercados y la Competencia*, dirigida por José Massaguer Fuentes, José Manuel Sala Arquer, Jaime Floguera Crespo y Alfonso Gutiérrez. Coordinadora de la Quinta Edición, Ana Encina Rodríguez. Cívitas–Thompson Reuters, 1461. Al respecto los mencionados autores dicen lo siguiente: "Los artículos 63 y 64 de la LDC establecen el régimen sancionador aplicable a las conductas prohibidas por la LDC. No obstante, como se ha visto en la sección introductoria de los comentarios a dichos artículos, la eventual imposición de multas a las empresas infractoras no agota las consecuencias que pueden derivarse de los ilícitos de competencia. También pueden derivarse consecuencias en el ámbito civil, tanto en lo que respecta a la nulidad de los acuerdos restrictivos y prácticas abusivas (1), como a las posibles reclamaciones a las que se pueden enfrentar las empresas infractoras por los daños y perjuicios causados a terceros con las conductas anticoncurrenciales".

Es importante destacar que los tres tipos de efectos son importantes, aunque el primero es el que más ha ocupado la atención de la política pública de libre competencia. El segundo y el tercero, aunque no están orientados a la protección de toda la comunidad, sino de los derechos individuales de las personas afectadas por las prácticas restrictivas, no por ello dejan de ser importantes, pues todo ordenamiento jurídico debe procurar la reparación de los daños que se le ocasionen a las personas, así como velar por la validez de los actos jurídicos, por lo cual concluimos que los mencionados son objetivos válidos e importantes para el sistema jurídico.

Para posibilitar la convivencia social de forma armónica, el ordenamiento jurídico impone derechos y deberes a todos los individuos, con el fin de mantener la paz y el orden en la sociedad. Los individuos que incumplan los deberes que impone el ordenamiento jurídico y causen un perjuicio a terceros, deberán responder por las consecuencias de sus actos y reparar los daños que hayan causado, en cumplimiento del principio general del derecho, según el cual no se debe perjudicar a nadie, que viene desde el Derecho Romano y se resume en el aforismo *neminem laedere*.[305]

En relación con el tema de la indemnización de perjuicios causados por las prácticas restrictivas de la competencia, la Unión Europea expidió en el año 2013 la *Guía práctica para cuantificar el daño en acciones de perjuicios basadas en el violación de los artículos 101 o 102 del tratado de funcionamiento de la unión europea*.

En dicho documento, la Unión Europea estableció:

"Toda persona que haya sufrido un perjuicio a causa de una infracción de los artículos 101 o 102 del Tratado de Funcionamiento de la Unión Europea (TFUE) tiene derecho a ser indemnizada por dicho perjuicio. El Tribunal de

---

[305] José María Beneyto y Jerónimo Maillo (directores), *Tratado de derecho de la competencia. Unión Europea y España*, segunda edición, (2017), 49. En relación con la importancia de la indemnización de los perjuicios causados por las prácticas restrictivas de la competencia, los mencionados autores hacen referencia a la jurisprudencia del TJUE en Sentencia del 20 de septiembre de 2001, asunto *Courage* C-453/1999 y dicen lo siguiente: "El Tribunal de Justicia de la Unión Europea ha afirmado en diferentes ocasiones que la plena eficacia del artículo [101 TFUE] y, en particular, el efecto útil de la prohibición establecida en su apartado 1 se verían en entredicho si no existiera la posibilidad de que cualquier persona solicite la reparación del perjuicio que le haya irrogado un contrato o un comportamiento susceptible de restringir o de falsear el juego de la competencia".

Justicia de la UE sostuvo que este derecho está garantizado por el Derecho primario de la UE. *La indemnización significa colocar a la parte perjudicada en la posición en la que habría estado si no hubiera habido infracción*. Por lo tanto, la indemnización incluye la reparación no sólo por la pérdida real sufrida (*damnum emergens*), sino también por el lucro sin ganancias (*lucrum cessans*) y el pago de intereses. La pérdida real significa una reducción en los activos de una persona; el lucro cesante significa que no se produjo un aumento de esos activos, que se habría producido sin la infracción (cursivas propias)".[306]

En este sentido debemos afirmar con el profesor Marcos[307],que conceptualmente las acciones orientadas a buscar la indemnización de los perjuicios causados por las prácticas restrictivas de la competencia, son acciones de responsabilidad civil contractual o extracontractual, a las cuales les aplican las mismas reglas previstas para las acciones de responsabilidad civil comunes, lo cual quiere decir que el demandante deberá demostrar que se ha realizado una conducta ilícita (en este caso anticompetitiva); que se ha causado un daño y que existe una relación de causalidad entre la conducta anticompetitiva y el daño.

En la presente sección analizaremos la forma en la cual se ven afectados los programas de delación de los países latinoamericanos y europeos, por la aplicación de las normas a través de las cuales se busca la indemnización de los perjuicios de las personas y empresas perjudicadas por las prácticas restrictivas de la competencia; y las soluciones propuestas por la Unión Europea para proteger la efectividad de los programas de delación frente a esta situación.

---

[306] Comisión Europea. Estrasburgo, 11.6.2013 SWD(2013) 205, *Guía práctica para cuantificar el daño en acciones de perjuicios basadas en el violación de los artículos 101 o 102 del Tratado de Funcionamiento de la Unión Europea*: "Everyone who has suffered harm because of an infringement of Article 101 or 102 of the Treaty on the Functioning of the European Union (TFEU) has a right to be compensated for that harm. The Court of Justice of the EU held that this right is guaranteed by primary EU law.1 Compensation means placing the injured party in the position it would have been in had there been no infringement. Therefore, compensation includes reparation not only for actual loss suffered (damnum emergens), but also for loss of profit (lucrum cessans) and the payment of interest. Actual loss means a reduction in a person's assets; loss of profit means that an increase in those assets, which would have occurred without the infringement, did not happen".

[307] Francisco Marcos, "Antitrust Damages Claims in Spain" [2021] 14 *Global Competition Litigation Review- G.C.L.R.*, Issue 1, (Thomson Reuters and Contributors, 2021), 19.

Como ya lo hemos discutido, en el modelo de aplicación pública del derecho de la competencia, que es el que prima en los países latinoamericanos y europeos, la autoridad de competencia no tiene asignada dentro de sus funciones la reparación de las víctimas, como si sucede en el sistema de aplicación privada que se utiliza en los E. U. A.[308] Por esta razón, aunque en los últimos cincuenta (50) años los países Latinoamericanos han avanzado de manera importante en la investigación y sanción de las conductas anticompetitivas, poco o nada es lo que se ha avanzado en el tema de indemnización de los perjuicios ocasionados por la realización de prácticas restrictivas de la competencia.[309] En relación con la forma en que se complementan la aplicación pública (*public enforcement*) se debe complementar con la aplicación privada del Derecho de la Competencia, el Profesor Marcos ha dicho:

> "La aplicación de las prohibiciones de comportamiento anticompetitivo se lleva a cabo a través de la aplicación tanto pública como privada. La aplicación privada complementa la aplicación pública para proteger los intereses privados de las personas afectadas negativamente por las infracciones de la competencia, que tienen derecho a buscar recursos en los tribunales por las pérdidas consiguientes. Las reclamaciones por daños y perjuicios son una forma de ejecución privada destinada a compensar a las víctimas. Mediante la aplicación privada se garantiza la eficacia de las prohibiciones de comportamiento anticompetitivo. En particular, las reclamaciones por daños y perjuicios tienen por hecho que se repare el error de la infracción

---

[308]   Francisco Marcos, "Antitrust Damages Claims in Spain" [2021] 14 *Global Competition Litigation Review- G.C.L.R.*, Issue 1, (Thomson Reuters and Contributors, 2021), 19. El Profesor Marcos explica con claridad la diferencia entre los sistemas de aplicación pública y privada del Derecho de la Competencia: "As is well known, public enforcement of competition law advances the public interest and it is aimed at declaring infringements of competition rules, punishing the unlawful behavior, and eventually, at designing remedies to restore competition. Private enforcement of competition law pursues private interests and seeks that courts declare the infringement, order its cessation, void anticompetitive clauses in contracts or award compensatory damages. [Como es bien sabido, la aplicación pública del derecho de la competencia promueve el interés público y tiene por objeto declarar las infracciones de las normas de competencia, castigar el comportamiento ilícito y, finalmente, diseñar soluciones para restablecer la competencia. La aplicación privada del derecho de la competencia persigue intereses privados y busca que los tribunales declaren la infracción, ordenen su cese, anulen las cláusulas anticompetitivas en los contratos o otorguen daños compensatorios] [traducción propia]".

[309]   Alfonso Miranda Londoño, El control jurisdiccional del régimgen general de protección de la competencia y prácticas comerciales restrictivas (Centro De Estudios De Derecho De La Competencia, Cedec, 1998).

que causa daño a las víctimas. Dado que la mayoría de las conductas anticompetitivas tienen un impacto negativo en el mercado y causan daños a · los actores del mercado, las víctimas pueden reclamar una indemnización. La indemnización sirve como medio de justicia correctiva, pero también es un instrumento de aplicación eficaz, que contribuye a la disuasión general de las prohibiciones".[310]

---

[310] Francisco Marcos, The Uneven and Unsure Playing Field for Competition Damages Claims in the EU: Shortcomings and Failures of Directive 2014/104/EU and Its Implementation (Max Planck Institute for Innovation and Competition, 2021), 468: "Implementation of the prohibitions of anti-competitive behaviour takes place through both public and private enforcement. Private enforcement complements public enforcement to protect the private interests of those negatively affected by competition infringements, who have the right to seek remedies in court for any consequent losses. Damages claims are a form of private enforcement aimed at compensating victims. Through private enforcement the effectiveness of the prohibitions of anti-competitive behaviour is ensured. In particular, damages claims seek to repair the wrong of the infringement which causes harm to victims. Given that most anti-competitive conduct has a negative impact in the market and causes harm to market players, victims can claim compensation. Compensation serves as a means of corrective justice but is also an effective enforcement instrument, contributing to the overall deterrence of the prohibitions. [La aplicación de las prohibiciones de comportamiento anticompetitivo se lleva a cabo a través de la aplicación tanto pública como privada. La aplicación privada complementa la aplicación pública para proteger los intereses privados de las personas afectadas negativamente por las infracciones de la competencia, que tienen derecho a buscar recursos en los tribunales por las pérdidas consiguientes. Las reclamaciones por daños y perjuicios son una forma de ejecución privada destinada a compensar a las víctimas. Mediante la aplicación privada se garantiza la eficacia de las prohibiciones de comportamiento anticompetitivo. En particular, las reclamaciones por daños y perjuicios tienen por hecho que se repare el error de la infracción que causa daño a las víctimas. Dado que la mayoría de las conductas anticompetitivas tienen un impacto negativo en el mercado y causan daños a los actores del mercado, las víctimas pueden reclamar una indemnización. La compensación sirve como un medio de justicia correctiva, pero también es un instrumento de aplicación eficaz, que contribuye a la disuasión general de las prohibiciones] [traducción propia]".

**Tabla 20. La indemnización de los perjuicios ocasionados
por las prácticas restrictivas de la competencia**

País	La indemnización de perjuicios ocasionados por las prácticas restrictivas de la competencia
Colombia	En Colombia la autoridad de competencia no tiene facultades jurisdiccionales en materia de libre competencia y por lo tanto no tiene la facultad de pronunciarse sobre la indemnización de los perjuicios ocasionados por las prácticas restrictivas de la competencia.
	Debe mencionarse que la Ley 446 de 1998 le otorgó a la Superintendencia de Industria y Comercio facultades jurisdiccionales y administrativas para pronunciarse sobre los casos de competencia desleal y de protección al consumidor; pero estas competencias no se refieren, como ya se advirtió, al tema de prácticas restrictivas de la competencia.
	Hasta el presente se han iniciado unas pocas acciones de grupo y acciones populares que buscan la indemnización de perjuicios en casos de cartelización como los del cemento, el azúcar, los pañales, el papel suave y los cuadernos. Ninguna de estas acciones ha concluido aún y no existen sentencias definitivas en las cuales se impongan condenas por perjuicios ocasionados por la violación de las normas de competencia, aparte de las decisiones de algunos tribunales arbitrales en los cuales se ha abordado el tema.
	Aunque en Colombia, como se explica adelante, es posible iniciar acciones de indemnización de perjuicios sin esperar a que exista un pronunciamiento de la autoridad de competencia (acciones *stand alone*[311]), hasta ahora las acciones de grupo que se han intentado toman como base las decisiones de la SIC (es decir, han sido acciones *follow-on*[312]).
Perú	El artículo 52 de la Ley de Represión de Conductas Anticompetitivas expedida en el 2019 estableció que una vez la autoridad de competencia haya adoptado una decisión administrativa en la cual se declara la existencia de una conducta anticompetitiva, las personas que hayan sufrido daños como consecuencia de dicha conducta pueden demandar ante el poder judicial con el fin de obtener el resarcimiento de sus daños y perjuicios, aunque no

[311]   Es decir, acciones judiciales orientadas a la indemnización de los perjuicios de las personas afectadas por las prácticas restrictivas de la competencia, que no requieren del previo pronunciamiento de la autoridad de competencia en relación con la comisión de las conductas anticompetitivas.

[312]   Es decir, acciones judiciales orientadas a la indemnización de los perjuicios de las personas afectadas por las prácticas restrictivas de la competencia, que solamente se instauran una vez la autoridad de competencia se ha pronunciado y ha declarado la existencia de conductas anticompetitivas.

	hayan actuado como terceros dentro de la investigación administrativa adelantada por el Indecopi. Esta norma dispone, además, que la Comisión, previo informe favorable de la Secretaría Técnica, tiene legitimación activa para inicial la acción civil de indemnización de perjuicios en contra del infractor, con el fin de proteger los intereses difusos y los intereses colectivos de los consumidores.[313] Lo anterior indica que las acciones de indemnización de perjuicios en Perú son del tipo *follow-on*.
Chile	La Fiscalía Nacional Económica (FNE) y el Tribunal de Defensa de la Competencia (TDLC) no tienen facultades para indemnizar perjuicios ocasionados por la infracción de las normas de competencia. La FNE no está autorizada para cuantificar el daño a la competencia. Al presentar los casos ante el TDLC solamente puede describir la conducta y el mercado relevante. Debido a la dificultad de recolectar información, esta en su mayoría es de carácter cualitativo. En algunos casos, una referencia de la existencia actual o potencial de daño a la competencia es suficiente para condenar o absolver. Esta referencia por lo general no cuantifica o detalla los daños a la competencia. En casos de cartelización, la FNE y el TDLC estiman el daño computando diferenciales de precios de manera contrafactual, para lo cual se utilizan modelos económicos, con información prevista por los investigados.

---

[313] El artículo 52 de la Ley de Represión de Conductas Anticompetitivas del Perú dispone lo siguiente: "Artículo 52.- Indemnización por daños y perjuicios. Una vez que la resolución administrativa declarando la existencia de una conducta anticompetitiva quedara firme, toda persona que haya sufrido daños como consecuencia de esta conducta, incluso cuando no haya sido parte en el proceso seguido ante el Indecopi y siempre y cuando sea capaz de mostrar un nexo causal con la conducta declarada anticompetitiva, podrá demandar ante el Poder Judicial la pretensión civil de indemnización por daños y perjuicios. En el supuesto mencionado en el párrafo precedente, la Comisión, previo informe favorable de la Secretaría Técnica, se encuentra legitimada para iniciar, en defensa de los intereses difusos y de los intereses colectivos de los consumidores, un proceso judicial por indemnización por daños y perjuicios derivados de las conductas prohibidas por la presente norma, conforme a lo establecido por el artículo 82 del Código Procesal Civil, para lo cual deberá verificarse la existencia de los presupuestos procesales correspondientes. Sin perjuicio de ello, los plazos, reglas, condiciones o restricciones particulares necesarios para el ejercicio de esta acción, serán aprobados mediante lineamientos de la Comisión, a propuesta de la Secretaría Técnica".

La determinación de los perjuicios ocasionados por las prácticas restrictivas hasta antes del año 2016 era solicitada después de expedida la decisión de competencia ante el juez civil competente; pero a partir de ese año se solicita ante el mismo TDLC, lo cual indica que en Chile las acciones son de tipo *follow–on*.

Algunos casos son:

a. Nutripo vs. Puerto Terrestre los Andes Sociedad Concesionaria S.A. y el Estado Chileno (2010).

b. FNE vs. Compañía Chilena de Fósforos (CCF) (2009).

c. Philip Morris vs. Compañía Chilena de Tabacos (2005).

d. Philip Morris vs. Compañía Chilena de Tabacos (2010).

e. Producción química y electrónica Quimel S. A. y Cementa S. A. vs. James Hardie Fibrocementos Ltda. (2006).

f. DAP y Pivcevic vs. LAN Chile (2000).

g. Cementa vs. Volcán (2009).

A pesar del avance del derecho chileno de la competencia, el número de acciones privadas es aún muy bajo, debido a la ausencia de incentivos procesales como acciones de clase, que en Chile solo están disponibles para la protección del consumidor.

México	En México, la Cofece no tiene facultades para indemnizar los perjuicios ocasionados por la infracción de las normas de competencia, como lo establecen la Ley y las Guías de la autoridad de competencia.

En lo que respecta a la Ley Federal de Competencia Económica el Título VIII regula la reparación de los daños y perjuicios de las conductas anticompetitivas de la siguiente manera:

Ley Federal de Competencia Económica:

134. Aquellas personas que hayan sufrido daños o perjuicios a causa de una práctica monopólica o una concentración ilícita podrán interponer las acciones judiciales en defensa de sus derechos ante los tribunales especializados en materia de competencia económica, radiodifusión y telecomunicaciones hasta que la resolución de la Comisión haya quedado firme.

El plazo de prescripción para reclamar el pago de daños y perjuicios se interrumpirá con el acuerdo de inicio de investigación.

Con la resolución definitiva que se dicte en el procedimiento seguido en forma de juicio se tendrá por acreditada la ilicitud en el obrar del Agente Económico de que se trate para efectos de la acción indemnizatoria.

Esta norma ha sido explicada por las Guías de la entidad de la siguiente manera.

> **Guía de Herramientas de competencia económica**
>
> El procedimiento que se sigue ante la Comisión no es contencioso. Es decir, ante la CFC no se resuelve ninguna disputa entre particulares". En este orden de ideas entonces "en caso de que algún agente económico haya sufrió un daño o perjuicio a causa de una conducta prohibida por la ley, puede acudir a la autoridad judicial para solicitar la indemnización. Puede hacer esto de forma individual o colectiva.[314]
>
> **Guía de Recomendaciones para el cumplimiento de la Ley Federal de Competencia Económica dirigidas al sector privado**
>
> Aquellas personas que hayan sufrido daños o perjuicios a causa de una práctica monopólica pueden interponer acciones judiciales ante los Tribunales Especializados en Materia de Competencia Económica, Radiodifusión y Telecomunicaciones para obtener una indemnización. Las acciones pueden ser individuales o colectivas. Para que los afectados puedan reclamar daños y perjuicios es necesario que: (i) exista una resolución firme del Pleno de la COFECE que determine la existencia de una práctica monopólica y (ii) se pruebe una relación causal entre dicha práctica y los daños y perjuicios reclamados.[315]
>
> Guía-Infracciones a la Ley Federal de Competencia Económica y Procedimiento Administrativo Sancionador
>
> El procedimiento que se sigue ante la Comisión no es contencioso. Es decir, ante la CFC no se resuelve ninguna disputa entre particulares. Por esta razón, al finalizar el procedimiento la CFC únicamente puede imponer las sanciones señaladas en la Ley. Sin embargo, es importante hacer mención que en caso de que algún agente económico haya sufrido un daño o perjuicio a causa de una conducta prohibida por la ley, puede acudir a la autoridad judicial para solicitar una indemnización.[316]
>
> Lo anterior indica que también en el caso de México, las acciones indemnizatorias son de tipo *follow-on*.

Resulta interesante que en el caso de Perú, Chile y México las normas expresamente señalan que las acciones de indemnización de perjuicios

---

[314] Comisión Federal de Competencia México, *Herramientas de competencia económica.* https://www.cofece.mx/wp-content/uploads/2018/05/cuadernos.pdf

[315] Comisión Federal de Competencia Económica (COfece), Derechos y obligaciones en materia de competencia. Recomendaciones para el cumplimiento de la Ley Federal de Competencia Económica dirigidas al sector privado. https://www.cofece.mx/cofece/images/Documentos_Micrositios/SDO_Cumplimiento250815.pdf

[316] Comisión Federal de Competencia México, *Infracciones a la Ley Federal de Competencia Económica y Procedimiento Administrativo Sancionador.* https://www.cofece.mx/wp-content/uploads/2018/05/5infraccionesleyfederaldecompeteconom.pdf

por la realización de prácticas restrictivas de la competencia se pueden iniciar después de terminada la investigación administrativa que adelanta la autoridad de competencia, es decir, que las acciones de responsabilidad siempre son acciones *follow-on*[317], con lo cual existe una especie de prejudicialidad; mientras que en Colombia no existe este requisito y las personas que se entienden perjudicadas pueden acudir en cualquier momento ante los jueces para buscar la indemnización de sus perjuicios, sin que exista el requisito de procedibilidad mencionado, con lo cual en estas jurisdicciones las acciones de daños pueden ser del tipo *stand alone*[318].

Europa, por su parte, ha dado importantes pasos para lograr este objetivo, tanto en las legislaciones de cada uno de los países, como más recientemente a través de la expedición de la Directiva de Perjuicios de 2014, a

---

[317] "Antitrust damages actions are facilitated where a prior infringement decision has been adopted by one of the competition authorities in charge of public enforcement of competition law ("follow-on"). The claim for compensation will be further eased where the infringement decision discloses detailed evidence on the particular conditions of the infringement and, eventually, on its effects. In many of these follow-on claims, the decision of the competition authority finding and punishing anticompetitive behavior assists the victims to prove not only the unlawful conduct but also brings valuable information and data regarding the causation and quantification of the harm." Las acciones por daños y perjuicios en materia de defensa de la competencia se facilitan cuando una de las autoridades de competencia encargadas de la aplicación pública del Derecho de la competencia ha adoptado una decisión de infracción previa ("follow-on "). [La solicitud de indemnización se aliviará aún más cuando la decisión de infracción revele pruebas detalladas sobre las condiciones particulares de la infracción y, eventualmente, sobre sus efectos. En muchas de estas reclamaciones complementarias, la decisión de la autoridad de competencia de determinar y castigar el comportamiento anticompetitivo ayuda a las víctimas a probar no solo la conducta ilícita, sino que también aporta información y datos valiosos sobre la causalidad y cuantificación del daño] [traducción propia]". Francisco Marcos, "Antitrust Damages Claims in Spain", *Working Paper IE Law School No. AJ8-256-I* (2020). https://papers.ssrn.com/sol3/Delivery.cfm/SSRN_ID3728742_code242325.pdf?abstractid=3728742&mirid=1&type=2

[318] "In absence of a prior decision from the public enforcer, the victims of anticompetitive conduct must prove all the elements on which the damage action is grounded ("stand-alone" claims).[En ausencia de una decisión previa del ejecutor público, las víctimas de conductas anticompetitivas deben probar todos los elementos en los que se basa la acción por daños ("stand-alone" claims)] [traducción propia]". Francisco Marcos, "Antitrust Damages Claims in Spain", *Working Paper IE Law School No. AJ8-256-I* (2020). https://papers.ssrn.com/sol3/Delivery.cfm/SSRN_ID3728742_code242325.pdf?abstractid=3728742&mirid=1&type=2

través de la cual se dictan normas para armonizar la materia y a la cual nos referiremos en esta sección.[319] Y aunque el tema de la indemnización de perjuicios se ha empezado a desarrollar con paso firme en los distintos Estados de la Unión Europea, en donde se están desarrollando importantes casos, algunos consideran que continúa siendo una tarea pendiente que aún no se. Ha materializado en la práctica. En este sentido, el profesor Marcos afirma que

> "[D]e hecho, cinco años después de la adopción de la Directiva sobre daños y perjuicios, los consumidores nunca han sido compensados por daños antimonopolio en un número significativo en ningún país de la UE, y hay muy pocas iniciativas pendientes en toda la UE para lograr ese resultado (traducción propia)".[320]

En efecto, debido a la forma en que se encuentra establecida la estructura de aplicación del derecho de la competencia en los países de Latinoamérica y en la Unión Europea, la Autoridad de Competencia tiene funciones de policía administrativa y adelanta investigaciones de esa naturaleza respecto de las infracciones de las normas de Protección de la Competencia, realizadas por los agentes económicos.

---

[319] Francisco Marcos, "Antitrust Damages Claims in Spain", *Working Paper IE Law School No. AJ8-256-I* (2020). https://papers.ssrn.com/sol3/Delivery.cfm/SSRN_ID3728742_code242325.pdf?abstractid=3728742&mirid=1&type=2. Patricia Vidal y Agustín Capilla, Título VI "De la compensación de los daños causados por las prácticas restrictivas de la competencia, en *Comentario a la Ley de Defensa de la Competencia y a los preceptos sobre organización y procedimiento de la ley de creación de la Comisión de los Mercados y la Competencia*, 1462. Al respecto los mencionados autores dicen lo siguiente: "Las diferencias existentes entre la regulación de los distintos Estados miembros de la Unión Europea generó una situación en la que las posibilidades de éxito de las acciones de daños variaban en función del lugar de residencia del reclamante o del país donde se realizase la reclamación. Este fue el principal motivo por el que la Unión Europea decidió armonizar la materia, al menos en cuestiones básicas para todos los Estados miembros, por medio de la Directiva 2014/104/UE, de 26 de noviembre de 2014, relativa a determinadas normas por las que se rigen las acciones por daños en virtud del Derecho nacional, por infracciones del Derecho de la competencia de los Estados miembros y de la Unión Europea (la " Directiva de Daños ")".

[320] Francisco Marcos, *The Uneven and Unsure Playing Field for Competition Damages Claims in the EU: Shortcomings and Failures of Directive 2014/104/EU and Its Implementation*, (Max Planck Institute for Innovation and Competition, 2021), 471: "Indeed, five years after the Damages Directive was adopted, consumers have still never been compensated for antitrust damages in any significant number in any EU country, and there are very few pending initiatives across the EU to achieve that result".

Como ya lo hemos dicho, en desarrollo de sus facultades de inspección, vigilancia y sanción, las autoridades de competencia ejercen una función de alta policía administrativa, en protección del orden público económico en su categoría de libre competencia y brindan de esa manera una protección general a la comunidad.[321] En estas actuaciones la relación jurídico–procesal se traba de manera principal entre la autoridad y el investigado (aunque puede haber terceros interesados que resultan admitidos al trámite). Como la actividad de la autoridad de competencia se realiza en interés general, no existe requisito de legitimación activa en la causa, cualquier persona puede denunciar la violación de las normas del derecho de la competencia, y aún de oficio la autoridad puede iniciar la investigación.

Tabla 21. Inicio de la investigación de prácticas restrictivas de la competencia

País	Inicio de la investigación de prácticas restrictivas de la competencia
Colombia	En Colombia, el procedimiento administrativo sancionador lo adelanta la Superintendencia de Industria y Comercio, en el marco de este proceso la Superintendencia investiga las conductas anticompetitivas que puedan ocurrir en el mercado en ejercicio de las facultades otorgadas, entre otras normas, por la Ley 1340 de 2009 y el Decreto 4886 de 2011. Ley 1340 de 2009. Artículo 6. Autoridad nacional de protección de la competencia. La Superintendencia de Industria y Comercio conocerá *en forma privativa* de las investigaciones administrativas, impondrá las multas y adoptará las demás decisiones administrativas por infracción a las disposiciones sobre protección

---

[321] Los objetivos específicos de la actuación de la autoridad de Competencia de Colombia por ejemplo, se encuentran descritos en el artículo 3 de la Ley 1340 de 2009, el cual establece que las actuaciones de la SIC se realizan para "alcanzar en particular los siguientes propósitos: la libre participación de las empresas en el mercado, el bienestar de los consumidores y la eficiencia económica." En la actualidad los estudiosos de esta disciplina en todo el mundo, consideran en forma mayoritaria, que el objetivo general del Derecho de la Competencia es el beneficio de los consumidores (economía del bienestar), es decir, que como consecuencia de una libre y leal competencia en los mercados, los consumidores deben poder acceder a una mayor variedad de bienes y servicios de una mejor calidad y a precios más bajos. En relación con el aspecto teleológico del Derecho de la Competencia, puede consultarse a Alfonso Miranda Londoño, "El Derecho de la Competencia en Colombia", *Revista de Derecho Económico*, número 9, (1989), Ediciones Librería El Profesional. página 53 y siguientes.

	de la competencia, así como en relación con la vigilancia administrativa del cumplimiento de las disposiciones sobre competencia desleal.

Estas investigaciones administrativas pueden iniciar de dos maneras, esto es; (i) de oficio o (ii) a petición de un tercero:

Decreto 2153 de 1992.

Artículo 52. procedimiento. <Artículo modificado por el artículo 155 del Decreto 19 de 2012. El nuevo texto es el siguiente:> Para determinar si existe una infracción a las normas de promoción a la competencia y prácticas comerciales restrictivas a que se refiere este decreto, la Superintendencia de Industria y Comercio deberá iniciar actuación de oficio o por su solicitud de un tercero y en caso de considerarla admisible y prioritaria, adelantar una averiguación preliminar, cuyo resultado determinará la necesidad de realizar una investigación. |
| **Perú** | En el Perú, la investigación del procedimiento administrativo sancionador es competencia de la Secretaria Técnica del Indecopi:

Artículo15.- La Secretaría Técnica.

15.1. La secretaria Técnica de la Comisión es el órgano con autonomía técnica que realiza la labor de instructor del procedimiento de investigación y sanción de conductas anticompetitivas y que emite opinión sobre la existencia de la conducta infractora.

15.2. Son atribuciones de la Secretaria Técnica:

a) Efectuar investigaciones preliminares;

b) Iniciar de oficio el procedimiento de investigación y sanción de conductas anticompetitivas;

c) Tratándose de una denuncia de parte, decidir la admisión a trámite del procedimiento de investigación y sanción de conductas anticompetitivas, pudiendo declarar inadmisible o improcedente la denuncia, según corresponda.

Esta investigación preliminar del Procedimiento Administrativo Sancionador inicia siempre de ofició, ya sea (i) por iniciativa de la Secretaria Técnica o (ii) por denuncia de parte. Así está previsto en el artículo 18 del TUO del Decreto Ley 1034 de 2008 de la siguiente manera:

Artículo 18.- Formas de iniciación del procedimiento.-

18.1. El procedimiento sancionador de investigación y sanción de conductas anticompetitivas se inicia siempre de oficio, bien por iniciativa de la Secretaria Técnica o por denuncia de parte.

Respecto del inicio de la investigación es importante tener en cuenta que la titularidad de la acción por medio de la cual se da inicio de oficio al procedimiento administrativo sancionador, es exclusiva de la Secretaria Técnica; y en consecuencia el denunciante es solamente un colaborador en el marco de la investigación que se realiza. Así está previsto en el artículo 18 del TUO del |

	Decreto Ley 1034 de 2008 de la siguiente manera: Artículo 18.- Formas de iniciación del procedimiento.- [...] 18.2. En el procedimiento trilateral sancionador promovido por una denuncia de parte, el denunciante es un colaborador en el procedimiento de investigación, conservando la Secretaria Técnica la Titularidad de la acción de oficio.
Chile	En Chile el Fiscal Nacional Económico es quien se encuentra facultado para iniciar las investigaciones tendientes a comprobar la existencia de infracciones a la ley de competencia: Decreto Ley 211 de 1973 Artículo. 39 [...] Serán atribuciones y deberes del Fiscal Nacional Económico: a) Instruir las investigaciones que estime procedentes para comprobar las infracciones a esta ley. Dando noticia de su inicio al afectado. Con conocimiento del Presidente del Tribunal de Defensa de la Libre Competencia, la Dirección General de la Policía de Investigaciones de Chile deberá poner a disposición del Fiscal Nacional Económico el personal que este requiera para el cumplimiento del cometido indicado en esta letra o ejecutar las diligencias específicas que le solicite con el mismo objeto. Esta investigación que adelanta el Fiscal Nacional Económico inicia de oficio o con ocasión de una denuncia, tal como se ve reflejado en las funciones de esta autoridad al momento de delimitarse su actuación e instrucción de oficio o en virtud de denuncias: Artículo. 39. [...] Serán atribuciones y deberes del Fiscal Nacional Económico: [...] El Fiscal Nacional Económico, con conocimiento del Presidente del Tribunal de Defensa de la Libre Competencia, podrá disponer que las investigaciones que se instruyan de oficio o en virtud de denuncias tengan el carácter de reservadas. Asimismo, el fiscal nacional económico podrá disponer de oficio o a petición del interesado, que ciertas piezas del expediente sean reservadas o confidenciales, siempre que tengan por objeto proteger la identidad de quienes hayan efectuado declaraciones o aportado antecedentes en conformidad al artículo 39 bis, o que contengan formulas, estrategias o secretos comerciales o cualquier otro elemento cuya revelación pueda afectar significativamente el desenvolvimiento competitivo de su titular, o resguardar la eficacia de investigación de la Fiscalía.

	En lo que corresponde específicamente al inicio de la investigación por las denuncias que se formulen, el artículo 41 de la Ley de Competencia regula esta hipótesis de la siguiente manera: Artículo 41. La Fiscalía deberá recibir e investigar, según corresponda, las denuncias que formulen particulares respecto de actos que puedan importar infracciones a las normas de la presente ley, sin perjuicio de remitir a las autoridades competentes aquellas que deban ser conocidas por otros organizamos en razón de su naturaleza. Para determinar si corresponde investigar o desestimar las denuncias que se formulen, la Fiscalía podrá solicitar, dentro del plazo de 60 días de recibida la denuncia, antecedentes a particulares, como también llamar a declarar a cualquier persona que pudiere tener conocimiento del hecho denunciado. La entrega de antecedentes y la prestación de declaración señaladas previamente serán siempre voluntarias, y la Fiscalía Nacional Económica no podrá ejercer el apercibimiento previsto en el inciso primero del artículo 42 mientras no hay iniciado formalmente una investigación.
México	En México, el Procedimiento Administrativo Sancionador es aquel que adelanta la Cofece por las conductas anticompetitivas que infrinjan la Ley Federal de Competencia Económica. De conformidad con este procedimiento, la investigación puede iniciar de una de dos maneras: Dependiendo de cómo la autoridad se entere de los hechos la investigación puede ser (i) de oficio, cuando se entera de primera mano, esto es directamente de los hechos ocurridos; o bien puede iniciar (ii) a petición de parte, en este caso gracias a un tercero que mediante una denuncia pone en conocimiento de la autoridad una conducta anticompetitiva que se está realizando por parte del presunto infractor. Lo anterior encuentra fundamento en la Ley Federal de Competencia Económica: Ley Federal de Competencia Económica. Artículo 66. La investigación de la Comisión iniciará de oficio, o a solicitud del Ejecutivo Federal, por sí o por conducto de la Secretaría, de la Procuraduría o a petición de parte y estará a cargo de la Autoridad Investigadora. Las solicitudes de investigación presentadas por el Ejecutivo Federal, por sí o por conducto de la Secretaría o la Procuraduría tendrán carácter preferente.

Aunque en estas legislaciones existen normas que permiten la intervención de los terceros en las investigaciones de prácticas restrictivas de la competencia, lo cierto es que la decisión que pone fin al procedimiento es un acto administrativo que no se pronuncia sobre los perjuicios que personas particulares puedan haber sufrido como consecuencia de las prácticas anticompetitivas.

Cuando la autoridad encuentra culpables a los investigados se limita a declarar la violación de las normas de competencia, a prohibir la realización de las conductas ilegales, a impartir instrucciones tendientes a la preservación de la libre competencia y a imponerle al investigado una multa.

La autoridad de competencia no declara o determina la existencia de perjuicios, ni mucho menos condena al infractor al resarcimiento de los mismos en favor del perjudicado. Todas estas características distinguen el régimen de las prácticas restrictivas de la competencia de las acciones judiciales indemnizatorias, en las cuales se traba un litigio judicial, dentro del cual demandante y demandado son partes en un proceso contencioso que puede concluir en una condena de perjuicios.

A pesar de las propuestas que en varios países se han hecho, lo cierto es que las autoridades de competencia en Latinoamérica no han sido dotadas de facultades jurisdiccionales para adelantar incidentes de indemnización de los perjuicios ocasionados a personas concretas por la violación del régimen de protección de la competencia. En España, por ejemplo, el artículo 71 de la Ley 17 del 2007 dispone que los infractores de las normas de competencia serán responsables de los daños y perjuicios que causen, con lo cual las víctimas deben buscar la indemnización de perjuicios a través de las acciones de responsabilidad civil que el ordenamiento jurídico pone a su disposición.

Como consecuencia de esta estructura jurídica, la aplicación de la normativa de competencia en los países latinoamericanos ha dependido, casi en su totalidad, de la actividad e iniciativa de la autoridad de competencia, ya que el ordenamiento jurídico no ofrece a las víctimas directas de las conductas anticompetitivas, herramientas específicas o incentivos económicos importantes para buscar la aplicación del derecho de la competencia y obtener la indemnización de los perjuicios ocasionados por la realización de las prácticas restrictivas, como sucede en otras latitudes. En el caso de Europa la situación era muy similar, hasta la expedición de la Normativa Europea de Perjuicios del año 2014, la cual como vimos modificó el panorama jurídico y las expectativas de los perjudicados a este respecto.

La situación de los países en los cuales prevalece el sistema de aplicación privada del derecho de la competencia es diferente. En los Estados Unidos de América, por ejemplo, desde 1960 hasta nuestros días, más del 90 % de los casos de competencia se deben a las demandas particulares (*private enforcement*)[322], lo cual es lógico si se tiene en cuenta que el derecho norteamericano permite a los demandantes obtener sus perjuicios por triplicado (*treble damages*) en caso de ser exitosos en la demanda.[323]

Es posible que la aplicación de daños punitivos (*punitive damages*) sea extraña a nuestro derecho de tradición romano-germánica, en el cual la reparación de los perjuicios llega hasta el resarcimiento del daño emergente y el lucro cesante, más allá de lo cual puede entenderse que se presenta

---

[322] Al respecto, George A. Hay, profesor de *antitrust* de la Universidad de Cornell, manifestó en su conferencia dictada en la Universidad Javeriana titulada "Antitrust Developments in the U. S.", en las *II Jornadas Internacionales de Derecho Económico* (Bogotá, 2008) lo siguiente: "Part of the reason I feel comfortable giving less attention to state enforcement is that by far the more important force affecting antitrust in the U.S. has been private enforcement, by consumers, dealers, supplier and competitors of firms that allegedly have violated the antitrust laws. At least since the 1960's, private enforcement has accounted for about 90% of all cases filed in a given year. [Parte de la razón por la que me siento cómodo prestando menos atención a la aplicación pública de las normas de competencia, realizada por el Estado es que, por mucho, la fuerza más importante que afecta a las normas de competencia en los Estados Unidos ha sido la aplicación privada, por parte de consumidores, distribuidores, proveedores y competidores de empresas que supuestamente han violado las leyes de competencia. Al menos desde la década de 1960, la aplicación privada ha representado alrededor del 90 % de todos los casos presentados en un año determinado] [traducción propia].

[323] George A. Hay, "Antitrust Developments in the U. S.", en las *II Jornadas Internacionales de Derecho Económico* (Bogotá, 2008): "But especially important is the damages remedy: any person injured by a violation of the antitrust laws (subject to some non-trivial restrictions on standing, can seek money damages and the resulting damages verdict is automatically (i.e., with any discretion by the jury or trial judge) trebled. Therefore, cases resulting in judgments or settlements in the billions of dollars are not unheard of. (By way of example, in a matter I was involved in as an expert witness, American Express settled an antitrust case against Visa and MasterCard for a sum in excess of $4 billion). [Pero especialmente importante es el resarcimiento de los daños: cualquier persona lesionada por una violación de las leyes antimonopolio (sujeto a algunas restricciones no triviales sobre legitimación activa, puede buscar el reconocimiento de daños en dinero y el veredicto de daños resultante es automáticamente (es decir, con cualquier discreción por parte del jurado o juez de primera instancia) triplicado. Por lo tanto, los casos que dan lugar a juicios o acuerdos en miles de millones de dólares no son inauditos. (A modo de ejemplo, en un asunto en el que estuve involucrado como testigo experto, American Express llegó a una conciliación en un caso antimonopolio contra Visa y MasterCard, por una suma superior a $4 mil millones.)] [traducción propia]".

un enriquecimiento sin justa causa[324]. Sin embargo, debe reconocerse que la ausencia de incentivos para que los particulares puedan obtener la reparación de los perjuicios en los países latinoamericanos es un factor determinante para que el derecho de la competencia no haya tenido un mayor desarrollo en los últimos treinta (30) años.[325]

---

[324] José María Beneyto y Jerónimo Maillo (directores), *Tratado de derecho de la competencia. Unión Europea y España,* segunda edición, (2017), 50. En relación con las características del resarcimiento de los perjuicios ocasionados por las prácticas restrictivas de la competencia en países que como España y los países Latinoamericanos tienen un sistema de Aplicación Pública del Derecho de la Competencia, los autores señalan lo siguiente: "El pleno resarcimiento consiste en reinstaurar a la víctima en la situación en la que habría estado de no haberse cometido la infracción. Por tanto, dicho resarcimiento abarcará el derecho a una indemnización por el daño emergente y el lucro cesante, más el pago de los intereses. El pleno resarcimiento de los daños y perjuicios podrá ser reclamado a los infractores por cualquier persona que los haya sufrido, con independencia de que se trate de un comprador directo (el que adquirió los bienes o servicios del infractor) o indirecto (quien adquirió los bienes o servicios de un operador económico que, a su vez, los adquirió del infractor). Ahora bien, el pleno resarcimiento no podrá conllevar en ningún caso una sobrecompensación de los daños sufridos mediante indemnizaciones punitivas, múltiples o de otro tipo".

[325] Cfr. Robert H. Lande y Robert H. Lande & Joshua P. Davis "Benefits from Private Antitrust Enforcement: An Analysis of Forty Cases", *University of San Francisco School of Law Research Paper, No. 2010-07,* (2008). Los mencionados autores manifiestan en sus conclusiones lo siguiente: "The distinctive system of private enforcement we have in this country is substantially underappreciated. Congress's venerable "private attorneys general" idea has produced tremendous benefits for the United States economy—for consumers and for businesses of all sizes. Private antitrust enforcement is virtually the only way that victims of anticompetitive behavior can obtain redress: in the cases we studied, lawbreakers or alleged lawbreakers were forced to return approximately \$18–\$20 billion to victimized consumer and business purchasers. More than \$6 billion of this otherwise would have remained in the hands of foreign lawbreakers. [...] Private enforcement also deters anticompetitive behavior significantly. Indeed, the forty studied cases helped deter anticompetitive behavior more than all the criminal fines and prison sentences imposed in cases prosecuted by the DOJ during this period. Moreover, almost half of the studied violations or alleged violations were uncovered solely by private counsel, and in many other cases, private counsel played a large role in uncovering and proving the offense. [El sistema distintivo de aplicación privada que tenemos en este país está sustancialmente infravalorado. La venerable idea del Congreso, de "fiscales generales privados" ha producido enormes beneficios para la economía de los Estados Unidos, para los consumidores y para las empresas de todos los tamaños. La aplicación privada de la normativa antimonopolio es prácticamente la única manera en que las víctimas de comportamientos anticompetitivos pueden

Como ya se advirtió, aunque los particulares pueden denunciar ante las autoridades de competencia la realización de conductas anticompetitivas; aunque existe la posibilidad de conciliar los intereses particulares afectados por las conductas investigadas; y los terceros pueden intervenir en la investigación de prácticas restrictivas en los términos previstos en la ley, lo cierto es que no pueden obtener la indemnización de los perjuicios ocasionados por las prácticas restrictivas de la competencia dentro de dicha actuación y tendrán que buscar la satisfacción de sus intereses por alguno de los mecanismos que se exponen en esta sección.

2.1 La teoría del daño ocasionado por las prácticas restrictivas de la competencia

Antes de analizar los diferentes tipos de acciones disponibles para obtener la indemnización de los perjuicios ocasionados por la realización de las prácticas restrictivas de la competencia, consideramos importante analizar la forma en que dichos perjuicios se pueden causar y cuál puede ser en general la forma de demostrarlos, para que un juez pueda ordenar su resarcimiento por cualquiera de los mecanismos que más adelante se explican.

La dificultad radica, por supuesto, en que las prácticas restrictivas de la competencia afectan a toda la comunidad y no a una sola clase de agentes económicos. En efecto, los acuerdos anticompetitivos de carácter horizontal afectan principalmente a los consumidores, mientras que los de carácter vertical pueden afectar tanto a los consumidores como a otros agentes del mercado, como es el caso de los distribuidores o los proveedores. De otra parte, las conductas de abuso de la posición dominante en el mercado

---

obtener reparación: en los casos que estudiamos, los infractores de la ley o los presuntos infractores de la ley se vieron obligados a devolver aproximadamente entre 18 y 20 mil millones de dólares a compradores y consumidores victimizados. De otro modo, más de 6.000 millones de dólares de este dinero habrían permanecido en manos de infractores extranjeros de la ley. [...] La aplicación privada también ha disuadido el comportamiento anticompetitivo significativamente. De hecho, los cuarenta casos estudiados ayudaron a disuadir el comportamiento anticompetitivo más que todas las multas criminales y las penas de prisión impuestas en los casos procesados por el Departamento de Justicia durante este período. Además, casi la mitad de las violaciones estudiadas o presuntas violaciones fueron descubiertas únicamente por un abogado de parte, y en muchos otros casos, un abogado de parte desempeñó un papel importante en descubrir y probar el delito] [traducción propia]".

pueden afectar tanto a los competidores actuales o potenciales, como sucede en el caso de los precios predatorios o en los abusos de exclusión; como también pueden afectar a los consumidores, como sucede en los abusos de explotación.

Los tipos de perjuicios que pueden sufrir los diferentes agentes de mercado son variados y analizarlos todos es una tarea que nos desviaría de manera importante del objetivo de la obra, razón por la cual nos restringiremos al análisis de los perjuicios que por regla general ocasionan los acuerdos anticompetitivos horizontales, es decir, los cárteles, que son las conductas hacia las cuales se encuentran principalmente orientados los Programas de Delación en todo el mundo, aunque como lo hemos discutido, algunos países le han extendido la clemencia a conductas de naturaleza diferente.

Una vez acotado de esta manera el análisis, debe decirse que por regla general el objetivo de los acuerdos de cartelización, es decir, los acuerdos horizontales de fijación de precios, de repartición de mercados, de establecimiento de cuotas, de limitación de materias primas, de limitación de desarrollos técnicos, de ventas atadas, de limitación de la producción, o de colusión en licitaciones públicas (entre otros acuerdos anticompetitivos de carácter horizontal en los cuales pueden incurrir los agentes de mercado), es el de subir los precios de manera supra competitiva, con el objetivo de emular lo que podría ser el resultado de la fijación del precio en un mercado monopolístico, en el cual el único productor, el monopolista, debe adoptar la decisión que le permita maximizar su eficiencia en el mercado, para lo cual seguramente optará por reducir la producción con el fin de que suba el precio del producto en cuestión, de manera tal que se maximice su beneficio, tal como lo mostramos en la siguiente gráfica[326]:

---

[326] Alfonso Miranda Londoño y Juan David Gutiérrez Rodríguez, "Fundamentos económicos del derecho de la competencia: los beneficios del monopolio vs. los beneficios de la competencia". *Revista Derecho de la Competencia*, Volumen 2, (2006), 352.

Ilustración 1. Formación del precio en el monopolio

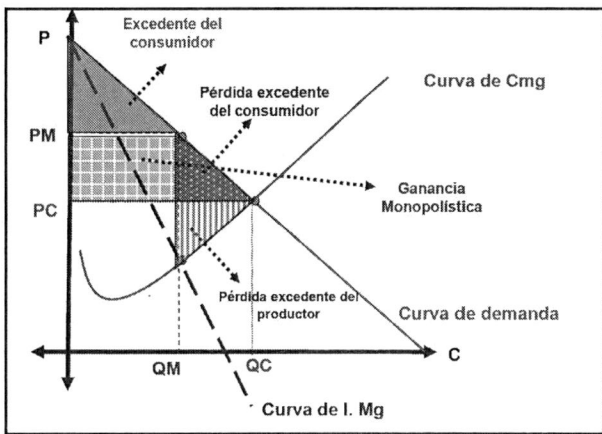

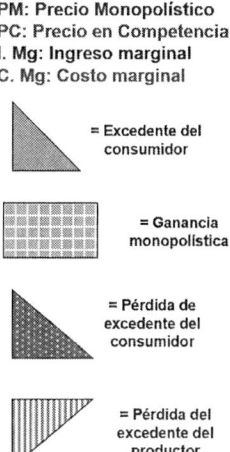

La gráfica anterior muestra la racionalidad del comportamiento del monopolista a la hora de determinar el precio con el cual puede maximizar su utilidad:

- El punto en el cual la curva del costo marginal (que en un mercado monopolista es la curva de la oferta) se corta con la curva de la demanda, es el punto en el cual los consumidores obtienen el precio en competencia PC y pueden consumir las cantidades QC que satisfacen su apetito por el producto.

- Pero ese precio PC no es el precio que le conviene al productor, que como es un monopolista, tiene la capacidad de reducir la oferta del producto en el mercado hasta el punto QM, que es el punto que refleja el cruce entre la curva del costo marginal y la curva del ingreso marginal, punto en el cual se maximiza el beneficio del productor.

- En el punto QM las cantidades que se ofrecen del producto son mucho menores, razón por la cual los consumidores estarán dispuestos a pagar el precio monopolístico PM, que le permite al productor obtener una ganancia monopolística que se señala en la gráfica, la cual no se obtendría en condiciones de competencia.

- Como consecuencia de lo anterior, se produce una pérdida del excedente del consumidor y también del excedente del productor, pero esta última es compensada y con creces por la ganancia monopolística.

Este es el mismo tipo de raciocinio que pueden desarrollar los integrantes de un cártel, los cuales pueden realizar algunas de las modalidades de acuerdos anticompetitivos ya señaladas, con el fin de cobrar el precio monopolístico y obtener la ganancia monopolística que se observa en la gráfica.

Como es evidente, este comportamiento resulta completamente ilegal y lesiona de manera importante los intereses de los consumidores, los cuales tienen derecho a obtener el producto al precio en competencia PC y en cambio se ven obligados a pagar el precio monopolístico PM, mucho más alto, con lo cual podrán adquirir una menor cantidad del bien sometido al precio monopolístico, o tendrán que reducir el consumo de otros bienes, ya que su ingreso es limitado como se observa en la siguiente gráfica:[327]

Ilustración 2 Curvas de ingreso y curvas de indiferencia

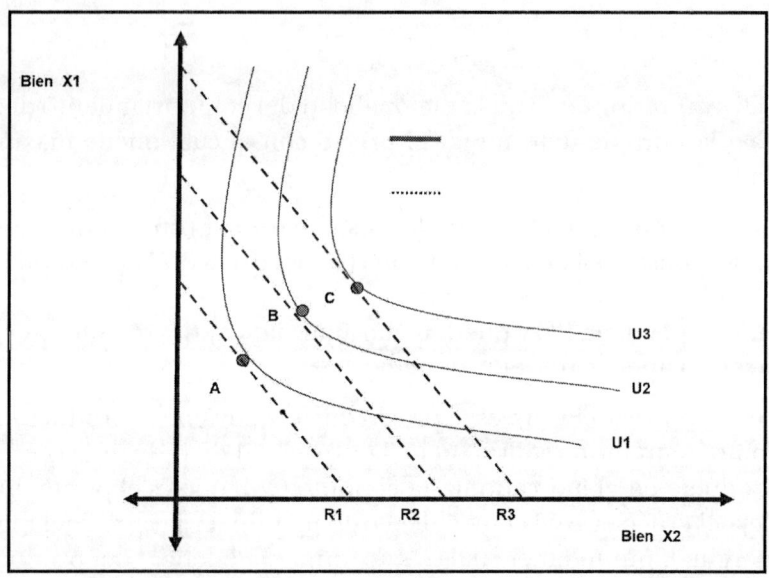

---

[327]   Alfonso Miranda Londoño y Juan David Gutiérrez Rodríguez, "Fundamentos económicos del derecho de la competencia: los beneficios del monopolio vs. los beneficios de la competencia". *Revista Derecho de la Competencia*, Volumen 2, (2006), 352.

En esta gráfica se muestran las curvas de ingreso o curvas de restricción presupuestaria y su interacción con las curvas de indiferencia que explican el comportamiento racional de los consumidores:

- Las curvas de ingreso o rectas de restricción presupuestaria muestran el rango de ingresos (R1, R2, R3) en el cual se encuentran los consumidores.

- Las curvas de indiferencia muestran el portafolio de productos (bienes y servicios U1, U2, U3) con los que cada persona satisface sus necesidades humanas dependiendo de su rango de ingresos.

- En el punto en que cada curva de ingreso se hace tangente de su respectiva curva de indiferencia, se determina el portafolio de bienes y servicios con los que los consumidores en ese rango de ingresos pueden satisfacer sus necesidades humanas de manera óptima.

- Cuando alguno o algunos de los mercados de bienes y servicios que los consumidores requieren para satisfacer esas necesidades están sometidos a un precio monopolístico PM, que es muy superior al precio en competencia PC que los consumidores deberían poder obtener en ausencia del cártel, los consumidores se ven perjudicados.

- En efecto, debido a que los consumidores por regla general están limitados por su curva de ingresos que no pueden mover a voluntad porque depende de muchas otras variables, en presencia de un precio monopolístico (en nuestro caso causado por un cártel) tendrán que consumir menos unidades de ese bien o servicio o tendrán que sacrificar el consumo de otros bienes y servicios.

- Esta situación afecta también a la economía en su conjunto, ya que el precio en competencia PC refleja la dinámica competitiva de cada mercado y por lo tanto cuando se paga el precio monopolístico PM como consecuencia de los acuerdos de un cártel, se están desviando los recursos de la economía hacia empresas que cobran precios artificialmente altos por sus productos, cuando esos recursos podrían ser utilizados en comprar más unidades del bien sometido al cártel o de otros bienes, con lo cual los consumidores podrían satisfacer sus necesidades de manera más plena y recibirían un mayor impulso empresas que compiten de manera justa y generan un mayor beneficio para toda la economía.

Para calcular el perjuicio ocasionado a cada uno de los consumidores sometidos al precio monopolístico PM como consecuencia del cártel, en los procesos judiciales en los que se realiza la aplicación privada del derecho de la competencia, a la que ya nos hemos referido, los demandantes tienen en teoría la carga de demostrar ante los jueces la conducta cartelizada y el período en el cual el cártel produjo sus efectos. Así mismo deben establecer la diferencia entre el precio monopolístico PM cobrado a los consumidores durante ese período y lo que debería haber sido el precio en competencia PC durante ese mismo tiempo. Es decir, que los demandantes deben demostrar que el incremento de los precios de los productos fue causado por el cártel y también deben cuantificar ese incremento en los precios para poder establecer el perjuicio a los consumidores.[328]

Para el efecto los demandantes deberán aportar al proceso judicial peritajes económicos basados en metodologías tales como las siguientes[329]:

a. **Método "antes, durante y después":** este método se basa en la comparación de los precios aplicados durante la época de funcionamiento del cártel (de ahí la importancia de establecer ese período) con los precios del mercado antes y después de esa época, que deberían responder a las verdaderas fuerzas del mercado.

Estos cálculos se deben realizar mediante la comparación de promedios en los distintos periodos o con pruebas econométricas para controlar los cambios en otras condiciones de mercado.

b. **Método de línea recta:** en este método se asume que los precios de los productos sometidos a la influencia anticompetitiva del cártel, crecen o decrecen a una tasa constante.

c. **Método de la causalidad** *but for*: en este método se trata de establecer cuál habría sido el precio del producto si no hubiera existido la influencia anticompetitiva del cártel, para determinar el perjuicio causado por el mismo. Para ello se toma el precio del producto afectado por el cártel, que aquí hemos denominado como precio monopolístico PM y se le resta el precio *but for* estimado, es decir, el precio en competencia PC, al cual se estima que se habría transado

---

[328]   Elena Cristina Tudor "La causalidad en Acciones de Daños Antitrust a la Luz de lo dispuesto en la normativa 2014/104/CE", *Revista de Estudios Europeos*, No. 71, enero–junio, (2018), 250-258. ISSN: 2530-9854. http://www.ree-uva.es/

[329]   Foro Latinoamericano y del Caribe de Competencia. Sesión I: Cárteles: Estimación del daño las acciones públicas para la aplicación de la ley (2017). https://one.oecd.org/document/DAF/COMP/LACF(2017)4/es/pdf

el producto, con lo cual se obtiene el dato del incremento de precio causado por el cártel.

Este método también requiere de precios antes y después de la conducta. Los primeros por lo general no están disponibles, por lo cual se estiman precios constantes e iguales a los posteriores, lo cual es criticado ya que los precios varían debido a factores externos como el incremento de la demanda, los costos o cambios estructurales en el ambiente de competencia. Para controlar los cambios ocasionados por los diversos factores, se recurre al análisis de regresión multivariable.

Como se ha explicado en los párrafos anteriores, en teoría la carga probatoria para el demandante es bastante exigente, sin embargo, en jurisdicciones como la española, se presume de hecho (la presunción admite prueba en contrario) que las conductas horizontales, como es el caso del cártel, automáticamente generan un perjuicio, bajo la teoría *ex re ipsa loquitur*.[330]

En la siguiente sección describiremos las características generales de los tipos de acciones judiciales que ofrecen los países latinoamericanos.

2.2 Acciones judiciales para obtener la indemnización de los perjuicios causados por las prácticas restrictivas de la competencia

Puede tratarse de acciones de responsabilidad civil contractual o extracontractual, según sea la relación entre el infractor y el perjudicado, o inclusive de responsabilidad por abuso del derecho de competir. [331]

En relación con la utilización de las acciones civiles para la indemnización de los perjuicios causados por las prácticas restrictivas de la competencia analizaremos tres aspectos jurídicos importantes: (i) el tema de la declaratoria de nulidad de los actos jurídicos que infringen las normas de competencia; (ii) el tema de la necesidad de obtener un previo pronuncia-

---

[330]   Francisco Marcos, "Antitrust Damages Claims in Spain" [2021] 14, *Global Competition Litigation Review- G.C.L.R.*, Issue 1, (2021), 20.

[331]   A este respecto existe un interesante desarrollo en el derecho colombiano, ya que desde la década de los años treinta en el siglo pasado, la Corte Suprema de Justicia realizó importantes avances jurisprudenciales en materia del abuso del derecho, los cuales fueron después plasmados en 1971 en el artículo 830 del Código de Comercio, según el cual "el que abuse de sus derechos estará obligado a indemnizar los perjuicios que cause".

miento de la autoridad de competencia respecto de la existencia o no de una práctica restrictiva, para poder proceder a solicitar la indemnización de perjuicios ante un juez, es decir, el tema de la prejudicialidad, y (iii) la posibilidad de que sea la propia autoridad de competencia la que inicie un proceso judicial en contra de los investigados, con el fin de reclamar los perjuicios ocasionados por las prácticas restrictivas de la competencia.

2.2.1 La nulidad de los actos jurídicos contrarios a las normas de competencia

Como lo mencionamos antes, en las acciones civiles orientadas a obtener la indemnización de los perjuicios ocasionados por las prácticas restrictivas de la competencia, es posible buscar adicionalmente la declaratoria de la nulidad de los actos jurídicos contrarios a las normas de competencia, los cuales se considera tienen un objeto ilícito.

El análisis respecto de la nulidad de los actos jurídicos contrarios a la libre competencia corresponde al juez civil, el cual la declarará, cuando se encuentre acreditado dentro del expediente, que los actos jurídicos acusados violan las normas sobre protección o defensa de la competencia. En los casos en que no existan actos jurídicos propiamente dichos, sino conductas anticompetitivas, la acción será de carácter extracontractual o *aquiliano* y no procederá la declaratoria de nulidad, sino solamente la indemnización de los perjuicios demostrados, según ello haya sido pedido en la demanda.

La situación de los países escogidos para efectos de comparación, respecto del tema de la nulidad de los actos jurídicos a través de los cuales se realizan las prácticas restrictivas de la competencia, se muestra en la siguiente tabla.

Tabla 22. Nulidad de los actos jurídicos por infracción de las normas de competencia

País	Nulidad de los actos jurídicos por la infracción de las normas de competencia
Colombia	En Colombia el artículo 19 de la Ley 155 de l959 establece que "los acuerdos, convenios u operaciones prohibidos por esta ley, son absolutamente nulos por objeto ilícito".
	De otra parte, el artículo 46 del Decreto 2.153 de 1992 establece que "en los términos de la Ley 155 de l959 y del presente decreto están prohibidas las conductas que afecten la libre competencia en los mercados, las cuales, en los términos del Código Civil, se consideran de objeto ilícito".

Perú	En el caso de Perú, el artículo 49.1 (c) del TUO del Decreto Legislativo 1034 de 2008 establece que la sanción jurídica para los actos jurídicos violatorios de las normas de competencia es la inoponibilidad:
	Decreto 1304 de 2008.
	49.1. Además de la sanción que se imponga por infracción a la presente Ley, la Comisión podrá dictar medidas correctivas conducentes a restablecer el proceso competitivo o prevenir la comisión de conductas anticompetitivas, las cuales, entre otras, podrán consistir en:
	[...]
	c) La inoponibilidad de las cláusulas o disposiciones anticompetitivas de actos jurídicos.
	Pero esta norma debe complementarse con lo que establece el Código Civil respecto de los actos jurídicos contrarios a las normas imperativas de orden público como es el caso de las normas de competencia.
	Código Civil:
	Artículo V.- Orden público, buenas costumbres y nulidad del acto jurídico
	Es nulo el acto jurídico contrario a las leyes que interesan al orden público o a las buenas costumbres.
	Adicionalmente en el derecho peruano de conformidad con lo dispuesto por el artículo 219 del Código Civil el cual menciona que el acto jurídico es nulo "cuando su fin sea ilícito".
Chile[332]	Al momento de regular la nulidad de los actos jurídicos en el caso de la jurisdicción de Chile, el artículo 1462 del Código Civil establece como actos jurídicos con objeto ilícito aquellos que contravienen el derecho público. Así mismo, el artículo 1682 del Código Civil establece que la sanción del objeto ilícito es la nulidad absoluta. En este orden de ideas, son entonces contrarios al orden público chileno los acuerdos contrarios a la libre competencia debido a que el Decreto Ley 211 de 1973 es una norma imperativa, y por lo tanto su contravención se sanciona con la nulidad absoluta de los acuerdos anticompetitivos. La doctrina presenta un análisis de esta perspectiva del derecho civil en los siguientes términos:
	[...] el hecho, acto o convención realizado en infracción a la condición es o puede ser nulo de nulidad absoluta. De acuerdo al artículo 1462 del Código

---

[332] Importante tener en cuenta que existe un debate en Chile respecto del ámbito de aplicación y el alcance de los artículos 285, 286 y 287 para sancionar conductas contrarias a la libre competencia.

	Civil, "hay objeto ilícito en todo lo que contraviene el derecho público chileno", y el objeto ilícito recibe como sanción la nulidad absoluta (artículo 1682 del Código Civil). El DL 211 es, indudablemente, una normativa de Derecho Público, por lo que su contravención acarrea la nulidad absoluta.[333]
México	Al momento de regular la nulidad de los actos jurídicos en el caso de la jurisdicción de México, la ley de competencia establece expresamente que son nulos de pleno derecho los contratos, convenios, arreglos o combinaciones que tengan como efecto, aquel previsto en los numerales I a IV del artículo 53 de la Ley Federal de Competencia Económica DOF 23-05-2014 (29 de abril de 2014) y por lo tanto no producen efecto jurídico alguno.
	Ley Federal de Competencia Económica DOF 23-05-2014 (29 de abril de 2014)
	Artículo 53. Se consideran ilícitas las prácticas monopólicas absolutas, consistentes en los contratos, convenios, arreglos o combinaciones entre Agentes Económicos competidores entre sí, cuyo objeto o efecto sea cualquiera de las siguientes:
	I. Fijar, elevar, concertar o manipular el precio de venta o compra de bienes o servicios al que son ofrecidos o demandados en los mercados;
	II. Establecer la obligación de no producir, procesar, distribuir, comercializar o adquirir sino solamente una cantidad restringida o limitada de bienes o la prestación o transacción de un número, volumen o frecuencia restringidos o limitados de servicios;
	III. Dividir, distribuir, asignar o imponer porciones o segmentos de un mercado actual o potencial de bienes y servicios, mediante clientela, proveedores, tiempos o espacios determinados o determinables;
	IV. Establecer, concertar o coordinar posturas o la abstención en las licitaciones, concursos, subastas o almonedas, y
	V. Intercambiar información con alguno de los objetos o efectos a que se refieren las anteriores fracciones.
	Las prácticas monopólicas absolutas serán nulas de pleno derecho, y en consecuencia, no producirán efecto jurídico alguno y los Agentes Económicos que incurran en ellas se harán acreedores a las sanciones establecidas en esta Ley, sin perjuicio de la responsabilidad civil y penal que, en su caso, pudiere resultar.

---

[333] Fiscalía Nacional Económica, *Reflexiones sobre el derecho de la libre competencia: informes en derecho solicitados por la Fiscalía Nacional Económica* (2010-2017) (2017). https://www.fne.gob.cl/wp-content/uploads/2017/11/FNE-Libro.pdf

Como se puede observar, en las cuatro (4) jurisdicciones analizadas, los actos jurídicos que resulten violatorios de la normativa de competencia se consideran nulos de nulidad absoluta por tratarse de la violación de normas de orden público.

2.2.2 Necesidad de obtener una decisión previa de la autoridad de competencia antes de demandar la indemnización de perjuicios ante el juez. Prejudicialidad

Se ha discutido si para poder adelantar una acción civil de indemnización de perjuicios ocasionados por conductas anticompetitivas es necesario que exista un previo pronunciamiento de la autoridad de competencia, o si por el contrario es posible para los particulares accionar de manera directa ante la jurisdicción.

En este punto, la situación de los países escogidos para la comparación no es idéntica, ya que mientras que en Colombia y México no es necesario que la autoridad de competencia haya desarrollado una investigación de prácticas restrictivas para que se pueda solicitar a los jueces la indemnización de los perjuicios, en Perú y Chile si existe el requisito de la prejudicialidad.

En el Perú, el artículo 52 del TUO del Decreto 1034 de 2008, por medio del cual se aprobó la Ley de Represión de Conductas Anticompetitivas, establece que toda persona que haya sufrido daños como consecuencia de las conductas anticompetitivas puede demandar ante el poder judicial la indemnización de sus daños y perjuicios, una vez se encuentre agotada la vía gubernativa, por lo que existe un requisito de prejudicialidad.[334]

En Chile, de conformidad con lo dispuesto por el artículo 30 del Decreto Ley 211 de 1973, las indemnizaciones de perjuicios por la realización de prácticas restrictivas de la competencia deben solicitarse al Tribunal de Libre Competencia, con base en una decisión judicial anterior que con-

---

[334] TUO del Decreto 1034 de 2008: "Artículo 52.- Indemnización por daños y perjuicios.- Agotada la vía administrativa, toda persona que haya sufrido daños como consecuencia de conductas declaradas anticompetitivas por la Comisión, o, en su caso, por el Tribunal, incluso cuando no haya sido parte en el proceso seguido ante INDECOPI, y siempre y cuando sea capaz de mostrar un nexo causal con la conducta declarada anticompetitiva, podrá demandar ante el Poder Judicial la pretensión civil de indemnización por daños y perjuicios".

dene la conducta como anticompetitiva, por lo que existe un requisito de prejudicialidad.[335]

> "Decreto Ley 211 de 1973. Normas para la defensa de la libre competencia.
> Artículo 30.- La acción de indemnización de perjuicios a que haya lugar con motivo de la dictación por el Tribunal de Defensa de la Libre Competencia de una sentencia definitiva ejecutoriada, se interpondrá ante ese mismo Tribunal y se tramitará de acuerdo al procedimiento sumario establecido en el Título XI del Libro Tercero del Código de Procedimiento Civil. Las resoluciones pronunciadas en este procedimiento, salvo la sentencia definitiva, sólo serán susceptibles del recurso de reposición, al que podrá darse tramitación incidental o ser resuelto de plano. Sólo será susceptible de recurso de reclamación, para ante la Corte Suprema, la sentencia definitiva.
> Al resolver sobre la acción de indemnización de perjuicios, el Tribunal de Defensa de la Libre Competencia fundará su fallo en los hechos establecidos en su sentencia que sirvan de antecedente a la demanda. El Tribunal apreciará la prueba de acuerdo a las reglas de la sana crítica.
> La indemnización de perjuicios comprenderá todos los daños causados durante el período en que se haya extendido la infracción.
> La acción de indemnización de perjuicios derivados de los acuerdos sancionados en el Título V de la presente ley se sustanciará conforme a lo establecido en este artículo, y respecto de ellos no podrán interponerse acciones civiles en el procedimiento penal".

Debe tenerse en cuenta que si bien la Investigación de la FNE es de carácter administrativo, una vez que la FNE acusa ante el TDLC se inicia un procedimiento judicial que concluye con una sentencia que es apelable ante la Corte Suprema de Justicia, razón por la cual consideramos razonable el requisito de prejudicialidad para solicitar la adjudicación de los perjuicios. En la práctica la FNE presenta la demanda ante el TDLC y con la sentencia condenatoria el perjudicado inicia un procedimiento de indemnización ante el mismo TDLC.

---

[335] Decreto Ley No. 211 de 1973. Que fija normas para la defensa de la libre competencia. Fiscalía Nacional Económica. Nota No. 6: "La acción de indemnización de perjuicios a que haya lugar, con motivo de la dictación por el Tribunal de Defensa de la Libre Competencia de una sentencia definitiva ejecutoriada, se interpondrá ante el tribunal civil competente de conformidad a las reglas generales, y se tramitará de acuerdo al procedimiento sumario, establecido en el Libro III del Título XI del Código de Procedimiento Civil. El tribunal civil competente, al resolver sobre la indemnización de perjuicios, fundará su fallo en las conductas, hechos y calificación jurídica de los mismos, establecidos en la sentencia del Tribunal de Defensa de la Libre Competencia, dictada con motivo de la aplicación de la presente ley". https://www.fne.gob.cl/wp-content/uploads/2010/12/DL_211_refundido_2016.pdf

En caso de que frente a una denuncia de un particular la FNE considere que no existe una conducta anticompetitiva que amerite que la Fiscalía presente una demanda ante el TDLC, el particular puede presentar su demanda directamente ante el TDLC para que se declare la existencia de la práctica restrictiva de la competencia en una sentencia y después de expedida dicha sentencia, ya cumplido el requisito de prejudicialidad, puede proceder a presentar una demanda ante el mismo Tribunal, para solicitar la indemnización de los perjuicios.

En los casos de Colombia y México se considera que las autoridades de competencia tienen competencia para adelantar las investigaciones administrativas, imponer las multas y adoptar las demás decisiones administrativas por la infracción de las normas sobre protección de la competencia. Sin embargo, nada se opone a que los particulares acudan de manera directa ante los jueces civiles con el fin de buscar la indemnización de los perjuicios ocasionados por la realización de conductas que el ordenamiento jurídico califica como de *objeto ilícito*. En este evento, el juez civil entrará a decidir sobre los aspectos relacionados con el derecho de la competencia, así como con aquellos referentes a la indemnización de los perjuicios.

En Colombia el debate jurisprudencial a este respecto ha sido muy interesante, pero consideramos que la posición que vamos a exponer se encuentra decantada. En efecto, el día 20 de septiembre de 2000, un tribunal de arbitramento profirió un laudo en el caso instaurado por Cementos Hércules S. A. (en liquidación) contra Cementos Andino. El mencionado tribunal arbitral declaró la nulidad de una cláusula contractual por encontrarla contraria a las normas de competencia, sin que para el efecto existiera un previo pronunciamiento de la Superintendencia de Industria y comercio–SIC. Al respecto el tribunal arbitral manifestó lo siguiente:

> "Habiendo concluido el ejercicio de razonar con un método tomado o trasladado de otro sistema de derecho[336], debe este Tribunal analizar someramente la facultad que tiene para pronunciarse sobre la nulidad impetrada, sin necesidad de observar ninguna clase de prejudicialidad o de trámite administrativo que pudiera constituir un requisito de procedibilidad para analizar y

---

[336] Cfr. Alfonso Miranda Londoño, "Anotaciones sobre el derecho antimonopolístico en los Estados Unidos de Norteamérica", *Revista de Derecho Privado*, No. 11, Universidad de Los Andes, Facultad de Derecho, (1992), 140. ("Sistemas de Análisis"), en donde se explica someramente la "regla *per se*" y la "regla de la razón". Y allí mismo se dice que: "al aplicarle la Regla de la Razón a una situación determinada, se deben analizar tres aspectos esenciales: la naturaleza, el propósito y el efecto de la restricción a la libre competencia".

eventualmente despachar la nulidad solicitada, porque la ley en parte alguna ha tipificado tal condicionamiento de la actividad jurisdiccional.

La complejidad del derecho de la competencia y el especial interés que el Estado colombiano tiene en su preservación y promoción, hace que en ciertas franjas en las que puede resultar difícil establecer la existencia e intensidad de un agravio, esa investigación se la reserve y asigne a la autoridad administrativa, tanto por la especialidad de la materia como por la complejidad de las pruebas pertinentes, así como por el especial régimen preventivo, correctivo y sancionatorio de que se ha ido invistiendo a la autoridad administrativa, y un ejemplo de ello pueden ser las investigaciones *antidumping*, o los casos de abuso de la posición dominante (Decreto 2153 de 1992), y ciertas clases de deslealtades en la competencia (ley 256 de 1996) cuando simultáneamente constituyan agravios a la libre competencia. En estos casos, establecer, por ejemplo, el presupuesto de la *posición dominante* es algo que por su naturaleza desborda la formación y metodología del juez-funcionario o de un Tribunal de Arbitraje.

Unas investigaciones preliminares, un análisis previo de los presupuestos o factores económicos esenciales, inclusive sanciones administrativas y medidas cautelares en sede administrativa, son no solo explicables sino además convenientes desde el punto de vista práctico, y la tendencia del derecho continental europeo es que esas investigaciones, así como innumerables autorizaciones, sanciones, cautelas y actuaciones preventivas se las reserve a la autoridad administrativa especializada, con total sometimiento al principio de legalidad y que, en consecuencia, se pueda concluir que el Derecho de la Competencia es esencialmente un "Derecho Administrativo del más puro corte clásico"[337].

Pero cuando la ley expresamente protege y promueve un bien determinado como es la competencia comercial y sanciona con nulidad las conductas, actos, acuerdos o contratos (nuevamente el artículo 45 del Decreto 2153 de 1.992) que la restrinjan injustificadamente, si ello aparece probado ante un Juez, se impone la nulidad prevista por la ley porque aquí no hay necesidad de diligenciar o establecer previamente complejos presupuestos de carácter económico –deslealtad en la competencia; posición dominante; dumping efectivo, por ejemplo–porque si el Juez llega a la convicción de que se encuentra debidamente probada una conducta, acuerdo, acto o contrato

---

[337]   Cámara de Comercio de Bogotá. "Tribunal Arbitral de Cementos Hércules S. A. en liquidación vs Cementos Andino S.A." Radicado 22 V. del 02 de septiembre del año 2000. Pg. 39 (Cámara de Comercio de Bogotá 2000). En esta misma página se agrega que: ".Los instrumentos de que dispone el Estado para reprimir conductas anticompetitivas, autorizar excepciones a la prohibición de no competir o impedir la formación de capitales monopolistas que dañen al mercado, son justamente instrumentos administrativos, poderes administrativos, acción puramente administrativa...El Derecho de la Competencia se compone de un instrumentario absolutamente típico de las potestades administrativas. Es, en gran medida, Derecho Administrativo sancionador".

constitutivo de una *restricción injustificada* a la competencia comercial, debe declarar la nulidad absoluta prevista de manera expresa en el artículo 46 del Decreto 2153 de 1992, en concordancia con la Ley 155 de 1959.

Sin embargo, es claro que la debida y anhelada competencia comercial puede ser injuriada tanto por la vía de los negocios jurídicos, como por los hechos efectivos, jurídicos o no, de la vida real. Es bien claro que cuando la ley acude a la *nulidad*, lo hace en los términos del artículo 1602 del Código Civil, en concordancia con los artículos 1740 a 1756 del mismo estatuto, y con la ley 155 de 1959 y el artículo 46 del Decreto 2153 de 1992, puesto que, de acuerdo con esta normativa, una causa legal que invalida total o parcialmente un contrato es, precisamente, la declaratoria de nulidad. Mal podría hablarse de nulidad de una conducta concluyente o de las llamadas vías de hecho, y esta aclaración facilita y orienta la decisión de este Tribunal puesto que lo que viene cuestionado a este proceso, en cuanto elemento perturbador de la competencia comercial es, precisamente, una determinada estipulación contractual, de un contrato que llega prevalido de la presunción de legalidad y con total fuerza normativa para las partes.

En este caso no se ha acreditado ante el Tribunal de arbitraje la existencia de una investigación administrativa (que tendría que estar en cabeza de la Superintendencia de Industria y Comercio, SIC) que hubiera decidido este mismo conflicto entre las partes pero, aun así, la autoridad administrativa lo habría tenido que solucionar de conformidad con lo que le permite el principio de legalidad y el instrumentario que le ofrece el Derecho Administrativo de la Competencia, dentro del que resulta posible enervar los efectos de una estipulación contractual nula por la vía, por ejemplo, de una garantía propuesta por los investigados que bien podría ser *dejar sin efectos, sin eficacia alguna, la referida estipulación*, hipótesis en la que la autonomía de la voluntad, movida por los requerimientos y el poder de investigación de la autoridad administrativa, proporciona lo que en un escenario judicial resulta ser una de las más típicas facultades del juez, como es la potestad de declarar la nulidad absoluta, inclusive oficiosamente.

La facultad que tiene este Tribunal para pronunciarse sobre la nulidad impetrada en la quinta pretensión de la demanda de reconvención–de la que no tiene duda alguna el Tribunal, en este preciso y específico caso–se encuentra avalada por la doctrina nacional. En efecto dice un autor:

Naturalmente puede presentarse el caso de que la SIC (Superintendencia de Industria y Comercio, aclaramos) no haya adelantado su investigación. En este evento el juez civil entrará a decidir sobre los aspectos relacionados con el derecho de la competencia, así como con aquellos referentes a la indemnización de perjuicios"[338].

---

[338] Alfonso Miranda Londoño, "El control jurisdiccional del régimen general de promoción de la competencia y prácticas comerciales restrictivas", en "Compilación documentos sobre derecho de la competencia", Pontificia Universidad Javeriana, *Cuadernos del CEDEC*, III, (1999), 145.

Con todo el recelo que este Tribunal tiene respecto de cualquier paralelismo de nuestro derecho con la manera como se crea, interpreta o aplica el Derecho de otros sistemas jurídicos distintos del nuestro, no podemos dejar de registrar la evolución de la *regla de la razón* (*rule of reason*) en el derecho norteamericano (USA) hacia lo que se denomina la *quick look rule of reason* que busca, precisamente, que el Juez pueda llegar a una decisión sin tener que diligenciar dispendiosas y agotadoras pruebas de presupuestos o elementos de carácter dominantemente económico. Al respecto dice un autor ya citado:

Si una empresa carece de una posición de poder en el mercado no puede perjudicar a los consumidores ni a sus competidores.

[...]

La aplicación de este examen de la posición de poder debe realizarse sin recurrir a una compleja y detallada definición del mercado relevante. El Tribunal, en numerosas ocasiones, puede apreciar a simple vista –*quick look rule of reason*– si la empresa que utiliza el sistema de distribución restringida tiene una posición de poder. Como se observa, se trata de una simplificación analítica del supuesto de hecho que debe analizar el Tribunal. Este no ha de entrar en la difícil tarea de delimitación del mercado.[339]

"Así las cosas, encuentra el Tribunal que para despachar la nulidad solicitada en la quinta pretensión de la demanda de reconvención no debe someterse, observar o esperar el desenlace de un trámite de cualquier autoridad administrativa especializada que le habilite la facultad con la que se pronunciaría al respecto.

El Tribunal considera oportuno advertir que no comparte el concepto de la Superintendencia de Industria y Comercio sobre una estipulación contractual similar a la que se ha analizado en esta parte del laudo ("Nulidad de Acuerdos Anticompetitivos, Concepto No- 00016003-01"), en el que le contestan al consultante "que un acuerdo de esta naturaleza, por adolecer de objeto ilícito, estaría viciado de nulidad absoluta" y más adelante, cuando se ocupa del "ejercicio de la acción de nulidad de los acuerdos restrictivos de la competencia" (No- 3), dice:

Al tenor de la norma citada, las acciones de nulidad de los actos restrictivos de la competencia se deben tramitar ante la jurisdicción ordinaria.

El juez civil debe declarar la nulidad absoluta de los acuerdos restrictivos de la competencia cuando previamente se haya acreditado dentro del expediente por parte de la Superintendencia de Industria y Comercio y/o del juez administrativo según sea el caso, que los actos jurídicos acusados violan las normas sobre promoción de la competencia y prácticas comerciales restrictivas.

Es pertinente aclarar que al juez civil al conocer de la acción de nulidad, no le corresponde el análisis de la naturaleza anticompetitiva de los acuerdos, porque esta competencia está reservada para la Superintendencia de Industria y Comercio y para los jueces administrativos cuando conocen de las acciones

---

[339] Giner Parreño, op. cit. ps. 240-241.

de nulidad y restablecimiento del derecho contra los actos administrativos de la Superintendencia de Industria y Comercio.

No se halla en parte alguna esa reserva de facultades en favor de la Superintendencia de Industria y Comercio de manera privativa, o esa restricción de poderes del juez civil (funcionario o arbitral) que construye o concluye el concepto de la Superintendencia sin un claro fundamento formal-jurídico, tesis que acabaría convirtiendo al juez ordinario, en estos casos, en un simple tramitador de papeles sin ningún poder decisorio, pues según lo que reza el concepto, si ya el Superintendente ha calificado la conducta (pacto o contrato) anticompetitiva y es el único llamado a hacerlo, al juez solo le quedaría el mecánico papel de dictar sentencia declarando la nulidad absoluta, como si este fuera un simple notario o fedatario de unas determinadas actuaciones de la Superintendencia de Industria y Comercio.

Por todo lo expuesto en este capítulo del laudo, este Tribunal declarará la prosperidad de la Quinta Pretensión de la demanda de reconvención, esto es decretará la nulidad absoluta por objeto ilícito del literal b, de la cláusula décima cuarta del "Contrato de Compraventa de Activos Fijos" suscrito el 21 de agosto de 1.998 entre Cementos Hércules S.A. y Armando Santacoloma y Gilberto Santos, cedido por estas dos últimas personas (parte compradora) a Cementos Andino S. A.".

Dicho lo anterior, debe tenerse en cuenta que es posible que el particular que pretende la indemnización de perjuicios siga un curso de acción lineal en el cual presente una denuncia ante la autoridad de competencia y que una vez dicha autoridad haya expedido su acto administrativo sancionatorio, en el cual se declare la existencia de una práctica restrictiva de la competencia, el perjudicado pretenda adelantar la acción civil de indemnización de perjuicios con base en esa declaración de la autoridad, contenida en un acto administrativo que tiene presunción de legalidad (*follow on actions*).

En ese caso, si las pretensiones de la demanda dependieran expresamente de lo dicho por la autoridad de competencia al expedir su acto, lo cual no es necesario, podría presentarse un problema para adelantar el proceso, al menos en Colombia, si la legalidad de la resolución de la autoridad es cuestionada ante la jurisdicción administrativa.[340]

---

[340] En España las "*follow on actions*" se inician solamente cuando la decisión administrativa está en firme y se han decidido las posibles acciones de nulidad instauradas contra dicha decisión. En Colombia no hay norma que obligue a esperar la decisión del contencioso administrativo, la cual, dicho sea de paso, puede tardar entre cinco (5) y quince (15) o más años, por lo cual esto no resulta práctico de ninguna manera. Para el caso de España "'Recent years have seen a substantial increase in damages claims resulting from antitrust infringements in Spain. Most cases refer

Al respecto anota el tratadista Hernán Fabio López Blanco, que

> "[...] cuando la determinación que se debe tomar en un proceso civil depende de otra ya sea de carácter administrativo, penal, civil o aun laboral, nos encontramos frente a las cuestiones prejudiciales, en virtud de las cuales la decisión que ha de dictarse en un proceso queda en suspenso mientras en el otro se resuelve el punto que tiene directa incidencia sobre el fallo que se debe proferir, o en otros términos, cuando el pronunciamiento judicial previo en proceso diverso resulta condicionante del sentido de la determinación que deba tomar el juez civil".[341]

Como se puede observar, el presupuesto de la prejudicialidad en el caso que nos ocupa es la existencia de una investigación de la autoridad de competencia, o de un proceso contencioso administrativo sobre la nulidad de los actos de la autoridad en los cuales se basa la pretensión de la demanda.

---

to the *Trucks* EC decision of 2016, but judgments have been handed down in the Spanish Envelopes case48 and the EC *EIRD* case,49 with some early judgments in the *Car Dealers* cases. There are numerous claims currently being dealt with by the Spanish civil courts, and a substantial number of other claims have been announced. The Supreme Court issued a judgment regarding cartel damages in 2013 in the Spanish *Sugar* cartel case, and this has been used as a leading judgment for all cases in respect of the parties› burden of proof for damages quantification. However, the Supreme Court has not yet issued decisions on the merits in the numerous appeals pending before the Court on the *Trucks* case, which will settle many outstanding questions of law in this field. [En los últimos años se ha visto un aumento sustancial en las reclamaciones por daños y perjuicios resultantes de infracciones de competencia en España. La mayoría de los casos se refieren a la decisión de Camiones EC de 2016, pero se han dictado sentencias en el asunto Spanish *Sobres* y el asunto CE *EIRD,49* con algunas sentencias tempranas en los *casos de concesionarios de automóviles.* Hay numerosas reclamaciones que actualmente están siendo tratadas por los tribunales civiles españoles, y se han anunciado un número sustancial de otras reclamaciones. El Tribunal Supremo dictó una sentencia sobre daños y perjuicios ocasionados por un cártel en 2013 en el caso del cártel del *azúcar* español, que se ha utilizado como sentencia principal para todos los casos con respecto a la carga de la prueba de las partes para la cuantificación de los daños. Sin embargo, la Corte Suprema aún no ha emitido decisiones sobre el fondo en las numerosas apelaciones pendientes ante la Corte sobre el caso *Camiones,* que resolverán muchas cuestiones de derecho pendientes en este campo] [traducción propia]. Alfonso Gutiérrez y Jokin Beltán. *The Cartels and Leniency Review.* Spain, 1 de febrero de 2022, (2022). https://thelawreviews.co.uk/title/the-cartels-and-leniency-review/spain

[341] Hernán Fabio López, *Instituciones de Derecho Procesal Civil Colombiano* (Editorial ABC, 1993), 759.

En estos casos el proceso deberá suspenderse mientras que la autoridad de la competencia y el juez administrativo adoptan una decisión.

Una vez la autoridad de competencia y el juez administrativo se hayan pronunciado, podrá continuar el proceso civil, cuyo objetivo es la determinación de la existencia de perjuicios ocasionados por las conductas violatorias del derecho de la competencia.

De conformidad con lo anterior, al menos en el caso Colombiano, no resulta muy conveniente basar la demanda de indemnización de perjuicios en una decisión administrativa que esté siendo cuestionada ante la jurisdicción administrativa, puesto que ello podría entorpecer de manera importante el proceso. Sin embargo, es posible para el demandante estructurar sus pretensiones de manera independiente de las decisiones de la autoridad de competencia, las cuales pueden ser utilizadas como medio probatorio, sin que de ello dependa el avance del proceso judicial.

2.2.3 Posibilidad de que la autoridad de competencia reclame judicialmente los perjuicios ocasionados por los investigados

Como lo advertimos atrás, en el caso del Perú, el artículo 52 del Decreto 030 de 2019, que contiene el Texto Único Ordenado de la Ley de Represión de Conductas Anticompetitivas, estableció la posibilidad de que las personas afectadas por las prácticas restrictivas de la competencia acudan ante los jueces para solicitar la indemnización de los perjuicios causados por dichas conductas, una vez estas sean declaradas por la autoridad (prejudicialidad), para lo cual no se necesita que hayan concurrido como terceros a la investigación administrativa adelantada por el Indecopi.

Lo interesante de esta norma es que además dispone que la Comisión del Indecopi, previo informe favorable de la Secretaría Técnica de la entidad, tiene legitimación activa para iniciar la acción civil de indemnización de perjuicios en contra del infractor, con el fin de proteger los intereses difusos y los intereses colectivos de los consumidores.[342] Este tipo de acción

---

[342] El artículo 52 de la Ley de Represión de Conductas Anticompetitivas del Perú dispone lo siguiente:
"Artículo 52.- Indemnización por daños y perjuicios. Una vez que la resolución administrativa declarando la existencia de una conducta anticompetitiva quedara firme, toda persona que haya sufrido daños como consecuencia de esta conducta, incluso cuando no haya sido parte en el proceso seguido ante el Indecopi y siempre y cuando sea capaz de mostrar un nexo causal con la conducta declara-

tiene sus antecedentes en la primera ley de protección al consumidor de Perú, del año 1991, en la cual se establecía la posibilidad de que el Estado pudiera demandar a las empresas infractoras por daños y perjuicios ocasionados a los consumidores, por conductas anti competitivas o de competencia desleal, pero estas acciones no se habían adelantado hasta ahora.

2.3 Acciones de competencia desleal

Debe decirse en primer lugar, que es posible que unos mismos hechos o conductas infrinjan de manera simultánea los ordenamientos jurídicos de prácticas restrictivas de la competencia y de competencia desleal; y que se adelanten respecto de ellos, de manera simultánea, investigaciones por prácticas restrictivas de la competencia y procesos judiciales o investigaciones administrativas por competencia desleal.[343]

De conformidad con lo anterior, es posible que frente a unos mismos hechos, el o los afectados opten por instaurar una demanda judicial de competencia desleal, en lugar o además de la denuncia por prácticas restrictivas de la competencia. Adicionalmente, es posible que frente a unos hechos en concreto la autoridad de competencia decida que no es procedente iniciar una investigación por prácticas restrictivas de la competencia, con base en el principio *de minimis,* es decir, por considerar que la conducta no es significativa, lo cual le dejaría a la persona ofendida la posibilidad de iniciar la acción judicial de competencia desleal.

---

da anticompetitiva, podrá demandar ante el Poder Judicial la pretensión civil de indemnización por daños y perjuicios. En el supuesto mencionado en el párrafo precedente, la Comisión, previo informe favorable de la Secretaría Técnica, se encuentra legitimada para iniciar, en defensa de los intereses difusos y de los intereses colectivos de los consumidores, un proceso judicial por indemnización por daños y perjuicios derivados de las conductas prohibidas por la presente norma, conforme a lo establecido por el artículo 82 del Código Procesal Civil, para lo cual deberá verificarse la existencia de los presupuestos procesales correspondientes. Sin perjuicio de ello, los plazos, reglas, condiciones o restricciones particulares necesarios para el ejercicio de esta acción, serán aprobados mediante lineamientos de la Comisión, a propuesta de la Secretaría Técnica".

[343] Así sucedió en los casos de las denuncias por prácticas restrictivas y demandas por competencia desleal que adelantaron en Colombia Cementos Andino y Cementos Oriente contra Argos, Holcim y Cemex. Estos casos culminaron con ofrecimientos de garantías para las investigaciones y transacciones para los litigios de competencia desleal.

Sin embargo, existe aún otra alternativa para utilizar la ley de competencia desleal con el fin de obtener la indemnización de los perjuicios ocasionados por las prácticas restrictivas de la competencia. Se trata de la utilización de la conducta de competencia desleal por violación de normas, proveniente del derecho español y adoptada de manera similar en las legislaciones de Colombia y de Perú, y según la cual constituye competencia desleal obtener una ventaja competitiva significativa en el mercado, frente a los competidores, mediante la infracción de una norma jurídica.

Es evidente entonces que en el evento de que una persona viole el ordenamiento jurídico y que gracias a dicha violación obtenga una ventaja competitiva significativa frente a sus competidores, éstos podrán accionar en competencia desleal con el fin de que se detenga la práctica y de cobrarle los perjuicios que les haya ocasionado. En el caso que nos ocupa, la norma violada sería una norma de libre competencia, como por ejemplo, una conducta de abuso de la posición dominante por precio predatorio, por discriminación; o cualquier otra conducta anti competitiva.

La verdad es que aunque en pocas ocasiones se ha utilizado este sistema en Colombia, constituye un mecanismo a considerar cuando el objetivo principal es obtener una indemnización de perjuicios.

Este punto es de especial interés en el derecho español, ya que además de la conducta competencia desleal por violación de normas prohibida por el artículo 15 de la Ley 3 de 1991 o Ley de Competencia Desleal (LCD), en España encontramos el artículo 3 de la Ley 15 de 2007 o Ley de Defensa de la Competencia (LDC), según el cual existen conductas de competencia desleal de tal entidad que se constituyen en prácticas restrictivas de la competencia por afectar el interés público. Según este artículo,

> La Comisión Nacional de la Competencia o los órganos competentes de las Comunidades Autónomas conocerán en los términos que la presente Ley establece para las conductas prohibidas, de los actos de competencia desleal que por falsear la libre competencia afecten al interés público.

Al analizar estas normas, el Profesor Carbajo manifiesta en su obra colectiva lo siguiente:

> Este ilícito "antitrust" peculiar de la legislación española permite perseguir comportamientos desleales que van más allá de una afectación puntual de la competencia en el mercado, lesionando intereses legítimos de algunos competidores o consumidores, sino que, por su trascendencia, afectan o pueden afectar con carácter general al conjunto de la estructura o funcionamiento del mercado relevante. Lo que ha pretendido el legislador español es derivar hacia el control "antitrust" de la competencia (a través de la CNMC y autoridades autonómicas, así como, en su caso, mediante la aplicación privada o

judicial del Derecho de la Competencia a través de los Juzgados de lo mercantil) conductas desleales de singular intensidad susceptibles de trascender
los intereses particulares de los principales perjudicados: una suerte de "deslealtad cualificada".[344]

En España existe un precedente interesante relacionado con la llamada
"Guerra del Cava", protagonizada por Frixenet y Codornieu, y como consecuencia de la cual se abrieron simultáneamente varios procesos civiles por
competencia desleal y una denuncia ante la CNMC por la vía del artículo 3 de
la LDC española que terminó con Resolución del Tribunal de Defensa de la
Competencia (TDC) del 26 de febrero de 2004, citada por el Profesor Carbajo
en su obra colectiva. Dijo el TDC, citado por el Profesor Carbajo lo siguiente:

"[…] al haber afectado la conducta infractora a una cifra de botellas de vino
significativa de este mercado, tal falseamiento sensible de la libre competencia en el mercado se ha producido efectivamente, con afectación al interés
público económico, lo que acredita la comisión por parte de Freixenet de una
infracción del art. 7 LDC".[345]

Y concluye respecto de este punto el profesor Carbajo en su obra colectiva lo siguiente:

"En suma, el puente que los arts. 15 LCDy 3 LDC establecen entre los dos
cuerpos legislativos principales del Derecho de la Competencia, significa que
la Comisión Nacional de los Mercados y de la Competencia y los Jueces y
Tribunales de lo Mercantil (ex art. 86ter. 2 f. LOPJ) podrán recurrir al Derecho Protector de la Libre Competencia, ex art. 3 LDC, cuando un acto de
competencia desleal falsee la libre competencia con la intensidad suficiente
para alterar el interés público; y los Jueces y Tribunales de lo Mercantil (art.
86ter.2 f. LOPJ) podrán aplicar los principios de la libre competencia a través
del art. 15 LCD cuando determinadas prácticas restrictivas de la competencia
no tengan la suficiente entidad como para iniciar un procedimiento en sede
"antitrust"".[346]

---

[344] Fernando Carbajo Cascón, *Manual práctico de derecho de la competencia* (Tema 1,
Introducción al Derecho de la Competencia. Obra Colectiva de la cual el Profesor
Carbajo es el coordinador, además de autor, junto con María Mercedes Curto
Polo, Enrique García-Chamón Cervera, Pilar Martín Aresti, David Ordoñez Solís y
Jacinto José Pérez Benítez), (Valencia: Tirant Lo Blanch, 2017), 40.

[345] Fernando Carbajo Cascón, *Manual práctico de derecho de la competencia* (Tema 1,
Introducción al Derecho de la Competencia. Obra Colectiva de la cual el Profesor
Carbajo es el coordinador, además de autor, junto con María Mercedes Curto
Polo, Enrique García-Chamón Cervera, Pilar Martín Aresti, David Ordoñez Solís y
Jacinto José Pérez Benítez), (Valencia: Tirant Lo Blanch, 2017), 40.

[346] Fernando Carbajo Cascón, *Manual práctico de derecho de la competencia* (Tema 1,
Introducción al Derecho de la Competencia. Obra Colectiva de la cual el Profesor

Tabla 23. Competencia desleal por violación de normas y acciones judiciales

País	Acciones de competencia desleal y competencia desleal por violación de normas y acciones judiciales
Colombia	En Colombia, las acciones de competencia desleal se encuentras reguladas en la Ley 256 de 1996 "Por la cual se dictan normas sobre competencia desleal". El Título II, artículos 8 a 19, de esta Ley contiene el catálogo de las conductas de competencia desleal prohibidas por el legislador:

    i. Prohibición general (Artículo 7).

    ii. Actos de desviación de la clientela (Artículo 8).

    iii. Actos de desorganización (Artículo 9).

    iv. Actos de confusión (Artículo 10).

    v. Actos de engaño (Articulo 11).

    vi. Actos de desacredito (Artículo 12).

    vii. Actos de comparación (Artículo 13).

    viii. Actos de imitación (Artículo 14).

    ix. Acto de explotación de la reputación ajena (Artículo 15).

    x. Acto de violación de secretos (Artículo 16).

    xi. Acto de inducción a la ruptura contractual (Artículo 17).

    xii. Acto de violación de normas (Artículo 18).

    xiii. Pactos desleales de exclusividad (Artículo 19).

Dentro de esta enunciación se encuentra la conducta de competencia desleal por violación de normas, previsto de la siguiente manera:

Artículo 18. Violación de normas. Se considera desleal la efectiva realización en el mercado de una ventaja competitiva adquirida frente a los competidores mediante la infracción de una norma jurídica. La ventaja ha de ser significativa.

Como consecuencia de la realización de una conducta de competencia desleal la legislación colombiana establece la posibilidad de interponer las siguientes acciones: (i) La acción declarativa y de condena y (ii) la acción preventiva o de prohibición, ambas consagradas en el artículo 20 de la Ley 256 de 1996.

Artículo 20. Acciones. Contra los actos de competencia desleal podrán interponerse las siguientes acciones:

Carbajo es el coordinador, además de autor, junto con María Mercedes Curto Polo, Enrique García-Chamón Cervera, Pilar Martín Aresti, David Ordoñez Solís y Jacinto José Pérez Benítez), (Valencia: Tirant Lo Blanch, 2017), 41.

	1. Acción declarativa y de condena. El afectado por actos de competencia desleal tendrá acción para que se declare judicialmente la ilegalidad de los actos realizados y en consecuencia se le ordene al infractor remover los efectos producidos por dichos actos e indemnizar los perjuicios causados al demandante. El demandante podrá solicitar en cualquier momento del proceso, que se practiquen las medidas cautelares consagradas en el artículo 33 de la presente Ley.
	2. Acción preventiva o de prohibición. La persona que piense que pueda resultar afectada por actos de competencia desleal, tendrá acción para solicitar al juez que evite la realización de una conducta desleal que aún no se ha perfeccionado, o que la prohíba aunque aún no se haya producido daño alguno.
Perú	En Perú, el Decreto Legislativo No. 1044, de 2021 contiene la Ley de Represión de la Competencia Desleal, que prohíbe este tipo de conductas. Al igual que en el caso de Colombia, la ley tiene una cláusula general que prohíbe todas las conductas contrarias a la buena fe empresarial en todos los sectores de la economía.
	El título II, artículos 6 a 18, de esta Ley contiene una serie de disposiciones dentro de las cuales se encuentran los actos de competencia desleal prohibidos de manera enunciativa;
	i. Prohibición General (Artículo 6).
	ii. Actos de engaño (Artículo 8).
	iii. Actos de confusión (Artículo 9).
	iv. Actos de explotación indebida de la reputación ajena (Artículo 10).
	v. Actos de denigración (Artículo 11).
	vi. Actos de comparación y equiparación indebida (Artículo 12).
	vii. Actos de violación de secretos empresariales (Artículo 13).
	viii. Actos de violación de normas (Artículo 14).
	ix. Actos de sabotaje empresarial (Artículo 15).
	x. Actos contra el principio de autenticidad (Artículo 16).
	xi. Actos contra el principio de legalidad (Artículo 17).
	xii. Actos contra el principio de adecuación social (Artículo 18).
	El artículo 14.1. de esta Ley consagra la competencia desleal por violación de normas de la siguiente manera:
	Artículo 14.- Actos de violación de normas.
	14.1.- Consisten en la realización de actos que tengan como efecto, real o potencial, valerse en el mercado de una ventaja significativa derivada de la concurrencia en el mercado mediante la infracción de normas imperativas. A fin de determinar la existencia de una ventaja significativa se evaluará la

mejor posición competitiva obtenida mediante la infracción de normas.

Una particularidad de la legislación peruana es que el artículo 14.3 de la Ley de Represión de la Competencia Desleal consagra un acto específico de competencia desleal por la violación de normas para las entidades públicas o empresas estatales que desarrollen la actividad empresarial sin autorización expresa de la ley, con ocasión del desarrollo del artículo 60 de la Constitución Política peruana, el cual solamente autoriza al Estado de manera subsidiaria a la actividad empresarial, "por razón de alto interés público o de manifiesta conveniencia nacional"[347]:

Artículo 14.- Actos de violación de normas.

[...]

14.3.- La actividad empresarial desarrollada por una entidad pública o empresa estatal con infracción al artículo 60º de la Constitución Política del Perú configura un acto de violación de normas que será determinado por las autoridades que aplican la presente Ley. *En este caso, no se requerirá acreditar la adquisición de una ventaja significativa por quien desarrolle dicha actividad empresarial* (cursivas propias).

Mención importante amerita el ultimo enunciado de este artículo, pues si bien la regla general prevista para los actos de violación de normas exige que se acredite que la conducta otorgó a la empresa infractora una ventaja significativa derivada de la mejor posición competitiva obtenida mediante la infracción de normas como lo prevé el numeral 14.1. del mismo artículo, en este caso específico se elimina este elemento adicional para que se consolide la situación de competencia desleal.

De conformidad con el numeral 14.2. de esta norma, la infracción de normas para que constituya competencia desleal debe acreditar unos presupuestos específicos:

14.2.- La infracción de normas imperativas quedará acreditada:

a) Cuando se pruebe la existencia de una decisión previa y firme de la autoridad competente en la materia que determine dicha infracción, siempre que en la vía contencioso administrativa no se encuentre pendiente la revisión de dicha decisión; o,

---

[347] El Artículo 60 de la Constitución Política de Perú dispone: "Artículo 60.- Pluralismo Económico. El Estado reconoce el pluralismo económico. La economía nacional se sustenta en la coexistencia de diversas formas de propiedad y de empresa. Sólo autorizado por ley expresa, el Estado puede realizar subsidiariamente actividad empresarial, directa o indirecta, por razón de alto interés público o de manifiesta conveniencia nacional. La actividad empresarial, pública o no pública, recibe el mismo tratamiento legal".

	b) Cuando la persona concurrente obligada a contar con autorizaciones, contratos o títulos que se requieren obligatoriamente para desarrollar determinada actividad empresarial, no acredite documentalmente su tenencia. En caso sea necesario, la autoridad requerirá a la autoridad competente un informe con el fin de evaluar la existencia o no de la autorización correspondiente. Las conductas de competencia desleal se investigan por el procedimiento administrativo sancionador previsto en el título V y siguientes del Decreto Legislativo No. 1044. El inicio de este procedimiento se puede dar de dos maneras de conformidad con el artículo 18.1 de la ley: (i) de oficio por iniciativa de la Secretaria Técnica y (ii) por denuncia de parte. 18.1. El procedimiento sancionador de investigación y sanción de conductas anticompetitivas se inicia siempre de oficio, bien por iniciativa de la Secretaría Técnica o por denuncia de parte. Una vez finalizado el procedimiento administrativo sancionador, la ley peruana abre la posibilidad para aquellos que sufran cualquier daño o perjuicio como consecuencia del acto de competencia desleal, la posibilidad de demandar la indemnización de los mismos ante el poder judicial. 58.1.- Cualquier perjudicado por actos de competencia desleal declarados por la Comisión o, en su caso, por el Tribunal, podrá demandar ante el Poder Judicial la pretensión civil de indemnización por daños y perjuicios contra los responsables identificados por el Indecopi. Vale la pena señalar también, que quien haya sufrido perjuicios como consecuencia de la interposición en su contra de una denuncia temeraria o falsa de competencia desleal, puede reclamar dichos perjuicios en contra de quien haya actuado con dolo o negligencia al presentar dicha denuncia. 58.2.- Quienes hayan sido denunciados temeraria o falsamente, con dolo o negligencia, también podrán ejercitar dicha acción.
Chile	En Chile la Ley 20.169 de 2007, prohíbe las conductas de competencia desleal. Al igual que en el caso de Colombia y Perú, la ley tiene una cláusula general que prohíbe la competencia desleal. Artículo 3°.- En general, es acto de competencia desleal toda conducta contraria a la buena fe o a las buenas costumbres que, por medio ilegítimos, persiga desviar clientela de un agente del mercado. Sin perjuicio de la prohibición general prevista en el artículo 3 , el artículo 4 de la Ley 20.169 de 2007 contiene una serie de disposiciones dentro de las cuales se encuentran los actos de competencia desleal prohibidos por el legislador, de manera enunciativa, mas no taxativa: Actos de aprovechamiento de la reputación ajena (Artículo 4, literal a). Actos de confusión (Articulo 4 literal b). Actos de engaño (Artículo 4 literal c). Actos de denigración (Articulo 4 literal d).

Publicidad comparativa indebida (Articulo 4 literal e).

inducción al incumplimiento de contratos (Articulo 4 literal f).

Abuso de acciones judiciales (Articulo 4 literal g).

Como podemos ver no existe en la Ley 20.169 de 2007 una prohibición expresa en contra de las conductas de competencia desleal por violación de normas, como sucede en Colombia y Perú; sin embargo, en este ordenamiento jurídico la conducta si es sancionable en la forma que se explica a continuación.

El primer supuesto hace referencia a que el artículo 3 de la Ley 20.169 de 2007 prevé la cláusula de prohibición general por virtud de la cual se puede sancionar cualquier conducta de competencia desleal, incluyendo la violación de normas, siempre y cuando cumpla con los criterios de: (i) ser una conducta contraria a la buena fe o en su defecto a las buenas costumbres; (ii) que se haya empleado por medios ilegítimos y (iii) que la conducta persiga desviar clientela de un agente del mercado.[348]

Al introducir el elemento objetivo[349] de caracterización de la conducta, el legislador exige que se hayan empleado medios ilegítimos, lo cual de cierta forma permite castigar las conductas por medio de las cuales mediante la violación de una norma (lo que constituye una conducta ilegítima) se incurra en un acto de competencia desleal. Así se puede interpretar el siguiente análisis que sobre esta norma presenta la doctrina:

[...] la incorporación de los medios ilegítimos en el art. 3° parece haber obedecido al deseo del legislador de poner de manifiesto el requisito de ilicitud de la conducta para que pueda ser calificada de desleal. A lo anterior se agregó expresamente que ello se hacía para dejar en claro que la ley no estaba reprimiendo la competencia dura (considerada legítima), sino que el desvío ilícito de la clientela de terceros. De ello podemos concluir que la función del requisito de utilización de medios ilegítimos no es otra que establecer un límite a la actividad competitiva: El desvío ilícito de la clientela.

---

348 OCDE, *Derecho y política de competencia en Chile. Examen de acceso.* OCDE. https://www.oecd.org/daf/competition/sectors/47951548.pdf

349 "[...] la historia de la ley, cabe señalar que la referencia a los medios ilegítimos no venía en la moción ni fue objeto de preocupación en el primer trámite constitucional. Fue en las discusiones de Comisión durante el segundo trámite constitucional que se planteó por expertos invitados la necesidad de incorporar los medios ilegítimos en la definición, con la finalidad de incluir elementos objetivos que le añadieran precisión, evitando que fuera demasiado general o subjetiva". Mauricio Inostroza Sáez, *El ilícito concurrencial general en la Ley No. 20.169 sobre competencia desleal.* Universidad de Talca.: https://scielo.conicyt.cl/pdf/iusetp/v23n1/art02.pdf

En base a lo anterior se puede decir que los agentes de mercado están autorizados para competir incluso de forma ruda, y para dañarse como efecto colateral de esa actividad (como se ha dicho, la competencia consiste precisamente en captar clientela, aun a costa de quitársela a los competidores, lo que implica causarles un daño). Pueden desviar la clientela del competidor, pero por medios legítimos. Lo que no pueden hacer es desviar ilícitamente (por medios ilegítimos) la clientela del competidor, ya que ello implica traspasar el límite de la licitud en la competencia y abusar de la libertad de competir que el ordenamiento jurídico reconoce a quienes actúan en el mercado.[350]

Adicionalmente, debe tenerse en cuenta que el artículo 4 de la ley hace una enunciación no taxativa de conductas constitutivas de competencia desleal, con lo cual es posible demandar por conductas desleales que no se encuentren expresamente prohibidas. Al respecto ha dicho la doctrina lo siguiente:

[...] el art. 4° de la Ley de Competencia Desleal, que establece un catálogo no taxativo de los medios ilegítimos que el legislador consideró de mayor frecuencia en la práctica. A ello debemos agregar la posibilidad de que otras normas prohíban un determinado medio para competir. De esta manera, si la conducta desplegada por el demandante calza con el tipo legal de alguna de las letras del art. 4° (o de alguna otra norma legal), dicho medio se tendrá por ilegítimo. En este caso la carga probatoria y persuasiva del demandante es alivianada por el legislador, ya que sólo necesita probar la utilización del medio tipificado (así como el daño presente o futuro, ya que sin este no hay interés en la acción), y no requiere alegar su antijuridicidad, ya que ésta viene dada por la ley.[351]

Frente a una situación de competencia desleal, el artículo 5 de la Ley 20.169 prevé cuatro (4) acciones que se puede interponer:

Artículo 5°.- Contra los actos de competencia desleal pueden ejercerse, conjunta o separadamente, las siguientes acciones:

a) Acción de cesación del acto o de prohibición del mismo si aún no se ha puesto en práctica.

b) Acción declarativa de acto de competencia desleal, si la perturbación creada por el mismo subsiste.

---

[350]   Mauricio Inostroza Sáez, *El ilícito concurrencial general en la Ley No. 20.169 sobre competencia desleal.* Universidad de Talca.: https://scielo.conicyt.cl/pdf/iusetp/v23n1/art02.pdf

[351]   Marco Antonio González Iturria et al., *Competencia desleal. Análisis crítico y elementos para la aplicación de la Ley No. 20.169 de 2007*, Universidad de los Andes. https://www.uandes.cl/wp-content/uploads/2019/03/Cuaderno-de-Extensi%C3%B3n-Jur%C3%ADdica-N%C2%B0-14-Competencia-Desleal.pdf

	c) Acción de remoción de los efectos producidos por el acto, mediante la publicación de la sentencia condenatoria o de una rectificación a costa del autor del ilícito u otro medio idóneo.
	d) Acción de indemnización de los perjuicios ocasionados por el acto, sujeta a las disposiciones del Título XXXV del Libro IV del Código Civil.
	Como se puede ver, en esta jurisdicción es posible buscar la indemnización de perjuicios contra actos de competencia desleal por violación de normas, mediante la utilización de la cláusula de prohibición general. Respecto a esta acción el artículo 9 de la Ley 20.169 prevé un caso especial cuando la acción de indemnización de perjuicios se ejerce con posterioridad al ejercicio de la acción de cesación o prohibición del acto, y la acción de remoción de los efectos. En este caso los hechos establecidos en las dos acciones precedentes (de cesación o de prohibición y de remoción de efectos) se entenderán como probados en el juicio de indemnización. Así lo establece la ley en estos términos:
	Artículo 9°.- [...] Si se ejercen las acciones referidas en las letras a) a c) del artículo 5° y luego la acción indemnizatoria en juicio separado, los hechos establecidos en juicio entre las mismas partes respecto de aquellas acciones se tendrán por probados en el juicio en que se haga vales esta última.
México	En México, a diferencia de las otras jurisdicciones analizadas, la competencia desleal se ha venido desarrollando de manera fraccionada y no mediante una Ley de Competencia desleal como tal.
	El desarrollo de esta normativa ha tenido tres manifestaciones: (i) las normas internacionales; (ii) las normas de propiedad industrial; y (iii) el Código de Comercio.
	En lo que respecta a las normas internacionales, el Convenio de París para la Protección de la Propiedad Industrial consagra algunas disposiciones sobre competencia desleal que se constituyen como el primer marco normativo sobre este particular en México. El artículo 10 bis del mencionado tratado consagra la obligación de la protección contra la competencia desleal, define la competencia desleal y posteriormente enuncia los actos de competencia desleal.
	Artículo 10 bis [competencia desleal]
	1) Los países de la Unión están obligados a asegurar a los nacionales de los países de la Unión una protección eficaz contra la competencia desleal.
	2) Constituye acto de competencia desleal todo acto de competencia contrario a los usos honestos en materia industrial o comercial.
	3) En particular deberán prohibirse:
	1. cualquier acto capaz de crear una confusión, por cualquier medio que sea, respecto del establecimiento, los productos o la actividad industrial o comercial de un competidor;

2. las aseveraciones falsas, en el ejercicio del comercio, capaces de desacreditar el establecimiento, los productos o la actividad industrial o comercial de un competidor;

3. las indicaciones o aseveraciones cuyo empleo, en el ejercicio del comercio, pudieren inducir al público a error sobre la naturaleza, el modo de fabricación, las características, la aptitud en el empleo o la cantidad de los productos.

Dentro de del derecho nacional, existen dos marcos normativos en los cuales se encuentran disposiciones adicionales sobre competencia desleal, estos son; (i) la Ley de Propiedad Industrial y (ii) el Código de Comercio.

Como se puede observar en el artículo 2 de la Ley de Propiedad Industrial, la referencia de la misma a la Competencia Desleal consiste en establecer que uno de los objetivos de la ley es la lucha contra esta clase de conductas, ya que la ley "no contempla un régimen completo sobre esta rama. Tan solo contempla que son infracciones". En efecto, como se puede ver en el artículo 213 y siguientes de la ley, se señalan como infracciones administrativas las siguientes conductas:

Artículo 213.- Son infracciones administrativas:

(...)

IX.- Efectuar, en el ejercicio de actividades industriales o mercantiles, actos que causen o induzcan al público a confusión, error o engaño, por hacer creer o suponer infundadamente:

a).- La existencia de una relación o asociación entre un establecimiento y el de un tercero;

b).- Que se fabriquen productos bajo especificaciones, licencias o autorización de un tercero;

c).- Que se prestan servicios o se venden productos bajo autorización, licencias o especificaciones

de un tercero;

d) Que el producto de que se trate proviene de un territorio, región o localidad distinta al verdadero

lugar de origen, de modo que induzca al público a error en cuanto al origen geográfico del producto;

Inciso adicionado DOF 02-08-1994.

Sobre la aplicación de la Ley de Propiedad Industrial en casos de competencia desleal la doctrina ha establecido que "desafortunadamente, los preceptos citados han sido aplicados de manera tal que, para que proceda una reclamación, es necesario que se demuestre una violación a otro derecho de propiedad industrial. Es decir, por si sola, una demanda por competencia desleal ha sido insuficiente".

De otra parte, la regulación de competencia desleal en el Código de Comercio, se presenta de la siguiente manera:

Artículo 6 bis. Los comerciantes deberán realizar su actividad de acuerdo a los usos honestos en materia industrial o comercial, por lo que se abstendrán de realizar actos de competencia desleal que:

    I. Creen confusión, por cualquier medio que sea, respecto del establecimiento, los productos o la actividad industrial o comercial, de otro comerciante;

    II. Desacrediten, mediante aseveraciones falsas, el establecimiento, los productos o la actividad industrial o comercial, de cualquier otro comerciante;

    III. Induzcan al público a error sobre la naturaleza, el modo de fabricación, las características, la aptitud en el empleo o la cantidad de los productos, o .

    IV. Se encuentren previstos en otras leyes.

Las acciones civiles producto de actos de competencia desleal, sólo podrán iniciarse cuando se haya obtenido un pronunciamiento firme en la vía administrativa, si ésta es aplicable.

Como bien se puede ver de este análisis la competencia desleal por la violación de normas no se encuentra expresamente consagrada en esta jurisdicción.

De la tabla anterior se concluye que en los países analizados en los que más desarrollada se encuentra la conducta de competencia desleal por violación de normas a nivel legislativo es en Colombia y en Perú, aunque como se explica en la tabla, en Chile sería posible buscar este tipo de infracción a través de la cláusula de prohibición general. También se observa que la utilización de esta norma como mecanismo de indemnización de perjuicios es más expedita en Colombia, ya que en el Perú se debe pasar primero por un procedimiento administrativo sancionador, antes de proceder a la acción de indemnización de perjuicios.

2.4 Acciones de clase o grupo–class actions

El derecho de la libre competencia es sin lugar a dudas un derecho de tipo colectivo, puesto que su infracción afecta a toda la comunidad. En algunos países la protección de los derechos colectivos tiene inclusive fundamento constitucional.[352] En Colombia, además de las tradicionales acciones de grupo o *class actions* existen otras acciones colectivas denominadas "acciones populares", que tienen características un poco diferentes.

Las acciones populares en Colombia, cuyo análisis no realizaremos, son aquellas mediante las cuales, cualquier persona busca la protección de los derechos colectivos que han sido violados o se amenaza su violación, por la acción u omisión de las autoridades o de un particular, con el fin de hacer cesar la amenaza, vulneración o agravio sobre los mismos y restituir las cosas al estado anterior, en la medida en que fuera posible[353].

En Colombia las normas que consagran y desarrollan de manera principal las acciones de grupo son las que se expondrán a continuación:

En primer lugar tenemos la consagración constitucional. El Artículo 88 de la Constitución Política de Colombia de 1991 prevé las acciones de grupo de la siguiente manera:

> "Artículo 88. La ley regulará las acciones populares para la protección de los derechos e intereses colectivos, relacionados con el patrimonio, el espacio, la seguridad y la salubridad públicos, la moral administrativa, el ambiente, la libre competencia económica y otros de similar naturaleza que se definen en ella".

Así mismo la ley también las consagra dentro de la legislación de derecho privado, en donde se establece un desarrollo normativo de esta institución, la cual se encuentra inicialmente prevista en el Código Civil en su Artículo 2360, el cual dispone:

> "Artículo 2360. Costas por acciones populares. Si las acciones populares a que dan derecho los artículos precedentes, se declararen fundadas, será el actor indemnizado de todas las costas de la acción, y se le pagarán lo que valgan el tiempo y la diligencia empleados en ella, sin perjuicio de la remuneración específica que conceda la ley en casos determinados".

Sin perjuicio de lo anterior, las acciones de grupo están desarrolladas en varias normas del régimen jurídico colombiano, entre las cuales se encuentran las siguientes:

---

[352] El artículo 88 de la Constitución Política de Colombia dispone que la ley debe regular las acciones populares y de grupo para la protección de los derechos e intereses colectivos, entre los cuales se encuentra la libre competencia.

[353] Juan Ángel Palacio Hincapié, *Derecho procesal administrativo* (Editorial Librería Jurídica Sánchez, 2004), 468.

- Ley 472 de 1998, artículo 2, 4, 11.

- Ley 1285 de 2009, artículo 229 par.

- Ley 1437 de 2011.

- Ley 1480 de 2011.

De este marco normativo en materia de competencia la norma que más destaca es la Ley 1480 de 2011 mejor conocida como Estatuto de Protección al Consumidor. En esta ley, el artículo 56 prevé que dentro de las acciones jurisdiccionales de protección al consumidor se encuentran las acciones populares y de grupo:

> "Artículo 56. Acciones jurisdiccionales. Sin perjuicio de otras formas de protección, las acciones jurisdiccionales de protección al consumidor son: 1. Las populares y de grupo reguladas en la Ley *472* de 1998 y las que la modifiquen sustituyan o aclaren".

Sumado a este desarrollo legislativo, la Corte Constitucional de Colombia ha desarrollado una importante jurisprudencia sobre el tema en las sentencias C-459 de 2004, C-088 de 2000, C-036 de 1998, C-215 de 1999.

Por otra parte, las acciones de grupo–*class actions* son aquellas por medio de las cuales una colectividad busca obtener exclusivamente el reconocimiento y pago de la indemnización de los perjuicios que se hayan ocasionado en forma individual a un conjunto de personas (mínimo veinte (20) personas)[354]

De acuerdo al artículo 46 de la Ley 472 de 1998 el grupo de personas afectadas debe estar integrado al menos por veinte (20) personas.

> "Artículo 46. Procedencia de las acciones de grupo.
> [...]
> El grupo estará integrado al menos por veinte (20) personas".

Esta última disposición fue demandada, pero mediante Sentencia C-116 de 2008 la Corte Constitucional decidió que era exequible

> "[...] en el entendido de que para la legitimación activa en las acciones de grupo no se requiere conformar un numero de veinte personas que instauren la demanda, pues basta que un miembro del grupo que actúe a su nombre

---

[354] Juan Ángel Palacio Hincapié, *Derecho procesal administrativo* (Editorial Librería Jurídica Sánchez, 2004), 490.

señale en ella los criterios que permitan establecer la identificación del grupo afectado".[355]

Por medio de las acciones

"[…] de grupo o clase un conjunto de personas que se han visto afectadas por un daño a un interés colectivo, podrían solicitar el pago de una indemnización por los perjuicios individuales que éste les haya ocasionado. En este caso lo que se pretende reivindicar es un interés personal. *Su finalidad es obtener exclusivamente una compensación monetaria, que sería percibida por cada uno de los miembros* (cursivas propias)".[356]

Como se puede observar, las acciones de clase o grupo están enfocadas de manera exclusiva a la indemnización de perjuicios mediante el pago de sumas de dinero, pero no sirven para devolver las cosas al estado anterior, como sucede en Colombia con las acciones populares.

Las acciones de grupo deben ser interpuestas a través de abogado. La legitimación activa para instaurar las acciones de grupo, la tienen las personas naturales o jurídicas que hayan sufrido el perjuicio individual. Así mismo, en Colombia pueden actuar el defensor del pueblo, los personeros municipales y distritales cuando sea en nombre de una persona en situación de desamparo o indefensión.

Como se puede observar, este tipo de acciones resultan idóneas para que un grupo de personas afectadas por la realización de prácticas restrictivas de la competencia, obtengan la indemnización de los perjuicios que les han sido ocasionados.

2.5 Efectos de las acciones de reparación de perjuicios sobre el Programa de Delación

Lo expuesto en las secciones anteriores demuestra que en los sistemas de aplicación pública del derecho de la competencia como los que tienen los países utilizados para la comparación en esta obra, las autoridades de competencia no tienen las facultades necesarias para proteger los intereses

---

[355] Corte Constitucional. Sentencia C-116 de 2008, magistrado ponente, Rodrigo Escobar Gil. http://www.secretariasenado.gov.co/senado/basedoc/c-116_2008.html#1 (

[356] Corte Constitucional de Colombia. Sentencia T–231 de 1993. M. P. Alejandro Martínez Caballero.

individuales de las personas afectadas por las prácticas restrictivas de la competencia, ya que su función se circunscribe a la protección general del principio de libre competencia económica, lo cual, como ya se ha dicho, realizan mediante el ejercicio de una facultad de policía administrativa, cuyo objetivo es investigar la existencia de las prácticas anticompetitivas, prohibir su realización de encontrarlas demostradas, e imponer las multas y las demás consecuencias establecidas en la ley.

En estos sistemas, como ya se advirtió, las autoridades de competencia no tienen la capacidad de pronunciarse respecto de la indemnización de los perjuicios sufridos por las personas directamente afectadas por las prácticas restrictivas de la competencia, con lo cual dichas personas deben buscar el resarcimiento de sus perjuicios por medio de acciones judiciales como las explicadas en esta sección, sin que la mayoría de las legislaciones de competencia de los países en los que prevalece la aplicación pública hayan incorporado medidas tendientes a la protección de los delatores o a garantizar la efectividad de la llamada *regla de oro* de la delación, a la cual se hizo referencia en el apartado 1.5 del segundo capítulo.

Si bien es un objetivo del ordenamiento jurídico que se indemnicen los perjuicios ocasionados por las prácticas restrictivas de la competencia, en los países en los cuales prevalece la aplicación pública del derecho de la competencia, la escisión entre la facultad de investigación (administrativa) y la facultad de indemnizar los perjuicios (jurisdiccional) puede generar un potente desincentivo para la aplicación del Programa de Delación, ya que si el potencial delator percibe que toda la información y las pruebas que aportó a la autoridad de competencia para lograr la exoneración de la multa van a ser usadas en su contra en un proceso civil de daños, en el cual tendrá mayores riesgos de resultar condenado que las demás empresas investigadas que no colaboraron con la autoridad de competencia, adoptará la decisión de no participar en el Programa de Delación, con el fin de reducir su riesgo.[357]

---

[357] Fernando Cachafeiro. "Los retos de la política de clemencia europea ante el incremento de las reclamaciones de daños y perjuicios por la infracción del derecho de la competencia". *Actas de Derecho Industrial y Derecho de Autor*, Tomo XXVI, (2005), 171-185. En este artículo el autor señala al respecto lo siguiente: "El incremento de las reclamaciones de daños y perjuicios por la infracción del Derecho antitrust puede tener consecuencias negativas para los programas de clemencia porque la inmunidad frente a las multas que se ofrece, puede no ser suficiente para compensar los costes de las ulteriores acciones civiles, especialmente si la reclamación

Al respecto, el Subgrupo 1 del Grupo de Cárteles de del *International Competition Network* (ICN) dijo lo siguiente:

"Si bien sus co-cartelistas pueden pasar muchos años impugnando la decisión de infracción en los tribunales, un solicitante de clemencia puede estar peor. En efecto, las víctimas de la infracción del cártel pueden basarse en los hallazgos de la decisión de infracción en relación con los solicitantes de clemencia y pueden solicitar potencialmente daños y perjuicios a cada uno de ellos por el perjuicio causado por todo el cártel. El riesgo de ser demandados en primer lugar y ser considerados responsables de la totalidad de los daños y perjuicios del cártel puede ser un desincentivo para que los posibles solicitantes de clemencia cooperen con las autoridades de competencia. Esto es particularmente cierto en circunstancias en las que no hay investigación previa y, por lo tanto, una mayor probabilidad de que el cártel permanezca sin ser detectado (traducción propia)".[358]

Así mismo, los potenciales solicitantes de clemencia pueden resultar disuadidos de la opción de delatar, si resulta que la información autoincriminatoria que le aportarían a las autoridades de competencia puede ser divulgada en el contexto de las acciones civiles de perjuicios. Esta situación puede resultar aún más delicada en el caso de la delación de conductas anticompetitivas transfronterizas o multijurisdiccionales, cuando los demandantes en las acciones civiles de indemnización de perjuicios pueden obtener información auto incriminatoria del programa de delación de un país, con la finalidad de utilizar esas pruebas en otro país, en el cual posiblemente la empresa infractora aún no ha obtenido la protección del programa de clemencia, o peor aún, cuando en esa otra jurisdicción no

---

se plantea en los Estados Unidos, donde la indemnización alcanza el triple de los daños sufridos".

[358] International Competition Network (ICN), Good practices for incentivising leniency applications. Cartel Working Group. Subgroup 1 (2019), 8. "While its co-cartelists may spend many years challenging the infringement decision in court, a leniency applicant may be worse off. Indeed, victims of the cartel infringement may rely on the infringement decision's findings in relation to leniency applicants and may potentially seek damages from each of them for the harm caused by the entire cartel. The risk of being sued first and held liable for the full amount of the cartel damages may be a disincentive for potential leniency applicants to cooperate with competition agencies. This is particularly true in circumstances where there is no prior investigation and therefore an increased likelihood of the cartel remaining undetected".

existe programa de delación, como es el caso de la CAN, al cual se hace referencia en el segundo apartado del cuarto capítulo.[359]

Como se puede observar, las acciones civiles tienen la potencialidad de destruir la percepción de los potenciales delatores, respecto de los incentivos que otorga el Programa de Delación y de inclinar la balanza hacia la decisión de no delatar, con el correspondiente perjuicio para la sociedad, la cual no se verá liberada de la existencia y funcionamiento de un elevado porcentaje de los cárteles empresariales que habrían sido develados gracias al Programa de Delación.

En relación con esta situación, en la Unión Europea, aún antes de la expedición de la directiva de daños: Directiva 2014/104/UE del Parlamento Europeo y del Consejo (a la cual se hará referencia específica en la sección siguiente), el Tribunal de Justicia de la Unión Europea (TJUE) se había pronunciado desde el año 1999, con la sentencia del caso de Pfleiderer AG y Bundescartellamt, C-360/99, a la cual hace referencia Pilar Martín Aresti en los siguientes términos:

> "Los arts. 101 y 102 TFUE son normas de aplicación directa y generan para los perjudicados por su infracción el derecho a obtener el pleno resarcimiento de los daños y perjuicios causados a través del ejercicio de las acciones de daños que se sustancian ante los órganos jurisdiccionales de los Estados miembros (STJCE de 20 de septiembre de 2001, Courage y Crehan, apdos. 24 y 26; ST|CE de 13 de julio de 2006, Manfredi y otros, C295/04 a C298/04, apdos. 59 a 61 (TOL970.498); STJUE, STJUE de 14 de junio de 2011, Pfleiderer AG y Bundeskartellant, C-360/99, apdo. 28 (TOL1.951.729)".

---

[359]   International Competition Network (ICN), *Good practices for incentivizing leniency applications. Cartel Working Group. Subgroup 1* (2019), 8: "The risk of disclosure of self-incriminating statements that could expose cooperating undertakings or their management to damages actions may be an additional disincentive for potential leniency applicants to cooperate with competition agencies. It may also have cross-border effects when victims obtain leniency statements through the rules of one jurisdiction and claim damages in another jurisdiction, potentially a jurisdiction in which the defendant has not even applied for leniency". [El riesgo de divulgación de declaraciones auto incriminatorias que puedan exponer a las empresas cooperantes o a su gestión a acciones por daños y perjuicios puede ser un desincentivo adicional para que los posibles solicitantes de clemencia cooperen con los organismos de competencia. También puede tener efectos transfronterizos cuando las víctimas obtienen declaraciones de clemencia a través de las normas de una jurisdicción y reclaman daños y perjuicios en otra jurisdicción, potencialmente una jurisdicción en la que el demandado ni siquiera ha solicitado clemencia] [traducción propia]".

"Existe un legítimo interés de las autoridades de competencia en la eficacia de la aplicación pública de los arts. 101 y 102 TFUE y, muy en particular, en que los procedimientos privados de aplicación de los arts. 101 y 102 TFUE no interfieran en los procedimientos administrativos de aplicación de estas normas ni en la salvaguarda de los incentivos que plantean los programas de clemencia como medio de lucha contra los cárteles (los cuales pueden recoger declaraciones de autoinculpación de los participantes en el cártel). Como resulta obvio, facilitar un acceso indiscriminado a la documentación voluntariamente aportada para la detección de un cártel con vistas a su uso posterior en una acción judicial por infracción del art. 101 TFUE, disuadiría de la posibilidad de recurrir a estos programas (STJUE, Pafeiderer apdo. 27)".[360]

2.6 Medidas adoptadas por la Unión Europea para mitigar los efectos de las acciones de reparación de perjuicios sobre el Programa de Delación

Con base en los desarrollos jurisprudenciales mencionados en la sección anterior, la Unión Europea entró a analizar los efectos que generan las acciones de daños sobre el Programa de Delación, lo cual llevó a la expedición de la Directiva 2014/104/UE del Parlamento Europeo y del Consejo, por medio de la cual se reglamentaron las acciones de daños por infracción de las normas de competencia de los Estados miembros y de la Unión Europea. El objetivo de esta directiva es brindar las herramientas para la aplicación privada del derecho de la competencia, la cual debe ser realizada por los órganos jurisdiccionales nacionales de los Estados miembros de la U.E.

Es un objetivo de la normativa europea el que los particulares que se sientan afectados por la realización de las prácticas restrictivas de la competencia prohibidas por los artículos 101 y 102 del TFUE tengan la posibilidad de demandar la indemnización de los perjuicios que hayan sufrido. Al respecto establece el considerando 3 de la Directiva 2014/104/UE que

"La plena efectividad de los artículos 101 y 102 del TFUE, y en particular el efecto práctico de las prohibiciones en ellos establecidas, exigen que cualquier persona, ya se trate de un particular, incluidos los consumidores y las

---

[360]   Pilar Martín Aresti, *Manual práctico de derecho de la competencia* (Tema 2, Relaciones entre el Derecho de la Competencia de la Unión Europea y el Derecho Nacional Español de la Libre Competencia", Obra Colectiva de la cual el Profesor Fernando Carbajo Cascón es el coordinador, además de autor, junto con María Mercedes Curto Polo, Enrique García-Chamón Cervera, Pilar Martín Aresti, David Ordoñez Solís y Jacinto José Pérez Benítez), (Valencia: Tirant Lo Blanch, 2017), 43.

empresas, o de una autoridad pública, pueda reclamar ante los órganos jurisdiccionales nacionales el resarcimiento de los daños y perjuicios causados por una infracción de estas disposiciones".

En este sentido el artículo 1 de la Directiva, referente al *"objeto y ámbito de aplicación de la misma"* dispone lo siguiente:

"1. La presente Directiva establece determinadas normas necesarias para garantizar que cualquier persona que haya sufrido un perjuicio ocasionado por alguna infracción del Derecho de la competencia por parte de una empresa o una asociación de empresas pueda ejercer eficazmente su derecho a reclamar el pleno resarcimiento de dicho perjuicio causado por la empresa o asociación. En ella se establecen normas destinadas a fomentar una competencia real en el mercado interior y a eliminar los obstáculos que impiden su buen funcionamiento, garantizando una protección equivalente en toda la Unión para todos los que hayan sufrido tal perjuicio".[361]

El artículo 3 de la Directiva establece que los Estados miembros deben garantizar que las personas que han sufrido perjuicios causados por la infracción de las normas de competencia tienen el derecho a reclamar el "pleno resarcimiento" de dichos perjuicios. Así mismo, establece que el pleno resarcimiento significa

"[...] devolver a una persona que haya sufrido un perjuicio a la situación en la que habría estado de no haberse cometido la infracción del Derecho de la competencia. Por tanto, dicho resarcimiento abarcará el derecho a indemnización por el daño emergente y el lucro cesante, más el pago de los intereses." Así mismo, la norma aclara que "El pleno resarcimiento con arreglo a la presente Directiva no conllevará una sobrecompensación, bien mediante indemnizaciones punitivas, múltiples o de otro tipo".[362]

Es indudable que la Directiva 2014/104/UE del Parlamento Europeo y del Consejo constituye un paso adelante en el esfuerzo por indemnizar los perjuicios causados por las prácticas restrictivas de la competencia, el cual resulta necesario en los países en los cuales prevalece la aplicación pública (*public enforcement*) del Derecho de la Competencia. Sin embargo, este esfuerzo no ha estado exento de críticas provenientes del sector académico, el cual considera que la Directiva presenta importantes falencias y que se ha quedado corta tanto en sus objetivos, como en su implementación y le

---

[361] Parlamento Europeo y Consejo de la Unión Europea, "Directiva 2014/104/UE" *Diario Oficial de la Unión Europea* L349/1, (2014), Artículo 1.

[362] Parlamento Europeo y Consejo de la Unión Europea, "Directiva 2014/104/UE" *Diario Oficial de la Unión Europea* L349/1, (2014), Artículo 3.

reprocha a las autoridades europeas el no prestar atención a los copiosos comentarios y críticas que se han formulado al respecto[363].

En las subsecciones siguientes nos referiremos a las medidas específicas adoptadas por la Unión Europea para proteger al Programa de Delación a la vez que se busca la indemnización de perjuicios.

2.6.1 Medidas respecto del acceso a las pruebas recaudadas por la autoridad de competencia

Para lograr la efectividad de los derechos de las víctimas, la Directiva 2014/104/UE toma en consideración la importancia y dificultad de acopiar pruebas en los casos de daños causados por la infracción a las normas

---

[363] Francisco Marcos, The Uneven and Unsure Playing Field for Competition Damages Claims in the EU: Shortcomings and Failures of Directive 2014/104/EU and Its Implementation (Max Planck Institute for Innovation and Competition, 2021), 470. "Regretfully, the Commission seems to have not reviewed much of the vast relevant academic commentaries that have critically looked at its provisions5 or their implementation by Member States.6 On the contrary, the Commission assessment underlines that "no systemic conformity issues" have been raised in its implementation, apparently ignoring the many divergences and problems in the transposition of the Damages Directive by Member States, some of which may be attributable to defects in the Directive's provisions themselves. Moreover, it unexplainably correlates the current upsurge in competition damages litigation to the Damages Directive itself without any evidence on that regard.7 This is particularly troublesome given that – as the Commission acknowledges in the report – ratione temporis the Directive cannot be deemed to be applicable to most current cases, many of which may have started before the Directive was even adopted. [Lamentablemente, la Comisión parece no haber revisado gran parte de los vastos comentarios académicos relevantes que han examinado críticamente sus disposiciones o su aplicación por los Estados miembros. Por el contrario, la evaluación de la Comisión subraya que "no se han planteado problemas sistémicos de conformidad" en su aplicación, aparentemente ignorando las numerosas divergencias y problemas en la transposición de la Directiva sobre daños y perjuicios por parte de los Estados miembros, algunos de los cuales pueden atribuirse a defectos en las propias disposiciones de la Directiva. Además, correlaciona inexplicablemente el actual recrudecimiento de los litigios por daños y perjuicios en materia de competencia con la propia Directiva sobre daños y perjuicios sin ninguna prueba al respecto. Esto es particularmente problemático dado que, como reconoce la Comisión en el informe, ratione temporis la Directiva no puede considerarse aplicable a la mayoría de los casos actuales, muchos de los cuales pueden haber comenzado incluso antes de que se adoptara la Directiva] [traducción propia]".

de competencia y pone en funcionamiento principios que facilitan el acopio de pruebas tanto para los demandantes como para los demandados:

> "(15) La prueba es un elemento importante para el ejercicio de las accio-
> nes por daños por infracción del Derecho de la competencia de la Unión
> o nacional. Sin embargo, como los litigios por infracciones del Derecho de
> la competencia se caracterizan por una asimetría de información, conviene
> garantizar que se confiere a las partes demandantes el derecho a obtener la
> exhibición de las pruebas relevantes para fundar sus pretensiones, sin que sea
> necesario que especifiquen las piezas concretas de prueba. A fin de garanti-
> zar la igualdad de armas, esa posibilidad de exhibición debe estar también a
> disposición de los demandados en las acciones por daños, con objeto de que
> puedan solicitar la de las partes demandantes. Además, los órganos jurisdic-
> cionales nacionales deben poder ordenar la exhibición de pruebas por parte
> de terceros, incluidas las autoridades públicas".

En este sentido el Artículo 5 de la Directiva dispone que los Estados
miembros deben velar por que en las acciones de daños "los órganos jurisdiccionales nacionales puedan ordenar que la parte demandada o un
tercero exhiba las pruebas pertinentes que tenga en su poder".

Con todo, la directiva protege las facultades de la autoridad de competencia y vela porque los procedimientos judiciales de indemnización de
perjuicios no interfieran con el Programa de Delación, cuyos incentivos
deben ser preservados en atención a su importancia en la detección de
los cárteles empresariales.[364] Por esta razón, la Directiva dispone en el Artículo 6(5) que los órganos jurisdiccionales nacionales pueden ordenar a
las autoridades de competencia la exhibición de pruebas: (i) "únicamente
después de que una autoridad de competencia haya dado por concluido su
procedimiento mediante la adopción de una resolución"[365]; y (ii) siempre

---

[364] Vanessa Jiménez Serranía, "The Directive on Antitrust Damages Actions. A critical review." *Actas de derecho industrial y derecho de autor*, ISSN 1139-3289, Tomo 35,
(2014-2015), 116. La autora resalta la importancia que tiene el que la directiva
restrinja el acceso a los documentos e información que aportan quienes solicitan
acceso al programa de delación, ya que muchas veces contienen aceptaciones de
culpabilidad.

[365] Los artículos 5(5) y 7(2) de la Directiva disponen:
"Artículo 5(5) Los órganos jurisdiccionales nacionales podrán ordenar la exhibición de las siguientes categorías de pruebas únicamente después de que una autoridad de la competencia haya dado por concluido su procedimiento mediante la
adopción de una resolución o de otro modo:
a) la información que fue preparada por una persona física o jurídica específicamente para un procedimiento de una autoridad de la competencia;

que "ninguna parte o ningún tercero sea capaz, en una medida razonable, de aportar dichas pruebas".

Así mismo, en el Artículo 6(6) la Directiva excluye de las pruebas que deben ser exhibidas para facilitar las acciones de daños, (i) "las declaraciones en el marco de un programa de clemencia" y (ii) "las solicitudes de transacción".

Por último, el Artículo 7 de la Directiva establece los "Límites impuestos al uso de pruebas obtenidas exclusivamente a través del acceso al expediente de una autoridad de la competencia". Dicho artículo establece respecto de estas pruebas tres límites: (i) las pruebas provenientes de los expedientes de clemencia y las relacionadas con las solicitudes de transacción no son admisibles en las acciones por daños; (ii) las pruebas provenientes de los expedientes de las autoridades de competencia no son admisibles en las acciones por daños, mientras que el expediente de la autoridad de competencia no haya sido cerrado, y (iii) las pruebas provenientes de los expedientes de las autoridades de competencia solamente pueden ser utilizadas en las acciones por daños, por la persona que las obtuvo del expediente de la autoridad de competencia, siempre que esas pruebas no sean aquellas referidas en el Artículo 6(6) de la Directiva, es decir, las que consisten en declaraciones dentro de un programa de clemencia o solicitudes de transacción.

Como se puede observar, la Directiva busca conciliar varios principios de manera simultánea con el fin de lograr un objetivo final que es la protección de la libre competencia económica:

- De una parte se busca crear las condiciones procesales para que los afectados por las prácticas restrictivas de la competencia puedan

---

b)   la información que las autoridades de la competencia han elaborado y que ha sido enviada a las partes en el curso de su procedimiento, y

c)   las solicitudes de transacción que se hayan retirado.

[...]

Artículo 7(2) 2. Los Estados miembros velarán por que, hasta que la autoridad de la competencia haya dado por concluido el procedimiento con la adopción de una decisión o de otro modo, las pruebas que se encuadren en las categorías definidas en el artículo 6, apartado 5, que sean obtenidas por una persona física o jurídica exclusivamente a través del acceso al expediente de esa autoridad de la competencia, no se consideren admisibles en las acciones por daños o bien queden protegidas de otro modo con arreglo a la normativa nacional aplicable, para garantizar el pleno efecto de los límites relativos a la exhibición de pruebas que se establecen en el artículo 6".

buscar la indemnización de los perjuicios ocasionados, por medio de las acciones de daños.

- De otra parte se busca la efectividad de la *regla de oro*, es decir, que los delatores no queden en una situación de inferioridad dentro de los litigios civiles de daños, respecto de aquellos infractores que no han colaborado con la autoridad de competencia.

- Esta medida se justifica por la necesidad de proteger los beneficios e incentivos económicos del Programa de Delación, el cual se vería seriamente afectado si los delatores perciben que aunque pueden lograr la inmunidad total o reducción de las sanciones administrativas, pueden quedar más expuestos que los demás infractores en el escenario de las acciones de daños, lo cual puede resultar en una situación económica más desfavorable en caso de delatar, que en caso de no delatar.[366]

La Directiva analiza de manera detallada esta situación y dispone que la información entregada por el delator se encuentra excluida del deber de exhibición y protege de manera particular la información auto incriminatoria aportada por el delator.

"(26) Los programas de clemencia y los procedimientos de transacción son instrumentos importantes para la aplicación pública del Derecho de la competencia de la Unión, ya que contribuyen a la detección, la persecución eficiente y la imposición de sanciones de las infracciones más graves del Derecho de la competencia. *Además, como muchas de las decisiones de las autoridades de la competencia en los casos de cárteles se basan en una solicitud de clemencia* y las acciones por daños en los casos de cárteles

---

[366]   Vanessa Jiménez Serranía, "The Directive on Antitrust Damages Actions. A critical review", *Actas de derecho industrial y derecho de autor*, ISSN 1139-3289, Tomo 35, (2014-2015, 116). Al respecto, la autora señala lo siguiente: "The vital need for evidence to support an antitrust claim is well-established. In the search for information, competition authorities' decisions are a treasure trove for claimants. Yet, the Directive's impetus towards freer access to evidence can collide with three equally important objectives: the success of leniency programmes; the protection of business secrets and other confidential information and the protection of personal data. [La necesidad vital de evidencia para respaldar un reclamo antimonopolio está bien establecida. En la búsqueda de información, las decisiones de las autoridades de competencia son un tesoro para los demandantes. Sin embargo, el impulso de la Directiva hacia un acceso más libre a las pruebas puede chocar con tres objetivos igualmente importantes: el éxito de los programas de clemencia; la protección de los secretos comerciales y otras informaciones confidenciales y la protección de datos personales] [traducción propia]".

por lo general se derivan de dichas decisiones, los programas de clemencia son igualmente importantes para la eficacia de las acciones por daños en los casos de cárteles. Las empresas *podrían verse disuadidas de cooperar con las autoridades de la competencia* en el marco de programas de clemencia y procedimientos de transacción, *si se exhibieran las declaraciones autoincriminatorias, como las declaraciones en el marco de un programa de clemencia y las solicitudes de transacción, que se presentan solo a efectos de cooperar con las autoridades de la competencia. Esa exhibición entrañaría el riesgo de exponer a las empresas cooperantes o a su personal directivo a una responsabilidad civil o penal en peores condiciones que las de los coinfractores que no cooperan con las autoridades de la competencia.* Para garantizar la buena disposición continuada de las empresas para acudir voluntariamente a las autoridades de la competencia y presentar declaraciones en el marco de un programa de clemencia o solicitudes de transacción, *esos documentos deben quedar excluidos de la exhibición de pruebas.* Dicha exclusión debe aplicarse también a las citas literales de una declaración en el marco de un programa de clemencia o de una solicitud de transacción que figuren en otros documentos. Las limitaciones impuestas a la exhibición de pruebas no deben impedir que las autoridades de la competencia publiquen sus decisiones de conformidad con la normativa aplicable de la Unión o nacional. Para garantizar que dicha exclusión no menoscabe indebidamente el derecho de las partes perjudicadas al resarcimiento, la misma debe limitarse a esas declaraciones voluntarias y autoincriminatorias en el marco de programas de clemencia y solicitudes de transacción".[367]

Como ya se dijo, el Artículo 7 de la Directiva se refiere a los "límites impuestos al uso de pruebas obtenidas exclusivamente a través del acceso al expediente de una autoridad de la competencia" y establece en su numeral 1 que

"Los Estados miembros velarán por que las pruebas que se encuadren en las categorías definidas en el artículo 6, apartado 6, que sean obtenidas por una persona física o jurídica exclusivamente a través del acceso al expediente de una autoridad de la competencia, no sean admisibles en las acciones por daños o bien queden protegidas de otro modo con arreglo a la normativa nacional aplicable, para garantizar el pleno efecto de los límites relativos a la exhibición de pruebas que se establecen en el artículo 6".

De conformidad con la Directiva, la exclusión de los documentos e informaciones aportados por el delator del deber de información, no obstaculiza el derecho de las víctimas a obtener las pruebas que les permitan llevar adelante las acciones de daños, con el fin de obtener la indemnización de los perjuicios ocasionados por las prácticas restrictivas de la compe-

---

[367] Parlamento Europeo y Consejo de la Unión Europea, "Directiva 2014/104/UE", *Diario Oficial de la Unión Europea* L349/1, (2014).

tencia y le otorga a las autoridades jurisdiccionales que adelanten esos procedimientos facultades, para que a solicitud de los demandantes, puedan "acceder ellos mismos a los documentos para los que se alega la excepción, con el fin de comprobar si su contenido desborda los límites de lo que la presente Directiva define como declaración en el marco de programas de clemencia o de solicitud de transacción". Y advierte que "cualquier contenido que no encaje en dichas definiciones debe poder ser exhibido en las condiciones adecuadas".[368]

Adicionalmente, la Directiva les otorga a los órganos judiciales nacionales la facultad de solicitarles a las autoridades de competencia, las demás pruebas que obren en el expediente de prácticas restrictivas de la competencia, con la advertencia en el sentido de que no se les debe ordenar a las autoridades de competencia la exhibición de esas pruebas, a menos que las mismas no se puedan obtener razonablemente de otra parte o de un tercero.[369] Al respecto el Artículo 6(10) de la Directiva dispone que

> "Los Estados miembros velarán por que los órganos jurisdiccionales nacionales no requieran a las autoridades de la competencia la exhibición de pruebas contenidas en los expedientes de estas, salvo que ninguna parte o ningún tercero sea capaz, en una medida razonable, de aportar dichas pruebas".

2.6.2 Excepción para el delator respecto del principio de solidaridad de los coinfractores frente a los perjuicios causados

De conformidad con la Directiva, el principio general es el de la responsabilidad conjunta y solidaria de los coinfractores, respecto de los perjuicios causados por las prácticas restrictivas de la competencia.[370] Al respecto el Artículo 11(1) de la Directiva dispone lo siguiente:

Los Estados miembros velarán por que las empresas que hayan infringido el Derecho de la competencia por una conducta conjunta sean conjunta y solidariamente responsables por los daños y perjuicios ocasionados por la infracción del Derecho de la competencia, como consecuencia de lo cual cada

---

[368]　Parlamento Europeo y Consejo de la Unión Europea, "Directiva 2014/104/UE", *Diario Oficial de la Unión Europea* L349/1, (2014), Considerando 27.

[369]　Parlamento Europeo y Consejo de la Unión Europea, "Directiva 2014/104/UE", *Diario Oficial de la Unión Europea* L349/1, (2014), considerandos 28 y 29.

[370]　Parlamento Europeo y Consejo de la Unión Europea, "Directiva 2014/104/UE", *Diario Oficial de la Unión Europea* L349/1, (2014), Considerando 37.

una de las empresas estará obligada a indemnizar plenamente por el perjuicio causado, y la parte perjudicada tendrá derecho a exigir el pleno resarcimiento de cualquiera de ellas hasta que haya sido plenamente indemnizada.

Sin embargo, la Directiva reconoce que los delatores contribuyen a la mitigación de dichos perjuicios, ya que gracias a su cooperación con las autoridades de la competencia, es posible para éstas descubrir y ponerles fin a los cárteles empresariales. Adicionalmente, la Directiva pretende proteger a los delatores del

> "[...] riesgo de estar indebidamente expuestas a reclamaciones de daños y perjuicios, teniendo en cuenta que la resolución de la autoridad de la competencia por la que se constata una infracción puede hacerse firme para el beneficiario de la dispensa antes de que sea firme para otras empresas a las que no se haya concedido la dispensa, convirtiendo por lo tanto al beneficiario de la dispensa en el objetivo preferente de cualquier litigio".[371]

Por estas razones, la Directiva establece que el delator solamente responde por los perjuicios ocasionados a sus propios compradores directos e indirectos, con lo cual queda exonerado de la responsabilidad conjunta y solidaria que se predica de los demás coinfractores. Adicionalmente, en caso de que el cártel haya causado perjuicios a terceros distintos de los clientes o proveedores de los infractores, el delator nunca deberá ser responsable por una suma superior a la parte que le corresponda proporcionalmente dentro del cártel y en la medida en que dichos terceros "no puedan obtener pleno resarcimiento de los restantes infractores."[372] Es decir, que respecto de los terceros diferentes de los clientes o proveedores del delator, su responsabilidad es subsidiaria, es decir, que aplicará solamente en la medida en que no puedan obtener el resarcimiento de sus perjuicios de los demás coinfractores[373]. Esta es una consecuencia directa de la aplica-

---

[371] Parlamento Europeo y Consejo de la Unión Europea, "Directiva 2014/104/UE", *Diario Oficial de la Unión Europea* L349/1, (2014), Considerando 38.

[372] Parlamento Europeo y Consejo de la Unión Europea, "Directiva 2014/104/UE", *Diario Oficial de la Unión Europea* L349/1, (2014), Considerando 38.

[373] Vanessa Jiménez Serranía, "The Directive on Antitrust Damages Actions. A critical review", *Actas de derecho industrial y derecho de autor*, ISSN 1139-3289, Tomo 35, (2014-2015), 120. Al respecto la autora señala lo siguiente: "The Directive also endeavors to tip the scales in favor of immunity recipients by limiting their liability to the harm caused within their own supply chains, i.e. the amount of harm caused to its own direct or indirect purchasers or, in the case of a buying cartel, its direct or indirect providers.

ción de la llamada *regla de oro*. Al respecto los numerales 4, 5 y 6 del artículo 11 de la Directiva disponen:

> "4. Como excepción al apartado 1, los Estados miembros velarán por que un beneficiario de clemencia sea responsable conjunta y solidariamente:
> a) ante sus compradores o proveedores directos o indirectos, y
> b) ante otras partes perjudicadas solo cuando no se pueda obtener el pleno resarcimiento de las demás empresas que estuvieron implicadas en la misma infracción del Derecho de la competencia.
> 5. Los Estados miembros velarán por que todo infractor pueda recuperar de cualquier otro infractor una contribución cuyo importe se fijará en función de su responsabilidad relativa por el perjuicio ocasionado por la infracción del Derecho de la competencia. El importe de la contribución de un infractor al que se haya concedido la dispensa en el pago de multas en el marco de un programa de clemencia no excederá de la cuantía del perjuicio que haya ocasionado a sus propios compradores o proveedores directos o indirectos.
> 6. Los Estados miembros velarán por que, en la medida en que la infracción del Derecho de la competencia causara un perjuicio a partes perjudicadas distintas de los compradores o proveedores directos o indirectos de los infractores, el importe de cualquier contribución de un beneficiario de clemencia a otros infractores se determine en función de su responsabilidad relativa por dicho perjuicio".

Este tipo de medida, consistente con la *regla de oro,* había sido incluida en Colombia, con la expedición de la Ley 2195 de 2022. En efecto, el artículo 66 de la mencionada ley, había modificado el artículo 14 de la Ley 1340 de 2009, y había introducido esta tendencia en el ordenamiento jurídico colombiano, la cual implicaba que quienes se acogieran al programa de delación, y obtuvieran la exoneración o la reducción de la multa a

---

This provision means that an immunity recipient will not be required to contribute any amount exceeding the harm caused to its own purchasers or providers, unless the claimants are unable to obtain full compensation from the other infringing parties. In introducing this caveat, the Commission hopes to maintain the attractiveness of leniency programs, whilst maintaining the victims' right to full compensation. [La Directiva también se esfuerza por inclinar la balanza a favor de los beneficiarios de inmunidad limitando su responsabilidad al daño causado dentro de sus propias cadenas de suministro, es decir, la cantidad de daño causado a sus propios compradores directos o indirectos o, en el caso de un cártel de compras, a sus proveedores directos o indirectos. Esta disposición significa que el beneficiario de la inmunidad no estará obligado a comprometer ninguna cantidad que exceda del daño causado a sus propios compradores o proveedores, a menos que los reclamantes no puedan obtener una compensación completa de las otras partes infractoras. Al introducir esta salvedad, la Comisión espera mantener el atractivo de los programas de clemencia, manteniendo al mismo tiempo el derecho de las víctimas a una indemnización completa] [traducción propia]".

imponer, no responderían solidariamente junto con los demás infractores de la conducta anticompetitiva delatada por los daños causados. Los delatores responderían únicamente en proporción a su participación, lo cual consideramos como positivo, ya que una medida como esta contribuiría a brindarle a los delatores condiciones favorables que incentivarían la utilización del Programa de Delación. Desafortunadamente, la reforma que había introducido la Ley 2195 de 2022 a este importante tema, fue declarada inexequible por la Corte Constitucional, mediante Sentencia C- 080 de 2023, con ponencia del Magistrado Jorge Enrique Ibáñez Nájar.

Al respecto el ahora inexequible parágrafo 3 del artículo 66 de la Ley 2195 de 2022 establecía lo siguiente:

> "Ley 2195 de 2022.
> Artículo 66. Modifíquese el artículo 14 de la Ley 1340 de 2009, el cual quedará así:
> Artículo 14. Beneficios por Colaboración con la Autoridad.
> [...]
> Parágrafo 3. Quien en el marco del programa de beneficios por colaboración previsto en este artículo obtenga la exoneración total o parcial de la multa a imponer por parte de la Superintendencia de Industria y Comercio, no responderá solidariamente por los daños causados en virtud del acuerdo anticompetitivo y, en consecuencia, responderá en proporción a su participación en la causación de los daños a terceros en virtud de la conducta anticompetitiva".

Es importante que el legislador colombiano vuelva a introducir esta regla en el programa de delación del país; y que medidas similares se adopten en los demás países de la región, con el fin de promover el programa de delación.

2.6.3 Medidas para armonizar el programa de delación con la indemnización de los perjuicios ocasionados por prácticas restrictivas de la competencia

En muchas jurisdicciones las autoridades de competencia han implementado un programa de delación potencialmente atractivo en razón de los beneficios que puede ofrecer la autoridad al delator, a cambio de obtener, de manera eficaz, información de calidad que le permita desmantelar el cártel. Sin embargo, los beneficios para el delator deben ir de la mano de una evaluación rigurosa sobre esta información, toda vez que el participante del cártel debe entregar de primera mano y de forma directa "información privilegiada".[374]

No obstante, para que el delator esté dispuesto a acogerse al programa, las condiciones deben ser lo suficientemente transparentes, claras, actualizadas, coherentes y atractivas. Si no se cumplen estos requisitos, una compañía podría considerar que es más favorable no delatar, una vez realice un análisis costo-beneficio, dado que no se trata únicamente de que el programa de delación ofrezca incentivos adecuados, sino también de verificar que no existan desincentivos que consigan desalentar a las empresas involucradas en el cártel de delatar su conducta.[375]

La exposición a una acción civil o un litigio de reparación de perjuicios que se extienda a una o más jurisdicciones suele ser un gran desincentivo como se ha comentado a lo largo de este capítulo[376]. Una de las alternativas que promueve el ICN para mitigar este desincentivo es la de limitar el acceso de la información del programa de delación al público y un exhaustivo uso de confidencialidad y secreto entre la autoridad y el delator, lo cual da certeza y es considerado como una buena práctica:

---

[374]   International Competition Network, Anti-Cartel Enforcement Manual, ICN CWG Subgroup 2: Enforcement Techniques (2014), 1–24.

[375]   International Competition Network, *Anti-Cartel Enforcement Manual, ICN CWG Subgroup 2: Enforcement Techniques* (2014), 6: "When considering whether to self-report, a company or individual is likely to undertake a cost benefit analysis in order to determine their "best option". When drafting and implementing a leniency policy it is important for a competition agency to consider not only whether its leniency program has the right incentives, but also whether its leniency program contains any disincentives discouraging cartel participants from reporting their cartel conduct. [Al considerar si se debe auto incriminar, es probable que una empresa o individuo realice un análisis de costo-beneficio para determinar su "mejor opción". Al redactar y aplicar una política de clemencia, es importante que un organismo de competencia considere no sólo si su programa de clemencia tiene los incentivos adecuados, sino también si su programa de clemencia contiene algún desincentivo que desaliente a los participantes del cártel a denunciar su conducta cartelizada] [traducción propia]".

[376]   International Competition Network, *Checklist for efficient Leniency Programmes* (2018), 3: "Bifurcated leniency systems: if there is a system of corporate leniency and leniency for individuals and/or parallel civil, administrative and criminal regimes, it is important to provide maximum certainty and predictability of the system as a whole. [Sistemas de gravámenes bifurcados: si existe un sistema de clemencia para las empresas y de clemencia para los individuos y los regímenes civiles, administrativos y penales paralelos, es importante proporcionar la máxima certeza y previsibilidad del sistema en su conjunto] [traducción propia]".

"Es una buena práctica motivar al solicitante a obtener una indulgencia que permita a la autoridad de competencia discutir la solicitud con otras agencias y cooperar en investigaciones paralelas.

Es una buena práctica mantener la identidad del solicitante de clemencia y cualquier información o evidencia confidencial a menos que el solicitante presente una renuncia al programa, la autoridad está obligada a reservar la información que el solicitante divulgue".[377]

2.6.4 Principales críticas a la Directiva 2014/104/UE del Parlamento Europeo y del Consejo

Las principales críticas a las medidas adoptadas por la Directiva, según lo expuesto por el profesor Marcos, son las siguientes[378]:

a. La Directiva de Daños está sesgada hacia las acciones *follow-on* y los casos de cárteles. Sus reglas están enfocadas hacia los daños causados aguas abajo y solamente contienen reglas mínimas y desconectadas en relación con los perjuicios ocasionados aguas arriba, lo cual implica que posiblemente no serán efectivas en casos diferentes a los de cárteles, en especial a los perjuicios aguas arriba.

b. La Directiva carece de reglas relacionadas con la jurisdicción en la cual se pueden solicitar los perjuicios, lo cual puede convertirse en un desincentivo para que las víctimas de las conductas anticompetitivas soliciten la indemnización de sus perjuicios o puede crear incentivos injustificados para que las demandas se presenten en unos países miembros de la Unión Europea y no en otros, en los cuales puede resultar imposible o muy demorado obtener la compensación.

c. La Directiva no ofrece instrumentos adecuados para que las víctimas puedan solicitar la compensación en forma colectiva. En este sentido, llama la atención que la Directiva establece como regla general para las demandas colectivas, el sistema *opt–in*, de conformidad con el cual las personas afectadas deben hacerse parte del

---

[377] International Competition Network, *Anti-Cartel Enforcement Manual, ICN CWG Subgroup 2: Enforcement Techniques* (2014), 15.

[378] Francisco Marcos, The Uneven and Unsure Playing Field for Competition Damages Claims in the EU: Shortcomings and Failures of Directive 2014/104/EU and Its Implementation, (Max Planck Institute for Innovation and Competition, 2021), 470 y siguientes.

proceso de manera expresa para poder obtener la indemnización, por oposición al sistema *opt–out*, en el cual todas las personas perjudicadas están en principio cobijadas por la demanda, a menos que expresamente decidan excluirse de la misma. Esta situación se considera como un desincentivo para que las personas afectadas presenten sus demandas.

d. La Directiva no contiene reglas sobre la financiación de los litigios, que es considerado como un factor crucial para la efectividad de la indemnización de perjuicios de las personas afectadas.

e. La Directiva no logra la armonización de las reglas para la indemnización de los perjuicios entre los países de la Unión Europea, lo cual dificulta sobremanera la interposición de las demandas de perjuicios, ya que existen numerosas divergencias en aspectos sustanciales y procesales en las legislaciones de los países miembros y la Directiva deja el campo abierto para que cada país mantenga sus propias reglas en aspectos tan importantes como la presunción de culpabilidad, lo cual puede dificultar el avance de los casos y promover la estrategia respecto de la escogencia de las jurisdicciones en las cuales resulta más favorable presentar la demanda (*forum shopping*).

f. Las reglas contenidas en la Directiva en relación con la cuantificación de los perjuicios son complejas y generan incertidumbre respecto de los parámetros que serán aplicados para el cálculo de los perjuicios, lo cual se agrava teniendo en cuenta las variaciones en su aplicación por cada uno de los Estados miembros.

g. Las reglas sobre la responsabilidad conjunta y solidaria de los miembros del cártel tienen demasiadas excepciones, las cuales pueden afectar la efectividad de este principio.

h. La Directiva guarda silencio respecto de las reglas de responsabilidad aplicables a las empresas matrices y subordinadas y las reglas que ha desarrollado la Corte Europea en el caso de Skanska (C-724/17) son interpretadas y aplicadas de manera divergente por las cortes de los países miembros de la Unión Europea.

i. Aunque la Directiva establece la responsabilidad de las empresas infractoras respecto de los clientes directos e indirectos y establece que todos ellos deben ser indemnizados de manera plena, este principio se ve afectado por la posibilidad de utilizar la defensa de "repercusión del daño" o defensa *passing–on* y por la falta de reglas sobre compensación colectiva.[379]

---

[379] La defensa de repercusión del daño o defensa *passing–on,* como se le conoce en inglés, hace referencia a que el demandado por los perjuicios ocasionados por la realización de las prácticas restrictivas puede defenderse alegando que a pesar de la existencia de las infracciones de competencia, el demandante no sufrió daños o por lo menos no todos los que reclama, debido a que le fue posible repercutir el sobrecosto ocasionado por las prácticas restrictivas a otros eslabones de la cadena, con lo cual su perjuicio es inexistente o menor que el que demanda.

Capítulo 4

Principales retos de los programas de delación en latinoamérica y propuestas para su mejormiento (Parte II)

1. TERCER RETO: NATURALEZA Y CUANTÍA DE LAS SANCIONES APLICABLES380

En los países en los cuales prevalece la aplicación pública del derecho de la competencia, como es el caso de los países de Europa y Latinoamérica, las infracciones al derecho de la competencia por regla general son sancionadas mediante la imposición de multas y medidas correctivas para prohibir la conducta anticompetitiva y restaurar la libre competencia. Sin embargo, en los últimos tiempos han crecido de manera importante las sanciones de carácter criminal y otros tipos de sanciones tales como la restricción para contratar con el Estado, la inhabilidad para ejercer el comercio, etc., lo cual tiende a incrementar la efectividad en la lucha contra las prácticas anticompetitivas[381], pero puede generar un desincentivo para la delación, si no se le brinda también al delator, inmunidad respecto de las demás sanciones que se pueden imponer en adición a la multa, como se explica en el apartado 5.3 de este capítulo.

Como lo explicamos en la primer apartado del segundo capítulo, uno de los principios fundamentales de la delación es la aplicación de multas sustanciales a los infractores, cuyo objetivo es castigar su conducta y disuadir a los empresarios de la planeación y realización de prácticas restrictivas.

---

[380] Esta sección toma elementos del documento titulado "Capacidad Sancionatoria del Derecho de la Competencia en Colombia. Una Visión Comparada" de Alfonso Miranda Londoño y Carlos Andrés Uribe Piedrahita, incluido como un capítulo en el libro *Abuso del mercado, una aproximación desde el derecho comparado* (editores académicos Roland Hefendehl, José Hernán Muriel Ciceri y René Zamora), (Bogotá: Editorial Pontificia Universidad Javeriana, 2021), 55.

[381] Macculloch, A. "The Cartel Offence: Defining an appropriate moral space'", *European Competition Journal*, (2012), 73–93.

En este sentido, los regímenes de competencia buscan crear una atmósfera de amenaza creíble, que genere incertidumbre en los potenciales infractores respecto de la posibilidad de obtener las ganancias esperadas de la realización de las prácticas anti competitivas, debido a la capacidad de sanción que las normas les otorgan a las autoridades de competencia[382]. En este sentido, las multas aplicables para cada conducta anti competitiva deben tener un fundamento razonable y deben ser lo suficientemente importantes para lograr los objetivos mencionados.

Como lo vimos en el primer capítulo, el objetivo de la sanción no debe reducirse al castigo o la represión de la conducta anticompetitiva. El Estado no debe buscar infligir al autor de la conducta un daño proporcional al que éste le ha causado a la sociedad, sino que la sanción debe estar orientada a disuadir a los potenciales infractores de su intención actual o potencial de realizar la conducta.

Desde el punto de vista económico, la sanción debe ser de tal entidad que elimine la rentabilidad de la conducta anticompetitiva, es decir, que el potencial infractor debe entender que en el evento de ser descubierta la conducta, la sanción eliminaría la ganancia obtenida a través de la misma.[383] Es aquí donde el programa de delación se convierte en un complemento importante del régimen de competencia, porque pone en riesgo la opción más lógica que tienen los participantes en un acuerdo anticompetitivo desde el punto de vista de la teoría de juegos, que es la de guardar silencio y obtener las ventajas de la conducta ilegal, con la esperanza de que las autoridades de competencia no la descubrirán. En este sentido, como quedó establecido en el segundo capítulo, uno de los factores más importantes para la efectividad de un programa de delación consiste en que las sanciones sean sustanciales, para que alguno de los miembros del cártel considere que le es más favorable delatar que permanecer en el acuerdo, con el riesgo de que otro infractor se le adelante y obtenga el beneficio de la exoneración de las multas y demás sanciones aplicables.

Dicho lo anterior, corresponde entonces analizar la naturaleza y evolución de las sanciones que se han venido aplicando en Latinoamérica, con

---

[382]   Gary S. Becker´, "Crimea and Punishment: An Economic Approach", *The Journal of Political Economy*, (1968), 76 (2), 160–217.

[383]   Al respecto reiteramos que el monto de la multa es uno de los factores de la desigualdad matemática propuesta en el segundo apartado del primer capítulo, para establecer desde el punto de vista económico, la decisión de delatar o permanecer en el cártel.

el fin de establecer cuáles deben ser las principales características que se deben tener en cuenta para que puedan cumplir de manera adecuada con su función de promover el cumplimiento de las normas de competencia y disuadir a los agentes económicos de infringirlas, en el entendido de que solamente la aplicación consistente de sanciones disuasorias permitirá el funcionamiento efectivo de los programas de delación, los cuales serán atractivos para los infractores siempre que exista una alternativa con alto grado de probabilidad de ocurrencia y menos apetecible, que es la de la aplicación de sanciones ejemplarizantes.

1.1 Antecedentes y evolución de las sanciones por la realización de prácticas restrictivas de la competencia

En los Estados Unidos, el régimen sancionatorio se ha venido endureciendo desde 1987, época en la cual se estableció la posibilidad de imponer multas por las violaciones a la libre competencia, en un monto igual al doble de los beneficios del infractor o de las pérdidas de las víctimas[384]. Para dicha época, las multas sin el uso del criterio alternativo podían ser de un máximo de USD 100.000 para personas naturales y de USD 1.000.000 para personas jurídicas.

Posteriormente, en 1990, se modificó el monto de las multas, que pasó a ser de USD 350.000 para personas naturales y USD 10.000.000 para personas jurídicas (U.S.C. 3.571, 1989). En el año 2004 se modificó nuevamente el valor de las multas, las cuales pasaron a ser de USD 1.000.000 para personas naturales y USD 100'000.000 para personas jurídicas[385].

---

[384] "18 U.S.C. § 3571. (Sentence of Fine) "(d) Alternative Fine Based on Gain or Loss. — If any person derives pecuniary gain from the offense, or if the offense results in pecuniary loss to a person other than the defendant, the defendant may be fined not more than the greater of twice the gross gain or twice the gross loss unless imposition of a fine under this subsection would unduly complicate or prolong the sentencing process. [18 U.S.C. § 3571. (Sentencia de multa) "(d) Multa alternativa basada en ganancia o pérdida. — Si alguna persona obtiene ganancias pecuniarias de la infracción, o si la infracción resulta en pérdida pecuniaria para una persona que no sea el demandado, el demandado puede ser multado no más del doble del beneficio bruto o el doble de la pérdida bruta a menos que la imposición de una multa bajo esta subsección complique o prolongue indebidamente el proceso de sentencia] [traducción propia]".

[385] Antitrust Criminal Penalty Enhancement and Reform Act of 2004, Pub. L. No. 108-237, § 215, 118 Stat. 665, 668 (2004) (codified as amended at 15 U.S.C. §§ 1-3).

La reforma del año 2004 también tuvo en cuenta un incremento en las sanciones penales que se encontraban vigentes desde el año de 1974, las cuales pasaron de los tres (3) años de pena privativa de la libertad, a diez (10) años [386].

En el caso de la Unión Europea, la multa máxima que la Comisión Europea puede imponer a una empresa por la violación del régimen de competencia es del diez por ciento (10 %) del volumen anual del negocio global de la empresa. En caso de que la empresa pertenezca a un grupo económico, el diez por ciento (10 %) del tope máximo de la sanción se calcula sobre el volumen total de negocios del grupo empresarial[387].

En Colombia, el valor de las multas que pueden ser impuestas por la autoridad de competencia por la violación de las normas de libre competencia se ha incrementado de manera importante. Antes del año 2009, la SIC podía imponer multas hasta por 2.000 salarios mínimos legales mensuales vigentes (SMLMV)[388] (USD 480.000) a personas jurídicas y 300 SMLMV[389] (USD 72.000) a personas naturales. Este monto fue modificado por la Ley 1340 de 2009, la cual incrementó la capacidad sancionatoria hasta 100.000

---

[386]   U.S.C. §3571, 1989.

[387]   Directrices para el cálculo de las multas impuestas en aplicación del artículo 23, apartado 2, letra a), del Reglamento (CE) no 1/2003 (2006/C 210/02).

[388]   La normativa anterior (modificada por la ley 1340 de 2009) se encuentra en el texto original del Decreto 2153 de 1992, artículo 4(15): "Imponer sanciones pecuniarias hasta por el equivalente a dos mil (2.000) salarios mínimos mensuales legales vigentes al momento de la imposición de la sanción, por la violación de las normas sobre promoción de la competencia y prácticas comerciales restrictivas a que se refiere el presente decreto".

[389]   La normativa anterior (modificada por la ley 1340 de 2009) se encuentra en el texto original del Decreto 2153 de 1992, artículo 4(16): "Imponer a los administradores, directores, representantes legales, revisores fiscales y demás personas naturales que autoricen, ejecuten o toleren conductas violatorias de las normas sobre promoción de la competencia y prácticas comerciales restrictivas a que alude el presente decreto, multas de hasta trescientos (300) salarios mínimos legales mensuales vigentes en el momento de la imposición de la sanción, a favor del Tesoro Nacional. Así mismo, imponer la sanción señalada en este numeral a los administradores, representantes legales, revisores fiscales y demás personas naturales que autoricen, ejecuten o toleren prácticas contrarias a la libre competencia en la prestación de los servicios públicos de telecomunicaciones, energía, agua potable, alcantarillado y aseo, en estos eventos hasta tanto la Ley regule las funciones de la Superintendencia de Servicios Públicos".

SMLMV[390] (USD 24.000.000) para personas jurídicas y 2.000 SMLMV[391] (USD 480.000) para personas naturales; pero la autoridad podía alternativamente imponer multas hasta por el ciento cincuenta por ciento (150%) de la utilidad derivada de la conducta que realice el agente económico (Artículo 25 de la Ley 1340 de 2009), aunque este criterio nunca fue utilizado por la SIC, por la dificultad de calcular la utilidad obtenida por el infractor mediante la realización de la práctica restrictiva de la competencia. El artículo 67 de la Ley 2195 de 2022 había incrementado nuevamente esta capa-

---

[390] Ley 1340 de 2009.- Artículo 25. El numeral 15 del artículo 4° del Decreto 2153 de 1992 quedará así: "Por violación de cualquiera de las disposiciones sobre protección de la competencia, incluidas la omisión en acatar en debida forma las solicitudes de información, órdenes e instrucciones que imparta, la obstrucción de las investigaciones, el incumplimiento de las obligaciones de informar una operación de integración empresarial o las derivadas de su aprobación bajo condiciones o de la terminación de una investigación por aceptación de garantías, imponer, por cada violación y a cada infractor, multas a favor de la Superintendencia de Industria y Comercio hasta por la suma de 100.000 salarios mínimos mensuales vigentes o, si resulta ser mayor, hasta por el 150 % de la utilidad derivada de la conducta por parte del infractor. [...] "Para efectos de graduar la multa, se tendrán en cuenta los siguientes criterios: 1. "El impacto que la conducta tenga sobre el mercado. 2. "La dimensión del mercado afectado. 3. "El beneficio obtenido por el infractor con la conducta". 4. "El grado de participación del implicado". 5. "La conducta procesal de los investigados". 6. "La cuota de mercado de la empresa infractora, así como la parte de sus activos y/o de sus ventas involucrados en la infracción". 7. "El Patrimonio del infractor".

[391] Ley 1340 de 2009. "Artículo 26. El numeral 16 del artículo 4° del Decreto 2153 de 1992 quedará así: "Imponer a cualquier persona que colabore, facilite, autorice, ejecute o tolere conductas violatorias de las normas sobre protección de la competencia a que se refiere la Ley 155 de 1959, el Decreto 2153 de 1992 y normas que la complementen o modifiquen, multas hasta por el equivalente de dos mil (2.000) salarios mínimos mensuales legales vigentes al momento de la imposición de la sanción, a favor de la Superintendencia de Industria y Comercio. [...] "Para efectos de graduar la multa, la Superintendencia de Industria y Comercio tendrá en cuenta los siguientes criterios: 1. "La persistencia en la conducta infractora. 2. "El impacto que la conducta tenga sobre el mercado. 3. "La reiteración de la conducta prohibida. 4. "La conducta procesal del investigado, y 5. "El grado de participación de la persona implicada". "Parágrafo. Los pagos de las multas que la Superintendencia de Industria y Comercio imponga conforme a este artículo, no podrán ser cubiertos ni asegurados o en general garantizados, directamente o por interpuesta persona, por la persona jurídica a la cual estaba vinculada la persona natural cuando incurrió en la conducta; ni por la matriz o empresas subordinadas de esta; ni por las empresas que pertenezcan al mismo grupo empresarial o estén sujetas al mismo control de aquella".

cidad con lo cual la SIC podría imponer alternativamente a los agentes del mercado multas de hasta

"[...] (i) el veinte por ciento (20 %) de los ingresos operacionales del infractor en el año fiscal inmediatamente anterior al de la imposición de la sanció", (ii) el veinte por ciento (20 %) del patrimonio del infractor en el año fiscal inmediatamente anterior al de la imposición de la sanción, (iii) el equivalente a cien mil salarios mínimos legales mensuales vigentes (100.000 SMLMV), (iv) el treinta por ciento (30 %) del valor del contrato estatal, cuando la practica restrictiva afecta o pueda afectar procesos de contratación pública; [o] (v) el trescientos por ciento (300 %) del valor de las utilidades percibidas por el infractor de la conducta anticompetitivas, siempre y cuando fuere posible cuantificarlas y dicho porcentaje fuere superior a los criterios 1 2 y 3 a los que nos referimos anteriormente (numeración propia)".

Debe tenerse en cuenta que al calcular el monto de la multa a imponer, la autoridad debería escoger de los criterios antes señalados, el que arrojara una cifra más alta. Sin embargo, esta reforma que había introducido la Ley 2195 de 2022, fue declarada inexequible por la Corte Constitucional, mediante Sentencia C- 080 de 2023, con ponencia del Magistrado Jorge Enrique Ibáñez Nájar.

Al revisar la evolución de la capacidad sancionatoria del Estado por la realización de prácticas restrictivas de la competencia, se observa una tendencia generalizada al incremento del valor de las multas, de las sanciones criminales y de las acciones civiles de reparación de perjuicios, lo cual refleja la existencia de una lucha global en contra de prácticas anticompetitivas y en especial de aquellas que desbordan las fronteras nacionales[392].

En la tabla que se presenta más abajo se puede ver un resumen de la capacidad sancionadora de los cuatro países escogidos para efectos de comparación.

Como se puede observar en la tabla, en el caso del Perú se presenta una situación que no se observa en los otros países analizados y es la prevista en el artículo 7 del Decreto Ley 807 de 1996, que hace referencia a la posibilidad de aplicarle multas a la persona que "a sabiendas de la falsedad de la imputación o de la ausencia de motivo razonable, denuncie a alguna persona natural o jurídica, atribuyéndole una infracción sancionable por cualquier órgano funcional del Indecopi". La sanción aplicable será de hasta 50 unidades impositivas tributarias (USD 55.000). Lo anterior tiene

---

[392] Lee, H. "Antitrust fines in the era of globalization" en *OECD, Global Forum on Competition, Sanctions in antitrust cases* (2016).

por finalidad impedir que el derecho de la competencia sea utilizado de manera frívola o con la intención de dañar empresas que no han incurrido en ilícitos, pero este tipo de disposiciones no son frecuentes.

Tabla 24. Capacidad sancionadora de las autoridades de competencia

País	Capacidad sancionadora de las autoridades de competencia de Colombia, Perú, Chile y México
Colombia	La capacidad de la SIC para imponer sanciones por prácticas restrictivas de la competencia, depende de la calidad del infractor (agente del mercado o facilitador)[393]. Lo anterior se desprende del artículo 6 de la Ley 1340 de 2009, en virtud del cual la SIC impondrá las multas y adoptará las demás decisiones administrativas por infracción a las disposiciones sobre protección de la competencia, de conformidad con lo previsto en la Ley 1340 de 2009: Ley 1340 de 2009. Artículo 6. Autoridad nacional de protección de la competencia. La Superintendencia de Industria y Comercio conocerá *en forma privativa* de las investigaciones administrativas, impondrá las multas y adoptará las demás decisiones administrativas por infracción a las disposiciones sobre protección de la competencia, así como en relación con la vigilancia administrativa del cumplimiento de las disposiciones sobre competencia desleal (cursivas propias). En lo que concierne a las multas que la SIC puede imponer a los agentes del mercado el artículo 25 de la Ley 1340 de 2009 establece lo siguiente: Artículo 25. Monto de las Multas a Personas Jurídicas. El numeral 15 del artículo 4° del Decreto 2153 de 1992 quedará así: Por violación de cualquiera de las disposiciones sobre protección de la competencia, incluidas la omisión en acatar en debida forma las solicitudes de información, órdenes e instrucciones que imparta, la obstrucción de las investigaciones, el incumplimiento de las obligaciones de informar una operación de integración empresarial o las derivadas de su aprobación bajo

---

[393] A raíz de las reformas introducidas a normativa de competencia en el 2022, los infractores de las normas de competencia en Colombia pueden ser agentes de mercado (personas naturales o jurídicas) que realizan la conducta anticompetitiva; y facilitadores (también personas naturales o jurídicas) que no son agentes del mercado, pero colaboran, autorizan, promueven, impulsan, ejecutan o toleran la conducta anticompetitiva.

condiciones o de la terminación de una investigación por aceptación de garantías, imponer, por cada violación y a cada infractor, multas a favor de la Superintendencia de Industria y Comercio hasta por la suma de 100.000 salarios mínimos mensuales vigentes o, si resulta ser mayor, hasta por el 150 % de la utilidad derivada de la conducta por parte del infractor.

Para efectos de graduar la multa, se tendrán en cuenta los siguientes criterios:

1. El impacto que la conducta tenga sobre el mercado;

2. La dimensión del mercado afectado;

3. El beneficio obtenido por el infractor con la conducta;

4. El grado de participación del implicado;

5. La conducta procesal de los investigados;

6. La cuota de mercado de la empresa infractora, así como la parte de sus activos y de sus ventas involucrados en la infracción.

7. El patrimonio del infractor.

Parágrafo: Serán circunstancias de agravación para efectos de la graduación de la sanción: La persistencia en la conducta infractora; la existencia de antecedentes en relación con infracciones al régimen de protección de la competencia o con incumplimiento de compromisos adquiridos o de órdenes de las autoridades de competencia; el haber actuado como líder, instigador o en cualquier forma promotor de la conducta. La colaboración con las autoridades en el conocimiento o en la investigación de la conducta será circunstancia de atenuación de la sanción.

Como ya se ha explicado esta capacidad sancionadora había sido incrementada exponencialmente con la expedición de la Ley 2195 de 2022, que en esta parte fue declarada inexequible por la Corte Constitucional, mediante Sentencia C- 080 de 2023, con ponencia del Magistrado Jorge Enrique Ibáñez Nájar.[394]

En lo que concierne a las multas que la SIC puede imponer a los facilitadores el artículo 26 de la Ley 1340 de 2009, dispone:

---

[394] El ahora declarado inexequible artículo 67 de la Ley 2295 de 2022 establecía lo siguiente:
"Ley 2195 de 2022. Artículo 67, que modifica el artículo 25 de la Ley 1340 de 2009. Artículo 25. Monto de las Multas a Personas Jurídicas. El numeral 15 del artículo 4º del Decreto 2153 de 1992 quedará así:
La Superintendencia de Industria y Comercio podrá imponer sanciones pecuniarias a su favor, a los agentes del mercado, sean personas naturales o jurídicas, por la violación de cualquiera de las disposiciones sobre protección de la competencia, incluidas la omisión en acatar en debida forma, órdenes e instrucciones que imparta, la obstrucción de las actuaciones administrativas, el incumplimiento de

las obligaciones de informar una operación de concentración empresarial o las derivadas de su aprobación bajo condiciones, o de la terminación de una investigación por aceptación de garantías.

Para la imposición de la sanción, la Superintendencia de Industria y Comercio aplicará el que fuere mayor de los siguientes criterios:

1.1. Los ingresos operacionales del infractor en el año fiscal inmediatamente anterior al de la imposición de la sanción. En este evento, la sanción no podrá exceder el veinte por ciento (20%) de dichos ingresos.

1.2. El patrimonio del infractor en el año fiscal inmediatamente anterior al de la imposición de la sanción. En este evento, la sanción no podrá exceder el veinte por ciento (20%) del valor de su patrimonio.

1.3. Un monto en salarios mínimos legales mensuales vigentes a cargo del infractor. En este evento, la sanción no podrá exceder cien mil salarios mínimos legales mensuales vigentes (100.000 SMLMV).

1.4. El valor del contrato estatal en los casos de prácticas comerciales restrictivas que afecten o puedan afectar procesos de contratación pública. En este caso, la multa no podrá exceder el treinta por ciento (30%) del valor del contrato.

2. Para efectos de graduar la multa, se tendrán en cuento los siguientes criterios, siempre y cuando sean aplicables al caso concreto:

2.1. La idoneidad que tenga la conducta para afectar el mercado o la afectación al mismo.

2.2. La naturalezá del bien o servicio involucrado.

2.3. El grado de participación del implicado.

2.4. El tiempo de duración de la conducta.

2.5. La cuota de participación que tenga el infractor en el mercado del infractor.

3. Serán agravantes para efectos de dosificar la sanción, los siguientes:

3.1. El haber actuado como líder, instigador o en cualquier forma promotor de la conducta;

3.2. La continuación de la conducta infractora una vez iniciada la investigación.

3.3. La reincidencia o existencia de antecedentes en relación con infracciones al régimen de protección de la competencia. O con el incumplimiento de compromisos adquiridos con la Autoridad de Competencia, o de las órdenes impartidas por esta.

3.4. La conducta procesal del infractor tendiente a obstruir o dilatar el trámite del proceso, incluyendo la presentación de solicitudes que sean evidentemente improcedentes.

Parágrafo 1°. Cuando fuere posible cuantificar las utilidades percibidas por el infractor derivadas de la conducta, la Superintendencia de Industria y Comercio podrá imponer como sanción hasta el trescientos por ciento (300%) del valor de la utilidad, siempre que dicho porcentaje fuere superior al mayor de los límites establecidos en los numerales 1.1., 1.2. y 1.3. de este artículo.

Parágrafo 2°. Por cada circunstancia agravante en la que incurra el infractor, procederá un aumento de hasta el diez por ciento (10%) sobre el importe de la multa a imponer, sin exceder en ningún caso los límites sancionatorios previstos en la Ley.

Parágrafo 3°. Será atenuante, para efectos de dosificar la sanción el aceptar los cargos formulados en aquellos casos en los cuales el investigado no ha sido reconocido como delator".

Como se deduce de las normas transcritas, este régimen de sanciones que fue declarado inexequible se aplicaba en tres (3) etapas:

Primera etapa: se establecía el tope máximo de la sanción, para lo cual se tenía en cuenta el criterio que arrojara la cifra mayor entre el veinte por ciento (20 %) de los ingresos operacionales de la empresa en el año anterior; el veinte por ciento (20 %) del patrimonio de la empresa en el año anterior; el equivalente a cien mil salarios mínimos mensuales (100.000 SMLMV) que equivalen a cien mil millones de pesos (COP 100.000'000.000) o veinticinco millones de dólares (USD 25'000.000); el treinta por ciento (30 %) del valor del contrato estatal cuando la conducta esté relacionada con la contratación pública; o el trescientos por ciento (300 %) de la utilidad obtenida con la práctica restrictiva cuando sea posible calcularlo.

Como se puede observar, esta modificación introducida por la Ley 2195 de 2022 le otorgaba a la Superintendencia Colombiana una facultad sancionatoria que teóricamente tenía un gran alcance, posiblemente la mayor capacidad sancionatoria de Latinoamérica; y cuya aplicación habría requerido de ciertos criterios de parte la autoridad.

Segunda Etapa: la autoridad aplicaría los criterios de graduación de la sanción. Estos eran: (i) la idoneidad que tenga la conducta para afectar el mercado o la afectación al mismo; (ii) la naturaleza del bien o servicio involucrado; (iii) el grado de participación del implicado; (iv) el tiempo de duración de la conducta; y (v) la cuota de participación que tenga el infractor en su mercado; .

Tercera etapa: la autoridad aplicaría criterios de agravación, cada uno de los cuales habría implicado un incremento del diez por ciento (10 %) en el monto de la sanción. Dichos criterios eran: (i) haber actuado como líder, instigador o promotor de la conducta anticompetitiva; (ii) la persistencia en la conducta anticompetitiva después de abierta la investigación; (iii) la reincidencia en la infracción de las normas de competencia o la existencia de antecedentes de infracciones al régimen de competencia o de incumplimiento de compromisos u órdenes de la autoridad; y (iv) la conducta procesal del infractor tendiente a obstruir o dilatar el proceso, lo cual incluye la presentación de solicitudes manifiestamente improcedentes.

Así mismo, el parágrafo 3° del artículo 25 de la Ley 1340 de 2009 también preveía la posibilidad de atenuación de la conducta, en caso de que el infractor aceptara los cargos imputados Esta causal de atenuación, por obvias razones no podría ser aplicada si el infractor tuviera la calidad de delator, ya que en este caso se aplicarían los beneficios del Programa de Delación.

Artículo 26. Monto de las Multas a Personas Naturales. El numeral 16 del artículo 4° del Decreto 2153 de 1992 quedará así:

Imponer a cualquier persona que colabore, facilite, autorice, ejecute o tolere conductas violatorias de las normas sobre protección de la competencia a que se refiere la Ley 155 de 1959, el Decreto 2153 de 1992 y normas que la complementen o modifiquen, multas hasta por el equivalente de dos mil (2.000) salarios mínimos mensuales legales vigentes al momento de la imposición de la sanción, a favor de la Superintendencia de Industria y Comercio.

Para efectos de graduar la multa, la Superintendencia de Industria y Comercio tendrá en cuenta los siguientes criterios:

1. La persistencia en la conducta infractora;

2. El impacto que la conducta tenga sobre el mercado;

3. La reiteración de la conducta prohibida;

4. La conducta procesal del investigado; y,

5. El grado de participación de la persona implicada.

Parágrafo: Los pagos de las multas que la Superintendencia de Industria y Comercio imponga conforme a este artículo, no podrán ser cubiertos ni asegurados o en general garantizados, directamente o por interpuesta persona, por la persona jurídica a la cual estaba vinculada la persona natural cuando incurrió en la conducta; ni por la matriz o empresas subordinadas de ésta; ni por las empresas que pertenezcan al mismo grupo empresarial o estén sujetas al mismo control de aquella.

Esta capacidad sancionadora había sido incrementada exponencialmente con la expedición de la Ley 2195 de 2022, que en esta parte fue declarada inexequible por la Corte Constitucional, mediante Sentencia C- 080 de 2023, con ponencia del magistrado Jorge Enrique Ibáñez Nájar.[395]

---

[395] Ley 2195 de 2022. Artículo 68 que modifica el artículo 26 de la Ley 1340 de 2009. "Artículo 26. Monto de las Multas a Personas Naturales. El numeral 16 del artículo 4° del Decreto 2153 de 1992 quedará así:

La Superintendencia de Industria y Comercio podrá imponer sanciones a su favor de hasta dos mil salarios mínimos legales mensuales vigentes (2.000 SMLMV), contra el facilitador, sea persona natural o jurídica, que colabore, autorice, promueva, impulse, ejecute o tolere la violación de las normas sobre protección de la competencia por parte de un agente del mercado.

1. Para efectos de graduar la multa, la Superintendencia de Industria y Comercio tendrá en cuenta los siguientes criterios:

1.1. El grado de involucramiento del facilitador en la conducta del agente del mercado.

1.2. La reincidencia o existencia de antecedentes en relación con infracciones al régimen de protección de la competencia o con incumplimiento de compromisos adquiridos o de órdenes de la autoridad de competencia;

1.3. El patrimonio del facilitador.

2. Serán agravantes para efectos de dosificar la sanción, los siguientes:

2.1. Continuar facilitando la conducta infractora una vez iniciada la investigación;

2.2. La reincidencia o existencia de antecedentes en relación con infracciones al régimen de protección de la competencia, o con el incumplimiento de compromisos adquiridos con la Autoridad de Competencia, o de las órdenes impartidas por esta.

2.3. La conducta procesal del facilitador tendiente a obstruir o dilatar el trámite del proceso, incluyendo la presentación de solicitudes que sean evidentemente improcedentes.

Parágrafo 1°. Por cada circunstancia agravante en que incurra el facilitador, procederá un aumento de, hasta el diez por ciento (10%) sobre el importe de la multa a imponer, sin sobrepasar en ningún caso los límites sancionatorios previstos en la Ley.

Parágrafo 2°. Los pagos de las multas que la Superintendencia de Industria y Comercio imponga conforme a este artículo no podrán ser pagados ni asegurados, o en general garantizados, directamente o por interpuesta persona, por el agente del mercado al cual estaba vinculado el facilitador cuando incurrió en la conducta: ni por la matriz o empresas subordinadas de esta; ni por las empresas que pertenezcan al mismo grupo empresarial o estén sujetas al mismo control de aquel. La violación de esta prohibición constituye por sí misma una práctica restrictiva de la competencia".

Como se deduce de las normas transcritas, las cuales como ya se advirtió fueron declaradas inexequibles, el régimen de sanciones para los facilitadores en Colombia, se aplicaba también en tres (3) etapas:

i. Primera etapa: en esta primera etapa se aplicaba el artículo 68 de la Ley 2195 de 2022, el cual mantenía el tope máximo para la multa prevista en el artículo 26 de la Ley 1340 de 2009 de hasta dos mil salarios mínimos legales mensuales vigentes (2.000 SMLMV) para los facilitadores. La reforma también mantenía la prohibición para que el agente de mercado pagara o asegurara de cualquier manera la multa impuesta al facilitador, el cual debería pagarla de su propio patrimonio. Ya existen algunos casos en los cuales la SIC ha adelantado investigaciones y ha impuesto sanciones a las empresas por incumplir esta norma.

En mayo de 2022 la tasa de cambio Peso-Dólar era de COP 3.966,27 por cada dólar. Por lo cual, la multa máxima equivale aproximadamente a quinientos cuatro mil doscientos cincuenta y dos dólares (USD 504.252).

Vale la pena recordar que antes de la expedición de la Ley 1340 de 2009 la multa de las personas naturales era de trescientos salarios mínimos legales mensuales vigentes (300 SMLMV). En 2022 el salario mínimo es de un millón de pesos (COP 1.000.000), motivo por el cual si la norma continuara vigente

Perú	La capacidad de la Comisión de Defensa de la Libre Competencia del Indecopi para imponer sanciones por prácticas Restrictivas de la Competencia en Perú se despende del numeral 14.2. literal a), b) y c) del TUO del TUO del DL 1034 de 2008, en virtud del cual la Comisión podrá imponer: (i) la sanción correspondiente y (ii) dictar medidas correctivas, por infracción a las disposiciones sobre protección de la competencia: Decreto Legislativo 1034 de 2008. Artículo 14.- La Comisión.- [...] 14.2. Son atribuciones de la Comisión: a) Declarar la existencia de una conducta anticompetitiva e imponer la sanción correspondiente;

(que no lo está), la multa máxima a imponer sería de aproximadamente trescientos millones de pesos (COP 300.000.000).

Así mismo, en mayo de 2022 la tasa de cambio Peso-Dólar era de COP $3.966,27 por un dólar, por lo cual la multa máxima equivaldría a aproximadamente USD $75.637.

ii. Segunda etapa: la autoridad aplicaba los criterios de graduación de la sanción, los cuales se referían a: (i) el grado de involucramiento del facilitador en la conducta del agente del mercado; (ii) la reincidencia o existencia de antecedentes en relación con infracciones al régimen de protección de la competencia o con incumplimiento de compromisos adquiridos o de órdenes de la autoridad de competencia; y (iii) el patrimonio del facilitador.

iii. Tercera etapa: la Ley del 2022 contenía unos criterios de agravación de la sanción para el facilitador, que no estaban contemplados en la Ley 1340 del 2009. Al igual que en el caso de los agentes de mercado, cada una de las circunstancias de agravación, podía incrementar el valor de la sanción hasta en un diez por ciento (10 %).

Estos criterios para agravar la multa eran: (i) "Continuar facilitando la conducta infractora una vez iniciada la investigación"; (ii) "La reincidencia o existencia de antecedentes en relación con infracciones al régimen de protección de la competencia, o con el incumplimiento de compromisos adquiridos con la Autoridad de Competencia, o de las órdenes impartidas por esta", y (iii) "La conducta procesal del facilitador tendiente a obstruir o dilatar el trámite del proceso, incluyendo la presentación de solicitudes que sean evidentemente improcedentes".

Por último, es importante recordar que de conformidad con el parágrafo del artículo 26 de la Ley 1340 de 2009, norma que se mantenía con la modificación que pretendió introducir la Ley 2195 de 2022, se establece una restricción respecto de quién puede cubrir o asegurar el pago de la multa impuesta por la SIC a facilitadores.

[...]

c) Dictar medidas correctivas respecto de las conductas anticompetitivas.

En lo que concierne a las multas que la Comisión puede imponer a las personas jurídicas encontramos el artículo 46 del TUO del DL 1034 de 2008 en virtud del cual las multas se imponen dependiendo de la calificación de la infracción:

Decreto Legislativo 1034 de 2008.

Artículo 46. El monto de las multas.

46.1. Las conductas anticompetitivas serán sancionadas por la Comisión, sobre la base de Unidades Impositivas Tributarias (UIT), con las siguientes multas:

a) Si la infracción fuera calificada como leve, una multa de hasta quinientas (500) UIT, siempre que dicha multa no supere el ocho por ciento (8 %) de las ventas o ingresos brutos percibidos por el infractor, o su grupo económico, relativos a todas sus actividades económicas, correspondientes al ejercicio inmediato anterior al de la expedición de la resolución de la Comisión;

b) Si la infracción fuera calificada como grave, una multa de hasta mil (1.000) UIT, siempre que dicha multa no supere el diez por ciento (10 %) de las ventas o ingresos brutos percibidos por el infractor, o su grupo económico, relativos a todas sus actividades económicas, correspondientes al ejercicio inmediato anterior al de la resolución de la Comisión; o,

c) Si la infracción fuera calificada como muy grave, una multa superior a mil (1.000) UIT, siempre que dicha multa no supere el doce por ciento (12 %) de las ventas o ingresos brutos percibidos por el infractor, o su grupo económico, relativos a todas sus actividades económicas, correspondientes al ejercicio inmediato anterior al de la resolución de la Comisión.

Con base en la norma transcrita, podemos sacar las siguientes conclusiones respecto de la capacidad sancionadora de la autoridad de competencia sobre las personas jurídicas:

Capacidad sancionatoria por infracciones clasificadas como leve: el tope máximo para la multa de las personas jurídicas por infracciones leves es de quinientas (500) UIT. El valor de la UIT para el año 2022 es de cuatro mil seiscientos soles (PEN 4.600) por lo cual la multa máxima a imponer es de aproximadamente dos millones trescientos mil soles (PEN 2.300.000). A 2 de mayo de 2022 la tasa de cambio Sol-Dólar era de tres coma ochenta y tres soles (PEN 3,83) por dólar, en consecuencia la multa máxima equivale a aproximadamente a quinientos noventa y nueve mil ochocientos ochenta y dos dólares (USD 599.882). Este monto no puede exceder en ningún momento el ocho por ciento (8 %) de las ventas o ingresos brutos percibidos de la persona jurídica o su grupo económico.

Capacidad sancionatoria por infracciones clasificadas como graves: el tope máximo para la multa de las personas jurídicas por infracciones graves es de mil (1.000) UIT. Como el valor de la UIT para el año 2022 es de cuatro mil seiscientos soles (PEN 4.600) por lo cual la multa máxima a imponer es de aproximadamente cuatro millones seiscientos mil soles (PEN 4.600.000). A 2 de mayo de 2022 la tasa de cambio Sol-Dólar era de tres coma ochenta y tres soles (PEN 3,83) por dólar, en consecuencia la multa máxima equivale a aproximadamente a un millón ciento noventa y nueve mil setecientos sesenta y cuatro dólares (USD 1.199.764). Este monto no puede exceder en ningún momento el diez por ciento (10%) de las ventas o ingresos brutos percibidos de la persona jurídica o su grupo económico.

Capacidad sancionatoria por infracciones clasificadas muy graves: el tope máximo para la multa de las personas jurídicas por infracciones muy graves puede ser mayor a mil (1.000) UIT. Como el valor de la UIT para el año 2022 es de cuatro mil seiscientos soles (PEN 4.600), la multa máxima a imponer seria de aproximadamente cuatro millones seiscientos mil soles (PEN 4.600.000). A 2 de mayo de 2022 la tasa de cambio Sol-Dólar era de tres coma ochenta y tres soles (PEN 3,83) por dólar, en consecuencia la multa máxima equivale a aproximadamente un millón ciento noventa y nueve mil setecientos sesenta y cuatro dólares (USD 1.199.764). Sin embargo, este monto no puede exceder en ningún momento el doce por ciento (12 %) de las ventas o ingresos brutos percibidos de la persona jurídica o su grupo económico.

En lo que concierne a las multas que la Comisión puede imponer a las Personas Naturales encontramos el artículo 46.3 del TUO del DL 1034 de 2008, en virtud del cual las multas se imponen dependiendo de la calificación de la infracción:

Decreto Legislativo 1034 de 2008.

Artículo 46.- El monto de las multas.-

[...]

46.3. Además de la sanción que a criterio de la Comisión corresponde imponer a los infractores, cuando se trate de una persona jurídica, sociedad irregular, patrimonio autónomo o entidad, se podrá imponer una multa de hasta cien (100) UIT a cada uno de sus representantes legales o a las personas que integran los órganos de dirección o administración según se determine su responsabilidad en las infracciones cometidas.

Con base en la norma transcrita, podemos concluir que el tope máximo para la multa de las personas naturales por infracciones cometidas es de cien (100) UIT. Como el valor de la UIT para el año 2022 es de cuatro mil seiscientos soles (PEN 4.600), la multa máxima a imponer seria de aproximadamente de cuatrocientos sesenta mil soles (PEN 460.000). A 2 de mayo de 2022 la tasa de cambio Sol-Dólar era de tres coma ochenta y tres soles (PEN 3,83) por dólar, en consecuencia la multa máxima equivale a aproximadamente a ciento diecinueve mil novecientos setenta y cuatro dólares (USD 119.974).

Es importante tener presente la graduación especial de la multa prevista para los casos de colegios profesionales o gremios de empresas, o agentes eco nómicos que hubieran iniciado sus actividades después del 1 de enero del ejercicio anterior al año en que se impone la multa.

Decreto Legislativo 1034 de 2008.

Artículo 46.- El monto de las multas.

[...]

46.2. En caso de tratarse de colegios profesionales o gremios de empresas, o agentes económicos que hubieran iniciado sus actividades después del 1 de enero del ejercicio anterior, la multa no podrá superar, en ningún caso, las mil (1 000) UIT.

Con base en la norma transcrita, podemos concluir que el tope máximo para la multa para los casos de colegios profesionales o gremios de empresas, o agentes económicos que hubieran iniciado sus actividades después del 1 de enero del ejercicio anterior al año en que se impone la multa es de mil (1.000) UIT. Como el valor de la UIT para el año 2022 es de cuatro mil seiscientos soles (PEN 4.600), la multa máxima a imponer es de aproximadamente cuatro millones seiscientos mil soles (PEN 4.600.000). A 2 de mayo de 2022 la tasa de cambio Sol-Dólar era de tres coma ochenta y tres soles (PEN 3,83) por dólar, en consecuencia la multa máxima equivale a aproximadamente un millón ciento noventa y nueve mil setecientos sesenta y cuatro dólares (USD 1.199.764).

El artículo 46.4. del TUO del D.L. 1034 de 2008 establece la reincidencia en la realización de las conductas anticompetitivas como circunstancia de agravación de la sanción.

Decreto Legislativo 1034 de 2008.

Artículo 46.- El monto de las multas.-

[...]

46.4. La reincidencia se considerará circunstancia agravante, por lo que la sanción aplicable no deberá ser menor que la sanción precedente.

Así mismo, el artículo 46.6. del TUO del D.L. 1034 de 2008, establece el beneficio de la disminución del quince por ciento (15 %) de la multa por el pago de la misma antes del vencimiento del término para impugnar la resolución de sanción:

Decreto Legislativo 1034 de 2008.

Numeral modificado por el Artículo 1 del Decreto Legislativo N.° 1205, publicado el 23 septiembre 2015, cuyo texto es el siguiente:

46.6. La multa aplicable será rebajada en un quince por ciento (15 %) cuando el infractor cancele su monto con anterioridad a la culminación del término para impugnar la resolución de la Comisión que puso fin a la instancia y en tanto no interponga recurso impugnativo alguno contra dicha resolución.

Vale la pena aclarar que en adición a las multas que puede imponer la co misión por la realización de conductas anticompetitivas, los infractores se encuentran expuestos al pago de un monto adicional relacionado con su comportamiento y actuación procesal respecto de: (i) la información suministrada y requerida, (ii) la comparecencia y (iii) el entorpecimiento de las actividades de la Dirección Nacional de Investigación y Promoción de Libre Competencia (anteriormente, Secretaría Técnica), la Comisión o el Tribunal.

Decreto Legislativo 1034 de 2008.

Numeral incorporado por el Artículo 2 del Decreto Legislativo N.° 1205, publicado el 23 septiembre 2015.

46.7. La presentación de información falsa, o el ocultamiento, destrucción o alteración de información o cualquier libro, registro o documento que haya sido requerido por la Secretaría Técnica, la Comisión o el Tribunal, o que sea relevante para efectos de la decisión que se adopte, o el incumplimiento injustificado de los requerimientos de información que formulen, o la negativa a comparecer, o el entorpecimiento del ejercicio de las funciones de la Secretaría Técnica, la Comisión o el Tribunal, podrán ser sancionadas por la Comisión o el Tribunal, según corresponda, con multa no mayor de mil (1000) UIT, siempre que dicha multa no supere el diez por ciento (10%) de las ventas o ingresos brutos percibidos por el infractor, o su grupo económico, correspondientes al ejercicio inmediato anterior a la decisión de la Comisión; sin perjuicio de la responsabilidad penal que corresponda.

Con base en la norma transcrita, podemos concluir que el tope máximo de la multa aplicable a los comportamientos procesales indebidos ya mencionados es de mil (1.000) UIT. Como el valor de la UIT para el año 2022 es de cuatro mil seiscientos soles (PEN 4.600), la multa máxima a imponer sería de aproximadamente cuatro millones seiscientos mil soles (PEN 4.600.000). A 2 de mayo de 2022 la tasa de cambio Sol-Dólar era de tres coma ochenta y tres soles (PEN 3,83) por dólar, en consecuencia la multa máxima equivale a aproximadamente un millón ciento noventa y nueve mil setecientos sesenta y cuatro dólares (USD 1.199.764). Este monto no puede exceder en ningún momento el diez por ciento (10 %) de las ventas o ingresos brutos del sancionado.

De conformidad con el artículo 49 del TUO del DL 1034, la Comisión y el Tribunal del Indecopi pueden imponer medidas correctivas para combatir los cárteles, para prevenir o revertir la realización conductas infractoras al régimen de libre competencia y así mismo revertir sus respectivos efectos anticompetitivos en el mercado. Las medidas correctivas en esta jurisdicción son de dos (2) tipos:

Medida correctiva de restablecimiento del proceso competitivo o prevención de la comisión de conductas anticompetitivas: estos son los "mandatos dirigidos a prevenir la continuación o repetición de la conducta infractora". El DL 1034 señala de manera no taxativa en su artículo 46.1 las siguientes medidas correctivas que se encuentran dentro de este primer tipo: (i) "el cese o la realización de actividades, inclusive bajo determinadas condiciones", (ii) la obligación de contratar, inclusive bajo determinadas condiciones", (iii)

	la inoponibilidad de las cláusulas o disposiciones anticompetitivas de actos jurídicos, (iv) "el acceso a una asociación u organización de intermediación" y (v) "el desarrollo de programas de capacitación y de eliminación de riesgos de incumplimiento de la normativa sobre libre competencia". Medida correctiva de restitución: estos son los "mandatos dirigidos a revertir los efectos lesivos de la conducta infractora". De conformidad con el artículo 51 del TUO del DL 1034 el ordenamiento jurídico peruano prevé la hipótesis de incumplimiento de las medidas correctivas ya mencionadas, por lo cual en caso de su incumplimiento se impondrá una multa del veinticinco por ciento (25 %) de la multa impuesta por infracción al régimen de libre competencia. Adicionalmente en caso de que persista el incumplimiento de la medida correctiva, la autoridad impondrá una nueva multa duplicando sucesivamente el monto de la última multa correctiva impuesta hasta que suceda una de dos cosas; se cumpla la medida correctiva ordenada, o se llegue al límite de dieciséis (16) veces el monto de la multa coercitiva originalmente impuesta.
Chile	La capacidad del Tribunal de Defensa de la Libre Competencia para imponer sanciones por prácticas Restrictivas de la Competencia en Chile se despende del artículo 5 del Decreto Ley 211 de 1973: Decreto Ley 211 de 1973 Artículo 5°.- El Tribunal de Defensa de la Libre Competencia es un órgano jurisdiccional especial e independiente, sujeto a la superintendencia directiva, correccional y económica de la Corte Suprema, cuya función será prevenir, corregir y sancionar los atentados a la libre competencia. En lo que concierne a las multas que el Tribunal puede imponer, el articulo 26 literal c) del DL 211 de 1973 establece dos clases de multas: la primera se basa en las ventas del infractor o alternativamente en el beneficio económico obtenido con la práctica restrictiva; y la segunda, en caso de que no sea posible determinar estos parámetros, el Tribunal puede aplicar la multa con base en un tope de sanción, expresado en unidades tributarias. Estas multas pueden ser impuestas tanto a las personas jurídicas como a las personas naturales que sean sus directores, administradores o que intervengan en la realización de la conducta anticompetitiva: Decreto Ley 211 de 1973 Artículo 26. [...] c) Aplicar multas a beneficio fiscal hasta por una suma equivalente al treinta por ciento de las ventas del infractor correspondientes a la línea de productos o servicios asociada a la infracción durante el período por el cual ésta se haya extendido o hasta el doble del beneficio económico reportado por la infracción. En el evento de que no sea posible determinar las ventas ni el beneficio económico obtenido por el infractor, el Tribunal podrá aplicar multas hasta

por una suma equivalente a sesenta mil unidades tributarias anuales.

Las multas podrán ser impuestas a la persona jurídica correspondiente, a sus directores, administradores y a toda persona que haya intervenido en la realización del acto respectivo.

Con base en la norma transcrita, podemos sacar la siguiente conclusión respecto de la capacidad sancionadora de la autoridad de competencia:

a. El tope máximo para la multa por prácticas restrictivas de la libre competencia es de sesenta mil (60.000) Unidades Tributarias Anuales. En mayo del 2022 la UIT era de seiscientos ochenta y un mil cuatrocientos cuarenta y cuatro pesos chilenos (CLP 681.444), por lo cual la multa máxima a imponer es de aproximadamente cuarenta mil ochocientos ochenta y seis millones seiscientos cuarenta mil pesos chilenos (CLP 40.886.640.000)). A 3 de mayo de 2022 la tasa de cambio Peso Chileno-Dólar era de ochocientos cincuenta y tres con cincuenta y cinco pesos chilenos por dólar (853,55) por dólar, en consecuencia la multa máxima equivale a aproximadamente cuarenta y siete millones novecientos un mil ochocientos sesenta y ocho dólares (USD 47.901.868).

b. En relación con la responsabilidad respecto del pago de las multas, la legislación chilena establece dos reglas importantes: (i) las multas que se impongan a las personas naturales no pueden ser pagadas por las personas jurídicas a las cuales se encuentran vinculadas, ni por los socios de estas, ni por otras empresas que pertenecen al mismo grupo empresarial y (ii) las personas naturales vinculadas a las empresas infractoras y aquellas que se beneficien de las prácticas restrictivas de la competencia, son solidariamente responsables por las multas que se les imponen a las personas jurídicas.

Decreto Ley 211 de 1973

Artículo 26.

[...]

(...) Las multas aplicadas a personas naturales no podrán pagarse por la persona jurídica en la que ejercieron funciones ni por los accionistas o socios de la misma. Asimismo, tampoco podrán ser pagadas por cualquiera otra entidad perteneciente al mismo grupo empresarial en los términos señalados por el artículo 96 de la ley N°18.045, de Mercado de Valores, ni por los accionistas o socios de estas.

En el caso de las multas aplicadas a *personas jurídicas*, responderán solidariamente del pago de las mismas sus directores, administradores y aquellas personas que se hayan beneficiado del acto respectivo, siempre que hubieren participado en la realización del mismo.

c. Adicionalmente, en virtud del artículo 26 del DL 211 en Chile el Tribunal cuenta con una serie de medidas adicionales para la represión de conductas anticompetitivas:

La modificación o poner término a los actos, contratos, convenios, sistemas o acuerdos que sean contrarios a la libre competencia.

La modificación o disolución de las sociedades, corporaciones y demás personas jurídicas de derecho privado que hubieren intervenido en los actos, contratos, convenios, sistemas o acuerdos contrarios a la libre competencia.

La prohibición de contratar con el Estado y de que se le adjudique al infractor cualquier concesión otorgada por el Estado, hasta por un plazo de cinco (5) años.

d. Por último, el artículo 26 del DL 211 de 1973 establece que las sanciones mencionadas se imponen sin perjuicio de las sanciones penales y la indemnización de los perjuicios:

Decreto Ley 211 de 1973

Artículo 26.

[...]

La aplicación de las sanciones previstas en este artículo será compatible con aquellas de carácter penal establecidas en la presente ley y con la determinación de la indemnización de perjuicios que prevé el artículo 30.

México	La capacidad de la Comisión Federal de Competencia Económica para imponer sanciones por prácticas Restrictivas de la Competencia en Chile se despende del artículo 12 de la Ley Federal de Competencia Económica: Artículo 12. La Comisión tendrá las siguientes atribuciones: I. Garantizar la libre concurrencia y competencia económica; prevenir, investigar y combatir los monopolios, las prácticas monopólicas, las concentraciones y demás restricciones al funcionamiento eficiente de los mercados, e imponer las sanciones derivadas de dichas conductas, en los términos de esta Ley; En lo que concierne a las multas que la Comisión puede imponer, el artículo 127 de la Ley Federal de Competencia económica recoge la totalidad de las sanciones, incluyendo las multas. La Ley Federal de Competencia Económica establece multas por la infracción de las normas sobre prácticas monopólicas y sobre concentraciones empresariales. De conformidad con los numerales IV y V del artículo 127 de la Ley Federal de Competencia Económica, las multas que puede imponer la Comisión a los Agentes del Mercado por una práctica monopólica dependen si es absoluta o relativa: Ley Federal de Competencia Económica rtículo 127. La Comisión podrá aplicar las siguientes sanciones: [...]

IV. Multa hasta por el equivalente al diez por ciento de los ingresos del Agente Económico, por haber incurrido en una *práctica monopólica absoluta*, con independencia de la responsabilidad civil y penal en que se incurra;

AV. Multa hasta por el equivalente al ocho por ciento de los ingresos del Agente Económico, por haber incurrido en una *práctica monopólica relativa*, con independencia de la responsabilidad civil en que se incurra;

[...]

Para las personas naturales que realicen prácticas monopólicas el numeral X del artículo 127 de la Ley Federal de Competencia Económica permite a la comisión podrá imponer una multa de hasta doscientas mil (200.000) veces el salario mínimo general diario vigente para el Distrito Federal.

Para quienes hayan coadyuvado, propiciado o inducido en la comisión de cualquier conducta contraria a la competencia el numeral XI del artículo 127 de la Ley Federal de Competencia Económica prevé una multa de hasta ciento ochenta mil (180.000) veces el salario mínimo general diario vigente para el Distrito Federal.

Sumado a estas multas la Comisión podrá, en virtud del literal I del artículo 127 de la Ley Federal de Competencia Económica, ordenar la corrección o supresión de la práctica monopólica.

Así mismo, los numerales VII, VIII, IX del artículo 127 de la Ley Federal de Competencia Económica, permite que se impongan multas por: (i) concentraciones ilícitas, (ii) la no notificación de la concentración, (iii) incumplimiento de las confiones fijadas en la resolución de concentración y (iv) los actos de fedatarios públicos relativos a una concentración no autorizada:

Ley Federal de Competencia Económica

Artículo 127. La Comisión podrá aplicar las siguientes sanciones:

[...]

VII. Multa hasta por el equivalente al ocho por ciento de los ingresos del Agente Económico, por haber incurrido en una concentración ilícita en términos de esta Ley, con independencia de la responsabilidad civil en que se incurra;

VIII. Multa de cinco mil salarios mínimos y hasta por el equivalente al cinco por ciento de los ingresos del Agente Económico, por no haber notificado la concentración cuando legalmente debió hacerse;

IX. Multa hasta por el equivalente al diez por ciento de los ingresos del Agente Económico, por haber incumplido con las condiciones fijadas en la resolución de una concentración, sin perjuicio de ordenar la desconcentración;

[...]

XIII. Multas hasta por el equivalente a ciento ochenta mil veces el salario mínimo general diario vigente para el Distrito Federal, a los fedatarios públicos que intervengan en los actos relativos a una concentración cuando no hubiera sido autorizada por la Comisión.

Ahora bien, en los casos en donde la Comisión ordene: (i) la corrección o suspensión de la práctica monopólica o concentración ilícita, (ii) la desconcentración parcial o total de una concentración ilícita, la terminación del control o la suspensión de los actos o (iii) la resolución mediante cual se decretan las medidas para restaurar el proceso de libre concurrencia y de competencia económica, el infractor estará sujeto a una multa adicional consagrada en el literal XII del artículo 127 de la Ley Federal de Competencia Economía.

Ley Federal de Competencia Económica

Artículo 127. La Comisión podrá aplicar las siguientes sanciones:

[...]

XII. Multa hasta por el equivalente al ocho por ciento de los ingresos del agente económico, por haber incumplido la resolución emitida en términos del artículo 101 de esta Ley o en las fracciones I y II de este artículo. Lo anterior con independencia de la responsabilidad penal en que se incurra, para lo cual la Comisión deberá denunciar tal circunstancia al Ministerio Público.

Para el caso de las concentraciones ilícitas la comisión podrá sancionarlas además que con la multa con la (i) corrección o suspensión de la concentración ilícita, (ii) la desconcentración parcial o total de la concentración ilícita y (iii) la terminación del control o la supresión de los actos, de la concentración ilícita.

Una particularidad de esta jurisdicción es la imposición de una multa independiente por el comportamiento procesal del investigado, respecto de; (i) la veracidad de la información que aporta en el marco del proceso y (ii) el cumplimiento o no de la orden cautelar:

Ley Federal de Competencia económica

Artículo 127. La Comisión podrá aplicar las siguientes sanciones:

[...]

III. Multa hasta por el equivalente a ciento setenta y cinco mil veces el salario mínimo general diario vigente para el Distrito Federal, por haber declarado falsamente o entregado información falsa a la Comisión, con independencia de la responsabilidad penal en que se incurra;

[...]

XV. Multa hasta por el equivalente al diez por ciento de los ingresos del Agente Económico, por incumplir la orden cautelar a la que se refiere esta Ley.

Por último, la ley prevé una multa para los Agentes Económicos que controlen un insumo esencial. Ellos serán multados si incumplen la regulación específica prevista para este insumo. Esta multa se extiende a quienes no eliminen la barrera de la competencia.

Ley Federal de Competencia económica

Artículo 127. La Comisión podrá aplicar las siguientes sanciones:

(...)

XIV. Multa hasta por el equivalente al diez por ciento de los ingresos del Agente Económico que controle un insumo esencial, por incumplir la regulación establecida con respecto al mismo y a quien no obedezca la orden de eliminar una barrera a la competencia,

En este caso la Comisión también podrá ordenar medidas para regular el acceso a estos insumos bajo el control de uno o varios Agentes Económicos.

Al igual que como ocurre en otras legislaciones, la reincidencia en la conducta conlleva una agravación de la multa:

Ley Federal de Competencia Económica

Artículo 127. La Comisión podrá aplicar las siguientes sanciones:

(...)

En caso de reincidencia, se podrá imponer una multa hasta por el doble de la que se hubiera determinado por la Comisión.

Se considerará reincidente al que:

a) Habiendo incurrido en una infracción que haya sido sancionada, realice otra conducta prohibida por esta Ley, independientemente de su mismo tipo o naturaleza;

b) Al inicio del segundo o ulterior procedimiento exista resolución previa que haya causado estado;

c) Que entre el inicio del procedimiento y la resolución que haya causado estado no hayan transcurrido más de diez años.

Adicionalmente, para aquellas hipótesis de reincidencia la Comisión sancionarla con la desincorporación o enajenación de activos, derechos, partes sociales o acciones de los reincidentes.

Teniendo en cuenta que de conformidad con el párrafo primero del artículo 127 de la Ley Federal de Competencia Económica la multa se calcula en base a los ingresos acumulables para efectos el impuesto sobre la renta, la Ley Federal de Competencia económica prevé en el artículo 128 unos montos alternativos a imponerse para los diferentes literales del artículo 127:

Ley Federal de Competencia Económica.

Artículo 128.

En el caso de aquellos Agentes Económicos que, por cualquier causa, no declaren o no se les hayan determinado ingresos acumulables para efectos del Impuesto Sobre la Renta, se les aplicarán las multas siguientes:

i. Multa hasta por el equivalente a un millón quinientas mil veces el salario

	mínimo general diario vigente para el Distrito Federal, para las infracciones a que se refieren las fracciones IV, IX, XIV y XV del artículo 127 de la Ley;
	ii. Multa hasta por el equivalente de novecientas mil veces el salario mínimo general diario vigente para el Distrito Federal, para las infracciones a que se refieren las fracciones V, VII y XII del artículo 127 de la Ley, y
	iii. Multa hasta por el equivalente a cuatrocientas mil veces el salario mínimo general diario vigente para el Distrito Federal, para la infracción a que se refiere la fracción VIII del artículo 127 de la Ley.

La anterior tabla demuestra que la capacidad de sanción que la nueva Ley 2195 de 2022 le dio a la Superintendencia de Industria y Comercio de Colombia, supera de lejos a la otorgada a las autoridades de competencia de los otros países comparados. Esto resulta preocupante, en la medida en la cual la autoridad de Colombia continúa sin expedir una guía de sanciones que permita a las empresas dimensionar la cuantía de las potenciales sanciones.

1.2 Los objetivos principales de la aplicación de las sanciones

Como ya lo advertimos, el principal objetivo de las sanciones es la disuasión de los potenciales infractores respecto de la realización de las prácticas restrictivas de la competencia.[396]. Algunas autoridades de competencia manifiestan de manera expresa ese objetivo.[397] Por ejemplo, en la Unión Europea, encontramos una descripción de lo que esa autoridad entiende por el "efecto disuasorio específico" y por el "efecto disuasorio general", al momento de imponer multas en casos particulares:

> *"Comisión Europea. Directrices para el cálculo de las multas, Considerando 4:* La Comisión debe velar por el carácter disuasorio de su actuación. Por lo tanto, cuando la Comisión constata una infracción de las disposiciones de los artículos [101 o 102] del Tratado, puede ser necesario imponer una multa a los que han vulnerado las normas jurídicas. *Procede fijar las multas en un nivel suficientemente disuasorio, no sólo para sancionar a las empresas en cuestión (efecto disuasorio específico), sino también para disuadir a otras*

---

[396]   Wils, W. P. J., "Optimal antitrust fines: Theory and practice", *World Competition*, 29(2), (2006), 1–32.

[397]   Lee, H. "Antitrust fines in the era of globalization", en OECD, *Global Forum on Competition, Sanctions in antitrust cases* (2016).

empresas de adoptar o mantener conductas contrarias a los artículos [101 o 102] del Tratado(efecto disuasorio general) (cursivas propias)".[398]

Como se puede observar, la Comisión Europea no solamente se preocupa por castigar los comportamientos ya ocurridos, sino que también busca influenciar hacia el futuro los comportamientos de agentes económicos que participan en el mercado.

La autoridad de competencia de Alemania, la Oficina Federal de Cárteles o *Bundeskartellamt,* incluye en sus guías un principio similar al utilizado por la Unión Europea, de acuerdo con el cual la sanción tiene que ser adecuada a las circunstancias de la infracción y del agente económico que desarrolla la conducta ilegal, por lo cual se justifica que la sanción cumpla efectos de disuasión general y especial[399]. En un sentido práctico, señalan las guías que para efectos de disuasión puede ser conveniente aplicar una multa que exceda varias veces las ganancias obtenidas y el potencial daño ocasionado por la conducta ilegal. Así mismo, señala que entre más grande sea el agente económico, su sensibilidad frente a la multa será menor[400].

Es importante mencionar en Latinoamérica el caso de Chile, país en el cual el legislador ha demostrado interés en desarrollar un sistema sancionatorio moderno y óptimo[401]. Es así como en el año 2016 se expidió la Ley 20.945, por medio de la cual se modificó la ley de competencia de Chile, contenida en el Decreto Ley 211 de 1973. En esa oportunidad se modificaron los montos máximos de las multas y los criterios que deben ser considerados para su cómputo[402]. En relación con el punto que es-

---

[398] Directrices para el cálculo de las multas impuestas en aplicación del artículo 23, apartado 2, letra a), del Reglamento (CE) no 1/2003. 2006/C 210/02).

[399] Bundeskartellamt, "Guidelines for setting of fines in cartel administrative offence proceedings" (2013), 1–4.

[400] Bundeskartellamt, "Guidelines for setting of fines in cartel administrative offence proceedings" (2013), 1–4.

[401] Para una revisión de la historia del derecho de la competencia en Chile, Vid. Patricio Bernedo, *Historia de la libre competencia en Chile 1959-2010* (2013). http://www. fne.gob.cl/wp-content/uploads/2013/11/Historia_libre_competencia.pdf

[402] El Decreto Ley N° 211 se publicó en el *Diario Oficial* Edición N° 28.733 de fecha 22 de diciembre de 1973 y su versión refundida, sistematizada y coordinada fue fijada por el Decreto Supremo N° 511 del Ministerio de Economía, Fomento y Reconstrucción de 27 de octubre de 1980. Ha sido modificado por las leyes: No. 18.118, de 22 de mayo de 1982; N° 19.336, de 29 de septiembre de 1994; No. 19.610, de 19 de mayo de 1999; No. 19.806, de 31 de mayo de 2002; No. 19.911,

tamos analizando se destaca la modificación del artículo 26 del Decreto
Ley 211 de 1973, con el objeto de señalar, entre los criterios a tener en
cuenta a la hora de imponer multas, el efecto disuasorio que debe tener
la sanción:

> *"Ley 20.945, Reemplazase su párrafo segundo [del Artículo 26]* "Para la deter-
> minación de las multas se considerarán, entre otras, las siguientes circunstan-
> cias: el beneficio económico obtenido con motivo de la infracción, en caso
> que lo hubiese; la gravedad de la conducta, *el efecto disuasivo*, la calidad de
> reincidente por haber sido condenado previamente por infracciones anticom-
> petitivas durante los últimos diez años, la capacidad económica del infrac-
> tor y la colaboración que este haya prestado a la Fiscalía antes o durante la
> investigación(cursivas propias)".

La FNE lleva algunos años adelantado un proceso de indagación respecto de la capacidad sancionatoria y los efectos de las multas para el sistema
de libre competencia[403]. En su momento la FNE adelantó una consulta
pública para evaluar la Guía Interna para Solicitudes de Multa[404]. Estas
directrices manifiestan la necesidad de que las multas sean consideradas
como una herramienta disuasoria de la realización de prácticas restrictivas
de la competencia.[405] Este procedimiento fue un éxito y en agosto de 2019
se publicó el documento definitivo que contiene la "*Guía Interna para Solicitudes de Multa de la Fiscalía Nacional Económica*".

En este sentido vale la pena anotar que el hecho de que una autoridad
de competencia como la chilena se preocupe por expedir guías de sanción
(que hasta la fecha pocos países latinoamericanos han expedido), con el
fin de explicarle a los agentes económicos la forma en que se aplica el régimen sancionatorio, contribuye de manera importante con el objetivo de
disuasión general, así como con el debido proceso y el derecho de defensa,
de los cuales nos hablan las guías de la Unión Europea.

---

de 14 de noviembre de 2003; No. 20.088 de 5 de enero de 2006; y No. 20.945, que
"Perfecciona el Sistema de Defensa de la Libre Competencia", de 30 de agosto de
2016.

[403]   Lianos, et al., "An optimal and just financial penalties system for infringements of
competition law: A comparative analysis", *CLES Research paper series*, (UCL Faculty
of Laws, 2014), Series 3.

[404]   Fiscalía Nacional Económica, "Sanciones justas y óptimas para las infracciones a la
libre competencia", *Minuta Día de la Competencia* (2014).

[405]   Fiscalía Nacional Económica, "Sanciones justas y óptimas para las infracciones a la
libre competencia", *Minuta Día de la Competencia* (2014).

Tabla 25. Guías de sanciones

País	Tabla de guías de sanciones y multas de las autoridades de competencia en Colombia, Perú, Chile y México
Colombia	En Colombia, la autoridad de competencia, la Superintendencia de Industria y Comercio, no cuenta con una Guía de Sanciones y multas.
Perú	En Perú, el Indecopi cuenta con una *Propuesta metodología para el cálculo de multas en el Indecopi*. Este documento de trabajo fue expedido en mayo de 2020. Con base en esta guía, de manera general, el método que se propone para calcular la multa se ajusta a tres pasos, los cuales se ven reflejados en la siguiente tabla: Con base en este análisis, el documento propone tres métodos alternativos para calcular la multa, estos son (i) el método basado en valores prestablecidos, (ii) el método basado en un porcentaje de las ventas del producto o servicio afectado o (iii) el método *ad hoc*.
Chile	Chile tiene la *Guía interna para solicitudes de multa de la Fiscalía Nacional Económica*. La estructura de esta guía puede verse reflejada en la siguiente tabla, puesto que la misma consagra una metodología sugerida para determinar la multa a solicitar al TDLC, sin perjuicio de obedecer, en todo caso, los criterios jurisprudenciales del TDLC y la Corte Suprema:

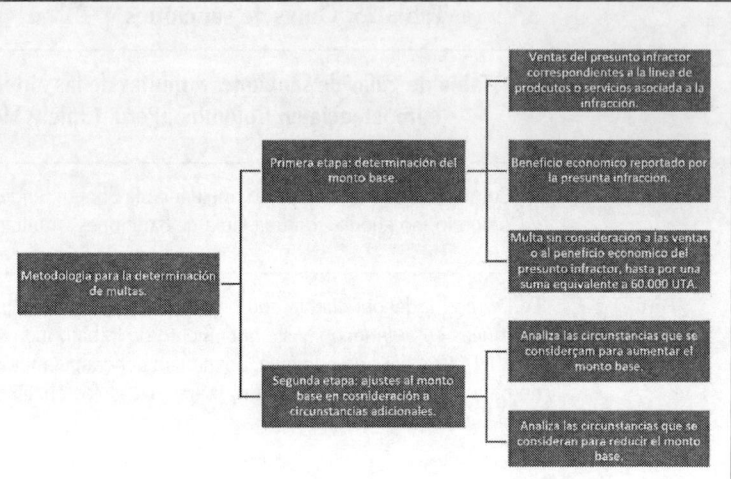

En esta tabla podemos ver como en Chile la autoridad de competencia en una primera etapa busca determinar el monto base de la multa a solicitar. Así mismo, en un segundo momento, la FNE realizará la graduación o ajuste de la sanción con base en determinados presupuestos y criterios que determinen si se aumenta o reduce el monto de la multa.

La guía materializa en esta primera etapa en lo previsto en el artículo 26 literal c del DL. 211 de 1973. Esta norma permite que la autoridad de competencia determine el monto base de la multa de manera alternativa entre tres criterios: (i) respecto de las ventas del presunto infractor correspondientes a la línea de productos o servicios asociada a la infracción; (ii) respecto del beneficio económico reportado por la presunta infracción y (iii) en los casos en los cuales no es posible determinar las ventas ni el beneficio obtenido por el infractor, se impondrá una multa fija de hasta 60.000 UTA (es decir, unos 48 millones de dólares). Una vez se haga este análisis, se revisarán los supuestos comunes a estos tres criterios con base en los cuales se hace la graduación del monto base.

En la segunda etapa, la guía presenta los diferentes criterios con base en los cuales el articulo 26 literal c del DL 211 de 1973 permite se haga la graduación de la misma, ya sea atenuándola o incrementándola, dependiendo de las situaciones que se presenten en el caso en concreto.

México	En México, la autoridad de competencia, la Comisión Federal de Competencia Económica, no cuenta con una Guía de Sanciones y/o multas, aunque si cuenta con un documento denominado *Infracciones a la Ley Federal de Competencia Económica y procedimiento administrativo Sancionador*, en el cual se analizan de manera general los aspectos más relevantes sobre sanciones y multas en materia de violación al régimen de protección al derecho de la competencia.

En Colombia, el artículo 6 de la Ley 1340 de 2009 establece que la SIC es la autoridad nacional de competencia, a la cual se le confiere una capacidad exclusiva y excluyente para adelantar las investigaciones administrativas por la presunta realización de prácticas restrictivas de la competencia y de las conductas de competencia desleal en todos los sectores de la economía. Como lo indicamos anteriormente, el monto de las sanciones que la SIC podía imponer antes de la Ley 1340 de 2009 era muy bajo, pero la mencionada ley incrementó de manera notable (aproximadamente 48 veces) la facultad sancionadora de la SIC, razón por la cual a partir de esa época la autoridad ha venido imponiendo multas muy cuantiosas, que le han dado notoriedad a nivel nacional e internacional como una autoridad comprometida con la protección de los mercados y la competencia.

Aunque estas multas eran ya de por sí importantes, en el año 2022 se expidió la Ley 2195, por medio de la cual se modificó de manera integral el régimen de sanciones, las cuales ahora se establecen en tres etapas: en la primera se establece el tope de la multa, en la segunda, se aplican criterios de graduación; y en la tercera criterios de agravación. Esta reforma incrementó de manera exponencial la capacidad de sanción de la SIC, que es ahora una de las mayores de la región.[406]

Así mismo, la autoridad ha crecido y se ha fortalecido desde el punto de vista presupuestal, lo cual le permitió crear un "grupo élite anticolusión", con el fin de investigar de manera más efectiva los casos de colusión en la contratación pública, que es la única conducta en Colombia que comporta de manera expresa a la vez una infracción de carácter penal y también de competencia.

Ahora bien, desde una perspectiva global del control de las prácticas restrictivas de la competencia, resulta importante que el mayor número posible de jurisdicciones tenga leyes y autoridades de competencia efectivas; y que se incremente el valor de las multas y la intensidad de las demás sanciones, con el fin de evitar que las empresas infractoras escojan los países con un menor desarrollo del derecho de la competencia para realizar sus negocios, porque en esos países no corren el riesgo de ser sancionadas y pueden obtener los beneficios económicos de la realización de prácticas restrictivas, en perjuicio de los consumidores de ese país y posiblemente de otros que pueden llegar a ser afectados por la realización de sus conductas

---

[406] En la Tabla 24 de este documento se explica en detalle el funcionamiento de las tres etapas para la imposición de las sanciones, tanto de los agentes de mercado como de los facilitadores.

ilegales[407]. En este sentido, el efecto disuasorio de las multas va más allá de las fronteras de cada país, en un mundo cada vez más globalizado.

Para que las sanciones puedan cumplir con su objetivo disuasorio, se requiere que el régimen de competencia sea claro para los potenciales infractores, tanto en sus aspectos procedimentales como sustanciales, de tal manera que los agentes económicos puedan identificar con certeza, cuáles son las conductas prohibidas y la consecuencia probable de infringirlas, lo cual les permitirá desarrollar prácticas de mercado con bajo riesgo de atentar contra la libre competencia[408].

Otro aspecto que contribuye a que las sanciones impuestas tengan un carácter disuasorio es el reproche social que se puede vincular a la violación de las normas de competencia. El reproche social puede incidir de forma directa en el comportamiento de los administradores y directivos, como en la reputación de las marcas, lo cual contribuye a la prevención de comportamientos anticompetitivos[409].

Por último, el hecho de que existan multas significativas, permite que la autoridad se concentre en los asuntos o aspectos de la economía y del mercado que pueden afectar con mayor impacto en el bienestar de los consumidores y de la sociedad en su conjunto, por ejemplo, en los mercados relacionados con las compras públicas o con los proyectos de infraestructura[410].

1.3 Criterios para la graduación de las sanciones

Para cuantificar las sanciones que se deben imponer por la realización de las conductas anticompetitivas se deben tener en cuenta varios criterios, que en muchos casos se encuentran definidos en la ley o en guías de sanciones como las que han expedido el *DOJ* en los E. U. A., la U. E. y las expedidas por Chile. En la siguiente tabla se muestran los criterios de dosimetría sancionatoria en los cuatro (4) países objeto de comparación.

---

[407]   Lee, H., "Antitrust fines in the era of globalization", en OECD, *Global Forum on Competition, Sanctions in antitrust cases* (2016).

[408]   Erhrlich, I. & Posner, R. A., "An economic analysis of legal rulemaking", *The Journal of Legal Studies, 3*(1), (1974), 257–286.

[409]   Wills, W. P. J. Efficiency and Justice in European Antitrust Enforcement (Hart, 2008).

[410]   Wills, W. P. J. Efficiency and Justice in European Antitrust Enforcement (Hart, 2008).

Tabla 26. Criterios para la graduación de las sanciones

País	Criterios para la graduación de las sanciones en Colombia, Perú, Chile y México
Colombia	En el caso de Colombia, los criterios para la dosificación de las sanciones se encuentran definidos en los artículos 25 y 26 de la Ley 1340 de 2009, los cuales fueron modificados por la Ley 2195 de 2022, como se muestra en la Tabla 24 de este documento, titulada *Capacidad Sancionadora de las Autoridades de Competencia"* Como ya lo indicamos allí, el nuevo régimen de sanciones para los Agentes de Mercado en Colombia, se aplica en tres (3) etapas: i. Primera etapa: se establece el tope máximo de la sanción, para lo cual se tiene en cuenta el criterio que arroje la cifra mayor entre el veinte por ciento (20 %) de los ingresos operacionales de la empresa en el año anterior; el veinte por ciento (20 %) del patrimonio de la empresa en el año anterior; el equivalente a cien mil salarios mínimos mensuales (100.000 SMLMV) que equivalen a cien mil millones de pesos (COP 100.000'000.000) o a unos veinticinco millones de dólares (USD 25'000.000); el treinta por ciento (30 %) del valor del contrato estatal cuando la conducta esté relacionada con la contratación pública; o el trescientos por ciento (300 %) de la utilidad obtenida con la práctica restrictiva cuando sea posible calcularlo. Como se puede observar, la modificación introducida por la Ley 2195 de 2022 le otorga a la Superintendencia Colombiana una facultad sancionatoria que teóricamente es muy grande, posiblemente la mayor de Latinoamérica; y cuya aplicación requerirá de mucha madurez de parte la autoridad. ii. Segunda Etapa: se aplican los criterios de graduación de la sanción, los cuales se refieren a: La idoneidad que tenga la conducta para afectar el mercado o la afectación al mismo; la naturaleza del bien o servicio involucrado; el grado de participación del implicado; el tiempo de duración de la conducta; y la cuota de participación que tenga el infractor en su mercado; . iii. Tercera etapa: se aplican los criterios de agravación, cada uno de los cuales implica un incremento del diez por ciento (10 %) en el monto de la sanción. Dichos criterios son: Haber actuado como líder, instigador o promotor de la conducta anticompetitiva; la persistencia en la conducta anticompetitiva después de abierta la investigación; la reincidencia en la infracción de las normas de competencia o la existencia de antecedentes de infracciones al régimen de competencia o de incumplimiento de compromisos u órdenes de la autoridad; la conducta procesal del infractor tendiente a obstruir o dilatar el proceso, lo cual incluye la presentación de solicitudes manifiestamente improcedentes. Así mismo, el parágrafo 3° del artículo 25 de la Ley 1340 de 2009 también prevé la posibilidad de atenuación de la conducta, en caso de que el infractor acepte los cargos que se le han imputado. Esta causal de atenuación,

por obvias razones no puede ser aplicada si el infractor tiene la calidad de delator, ya que en este caso se aplican los beneficios del Programa de Delación.

En relación con el nuevo régimen de sanciones para los Facilitadores en Colombia, se aplica también en tres (3) etapas:

i. Primera etapa: en esta primera etapa se aplica el artículo 68 de la ley 2195 de 2022, el cual mantiene el tope máximo para la multa prevista en el artículo 26 de la ley 1340 de 2009 de hasta dos mil salarios mínimos legales mensuales vigentes (2.000 SMLMV) para los Facilitadores. Debe recordarse que el artículo 68 de la nueva ley también mantiene la prohibición para que el Agente de mercado pague o asegure de cualquier manera la multa impuesta al Facilitador, el cual deberá pagarla de su propio patrimonio. Ya existen algunos casos en los cuales la SIC ha adelantado investigaciones y ha impuesto sanciones a las empresas por incumplir esta norma[411].

En mayo de 2022 La tasa de Cambio Peso-Dólar era de COP $3.966,27 por un dólar. Por lo cual, multa máxima equivale aproximadamente a quinientos cuatro mil doscientos cincuenta y dos dólares (USD 504.252).

Vale la pena recordar que antes de la expedición de la Ley 1340 de 2009 y la Ley 2195 de 2022 la multa de las personas naturales era de trescientos salarios mínimos legales mensuales vigentes (300 SMLMV). En 2022 el salario mínimo era de un millón de pesos (COP 1.000.000), motivo por el cual si la norma seguía vigente la multa máxima a imponer sería de aproximadamente trescientos millones de pesos (COP 300.000.000).

Así mismo, en mayo de 2022 La tasa de Cambio Peso-Dólar era de COP 3.966,27 por un dólar, por lo cual la multa máxima equivalía a aproximadamente USD 75.637.

ii. Segunda Etapa: se aplican los criterios de graduación de la sanción, los cuales se refieren a: El grado de involucramiento del facilitador en la conducta del agente del mercado; la reincidencia o existencia de antecedentes en relación con infracciones al régimen de protección de la competencia o con incumplimiento de compromisos adquiridos o de órdenes de la autoridad de competencia; El patrimonio del facilitador.

iii. Tercera etapa: la nueva ley incluye unos criterios de agravación de la sanción para el Facilitador, que no estaban contemplados en la Ley 1340 del 2009. Al igual que en el caso de los Agentes de Mercado, cada una de las circunstancias de agravación, puede incrementar el valor de la sanción hasta en un diez por ciento (10%).

---

[411] Superinteendencia de Industria y Comercio (SIC). Resolución No. 7625 del 01 abril 2019 por la cual se resuelven unos recurrsos de reposición. Radicado. 18-89805.

	Estos criterios para agravar la multa son: (i) "Continuar facilitando la conducta infractora una vez iniciada la investigación"; (ii) "La reincidencia o existencia de antecedentes en relación con infracciones al régimen de protección de la competencia, o con el incumplimiento de compromisos adquiridos con la Autoridad de Competencia, o de las órdenes impartidas por esta" y (iii) "La conducta procesal del facilitador tendiente a obstruir o dilatar el trámite del proceso, incluyendo la presentación de solicitudes que sean evidentemente improcedentes".
Perú	En el caso de Perú, los criterios para la dosificación de las sanciones se encuentran definidos en el artículo 44 del TUO del Decreto Ley 1034 de 2008, con base en el cual se determina si la infracción se califica como leve, grave o muy grave. Así mismo como ya se mencionó la autoridad de competencia (el Indecopi) cuenta con una "propuesta metodológica para el cálculo de multas en el Indecopi".
	Decreto Ley 1034 de 2008.
	Artículo 44.- Criterios para determinar la gravedad de la infracción y graduar la multa.
	La Comisión tendrá en consideración para determinar la gravedad de la infracción y la aplicación de las multas correspondientes, entre otros, los siguientes criterios:
	(a) El beneficio ilícito esperado por la realización de la infracción;
	(b) La probabilidad de detección de la infracción:
	(c) La modalidad y el alcance de la restricción de la competencia;
	(d) La dimensión del mercado afectado;
	(e) La cuota de mercado del infractor;
	(f) El efecto de la restricción de la competencia sobre los competidores efectivos o
	potenciales, sobre otras partes en el proceso económico y sobre los consumidores;
	(g) La duración de la restricción de la competencia;
	(h) La reincidencia de las conductas prohibidas; o,
	(i) La actuación procesal de la parte.
	De conformidad con el artículo 44 los criterios que debe evaluar la consideración al momento de graduar la gravedad de la infracción y la aplicación de la multa no son taxativos, pues la norma contiene la expresión "entre otros". Es por esto que es de suma importancia analizar la "propuesta metodológica para el cálculo de multas en el Indecopi" para completar el análisis hasta aquí presentado. El Documento de Trabajo No. 01-2020/GEE presenta en esta jurisdicción un análisis de la utilización de los diferentes criterios para la

graduación de sanciones en las diferentes normas aplicables, el cual resulta muy ilustrativo para el análisis que hasta aquí hemos presentado:

CRITERIOS PARA LA GRADUACIÓN DE SANCIONES INDICADOS EN EL MARCO NORMATIVO DE CADA ÓRGANO RESOLUTIVO DEL INDECOPI

Criterio	CCD DL 1044	CCO Ley 27809	CEB Ley 27444	CEB DL 1256	CLC DL 1034	CLC Ley 26876	CPC Ley 29571	DDA DL 822	DIN DL 1075	DSD DL 1075	N° de veces citado
Beneficio ilícito	✓		✓		✓	✓	✓	✓	✓	✓	8
Reincidencia [1]	✓	✓	✓	✓	✓	✓			✓	✓	7
Probabilidad de detección	✓				✓		✓		✓	✓	5
Efecto sobre competidores, otros agentes y consumidores	✓				✓		✓		✓	✓	5
Intencionalidad de la conducta		✓	✓			✓			✓	✓	5
Modalidad y alcance de la conducta	✓				✓				✓	✓	4
Duración del acto infractor	✓				✓				✓	✓	4
Perjuicio económico causado [2]		✓	✓			✓		✓			4
Gravedad del daño ocasionado			✓	✓		✓					3
Otras circunstancias (no especificadas) [3]		✓					✓	✓			3
Actuación procesal de la parte					✓			✓			2
Dimensión del mercado afectado	✓				✓						2
Cuota de mercado del infractor	✓				✓						2
Circunstancias de la comisión de la infracción			✓			✓					2
Continuidad de la comisión de la infracción				✓							1
Naturaleza del perjuicio causado o grado de afectación [6]							✓				1
Gravedad del acto ilícito								✓			1

Fuente: Documento de Trabajo: No. 01-2020/GEE. *"Propuesta metodológica para el cálculo de multas en el Indecopi", Indecopi, Mayo 2020).*

Con base en este análisis preliminar, la autoridad de competencia identificó los principales criterios que la Comisión de Libre Competencia – CLC debe utilizar para la graduación de la multa de conformidad con lo previsto por el TUO del DL. 1034 de 2008. Estos son: (i) beneficio ilícito, (ii) reincidencia, (iii) probabilidad de detección, (iv) efecto sobre los competidores, otros agentes y consumidores, (v) Modalidad y alcance de la conducta, (vi) duración del acto infracto, (vii) actuación procesal de la parte y (viii) cuota de mercado del infractor. Con base en este conjunto de criterios, los cuales como se ve en la tabla fueron comparados con aquellos previstos para otros órganos del Indecopi, se realizó una revisión de la experiencia nacional e internacional en materia de multas y el marco metodológico para el cálculo de multas en el Indecopi. Como resultado de este análisis la propuesta metodológica de multas que se realizó es la siguiente.

PROPUESTA METODOLÓGICA PARA EL CÁLCULO DE MULTAS POR MATERIA Y ÓRGANO RESOLUTIVO

Materia	Órgano resolutivo	Método		
		Preestablecido	Porcentaje de las ventas del producto o servicio afectado	Ad hoc
Protección del Consumidor	OPS	✓	-	-
	CPC	✓	-	✓
Propiedad Intelectual	DDA	*	-	✓
	DSD	*	-	✓
	DIN	*	-	✓
Defensa de la competencia	CCD	✓	✓	-
	CLC	-	✓	-

Nota: ✓ = Aplica, * = aplica, pero una condición y estructura de la tabla distinta, - = no aplica.
Elaboración: Gerencia de Estudios Económicos del Indecopi.

Fuente: Documento de Trabajo: No. 01-2020/GEE. *"propuesta metodológica para el cálculo de multas en el Indecopi", Indecopi, Mayo 2020).*

Como se puede observar, en el caso de la Defensa de la Competencia el método que se utiliza es el denominado "método basado en un porcentaje de las ventas del producto o servicio afectado". Según el documento mencionado, la multa se calcula de la siguiente manera:

[...] la multa base resulta ser un porcentaje, (α), de las ventas del producto o servicio específico durante todo el período de la infracción (V);50 ajustado por el factor de disuasión (g) (equivalente a la inversa de la probabilidad de detección). De este modo, la multa preliminar, (M), se obtiene multiplicando la multa base por el factor F asociado a las circunstancias agravantes y atenuantes,51 conforme a la expresión II.1.

(II.1) $M = \alpha \times V \times g \times F$.[412]

---

[412] Instituto Nacional de Defensa de la Competencia y de la Protección de la Propiedad Intelectual, Documento de Trabajo: No. 01-2020/GEE, "Propuesta metodológica para el cálculo de multas en el Indecopi", (Indecopi, mayo 2020).

Chile	En el caso de Chile, los criterios para la dosificación de las sanciones se encuentran definidos en el artículo 26 del Decreto Ley 211 de 1973. Así mismo como ya se mencionó la autoridad de competencia, la Fiscalía Nacional Económica cuenta con una *Guía interna para Solicitudes de Multa de la Fiscalía Nacional Económica*.
	En lo que concierne al marco normativo, el artículo 26 del DL 211 provee que para la graduación de la sanción la autoridad de competencia cuenta con los siguientes criterios, no taxativos, pues la norma al enunciarlos usa la expresión "entre otros": (i) beneficio económico obtenido con motivo de la infracción, (ii) la gravedad de la conducta, (iii) efecto disuasivo, (iv) la calidad de reincidente de los últimos 10 años, (v) capacidad económica del infractor y (vi) la colaboración que se haya presentado a la FNE antes o durante la investigación:
	Decreto Ley 211 de 1973.
	Art. 26 Criterios de graduación
	[...]
	Para la determinación de las multas se considerarán, entre otras, las siguientes circunstancias:
	El beneficio económico obtenido con motivo de la infracción, en caso de que lo hubiese; la gravedad de la conducta, el efecto disuasivo, la calidad de reincidente por haber sido condenado previamente por infracciones anticompetitivas durante los últimos diez años, la capacidad económica del infractor y la colaboración que éste haya prestado a la Fiscalía antes o durante la investigación;"
	Con el fin de dar desarrollo al artículo 26 del DL 211 de 1973 la FNE implementó un método para la determinación de las multas de dos etapas:
	[...] (1) una primera etapa consistente en la determinación de un monto ("monto base") y (2) una segunda etapa de ajuste en consideración a determinados presupuestos legales, en virtud de los cuales pueda ser necesario reducir o aumentar el referido Monto Base, de lo que resultará, en definitiva, el monto que constituirá la multa cuya imposición se solicitará al TDLC y la Corte Suprema, según corresponda, atendidas sus competencias.[413]
	En desarrollo de la segunda etapa, se puede realizar la graduación de la sanción en el sentido de atenuarla o agravarla, para lo cual la guía utiliza los siguientes criterios:

---

[413]   Fiscalía Nacional Económica, *Guía interna para solicitudes de multa de la Fiscalía Nacional Económica* (2019). https://www.fne.gob.cl/wp-content/uploads/2019/08/Gu%C3%ADa-de-multas.pdf

Criterios para agravar la sanción:

Guía interna para Solicitudes de Multa de la Fiscalía Nacional Económica:

a) Si el infractor es el organizador o instigador de la conducta 14 ,o presionó, o ejecutó medidas de sanción o castigo en contra de otro agente económico para hacer efectivas las prácticas que constituyen la infracción;

b) El grado de poder de mercado del agente involucrado en la conducta. En caso de que la conducta involucre a dos o más infractores, podrá estimarse el grado de poder de mercado que éstos alcancen de manera conjunta;

c) Que la conducta afecte bienes o servicios especialmente sensibles para la población, o de consumo masivo o primera necesidad, o se trate de bienes o servicios con baja o nula sustituibilidad;

d) Si el hecho fue organizado, coordinado, celebrado, ejecutado o monitoreado con la participación de una asociación o entidad que reúne a competidores, o en el marco de actividades o reuniones relacionadas a la referida asociación o entidad;

e) La participación de directores, administradores o ejecutivos relevantes del agente económico en la ejecución de la conducta, o bien la intervención de personas que, en los hechos, actúen en el ejercicio de atribuciones propias de directores, administradores o ejecutivos relevantes;

f) Actuar secreto o subrepticio del infractor, en términos que haya tenido por objeto prevenir su detección por parte de las autoridades en materia de libre competencia;

g) Existencia de antecedentes que revelen que el infractor tuvo o debió tener conocimiento de la ilicitud de su actuar;

h) Existencia de antecedentes que revelen que el infractor intentó ocultar o alterar evidencia relevante de la conducta;

i) Que la conducta afecte o restrinja la innovación, en mercados donde el bienestar de los consumidores dependa fundamentalmente de ésta; y,

j) Comportamiento injustificado del requerido que haya entorpecido, o perseguido entorpecer, la investigación de la FNE, ya sea negándose a entregar antecedentes durante la investigación, infringiendo los límites de tiempo impuestos para su entrega o, de cualquier manera, dilatando o dificultando la actuación de la Fiscalía, sin perjuicio de las medidas de apremio que correspondan de acuerdo al artículo 42. En aquellos casos en que el presunto infractor haya sido objeto de una multa de conformidad al artículo 39 letras h) y/o j) según el procedimiento establecido en el artículo 39 ter, no se considerarán los hechos que hubieren dado lugar a la imposición de dicha sanción para efectos de ponderar la procedencia de la circunstancia a la que se refiere esta letra.

Criterios para atenuar la sanción:

Guía interna para Solicitudes de Multa de la Fiscalía Nacional Económica:

a) Se entenderá que ha existido colaboración antes de la investigación si el potencial infractor aportó antecedentes en período de admisibilidad de una denuncia, siempre que corresponda a un aporte completo, veraz y conducente a la comprobación de una contravención al DL 211.

b) Se entenderá que ha existido colaboración durante la investigación en aquellos casos en que el potencial infractor, actuando de buena fe y de forma no oportunista, aporte antecedentes de manera completa, oportuna y veraz que representen una contribución sustancial al esclarecimiento de los hechos investigados por la FNE. No se entenderá que ha existido colaboración en estos términos por el mero cumplimiento formal de obligaciones legales, como son aquellas a que se refieren los literales h) y j) del artículo 39. La FNE reconocerá la colaboración del infractor especialmente en aquellos casos en que los antecedentes sean aportados sin previo requerimiento de la Fiscalía, o como resultado de la ejecución de un programa de cumplimiento que contemple la prevención de atentados contra la libre competencia y que haya sido implementado conforme a las directrices y lineamientos impartidos por la FNE 15, la jurisprudencia del TDLC y la Corte Suprema. Lo dispuesto en este párrafo no aplicará en aquellos casos en que la colaboración se entregue en el contexto de un programa de beneficios del artículo 39 bis.

[...]

El programa de cumplimiento.

[...]

Capacidad económica del infractor.

[...]

[...] circunstancias representativas de menor gravedad de la conducta, tales como:

a) El rol secundario del infractor, en términos que su participación en la conducta fue acotada en el ámbito temporal o geográfico, o por otras circunstancias su intervención amerita un menor reproche;

b) Si la conducta no produjo efectos significativos en el mercado;

c) Si se acredita que la conducta fue conocida y autorizada expresamente por alguna autoridad pública o por la regulación administrativa; y,

d) Si se acredita que la conducta fue dada a conocer al público por el infractor con anterioridad a la instrucción de una investigación por parte de la Fiscalía.

Vale la pena aclarar que, de conformidad con la Guía, en lo que concierne al programa de cumplimiento

[...] la circunstancia de que el presunto infractor haya demostrado durante la investigación contar con un programa de cumplimiento en materia de libre competencia, adoptado e implementado con anterioridad a la ejecución de

	la conducta objeto del requerimiento, podrá ser considerada como una circunstancia independiente para reducir el Monto Base[414].
	Para que esta hipótesis en específico pueda tener lugar se deben cumplir con los siguientes requisitos:
	Guía interna para Solicitudes de Multa de la Fiscalía Nacional Económica:
	a) Que de los antecedentes acompañados durante la investigación aparezca que se trata de un programa de cumplimiento serio y eficaz, conforme a las directrices y lineamientos de la FNE y de la jurisprudencia del TDLC y la Corte Suprema, de manera tal que represente un compromiso real de adecuar el comportamiento del agente económico a la normativa de libre competencia;
	b) Que las personas naturales presuntamente involucradas en la infracción por parte del agente económico en cuestión hayan sido hechas partícipes, en forma seria y real, del referido programa de cumplimiento; y,
	c) Que el programa contemple medidas preventivas específicas respecto de aquellos atentados a la libre competencia que son objeto del requerimiento.
México	En el caso de México, los criterios para la dosificación de las sanciones se encuentran definidos en el artículo 130 de la Ley Federal de Competencia Económica.
	Ley Federal de Competencia Económica.
	Artículo 130. Graduación.
	En la imposición de multas se deberán considerar los elementos para determinar la gravedad de la infracción, tales como el daño causado; los indicios de intencionalidad; la participación del infractor en los mercados; el tamaño del mercado afectado; la duración de la práctica o concentración; así como su capacidad económica; y en su caso, la afectación al ejercicio de las atribuciones de la Comisión.
	Lo que hace el artículo 130 de la Ley Federal de Competencia Económica es prever de manera no taxativa la graduación de las multas en esta jurisdicción, estableciendo como algunos de los criterios (i) el daño causado, (ii) los indicios de intencionalidad; (iii) la participación del infractor en los mercados; (iv) el tamaño del mercado afectado; (v) la duración de la práctica o concentración; (vi) su capacidad económica y (vii) la afectación al ejercicio de las atribuciones de la Comisión.

---

[414]　Fiscalía Nacional Económica, *Guía interna para solicitudes de multa de la Fiscalía Nacional Económica* (2019). https://www.fne.gob.cl/wp-content/uploads/2019/08/Gu%C3%ADa-de-multas.pdf

> Adicionalmente, en el artículo 127 de la Ley Federal de Competencia Económica se establece un criterio de agravación de la sanción por reincidencia en la realización de conductas anti competitivas.
>
> Ley Federal de Competencia económica.
>
> Artículo 127.
>
> [...]
>
> En caso de reincidencia, se podrá imponer una multa hasta por el doble de la que se hubiera determinado por la Comisión.
>
> Se considerará reincidente al que:
>
> a) Habiendo incurrido en una infracción que haya sido sancionada, realice otra conducta prohibida por esta Ley, independientemente de su mismo tipo o naturaleza;
>
> b) Al inicio del segundo o ulterior procedimiento exista resolución previa que haya causado estado, y
>
> c) Que entre el inicio del procedimiento y la resolución que haya causado estado no hayan transcurrido más de diez años.

Como se puede observar, algunos de los criterios mencionados se relacionan con el daño ocasionado a la sociedad, que es un daño muy diferente al que se le ocasiona a los consumidores o a los competidores de manera individual. La medición del daño ocasionado a la sociedad o al proceso competitivo en general es muy difícil, ya que no hay una teoría económica fuerte que permita realizar esta evaluación.

Como ya lo hemos explicado, en los países en los cuales prevalece la aplicación pública del derecho de la competencia, las normas son aplicadas por autoridades administrativas que no se pronuncian respecto de la indemnización de los perjuicios ocasionados por la infracción de las normas de competencia, razón por la cual no están obligadas a cuantificar el daño ocasionado por las prácticas restrictivas de la competencia. Sin embargo, aún en esta situación, que es la que prevalece en Latinoamérica, las autoridades de competencia realizan análisis de los efectos económicos de la conducta investigada, con el fin de determinar el monto de las sanciones, dentro de los rangos que establece la ley para el efecto.

Sin perjuicio de reconocer la importancia de que estos criterios se encuentren consagrados en la legislación, debemos realizar dos observaciones, que se explicarán a continuación: de un lado, la discrecionalidad en la imposición de la multa con atención a cualquiera de dichos criterios y, de otro lado, la importancia del factor patrimonial, con el fin de evitar las multas expropiatorias.

En el caso de Colombia, la SIC señala que los diferentes criterios reconocidos en la legislación para dosificar una sanción de libre competencia, tienen naturaleza discrecional, esto es, la facultad sancionadora no se encuentra limitada, en el sentido de la motivación del acto administrativo sancionatorio, para revisar todas las posibilidades de dosificación. Esta posición fue validada por la jurisprudencia del Consejo de Estado de Colombia, como se observa en el siguiente pronunciamiento sobre la dosificación de la sanción en materia administrativa:

> "[...] la dosificación no implica que en el acto administrativo se deba hacer un razonamiento expreso y especial para sustentar el quantum de la sanción, sino que ello puede estar dado en la valoración de la gravedad de los hechos, como en efecto se hace en la decisión aquí enjuiciada, de suerte que realizada esa ponderación se entiende que la Administración ha estimado que la sanción aplicada es la que ameritan los hechos, y pasa a ser de cargo del administrado demostrar que no lo es, es decir, que es desproporcionada a los mismos".[415]

En un sentido similar, la SIC en la Resolución 46654 de 2016, en el marco de un recurso de reposición sobre una resolución sancionatoria sobre paralelismo de precios, al examinar la naturaleza de la función sancionatoria de la SIC y el objetivo de las multas buscado por el legislador en el proyecto de ley que condujo a la expedición de la ley 1340 de 2009, señaló que las multas, como mecanismo de represión del infractor de la normativa de competencia, no deben resultar irrisorias frente a los potenciales beneficios que pueden obtenerse a través de las prácticas anticompetitivas, pues deben tener un efecto disuasorio y deben servir para enviarle un mensaje a la sociedad, con el fin de que los agentes económicos corrijan y autorregulen su comportamiento (Colombia, Congreso de la República, 2007, diciembre)[416].

---

[415]   Consejo de Estado, Sala de lo Contencioso Administrativo, Sección Primera. M.P. Rafael Ostau de Lafont Pianeta. Sentencia 20 de octubre de 2005. Radicación 68001-23-15-000-1997-02933-01 (7826).

[416]   Rama Legislativa del Poder Público, *Gaceta del Congreso*, No. 583, (16 de noviembre de 2007), 5: "El proyecto propone un aumento de la multa o sanción pecuniaria que va desde el 100% al 150% de la utilidad obtenida con la conducta y en los casos en que no pueda ser determinada la utilidad se propone una multa hasta de 100.000 salarios mínimos mensuales vigentes. Las modificaciones propuestas son considerables en términos del aumento de los valores y rangos, pero las con-

Es importante destacar, que, en Colombia, la Ley 2195 de 2022 modificó de manera importante los criterios de graduación de la multa

En relación con la graduación de la multa, una vez la SIC ha definido el tope máximo de la sanción, de conformidad con la mecánica descrita en la Tabla 24 de este documento, debe proceder a la graduación de la multa de conformidad con los criterios previstos en la ley para determinar el valor de la multa a imponer a un agente del mercado.

El régimen de la Ley 1340 de 2009 traía siete (7) criterios que se debían tener en cuenta al momento de graduar la multa. Dichos criterios eran los siguientes:

1. El impacto que la conducta tenga sobre el mercado.

2. La dimensión del mercado afectado.

3. El beneficio obtenido por el infractor con la conducta.

4. El grado de participación del implicado.

5. La conducta procesal de los investigados.

---

sidero suficientes y ajustadas a las dinámicas de los negocios que en la actualidad se desarrollan en nuestro país; es *conveniente resaltar la necesidad del establecimiento de potenciales multas que logren el efecto disuasivo para combatir las correspondientes conductas restrictivas de la competencia* [cursivas propias]". En un sentido similar, el superintendente de Industria y Comercio para la época (Pablo Felipe Robledo) señalaba en el 1° Congreso Internacional de Derecho Empresarial, Contable y de los Negocios de la Cámara de Comercio de Cartagena (3 de agosto de 2016), que "se deben aumentar las multas impuestas por violaciones al régimen de libre competencia económica en el país, que para su concepto, son mínimas y no reparan los daños causados por las empresas que cometen ese tipo de irregularidades. [...] la dimensión y el impacto sobre el mercado, el beneficio obtenido por el infractor, el grado de participación, la conducta procesal de los investigados, los activos y/o ventas involucradas y el patrimonio del cartelista son los criterios que se tienen en cuenta en la Entidad a la hora de imponer sanciones a las personas jurídicas. Sin embargo, no es conveniente tener un tope máximo de multas, que en el caso de las prácticas anticompetitivas actualmente es de 70 mil millones de pesos, lo que equivale a 100 mil salarios mínimos legales vigentes, porque es limitado y por eso dicho modelo se debe abolir como ya lo hicieron países de Europa que llevan años persiguiendo y combatiendo la cartelización. $70 mil millones puede ser mucho para unos pero poco para otros, lo mejor es que la multa sea proporcional al tamaño de la empresa infractora". Superintendencia de Industria y Comercio, Superindustria, reitera el llamado a aumentar las multas por cartelización empresarial. http://www.sic.gov.co/noticias/superindustria-reitera-llamado-a-aumentar-las-multas-por-cártelizacion-empresarial

6. La cuota de mercado de la empresa infractora, así como la parte de sus activos y/o de sus ventas involucrados en la infracción.

7. El Patrimonio del infractor.

La Ley 2195 de 2022 dejó solamente cinco criterios de graduación que son los siguientes:

1. La idoneidad que tenga la conducta para afectar el mercado o la afectación al mismo.

2. La naturaleza del bien o servicio involucrado.

3. El grado de participación del implicado.

4. El tiempo de duración de la conducta.

5. La cuota de participación que tenga el infractor en el mercado del infractor.

Como se puede observar, el único criterio de graduación que fue mantenido de manera idéntica en la Ley 2195 de 2022 es el del "grado de participación del implicado". A continuación se explican los cinco (5) criterios de graduación de la multa que existen en la actualidad:

(i) La idoneidad que tenga la conducta para afectar el mercado o la afectación al mismo: la Ley 1340 de 2009 establecía como criterio para graduar la multa "el impacto que la conducta tenga sobre el mercado". La Ley 2195 de 2022 cambió la palabra "impacto" por "afectación" e introdujo el adjetivo respecto de la "idoneidad" de la conducta para afectar el mercado. En relación con estos dos cambios tenemos los siguientes comentarios:

　○　En lo que respecta al cambio de "impacto" por "afectación", se considera que si bien las mencionadas palabras no son sinónimos perfectos, lo que la autoridad de competencia entrará a evaluar es el efecto que la conducta anticompetitiva *haya producido o pueda producir* en el mercado.

　○　De otro lado, el hecho de que la conducta sea "idónea para afectar el mercado" implica que la graduación de la multa va a tener en cuenta que la conducta sea a juicio de la autoridad, apta para afectar el mercado, aunque no necesariamente tiene que haberlo afectado, lo cual resulta consistente con los criterios subjetivo y ex ante de la normativa de competencia en Colombia. Sin embargo, es necesario que la autoridad desarrolle y aplique criterios razonables respecto de la idoneidad de la práctica investigada para afectar el mercado.

(ii) La naturaleza del bien o servicio involucrado: este criterio de graduación de la multa es nuevo y podría pensarse que tiene relación con el antiguo criterio previsto en la Ley 1340 del 2009 que se refería a "la dimensión del mercado". Sin embargo, existen diferencias entre ambos conceptos, ya que el criterio antiguo ("la dimensión del mercado"), es meramente cuantitativo, mientras que el análisis de "la naturaleza del bien o servicio involucrado" le permite a la autoridad de competencia estudiar la importancia del producto (bien o servicio) para la satisfacción de las necesidades de la población, con el fin de determinar si debe imponerse una mayor o menor multa.

   ° Este nuevo criterio es de suma importancia dado que los productos atienden diferentes necesidades, y en consecuencia pueden ser identificados por la autoridad de competencia como más o menos sensibles y aún esenciales para la sociedad, para la salud o para la vida de las personas. En efecto, la SIC podría establecer, por ejemplo, que es más grave y requiere una graduación más estricta de la multa, el que se afecte a través de una práctica restrictiva un producto de primera necesidad o un medicamento esencial para la vida de las personas, a que se afecte por ejemplo un producto suntuario o de lujo.

(iii) El grado de participación del implicado: este criterio de graduación fue el único que no sufrió modificación alguna respecto de lo dispuesto en la Ley 1340 de 2009, y consideramos acertado el haberlo mantenido, puesto que debe establecerse una multa diferente para quien organiza y es determinante en la realización de la práctica restrictiva, que para quien participa de manera tangencial o incidental en la misma. Un ejemplo posible sería el de un cártel de colusión en licitaciones u ofertas públicas en el cual una empresa incurre en colusión de manera permanente con otras a lo largo de varios años; mientras que otra participó solamente una vez en la colusión. La sanción no puede graduarse de manera similar para ambas empresas. A un mayor grado de participación en la conducta anti competitiva, debe corresponder una mayor sanción.

(iv) El tiempo de duración de la conducta: este criterio para graduar la multa es nuevo, ya que no se encontraba previsto en la legislación anterior. El racional de este criterio radica en que una conducta anti competitiva realizada por un tiempo mayor, afecta de manera más grave la libre competencia y merece una mayor sanción.

○ Es importante aclarar que no por el hecho de que la conducta se realice por un tiempo mayor, la misma produce mayores perjuicios. Eso puede suceder o no suceder, pero no es indispensable que así sea para que la SIC aplique una mayor sanción. De hecho, la normativa de libre competencia es de carácter ex ante, en el sentido de que la SIC no requiere la demostración de que una persona individual ha sufrido un perjuicio en cabeza propia para iniciar una investigación ni tampoco para imponer una sanción.

○ En materia de prácticas restrictivas de la competencia, la SIC actúa como una autoridad de alta policía administrativa a la cual se le han otorgado por ley facultades de inspección, vigilancia y sanción, en protección del orden público económico en su categoría de libre competencia. Por eso la SIC no requiere tampoco de una denuncia para iniciar su actividad, sino que aún de oficio puede actuar en protección del principio constitucional de libre competencia económica consagrado en el artículo 333 de la Constitución Política, de conformidad con el cual "la libre competencia económica es un derecho de todos que supone responsabilidades".

○ De otra parte debe considerarse que la SIC tiene facultades para imponer sanciones por la realización de conductas anti competitivas realizadas dentro de los cinco (5) años anteriores a la decisión que ponga fin a la investigación. Al respecto el artículo 27 de la Ley 1340 de 2009 dispone que

> "La facultad que tiene la autoridad de protección de la competencia para imponer una sanción por la violación del régimen de protección de la competencia caducará transcurridos cinco (5) años de haberse ejecutado la conducta violatoria o del último hecho constitutivo de la misma en los casos de conductas de tracto sucesivo, sin que el acto administrativo sancionatorio haya sido notificado".

○ Esta norma no está en contradicción con el criterio de graduación que se analiza, ya que la norma sobre caducidad de la facultad sancionadora está establecida para defender la seguridad jurídica y que una empresa no se vea sometida a sanciones por conductas que se realizaron y terminaron hace más de cinco (5) años. Pero eso no quiere decir, que la SIC no deba valorar como más grave una conducta anticompetitiva que tuvo una duración de diez (10) o veinte (20) años, que una que apenas duró unos meses; porque evidentemente la primera le ocasiona más daño a la libre competencia que la segunda.

(v) La cuota de participación que tenga el infractor en el mercado del infractor: en el régimen de la Ley 1340 del 2009, este criterio consistía en evaluar "la cuota de mercado de la empresa infractora, así como la parte de sus activos y/o de sus ventas involucrados en la infracción." La modificación introducida en la Ley 2195 de 2022 mantiene como criterio de graduación la participación del infractor en el mercado afectado por la conducta anti competitiva, pero excluye el que se tenga en consideración, como criterio de graduación de la multa, la parte de los activos del infractor involucrados en la infracción.

  ° El racional de este cambio consiste en darle peso en la graduación de la multa al mercado afectado por la práctica restrictiva y a la participación del infractor en dicho mercado, en donde la multa debe ser mayor cuando dicha participación sea más grande, pero sin tener en cuenta que esa actividad sea importante o no lo sea respecto del total de actividades del infractor. Es decir, que una empresa muy grande que está dedicada a muchos temas y realiza una práctica restrictiva en un mercado que no representa una gran parte de su actividad total, pero en todo caso, tiene una gran participación en él, aun así puede recibir una multa severa, porque su participación en ese mercado es muy grande.

  ° Puede considerarse que este criterio sustituye en parte el que anteriormente existía, relacionado con "el beneficio obtenido por el infractor con la conducta", ya que si el infractor tiene una gran participación en el mercado afectado, es más probable que su beneficio por la conducta anticompetitiva sea mayor.

Por último es imprescindible señalar, que la Ley 2195 de 2022 omitió de manera imperdonable incluir como criterio de graduación, el que ha sido el criterio más importante para graduar las sanciones impuestas bajo la Ley 1340 de 2009: el patrimonio del infractor.

En ausencia de ese criterio, realmente se vuelve más factible que se apliquen multas de carácter expropiatorio a los investigados.

1.4 La importancia del incremento de las sanciones para el funcionamiento del programa de delación

Estudios de la OCDE provenientes de los trabajos adelantados por John M. Connor[417] en relación con los cárteles internacionales, señalan que las multas por fijación de precios en los inicios de los años 90 se encontraban en promedio por valores inferiores a los USD 100.000.000 por año, valores muy inferiores para los estándares actuales, en los cuales se puede identificar un incremento significativo, con multas acumuladas alrededor de los USD 107.000.000.000. Igualmente señala la OCDE, el incremento que desde el año 2005 han tenido las multas en otras jurisdicciones diferentes a las más tradicionales (E.U.A., U.E., autoridades nacionales de los países miembros de la Unión Europea y Canadá), como es el caso de Corea del Sur, Sur África, Brasil, etc.

Una referencia a las multas impuestas por cárteles en la Unión Europea y los E.U.A., durante el período de los años 2014 a 2017[418], la podemos observar en las siguiente tabla:

---

[417] Connor J. M., "Sanctions in antitrust cases", *OCDE Paper in Global Forum on Competition* (2016).

[418] El período elegido obedece a la información disponible de la Unión Europea, en la página de la Comisión Europea, sobre cárteles: http://ec.europa.eu/competition/index_en.html

Tabla 27. Multas en dólares para actividades de cárteles en el período de los años 2014 a 2017 para las jurisdicciones de Estados Unidos y la Unión Europea

Año	Multas cárteles US[419] (USD)	Multas cárteles Unión Europea[420] (USD)
2014	1.417.220.000	1.988.026.240
2015	3.600.000.000	430.146.580
2016	399.000.000	4.397.831.680
2017	67.000.000	2.295.874.080

* El cambio de Euro a Dólar se estimó en 1,18 dólares por euro

En el caso de los países objeto de análisis, también se puede observar un importante incremento de las sanciones, lo cual permite concluir que el objetivo disuasorio de las sanciones, que como se ha visto es vital para el Derecho de la Competencia, se cumple. Así mismo, el incremento de las sanciones contribuye de manera importante al funcionamiento de los Programas de Delación, como se ha establecido a lo largo de la obra.

Se debe reconocer que aunado a la capacidad sancionatoria, también debe estar presente una preocupación por hacer del derecho de la competencia una legislación más predecible, de tal manera que se los agentes del mercado tengan plena certeza de las infracciones y de las sanciones correspondientes a esas infracciones, en la cual se limite hasta donde ello sea posible la ocurrencia de falsos positivos y prevalezcan las garantías al

---

[419] La información disponible puede ser encontrada en dos fuentes: (a) Departamento de Justicia de los Estados Unidos, *Antitrust Division, Sherman Act Violations Yielding a Corporate Fine of $10 Million or More*, disponible en https://www.justice.gov/atr/sherman-act-violations-yielding-corporate-fine-10-million-or-more y (b) *Criminal Enforcement Trends Charts **Through Fiscal Year*** (2017), disponible en https://www.justice.gov/atr/criminal-enforcement-fine-and-jail-charts#b. Atendiendo que la información presenta una divergencia sustancial para el año 2015, 2016 y 2017, elegimos el valor aproximado, suministrado en el *Criminal Enforcement Trends Charts Through Fiscal Year 2017*.

[420] Información obtenida de la Comisión Europea, *Cartel Statistics*, disponible en http://ec.europa.eu/competition/cárteles/statistics/statistics.pdf

debido proceso y el derecho defensa, las cuales deben ser una prioridad de la actividad de la administración.

2. CUARTO RETO: LOS EFECTOS DE LA APLICACIÓN DE LA NORMATIVA SUBREGIONAL ANDINA SOBRE LOS PROGRAMAS DE DELACIÓN DE LOS PAÍSES LATINOAMERICANOS[421]

De conformidad con la *Guía para incrementar la cooperación transfronteriza de los programas de delación*[422], expedida por el *ICN* en el 2020, a medida que se ha ido endureciendo la lucha contra los cárteles empresariales alrededor del mundo, muchas de las jurisdicciones que forman parte del ICN han introducido los programas de delación a sus normativas de competencia, lo cual se considera como un desarrollo positivo, puesto que su adopción ha incrementado el riesgo de detección de los cárteles y ha permitido atacar de manera más efectiva los cárteles multi jurisdiccionales.

Sin embargo, la proliferación de los programas de delación ha complicado la aplicación del Derecho de la Competencia, ya que las autoridades de competencia han incrementado sus niveles de cooperación interinstitucional y por lo tanto los potenciales delatores deben realizar complejos cálculos de los factores jurídicos y extra jurídicos respecto de la interpretación y aplicación de las normas de competencia y de la política de delación de cada país, para adoptar decisiones acertadas sobre si deben o no delatar, cuándo hacerlo, en que jurisdicciones e inclusive en qué orden deben presentarse las solicitudes de delación, con el fin de no perder los beneficios y minimizar los riesgos que entraña la participación en estos programas.

Al respecto, la mencionada guía cita una encuesta realizada por el ICN en los años 2017-2018, respecto de los elementos clave para implementación de programas de delación eficientes y efectivos, la cual permitió identificar algunas diferencias entre los programas de delación de las diferentes jurisdicciones, que afectaron a los delatores. La conclusión de la

---

[421] Para la elaboración de este capítulo realizamos una investigación que dio lugar al artículo "El derecho de la competencia en la Comunidad Andina de Naciones– CAN. Análisis y propuestas". https://centrocedec.files.wordpress.com/2020/07/derecho-de-la-competencia-en-la-can.-pdf.-1.pdf

[422] International Competition Network (ICN), Guidance on Enhancing Cross–Border Leniency Cooperation. Cartel Working Group: Subgroup 1 (2020), 3.

mencionada encuesta es que las principales divergencias entre los programas de delación son las siguientes:

a. Algunos programas de delación benefician a individuos y otros benefician a las empresas.

b. En algunas jurisdicciones las investigaciones son administrativas, mientras que en otras son de carácter criminal.

c. En algunas jurisdicciones el programa de delación solamente es aplicable a los acuerdos horizontales o cárteles; mientras que en otras los beneficios de la delación pueden ser otorgados en casos de intercambios de información o restricciones verticales.

d. Existen diferencias en las distintas jurisdicciones respecto de lo que se entiende por el "promotor o instigador" del cártel.

e. Existen diferencias en las reglas procesales respecto de la forma de aplicar los marcadores, lo cual incluye las diferencias en los términos y las pruebas que se aceptan.

f. Los encuestados consideraron que para abordar los temas que surgen de las diferencias encontradas, es necesaria una mayor cooperación entre autoridades de competencia.[423]

Esta problemática se agudiza para los países latinoamericanos por la presencia de un régimen de competencia supranacional como es el de la CAN, contenido en la Decisión 608 de 2005 de la CAN, el cual no cuenta con un programa de delación, circunstancia que podría disuadir a los potenciales delatores de aplicar al programa de delación en los países miembros de la CAN o en otros países Latinoamericanos, debido al riesgo de que no se logre obtener la inmunidad que brindan los programas de delación y por el contrario se incrementen los riesgos asociados a penas criminales e indemnización de perjuicios.

Para abordar esta problemática, en la presente sección abordamos de manera breve el derecho de la competencia de la CAN su desarrollo, aplicación y utilidad para la integración de la subregión, así como el potencial que tiene de interferir con las normativas de los países miembros del Acuerdo de Cartagena y en especial con los programas de delación de dichos países.

---

[423] International Competition Network (ICN), *Guidance on Enhancing Cross–Border Leniency Cooperation. Cartel Working Group: Subgroup 1* (2020), 8.

2.1 Aspectos generales del derecho andino de la competencia

El derecho de la competencia comenzó a ser introducido en los países de la subregión andina, así como en los demás países de Latinoamérica entre el inicio y mediados del siglo XX, pero en esa primera época su aplicación fue muy tenue, debido principalmente al modelo de desarrollo proteccionista impulsado por la Comisión Económica para Latinoamérica y el Caribe (Cepal), basado en la sustitución de importaciones y en el aislamiento de las empresas locales de la competencia internacional. Este no era un ambiente propicio para el desarrollo del principio de libre competencia, ya que su objetivo era el de resguardar las industrias de los países de la subregión, de la competencia con las empresas de los países en desarrollo, con el fin de que pudieran florecer.[424][425]

Sin embargo, a raíz del evento conocido como el "consenso de Washington", los países latinoamericanos cambiaron el modelo de desarrollo proteccionista por el de apertura económica o globalización, lo cual vino aparejado de reformas constitucionales en la mayoría de estos países, en las cuales se introdujo el principio de libre competencia como un parámetro constitucional; y se generó una nueva ola de reformas a las leyes de competencia de los países de la región.

Como consecuencia de estas transformaciones, durante las últimas tres (3) décadas el derecho de la competencia se ha difundido, se ha aplicado y ha madurado de manera muy importante en los países de la región, todos los cuales ya cuentan con una ley y una autoridad de competencia, con la notoria excepción de Guatemala en donde se continúan discutiendo proyectos de la ley de competencia, cuya expedición es inclusive una obligación para el país (hoy en día incumplida), en el contexto del tratado de libre comercio firmado entre Guatemala y la Unión Europea.

Sin perjuicio de las críticas que se puedan hacer a la aplicación de las normas de competencia en los países latinoamericanos, lo cierto es que la política de competencia ha ganado importancia de manera creciente; y es

---

[424] Alfonso Miranda Londoño, "Origen y Evolución del Derecho de la Competencia en Colombia. La Ley 155 de 1959 y su legado", *Cedec. Revista de Derecho de la Competencia*, (2011), 56-148.

[425] Andrés Palacios Lleras y Juan David Gutiérrez Rodríguez, "Una nueva visión sobre los orígenes del Derecho de la Competencia Colombiano", *Cedec. Revista de Derecho de la Competencia*, (2015). 137–176.

hoy en día una de las principales políticas públicas orientadas a buscar el bienestar de los consumidores y la eficiencia económica en estos países.

Pero el desarrollo del derecho de la competencia, impulsado por el fenómeno de la globalización, no se ha producido solamente hacia el interior de los países latinoamericanos, sino que ha venido aparejado de manera natural, con la negociación de tratados internacionales de carácter bilateral y multilateral, los cuales mencionan el principio de libre competencia económica en el marco del comercio internacional. Ejemplos de lo anterior son el Mercado Común Centroamericano (MCCA); la Comunidad Andina (CAN); el Mercado Común del Sur (Mercosur); y la Comunidad del Caribe (Caricom). Estos tratados de libre comercio incluyen capítulos de competencia de mayor o menor intensidad y han dado lugar a acuerdos de cooperación entre las agencias latinoamericanas de competencia, los cuales se han venido generando de manera espontánea, en la medida en que el Derecho de la Competencia de la región ha ido madurando y evolucionando.

De conformidad con lo antes dicho, el derecho de la competencia de la región debería avanzar con paso decidido hacia la internacionalización; sin embargo, este desarrollo es aún bastante tímido, ya que a pesar de que existen cuatro tratados orientados a la creación de mercados comunes, así como tratados de libre comercio de carácter bilateral y multilateral, el desarrollo de la política y la normativa de competencia en el plano supranacional es aún incipiente. De hecho, podría decirse que en Latinoamérica la evolución del derecho de la competencia se ha producido en forma inversa a lo que ha sucedido en Europa, ya que en ese continente el mayor desarrollo del Derecho de la Competencia se dio primero en el organismo comunitario, el cual influyó en la maduración del derecho de la competencia de los países miembros. En el caso latinoamericano en cambio, son las autoridades nacionales de países como México, Chile, Brasil, Colombia, Perú, etc., las que han adquirido un gran conocimiento y han mejorado los niveles de aplicación del Derecho de la Competencia, mientras que los organismos de integración económica se han visto rezagados en la aplicación de este tipo de normativas.

En efecto, aparte de los casos que recientemente ha venido realizando la CAN, algunos de los cuales están generando importantes problemas para el derecho de la competencia de la subregión, puede decirse que no hay una aplicación continua o generalizada de las normas supranacionales de competencia en Latinoamérica. De hecho, solamente la CAN y el Caricom incluyeron en sus tratados de creación o en normas superiores, estructuras jurídicas supranacionales de competencia. El Mercosur tiene una estructura intergubernamental que no tiene jerarquía supranacional y el MCCA no ha avanzado aún en la creación de una regulación regional de competencia.[426]

En el caso de la CAN, como se verá más adelante, se ha establecido un régimen de competencia supranacional al estilo de la Unión Europea, el cual funciona dentro de una estructura institucional que cuenta con un órgano de investigación y sanción, que es la Secretaría General (SGCAN); un órgano de control judicial de las decisiones, que es el Tribunal de Justicia de la Comunidad Andina (TJCA), y un órgano legislativo, que es el Parlamento Andino (PA).

A pesar del marco jurídico e institucional de la CAN, los países de la subregión han celebrado una serie de convenios comerciales con países ajenos a la misma, lo que implica que en algunas ocasiones se adquieran compromisos que distorsionan las condiciones de competencia de la subregión. Es el caso por ejemplo de las ventajas conferidas a terceros países que a su vez han llevado a introducir elementos ajenos a un esquema de integración, pero indispensables para tratar de restablecer las condiciones de competencia vulneradas por la falta de disciplina de los países en el cumplimiento de sus compromisos. Esto ha sucedido en el caso de los derechos correctivos contenidos en las decisiones 370 y 371 del Acuerdo de Cartagena.

La celebración de convenios comerciales con terceros países ajenos a la CAN resulta incoherente con los objetivos de la Comunidad Andina e introduce un factor de perturbación de la libre competencia en las relaciones comerciales de estos países, ya que en el afán por concluir otros acuerdos bilaterales o multilaterales, la competencia comercial ha sido relegado a un segundo plano.

En todo este proceso, el sector privado ha jugado un papel pasivo en lo que al tema de la promoción de competencia supranacional se refiere. Puede afirmarse que la experiencia del sector privado con otras agencias de protección de la competencia diferentes de la propia de cada país es muy limitada. En el caso del Pacto Andino la mayoría de los casos que se

---

[426] Algunas de las ideas aquí contenidas fueron tomadas de Luis José Diez Canseco Núñez "Acuerdos Regionales de Competencia en América Latina y el Caribe", en el Seminario Internacional: Derecho de la Competencia experiencias comunitarias y nacionales a los 40 años de la creación del Tribunal de Justicia de la Comunidad Andina (2018).

han presentado a nivel internacional se han manejado a través de medidas de política comercial como el *antidumping* y las salvaguardias. Lo anterior no es más que una consecuencia natural de la falta de reglas de juego a nivel internacional para hacer frente a las prácticas restrictivas de la competencia.[427]

Aparte de los casos sobre salvaguardias y *antidumping*, se han presentado algunos pocos casos de prácticas restrictivas de la competencia ante la Secretaría General (SGCAN), en los sectores del del azúcar, del arroz, las telecomunicaciones y del papel suave.

Hasta el presente, el sector privado de los países se ha defendido de las prácticas restrictivas de la competencia, de manera principal, a través de medidas de política comercial y no de la aplicación de las normas de protección de la competencia, lo cual no siempre resulta efectivo, ya que, como se sabe, son las mismas normas de política comercial de los estados, las que muchas veces estimulan y promueven las prácticas restrictivas de la competencia.

El objetivo de un tratado de integración económica como el Acuerdo de Cartagena es el de construir una verdadera comunidad económica en la región andina, lo cual se debe lograr progresivamente a través de (i) una zona de libre comercio, para lo cual se deben eliminar las barreras arancelarias entre los Países Miembros; (ii) una Unión Aduanera, para lo cual se debe establecer un arancel externo común; (iii) un mercado común, que implica la circulación libre y sin restricciones, de bienes, servicios y capitales y, finalmente, (iv) una unión económica, que implica la armonización de políticas macroeconómicas y de inversión.[428]

En el caso del Acuerdo de Cartagena, el objetivo era el de crear un mercado común, sin embargo, ese objetivo ya no es posible por la firma de tratados bilaterales de los Países Miembros del acuerdo con países externos

---

[427]   Algunas de las ideas aquí contenidas fueron tomadas de Alfonso Miranda Londoño "Perspectiva del Sector Privado sobre la aplicación de las Leyes de Competencia por parte de las autoridades antimonopolísticas nacionales, en un contexto de comercio internacional", *CEDEC II – Centro de Estudios de Derecho de la Competencia*, (1998), 241–245.

[428]   Hugo R. Gómez Apac, "El Control de las Conductas Anticompetitivas Transfronterizas en la Comunidad Andina", *Anuario Internacional de Derecho Administrativo Económico y Regulación*, 1, (Universidad ESAN; Palestra Editores S. A. S., Tirant lo Blanch, 2022), 379-416, (Apac, 2022), 4.

al mismo, como es el caso de los TLC con los Estados Unidos, lo cual impedirá tener un arancel externo común.

Es importante por lo tanto que la CAN replantee sus objetivos, por ejemplo, hacia el establecimiento simplemente de una zona de libre comercio, que sí es posible obtener y que justifica la aplicación de una normativa de competencia como la Decisión 608 de 2005, la cual en todo caso debe ser reformada con el fin de actualizarla y ponerla a tono con el desarrollo del derecho de la competencia de los países miembros de Latinoamérica y del mundo, aspectos que se analizarán en esta sección.

2.2 Breve semblanza de la Comunidad Andina[429]

El Acuerdo de Integración Subregional Andino (Acuerdo de Cartagena), inspirado en la Declaración de Bogotá y en la Declaración de los Presidentes de América, fue firmado el día 26 de mayo de 1969 por los gobiernos de Bolivia, Colombia, Chile, Ecuador y Perú. Venezuela se incorporó el 13 de febrero de 1973 y Chile se retiró el 30 de octubre de 1976. Como se puede observar, el tratado constitutivo de la CAN, tiene ya más de cincuenta (50) años de vigencia. Después del retiro de Venezuela en el año 2004, los Países Miembros de la CAN son en la actualidad Bolivia, Colombia, Ecuador y Perú.[430]

La CAN está conformada por órganos intergubernamentales, organismos comunitarios y cuenta con la participación de la sociedad civil. En conjunto, las autoridades y participantes conforman el Sistema Andino de Integración – SAI, el cual se integra así:

a. Consejo Presidencial Andino: integrado por los presidentes de Bolivia, Colombia, Ecuador y Perú, es el órgano máximo de la Comunidad Andina.

b. Consejo Andino de Ministros de Relaciones Exteriores (CAMRE): órgano de Dirección y Decisión de la comunidad.

c. Comisión de la Comunidad Andina: órgano de dirección y decisión.

---

[429] Algunas de las ideas aquí contenidas fueron tomadas de Jorge Hernando Pedraza Gutiérrez, "V Simposio Internacional. Nuevas fronteras para el desarrollo económico y la integración en la cuenca del pacifico", en Catedra Asia Pacífico (Bogotá, 2019).

[430] Hugo R. Gómez Apac et. al., *Apuntes de derecho comunitario andino* (Quito: San Gregorio S. A., 2018).

d. Secretaría General de la Comunidad Andina (SGCAN): órgano ejecutivo.

e. Parlamento Andino (PA): órgano deliberante.

f. Tribunal de Justicia de la Comunidad Andina (TJCAN): órgano judicial.

g. Consejos Consultivos Empresarial, Laboral, de Pueblos Indígenas y de Autoridades Municipales: representantes de la sociedad Civil.

h. Universidad Andina Simón Bolívar: institución educativa.

i. Fondo Latinoamericano de Reservas: institución Financiera.

j. CAF-Banco de Desarrollo de América Latina: institución financiera.

k. Convenio Simón Rodríguez: institución Comunitaria.

l. Convenio Hipólito Unanue: convenio Andino de Salud.

Las normas que constituyen el Derecho Primario de la CAN son el Acuerdo de Cartagena, del 26 de mayo de 1969, codificado como Decisión 406 de 1999 y el Tratado de Creación del Tribunal Andino de Justicia, codificado como Decisión 472 de 1999. En adición a lo anterior, revisten gran importancia las siguientes normas:

a. El Protocolo Adicional al Acuerdo de Cartagena "Compromiso de la Comunidad Andina por la Democracia".

b. El Reglamento del Consejo Andino de Ministros de Relaciones Exteriores (Decisión 407).

c. El Reglamento de la Comisión de la Comunidad Andina (Decisiones 471 y 508).

d. El Reglamento de la Secretaría General de la Comunidad Andina (Decisiones 409 y 426).

e. El Reglamento de Procedimientos Administrativos de la Secretaría General de la Comunidad Andina (Decisión 425).

f. El Estatuto del Tribunal de Justicia de la Comunidad Andina (Decisión 500).

g. Las Normas para la protección y promoción de la libre competencia en la Comunidad Andina, contenidas en la Decisión 608 de 2005.

Hasta finales del 2019 el Consejo y la Comisión habían expedido 848 decisiones y la Secretaría General había expedido 2094 resoluciones. Los principios para la aplicación del Derecho Comunitario Andino son (i) aplicación directa y (ii) supranacionalidad.

Hoy en día la CAN ha expedido regímenes comunes en los siguientes temas: aduanas, sanidad, calidad, origen, servicios, transporte, competencia, defensa comercial y propiedad intelectual.

Algunos de los principales logros de la CAN en estos cincuenta (50) años de operación, son los siguientes:

a. Creación el Marco General para la Interconexión Subregional de Sistemas Eléctricos e Intercambio Intracomunitario de Electricidad (Decisión 816 de 2017).

b. Establecimiento del Mercado Andino Eléctrico Regional (MAER), que permite: (i) asegurar el abastecimiento eléctrico y (ii) realizar la venta de excedentes eléctricos en la subregión.

c. Creación del Registro Andino Satelital (Decisión 707).

d. Autorización para la explotación del Recurso Órbita-Espectro, a la empresa New Skies Satellites B.V. (Decisión 725).

e. Lanzamiento del Satélite Andino SES-10 (30/03/2017).

f. Actualización del régimen de Protección del usuario de telecomunicaciones (Decisión 683).

g. Libre tránsito sin pasaporte ni visa (Decisión 503).

h. Pasaporte Andino (Decisión 504).

i. Reconocimiento de documentos nacionales de identificación (Decisión 503).

j. Ventanilla preferencial para ciudadanos andinos (Decisión 526).

k. Tarjeta Andina de Migración Electrónica (Resolución 527).

l. Igualdad de condiciones laborales y trato nacional para que los trabajadores andinos bajo relación de dependencia, puedan laborar en los otros Países Miembros. (Decisiones 439, 545, 659 y 718).

m. La implementación de una normativa internacional que elimina gradualmente los costos del roaming entre los Países Miembros. Decisión 854 de 2021.

n. Proyecto de Estatuto Migratorio Andino, que garantizará derecho de circulación y residencia a los ciudadanos andinos en el territorio de los cuatro Países Miembros (Decisión 878 de 2021).

La aplicación de la normativa de competencia contenida en la Decisión 608 de 2005 depende del órgano ejecutivo de la CAN que es la Secretaría General (SGCAN), la cual maneja el tema a través de la Dirección General No. 1, en la cual se tratan los temas de acceso a mercados, sanidad agropecuaria y calidad y obstáculos técnicos al comercio. Dentro del tema de acceso a mercados, la Dirección General No. 1 se ocupa de gravámenes y restricciones; temas de origen; facilitación del comercio y competencia y defensa comercial.

2.3 Antecedentes de la decisión 608 de 2005

La política de competencia de la CAN se complementa con el Programa de Liberación Comercial del Pacto Andino. Al respecto dice el doctor Hugo Gómez Apac lo siguiente:

> "Para que los ciudadanos andinos gocen plenamente de los beneficios del libre comercio que subyace al Programa de Liberación, es necesario que este sea acompañado de normas de defensa de la libre competencia. Así, a la prohibición de los gobiernos de restringir las importaciones provenientes de otros países miembros mediante medidas restrictivas se adiciona la prohibición a los privados de distorsionar el comercio a través de conductas anticompetitivas (abuso de posición de dominio y prácticas colusorias horizontales y verticales) transfronterizas. Solo así el consumidor andino se beneficiará de una mayor oferta de bienes y servicios, a precios competitivos, de mejor calidad y en mayor variedad".[431]

Al respecto, el TJCA en la Interpretación Prejudicial No. 78-IP-2018 de 2018 señala lo siguiente:

> "Los beneficios que el libre comercio genera para las empresas y los consumidores en el marco de los procesos de integración económica pueden verse afectados a través de las conductas anticompetitivas transfronterizas (el abuso de la posición de dominio y las prácticas colusorias horizontales y verticales), pues a través de estas, o se crean barreras que dificultan la entrada o permanencia de las empresas a los mercados, o se distorsionan los precios y otras condiciones comerciales en perjuicio de los consumidores".[432]

La normativa de competencia de la CAN tiene su fundamento en el Capítulo VIII del Tratado del Acuerdo de Cartagena (1969) que contiene las

---

[431] Hugo R. Gómez Apac et. al., *Apuntes de derecho comunitario andino* (Quito: San Gregorio S. A., 2018), 60.

[432] Hugo R. Gómez Apac, *Interpretación Prejudicial No. 78 – IP – 2018* (Tribunal de Justicia de la Comunidad Andina (TJCA), 2018).

normas sobre competencia comercial. Al respecto, los artículos 105 y 106 de la Decisión 406 de 1999 (que codifica el Tratado)[433], disponen:

> "CAPITULO VIII
> COMPETENCIA COMERCIAL
> Artículo 105.- Antes del 31 de diciembre de 1971 la Comisión adoptará, a propuesta de la Secretaría General, las normas indispensables para prevenir o corregir las prácticas que puedan distorsionar la competencia dentro de la Subregión, tales como "dumping", *manipulaciones indebidas de los precios, maniobras destinadas a perturbar el abastecimiento normal de materias primas y otras de efecto equivalente.* En este orden de ideas, la Comisión contemplará los problemas que puedan derivarse de la aplicación de los gravámenes y otras restricciones a las exportaciones.
> Corresponderá a la Secretaría General velar por la aplicación de dichas normas en los casos particulares que se denuncien.
> Artículo 106.- Los Países Miembros no podrán adoptar medidas correctivas sin ser autorizados previamente por la Secretaría General. La Comisión reglamentará los procedimientos para la aplicación de las normas del presente Capítulo (cursivas propias)".

En desarrollo de este mandato, la Comisión del Acuerdo de Cartagena ha expedido las siguientes decisiones que como se ve en este listado, desembocaron en la Decisión 608 de 2005: La Decisión 45 del 18 de diciembre de 1971, que contenía normas para prevenir y corregir las prácticas que puedan distorsionar la competencia dentro de la subregión. La anterior norma fue sustituida por la Decisión 230 del 18 de diciembre de 1987; la cual fue a la vez sustituida por la Decisión 285 del 4 de abril de 1991 y esta última, finalmente fue sustituida por la Decisión 608 del 29 de marzo de 2005.

En relación con la importancia de la Decisión 608 de 2005, Ingrid Ortiz-Baquero y Diego A. Solano-Osorio manifiestan lo siguiente:

> "El gran salto regulatorio en la CAN se produjo con la aprobación de la Decisión 608/2005 de la Comisión de la Comunidad Andina (en adelante, Decisión 608/2005) que derogó y reemplazó la Decisión 285/1991. Esta norma modernizó la regulación de los acuerdos y actos restrictivos, confirió poderes e instrumentos a las autoridades supranacionales para la imposición de sanciones en casos de infracción, y sobre todo mitigó en su momento la carencia de una normativa general de libre de competencia tanto en Ecuador como en Bolivia, al establecer como obligatoria la aplicación de la normativa andina en estos países hasta cuando expidieran las normas nacionales correspondientes.

---

[433] Estos artículos equivalen a los artículos 93 y 94 del Capítulo X del Acuerdo de Integración Subregional Andino (Acuerdo de Cartagena).

El mérito de la Decisión 608/2005 fue el de haber conseguido una armonización mínima en el tema, la cual resultaba indispensable para avanzar y
profundizar en el proceso de integración económica y el fortalecimiento de
la defensa de la competencia".[434]

2.4 Objetivo y principios de la normativa andina de competencia

El aspecto teleológico o finalístico de la normativa se encuentra claramente definido en el artículo 2 de la Decisión 608 de 2005 de la CAN, el
cual señala que el objetivo de la misma es la protección y promoción de la
libre competencia en el ámbito de la Comunidad Andina, para lograr la
eficiencia en los mercados y el bienestar de los consumidores.[435]

Los principios que deben regir la aplicación de la Decisión son: no discriminación, transparencia y debido proceso. Dichos principios están consagrados en el artículo 3, que dispone:

"Artículo 3.- La aplicación de la presente Decisión, y la legislación interna
de competencia de cada uno de los Países Miembros que resulte aplicable
conforme a ella, se basarán en los principios de:
a) No discriminación, en el sentido de otorgar un trato igualitario a todas las
personas naturales o jurídicas en la aplicación de las normas de libre competencia, sin distinción de ningún género;
b) Transparencia, en el sentido de garantizar la publicidad, acceso y conocimiento de las leyes, normas y reglamentos, y de las políticas de los organismos encargados de vigilar su observancia, así como de las decisiones de los
organismos o tribunales; y,
c) Debido proceso, en el sentido de asegurar a toda persona natural o jurídica,
un proceso justo que le permita plenamente ejercer su derecho de defensa
respetando los derechos de las partes a presentar argumentos, alegatos y pruebas ante los organismos, entidades administrativas o tribunales competentes,
en el marco de lo establecido en la presente Decisión, así como un pronunciamiento debidamente motivado".

Debe destacarse que por medio de este artículo la Comisión impone
por vía supranacional e inmediata los mencionados principios de no dis-

---

[434] Ingrid S. Ortíz–Baquero y Diego A. Solano–Osorio, "La aplicación púbica de las
normas de libre competencia en la Comunidad Andina y sus países integrantes",
Vniversitas, (2016), 320.

[435] Hugo R. Gómez Apac, "El Control de las Conductas Anticompetitivas Transfron-
terizas en la Comunidad Andina", *Anuario Internacional de Derecho Administrativo
Económico y Regulación*, 1, (Universidad ESAN, Palestra Editores S. A. S., Tirant lo
Blanch, 2022), 379-416, (Apac, 2022), 19.

criminación, transparencia y debido proceso, en las legislaciones internas de los países miembros.

2.5 Ámbito de aplicación de la Decisión 608

En esta sección se analizará el ámbito de aplicación objetivo y subjetivo de la Decisión 608, con el fin de establecer, en primer lugar, los asuntos sometidos a la misma; y en segundo lugar, los sujetos que se encuentran sometidos a la normativa.

2.5.1 Ámbito objetivo de aplicación de la Decisión 608

La Decisión 608 fue expedida para investigar e impedir las prácticas anticompetitivas que tienen efectos dentro del mercado andino. Esta regulación está diseñada para complementar las leyes de competencia internas de cada uno de los países miembros. En tal sentido, las prácticas anticompetitivas cuyos efectos están circunscritos a un país, deben ser investigadas y sancionadas por la autoridad de competencia de ese país. Por el contrario, en aquellos casos en los cuales los efectos prácticos de las conductas restrictivas de la competencia son transfronterizos, y por consiguiente la jurisdicción de una sola autoridad nacional de competencia no resulta suficiente para investigar las prácticas, se debe considerar que el caso tiene dimensión comunitaria y la Secretaría General tendrá competencia para realizar la investigación.

2.5.1.1 Apreciaciones generales sobre la aplicación del artículo 5 de la Decisión 608

Como ya se advirtió, el objetivo de la Decisión no es el de sustituir las facultades que los Países Miembros otorgan a sus autoridades nacionales, sino que la Decisión en realidad aborda el problema de falta de competencia de las autoridades nacionales para perseguir aquellas conductas anticompetitivas que tienen efectos en los mercados andinos. En este sentido, para que la Secretaría pueda ejercer su competencia, no deben existir varias prácticas anticompetitivas en varios países andinos, sino una sola práctica anticompetitiva que tenga efectos en el territorio de uno o más países de la Comunidad Andina; es decir, que tenga dimensión comunitaria. Esta interpretación se deduce del del análisis del Artículo 5 de la Decisión, que establece:

"Artículo 5.- Son objeto de la presente Decisión, aquellas conductas practicadas en:

a) El territorio de uno o más Países Miembros y cuyos efectos reales se produzcan en uno o más Países Miembros, excepto cuando el origen y el efecto se produzcan en un único país; y,

b) El territorio de un país no miembro de la Comunidad Andina y cuyos efectos reales se produzcan en dos o más Países Miembros.

Las demás situaciones no previstas en el presente artículo, se regirán por las legislaciones nacionales de los respectivos Países Miembros".

La regulación arriba mencionada no excluye la jurisdicción de las autoridades nacionales de competencia, que en cualquier caso pueden ejercer jurisdicción sobre prácticas anticompetitivas que se realicen y produzcan sus efectos dentro del territorio del respectivo país. La Secretaría ejercerá jurisdicción cuando se trate de una conducta multi jurisdiccional que *produzca efectos reales* sobre el Mercado Andino. De lo anterior se desprende que la Comisión no debe interferir en la jurisdicción de las autoridades locales cuando estas enfrenten conductas anticompetitivas originadas en un país y que produzcan efectos en ese mismo país, aún si algunas de las compañías investigadas son las mismas en diferentes países Andinos.

Esta interpretación ha sido adoptada por la Secretaría en la *Guía Práctica para la aplicación de la Decisión 608* en donde se estableció:

"Los supuestos que deben ser cubiertos por la Decisión 608 no necesariamente deben ser distintos a los previstos por las normas internas de competencia de cada uno de los Países Miembros, *sino que sobretodo, debe atender aquellos casos que no pueden ser enfrentados por las autoridades competentes nacionales en razón al ámbito geográfico de la práctica o sus efectos* (cursivas propias)".

Uno de los principales aspectos que deben demostrarse para que la Secretaría asuma competencia sobre un caso en particular es que la conducta produzca "efectos reales" en el mercado andino. La jurisprudencia europea ha tenido un enfoque que basa la competencia comunitaria en la producción de efectos reales en el mercado de la Unión Europea. Lo anterior quiere decir que, para asumir competencia sobre un caso, la Comisión Europea debe establecer que la conducta investigada "sea genuinamente capaz de afectar el patrón de flujo del comercio (entre los estados miembros) de una forma apreciable"[436], aún para el caso europeo, en donde el grado de integración económica ha sido muy profundo.

Con base en lo anterior, la Secretaría de la Comunidad Andina ha sido muy estricta al determinar que no tiene competencia sobre prácticas anti-competitivas que solo tienen efectos sobre un mercado. De la misma manera, la Secretaría reconoce que las conductas que tienen efectos nacionales *deben ser investigadas* por las autoridades de competencia nacionales, debido a su falta de dimensión dentro de la comunidad o el mercado Andino y consecuentemente, falta de competencia de parte de la Secretaría.

Dicho lo anterior, los casos de conductas anticompetitivas realizadas en diferentes países andinos no son siempre investigadas por la Secretaría. En estos casos pueden existir dos situaciones distintas: (i) que haya realmente una práctica restrictiva andina, caso en el cual la Secretaría tendrá competencia para investigar y (ii) que haya diferentes prácticas restrictivas en diferentes países, y por esta razón, cada una de las autoridades nacionales de competencia debe investigar la práctica restrictiva que se lleva a cabo en su respectivo país.

En este sentido, al TJCA le ha preocupado que las empresas infractoras pretendan que las conductas tienen dimensión comunitaria con el fin de impedir que las autoridades de los Países miembros puedan adelantar investigaciones y lograr de esa manera la impunidad. En efecto, en la Interpretación Prejudicial No. 78 IP-2018, el TJCA, citado por el doctor Hugo Gómez Apac, magistrado de esa alta corporación, manifestó lo siguiente:

"En la totalidad o una parte del mercado subregional andino puede haber empresas que tengan filiales, subsidiarias o empresas vinculadas en dos o más países miembros, y las prácticas colusorias pueden realizarse no solo entre empresas multinacionales sino también con empresas locales, de modo que podrían haber conductas anticompetitivas que por el tipo de empresas involucradas podrían tener tanto efectos transfronterizos como meramente locales. No solo eso, algunas prácticas colusorias podrían involucrar solo a empresas multinacionales, otras a empresas multinacionales con empresas locales y, más complicado aún, prácticas en las que empresas multinacionales forman parte de acuerdos locales, empresas locales que forman parte de acuerdos multinacionales, empresas multinacionales que forman parte de acuerdos locales y multinacionales y empresas locales que forman parte de acuerdos multinacionales y locales. A estos escenarios, ya de por sí complejos, hay que agregar que hay empresas que fabrican productos para el mercado local y también los mismos productos para la exportación, así como casos en los

---

[436]　Ver Jonathan Faull y All Nikpai, *The EC Law of Competition* (Oxford University Press, 1999).

cuales si bien los productos son fabricados o vendidos para el mercado local la reventa los puede llevar a mercados de otros países.

[...] La complejidad de los escenarios descritos puede ser aprovechada por los agentes económicos involucrados para lograr impunidad, especialmente al tratar de cuestionar la competencia de las autoridades nacionales de defensa de la libre competencia. Y es que los infractores podrían aprovechar las situaciones complejas para siempre alegar, de una otra forma, un efecto transfronterizo, y así evitar ser investigados por las autoridades nacionales de defensa de la libre competencia. La impunidad es algo que no debe permitirse".[437]

De otra Parte, el TJCA se preocupa también por la situación inversa, esto es, que una empresa que ha sido investigada y sancionada por unos hechos en uno de los Países Miembros, resulte también investigada y sancionada por la SGCAN por los mismos hechos, ahora percibidos con dimensión comunitaria, lo cual implicaría la vulneración del principio *non bis in idem*. Para el efecto el TJCA en la ya citada Interpretación Prejudicial No. 78 IP-2018 establece que para impedir que se lleven a cabo investigaciones duplicadas a nivel de los Países Miembros y de la CAN, debe comprobarse una triple identidad: (i) identidad respecto de los agentes económicos materia de investigación o sanción; (ii) identidad respecto de la conducta investigada o sancionada y (iii) identidad respecto del fundamento o bien jurídico protegido.[438]

2.5.1.2 Definición del Tribunal de Justicia de la Comunidad Andina sobre el test del "efecto real". Caso de Angelcom S. A.

En relación con el elemento del "efecto real" se pronunció el Tribunal Andino de Justicia en la sentencia del caso de Angelcom S. A.[439]. En esa oportunidad el Tribunal Andino consideró que la SGCAN tenía razón al considerar que no tenía competencia para adelantar una investigación ad-

---

[437] Hugo R. Gómez Apac, "El Control de las Conductas Anticompetitivas Transfronterizas en la Comunidad Andina", *Anuario Internacional de Derecho Administrativo Económico y Regulación*, 1, (Universidad ESAN, Palestra Editores S. A. S., Tirant lo Blanch, 2022), 379-416, (Apac, 2022), 23.

[438] Hugo R. Gómez Apac, "El Control de las Conductas Anticompetitivas Transfronterizas en la Comunidad Andina", *Anuario Internacional de Derecho Administrativo Económico y Regulación*, 1, (Universidad ESAN, Palestra Editores S. A. S., Tirant lo Blanch, 2022), 379-416, (Apac, 2022), 25.

[439] Tribunal de Justicia de la Comunidad Andina, "TJCA. Caso de Angelcom S. A.", Proceso 05 – AN – 2015, (Tribunal de Justicia CAN, 2017).

ministrativa en contra de la empresa colombiana Transmilenio S.A. por la realización de conductas de colusión en licitaciones públicas en violación de normas de la Decisión 608 de 2005.

En la mencionada sentencia el Tribunal resumió las consideraciones de la SGCAN respecto del efecto real, de la siguiente manera:

> "3.9. El hecho de que la licitación fuera de carácter internacional, si bien puede indicar que existirían operaciones comerciales a nivel de la subregión, no demuestra que los efectos de la práctica reclamada afecten a más de un mercado de un País Miembro.
>
> 3.10. Es importante recordar que el sistema andino, no exige únicamente un efecto en el comercio, sino un efecto "real"; es decir, exige una carga adicional a la simple prueba del efecto.
>
> 3.11. Por efecto real en el comercio, se entiende aquel que puede efectivamente influir en el desarrollo de sectores económicos dentro de los países andinos, teniendo en cuenta que, en el caso de la licitación, el mercado relevante se determina por el procedimiento de contratación de la obra pública (en derecho y en los hechos) y el modo como se efectúa el llamado a licitación.
>
> 3.12. Revisado el expediente y la información aportada por la demandante, se observa que se limita a indicar que algunos de los involucrados en la licitación, cumplen actividades económicas en otro País Miembro, siendo claro que ninguno de los oferentes en la licitación tiene origen en un país de la Comunidad Andina distinto a Colombia, de igual manera menciona la cuantía de la licitación, sin dar cuenta de la importancia de este proceso licitatorio en el mercado subregional".

Posteriormente en la misma sentencia el Tribunal desarrolla sus consideraciones en el punto 4, para lo cual transcribe el artículo 5 de la Decisión 608 de 2005 y manifiesta:

> "4.1 De la lectura de las normas transcritas. se desprende que se requiere un "efecto real" en el comercio, que afecte no solo a un País Miembro, *sino que la práctica anticompetitiva traspase fronteras y sus efectos lesionen o causen efectos en otro u otros Países Miembros,* y de no suceder así, el procedimiento que deberá aplicarse se regirá por la normativa nacional de cada País Miembro (cursivas propias)".

Acto seguido el Tribunal se refiere a la explicación que sobre el tema del efecto real trae la *Guía Práctica para la aplicación de la Decisión 608* y copia los diagramas explicativos que dicha guía trae, con el fin de ilustrar las diferentes hipótesis fácticas en las cuales la SGCAN tiene competencia para adelantar una investigación administrativa y de todo lo anterior concluye:

> "4.3. En el presente caso, las pruebas presentadas por la empresa ANGEL-COM S.A., mediante escrito recibido en este Tribunal el 1 de septiembre de 2013,–fojas 165 a 396, consistentes principalmente en publicaciones de

prensa, noticias de prensa escrita e impresiones de páginas web, se limitan a evidenciar una posible colusión entre RECAUDO BOGOTÁ y OPERADOR SIRCI y la vinculación entre estos y algunas de las empresas licitantes, así como un posible favorecimiento de parte de TRANSMILENIO hacia RECAUDO BOGOTÁ; sin embargo, de la revisión de las mismas se aprecia que tales documentos no prueban que pudieron haber existido efectos anticompetitivos reales en un país distinto a Colombia.

4.4. El hecho de que hayan podido participar personas naturales o jurídicas de otros Países Miembros de la CAN, *no significa que causen un perjuicio en otro país distinto al que se realiza el concurso o licitación pública.*

4.5. Si la presunta conducta anticompetitiva nace y tiene efectos reales en el mismo país, no corresponde que la SGCA inicie una investigación. La norma comunitaria establece que sea la autoridad nacional competente la que investigue la presunta conducta anticompetitiva si los efectos reales tienen origen y afectación en el mismo País Miembro de la Comunidad Andina.

4.6. Por otro lado, es pertinente resaltar el hecho de que ANGELCOM S.A., tal como lo sostuvo en la Audiencia, acudió previamente por esta causa ante la Superintendencia de Industria y Comercio, entidad que rechazó el reclamo de la empresa demandante, *por lo que esta oficina nacional competente, al conocer el reclamo y haberle dado trámite, se consideró competente para emitir un pronunciamiento.*

4.7. En el caso que nos ocupa y es materia de la presente sentencia, este Tribunal no ha podido corroborar que los efectos reales se hayan producido en otros países que no sea Colombia, a pesar de que se trate de una licitación pública internacional. *El hecho de que personas jurídicas extranjeras formen parte de quienes fueron favorecidos por la licitación, no significa que causen efectos reales fuera de Colombia, no pudiendo determinarse el carácter de subregional y como consecuencia no sería aplicable la normativa comunitaria andina.*

[...]

4.9. Este Tribunal considera pertinente determinar el concepto de "efectos reales transfronterizos", tema en el cual la competencia para investigar la tiene la SGCA, en los siguientes términos:

De conformidad con lo establecido en el Literal a) del Artículo 5 de la Decisión 608, la Secretaría General de la Comunidad Andina es competente para iniciar una investigación por prácticas restrictivas de la libre competencia, de oficio o a solicitud de parte, cuando:

a) La práctica colusoria (horizontal o vertical) o el abuso de posición de dominio es realizada por empresas ubicadas en más de un País Miembro de la Comunidad Andina, y tiene efectos reales en al menos un país miembro de la Comunidad Andina.

b) La práctica colusoria (horizontal o vertical) o el abuso de la posición de dominio es realizada por empresas ubicadas en un País Miembro de la CAN, y los efectos reales de dicha práctica se producen en al menos otro País Miembro de la CAN.

Se debe entender por "efecto real":

a) Cualquier incidencia, afectación, distorsión o modificación sobre la oferta o demanda en el mercado o comercio subregional correspondiente, lo que puede comprender el precio de los productos o servicios o demás condiciones de comercialización, la cantidad producida, la calidad de los productos o servicios, los canales de aprovisionamiento de los insumos o los canales de distribución o comercialización; o,

b) Cualquier otra situación que signifique una afectación al bienestar de los consumidores.

4.10. Este Tribunal concluye que, en el presente caso, la conducta anticompetitiva alegada por ANGELCOM S.A., genera efectos en la República de Colombia, y no produce efectos reales en otros Países Miembros de la CAN, por lo que, en estricta aplicación del Artículo 13 de la Decisión 608, al no cumplirse los requisitos del Artículo 5 de la misma normativa, la SGCA se encuentra plenamente facultada para desestimar la solicitud e incluso disponer el archivo de la misma (cursivas propias)".

Como se puede observar, el Tribunal de Justicia de la Comunidad Andina ha manifestado en reciente jurisprudencia, Caso Angelcom S.A., que el estudio del efecto real, debe enmarcarse en el cumplimiento de un test, a través de tres elementos: (i) que la conducta traspase las fronteras y sus efectos lesionen o causen efectos en otro u otros Países Miembros; (ii) que el hecho de que participen en un comportamiento que pueda ser restrictivo de la competencia personas naturales o jurídicas de distintos países de la CAN no causa que la conducta tenga dimensión andina; y (iii) el hecho de que las autoridades de los Países Miembros hayan asumido competencia indica que la SGCAN no es competente para adelantar el caso.

2.5.1.3 Exclusiones o excepciones a la aplicación de la Decisión 608

El artículo 6 de la Decisión 608 hace referencia a la posibilidad que tienen los países miembros de la CAN, de someter a la consideración de la Comisión, el establecimiento de exclusiones o excepciones a la aplicación de la normativa andina de competencia, respecto "de actividades económicas sensibles necesarias para lograr los objetivos fundamentales de su política, siempre y cuando éstas estén contempladas en la legislación nacional del país solicitante" y cumplan con los requisitos contenidos en la norma, los cuales hacen referencia a los beneficios que la actividad a excluir reportaría al desarrollo y al mejoramiento de las condiciones de vida de la población más vulnerable, en casos de emergencia, entre otros. Las exclusiones y excepciones deben ser adoptadas y modificadas por decisión y no pueden solicitarse respecto de actividades que se encuentren bajo investigación. Al respecto dispone el artículo 6 lo siguiente:

> "Artículo 6.- Los Países Miembros podrán someter a consideración de la Comisión, el establecimiento de exclusiones o excepciones al ámbito de la presente Decisión, de actividades económicas sensibles necesarias para lograr los objetivos fundamentales de su política, siempre y cuando éstas estén contempladas en la legislación nacional del país solicitante y que cumplan con las siguientes condiciones:
>
> a) Que reporten beneficios significativos al desarrollo de la producción, procesamiento, distribución o comercialización de bienes o servicios, o fomenten el progreso tecnológico o económico.
>
> b) Que signifiquen el otorgamiento de condiciones preferenciales a regiones deprimidas o actividades económicamente sensibles o, en cualquiera de los casos, en situación de emergencia;
>
> c) Que no conlleven a dichos agentes económicos, la posibilidad de eliminar la competencia respecto de una parte sustancial de la producción, comercialización o distribución de los bienes o servicios de que se trate; y,
>
> d) Que sean concordantes con el ordenamiento jurídico andino.
>
> Las exclusiones y excepciones deberán ser aprobadas, modificadas o eliminadas mediante Decisión, previa recomendación adoptada del Comité Andino de Defensa de la Libre Competencia (Comité) a que se refiere el Capítulo VI, que será el responsable de su revisión periódica.
>
> No podrá solicitarse exclusiones o excepciones a actividades económicas que, en el momento de la solicitud, estén siendo objeto de investigación".

Debe tenerse en cuenta que al enumerar los acuerdos anti competitivos, el artículo 7 de la Decisión 608 crea, de manera expresa, una exclusión adicional a la prohibición de los acuerdos anticompetitivos, al establecer que "se excluyen los acuerdos intergubernamentales de carácter multilateral".

2.5.2 Ámbito subjetivo de aplicación de la Decisión 608

De conformidad con lo dispuesto por el artículo 4 de la Decisión 608, la norma prohíbe y sanciona las conductas prohibidas que sean desarrolladas por los agentes económicos.

Para el efecto la Decisión incorpora en su artículo 1 algunas definiciones que son de la mayor importancia para establecer el ámbito subjetivo de aplicación de la norma como se puede ver enseguida.

Según el mencionado artículo, conducta es todo acto o acuerdo. El acto se encuentra definido como "todo comportamiento unilateral de cualquier destinatario de la norma"; y el acuerdo, como "...todo contrato, convenio, arreglo, combinación, decisión, recomendación, coordinación, concertación u otros de efectos equivalentes realizados entre agentes económicos o entidades que los agrupen".

De otra parte, el artículo define el Agente económico como "toda persona natural o jurídica, de derecho público o privado, con o sin fines de lucro, que oferta o demanda bienes materiales o inmateriales, o servicios en el mercado, así como los gremios o asociaciones que los agrupen". Como se puede observar, la normativa andina de competencia se aplica a todo aquél que desarrolle una actividad económica en el mercado, cualquiera sea su naturaleza jurídica; y por lo tanto se incluyen tanto las personas naturales como las jurídicas, ya sean privadas o estatales; las asociaciones y gremios y las personas con o sin ánimo de lucro, con lo cual se evitan discusiones ya superadas sobre la aplicabilidad de las normas de libre competencia a sujetos económicos diferentes de las empresas.

Finalmente, se definen las personas vinculadas como

> "[...] los agentes económicos que tengan una participación accionaria mayoritaria o que ejerzan una influencia decisiva sobre las actividades de otro agente económico, sea mediante el ejercicio de los derechos de propiedad, del uso de la totalidad o parte de los activos de éste o del ejercicio de derechos o contratos que permitan determinar la composición o el resultado de las deliberaciones o las decisiones de los órganos del mismo o de sus actividades".

La definición de personas vinculadas da lugar a discusiones respecto de la posible imputación de la violación de las normas andinas de competencia a la matriz de una sociedad, sobre todo, cuando esa matriz se encuentra por fuera de los países de la CAN.

La definición de personas vinculadas, así como las demás definiciones incluidas en la Decisión 608, pueden ser identificadas en los trabajos preparatorios de dicha Decisión. Así, las definiciones comenzaron a ser incorporadas en el *Informe de la Tercera Reunión de Expertos Gubernamentales en materia de Libre Competencia*", de los días 24 y 25 del mes de octubre de 2001 y en el *Informe de la Cuarta Reunión de Expertos Gubernamentales en Materia de Libre Competencia de los días 9 al 11 de julio de 2003*, siendo este último informe el que incluyó la definición de agente vinculado, que terminó siendo incorporada en la Decisión 608.

En el Informe de la Cuarta Reunión se observan dos puntos en los cuales se relacionó la vinculación entre empresas para efectos de la regulación de la libre competencia de la Comunidad Andina. Vale la pena señalar que, en ninguno de ellos, ni antes de ese momento en otro informe, se trata a las personas vinculadas como sujetos de imputación por el mero hecho de estar en una relación matriz-subsidiaria.

En relación con las referencias que realizaba el proyecto presentado en el Anexo No. 3 del *Informe de la Cuarta reunión*, se reconoce que la vinculación se relacionó con el abuso de la posición dominante al que hace referencia el artículo 9 de la Decisión y con los derechos y obligaciones de los miembros del Comité Andino de Defensa de Competencia, mencionados en el artículo 41 de la misma norma.

En relación con la posición dominante entre agentes no vinculados, se utiliza la razón de la vinculación en sentido negativo. Así, señalaba el informe:

> "Informe de la Cuarta Reunión de Expertos Gubernamentales en Materia de Libre Competencia. Proyecto de Decisión acordado – Anexo 3: Artículo 9.
> *Se entenderá que uno o más agentes económicos no vinculados entre sí, tienen posición de dominio en el mercado relevante,* cuando tengan la posibilidad de restringir, afectar o distorsionar, en forma sustancial, las condiciones de la oferta o demanda en dicho mercado, sin que los demás agentes económicos competidores o no, potenciales o reales, o los consumidores puedan, en ese momento o en un futuro inmediato, contrarrestar dicha posibilidad (cursivas propias).
> La segunda mención a la vinculación de empresas se realizó en referencia a los derechos y obligaciones de los miembros del Comité Andino de Competencia:
> Informe de la Cuarta Reunión de Expertos Gubernamentales en Materia de Libre Competencia. Proyecto de Decisión acordado–Anexo 3: Artículo 41
> Constituyen derechos y obligaciones de los miembros del Comité los siguientes:
> [...]
> H) Abstenerse de trabajar para o asesorar a un agente económico investigado o *con otro con el que se tenga vinculación accionaria u otra dentro del año siguiente a la investigación* (cursivas propias)".

Posteriormente, en la versión aprobada de la Decisión 608, la cual se encuentra vigente, en el artículo 9 resultó eliminada la expresión "no vinculadas", mientras que el artículo 41 literal h) del proyecto, terminó siendo el artículo 40 de la Decisión 608, en idéntica forma.

Consultados los antecedentes de la expedición de la Decisión 608, la Normativa Andina no ofrece una interpretación del sentido, significado y efecto de la frase "personas vinculadas", que pueda interpretarse como la creación de una presunción de imputación de la responsabilidad a una matriz cuando se abre una investigación en contra de una subsidiaria, sin que exista prueba de la participación de la matriz en alguna conducta anticompetitiva.

En relación con la imputación de la responsabilidad, la Decisión 608 es bastante clara al señalar que las conductas que se sancionan como anticompetitivas en los artículos 7 y 8, son aquellas que sean desarrolladas por "agentes económicos". En este sentido se debe reconocer que en los términos de la Decisión 608, para que se pueda investigar y sancionar a una persona, es absolutamente indispensable que la SGCAN tenga pruebas en el sentido de que el agente económico ha realizado conductas que restringieron de manera indebida la competencia en el mercado.

Así, se puede concluir que de la Decisión 608 no se desprende ninguna imputación a las sociedades matrices por el hecho de ser matrices. En efecto, para que una empresa pueda ser imputada de ser responsable de violar las normas de competencia comunitarias, la práctica o realización de la conducta debe poder imputársele y probársele.

En efecto, el artículo 10 de la Decisión 608 señala que se puede iniciar una investigación cuando existan indicios de que las empresas a las que se investiga han *realizado* conductas que pudieran restringir la competencia de manera indebida.

> "Artículo 10.- La Secretaría General *podrá iniciar* investigación de oficio o a solicitud de las autoridades nacionales competentes en materia de libre competencia o de los organismos nacionales de integración de los Países Miembros, o de las personas naturales o jurídicas, de derecho público o privado, organizaciones de consumidores u otras entidades *cuando existan indicios de que éstos han realizado conductas que pudieran restringir de manera indebida la competencia en el mercado* (cursivas propias)".

Como se puede observar, el artículo 10 no hace ninguna alusión a que las "personas vinculadas" definidas en el artículo 1, puedan resultar imputadas en una investigación sin que exista algún indicio de conducta restrictiva.

Por otra parte, el mercado andino no es tan homogéneo como el mercado europeo, las normas de cada país difieren sustancialmente y no ha habido en la CAN el mismo proceso de integración que ocurrió en la Unión Europea, por lo que la aplicación de la teoría del ente económico único que se ha utilizado en Europa debe hacerse con cautela, pues frente a mercados tan diferentes la realización y conocimiento de conductas con efectos comunitarios es difícil. A pesar de lo anterior, la SGCAN adoptó una decisión en el sentido de declarar como persona vinculada a la matriz extranjera de sociedades incorporadas en los países miembros de la CAN, e imponerle obligaciones a la matriz por la conducta de sus filiales, por considerar que la matriz, "al tener influencia decisiva sobre sus filiales, debe desarrollar mecanismos adicionales de control para evitar que se reactiven o generen nuevas prácticas anticompetitivas por parte de este grupo económico en la subregión andina".[440]

2.6 Prácticas restrictivas de la libre competencia en la normativa de la CAN

Las conductas restrictivas de la libre competencia en la CAN se encuentran definidas en el Capítulo III, artículos 7 a 9 de la Decisión 608. Los tipos de conductas previstos son los acuerdos y las conductas de abuso de la posición dominante en el mercado. La Decisión 608 no contiene una cláusula de prohibición general que abarque conductas contrarias a la libre competencia no contenidas en los mencionados artículos.

La Decisión 608 establece una presunción de hecho, de conformidad con la cual las conductas definidas como restrictivas de la competencia se reputan ilegales, aunque las personas imputadas por la realización de una de estas conductas podrían demostrar lo contrario.

El artículo 7 de la Decisión 608 presenta una lista no taxativa de acuerdos anticompetitivos; mientras que el artículo 8 despliega una lista taxativa de conductas de abuso de la posición dominante. Por último, el artículo 9 contiene la definición de la posición de dominio en el mercado. Los mencionados artículos disponen lo siguiente:

"Artículo 7.- Se presumen que constituyen conductas restrictivas a la libre competencia, entre otros, los acuerdos que tengan el propósito o el efecto de:
a) Fijar directa o indirectamente precios u otras condiciones de comercialización;
b) Restringir la oferta o demanda de bienes o servicios;
c) Repartir el mercado de bienes o servicios;
d) Impedir o dificultar el acceso o permanencia de competidores actuales o potenciales en el mercado; o,
e) Establecer, concertar o coordinar posturas, abstenciones o resultados en licitaciones, concursos o subastas públicas.
Se excluyen los acuerdos intergubernamentales de carácter multilateral.
Artículo 8.- Se presumen que constituyen conductas de abuso de una posición de dominio en el mercado:
a) La fijación de precios predatorios;

---

[440]   Secretaría General de la Comunidad Andina "Resolución 2006 del 28 de mayo de 2018". Esta afirmación no fue cambiada por la Resolución 2236 de 2021, por medio de la cual se resolvieron los recursos de reconsideración interpuestos por Kimberly Clark, Familia, la SIC y el Mincetur, contra la Resolución 2006 de 2018. Expediente No. 002/LC/SJ 2016. (SGCAN, 2018).

b) La fijación, imposición o establecimiento injustificado de la distribución exclusiva de bienes o servicios;

c) La subordinación de la celebración de contratos a la aceptación de prestaciones suplementarias que, por su naturaleza o arreglo al uso comercial, no guarden relación con el objeto de tales contratos;

d) La adopción de condiciones desiguales con relación a terceros contratantes de situación análoga, en el caso de prestaciones u operaciones equivalentes, colocándolos en desventaja competitiva;

e) La negativa injustificada, a satisfacer demandas de compra o adquisición, o a aceptar ofertas de venta o prestación, de productos o servicios;

f) La incitación a terceros a no aceptar la entrega de bienes o la prestación de servicios; a impedir su prestación o adquisición; o, a no vender materias primas o insumos, o prestar servicios, a otros; y,

g) Aquellas conductas que impidan o dificulten el acceso o permanencia de competidores actuales o potenciales en el mercado por razones diferentes a la eficiencia económica.

Artículo 9.- Se entenderá que uno o más agentes económicos tienen posición de dominio en el mercado relevante, cuando tengan la posibilidad de restringir, afectar o distorsionar, en forma sustancial, las condiciones de la oferta o demanda en dicho mercado, sin que los demás agentes económicos competidores o no, potenciales o reales, o los consumidores puedan, en ese momento o en un futuro inmediato, contrarrestar dicha posibilidad".

2.6.1 Comentarios a la norma sobre acuerdos anticompetitivos

Los comentarios relacionados con los acuerdos definidos en el artículo 7 de la Decisión 608 son los siguientes:

a. Como se advirtió arriba, la Decisión 608 no contiene una cláusula general de prohibición de todas las prácticas restrictivas de la competencia, la cual podría resultar útil para investigar aquellas conductas anticompetitivas que no se encuentran expresamente definas en los artículos 7 a 9 de la Decisión.

b. El artículo 7 establece una presunción no taxativa de los acuerdos que se consideran contrarios a la libre competencia, lo cual deja la puerta abierta a la SGCAN para investigar acuerdos que no se encuentran dentro de las cinco (5) categorías definidas. Lo anterior resulta inseguro en ausencia de una cláusula de prohibición general que pueda establecer las características que deben tener los acuerdos para ser calificados como anticompetitivos, cuando no se encuentran dentro de una de las cinco (5) categorías establecidas en el artículo 7.

c. El artículo 7 no distingue entre conductas horizontales y verticales, lo cual demuestra que la Decisión 608 se encuentra rezagada frente al desarrollo del derecho de la competencia a nivel mundial.

En efecto, en noviembre de 1997, la Corte Suprema de Justicia estadounidense, se pronunció en el caso de *State Oil v. Barkat Khan*, por medio del cual modificó de manera importante la doctrina establecida en 1968 en el caso de *Albrecht v. Herald Co.*, en el cual la Corte Suprema había establecido que los acuerdos verticales de fijación de precios máximos eran ilegales *per se*. En dicho caso, la Corte estableció que los acuerdos verticales de fijación de precios máximos al público debían ser analizados bajo la *regla de la razón* y no bajo la *regla per se*.

En 2007, es decir, diez años después del caso State Oil v. Barkat Khan, la Corte decidió el caso de Leegin Creative Leather Products, Inc. v. PSKS, Inc., por medio del cual los acuerdos verticales de fijación de precios mínimos se empezaron a analizar con base en la *regla de la razón* en vez de con la *regla per se*. Este tipo de análisis demuestra que hoy en día es necesario distinguir las conductas horizontales de las verticales, como se hace en Europa, en Estados Unidos y en muchas otras jurisdicciones.[441]

d. En el listado del artículo 7 hacen falta conductas tales como los acuerdos de cuotas, de ventas atadas y de limitación de desarrollos técnicos.

2.6.2 Comentarios a las normas sobre posición de dominio y abuso de la posición dominante en el mercado

Los comentarios relacionados con la definición de la posición de dominio y de las conductas de abuso de la posición dominante en el mercado establecidas en los artículos 8 y 9 de la Decisión 608 son los siguientes:

a. La definición de posición de dominio contenida en el artículo 9 es genérica y consistente con este concepto en las principales legislaciones del mundo. Adicionalmente, contempla la posibilidad de la posición de dominio individual o conjunta.

---

[441] Alfonso Miranda Londoño, "Origen y Evolución del Derecho de la Competencia en Colombia. La Ley 155 de 1959 y su legado", *Cedec. Revista de Derecho de la Competencia*, (2011), 56-148.

b. El artículo 8 establece una presunción taxativa de las conductas que se consideran como abusivas de la posición de dominio en el mercado. Aunque no lo dice, debe entenderse que un requisito para la investigación de estas conductas es que exista la posición de dominio del agente económico imputado de conformidad con lo definido en el artículo 9.

c. Resulta cuestionable una conducta tan vaga como la contenida en el literal f) del artículo 8, de conformidad con el cual se considera abuso de la posición de dominio "aquellas conductas que impidan o dificulten el acceso o permanencia de competidores actuales o potenciales en el mercado por razones diferentes a la eficiencia económica".

2.7 Procedimiento para la investigación y sanción de las prácticas restrictivas de la competencia en la CAN

Como se mencionó en párrafos anteriores, la SGCAN tiene la competencia para abrir investigaciones por la presunta realización de prácticas restrictivas de la competencia con dimensión comunitaria e imponer medidas tendientes a proteger la libre competencia, sea de oficio, a solicitud de las autoridades de competencia de los Países Miembros, de los organismos de integración, de personas naturales o jurídicas, organizaciones de consumidores u otras entidades, cuando existan indicios sobre la restricción indebida del mercado. Para estos efectos, la SGCAN debe actuar bajo los principios de legalidad, celeridad, eficiencia, trato igualitario a las partes y transparencia, según lo dispone la *Guía práctica para la aplicación de la Decisión 608.*[442]

2.7.1 Inicio de la investigación

La Decisión 608 de 2005[443] indica que la solicitud de inicio de investigación debe contener toda la información requerida, es decir: datos, identificación, domicilio, descripción detallada de la conducta denunciada, perio-

---

[442]   Comunidad Andina, Guía práctica para la aplicación de la Decisión 608 de 2005 (CAN, 2005).

[443]   Comisión de la Comunidad Andina, Decisión 608 de 2005. Reglas para la protección y promoción de la libre competencia en la Comunidad Andina. (Comisión CAN, 2005).

do en el cual se habría realizado la presunta conducta, los involucrados y sus datos, las características de los bienes o servicios objeto de la conducta denunciada y los elementos de prueba que tenga al alcance el denunciante (Decisión 608, Artículo 11).

Dicha solicitud puede ser retirada antes que la SGCAN resuelva frente a la apertura de la investigación. Sin embargo, puede continuar de oficio o a petición de una autoridad nacional competente.

Una vez recibida la denuncia, la SGCAN debe pronunciarse dentro de los quince (15) días hábiles siguientes a la fecha de recepción, para determinar si se cumplen los requisitos sustanciales y de forma de la denuncia. La SGCAN le debe informar al denunciante si la información está completa y en caso de no estarlo, le otorga al denunciante quince (15) días hábiles para completar la información. Este último plazo puede ser prorrogado por otros cinco (5) días hábiles a petición del solicitante (Decisión 608, Artículo 13). En todo caso, si la Secretaría no recibe la información en los plazos establecidos, debe desestimar la denuncia y disponer su archivo.

Si la información fue completada correctamente la SGCAN debe hacer un pronunciamiento frente la apertura de la investigación en un plazo máximo de quince (15) días hábiles. Dicho pronunciamiento se expide por medio de una resolución, la cual se publica en la Gaceta Oficial del Acuerdo de Cartagena y se notifica al denunciante, al denunciado, a los organismos nacionales de integración, a las oficinas nacionales competentes de los Países Miembros y a los miembros del Comité Andino de Defensa de la Libre Competencia (Decisión 608, Artículo 13).

La Resolución de la Secretaría debe contener:

a. la conducta objeto de la investigación;

b. las características de los bienes o servicios objeto de la investigación;

c. la identificación de las partes;

d. su relación económica con la conducta;

e. la relación y elementos de prueba que sustentan la solicitud;

f. el plazo para que las partes presenten pruebas; y

g. la identificación de las autoridades nacionales competentes que van a cooperar con la investigación.

A partir de la publicación de la resolución de apertura de la investigación, la Secretaria cuenta con cinco (5) días hábiles para solicitar a las autoridades competentes la realización de investigaciones propias con el fin de determinar la existencia de la conducta anticompetitiva. Una vez remitida esta solicitud, la SGCAN cuenta con quince (15) días hábiles para elaborar un Plan de Investigación, junto con las autoridades nacionales competentes a las cuales solicitó cooperación (Decisión 608, Artículo 15). El Plan de Investigación debe ser notificado a las partes interesadas.

La SGCAN y las autoridades de forma cooperativa pueden: citar e interrogar a las empresas investigadas, realizar inspecciones y tomar declaraciones a personas relacionadas, reproducir documentos, tomar fotografías, copias, entre otras medidas tendientes a fortalecer la investigación (Decisión 608, Artículo 16). Sin perjuicio de lo anterior, el procedimiento, la práctica de pruebas, las facultades de la autoridad y demás actuaciones que procedan en la investigación, deben tener en cuenta la legislación de libre competencia del país miembro donde se realiza la actuación (Decisión 608, Artículo 16).

2.7.2 Trámite de la Investigación

La investigación se desarrolla en dos etapas: (i) una primera, en la Sede Nacional, la cual la realiza la autoridad o las autoridades de los países miembros que colaboran con la investigación, y (ii) la segunda etapa se desarrolla en Sede Comunitaria, directamente por la SGCAN.

La investigación en Sede Nacional se debe desarrollar en un plazo máximo de noventa (90) días hábiles, a partir de la notificación del Plan de Investigación de la Secretaría (Decisión 608, Artículo 17). En este lapso, los interesados pueden presentar alegatos y solicitar una audiencia pública para confrontar los mismos. La convocatoria a audiencia debe ser comunicada con diez (10) días hábiles de anticipación a las partes, a los Organismos de Integración, y a los miembros del Comité (Decisión 608, Artículo 26).

Posteriormente, ya en la Sede Comunitaria, la SGCAN cuenta con cuarenta y cinco (45) días hábiles adicionales para realizar sus propias determinaciones, en las que puede complementar la investigación, solicitar nueva información de las autoridades nacionales competentes, de las partes, de los gobiernos o verificar la información que ya tiene (Decisión 608, Artículo 19). También son llamados a colaborar las personas naturales o jurídicas de los países miembros que se requieran en este periodo, mediante información, pruebas o alegatos, en caso de ser necesario.

Después de los cuarenta y cinco (45) días mencionados, la SGCAN tiene otros diez (10) días hábiles para elaborar el Informe de Resultados de la investigación y remitirlo a los miembros del Comité. A partir ese momento, las partes cuentan con quince (15) días hábiles para presentar alegatos escritos, los cuales son remitidos nuevamente a los miembros del Comité (Decisión 608, Artículo 20). A continuación, la Secretaría cuenta con cinco (5) días hábiles para reunirse con los miembros del Comité, y estos últimos con veinte (20) días hábiles para volver a reunirse a partir de la convocatoria de la SGCAN (Decisión 608, Artículo 21).

Luego, corresponde al presidente del comité rendir informe a la SGCAN en un plazo máximo de treinta (30) días hábiles (Decisión 608, Artículo 21). Si no lo hace se entiende que el Comité consintió en lo dicho por el informe de resultados de la investigación.

Una vez surtido este trámite, el secretario general de la CAN debe decidir sobre el caso mediante una resolución en la que se notifica a los investigados y a las autoridades de competencia de los países miembros y se publica en la Gaceta Oficial de la CAN.

En contra de la decisión del Secretario General, procede el recurso de reconsideración, dentro de los cuarenta y cinco (45) días hábiles siguientes a la notificación del acto que se impugna (Decisión 425, Artículo 44)[444]. Una vez resuelto este recurso la decisión queda en firme, pero es susceptible de ser demandada mediante acción de nulidad ante el Tribunal de Justicia de la Comunidad Andina dentro de los dos (2) años siguientes a partir de la vigencia de la decisión (Tratado de Creación del Tribunal de Justicia, Artículo 20). La demanda no interrumpe el cumplimiento de la decisión, salvo que el demandante solicite y obtenga una medida cautelar consistente en la suspensión de la misma (Tratado de Creación del Tribunal de Justicia, Artículo 21)[445].

2.7.3 Información

La información del expediente es pública, salvo que sea calificada como confidencial, por su contenido o su oportunidad de divulgación. La SGCAN y las autoridades nacionales competentes garantizan la confidencia-

---

[444] Secretaría General de la Comunidad Andina, Decisión 425 de 1997. Reglamento de Procedimientos Administrativos de la Secretaría General de la Comunidad Andina. (SGCAN, 1997).

[445] Comunidad Andina, Tratado de Creación del Tribunal de Justicia de la Comunidad Andina de Naciones, (CAN, 1996).

lidad de la información. Dicha confidencialidad puede cesar en caso de que el interesado que la facilitó así lo solicite. (Decisión 608, Artículo 24).

2.7.4 Compromisos de Cese

El agente económico investigado por la Secretaría puede ofrecer compromisos voluntarios con el objetivo de cesar la conducta anticompetitiva, dentro de los veinte (20) días siguientes a la fecha de publicación de la resolución de apertura de la misma (Decisión 608, Artículo 27). En el evento de que presenten compromisos, la SGCAN debe convocar al Comité de Competencia para analizarlos.

La Secretaría General tiene la potestad de aceptar o desestimar los compromisos ofrecidos mediante resolución motivada. Si la Secretaría acepta los compromisos se da por concluida la investigación y se requiere a las partes para que estas suministren información de forma trimestral en función de verificar el cumplimiento de las obligaciones adquiridas. En caso de no aceptarse los compromisos, continuará la investigación.

Si se incumple con el suministro de información por parte del agente económico, la SGCAN podrá reiniciar la investigación mediante resolución motivada y aplicar medidas cautelares de ser necesario (Decisión 608, Artículo 29). Sin embargo, el agente económico puede solicitar a la Secretaría la reconsideración de las condiciones que existen en el compromiso, si cambian las condiciones del mercado relevante (Decisión 608, Artículo 30).

2.7.5 Medidas Cautelares

Las medidas cautelares pueden ser solicitadas a la Secretaría General, pero pueden también ser decretadas de oficio por la misma. La solicitud puede exigir una caución o garantía para el otorgamiento de dichas medidas siempre y cuando se demuestre que existe un interés legítimo, la inminencia del daño, un perjuicio irreparable o uno de difícil reparación. La Secretaría se encarga de expedir un auto que determina la medida, caución o garantía (Decisión 608, Artículo 31).

Las medidas cautelares de oficio buscan proteger el interés de la comunidad y son motivadas por la autoridad nacional de competencia del país donde se aplican. Estas medidas pueden buscar la suspensión provisional de la conducta restrictiva y deben ser emitidas en favor de la autoridad nacional competente, de conformidad con las leyes nacionales del Estado en el cual reside el solicitante (Decisión 608, Artículo 32).

La SGCAN debe pronunciarse sobre el decreto o rechazo de las medidas cautelares dentro de los veinte (20) días hábiles siguientes a la fecha de recepción de la solicitud o de la fecha de apertura de la investigación (Decisión 608, Artículo 33).

2.7.6 Medidas Correctivas y/o sancionatorias

Una vez la investigación arroje resultados tendientes a demostrar la realización de conductas anticompetitivas, la SGCAN puede ordenar el cese inmediato de las mismas y aplicar medidas correctivas o sancionatorias si lo encuentra necesario. Estas medidas pueden ser (i) el cese de la práctica en un periodo determinado (ii) la imposición de condiciones u obligaciones al infractor (iii) multas al infractor (Decisión 608, Artículo 34).

Para graduar las medidas correctivas o sancionatorias se deben tener en cuenta elementos como: la gravedad de los hechos, el beneficio obtenido, la conducta procesal de las partes, el nivel de daño causado, la dimensión del mercado afectado, la cuota de mercado de la empresa, el efecto de la restricción de la competencia sobre los competidores y los consumidores o usuarios y la duración de la conducta, entre otros aspectos (Decisión 608, Artículo 34).

En relación con las multas, estas no pueden superar el diez por ciento (10 %) del valor de los ingresos totales brutos del infractor en el año anterior a la fecha del pronunciamiento definitivo de la SGCAN. Así mismo, debe indicarse el monto, forma, oportunidad y lugar del pago de la multa (Decisión 608, Artículo 34).

Los gobiernos de los países miembros son responsables de la ejecución de las multas, dependiendo del lugar en el que se encuentra la empresa objeto de la medida, el principal centro de negocios de la empresa en la subregión, o donde sucedan los efectos de las prácticas denunciadas (Decisión 608, Artículo 35).

3. QUINTO RETO: OTRAS TRABAS Y DESINCENTIVOS AL PROGRAMA DE DELACIÓN

En esta sección presentaremos de manera breve algunas características adicionales de las normativas de competencia, que se constituyen en trabas y desincentivos al programa de delación.

3.1 La figura del instigador o promotor de la conducta y la prohibición de que acceda a los beneficios del programa

La prohibición para que el instigador o promotor de la conducta acceda a los beneficios del programa existe en varias jurisdicciones, pero en la práctica resulta muy inconveniente y tiene el potencial de afectar la confianza de delatores actuales o potenciales.

Debe considerarse que en muchos casos los cárteles empresariales tienen una duración prolongada, que pueden durar varios años, y que el liderazgo para el funcionamiento del cártel puede cambiar a lo largo del tiempo, así como cambia la posición de los competidores en el mercado, por lo que existe la posibilidad de que, en el transcurso de la vida del cártel, el mercado haya tenido más de una empresa líder que haya tenido participación en el cártel, a quien se podría identificar de manera justa o injusta como el instigador o promotor de la conducta. Debe entonces decidirse cuál de estos agentes de mercado debe estar excluido de los beneficios del programa de delación: si el primero, el último, el que más tiempo duró impulsando el cártel, todos ellos o ninguno de ellos.

El otro aspecto que debe considerarse es que, desde el punto de vista de la conducta ilegal, es tan reprochable la conducta del promotor, como la de los demás integrantes del cártel. Por eso tiene sentido el giro que se le ha dado a esta figura en el derecho colombiano, en el cual la ley excluye la posibilidad de que el instigador o promotor de la conducta pueda acceder a los beneficios del programa de delación; sin embargo, en el reglamento de la ley se ha incluido una definición de la figura del instigador o promotor de la conducta que disminuye de manera importante el desincentivo que esta figura puede generar. En efecto, el Artículo 14 (1) de la Ley 1340 de 2009, establece que "Los beneficios podrán incluir la exoneración total o parcial de la multa que le sería impuesta. *No podrán acceder a los beneficios el instigador o promotor de la conducta* (cursivas propias)". Posteriormente, el artículo 1 del Decreto 253 de 2022 derogó el Decreto 1523 de 2015 y sustituyó en su integridad el capítulo 29 del Título 2 de la Parte 2 del Libro 2 del Decreto Único Reglamentario del Sector Comercio, Industria y Turismo, Decreto 1074 de 2015 e introdujo la siguiente definición:

> "Decreto. 253 de 2022.
> Artículo. 2.2.2.29.1.2. Definiciones. Para los efectos del presente Capítulo se observarán las siguientes definiciones:
>
> 1.Instigador o Promotor. Es la persona que mediante coacción o grave amenaza induzca a otra u otras a iniciar o hacer parte de una conducta anticompetitiva en la que participen dos (2) o más agentes del mercado de forma coordinada, siempre que dicha coacción o grave amenaza permanezca durante la ejecución de la conducta y resulte determinante en la conducta de los agentes involucrados".

A renglón seguido, en la Sección 2 del Decreto 253 de 2022, que contiene las "Condiciones generales para recibir beneficios por colaboración", se incluye el siguiente artículo que complementa la norma citada:

> "Decreto 253 de 2022.
> Artículo 2.2.2.29.2.1. *Prohibición de conceder beneficios por colaboración al instigador o promotor.* Los beneficios por colaboración no se podrán conceder al Instigador o Promotor de la conducta anticompetitiva denunciada.
> Para acceder a los beneficios, el Solicitante declarará que, para efectos de la conducta que delata, no ha sido instigador o promotor.
> El que afirme que otro es Instigador o Promotor de la conducta anticompetitiva, deberá probarlo.
> En todo caso, durante el programa de beneficios por colaboración se aplicarán los postulados del principio constitucional de buena fe".

Como se puede observar, las normas del régimen colombiano están diseñadas para eliminar o disminuir el desincentivo que puede generar en el programa de delación la regla mencionada, la cual fue incluida de manera escueta en la norma de rango legal. Así, a través del decreto reglamentario se le da un sentido a la norma que permite una mejor efectividad del programa en la práctica, ya que se define al instigador o promotor como alguien que obliga a otros a participar en el cártel, mediante coacción o grave amenaza que debe permanecer vigente durante la ejecución del acuerdo.

Ahora bien, el derogado Decreto 1523 de 2015 en su artículo 2.2.2.29.2.1. contenía una presunción de hecho en el sentido de que el solicitante al programa de delación no era el *promotor o instigador* del acuerdo anticompetitivo que estaba delatando ante la SIC. El Decreto 253 de 2022 elimina esta presunción y deja el artículo 2.2.2.29.2.1. con tres (3) adiciones repartidas entre el primer, segundo y cuarto incisos.

a. La primera se encuentra en el inciso primero y consiste en la prohibición expresa de otorgar los beneficios por colaboración al Instigador o Promotor de la conducta. Aunque esta prohibición no se encontraba en el artículo 2.2.2.29.2.1. del Decreto 1523 de 2015, ello era porque la norma contenía una presunción de hecho, en el sentido de que el solicitante al programa de delación no era el Instigador o Promotor de la conducta; pero la prohibición de otorgarle los beneficios del programa de delación al Instigador o Promotor, viene del artículo 14 (1) de la Ley 1340 de 2009, es decir, que ha sido una constante desde el inicio del programa de delación en Colombia.

b. La segunda modificación se encuentra en el inciso segundo del artículo, el cual le exige a quien solicite su admisión al programa de delación, que declare que no es el Instigador o Promotor de la conducta anticompetitiva que se delata.

c. La tercera y última modificación se encuentra en el inciso cuarto del artículo y consiste en invocar la aplicación del principio constitucional de buena fe al programa de delación.

Al respecto debe tenerse en cuenta que de conformidad con lo dispuesto por el artículo 4 de la Constitución Política, la misma es "norma de normas", razón por la cual no es necesario que el nuevo decreto invoque el principio de la buena fe, para que a esta y a todas las actuaciones administrativas se les aplique el artículo 83 de la Constitución Política el cual establece que "las actuaciones de los particulares y de las autoridades públicas deberán ceñirse a los postulados de buena fe, la cual se presumirá en todas las gestiones que aquellos adelante ante estas".

Así mismo, de conformidad con el Artículo 2 de la ley 1437 de 2011, (Código de Procedimiento Administrativo y de lo Contencioso Administrativo, CPACA), la Superintendencia de Industria y Comercio debe aplicar a todas sus actuaciones administrativas el artículo 3(4), el cual consagra el principio de buena fe en los siguientes términos "4. en virtud del principio de buena fe, las autoridades y los particulares presumirán el comportamiento leal y fiel de unos y otros en el ejercicio de sus competencias, derechos y deberes".

Pero adicionalmente, el inciso tercero del mencionado artículo 2.2.2.29.2.1 del Decreto 253 de 2022 reitera una regla que ya estaba incluida en el Decreto 1523 de 2015 y según la cual "El que afirme que otro es Instigador o Promotor de la conducta anticompetitiva, deberá probarlo".

Como se puede observar, la prohibición de otorgarle los beneficios del programa al instigador o promotor de la conducta, constituye un desincentivo a la delación, puesto que disminuye la protección para los potenciales delatores. Sin embargo, la regulación introducida por el gobierno tiende a reducir este desincentivo y a mitigar sus efectos con el fin de proteger el atractivo del programa de delación.

En efecto, en la situación actual, si bien no existe la presunción en el sentido de que el solicitante al programa de delación no es el *instigador o promotor* de la conducta (lo cual es negativo para el programa de delación), una vez el solicitante haga su declaración en el sentido de que no lo es, dicha declaración debe ser recibida bajo el principio constitucional de buena fe y quien afirme que el solicitante es el *instigador o promotor*, tendrá la carga de demostrarlo, carga que también es aplicable para la SIC.

Estas reglas están orientadas a eliminar o disminuir el temor que puede embargar al potencial solicitante del programa de delación, quien se puede ver en una posición muy complicada si después de tomar la decisión de delatar, resulta que su posición de delator se ve comprometida porque otro participante del cártel o un tercero lo acusa de ser el instigador o promotor del cártel, con lo cual podría perder el acceso a los beneficios del programa de delación. Al respecto se debe destacar que de conformidad con lo dispuesto en el parágrafo del Artículo 2.2.2.29.2.4. del Decreto 253 de 2022, que modificó el mismo artículo del Decreto 1523 de 2015, en caso de que la autoridad decida que una solicitud de clemencia no cumple con los requisitos exigidos por la ley, por ejemplo, porque el solicitante es el instigador o promotor de la conducta, los demás solicitantes, por debajo de él, ascenderán en la escala de beneficios del programa, por lo que en realidad existe un incentivo económico para que los delatores que llegan después intenten derrocar a los solicitantes anteriores, que tengan una posición superior dentro del respectivo programa de delación. Al respecto dice el parágrafo mencionado lo siguiente:

> "Artículo. 2.2.2.29.2.4. Mecanismos para definir el momento de entrada al Programa de Beneficios por Colaboración.
> [...]
> Parágrafo 1. Si iniciado un trámite de beneficios por colaboración, el funcionario competente y el solicitante no suscriben el respectivo Convenio de Beneficios por Colaboración, los demás Solicitantes o Delatores que estuviesen en turno tendrán derecho a ascender en el respectivo orden de prelación".

Debe tenerse en cuenta que la decisión de delatar requiere de valor y confianza en el sistema jurídico, que no es una decisión fácil y que de seguro le acarreará al solicitante importantes riesgos e inconvenientes como se ha visto a lo largo de la obra; pero si además de eso, el esfuerzo del solicitante se puede ver truncado por el hecho de que se le rotule como Instigador o Promotor del cártel, con lo que en adición a todos los problemas que enfrentará por el hecho de delatar, puede llegar a perder los beneficios de la delación, lo más probable es que se abstenga de acudir a la autoridad de competencia para delatar.

Por esa razón, se propone eliminar esa prohibición, junto con la definición de instigador o promotor, para que quienes quieran aplicar al programa no tengan prevención por este motivo. En su defecto, se propone incluir definiciones y restricciones como las que en buena hora se incluyeron en la normativa de Colombia para disminuir este desincentivo.

En relación con este punto, la situación de los países que se tomaron como base para la comparación, es la siguiente:

Tabla 28. Prohibición de que el instigador o promotor de la conducta pueda acceder a los beneficios del Programa de Delación

País	Prohibición de que el instigador o promotor de la conducta pueda acceder a los beneficios del Programa de Delación
Colombia	En Colombia, el artículo 14 de la Ley 1340 de 2009 prohíbe que el Instigador o Promotor de la Conducta pueda acceder a los beneficios del Programa de Delación, regla que como se ha explicado presenta dificultades para la efectividad del programa de delación. Sin embargo, las normas regulatorias, contenidas en el Decreto 253 de 2022, que sustituyó el Decreto 1523 de 2015, mitigan los efectos de esta prohibición en la siguiente forma: Ley 1340 de 2009. Artículo 14. Beneficios por Colaboración con la Autoridad. La Superintendencia de Industria y Comercio podrá conceder beneficios a las personas naturales o jurídicas que hubieren participado en una conducta que viole las normas de protección a la competencia, en caso de que informen a la autoridad de competencia acerca de la existencia de dicha conducta y/o colaboren con la entrega de información y de pruebas, incluida la identificación de los demás participantes, aun cuando la autoridad de competencia ya se encuentre adelantando la correspondiente actuación. Lo anterior, de conformidad con las siguientes reglas: Ley 1340 de 2009. 1. Los beneficios podrán incluir la exoneración total o parcial de la multa que le sería impuesta. *No podrán acceder a los beneficios el instigador o promotor de la conducta* (cursivas propias). [...]

	Decreto 253 de 2022.
	Artículo 2.2.2.29.1.2. *Definiciones.* Para los efectos del presente Capítulo se observarán las siguientes definiciones:
	1. Instigador o Promotor. Es la persona que mediante coacción o grave amenaza induzca a otra u otras a iniciar o hacer parte de una conducta anticompetitiva en la que participen dos (2) o más agentes del mercado de forma coordinada, siempre que dicha coacción o grave amenaza permanezca durante la ejecución de la conducta y resulte determinante en la conducta de los agentes involucrados.
	[...]
	Artículo 2.2.2.29.2.1. *Prohibición de conceder beneficios por colaboración al instigador o promotor.* Los beneficios por colaboración no se podrán conceder al Instigador o Promotor de la conducta anticompetitiva denunciada.
	Para acceder a los beneficios, el Solicitante declarará que, para efectos de la conducta que delata, no ha sido instigador o promotor.
	El que afirme que otro es Instigador o Promotor de la conducta anticompetitiva, deberá probarlo.
	En todo caso, durante el programa de beneficios por colaboración se aplicarán los postulados del principio constitucional de buena fe.
	Artículo 2.2.2.29.3.1. *Concesión y pérdida de beneficios para el suscriptor del Convenio de Beneficios por Colaboración.* En el acto administrativo que decida la actuación administrativa el Superintendente de Industria y Comercio concederá los beneficios por colaboración convenidos con el Funcionario Competente, salvo que ocurra alguna de las siguientes causales previstas para la pérdida de tales beneficios:
	[...]
	5. Cuando se pruebe que el Delator ostentó la condición de Instigador o Promotor de la conducta delatada.
	[...]
	Parágrafo. En el evento en que se afirme que algún partícipe en la conducta delatada tiene la condición de Instigador o Promotor, la pérdida de beneficios será decidida por el Superintendente de Industria y Comercio al resolver el caso, garantizando el debido proceso y el derecho de defensa.
Perú	En Perú, los artículos el artículo 26.2. literal f) y 26.5 del TUO del Decreto Legislativo 1034 de 2008, prohíben la posibilidad de que quien haya ejercido coerción sobre otros agentes de mercado para la ejecución de una conducta anticompetitiva pueda acceder a los beneficios del Programa de Clemencia.

En este sentido, si el material probatorio permite verificar que quien presenta la solicitud de delación ejerció coerción sobre otros agentes de mercado para la ejecución de una conducta anticompetitiva, la Comisión denegará el beneficio de exoneración de la sanción a cambio de la colaboración

Decreto Legislativo 1034 de 2008.

Artículo 26. Exoneración de la sanción. (Artículo modificado por el artículo 1 del Decreto Legislativo número 1205, publicado el 23 de septiembre de 2015.)

[...]

26.2.

[...]

f) Si la Comisión impusiese sanciones en el marco del procedimiento administrativo sancionador, deberá otorgar la exoneración de sanción a la solicitante. Únicamente podrá denegar dicho beneficio cuando la Secretaría Técnica haya informado del incumplimiento no subsanado del deber de colaboración por parte del solicitante, en cuyo caso la Comisión deberá valorar dicho incumplimiento al decidir si otorga o no dicho beneficio. La Comisión también podrá denegar dicho beneficio si del análisis de los elementos de prueba se verifica de manera indubitable que el solicitante se encuentra en la situación a la que se refiere el artículo 26.5, previo informe de la Secretaría Técnica en el mismo sentido.

La norma transcrita establece la prohibición de otorgar los beneficios a la solicitud de exoneración de la sanción para aquella hipótesis prevista en el artículo 26.5 del TUO del D.L. 1034 de 2008, en virtud de la cual no se puede beneficiar de la exoneración de la sanción, quien haya ejercido coerción sobre otros agentes.

Decreto Legislativo 1034 de 2008

Artículo 26. Exoneración de la sanción. (Artículo modificado por el artículo 1 del Decreto Legislativo número 1205, publicado el 23 de septiembre de 2015.)

[...]

26.5. El agente económico que haya ejercido coerción sobre otros agentes para la ejecución de una conducta infractora no podrá beneficiarse con la exoneración de la sanción aplicable. Podrá, no obstante, beneficiarse con una reducción de la multa en la medida que introduzca elementos de juicio que aporten un valor agregado significativo a las actividades de instrucción y sanción de la Secretaría Técnica y la Comisión, aplicándose los rangos indicados en el numeral 26.3 del presente artículo.

Como se puede observar, el último párrafo de este artículo permite sin embargo que quienes hayan ejercido coerción puedan obtener una reducción de la multa dependiendo de los elementos de juicio que aporten, el valor que esto represente en el marco de la investigación y el proceso para perseguir la realización de la conducta anticompetitiva.

La Guía de Clemencia del Indecopi analiza la coerción en estos casos desde dos perspectivas: la primera mediante una definición en su glosario y la segunda al hacer referencia a la determinación de la existencia de coerción.

En lo que respecta a la definición de coerción, la Guía dice que la misma consiste en la "Realización de actuaciones que impliquen violencia, amenaza de violencia, así como la amenaza o materialización de represalias económicas que ostensiblemente hayan determinado la participación de agentes económicos que en un principio se habrían encontrado renuentes a involucrarse en el cártel".[446]

> Esta definición se complementa con la siguiente explicación del análisis que debe hacer la autoridad en esta jurisdicción frente a casos como estos:
>
> Para el análisis correspondiente, la autoridad considerará como coerción la realización de actuaciones que impliquen violencia o amenaza de violencia física, así como la amenaza o materialización de represalias económicas que ostensiblemente hayan determinado la participación de agentes económicos que en un principio se habrían encontrado renuentes a involucrarse en un cártel.[447]

Frente a la consecuencia de calificar la conducta de un solicitante como coercitiva, la guía reitera lo ya explicado respecto de las normas transcritas anteriormente de la siguiente manera "la calificación de un colaborador como "coercionador" lo inhabilitara para acceder al beneficio de exoneración de sanción (Clemencia Tipo A o B)"[448].

Esta inhabilidad se puede presentar en dos hipótesis de hecho: (i) la primera cuando se presenta una solicitud, caso en el cual la autoridad no puede

---

[446]   Instituto Nacional de Defensa de la Competencia y de la Protección de la Propiedad Intelectual, *Guía del Programa de Clemencia*, 3. https://www.indecopi.gob.pe/documents/1902049/3761587/Gu%C3%ADa+del+Programa+de+Clemencia.pdf/0a0d49ba-167d-f9f3-e878-b21c326b31ff

[447]   Instituto Nacional de Defensa de la Competencia y de la Protección de la Propiedad Intelectual, *Guía del Programa de Clemencia*, 10. https://www.indecopi.gob.pe/documents/1902049/3761587/Gu%C3%ADa+del+Programa+de+Clemencia.pdf/0a0d49ba-167d-f9f3-e878-b21c326b31ff

[448]   Instituto Nacional de Defensa de la Competencia y de la Protección de la Propiedad Intelectual, *Guía del Programa de Clemencia*, 10. https://www.indecopi.gob.pe/documents/1902049/3761587/Gu%C3%ADa+del+Programa+de+Clemencia.pdf/0a0d49ba-167d-f9f3-e878-b21c326b31ff

suscribir el compromiso de exoneración de sanción correspondiente a la clemencia tipo A o B, y (ii) la segunda respecto de casos cuando ya se haya suscrito un compromiso de exoneración de sanción, caso en el cual la autoridad no recomendará ratificar el beneficio sino una reducción de la sanción.[449]

Un caso particular de esta jurisdicción es el análisis respecto de la información y documentación que aporta el colaborador en el marco de su solicitud y cumplimiento del compromiso suscrito con la autoridad competente. Sobre este particular la Guía del Programa de Clemencia es clara y enfática al afirmar que "aunque el Colaborador decidiera retirar su solicitud en esta etapa, no será posible devolverla documentación alguna que haya sigo introducida al expediente en que se tramita el procedimiento administrativo sancionador"[450].

Por último, la guía a manera de ejemplo enuncia ciertas hipótesis que no se consideran como coercitivas, las cuales son

(i) las acciones o amenazas que no permiten evidenciar un riesgo real de salida del mercado, a pesar de que pueda implicar una reducción en los márgenes de ganancias del afectado; (ii) simples mecanismos consensuados entre los miembros del cártel para monitorear y castigar el incumplimiento de sus acuerdos; (iii) el adoptar un posición de liderazgo al interior del cártel; y, (iv) castigos o amenazas mutuas entre miembros del cártel con similar tamaño o poder de mercado.[451]

En conclusión, de conformidad con las normas citadas y la Guía del Programa de Clemencia, la consecuencia de la coacción sobre otro agente de mercado para la ejecución de una conducta anticompetitiva, es la imposibilidad de obtener la exoneración total de la multa, aunque dicho agente económico si puede obtener reducción de la misma.

---

[449] Instituto Nacional de Defensa de la Competencia y de la Protección de la Propiedad Intelectual, *Guía del Programa de Clemencia*, 10. https://www.indecopi.gob.pe/documents/1902049/3761587/Gu%C3%ADa+del+Programa+de+Clemencia.pdf/0a0d49ba-167d-f9f3-e878-b21c326b31ff

[450] Instituto Nacional de Defensa de la Competencia y de la Protección de la Propiedad Intelectual, *Guía del Programa de Clemencia*, 10. https://www.indecopi.gob.pe/documents/1902049/3761587/Gu%C3%ADa+del+Programa+de+Clemencia.pdf/0a0d49ba-167d-f9f3-e878-b21c326b31ff

[451] Instituto Nacional de Defensa de la Competencia y de la Protección de la Propiedad Intelectual, *Guía del Programa de Clemencia*, 10-11. https://www.indecopi.gob.pe/documents/1902049/3761587/Gu%C3%ADa+del+Programa+de+Clemencia.pdf/0a0d49ba-167d-f9f3-e878-b21c326b31ff

Chile	En Chile, si bien no existe una prohibición de otorgar beneficios al instigador o promotor de la conducta, sí se hace referencia al "organizador" de la conducta que "*coacciona*" a los demás para que participen en ella. De conformidad con el artículo 39 Bis del DL 211 de 1973, existe una prohibición de otorgar los beneficios tanto de exoneración como de reducción para aquellos "organizadores" de la conducta ilícita que hayan actuado mediante coacción sobre los demás infractores. Artículo 39 D.L. 211 de 1973. En su requerimiento el Fiscal individualizará a cada interviniente en la conducta que haya cumplido con los requisitos para acceder a cualquiera de los beneficios a que se refiere el inciso primero. Si el Tribunal diere por acreditada la conducta, no podrá aplicar la disolución o multa a quien haya sido individualizado como beneficiario de una exención, como tampoco una multa mayor a la solicitada por el Fiscal a quien haya sido individualizado como acreedor de una reducción de la misma, *salvo que se acredite durante el proceso que dicho acreedor fue el organizador de la conducta ilícita coaccionando a los demás a participar en ella.* Con ocasión a esta prohibición es que la Guía de Delación Compensada de la FNE: • Exige que en la Solicitud de Beneficios el Postulante declare que "no ha sido el organizador de la conducta ilícita coaccionando a los demás a participar en ella".[452] • Contiene la obligación de proporcionar información adecuada a la FNE respecto del "nivel de participación del Postulante en la conducta colusoria".[453]
México	En México no existe prohibición para que el instigador o promotor de la conducta pueda acceder a los beneficios del Programa de Delación. Los requisitos que en esta jurisdicción se exigen para acceder a este programa son los siguientes: Ley Federal de Competencia Económica (LFCE) de 1993.

---

[452] Fiscalía Nacional Económica, *Guía interna sobre delación compensada en casos de colusión*, 19. https://www.fne.gob.cl/wp-content/uploads/2017/03/Guia_Delacion_Compensada.pdf

[453] Fiscalía Nacional Económica, *Guía interna sobre delación compensada en casos de colusión*, 21. https://www.fne.gob.cl/wp-content/uploads/2017/03/Guia_Delacion_Compensada.pdf

Artículo 103. Cualquier Agente Económico que haya incurrido o esté incurriendo en una práctica monopólica absoluta; haya participado directamente en prácticas monopólicas absolutas en representación o por cuenta y orden de personas morales; y el Agente Económico o individuo que haya coadyuvado, propiciado, inducido o participado en la comisión de prácticas monopólicas absolutas, podrá reconocerla ante la Comisión y acogerse al beneficio de la reducción de las sanciones establecidas en esta Ley, siempre y cuando:

I. Sea el primero, entre los Agentes Económicos o individuos involucrados en la conducta, en aportar elementos de convicción suficientes que obren en su poder y de los que pueda disponer y que a juicio de la Comisión permitan iniciar el procedimiento de investigación o, en su caso, presumir la existencia de la práctica monopólica absoluta;

II. Coopere en forma plena y continua en la sustanciación de la investigación y, en su caso, en el procedimiento seguido en forma de juicio, y

III. Realice las acciones necesarias para terminar su participación en la práctica violatoria de la Ley.

Como se puede ver la norma trascrita no excluye en ningún momento al instigador o promotor e incluso lo menciona que quien haya inducido en prácticas monopolísticas absolutas se puede acoger a este beneficio.

Esta norma la menciona la Cofece en su Guía del Programa de Inmunidad y Reducción de Sanciones en el cual aclara que quienes pueden presentar una solicitud para ingresar al Programa de Delación son (i) las personas morales que hayan incurrido en una práctica monopólica absoluta, estén incurriendo

en una práctica monopólica absoluta, o hayan o estén coadyuvando, propiciando, induciendo o participando en la comisión de una práctica monopólica absoluta; y (ii) las personas físicas que hayan o estén participando en una práctica monopólica absoluta en representación o por cuenta y orden de personas morales, hayan o estén coadyuvando, propiciando, induciendo o participando en la comisión de una práctica monopólica absoluta, o hayan incurrido estén incurriendo en una práctica monopólica absoluta.

Sin embargo, sí existe una restricción para que un agente económico se acoja al programa más de una vez en cinco (5) años; lo cual indica que un agente económico no puede ser delator de manera repetida en el tiempo.

Esta prohibición se encuentra consagrada en el artículo 102 de la Ley Federal de Competencia Económica:

Ley Federal de Competencia Económica (LFCE) de 1993.

Artículo 102.

[...]

Los Agentes Económicos sólo podrán acogerse a los beneficios previstos en este artículo, una vez cada cinco años. Este período se computará a partir de la aceptación de la resolución de la Comisión.

3.2 Manejo de la información frente al retiro de la solicitud de admisión al programa de delación

La autoridad debe dar un mensaje de flexibilidad y de confianza para los potenciales solicitantes sobre el manejo de la información de la delación por parte de la autoridad, cuando el solicitante se retire del programa de delación o no se suscriba el acuerdo.

En este sentido la propuesta es la de garantizar que la información que haya alcanzado a compartir el potencial delator hasta el momento del retiro de su solicitud no será utilizada de ninguna manera en su contra. Para el efecto consideramos indispensable garantizar que el equipo de funcionarios que maneja el programa de delación sea completamente independiente del resto de la entidad, de tal manera que no se vean contaminados por los esfuerzos fallidos de delación.

En el caso de Colombia, el parágrafo del artículo 2.2.2.29.2.6 del Decreto 253 de 2022 establece reglas interesantes, orientadas a brindar garantías a aquellas personas o empresas que se atreven a acercarse a la autoridad para intentar una delación, pero por algún motivo se arrepienten y toman la decisión de retirarse del programa, lo cual pueden hacer válidamente hasta antes de la firma del Convenio de Delación. En este caso el antiguo delator puede retirar también las pruebas que había aportado, aunque si decide dejarlas en el expediente, para lo cual se requiere de una autorización irrevocable, puede permitir su utilización dentro de la investigación. La norma establece que el hecho de dejar las pruebas en el expediente equivale a una solicitud de rebaja o reducción de la sanción a imponer.

En relación con este punto, la situación de los países que se tomaron como base para la comparación, es la siguiente.

Tabla 29. Manejo de la información frente al retiro de la solicitud de admisión al Programa de Delación

País	Manejo de la información frente al retiro de la solicitud de admisión al Programa de Delación
Colombia	En Colombia el parágrafo del artículo 2.2.2.29.2.6 del Decreto 253 de 2022 establece la posibilidad de que en caso de que el solicitante retire la solicitud de beneficios por colaboración, pueda retirar con ella los elementos de prueba que presentó:

	Decreto 253 de 2022.

Artículo 2.2.2.29.2.6. Requisitos para suscribir el Convenio de Beneficios por Colaboración. El funcionario competente suscribirá el Convenio de Beneficios por Colaboración con el solicitante que reúna los siguientes requisitos:

[...]

Parágrafo. En cualquier momento durante el trámite de beneficios por colaboración, previo a la suscripción del Convenio, el Solicitante podrá retirar la solicitud de beneficios por colaboración, incluyendo los elementos de prueba presentados.

Comunicada la decisión por parte del Funcionario Competente al Solicitante, sobre el incumplimiento de los requisitos para suscribir el Convenio, se incorporarán al expediente de la eventual actuación administrativa que se adelante, los elementos de prueba que no hayan sido retirados, previa autorización irrevocable del Solicitante. Dicho consentimiento se entenderá como una solicitud de reducción de la multa potencialmente aplicable. |
| **Perú** | En Perú el TUO del DL 1034 de 2008, no contiene una norma que regule explícitamente la hipótesis de retiro de la solicitud de admisión al programa de clemencia. Sin embargo, el marco normativo que regula la confidencialidad de la identidad del delator, de la información y del expediente de clemencia, permite dar una respuesta frente a lo que en esta hipótesis debe hacer la autoridad de competencia en esta jurisdicción.

Respecto de las reglas de confidencialidad lo primero que debe decirse es que el expediente en el cual reposa toda la información de la solicitud de admisión al programa de delación es independiente del expediente de la investigación. Así está previsto en el artículo 26.2 del TUO del DL. 1034: "26.2. La solicitud de exoneración de sanción se presentará por escrito y será tramitada, en un expediente confidencial, de conformidad con el siguiente procedimiento".

Esta disposición esta reiterada en la Guía del Programa de Clemencia del Indecopl:

Cada Solicitud de beneficios será tramitada en un Expediente confidencial distinto al expediente de la investigación preliminar o a aquel en el cual se tramita el procedimiento administrativo sancionador. La Secretaría Técnica utilizará la debida diligencia en el manejo de la información obtenida a través del Colaborador.[454] |

---

[454] Instituto Nacional de Defensa de la Competencia y de la Protección de la Propiedad Intelectual, *Guía del Programa de Clemencia*, 20. https://www.indecopi.gob.pe/documents/1902049/3761587/Gu%C3%ADa+del+Programa+de+Clemencia.pdf/0a0d49ba-167d-f9f3-e878-b21c326b31ff

Adicionalmente, el acceso a dicho expediente está limitado por mandato del artículo 32.2. del TUO del DL 1034 de 2008:

32.2. Sólo podrán acceder a la información declarada bajo reserva los miembros de la Comisión y los vocales del Tribunal, sus Secretarios Técnicos y las personas debidamente autorizadas por éstos que laboren o mantengan una relación contractual con el Indecopi.

Con base en esta norma, junto con el artículo 32.3. se establecen los denominados "responsables del expediente". En palabras de la guía del Programa de Clemencia

La Secretaría Técnica designará a un responsable y un equipo encargado del trámite de las solicitudes de beneficios. El responsable y su equipo, además del Secretario Técnico y los miembros de la Comisión –en la etapa que corresponda– serán las únicas personas que podrán tener acceso a la información confidencial proporcionada por el Colaborador. El incumplimiento de la obligación de reserva generará en dichos funcionarios las responsabilidades administrativas y penales previstas para el caso de información declarada reservada por la Comisión.

32.3. En los casos en que la Comisión o el Tribunal conceda el pedido de reserva formulado, tomará todas las medidas que sean necesarias para garantizar la reserva de la información confidencialidad, bajo responsabilidad.

Es por esto, que la Guía del Programa de Clemencia del Indecopi establece que una vez tenga lugar la reunión donde se exponen al solicitante las consideraciones de la calificación preliminar de la solicitud, el solicitante podrá retirar la solicitud y sus pruebas le serán devueltas. La guía lo explica de la siguiente manera:

[...] en el caso en que el solicitante decida retirar su solicitud de beneficios, se le devolverá la documentación que hubiese aportado en el trámite de su solicitud.

El retiro de la Solicitud implicará que la Secretaría Técnica no podrá mantener ni utilizar copia de la documentación proporcionada por el Solicitante en su investigación o de un eventual procedimiento administrativo sancionador.[455]

---

[455] Instituto Nacional de Defensa de la Competencia y de la Protección de la Propiedad Intelectual, *Guía del Programa de Clemencia*, 17. https://www.indecopi.gob. pe/documents/1902049/3761587/Gu%C3%ADa+del+Programa+de+Clemenc ia.pdf/0a0d49ba-167d-f9f3-e878-b21c326b31ff

Chile	En Chile, el DL 211 de 1973, no contiene una norma en virtud del cual se regule explícitamente la hipótesis de retiro de la solicitud de admisión al programa de delación compensada. La información permanece reservada y se requiere autorización del postulante para compartir la información con cualquier otra autoridad, como lo establecen la guía de delación compensada y la Ley 20.285:
	De conformidad con lo dispuesto en el artículo 42 y las causales establecidas en los números 1, letras a) y b), 2 y 5 del artículo 21 de la Ley N° 20.285 sobre Acceso a la Información Pública, los funcionarios de la FNE mantendrán estricta reserva de toda información, dato o antecedente de que tomen conocimiento en virtud del procedimiento de delación compensada, los que solamente podrán ser utilizados para el cumplimiento de las funciones de la FNE y el ejercicio de las acciones ante el TDLC o los tribunales de justicia. Lo anterior no obsta a la posibilidad que la FNE obtenga de parte del Postulante una dispensa a fin de poder compartir dicha información con algún otro organismo del Estado o alguna autoridad extranjera o internacional.
México	En México, la Ley Federal de Competencia Económica, no contiene una norma que regule explícitamente la hipótesis de retiro de la solicitud de admisión al programa de clemencia. La información permanece reservada y solamente se puede usar dentro de la investigación.
	Artículo 103.
	La Comisión mantendrá con carácter confidencial la identidad del Agente Económico y los individuos que pretendan acogerse a los beneficios de este artículo.
	Al respecto la Guía de la Cofece establece:
	B. ¿Cómo se usa la información y documentos que se entregan a la COFECE? La tramitación de las solicitudes del Programa se realiza en un expediente por separado a aquel en el que se tramita o llegara a tramitar la investigación. No obstante, lo anterior, la información que provea el Solicitante podrá ser usada durante la investigación que, en su caso, inicie o que esté tramitando la Autoridad Investigadora, guardando en todo caso, la confidencialidad de la identidad del Solicitante. En el expediente de la investigación se incluirá la información que sustente la probable responsabilidad de los agentes económicos o el cierre de la investigación.

3.3 Aplicación al delator de sanciones diferentes a las de las multas

La investigación por la realización de prácticas restrictivas de la competencia puede dar lugar a la imposición de importantes multas y también de otro tipo de sanciones, como es el caso de la prohibición para contratar con el Estado, la imposición de multas por parte de los reguladores sectoriales y las restricciones para los administradores, las cuales pueden desincentivar a los posibles solicitantes al programa de delación, cuando no existen mecanismos que le permitan a la autoridad de competencia otorgar beneficios respecto de tales sanciones.

La propuesta es que en general en mercados como los latinoamericanos, no se debe crear una inhabilidad a perpetuidad para celebrar contratos con el Estado, ya que los mercados son estrechos, cuentan con pocos participantes y las inhabilidades permanentes lo que hacen es concentrar más los mercados, lo cual implica un menor grado de competencia.

En aquellos casos en los que se creen inhabilidades para contratar, las mismas no deberían ser a perpetuidad y debería existir un procedimiento para rehabilitar a las empresas mediante programas de cumplimiento. De hecho, la propuesta es que toda sanción por la realización de prácticas restrictivas de la competencia, venga acompañada de una orden en el sentido de incorporar en el gobierno corporativo de las empresas, un programa de cumplimiento de las normas de competencia, de tal manera que la lucha contra las prácticas anticompetitivas no se libre solamente desde la autoridad de competencia hacia los infractores (de afuera hacia dentro), sino también desde el interior de las empresas infractoras (de adentro hacia afuera), con el fin de incorporar a la libre competencia como un valor dentro de las empresas investigadas, lo cual contribuirá al cambio de la cultura corporativa y al respeto por el principio de libre competencia.

En relación con este punto, la situación de los países que se tomaron como base para la comparación, es la siguiente.

Tabla 30. Aplicación de sanciones diferentes a las multas

País	Aplicación de sanciones diferentes de las multas
Colombia	En Colombia, la ley de competencia no prevé la aplicación de sanciones diferentes de las multas a aquel previsto en el Título V de la Ley 1340 de 2009.
	Sin embargo, el artículo 27 del Estatuto Anticorrupción, Ley 1474 de 2011 incluyó en el Código Penal un nuevo Artículo 410-A, por medio del cual se creó el delito de "acuerdos restrictivos de la competencia", que se refiere a la colusión en licitaciones u ofertas públicas en la contratación estatal. Esa conducta es simétrica con los acuerdos anticompetitivos de colusión en licitaciones, los cuales se encuentran prohibidos por el artículo 47(9) del Decreto 2153 de 1992. En el mencionado artículo del Código Penal, además de la pena de cárcel y la multa, se establece como castigo por la conducta la

inhabilidad para contratar con el Estado por ocho (8) años. Estas sanciones se reducen pero no se eliminan para el agente de mercado que aplica al programa de delación.

> Artículo 410A. Acuerdos restrictivos de la competencia. El que en un proceso de licitación pública, subasta pública, selección abreviada o concurso *se concertare* con otro *con el fin de alterar ilícitamente el procedimiento contractual*, incurrirá en prisión de seis (6) a doce (12) años y multa de doscientos (200) a mil (1.000) salarios mínimos legales mensuales vigentes e inhabilidad para contratar con entidades estatales por ocho (8) años.
>
> Parágrafo. El que en su condición de delator o clemente mediante resolución en firme obtenga exoneración total de la multa a imponer por parte de la Superintendencia de Industria y Comercio en una investigación por acuerdo anticompetitivos en un proceso de contratación pública obtendrá los siguientes beneficios: reducción de la pena en una tercera parte, un 40% de la multa a imponer y una inhabilidad para contratar con entidades estatales por cinco (5) años (cursivas propias).

Ahora bien, el 18 de enero de 2022, el Presidente Iván Duque Márquez sancionó la Ley 2195 de 2022, "por medio de la cual se adoptan medidas en materia de transparencia, prevención y lucha contra la corrupción y se dictan otras disposiciones". De conformidad con el artículo 1 de la Ley, el objetivo de la misma es

> [...] adoptar disposiciones tendientes a prevenir los actos de corrupción, a reforzar la articulación y coordinación de las entidades del Estado y a recuperar los daños ocasionados por dichos actos con el fin de asegurar promover la cultura de la legalidad e integridad y recuperar la confianza ciudadana y el respeto por lo público.

Para el efecto, la ley adopta una serie de medidas que tienen efectos sobre las actividades de los servidores públicos y de las empresas y sus empleados; y que refuerzan las medidas establecidas por el Estado colombiano con el fin de luchar contra la corrupción, las cuales están contenidas en el llamado Estatuto Anticorrupción, Ley 1474 de 2011, en los Códigos Penal y de Procedimiento Penal, en el Código de Comercio y en otras normas.

En este sentido, la Ley 2195 de 2022 hace referencia aspectos tales como:

- La responsabilidad de las personas jurídicas, incluyendo a las sucursales de las sociedades extranjeras, por la realización de actos de corrupción.

- La administración de los bienes sobre los cuales opera la extinción de dominio.

- La determinación de los beneficiarios reales de los bienes.

- El manejo y articulación de los sistemas de intercambio de información y la colaboración entre entidades estatales para la lucha contra la corrupción.

- La pedagogía para la lucha contra la corrupción.

- El fortalecimiento de la administración para la lucha contra la corrupción.

- La modificación de la acción de repetición contra los empleados públicos.

- Normas sobre transparencia y moralización de la contratación pública, entre las cuales se establece la obligación para las empresas de establecer programas de transparencia y ética empresarial.

- Reparación de daños causados por los actos de corrupción.

- Normas sobre responsabilidad fiscal.

- Por último, las normas relevantes para este análisis, que son las normas que modifican el régimen de Protección o Defensa de la Competencia.

Uno de los aspectos más delicados de la ley que se comenta consiste en la posibilidad de que las nuevas sanciones previstas para los actos de corrupción puedan ser aplicados a las prácticas restrictivas de la competencia, las cuales en algunos casos pueden ser caracterizadas a la vez como actos de corrupción, como por ejemplo en los casos de colusión en las licitaciones u

ofertas públicas relacionados con la contratación estatal. En casos como estos, una persona jurídica o sucursal de una sociedad extranjera, podría llegar a ser investigada y sancionada de manera simultánea o sucesiva por la realización de actos de corrupción y por prácticas restrictivas de la competencia, sin contar con los posibles procesos penales, de indemnización de perjuicios y de responsabilidad fiscal.

De conformidad con lo anterior, una persona jurídica o sucursal de una sociedad extranjera, podría resultar investigada y sancionada por la realización de prácticas restrictivas de la competencia, a la vez que se le aplican las sanciones contenidas en la ley que se comenta, para los casos de corrupción, tal y como lo dispone el artículo 4 de la Ley 2195 de 2022, según el cual es posible imponer por actos de corrupción: (i) Multas hasta por 200.000 salarios mínimos legales mensuales vigentes que son unos doscientos mil millones de pesos (COP 200.000.000.000) o unos cincuenta millones de dólares (USD 50.000.000); (ii) Inhabilidad para contratar en los términos del literal j) del artículo 8 de la Ley 80 de 1993[456]; (iii) Publicación de la decisión de sanción;

---

[456] "Artículo 8°.- De las Inhabilidades e Incompatibilidades para Contratar:

1o. Son inhábiles para participar en licitaciones o *concursos* y para celebrar contratos con las entidades estatales:

[...]

j) Modificado por el art. 2, Ley 2014 de 2019, Modificado por el art. 1, Ley 1474 de 2011. Literal adicionado por el art. 18, Ley 1150 de 2007, así: Las personas naturales que hayan sido declaradas responsables judicialmente por la comisión de delitos contra la Administración Pública, o de cualquiera de los delitos o faltas

	(iv) Prohibición de recibir cualquier tipo de incentivo o subsidio del Gobierno, en un plazo de diez (10) años; (v) Remoción de los administradores u otros funcionarios que hayan sido condenados penalmente y (vi) inscripción de la sentencia en el registro público. La caducidad de la facultad sancionatoria por estas infracciones es de diez (10) años, contados a partir de la ejecutoria de la sentencia que asigne responsabilidad penal a los administradores de las personas jurídicas o sucursales de sociedades extranjeras, o se les haya otorgado un principio de oportunidad. Es por lo tanto indispensable que las empresas comprendan la gravedad de las sanciones que les pueden sobrevenir por la participación, así sea tangencial en conductas de colusión en las licitaciones u ofertas públicas relacionadas con la contratación estatal.[457]

contempladas por la Ley 1474 de 2011 y sus normas modificatorias o de cualquiera de las conductas delictivas contempladas por las convenciones o tratados de lucha contra la corrupción suscritos y ratificados por Colombia, así como las personas jurídicas que hayan sido declaradas responsables administrativamente por la conducta de soborno transnacional.

Esta inhabilidad procederá preventivamente aún en los casos en los que esté pendiente la decisión sobre la impugnación de la sentencia condenatoria.

Asimismo, la inhabilidad se extenderá a las sociedades de las que hagan parte dichas personas en calidad de administradores, representantes legales, miembros de junta directiva o de socios controlantes, a sus matrices y a sus subordinadas, a los grupos empresariales a los que estas pertenezcan cuando la conducta delictiva haya sido parte de una política del grupo y a las sucursales de sociedades extranjeras, con excepción de las sociedades anónimas abiertas.

También se considerarán inhabilitadas para contratar, las personas jurídicas sobre las cuales se haya ordenado la suspensión de la personería jurídica en los términos de ley, o cuyos representantes legales, administradores de hecho o de derecho, miembros de junta directiva o sus socios controlantes, sus matrices, subordinadas y/o las sucursales de sociedades extranjeras, hayan sido beneficiados con la aplicación de un principio de oportunidad por cualquier delito contra la administración pública o el patrimonio del Estado.

La inhabilidad prevista en este literal se extenderá de forma permanente a las sociedades de las que hagan parte dichas personas en las calidades presentadas en los incisos anteriores, y se aplicará de igual forma a las personas naturales que hayan sido declaradas responsables judicialmente por la comisión de delitos mencionados en este literal".

[457] Ver Alfonso Miranda Londoño, Luis Daniel Morales Hernández y Karoll Gómez Portilla, *Análisis jurídico y económico de las modificaciones introducidas al derecho de la competencia en el 2022*, primera edición, (Bogotá: Pontificia Universidad Javeriana, Facultad de Ciencias Jurídicas, IJ International Legal Group, 2023), Colección Cedec, XIX, 23 y s. s.

| Perú | En Perú, el artículo 46 del TUO del DL 1034 de 2008 establece que la autoridad de competencia cuenta con una herramienta adicional a las multas para poder combatir las conductas anticompetitivas. Se trata de las medidas correctivas enunciadas de manera no taxativa en su artículo 46:

Artículo 46.- Medidas correctivas.-

46.1. Además de la sanción que se imponga por infracción a la presente Ley, la Comisión podrá dictar medidas correctivas conducentes a restablecer el proceso competitivo, las cuales, entre otras, podrán consistir en:

a) El cese o la realización de actividades, inclusive bajo determinadas condiciones;

b) De acuerdo con las circunstancias, la obligación de contratar, inclusive bajo determinadas

condiciones; o,

c) La inoponibilidad de las cláusulas o disposiciones anticompetitivas de actos jurídicos; o,

d) El acceso a una asociación u organización de intermediación.

Respecto de estas medidas correctivas la Guía del Programa de Clemencia incluye para la Clemencia Tipo A el beneficio adicional para los delatores "de la no imposición de medidas correctivas de restitución, siempre que renuncie a la confidencialidad de su identidad en calidad de Colaborador"[458].

Sin embargo, la guía también es enfática en afirmar que "Los beneficios de exoneración o reducción de sanciones no impiden la imposición de medidas correctivas de restablecimiento del proceso competitivo [...] de conformidad con lo dispuesto por el artículo 26.6 de la Ley de Libre Competencia"[459]. |
|---|---|

---

[458]   Instituto Nacional de Defensa de la Competencia y de la Protección de la Propiedad Intelectual, *Guía del Programa de Clemencia*, 7. https://www.indecopi.gob.pe/documents/1902049/3761587/Gu%C3%ADa+del+Programa+de+Clemencia.pdf/0a0d49ba-167d-f9f3-e878-b21c326b31ff

[459]   Instituto Nacional de Defensa de la Competencia y de la Protección de la Propiedad Intelectual, *Guía del Programa de Clemencia*, 12. https://www.indecopi.gob.pe/documents/1902049/3761587/Gu%C3%ADa+del+Programa+de+Clemencia.pdf/0a0d49ba-167d-f9f3-e878-b21c326b31ff

Chile	En Chile, el artículo 26 del DL 211 de 1973 establece que la autoridad de competencia cuenta con una herramienta adicional a las multas para poder combatir las conductas anticompetitivas. Estas son: Artículo 26°.- La sentencia Ley definitiva será fundada, debiendo enunciar los fundamentos de hecho, de derecho y económicos con arreglo a los cuales se pronuncia. En ella se hará expresa mención de los fundamentos de los votos de minoría, si los hubiere. Esta sentencia deberá dictarse dentro del plazo de cuarenta y cinco días, contado desde que el proceso se encuentre en estado de fallo. En la sentencia definitiva, el Tribunal podrá adoptar las siguientes medidas: a) Modificar o poner término a los actos, contratos, convenios, sistemas o acuerdos que sean contrarios a las disposiciones de la presente ley; b) Ordenar la modificación o disolución de las sociedades, corporaciones y demás personas jurídicas de derecho privado que hubieren intervenido en los actos, contratos, convenios, sistemas o acuerdos a que se refiere la letra anterior; [...] d) En el caso de las conductas previstas en la letra a) del artículo 3°, podrá imponer, además, la prohibición de contratar a cualquier título con órganos de la administración centralizada o descentralizada del Estado, con organismos autónomos o con instituciones, organismos, empresas o servicios en los que el Estado efectúe aportes, con el Congreso Nacional y el Poder Judicial, así como la prohibición de adjudicarse cualquier concesión otorgada por el Estado, hasta por el plazo de cinco años contado desde que la sentencia definitiva quede ejecutoriada. Respecto de estas medidas la Guía de Delación Compensada incluye para el beneficio de exención el beneficio adicional para los delatores de la no imposición de: "(i) la sanción de disolución de la persona jurídica contemplada en la letra b) del artículo 26; [...] y (iii) la responsabilidad penal por el delito de colusión, tipificado en el artículo 62 ("beneficio de exención").[460]

---

[460] Fiscalía Nacional Económica, *Guía interna sobre delación compensada en casos de colusión*, 7. https://www.fne.gob.cl/wp-content/uploads/2017/03/Guia_Delacion_Compensada.pdf

México	En México, el artículo 127 de la Ley Federal de Competencia Económica establece que la autoridad de competencia cuenta con una herramienta adicional a las multas para poder combatir las conductas anticompetitivas. Estas son las que se señalan a continuación:
	Artículo 127. La Comisión podrá aplicar las siguientes sanciones:
	I. Ordenar la corrección o supresión de la práctica monopólica o concentración ilícita de que se trate;
	II. Ordenar la desconcentración parcial o total de una concentración ilícita en términos de esta Ley, la terminación del control o la supresión de los actos, según corresponda, sin perjuicio de la multa que en su caso proceda;
	[...]
	VI. Ordenar medidas para regular el acceso a los Insumos Esenciales bajo control de uno o varios Agentes Económicos, por haber incurrido en la práctica monopólica relativa prevista en el artículo 56, fracción XII de esta Ley;
	[...]
	X. Inhabilitación para ejercer como consejero, administrador, director, gerente, directivo, ejecutivo, agente, representante o apoderado en una persona moral hasta por un plazo de cinco años y multas hasta por el equivalente a doscientas mil veces el salario mínimo general diario vigente para el Distrito Federal, a quienes participen directa o indirectamente en prácticas monopólicas o concentraciones ilícitas, en representación o por cuenta y orden de personas morales.

3.4 Daño a la reputación del delator derivado de la participación en el Programa de Delación

La delación puede acarrear un daño a la reputación que puede ser incluso superior al beneficio derivado de la participación en el programa.

La propuesta, en desarrollo con la *regla de oro,* es la de mantener la participación e identidad del delator reservada frente a los medios, para que no resulte más perjudicado que los que no colaboran.

En Colombia, de conformidad con lo establecido en el parágrafo del artículo 15 de la Ley 1340 de 2009, es posible solicitarle a la autoridad de competencia que mantenga confidencial la identidad del denunciante de las prácticas restrictivas de la competencia, con base en el riesgo de que el denunciante pueda sufrir represalias comerciales a causa de las denuncias realizadas.[461] Como el solicitante de la delación es una persona o empresa que se auto-denuncia, pero que también denuncia a los demás participantes en el cártel, esta norma ha sido aplicada en aquellos casos en los que se ha solicitado mantener en reserva la identidad del delator.

Ahora bien, aunque esta norma se mantiene, la protección había mejorado sustancialmente con lo dispuesto por el artículo 66 de la Ley 2195 de 2022, el cual fue declarado inexequible por la Corte Constitucional, mediante Sentencia C- 080 de 2023, con ponencia del Magistrado Jorge Enrique Ibáñez Nájar. El mencionado artículo había modificado el artículo 14 de la Ley 1340 de 2009 y había introducido tres (3) nuevas e importantes reglas de confidencialidad que protegían al delator del daño a la reputación por la participación en el programa de delación. Estas reglas eran las siguientes: (i) la identidad de los delatores se mantenía en reserva hasta que se profiriera y se encontrara en firme el acto administrativo definitivo a que hubiere lugar; (ii) las pruebas que los delatores aportaran a la autoridad de competencia con ocasión a su participación y que fueran trasladas al expediente de la respectiva investigación se mantendrían reservada hasta que se profierira y se encontrara en firme el acto administrativo definitivo a que hubiere lugar y (iii) el proceso de negociación de beneficios por colaboración se mantendría reservado.

Con base en esta reforma legislativa que ahora fue declarada inexequible, en Colombia no era necesario solicitar que se mantuviera la confidencialidad sobre la identidad del delator, el expediente de la delación, o el proceso de negociación de los beneficios, porque todo ello había quedado amparado por la reserva, de conformidad con la mencionada ley; pero como fue declarada inexequible, es necesario nuevamente pedir este tipo de protección a la autoridad.

Consideramos que este tipo de protecciones deberían ser incluidas en los programas de delación de la región, incluyendo a Colombia, donde como lo dijimos ya existían, pero fueron declaradas inexequibles por la

---

[461]   "Artículo 15. Reserva de documentos.

[...]

Parágrafo 2. La Superintendencia de Industria y Comercio podrá por solicitud del denunciante guardar en reserva la identidad de quienes denuncien prácticas restrictivas de la competencia, cuando en criterio de la Autoridad Única de Competencia existan riesgos para el denunciante de sufrir represalias comerciales a causa de las denuncias realizadas".

Corte Constitucional, mediante Sentencia C- 080 de 2023, con ponencia del Magistrado Jorge Enrique Ibáñez Nájar.

En relación con este punto, la situación de los países que se tomaron como base para la comparación, es la siguiente.

Tabla 31. Reglas sobre publicidad de la delación

País	Reglas sobre Publicidad de la Delación
Colombia	De conformidad con lo dispuesto por la Ley 1340 de 2009 y el Decreto 253 de 2022 la regla respecto de la confidencialidad de la identidad del delator es la siguiente:
	Reserva de la identidad del delator: El artículo 15 de la Ley 1340 de 2009 dispone que la autoridad de competencia puede guardar en reserva la identidad de quien denuncie la realización de prácticas restrictivas, cuando a su criterio exista un riesgo de represalias comerciales a causa de la denuncia. Es decir, que se le aplica al delator el mismo régimen de reserva que existe para proteger al denunciante, lo cual tiene sentido, pues el delator se auto denuncia y denuncia a los demás integrantes del cártel.
Perú	De conformidad con lo dispuesto por el TUO del Decreto Legislativo 1034 de 2008, la regla respecto de la confidencialidad de la identidad del delator es la siguiente:
	• Reserva de la identidad del delator: El artículo 26.2 del TUO del Decreto Legislativo 1034 de 2008 prevé que, en el marco de un compromiso de exoneración de sanción, la autoridad de competencia debe mantener como confidencial el origen de las pruebas aportadas, es decir la autoridad de competencia (Secretaria Técnica) debe mantener la identidad del delator. La sanción por el incumplimiento de esta regla de confidencialidad es la responsabilidad administrativa y penal del funcionario.
	• Sobre este particular "La Guía del Programa de Clemencia tiene entre sus pilares la confidencialidad de la identidad del Colaborador y de la información proporcionada al expediente confidencial en que se tramita la solicitud de beneficios. Por un lado, la confidencialidad tiene como finalidad proteger al Colaborador frente a posibles represalias por colaborar con la Secretaría Técnica y la Comisión, así como evitar que la información aportada como parte de su colaboración sea utilizada de manera que lo exponga a peores condiciones que un escenario en el cual no hubiera colaborado.[462]

---

[462] Instituto Nacional de Defensa de la Competencia y de la Protección de la Propiedad Intelectual, *Guía del Programa de Clemencia*, 20. https://www.indecopi.gob.

Chile	De conformidad con lo dispuesto por el Decreto Ley 211 de 1973, la regla respecto de la confidencialidad de la identidad del delator es la siguiente:
	c. Reserva de la identidad del delator: El artículo 39 del Decreto Ley 211 de 1973 establece que la Fiscalía Nacional Económica – FNE deberá proteger la identidad del delator que acuda ante el programa de delación.
	La Guía Interna sobre Delación Compensada en Casos de Colusión desarrolla y explica esta norma de la siguiente manera:
	En resguardo de la eficacia de sus investigaciones, la FNE mantendrá en confidencialidad la existencia de la Solicitud de Beneficios. Dicha confidencialidad cesará al presentarse un requerimiento, en cuyo caso se protegerá la identidad de quienes hayan efectuado declaraciones o aportado antecedentes en el marco de la Solicitud de Beneficios y todos aquellos antecedentes que puedan afectar el desenvolvimiento competitivo de su titular.[463]
México	De conformidad con lo dispuesto por la Ley Federal de Competencia Económica DOF 23-05-2014 del 29 de abril de 2014, la regla respecto de la confidencialidad de la identidad del delator es la siguiente:
	c. Reserva de la identidad del delator: el artículo 103 de la Ley Federal de Competencia Económica establece que la autoridad de competencia guardará confidencialidad de la identidad de aquellos individuos delatores que quieran acogerse al Programa de Delación para el procedimiento de dispensa y reducción del importe de multas.
	d. La Guía del Programa de inmunidad y Reducción de Sanciones desarrolla y explica esta norma de la siguiente manera:
	La Comisión realizará las acciones necesarias en su organización interna, a fin de garantizar que la identidad de los Solicitantes durante todas las etapas referidas en este documento se mantenga confidencial.
	En este sentido, durante el trámite de las solicitudes y la investigación, sólo tendrán acceso a los expedientes de trámite de las solicitudes de inmunidad los servidores públicos de la DGIPMA asignados y el titular de la Autoridad Investigadora, pues dichos expedientes son confidenciales.[464]

---

pe/documents/1902049/3761587/Gu%C3%ADa+del+Programa+de+Clemenc
ia.pdf/0a0d49ba-167d-f9f3-e878-b21c326b31ff

[463] Fiscalía Nacional Económica, *Guía Interna sobre delación compensada en casos de colusión*, 27. https://www.fne.gob.cl/wp-content/uploads/2017/03/Guia_Delacion_Compensada.pdf

[464] Comisión Federal de Competencia Económica, *Guía del Programa de Inmunidad y Reducción de Sanciones*, 22. https://www.cofece.mx/wp-content/uploads/2017/12/guia-0032015_programa_inm.pdf

3.5 Limitación de los beneficios de la delación a la conducta de cártel

Restringir la utilidad del programa a los acuerdos anticompetitivos puede limitar su alcance potencial. Podría ser útil si se abriera el programa a otro tipo de conductas (por ejemplo, si una empresa está abusando de su posición de dominio, sus empleados, "facilitadores", podrían presentar la solicitud, como recientemente se ha establecido en Colombia).

En el caso de Colombia, el artículo 14 de la Ley 1340 de 2009 establece de manera general que la autoridad podrá conceder beneficios a los agentes de mercado (personas naturales o jurídicas) y facilitadores (también personas naturales o jurídicas) que hayan participado en una "conducta que viole las normas de protección a la competencia" si se acogen al programa de delación. Como se puede observar, la norma mencionada se refiere a las conductas anticompetitivas en general. Sin embargo, inicialmente las normas reglamentarias del Programa de Delación en Colombia, el Decreto 2896 de 2010, y el Decreto Único Reglamentario del Sector Comercio, Industria y Turismo, Decreto 1074 de 2015 establecían que el Programa de Delación se refería de manera exclusiva a los acuerdos anticompetitivos. Posteriormente, el Decreto 1523 de 2015, hizo referencia en su encabezamiento a los acuerdos anticompetitivos, pero traía beneficios para quienes colaboraran con la autoridad en la detección de otras prácticas restrictivas. Finalmente, el Artículo 2.2.2.29.1.1. del Decreto 253 de 2022 derogó esta referencia, pero en su objeto delimita el ámbito de aplicación del programa de delación a conductas anticompetitivas adelantadas de manera coordinada por dos (2) o más agentes del mercado. Adicionalmente hace referencia a los beneficios que se pueden otorgar a los facilitadores de otro tipo de conductas anticompetitivas.

Es decir, que con ocasión de esta reforma, ahora puede haber en Colombia delación de los agentes económicos que incurran en conductas coordinadas que no sean acuerdos. Sin embargo, persiste su limitación respecto de actos anticompetitivos, conductas de abuso de la posición dominante no coordinadas o infracción del régimen de concentraciones empresariales; pero sí se pueden otorgar beneficios a los facilitadores de estas conductas.

En este sentido, la recomendación sería la de abrir la posibilidad de que se haga delación respecto de cualquier clase de práctica restrictiva de la competencia, ya que este programa ha demostrado su efectividad para la lucha contra las prácticas anticompetitivas, como sucede en varias jurisdicciones.

En relación con este punto, la situación de los países que se tomaron como base para la comparación, es la siguiente.

**Tabla 32. Aplicación del Programa de Delación
a conductas diferentes de las de cártel**

País	Aplicación del Programa de Delación a conductas diferentes de las de cártel
Colombia	En Colombia, la aplicación de programa de delación se da respecto de conductas diferentes de la cartelización. Así, el artículo 14 de la Ley 1340 de 2009 dispone, que el ámbito de aplicación del Programa de Delación y Beneficios por Colaboración corresponde a aquellas conductas que violen las normas de protección a la competencia:

> Ley 1340 de 2009.
>
> Artículo 14. Beneficios por Colaboración con la Autoridad. La Superintendencia de Industria y Comercio podrá conceder beneficios a las personas naturales o jurídicas que hubieren participado en una conducta que viole las normas de protección a la competencia, en caso de que informen a la autoridad de competencia acerca de la existencia de dicha conducta y/o colaboren con la entrega de información y de pruebas, incluida la identificación de los demás participantes, aun cuando la autoridad de competencia ya se encuentre adelantando la correspondiente actuación. Lo anterior, de conformidad con las siguientes reglas:

1. Los beneficios podrán incluir la exoneración total o parcial de la multa que le seria impuesta. No podrán acceder a los beneficios el instigador o promotor de la conducta.

2. La Superintendencia de Industria y Comercio establecerá si hay lugar a la obtención de beneficios y los determinará en función de la calidad y utilidad de la información que se suministre, teniendo en cuenta los siguientes factores:

a. La eficacia de la colaboración en el esclarecimiento de los hechos y en la represión de las conductas, entendiéndose por colaboración con las autoridades el suministro de información y de pruebas que permitan establecer la existencia, modalidad, duración y efectos de la conducta, así como la identidad de los responsables, su grado de participación y el beneficio obtenido con la conducta ilegal.

b. La oportunidad en que las autoridades reciban la colaboración.

El Decreto 253 del 2022 que regula esta disposición permite entender en sus artículos 2.2.2.29.1.1. y 2.2.2.29.1.2. de manera más completa el ámbito de aplicación de esta misma ley y decreto respecto de las conductas sobre las cuales se puede predicar, y utilizar como herramienta para perseguir conductas anticompetitivas. Se establece en el artículo 2.2.2.29.1.1. que el mismo se aplica respecto de (i) conductas contrarias a la libre competencia adelantada de manera coordinada por dos (2) o más agentes del mercado y (ii) otras prácticas restrictivas de la libre competencia realizadas por quienes hayan facilitado la conducta:

Decreto 253 de 2022.

Artículo 2.2.2.29.1.1. *Objeto*. El presente Capítulo establece las condiciones y la forma en que la Superintendencia de Industria y Comercio, en desarrollo del artículo 14 de la Ley 1340 de 2009, concederá beneficios a las personas naturales y jurídicas que colaboren en la detección y represión de conductas contrarias a la libre competencia adelantadas de manera coordinada por dos (2) o más agentes del mercado, y en las que hubieran participado en su condición de agentes del mercado o facilitadores.

Así mismo, reglamenta las condiciones y la forma en que se concederán beneficios a las personas que hubieran participado como facilitadores de otras conductas anticompetitivas diferentes a las mencionadas en el párrafo anterior, y que colaboren en la detección y represión de las mismas, en los términos del artículo 2.2.2.29.4.2.

La referencia a "otras prácticas restrictivas de la libre competencia" es muy amplia, y en consecuencia debe acoger las definiciones previstas en el artículo artículos 2.2.2.29.1.2. para determinar la forma de aplicación del programa de delación, que en el caso de esas otras prácticas restrictivas de la competencia diferentes de los cárteles, está solamente previsto para los facilitadores y no para los agentes económicos.

Decreto 253 de 2022.

Artículo 2.2.2.29.1.2. *Definiciones*. Para los efectos del presente Capítulo se observarán las siguientes definiciones:

[...]

2. Agente del Mercado. Toda persona que desarrolle una actividad económica y afecte o pueda afectar ese desarrollo, independientemente de su forma o naturaleza jurídica, cualquiera que sea la actividad o sector económico.

3. Facilitador. Cualquier persona que colabore, autorice, promueva, impulse, ejecute o tolere conductas contrarias a la libre competencia, en los términos de la Ley 155 de 1959, Decreto 2153 de 1992, Ley 1340 de 2009, y demás normas que las complementen o modifiquen.

Perú	En Perú, de conformidad con el artículo 26.1 del TUO del D.L. 1034 de 2008, el programa de Clemencia aplica para las denominadas "prácticas colusorias": D.L. 1034 de 2008. 26.1. Antes del inicio de un procedimiento administrativo sancionador, cualquier persona podrá solicitar a la Secretaría Técnica que se le exonere de sanción a cambio de aportar pruebas que ayuden a detectar y

acreditar la existencia de una práctica colusoria, así como a sancionar a los responsables.

Para entender el alcance de esta disposición debemos de remitirnos al artículo 11 del D.L. 1034 el cual regula las prácticas colusorias horizontales y el artículo 12 del mismo el cual regula las practicas colusorias verticales.

De conformidad con el D.L. 1034 de 2008, las prácticas colusorias pueden ser horizontales o verticales, y se encuentra desarrolladas en los artículos 11 y 12 del mismo de la siguiente manera:

D.L. 1034 de 2008

Artículo 11.- Prácticas colusorias horizontales.-

11.1. Se entiende por prácticas colusorias horizontales los acuerdos, decisiones, recomendaciones o prácticas concertadas realizadas por agentes económicos competidores entre sí que tengan por objeto o efecto restringir, impedir o falsear la libre competencia, tales como:

(a) La fijación concertada, de forma directa o indirecta, de precios o de otras condiciones comerciales o de servicio;

(b) La limitación o control concertado de la producción, ventas, el desarrollo técnico o las inversiones;

(c) El reparto concertado de clientes, proveedores o zonas geográficas;

(d) La concertación de la calidad de los productos, cuando no corresponda a normas técnicas nacionales o internacionales y afecte negativamente al consumidor;

(e) La aplicación concertada, en las relaciones comerciales o de servicio, de condiciones desiguales para prestaciones equivalentes, que coloquen de manera injustificada a unos

competidores en situación desventajosa frente a otros;

(f) Concertar injustificadamente la subordinación de la celebración de contratos a la aceptación de prestaciones adicionales que, por su naturaleza o arreglo al uso comercial, no guarden relación con el objeto de tales contratos;

(g) La negativa concertada e injustificada de satisfacer demandas de compra o adquisición, o de aceptar ofertas de venta o prestación, de bienes o servicios;

(h) Obstaculizar de manera concertada e injustificada la entrada o permanencia de un competidor a un mercado, asociación u organización de intermediación;

(i) Concertar injustificadamente una distribución o venta exclusiva;

(j) Concertar o coordinar ofertas, posturas o propuestas o abstenerse de éstas en las licitaciones o concursos públicos o privados u otras formas

	de contratación o adquisición pública previstas en la legislación pertinente, así como en subastas públicas y remates; u,
	(k) Otras prácticas de efecto equivalente que busquen la obtención de beneficios por razones diferentes a una mayor eficiencia económica.
	11.2. Constituyen prohibiciones absolutas las prácticas colusorias horizontales inter marca que no sean complementarias o accesorias a otros acuerdos lícitos y que tengan por objeto:
	a) Fijar precios u otras condiciones comerciales o de servicio;
	b) Limitar la producción o las ventas, en particular por medio de cuotas;
	c) El reparto de clientes, proveedores o zonas geográficas; o,
	d) Establecer posturas o abstenciones en licitaciones, concursos u otra forma de contratación o adquisición pública prevista en la legislación pertinente, así como en subastas públicas y remates.
	Artículo 12.- Prácticas colusorias verticales.-
	12.1. Se entiende por prácticas colusorias verticales los acuerdos, decisiones, recomendaciones o prácticas concertadas realizados por agentes económicos que operan en planos distintos de la cadena de producción, distribución o comercialización, que tengan por objeto o efecto restringir, impedir o falsear la libre competencia.
Chile	En Chile, el artículo 39 bis del D.L. 211 delimita el ámbito de aplicación del programa de Delación Compensada:
	D.L. 211 de 1973.
	Artículo 39 bis.- El que intervenga en alguna de las conductas previstas en la letra a) del artículo 3° podrá ser eximido de la disolución contemplada en la letra b) del artículo 26 y obtener una exención o reducción de la multa a que se refiere la letra c) de dicho artículo, en su caso, cuando aporte a la Fiscalía Nacional Económica antecedentes que conduzcan a la acreditación de dicha conducta y a la determinación de los responsables.
	Para entender el alcance de esta disposición debemos remitirnos al literal a) del artículo 3° del D.L. 211 de 1993. Las conductas a las que hace referencia el literal a) del artículo 3 son
	D.L. 211 de 1973
	Artículo 3°.
	[...]
	a) Los acuerdos o prácticas concertadas que involucren a competidores entre sí, y que consistan en fijar precios de venta o de compra, limitar la producción, asignarse zonas o cuotas de mercado o afectar el resultado de procesos de licitación, así como los acuerdos o prácticas concertadas

	que, confiriéndoles poder de mercado a los competidores, consistan en determinar condiciones de comercialización o excluir a actuales o potenciales competidores.
México	En México, de conformidad con el artículo 100 de la Ley Federal de Competencia Económica de 1993, el ámbito de aplicación del programa de Delación para obtener el beneficio del procedimiento de dispensa y reducción del importe de multas está delimitado a aquellas conductas que constituyan práctica monopólica relativa o concentración ilícita:

Ley Federal de Competencia Económica de 1993.

Artículo 100. Antes de que se emita el dictamen de probable responsabilidad, en un procedimiento seguido ante la Comisión por práctica monopólica relativa o concentración ilícita, el Agente Económico sujeto a la investigación, por una sola ocasión, podrá manifestar por escrito su voluntad de acogerse al beneficio de dispensa o reducción del importe de las multas establecidas en esta Ley.

Para entender el alcance de esta disposición respecto de las prácticas monopolísticas relativas es importante remitirse a los artículos 54 y 56 de la Ley Federal de Competencia Económica de 1993.

El artículo 54 y 56 de la Ley Federal de Competencia Económica explica que es una práctica monopólica relativa de la siguiente manera enunciativa:

Ley Federal de Competencia Económica de 1993.

Artículo 54. Se consideran prácticas monopólicas relativas, las consistentes en cualquier acto, contrato, convenio, procedimiento o combinación que:

I.   Encuadre en alguno de los supuestos a que se refiere el artículo 56 de esta Ley;

II.   Lleve a cabo uno o más Agentes Económicos que individual o conjuntamente tengan poder sustancial en el mismo mercado relevante en que se realiza la práctica, y

III.   Tenga o pueda tener como objeto o efecto, en el mercado relevante o en algún mercado relacionado, desplazar indebidamente a otros Agentes Económicos, impedirles sustancialmente su acceso o establecer ventajas exclusivas en favor de uno o varios Agentes Económicos.

[...]

"Artículo 56. Los supuestos a los que se refiere la fracción I del artículo 54 de esta Ley, consisten en cualquiera de los siguientes:

I.   Entre Agentes Económicos que no sean competidores entre sí, la fijación, imposición o establecimiento de la comercialización o distribución exclusiva de bienes o servicios, por razón de sujeto, situación geográfica o por períodos determinados, incluidas la división, distribución o asignación de clientes o proveedores; así como la imposición de la obligación de no fabricar o distribuir bienes o prestar servicios por un tiempo determinado o determinable;

II.   La imposición del precio o demás condiciones que un distribuidor o proveedor deba observar al prestar, comercializar o distribuir bienes o servicios;

III.   La venta o transacción condicionada a comprar, adquirir, vender o proporcionar otro bien o servicio, normalmente distinto o distinguible o sobre bases de reciprocidad;

IV.   La venta, compra o transacción sujeta a la condición de no usar, adquirir, vender, comercializar o proporcionar los bienes o servicios producidos, procesados, distribuidos o comercializados por un tercero;

V.   La acción unilateral consistente en rehusarse a vender, comercializar o proporcionar a personas determinadas bienes o servicios disponibles y normalmente ofrecidos a terceros;

VI.   La concertación entre varios Agentes Económicos o la invitación a éstos para ejercer presión contra algún Agente Económico o para rehusarse a vender, comercializar o adquirir bienes o servicios a dicho Agente Económico, con el propósito de disuadirlo de una determinada conducta, aplicar represalias u obligarlo a actuar en un sentido determinado;

VII.   La venta por debajo de su costo medio variable o la venta por debajo de su costo medio total, pero por arriba de su costo medio variable, si existen elementos para presumir que le permitirá al Agente Económico recuperar sus pérdidas mediante incrementos futuros de precios, en los términos de las Disposiciones Regulatorias;

VIII.   El otorgamiento de descuentos, incentivos o beneficios por parte de productores o proveedores a los compradores con el requisito de no usar, adquirir, vender, comercializar o proporcionar los bienes o servicios producidos, procesados, distribuidos o comercializados por un tercero, o la compra o transacción sujeta al requisito de no vender, comercializar o proporcionar a un tercero los bienes o servicios objeto de la venta o transacción;

IX.   El uso de las ganancias que un Agente Económico obtenga de la venta, comercialización o prestación de un bien o servicio para financiar las pérdidas con motivo de la venta, comercialización o prestación de otro bien o servicio;

X.   El establecimiento de distintos precios o condiciones de venta o compra para diferentes compradores o vendedores situados en condiciones equivalentes;

XI.   La acción de uno o varios Agentes Económicos cuyo objeto o efecto, directo o indirecto, sea incrementar los costos u obstaculizar el proceso productivo o reducir la demanda que enfrentan otro u otros Agentes Económicos;

XII. La denegación, restricción de acceso o acceso en términos y condiciones discriminatorias a un insumo esencial por parte de uno o varios Agentes Económicos, y

XIII. El estrechamiento de márgenes, consistente en reducir el margen existente entre el precio de acceso a un insumo esencial provisto por uno o varios agentes económicos y el precio del bien o servicio ofrecido al consumidor final por esos mismos agentes económicos, utilizando para su producción el mismo insumo.

Para entender el alcance de esta disposición respecto de las concentraciones ilícitas es importante remitirse al artículo 63 de la Ley Federal de Competencia Económica de 1993.

La Guía de Inmunidad y Reducción de Sanciones delimita esta explicación refiriéndose a las prácticas monopólicas absolutas como "contratos, convenios, arreglos o combinaciones entre agentes económicos entre sí, cuyo objeto o efecto sea cualquiera de los siguientes":

Fijación / manipulación de precios: Fijar, elevar, concertar o manipular el precio de venta o compra de bienes o servicios al que son ofrecidos o demandados en los mercados,

Restricción de ofertas: Establecer la obligación de no producir, procesar, distribuir, comercializar o adquirir sino solamente una cantidad restringida o limitada de bienes o la prestación o transacción de un número, volumen o frecuencia restringidos o limitados de servicios,

Segmentación de mercados: Dividir, distribuir, asignar o imponer porciones o segmentos de un mercado actual o potencial de bienes y servicios, mediante clientela, proveedores, tiempos o espacios determinados o determinables,

Concertación de posturas: Establecer, concertar o coordinar posturas o abstención en las licitaciones, concursos, subastas o almonedas, e

Intercambio de información: Intercambiar información con el objeto o efecto a que se refieren cualquiera de las cuatro conductas anteriores.[465]

El artículo 62 de la Ley Federal de Competencia Económica explica que es una concentración ilícita de la siguiente manera enunciativa:

Ley Federal de Competencia Económica de 1993

Artículo 62. Se consideran ilícitas aquellas concentraciones que tengan por objeto o efecto obstaculizar, disminuir, dañar o impedir la libre concurrencia o la competencia económica.

---

[465] Comisión Federal de Competencia Económica, *Guía del Programa de Inmunidad y Reducción de Sanciones*, 11. https://www.cofece.mx/wp-content/uploads/2017/12/guia-0032015_programa_inm.pdf

Capítulo 5

Conclusiones y recomendaciones

En el presente capítulo procederemos a recoger de manera resumida las principales conclusiones expresadas a lo largo de la obra, las cuales son fruto del análisis comparativo realizado sobre los Programas de Delación en Latinoamérica, con base en la observación de los cuatro países escogidos para el efecto.

Así mismo, incluiremos nuestras recomendaciones, con base en las experiencias internacionales, orientadas al fortalecimiento y mejoramiento de los Programas de Delación en Latinoamérica.

1. CONCLUSIONES SOBRE LOS ELEMENTOS CONCEPTUALES Y LA JUSTIFICACIÓN ECONÓMICA DE LOS PROGRAMAS DE DELACIÓN

En el primer capítulo, se concluyó que los programas de delación son una herramienta que la economía ha puesto al servicio del derecho de la competencia, con el fin de generar un incentivo económico lo suficientemente potente para que los infractores tomen la decisión de renunciar a su presunción de inocencia y procedan a confesar la realización de conductas anticompetitivas, lo cual les permite exonerarse de las multas o lograr la disminución de su monto.

La potencia del incentivo económico de la delación viene dada por el riesgo que tiene el infractor de ser descubierto, por el tamaño de las multas y por la posibilidad de que otro infractor se le anticipe y obtenga el estatus de primer delator, con lo cual tendría grandes posibilidades de resultar sancionado.

El legislador no basa el éxito de estos programas en el arrepentimiento de los infractores o en su deseo de obrar correctamente, en una forma ajustada a la ética y la moral (lo cual puede ocurrir o no ocurrir). Lo basa en la racionalidad económica del infractor, que después de evaluar sus posibilidades concluye que existe una mayor ganancia económica para él en acudir al programa de delación, traicionar la confianza de los demás miembros del cártel y enfrentar los problemas reputacionales y riesgos litigiosos que le acarreará la confesión.

La delación no es equiparable al perdón, ya que de hecho, los delatores también son investigados y en la decisión final se les señala también como infractores y pueden ser demandados para que respondan por los perjuicios ocasionados a los consumidores u otros agentes económicos afectados por las prácticas restrictivas e la competencia. La diferencia en la posición del delator frente a la de los demás infractores radica en (i) la confidencialidad de su identidad y del expediente de delación durante la duración de la investigación administrativa; (ii) en la exoneración o disminución de la multa, a cambio de la confesión, de la identificación e incriminación de los demás infractores, el aporte de las pruebas en su poder y la colaboración con la autoridad a lo largo de la investigación, y (iii) en la responsabilidad individual y no solidaria frente a los perjudicados por las conductas anticompetitivas.

2. CONCLUSIONES SOBRE EL ORIGEN Y LA EVOLUCIÓN DE LOS PROGRAMAS DE DELACIÓN EN LATINOAMÉRICA

La experiencia de las jurisdicciones más maduras y también la de los países de Latinoamérica, demuestra que la efectividad del Programa de Delación depende de que la respectiva jurisdicción cuente con una estructura institucional y jurídica que garantice a los potenciales delatores que podrán obtener los beneficios del programa. Para el efecto, los programas de delación deberán contar con las características que se especifican en el segundo capítulo de la obra y deberán buscar superar los retos que a los cuales se refieren los capítulos tercero y cuarto.

En todo caso, coincidimos con lo dicho por el profesor Kovacic, en el sentido de que el Programa de Delación es una herramienta más, a disposición de las autoridades de competencia, en la lucha contra los cárteles empresariales. Sin embargo, dichas autoridades deben preocuparse por mantener su capacidad investigativa y sancionadora sin depender necesariamente de la delación; y deben promover el uso de otros mecanismos para proteger y promover la libre competencia, como es el caso de los acuerdos o garantías de cese (*consent decrees*), la abogacía de la competencia y los programas de cumplimiento (*compliance*). Todo lo anterior debe estar acompañado de una estructura jurídica e institucional y un talento humano que permita la aplicación de la política de competencia de manera vigorosa, pero con respeto por el debido proceso y el derecho de defensa, buscando siempre hacer efectivos los objetivos del Derecho de la Competencia, entre los cuales se encuentran sin duda la libre participación de las empresas en el mercado, la eficiencia económica y el bienestar de los consumidores.

Consideramos que la inclusión de los Programas de Delación en el Derecho de la Competencia de los países latinoamericanos, la cual se inició hace ya más de veinte (20) años, era necesaria para el fortalecimiento y maduración de la política de competencia en estos países. De hecho, como se explica en el segundo apartado del quinto capítulo de la obra, uno de los principales retos que enfrentan los programas de delación en algunos países de Latinoamérica es precisamente la perturbación que genera en la efectividad de esta política pública, la aplicación de la Decisión 608 de 2005 de la Comunidad Andina, que contiene un régimen supranacional de libre competencia en el cual no existe aún el programa de delación.

3. CONCLUSIONES RESPECTO DE LAS PRINCIPALES CARACTERÍSTICAS DE LOS PROGRAMAS DE DELACIÓN

La estructuración de los programas de delación en los países de Latinoamérica responde al acopio de las mejores prácticas desarrolladas al respecto en las jurisdicciones con mayor trayectoria en la utilización de esta herramienta.

Se observa que las distintas jurisdicciones han tratado de incorporar en mayor o menor medida los principios de los programas de delación, los cuales se han decantado a través del tiempo y la práctica. Así, en cada país se ha tratado de mejorar la efectividad de la autoridad de competencia, dotándola de recursos, personal capacitado y mejorando la estructura institucional; se ha incrementado la capacidad sancionadora de la autoridad; se ha trabajado en brindar seguridad y predictibilidad a los procedimientos, así como en la confidencialidad de la identidad del delator y del expediente de delación, todo lo cual obra en el sentido de la aplicación de la *regla de oro,* orientada a que el delator no se encuentre en peores circunstancias que aquellos que deciden no colaborar con la autoridad.

Un aspecto importante en la aplicación de los programas de delación es la cooperación internacional entre las autoridades de competencia en casos multijurisdiccionales. Al respecto relacionamos el gran número de convenios que los países objeto de análisis detallado han suscrito con el fin de promover la cooperación, así como los principios contenidos en la *Guía*

para incrementar la cooperación transfronteriza de los programas de delación466
expedida por ICN en el 2020. Así mismo se explicó brevemente el problema que significa para la aplicación de los programas de delación en Latinoamérica y especialmente en la Comunidad Andina, el hecho de que la
Secretaría General de la CAN–SGCAN, asuma competencia en casos en los
cuales la respectiva autoridad nacional de competencia haya adelantado
una investigación con base en una delación. Todo ello en atención además,
a que como se ha dicho varias veces, la Decisión 608 de 2005 de la CAN,
que contiene la normativa subregional de competencia, no incluye dentro
de sus normas el Programa de Delación.

En los apartados 2, 3 y 4 del segundo capítulo, se explican en detalle
los beneficios que ofrece el Programa de Delación en las jurisdicciones
estudiadas, los cuales son bastante similares. Existen algunas diferencias
en aspectos tales como (i) la exoneración de la responsabilidad penal; (ii)
la aplicación del beneficio *amnesty plus* para delatores diferentes al primer
delator que informen sobre conductas anticompetitivas adicionales a las
investigadas; (iii) la aplicación del programa de delación para conductas
diferentes del cártel; (iv) la prohibición de que el promotor o instigador
de la conducta pueda acceder a los beneficios del programa y (v) el cumplimiento de los requisitos para acceder a los beneficios del programa y
mantenerlos hasta su confirmación final; entre otros.

Por último incluimos una sección especial para explicar el Programa
de Recompensas como complemento del Programa de Delación, el cual
ha sido establecido en el Perú y al cual pueden acceder exclusivamente las
personas naturales que no han participado en la realización de la conducta
de cartelización respecto de la cual tienen conocimiento y pueden prestar colaboración al Indecopi (el Programa no está disponible para otras
conductas anticompetitivas). Aunque esta medida es novedosa, no existe
todavía suficiente información respecto de su efectividad, razón por la cual
no estamos proponiendo que sea adoptada por las demás jurisdicciones en
Latinoamérica.

---

466   International Competition Network (ICN), Guidance on Enhancing Cross – Bor-
      der Leniency Cooperation. Cartel Working Group: Subgroup 1 (2020), 14.

4. CONCLUSIONES Y RECOMENDACIONES RESPECTO DE LOS PRINCIPALES RETOS QUE ENFRENTAN LOS PROGRAMAS DE DELACIÓN EN LATINOAMÉRICA

4.1 Primer reto: la criminalización del derecho de la competencia

De acuerdo con el análisis expuesto en la Sección 1 del Capítulo III, podemos concluir que efectivamente unos mismos hechos pueden ser analizados a la luz del Derecho de la Competencia y del Derecho Penal y que pueden vulnerar de manera simultánea esos dos ordenamientos jurídicos, ya que se trata de la protección de bienes jurídicos diferentes. Lo anterior implica que para el análisis de esos hechos puede haber dos autoridades competentes (la autoridad de competencia y la que investiga los delitos), dos procesos (uno administrativo y otro penal), dos regímenes probatorios y dos tipos de sanciones.

Es en este contexto jurídico, en el cual es necesario compaginar de manera armónica el programa de delación, que si bien tiene un fundamento importante en el principio de oportunidad del derecho penal, se trata de una figura propia del derecho de la competencia.

Como hemos podido observar, al haber dos procesos distintos, la delación trae consigo múltiples interrogantes. El más delicado de ellos se refiere a la preservación de los incentivos para delatar, a los cuales hicimos referencia de manera detallada en el segundo capítulo y sin los cuales el instrumento pierde su efectividad y deja de ser "el instrumento más eficaz en la lucha contra los cárteles empresariales".

Las dos cuestiones restantes que también se plantean son la multiplicidad de delatores, y el régimen probatorio de uno y otro proceso.

En Colombia, país escogido como base para la comparación de las conductas anticompetitivas con las conductas penales, la autoridad de competencia no tiene la facultad de brindar inmunidad frente a las investigaciones criminales por la realización de prácticas restrictivas de la competencia, las cuales se pueden presentar hoy en día con base en diversas normas penales, como es el caso de la que prohíbe el agiotaje y de la que prohíbe la colusión en las licitaciones u ofertas públicas, entre otras. En efecto, uno de los problemas más graves que enfrenta el Programa de Delación en un país como Colombia, tiene que ver con la desordenada introducción de la criminalización del derecho de la Competencia, por la vía del artículo 27 del Estatuto Anticorrupción (Ley 1474 de 2011), por medio del cual se adicionó un nuevo artículo 410-A al Código Penal con una nueva conducta referida a los acuerdos anticompetitivos de colusión en las licitaciones u ofertas en la contratación pública. El problema radica en que la norma referida le otorga, solamente al primer delator, una reducción de un tercio de la pena y un 40 % de la multa, con lo cual se crea un enorme desincentivo al programa colombiano de delación.

El hecho de que a pesar de obtener la inmunidad de las multas que puede aplicar la autoridad de competencia con base en el programa de delación, el delator se pueda llegar a ver sometido a investigaciones y sanciones (así sean rebajadas) de carácter criminal, genera un desincentivo para delatar, sobre todo en los casos en los que existe el riesgo de que se impongan penas de prisión. Una situación similar se presenta en el caso peruano.

En este orden de ideas, resulta indispensable realizar reformas legislativas que armonicen los dos regímenes con el fin de preservar la delación como el instrumento más eficaz para investigar conductas anticompetitivas.

En relación con el reto que supone para el derecho de la competencia de los países latinoamericanos armonizar el programa de delación con la progresiva criminalización del derecho de la competencia, se considera que el modelo a seguir es el chileno, que en esta materia presenta características muy interesantes como se explica a continuación.

Lo que resulta valioso del sistema chileno es la implementación de un sistema acusatorio, con una absoluta división entre quien investiga la conducta, la Fiscalía Nacional Económica (FNE), y quien decide, que es el Tribunal de Defensa de la Libre Competencia (TLDC), un organismo jurisdiccional especial e independiente, compuesto por cinco (5) miembros: tres (3) abogados y dos (2) economistas, nombrados por el Presidente de la República, el Banco Central y la Corte Suprema de Justicia, de listas elaboradas previo concurso público, y cuyas decisiones pueden ser apeladas ante la Corte Suprema de Justicia.

Debe resaltarse que esta independencia funcional entre quien investiga y quien sanciona se constituye en una importante fortaleza para el sistema de competencia chileno, cuyas decisiones tienen mayor solidez y autoridad, precisamente porque el sistema les brinda garantías a los investigados, los cuales tienen la oportunidad de presentar su defensa ante un juez neutral e imparcial.

En relación con la utilización de la acción penal, como ya lo explicamos, la Fiscalía Nacional Económica no instruye los procesos criminales, pero si tiene la facultad de tomar la decisión sobre si se utiliza o la acción penal en un caso de prácticas restrictivas y es competente para brindar inmunidad criminal. Este diseño institucional evita la colisión entre la autoridad de competencia y las autoridades que aplican la política criminal, lo cual resulta particularmente grave cuando se quiere utilizar el programa de delación pero el mismo no protege al delator de las imputaciones y consecuencias penales de sus actos, todo lo cual tiende a afectar de manera importante los incentivos para delatar.

Por lo anterior reiteramos que la estructura establecida por el derecho chileno permite armonizar los ordenamientos jurídicos de competencia y penal, a la vez que se protege la efectividad del programa de delación, al otorgarle al fiscal nacional económico la facultad de decidir cuándo se utiliza la acción penal y de darle beneficios al delator, tanto en el campo del derecho de la competencia como en el campo penal.

En el caso de México, como lo explicamos arriba, la Cofece tiene una facultad no exclusiva para poner en movimiento la acción penal, con lo cual esta autoridad no tiene un control tan completo como el que tiene la FNE de Chile sobre la potencial interferencia de la criminalización; pero sí puede otorgarle inmunidad criminal al delator, razón por la cual consideramos que presenta una ventaja importante respecto de las legislaciones de Colombia y Perú, aunque no puede ofrecer una protección tan completa al Programa de Delación, como el que ofrece la legislación chilena.

4.2 Segundo reto: la indemnización de perjuicios de las personas afectadas por las prácticas restrictivas de la competencia

Además de vulnerar el orden público económico en su categoría de libre competencia, en muchos casos las prácticas restrictivas de la competencia ocasionan también perjuicios a personas naturales o jurídicas individuales.

En los E.U.A., las demandas de los particulares en temas de competencia constituyen uno de los principales motores para el análisis, aplicación y progreso del Derecho de la Competencia. Estos litigios representan la gran mayoría de las acciones relacionadas con temas de competencia que se llevan ante los jueces. Los particulares se ven motivados a acudir a la jurisdicción, debido al incentivo que otorga la ley, de recibir los daños demostrados por triplicado.

En Europa y en muchos países de Latinoamérica, la actuación de las autoridades de competencia es de carácter administrativo (aplicación pública del derecho de la competencia o *public enforcement*). En caso de encontrarse demostrada la realización de prácticas anti competitivas la autoridad impone una multa a favor del Estado y las personas individualmente vulneradas por las prácticas anti competitivas deben buscar el resarcimiento de sus perjuicios bajo otra cuerda procesal. No existen incentivos económicos para demandar y los daños punitivos son ajenos a la trayectoria jurídica de Europa y Latinoamérica.

La indemnización de los daños ocasionados por las conductas anticompetitivas se puede lograr por medio de demandas civiles, procesos de competencia desleal o acciones de clase o grupo, las cuales en Europa y en algunos de los países analizados en la obra, como es el caso de Colombia, pueden ser adelantadas sin que exista un previo pronunciamiento de la autoridad de competencia, es decir, que se trata de acciones *stand alone*. Sin embargo en Perú, las acciones de reparación de perjuicios son de tipo *follow on,* ya que es el propio Indecopi el encargado de iniciar la acción de indemnización de perjuicios ante los jueces, lo cual solamente puede hacer cuando la decisión de sanción ya está en firme.

En Latinoamérica hasta ahora están empezando las primeras acciones de reparación de perjuicios y no existe suficiente experiencia en este tipo de procesos. Sin embargo, en su conjunto las sanciones administrativas y las acciones judiciales por perjuicios, deberían resultar disuasivas para los potenciales infractores.

El objetivo del ordenamiento jurídico debe ser el de luchar contra los cárteles empresariales, para lo cual la delación es la herramienta más eficaz, pero también brindar la oportunidad de que las víctimas de los cárteles empresariales puedan buscar la indemnización de sus perjuicios siempre y cuando dichos perjuicios se encuentren probados, en primer lugar, porque es importante hacer justicia; pero también porque el cobro de esas indemnizaciones también se constituye en un elemento de disuasión de las conductas anticompetitivas.

En ese sentido, las buenas prácticas de los programas de delación en Latinoamérica y el mundo deben consistir en un balance o equilibrio entre los incentivos prometidos al delator y la limitación de la responsabilidad civil que obtendrá el solicitante, con el fin de salvaguardar la eficiencia y confianza en el programa de Delación. Todo lo anterior, sin dejar de lado la búsqueda de la indemnización de los perjuicios sufridos por las víctimas[467].

En relación con esta situación se propone que los países Latinoamericanos adopten una solución similar a la establecida por la Directiva 2014/104/UE del Parlamento Europeo y del Consejo, por medio de la cual se reglamentó el tema de las acciones de daños por infracción de las normas de competencia de los Estados miembros y de la Unión Europea, la cual debe contener al menos los siguientes aspectos:

- Los órganos jurisdiccionales solamente deben poder ordenar a las autoridades de competencia la exhibición de pruebas (i) una vez haya concluido la investigación administrativa y (ii) siempre que esas pruebas no puedan ser aportadas por una de las partes o por un tercero diferentes del Delator.

- Los órganos jurisdiccionales no podrán requerirle a las autoridades de competencia las pruebas relacionadas con las declaraciones en el marco de un programa de delación; ni aquellas relacionadas con una solicitud de transacción.

- Las pruebas que los órganos jurisdiccionales obtengan de las autoridades de competencia solamente pueden ser utilizadas en las acciones por daños, por aquellas personas que las solicitaron, siempre que no se trate de pruebas relacionadas con la solicitud de delación o de transacción, las cuales, como ya se dijo, se encuentran excluidas.

- El delator solamente debe responder por los perjuicios ocasionados a sus propios compradores directos e indirectos, con lo cual queda exonerado de la responsabilidad conjunta y solidaria que se predica de los demás coinfractores.

- Adicionalmente, en caso de que el cártel haya causado perjuicios a terceros distintos de los clientes o proveedores de los infractores, la responsabilidad del delator debe ser subsidiaria, es decir, que el delator nunca deberá ser responsable por una suma superior a la parte que le corresponda proporcionalmente dentro del cártel y en la medida en que dichos terceros no puedan ser plenamente resarcidos por los demás coinfractores.

---

[467] International Competition Network (ICN), Good practices for incentivising leniency applications. Cartel Working Group. Subgroup 1 (2019), 11–12.

A pesar de las críticas que se le han formulado a la Directiva, no cabe duda de que su expedición constituye un avance en el objetivo de lograr la indemnización de los perjuicios ocasionados por las prácticas restrictivas de la competencia, a la vez que se trata de proteger la efectividad de los programas de delación, razón por la cual consideramos que los países Latinoamericanos deberían seguir este ejemplo.

4.3 Tercer reto: naturaleza y cuantía de las sanciones aplicables

En los países en los cuales prevalece la aplicación pública del derecho de la competencia, como es el caso de los países de Europa y Latinoamérica, las infracciones al derecho de la competencia por regla general son sancionadas mediante la imposición de multas y medidas correctivas para prohibir la conducta anticompetitiva y restaurar la libre competencia. Sin embargo, en los últimos tiempos han crecido de manera importante las sanciones de carácter criminal y otros tipos de sanciones tales como la restricción para contratar con el Estado, la inhabilidad para ejercer el comercio, etc., lo cual tiende a incrementar la efectividad en la lucha contra las prácticas anticompetitivas[468], pero puede generar un desincentivo para la delación, si no se le brinda también al delator, inmunidad respecto de las demás sanciones que se pueden imponer en adición a la multa, como se explica en el apartado 3.3 del cuarto capítulo.

Como lo explicamos en el primer apartado del segundo capítulo, uno de los principios fundamentales de la delación es la aplicación de multas sustanciales a los infractores, cuyo objetivo es castigar su conducta y disuadir a los empresarios de la planeación y realización de prácticas restrictivas. En este sentido, los regímenes de competencia buscan crear una atmósfera de amenaza creíble, que genere incertidumbre en los potenciales infractores respecto de la posibilidad de obtener las ganancias esperadas de la realización de las prácticas anti competitivas, debido a la capacidad de sanción que las normas les otorgan a las autoridades de competencia[469]. En este sentido, las multas aplicables para cada conducta anticompetitiva deben tener un fundamento razonable y deben ser lo suficientemente importantes para lograr los objetivos mencionados.

---

[468] Macculloch, A., "The Cartel Offence: Defining an appropriate 'moral space'", *European Competition Journal*, (2012), 73–93.

[469] Gary S. Becker, "Crimea and Punishment: An Economic Approach", *The Journal of Political Economy*, (1968), *76*(2), 160–217.

Como lo vimos en el primer capítulo, el objetivo de la sanción no debe reducirse al castigo o la represión de la conducta anticompetitiva. El Estado no debe buscar infligir al autor de la conducta un daño proporcional al que este le ha causado a la sociedad, sino que la sanción debe estar orientada a disuadir a los potenciales infractores de su intención actual o potencial de realizar la conducta.

Desde el punto de vista económico, la sanción debe ser de tal entidad que elimine la rentabilidad de la conducta anticompetitiva, de tal manera que el potencial infractor perciba que en el evento de ser descubierta la conducta, la sanción eliminaría la ganancia obtenida a través de la misma.[470] Es aquí donde el programa de delación se convierte en un complemento importante del régimen de competencia, porque pone en riesgo la opción más lógica que tienen los participantes en un acuerdo anti competitivo desde el punto de vista de la teoría de juegos, que es la de guardar silencio y obtener las ventajas de la conducta ilegal, con la esperanza de que las autoridades de competencia no la descubrirán. En este sentido, como quedó establecido en el segundo capítulo, uno de los factores más importantes para la efectividad de un programa de delación consiste en que las sanciones sean sustanciales, para que alguno de los miembros del cártel considere que le es más favorable delatar que permanecer en el acuerdo, con el riesgo de que otro infractor se le adelante y obtenga el beneficio de la exoneración de las multas y demás sanciones aplicables.

Dicho lo anterior, corresponde entonces analizar la naturaleza y evolución de las sanciones que se han venido aplicando en Latinoamérica, con el fin de establecer cuáles deben ser las principales características que deben tener para que puedan cumplir de manera adecuada con su función de promover el cumplimiento de las normas de competencia y disuadir a los agentes económicos de infringirlas, en el entendido de que solamente la aplicación consistente de sanciones disuasorias permitirá el funcionamiento efectivo de los programas de delación, los cuales serán atractivos para los infractores siempre que exista una alternativa con alto grado de probabilidad de ocurrencia y menos apetecible, que es la de la aplicación de sanciones ejemplarizantes.

---

[470] Al respecto reiteramos que el monto de la multa es uno de los factores de la desigualdad matemática propuesta en el segundo apartado del primer capítulo, para establecer desde el punto de vista económico, la decisión de delatar o permanecer en el cártel.

Del anterior análisis podemos concluir, que los países que hemos escogido como base para el análisis, han modificado sus legislaciones con el fin de dotar a sus respectivas autoridades de competencia de mayores facultades sancionatorias. Adicionalmente, hemos podido constatar que las mencionadas autoridades han utilizado esas mayores facultades sancionatorias en la decisión de los casos que se les han presentado en los últimos años, y que inclusive se puede concluir que los países latinoamericanos imponen multas disuasorias para el tamaño de sus economías, lo cual resulta consistente con la aplicación de los programas de delación en estos países.

Adicionalmente, en los países analizados, no se ha presentado una situación como la que se ha vivido en España, donde ha existido desde hace años un complejo conflicto entre la autoridad de competencia (CNMC) y autoridad judicial (Audiencia Nacional), ya que esta última, de manera sistemática ha rebajado las sanciones impuestas por la CNMC, lo cual disminuye el efecto disuasorio de las sanciones y afecta la transparencia y predictibilidad del sistema de competencia. Ante una circunstancia como esta, las acciones de daños, que ya empiezan a operar en España y seguramente pronto lo harán en Latinoamérica, se constituyen en un elemento de disuasión adicional, que además impide que los infractores calculen de antemano y provisionen el monto de la sanción que podría resultarles impuesta.

En efecto, desde el 2013, la Audiencia Nacional ha venido expidiendo una serie de sentencias en las cuales anula las sanciones impuestas por la Comisión Nacional de la Competencia a actores de conductas anticompetitivas como sucedió en los casos de BCN Aduanas y Transportes, S. A. y Bofill Arnán, S. A.,[471] relacionados con acuerdos de fijación de precios y en

---

[471] "Que estimando parcialmente el recurso contencioso administrativo interpuesto por BCN Aduanas y Transportes, S. A., y en su nombre y representación el Procurador Sr. Dº Francisco Miguel Velasco Muñoz Cuéllar, frente a la Administración del Estado, dirigida y representada por el Sr. Abogado del Estado, sobre Resolución de la Comisión Nacional de la Competencia de fecha 1 de diciembre de2011, debemos declarar y declaramos no ser ajustada a Derecho la Resolución impugnada en cuanto a la cuantificación de la multa, y en consecuencia debemos anularla y la anulamos, ordenando a la CNC que imponga la multa en el porcentaje que resulte, atendidos los criterios legales de graduación debidamente motivados, confirmando la Resolución en sus restantes pronunciamientos, sin expresa imposición de costas". Audiencia Nacional. Sala de lo contencioso-administrativo, sección 6ª. SAN 2876/2013. 24 de junio de 2013. http://www.poderjudicial.es/search/doAction?action=contentpdf&databasematch=AN&reference=6784439&links=&optimize=20130708&publicinterface=true

los cuales se dio el debate respecto del método para el cálculo de las multas, de acuerdo con los artículos 63 y 64 de la Ley 15/2007 del 3 de julio de ese año, o Ley de Defensa de la Competencia.

A partir del 2015, el Tribunal Supremo en su Sala de lo Contencioso mediante sentencia STS 112/2015 dirimió conflicto entre la autoridad de competencia (CNMC) y autoridad judicial (Audiencia Nacional). Al analizar esta situación, el profesor Francisco Marcos concluyó:

> "En suma, la sentencia del Tribunal Supremo de 29 de enero de 2015 revalida los límites sustanciales del sistema sancionador previsto en la LDC y que constituían los principales márgenes dentro de los que las autoridades de defensa de la competencia habían ejercitado sus potestades sancionadoras. La errática interpretación que la Audiencia Nacional ha venido realizando desde el 6 de marzo de 2013 sobre el parámetro a raíz del cual se construye el sistema legal debe ser corregida.
>
> Pero no todo son buenas noticias. El redescubrimiento por el Tribunal Supremo de la "escala sancionadora" y de los techos a las multas previstos en el artículo 63.1 de la LDC han traído consigo la derogación de la Comunicación de multas de la CNC (que, pendiente de emular el sistema europeo, había ignorado las particularidades del derecho patrio que -sin ir más lejos- impide que un órgano administrativo adopte *soft-law* sobre esa materia).
>
> Con la desaparición de la Comunicación de multas de 2009, se desvanece también cualquier posible predicción o certidumbre sobre el importe de las posibles multas, que deberán de ser calculadas, ajustadas y justificadas a medida en cada caso sin referencia a ningún estándar que no sean los previstos en la Ley.
>
> Resuena en este planteamiento del Tribunal Supremo un sesgo positivista y anti-economicista que la misma Sala del Tribunal Supremo ya había manifestado en el pasado y que, probablemente, anticipaba este pronunciamiento ("no es siempre posible cuantificar, en cada caso, aquellas sanciones pecuniarias a base de meros cálculos matemáticos y resulta, por el contrario, inevitable otorgar al Tribunal de Defensa de la Competencia un cierto margen de apreciación para fijar el importe de las multas sin vinculaciones aritméticas a parámetros de 'dosimetría sancionadora' rigurosamente exigibles", párrafo 6 del FJº13 de la STS de 8 de Marzo de 2002, Aceites, STS 1666/2002, pero que se repite en muchas otras sentencias).
>
> Paradójicamente, en aras de la legalidad, de la predeterminación normativa y de la proporcionalidad de las sanciones, en el futuro será imposible que los infractores puedan prever anticipadamente el importe de las posibles sanciones. Lo único cierto es que nunca podrán superar el 10 % del volumen total de negocios del infractor en el ejercicio inmediatamente anterior a la imposición de la multa".[472]

---

[472]   Francisco Marcos, *El futuro de las multas antitrust en España: Claroscuros de la sentencia del Tribunal Supremo de 29 de enero de 2015* (2015). https://www.osservatorioan-

El reto sin embargo se presenta al analizar la aplicación de las sanciones no monetarias, como es el caso de las sanciones penales a las cuales ya nos referimos en el primer apartado del tercer capítulo, la prohibición a contratar con el Estado y la prohibición de ejercer el comercio, respecto de las cuales las autoridades de competencia de los países analizados no tienen la posibilidad de exonerar a los delatores, lo cual se constituye en un desincentivo para participar en el Programa de Delación.

4.4 Cuarto reto: los efectos de la aplicación de la normativa subregional Andina sobre los programas de delación de los países latinoamericanos

A continuación presentaremos las conclusiones y recomendaciones relacionadas con la forma en la cual la aplicación del régimen de competencia supranacional de la CAN, puede llegar a afectar el funcionamiento y la efectividad de los programas de delación de los países miembros y de otros países cuyas empresas pueden resultar involucradas en algún caso en el cual se discuta la aplicación de la Decisión 608 de 2005 de la CAN.

4.4.1 Reglas de coordinación entre la SGCAN y las autoridades nacionales de los países miembros para iniciar investigaciones de competencia

Como se pudo observar en la numeral 2.5 del segundo apartado del cuarto capítulo, existe una importante discusión respecto del ámbito de competencia de la SGCAN. Es decir, sobre la definición respecto de aquellos casos que deben ser atendidos por las autoridades nacionales de competencia de los Países Miembros; y aquellos en los cuales debe considerarse que la conducta investigada tiene una dimensión comunitaria y por lo tanto debe ser analizada por la SGCAN.

Más allá de las precisiones sobre el *efecto real* de la conducta, que ya ha adelantado el TJCA en el caso de Angelcom arriba citado, tanto la normativa Andina como la de los Países Miembros, deben contar con reglas que eviten la iniciación de investigaciones paralelas o consecutivas por las autoridades nacionales de los Países Miembros y por la SGCAN. Al respecto manifiestan Ingrid Ortiz-Baquero y Diego A. Solano-Osorio lo siguiente:

_____

titrust.eu/es/el-futuro-de-las-multas-antitrust-en-espana-claroscuros-de-la-sentencia-del-tribunal-supremo-de-29-de-enero-de-2015/

"4. Nada se dice en la Decisión 608/2005 sobre la competencia de la Secretaría General cuando un asunto está siendo objeto de uno o varios procedimientos de orden nacional, ni se regulan tampoco los efectos que en estos casos tendría la asunción de competencias por parte de la autoridad andina. En otras palabras, no se regula el principio de primacía o prevalencia de la competencia de la autoridad supranacional, que en nuestra opinión estaría plenamente justificado y sería necesario respecto de aquellas conductas que claramente afecten el funcionamiento del mercado subregional".[473]

Al respecto se considera que la solución del derecho europeo frente a una situación de este tipo parece subóptima, en el sentido de que de conformidad con la doctrina desarrollada por el Tribunal de Justicia de la Unión Europea (TJUE), es posible que coexistan procedimientos nacionales y comunitarios porque las normas nacionales y comunitarias de competencia persiguen finalidades distintas, con lo cual no se vulnera el principio *non bis in ídem*. Sin embargo, con base en el principio de equidad, el TJUE ha considerado que al establecer la sanción, la Comisión Europea (CE) debe tener en cuenta las sanciones ya impuestas por las autoridades nacionales de los países miembros.

Esta doctrina tiene su origen en 1969, en el caso Walt Wilhelm (Caso 14/68), en el cual el *Bundeskartellamt* alemán investigó y sancionó un cártel de siete (7) productores alemanes de colorantes, cuatro (4) de los cuales fueron también investigados por la CE. A pesar de las protestas de las empresas doblemente investigadas, como ya se dijo, la decisión adoptada por la CE consistió en admitir que se adelanten los procedimientos paralelos sobre unos mismos hechos, pero tener en cuenta en la sanción, las multas impuestas por la autoridad alemana.

Para adoptar su decisión el TJUE tomó en consideración el entonces vigente artículo 9 del Reglamento del Consejo N° 17, el cual fue modificado por el Reglamento 1/2003 del año 2004, que contiene criterios aún más amplios en favor de la competencia de la CE. En efecto, de conformidad con el mencionado reglamento, la CE tiene preferencia en materia de competencia y se encuentra facultada para adelantar una investigación aún en el evento en el cual una autoridad nacional de un País Miembro ya esté adelantando un procedimiento. Si bien la mencionada norma establece la posibilidad de que la CE suspenda o dé por terminado un procedimiento,

---

[473] Ingrid S. Ortíz–Baquero y Diego A. Solano–Osorio, "La aplicación púbica de las normas de libre competencia en la Comunidad Andina y sus países integrantes", *Vniversitas*, (2016), 331.

esto no es obligatorio, sino meramente potestativo de la autoridad europea. Al respecto los artículos 11(6) y 13(1) del Reglamento 1/2003 disponen lo siguiente:

"REGLAMENTO 1/2003.
Artículo 11.- Cooperación entre la Comisión y las autoridades de competencia de los Estados miembros
[...]
6. La incoación de un procedimiento por parte de la Comisión con vistas a la adopción de una decisión en aplicación del capítulo III privará a las autoridades de competencia de los Estados miembros de su competencia para aplicar los artículos 81 y 82 del Tratado. Si una autoridad de competencia de un Estado miembro está actuando ya en un asunto, la Comisión únicamente incoará el procedimiento tras consultar con la autoridad nacional de competencia.
REGLAMENTO 1/2003.
Artículo 13.- Suspensión o fin del procedimiento
4. Cuando las autoridades de competencia de varios Estados miembros sean destinatarias de una denuncia o hayan iniciado un procedimiento de oficio contra el mismo acuerdo, la misma decisión de asociación o la misma práctica en virtud del artículo 81 o del artículo 82 del Tratado, el hecho de que una autoridad se encuentre instruyendo el asunto constituirá para las demás autoridades motivo suficiente para suspender su propio procedimiento o desestimar la denuncia. La Comisión podrá igualmente desestimar una denuncia si ya la estuviera tramitando una autoridad de competencia de un Estado miembro.
5. Las autoridades de competencia de un Estado miembro o la Comisión podrán desestimar una denuncia formulada contra un acuerdo, una decisión de asociación o una práctica que ya hayan sido tratados por otra autoridad de competencia".

La doctrina del caso *Wilhelm* fue ratificada en el 2013 en el caso de Toshiba Corporation (Asunto C-17/10)[474], así:

"78. En la medida en que, en virtud de lo dispuesto en el artículo 11, apartado 6, frase primera, del Reglamento no 1/2003, la autoridad nacional de defensa de la competencia deja de estar autorizada a aplicar el artículo 81 CE desde el momento en que la Comisión incoa un procedimiento con vistas a la adopción de una decisión en aplicación de lo establecido en el capítulo III del mismo Reglamento, dicha autoridad nacional pierde asimismo la posibilidad de aplicar las normas del Derecho nacional que prohíben las prácticas colusorias.
79. El Reglamento no 1/2003 no establece, sin embargo, que la incoación de un procedimiento por parte de la Comisión prive a las autoridades nacionales de defensa de la competencia, con carácter permanente y definitivo, de sus atribuciones para aplicar la legislación nacional en esta materia.

---

[474]   Tribunal de Justicia de la Unión Europea. Toshiba Corporation (Asunto C – 17/10). (TJUE, 2012).

80. Tal como sostiene la Comisión en sus observaciones escritas, las autoridades nacionales de defensa de la competencia recuperan sus atribuciones tan pronto como concluye el procedimiento incoado por dicha institución.

81. De conformidad con reiterada jurisprudencia, el Derecho de la Unión y el Derecho nacional en materia de competencia se aplican paralelamente (sentencias Wilhelm y otros, antes citada, apartado 3; de 9 de septiembre de 2003, Milk Marque y National Farmers' Union, C-137/00, Rec. p. I-7975, apartado 61, y de 13 de julio de 2006, Manfredi y otros, C-295/04 a C-298/04, Rec. p. I-6619, apartado 38). El Derecho de la Unión y el Derecho nacional consideran las prácticas restrictivas desde aspectos diferentes (sentencias Wilhelm y otros, antes citada, apartado 3; Manfredi y otros, antes citada, apartado 38, y de 14 de septiembre de 2010, Akzo Nobel Chemicals y Akcros Chemicals/Comisión y otros, C-550/07 P, Rec. p. I-8301, apartado 103) y su ámbito de aplicación no es idéntico (sentencia de 1 de octubre de 2009, Compañía Española de Comercialización de Aceite, C-505/07, Rec. p. I-8963, apartado 52).

82. Esta situación no se vio modificada por la aprobación del Reglamento N° 1/2003 (el subrayado es nuestro)".

De conformidad con lo anterior, y como lo reconocen Alfonso Luis Calvo Caravaca y María del Pilar Canedo Arrillaga[475], *"es poco probable que el principio non bis in ídem sea aplicable en la red de autoridades de competencia de los Estados miembros"*.

En vista de lo antes expuesto, procede recomendar que tanto en las normas andinas como en las de los países miembros, se incluyan disposiciones que logren el siguiente efecto:

a. Cuando las autoridades nacionales de competencia se dispongan a iniciar investigaciones por la presunta realización de prácticas restrictivas de la competencia, que involucren o puedan llegar a involucrar a más de un país miembro de la CAN, deberán informar de dicha situación a la SGCAN, con el fin de que evalúe si la conducta en cuestión debe ser investigada por esa autoridad.

b. Así mismo, cuando la SGCAN vaya a iniciar una investigación, debe poner en conocimiento de esta situación, de manera previa a las autoridades nacionales de competencia de los países miembros, con el fin de que analicen su propia competencia frente al caso y se establezca un diálogo cuyo objeto es el de armonizar las actividades de las diferentes autoridades.

---

[475] Alfonso Luis Calvo Caravaca y María Pilar Canedo Arrillaga, "Non bis in idem en derecho Antitrust", *Estudios de Deusto*, v. 54, n. 1, (2006), 11–39.

c. No se deben adelantar procedimientos paralelos o sucesivos de la SGCAN y las autoridades nacionales de los países miembros, respecto de unos mismos hechos.

d. En caso de que una o más autoridades nacionales ya lleven adelantado el procedimiento, sin que la SGCAN haya manifestado tener competencia para realizar una investigación andina de libre competencia, la SGCAN se debe abstener de interferir con la aplicación de la legislación local.

e. La SGCAN y las autoridades de competencia de los países miembros deben colaborar armónicamente con el fin de coordinar sus actividades y tener mayor efectividad en la aplicación de sus respectivas normativas.

4.4.2 Creación del programa de Clemencia o Delación en la CAN y armonización del programa con las legislaciones nacionales

Los países latinoamericanos han adoptado la libre competencia económica como un elemento estructural para el funcionamiento de la economía de mercado, dentro del Estado de Derecho, ya que se considera que contribuye al mejoramiento de la eficiencia de la economía, pero sobre todo, al bienestar de los consumidores, los cuales podrán acceder, gracias a la libre competencia económica, a una mayor cantidad y variedad de bienes y servicios de mejor calidad y a un mejor precio y les permitirá satisfacer de manera más eficiente sus necesidades.

De manera correlativa se considera que las prácticas restrictivas de la competencia afectan el funcionamiento de los mercados y disminuyen el bienestar de los consumidores. Estas prácticas han sido clasificadas como conductas generadoras de daños, infracciones administrativas y en algunos casos criminales, por el perjuicio que le causan a la sociedad. El derecho de la competencia es reconocido hoy en día en Latinoamérica, así como en la mayor parte del mundo, como un estatuto anticorrupción para el sector privado y la infracción de sus normas empieza a ser rechazada por la sociedad, que ha comprendido el efecto nocivo de conductas prohibidas tales como los cárteles empresariales.

Por esta razón, la libre competencia económica ha sido consagrada como un derecho en las constituciones de los países latinoamericanos, los cuales cuentan hoy día con normativa y autoridad de competencia, con la notable excepción de Guatemala, país que en algún momento culminará el proceso de expedición de su ley de competencia.

Como lo hemos advertido a lo largo de la obra, la investigación y sanción de conductas anticompetitivas es difícil, pues en muchos casos no se encuentran muchas evidencias directas, ya que los involucrados comprenden hoy día el carácter ilegal de sus conductas y han sofisticado los mecanismos para realizarlas, lo cual hace más difícil su detección. Adicionalmente, desde el punto de vista de la teoría de juegos, la posición más segura para todos los miembros de un cártel empresarial consiste en mantenerse fieles entre sí y guardar silencio ante cualquier requerimiento de la autoridad, ya que si nadie habla, la posibilidad de que cualquiera de los miembros del cártel resulte sancionado, es menor, como lo explicamos en el apartado 1.4 del primer capítulo de la obra.

Los programas de delación, pretenden generar incentivos para romper la lealtad entre los infractores. Para ello, ofrecen inmunidad total, parcial o reducción de las multas a quienes colaboren con la autoridad.

Los programas de delación son la herramienta más eficaz en la lucha contra los cárteles empresariales y por ello han sido introducidos en las legislaciones de competencia de los países latinoamericanos, los cuales han venido desarrollando sus primeros casos durante la última década.

Así mismo, nuestros países han expedido normas tendientes a la criminalización del derecho de la competencia, lo cual genera algunos problemas para el desarrollo de los programas de delación. En efecto, Como lo explicamos en el primer apartado del tercer capítulo de la obra, lo que sucede en la mayoría de nuestros países es que las autoridades de competencia son autoridades administrativas especializadas que están facultadas para otorgar inmunidad a quienes aplican al programa de delación, frente a las normas de competencia y en especial respecto de las multas; pero no tienen potestad para detener o brindar inmunidad frente a las investigaciones criminales, con lo cual se puede generar un desincentivo para delatar.

De otra parte, en Latinoamérica como en Europa, uno de los aspectos importantes que falta por desarrollar, es el de la indemnización de perjuicios por la realización de prácticas restrictivas de la competencia, para lo cual las legislaciones de los países ofrecen diferentes clases de acciones judiciales, cuya activación podría también interferir con el desarrollo de los programas de delación, como lo explicamos a espacio en el segundo apartado del tercer capítulo de la obra.

Por último, los programas de delación pueden resultar afectados por la aplicación de normas supranacionales como es el caso de la Decisión 608 de 2005 de la CAN, sistema de competencia que no tiene programa de delación, lo cual puede llegar a interferir con el desarrollo de los programas de este tipo en los países andinos. En efecto, en el evento de que una empresa aplique al programa de delación en un país andino y obtenga inmunidad de las conductas delatadas, pero después la Secretaría de la CAN decida investigar esta misma conducta por considerar que tiene dimensión comunitaria, la empresa investigada puede ver afectada la inmunidad concedida por la aplicación de un régimen legal que no cuenta con una herramienta tan vital para el derecho de la competencia, como es el programa de delación.[476]

Las situaciones brevemente descritas generan retos muy importantes para el desarrollo del derecho de la competencia en Latinoamérica y justifican su análisis cuidadoso con el objeto de formular propuestas que permitan armonizar la herramienta de la delación con la estructura institucional y la legislación de los países latinoamericanos, de tal manera que los programas de delación en Latinoamérica puedan ser utilizados de manera efectiva y cumplan su propósito en beneficio de la sociedad.

La propuesta entonces es la de crear un programa de amnistía, clemencia o delación a nivel comunitario andino, así como una serie de reglas tendientes a coordinar de manera armónica este programa con el que tienen los países miembros, de tal manera que la delación realizada ante el organismo comunitario ampare a los solicitantes en las legislaciones de los países miembros; y que la aplicación ante cualquiera de las autoridades de los países miembros sea valorada y admitida por la SGCAN.

---

[476] Es precisamente lo que ha sucedido en el caso Andino del Papel Suave, en el cual la SGCAN decidió adelantar una investigación en contra de Kimberly Clark y Grupo Familia, por incurrir en un cártel multijurisdiccional (Colombia–Ecuador) del papel suave, cuando estas empresas ya habían sido investigadas y sancionadas en Colombia, en donde, además, Kimberly Clark había recibido la exoneración total de la multa como primer solicitante en el programa de delación. Ver resoluciones 2006 de 2018 y 2236 de 2021 de la SGCAN.

4.5 *Quinto reto: otras trabas y desincentivos a los programas de delación*

Para finaliza, las principales conclusiones de esta sección son las siguientes:

a. Aunque la regla según la cual el instigador o promotor de la conducta no puede recibir los beneficios del programa de delación tiene una tradición importante en el derecho de la competencia, lo cierto es que esta regla genera un enorme desincentivo para delatar y debe ser eliminada o limitada en su alcance, como se hizo en Colombia.

b. Como se explicó en el Capítulo II de la obra, la autoridad de competencia debe ser confiable, debe actuar de buena fe, debe tener credibilidad, seriedad e imparcialidad, razón por la cual es indispensable que los potenciales solicitantes tengan la garantía en el sentido de que en el evento de que no logren un acuerdo con la autoridad, podrán retirar la información que han presentado y proceder a defenderse, sin que el hecho de haber intentado aplicar al programa de delación sea usado en su contra.

c. La imposición de sanciones disuasorias es indispensable para el éxito de los programas de delación, pero es importante que las sanciones no pecuniarias que se impongan de manera adicional a los infractores, como es el caso de las prohibiciones para contratar con el Estado o las restricciones a los directores y ejecutivos para participar en empresas que contraten con el Estado, no signifiquen su salida definitiva del mercado y que estas empresas y personas se puedan redimir, al menos ante el ordenamiento jurídico mediante el programa de delación y la aplicación de programas de cumplimiento. Estas sanciones no pecuniarias pueden convertirse en un obstáculo infranqueable para el uso del programa de delación, a no ser que se establezcan unas excepciones y posibilidades de redención para los delatores.

d. Es indudable que para que las sanciones resulten disuasorias, es imprescindible que sean conocidas por la sociedad y en esa medida, la autoridad de competencia debe tener una política de comunicaciones adecuada. Sin embargo, la exposición mediática excesiva de las investigaciones genera un daño innecesario a la reputación de las empresas, sobre todo aquella que se despliega junto con la apertura de la investigación, cuando las empresas imputadas aún no conocen el expediente y no han tenido la oportunidad de defenderse. Es importante que se adopten medidas para proteger la identidad del delator, con el fin de que no sufra un daño a la reputación más grave que el que sufren las empresas que no colaboran con la autoridad.

e. Aunque en la mayoría de los países el programa de delación está restringido a las conductas de cártel, consideramos que hay muchos casos en los cuales sería útil poder extender el programa a otras conductas, tales como las de abuso de posición dominante, o infracción al régimen de concentraciones empresariales, casos en los cuales la autoridad de competencia y los infractores, o al menos los facilitadores de la cinducta podrían aprovechar los beneficios del programa y colaborar con la autoridad para lograr investigaciones más eficientes y rápidas.

Bibliografía

Arendt, Hannah. *"The Human Condition"*. Second edition with introduction by Cano-van, Margaret. The University of Chicago Press, 1998, originally published University of Chicago Press 1958.

Aristóteles. *"Ética Nicomáquea"*. Editorial Gredos. Introducción por Lledó Íñigo, Emilio. Traducción y notas por Pallí Bonet, Julio. Primera edición 1985, 5.a reimpresión. Traducido por Pallí Bonet, Julio. Editorial Gredos, Primera edición 1985, 5a reimpresión.

Barents, René. *"Directory of of EU Case Law on Competition"*. Wolters Kluwer. International Compettition Law Series, Segunda Edición, 2017.

Beaton Wells, Caron. *"Leniency Policies: Revolution or Religion."* En *"Anti-Cartel Enforcement in a Contemporary Age, Leniency Religion"*, editado por Beaton-Wells, Caron y Tran, Christopher. Oxford and Portland, Oregon: Hart Publishing, 2015.

Becker, Gary S. *"Crime and Punishment: An Economic Approach"*. *"The Journal of Political Economy"*, 1968: 76 (2) 169 - 217.

Beneyto, José María y Maillo, Jerónimo. *"Tratado de Derecho de la Competencia. Unión Europea y España 2a Edición"*. Vol. I. II vols. Barcelona: Wolters Kluwer, S.A., 2017.

Berenguer Fuster, Luis; Giner Parreño, César A. y Robles Martín-Laborda, Antonio. *"La nueva legislación española ante la evolución del Derecho e la Competencia*. Fundación Rafael del Pino. Marcial Pons. Ediciones Jurídicas y Sociales, S. A. San Sotero, 6 - 28. s.f.

Boutard, Marie Chantal. *"Las Jurisdicciones de Derecho Común y la Jurisdicción Arbitral de la Competencia."* En *Derecho de la Competencia*, de Superintendencia de Industria y Comercio. Superintendencia de Industria y Comercio y Biblioteca Millennio, 1998.

Bundeskartellamt. *"Guidelines for setting of fines in cartel administrative offence procedings."* 2013.

Cachafeiro, Fernando. *"Los retos de la política de clemencia europea ante el incremento de las reclamaciones de daños y perjuicios por la infracción del derecho de la competencia."* De Actas de Derecho Industrial y Derecho de Autor. Tomo XXVI. 2005.

Calvo Cabarca, Alfonso Luis y Canedo Arrillaga, María Pilar. *"Non bis in idem en Derecho Antitrust."* Estudios de Deusto, [S.l.], v. 54, n. 1, p. 11-39, may. 2014. ISSN 2386-9062, 2006: 11-39.

Cámara de Comercio de Bogotá. *"Tribunal Arbitral de Cementos Hércules S.A. en liquidación vs Cementos Andino S.A."* Radicado 22 V. . Bogotá D.C., 02 de septiembre de 2000.

Carbajo Cascón, Fernando. *"Tema 1. Introducción al Derecho de la Competencia."* En *2Manual Práctico de Derecho de la Competencia"*, de Carbajo, Fernando; Curto Polo, María Mercedes; García-Chamón Cervera, Enrique; Martín Aresti, Pilar; Ordoñez Solís, David y Pérez Benítez, Jacinto José. Valencia: Tirant Lo Blanch, 2017.

Centro Competencia (CeCo). Noticia: *"Caso Navieras llega a "puerto": Luego de más de 5 años de litigio Corte Suprema aumenta multas."* 16 de septiembre de 2020. Disponible en: https://centrocompetencia.com/caso-navieras-llega-a-puerto-luego-de-mas-de-5-anos-de-litigio-corte-suprema-aumenta-multas/.

Centro de Competencia (CECO). Noticia: *"Caso Tissue y los nuevos desafíos para la delación compensada"*. Disponible en: https://centrocompetencia.com/caso-tissue-y-los-nuevos-desafios-para-la-delacion-compensada/.

Centro de Competencia (CECO). Noticia: *"Director de CeCo analiza sentencias del caso Tissue en entrevista a El Mercurio"*. Disponible en: https://centrocompetencia.com/director-de-ceco-analiza-sentencia-del-caso-tissue-en-entrevista-al-mercurio/.

Comisión de la Comunidad Andina de Naciones. *"Decisión 608 de 2005 Reglas para la protección y promoción de la libre competencia en la Comunidad Andina."* 2005.

Comisión Europea. *Cartel Statistics*. Disponible en: http://ec.europa.eu/competition/cártels/statistics/statistics.pdf.

Comisión Europea. Estrasburgo, 11.6.2013 SWD(2013) 205 *"GUÍA PRÁCTICA PARA CUANTIFICAR EL DAÑO EN ACCIONES DE PERJUICIOS BASADAS EN EL VIOLACIÓN DE LOS ARTÍCULOS 101 O 102 DEL TRATADO DE FUNCIONAMIENTO DE LA UNIÓN EUROPEA"*.

Comisión Federal de Competencia de México (COFECE). *"Comunicado 05 – 2009 Multa CFC a agentes inmobiliarios de Chapala por cometer prácticas monopólicas absolutas."* Disponible en: https://www.cofece.mx/wp-content/uploads/2018/10/cfc005-2009.pdf.

Comisión Federal de Competencia de México (COFECE). *"Comunicado COFECE-25-17 Sanciona COFECA a Afores por pactar convenios para reducir los traspasos de cuentas individuales."* Disponible en: https://www.cofece.mx/sanciona-cofece-a-afores-por-pactar-convenios-para-reducir-los-traspasos-de-cuentas-individuales/.

Comisión Federal de Competencia de México (COFECE). *"Comunicado COFECE-005-2014 Multa a red global de fabricantes de compresores para la refrigeración"*. Disponible en: https://www.cofece.mx/images/Comunicados/Cofece_005_2014.pdf.

Comisión Federal de Competencia Económica. *"Derechos y obligaciones en materia de competencia. Recomendaciones para el cumplimiento de la Ley Federal de Competencia Económica dirigidas al sector privado."* Disponible en: https://www.cofece.mx/cofece/images/Documentos_Micrositios/SDO_Cumplimiento250815.pdf .

Comisión Federal de Competencia Económica. *"Guía del Programa de Inmunidad y Reducción de Sanciones."* 2015. Disponible en: https://www.cofece.mx/wp-content/uploads/2017/12/guia-0032015_programa_inm.pdf.

Comisión Federal de Competencia Económica. *"Marco Jurídico y Normativo. Acuerdos Internacionales."* Disponible en: https://www.cofece.mx/publicaciones/marco-juridico-y-normativo/#normateca-4.

Comisión Federal de Competencia México. *"Herramientas de Competencia Económica."* Disponible en: https://www.cofece.mx/wp-content/uploads/2018/05/cuadernos.pdf.

Comisión Federal de Competencia México. *"Infracciones a la Ley Federal de Competencia Económica y Procedimiento Administrativo Sancionador"*. Disponible en: https://www.cofece.mx/wp-content/uploads/2018/05/5infraccionesleyfederaldecompetecon om.pdf.

Comunidad Andina de Naciones (CAN). *"Guía práctica para la aplicación de la Decisión 608 de 2005."* 2005.

Comunidad Andina de Naciones (CAN). *"Tratado de Creación del Tribunal de Justicia de la Comunidad Andina."* Cochambamba, Bolivia , 1996.

Congreso de la República de Colombia, Cámara de Representantes. *"Gaceta Número 19."* 2011.

Congreso de la República de Colombia, Senado de la República . *"Gaceta Número 311."* 2011.

Congreso de la República, Cámara de Representantes. *"Gaceta Número 312."* 2011.

Congreso de la República, Cámara de Representantes. *"Gaceta Número 128."* 2011.

Connor, J.M. *"Sanctions in antitrust cases."* Global Forum on Competition. OECD Papers, 2016 .

Consejo Administrativo de Defensa Económica de Brasil (CADE). Noticia: *"Cade instaura procesos para apurar cartéis em licitações de estádios da Copa e de edificações especiaciais da Petrobras."* Disponible en: http://www.cade.gov.br/noticias/cade-instaura-pro-cessos-para-apurar-carteis-em-licitacoes-de-estadios-da-copa-e-de-edificacoes-espe-ciais-dapetrobras.

Consejo de Estado, Sala de lo Contencioso Administrativo, Sección Primera. *"Sentencia del 19 de noviembre de 2009".*

Consejo de Estado, Sala de lo Contencioso Administrativo, Sección Primera. *"Sentencia 20 de octubre de 2005".* Radicación 68001-23-15-000-1997-02933-01(7826). M.P. Ostau de Lafont Pianeta, Rafael.

Córdoba Angulo, Miguel y Ruiz, Carmen Eloísa. *"Delitos contra el orden económico social".* Bogotá: Universidad Externado de Colombia, 2016.

Corte Constitucional de Colombia. *"Sentencia T - 2312* M.P. Alejandro Martínez Caballero. 1993.

Corte Constitucional *Sentencia C-116 de 2008.* M.P. Escobar Gil, Rodrigo. Disponible en: HYPERLINK "http://www.secretariasenado.gov.co/senado/basedoc/c-116_2008.html" \l "1" http://www.secretariasenado.gov.co/senado/basedoc/c-116_2008.html#1 .

Corte Suprema de Justicia. Bogotá. 2017. *Radicación No. 92832 Acta No. 236.* M.P. Salazar Cuellar, Patricia.

De Aquino, Santo Tomás. *"Suma de Teología Parte I-II"* Primera edición. Cuarta impresión. Editado por Edición dirigida por los Regentes de Estudios de las Provincias Dominicanas de España. Biblioteca de Autores Cristianos, 2001.

De la Vega García, Fernando. *"La Clemencia (Leniency) en el Derecho de la Competencia (Antitrust). Exención o reducción de multas en casos de cártel".* Madrid: Dykinson S.L., 2017.

Dean Moore, Kathleen. *"Pardon for Good and Sufficient Reasons."* University of Richmond Law review, Volume 27, , nº Issue 2, Article 7. 1993 Disponiblee en: http://scholar-ship.richmond.edu/lawreview/vol27/iss2/7

Department of Justice. *"Department of Justice and Federal Trade Commission sign Cooperation Agreement with Peru´s Antitrust Agency".* Disponible en: https://www.justice.

gov/opa/pr/department-justice-and-federal-trade-commission-sign-cooperation-agreement-peru-s-antitrust.

Department of Justice. *"Justice Manual"*. Title 7 *"Antitrust"*. Section 7-3000 *"Criminal Enforcement"*. Subsection 7-3.300 *"Antitrust Division Leniency Policy and Procedures"*. Subsection 7-3.310 – *"Type A Corporate Leniency"*.» 2022.

Department of Justice. *"Justice Manual"*. Title 7 *"Antitrust"*. Section 7-3000 *"Criminal Enforcement"*. Subsection 7-3.300 *"Antitrust Division Leniency Policy and Procedures"*. Subsection 7-3.320 – *"Type B Corporate Leniency"*.» 2022.

Department of Justice. *"Justice Manual"*. Title 7 *"Antitrust"*. Section 7-3000 *"Criminal Enforcement"*. Subsection 7-3.300 *"Antitrust Division Leniency Policy and Procedures"*. Subsection 7-3.330 – *"Individual Leniency"*.» 2022.

Derrida, Jacques. *"On Cosmopolitanism and Forgiveness"*. Primero publicado en frances en 1997. Editado por Routledge. Traducido por Mark Dooley y Michael Hughes. 2001.

Diario Oficial de la Unión Europea, *"Comunicación de la Comisión sobre la cooperación en la Red de Autoridades de Competencia"*. *(2004/ C 101/03)*.

Díez Canseco Núñez, Luis José. *"Acuerdos Regionales de Competencia en América Latina y el Caribe"*. Quito, Ecuador: Seminario Internacional: *"Derecho de la Competencia: experiencias comunitarias y nacionales a los 40 años de la creación del Tribunal de Justicia de la Comunidad Andina"*, 2018.

Erhrlich, I y Posner, R.A., *"An economic analysis of legal rulemaking"*, The Journal of Legal Studies. 3 (1), 1974: 257 – 286.

Faull, Jonathan, y Ali Nikpai. *"The EC Law of Competition"*. Oxford University Press, 1999.

Fiscalía Nacional Económica (FNE). Noticia: *"Corte Suprema acoge parcialmente reclamación de la FNE y sanciona a todas las navieras que integraron cártel del transporte marítimo de vehículos hacia Chile, con multas totales de US$ 30,5 millones."* 14/08/2020. Disponible en: https://www.fne.gob.cl/corte-suprema-acoge-parcialmente-reclamacion-de-la-fne-y-sanciona-a-todas-las-navieras-que-integraron-cártel-del-transporte-maritimo-de-vehiculos-hacia-chile-con-multas-totales-de-us-305-millones/.

Fiscalía Nacional Económica (FNE). Noticia: *"Corte Suprema condena a CMPC y SCA por colusión en el mercado de papel tissue"*. 06/01/2020. Disponible en: https://www.fne.gob.cl/corte-suprema-condena-a-cmpc-y-sca-por-colusion-en-el-mercado-del-papel-tissue/

Fiscalía Nacional Económica (FNE). Noticia: *"TDLC aplica multa de US$ 9 millones a navieras que integraron cártel del transporte marítimo de vehículos hacia chile"*. 24/04/2019, Disponible en: https://www.fne.gob.cl/tdlc-aplica-multa-de-us-9-millones-a-navieras-que-integraron-cártel-del-transporte-maritimo-de-vehiculos-hacia-chile/.

Fiscalía Nacional Económica por delación compensada (FNE), *"Requerimientos de la Fiscalía Nacional Económica por delación compensada"*. Disponible en: http://www2.congreso.gob.pe/sicr/cendocbib/con5_uibd.nsf/6526DB1D4C0B41A5052583370 05EB617/$FILE/Estadisticas.pdf

Fiscalía Nacional Económica. *"Agencias de Competencia de Chile, Colombia y Perú firman acuerdo de colaboración en Lima."*2 Disponible en: https://www.fne.gob.cl/agencias-de-competencia-de-chile-colombia-y-peru-firman-acuerdo-de-colaboracion-en-lima/.

Fiscalía Nacional Económica. *"Guía interna para Solicitudes de Multa de la Fiscalía Nacional Económica."* 2019. Disponible en: Disponible en: HYPERLINK "https://www.fne.gob.cl/wp-content/uploads/2019/08/Gu%C3%ADa-de-multas.pdf" https://www.fne.gob.cl/wp-content/uploads/2019/08/Gu%C3%ADa-de-multas.pdf

Fiscalía Nacional Económica. *"Guía Interna sobre Delación Compensada en Casos de Colusión".* 2017. Disponible en: https://www.fne.gob.cl/wp-content/uploads/2017/03/Guia_Delacion_Compensada.pdf.

Fiscalía Nacional Económica. *"Reflexiones Sobre el Derecho de la Libre Competencia: Informes en Derecho Solicitados por la Fiscalía Nacional Económica"* (2010 - 2017), 2017, Disponible en: https://www.fne.gob.cl/wp-content/uploads/2017/11/FNE-Libro.pdf

Fiscalía Nacional Económica. *"Sanciones justas y óptimas para las infracciones a la competencia."* Munuta Día de la Competencia, 11 de Noviembre de 2014.

Foro Latinoamericano y del Caribe de Competencia. *"Sesión I: Cárteles: Estimación del daño las acciones públicas para la aplicación de la ley".* 2017. Disponible en: https://one.oecd.org/document/DAF/COMP/LACF(2017)4/es/pdf.

Gómez Apac, Hugo R. *"El Control de las Conductas Anticompetitivas Transfronterizas en la Comunidad Andina".* Editado por Pierino Stucchi López Raygada. En Anuario Internacional de Derecho Administrativo Económico y Regulación, Universidad ESAN - Palestra Editores S.A.C. - Tirant Lo Blanch.

Gómez Apac, Hugo R.; Vergara Quintero, Luis Rafael; Romero Zambrano, Rodrigo; Aguilar Feijoo, Luis Felipe; Rodríguez Noblejas, Karla Margot. *"Apuntes de Derecho Comunitario".* Quito : Editorial San Gregorio S.A, 2018.

Grebe Lira, Benjamín. *"Hacia una Delación Compensada 2.0 en Chile".,* Centro de Competencia (CeCo), 2020, Disponible en: https://centrocompetencia.com/wp-content/uploads/2020/03/Grebe_Hacia-una-delaci%C3%B3n-compensada-2-0-en-Chile.pdf

Gutiérrez, Alfonso y Beltán, Jokin. *"The law reviews."* *"The Cartels and Leniency Review: Spain."* 1 de febrero de 2022. https://thelawreviews.co.uk/title/the-cartels-and-leniency-review/spain.

Hammond, Scott. *"Guiding Principles For An Effective Corporate Inmmunity Program."* Segundo Congreso Internacional de Derecho de la Competencia: Superintendencia de Industria y Comercio, 2014.

Hammond, Scott. *"The Evolution of Criminal Antitrust Enforcement Over the Last Two Decades."* The 24th Annual National Institute on White Collar Crime. Miami, Florida, 2010.

Harding, Christopher, Beaton-Wells, Caron y Edwards, Jennifer. *"Leniency and Criminal Sanctions in Anti-Cartel Enforcement: Happily Married or Uneasy Bedfellows?"* En *"Anti-Cartel Enforcement in a Contemporary Age, Leniency Religion"*, 212-229. Oxford and Portland, Oregon: Hart Publishing, 2015.

Hay, George A. *"II Jornandas Internacionales de Derecho Económico. Pontificia Universidad Javeriana."* *"Developments in the U.S."* Bogotá D.C., 2008 .

Humar, Fabio. *"Derecho Penal Económico: Criminalización de las Conductas del Derecho de la Competencia."* Revista de Derecho de la Competencia CEDEC XIII, 2013: 7 - 532.

Inostroza Sáez, Mauricio. *"El ilícito concurrencial general en la Ley No. 20.169 sobre Competencia Desleal."* Universidad de Talca. Disponible en: https://scielo.conicyt.cl/pdf/iusetp/v23n1/art02.pdf.

Instituto Nacional de Defensa de la Competencia y de la Protección de la Propiedad Intelectual (INDECOPI). *"Estado de las solicitudes presentadas en el Marco del Programa de clemencia"*, Carta No. 1360-2018/SEG-Sac, Disponible en: http://www2.congreso. gob.pe/sicr/cendocbib/con5_uibd.nsf/467A43642C68F539052583430052AB6D/ $FILE/Estad%C3%ADsticas-Indecopi.pdf

Instituto Nacional de Defensa de la Competencia y de la Protección de la Propiedad Intelectual (INDECOPI). *"Lineamientos del Programa de Recompensas"*. 2019. Disponible en: https://www.indecopi.gob.pe/documents/51771/4402954/ESP+Lineamientos+del+Programa+de+Recompensas/.

Instituto Nacional de Defensa de la Competencia y de la Protección de la Propiedad Intelectual de Perú (INDECOPI). "Resolución 010- 2017/CLC-INDECOPI". Expediente 017-2015/CL.

Instituto Nacional de Defensa de la Competencia y de la Protección de la Propiedad Intelectual (INDECOPI). *"Resolución 010 . 2017."*

Instituto Nacional de Defensa de la Competencia y de la Protección de la Propiedad Intelectual. *"Documento de Trabajo: No. 01-2020/GEE. Propuesta metodológica para el cálculo de multas en el Indecopi"*. 2020.

Instituto Nacional de Defensa de la Competencia y de la Protección de la Propiedad Intelectual. *"Guía del Programa de Clemencia"*. Disponible en: HYPERLINK "https://www.indecopi.gob.pe/documents/1902049/3761587/Gu%C3%ADa+del+Programa+de+Clemencia.pdf/0a0d49ba-167d-f9f3-e878-b21c326b31ff"   https://www.indecopi.gob.pe/documents/1902049/3761587/Gu%C3%ADa+del+Programa+de+Clemencia.pdf/0a0d49ba-167d-f9f3-e878-b21c326b31ff

International Competition Network - ICN. *"Chapter 2. Drafting and Implementing and Effective Leniency Program."* En *"ANTI-CARTEL ENFORCEMENT MANUAL"*, de International Competition Network - ICN. 2009.

International Competition Network – ICN, *"Guidance on Enhancing Cross – Border Leniency Cooperation"*. Cartel Working Group: Subgroup 1. (2020).

International Competition Network . *"Checklist for efficient and effective lienecy programmes."* ICN, 2018: 1 - 5.

International Competition Network . *"Good practices for incentivising leniency applications ."* Cartel Working Group. Subgroup 1. , 2019: 1 - 77.

International Competition Network. *"Anti-Cartel Enforcement Manual." "Drafting and implementing an effective leniency policy, Chapter 2"*, ICN CWG Subgroup 2: Enforcement Techniques, 2014: 1 - 24.

International Competition Network. *"Relationship between Competition Agencies and Public Procurement Bodies."* En *"Anti-Cartel Enforcement Manual"*. CWG Subgroup 2: Enforcement Techniques , 2015.

Iturria, Marco Antonio González. *"Competencia desleal." "De Análisis crítico y elementos para la aplicación de la Ley No. 20.169 de 2007".* Universidad de los Andes, Disponible en: HYPERLINK "https://www.uandes.cl/wp-content/uploads/2019/03/Cuaderno-de-Extensi%C3%B3n-Jur%C3%ADdica-N%C2%B0-14-Competencia-Desleal.pdf" https://www.uandes.cl/wp-content/uploads/2019/03/Cuaderno-de-Extensi%C3%B3n-Jur%C3%ADdica-N%C2%B0-14-Competencia-Desleal.pdf

Jiménez Serranía, Vanessa. *"The Directive on Antitrust Damages Actions. A critical review."* De Actas de derecho industrial y derecho de autor Tomo 35. 2014-2015.

Kovacic, William. *"A case for Capping the Dosage: Leniency and Competition Authority Governance."* En *"Anti-Cartel Enforcement in a Contemporary Age, Leniency Religion"*, editado por Caron Beaton-Wells y Christopher Tram, 112-130. Oxford and Portland, Oregon: Hart Publishing, 2015.

Lande, Robert H. y Davis, Joshua P. *"Benefits from Private Antitrust Enforcement: An Analysys of Forty Cases."* En *"University of San Francisco School of Law Research Paper".* No. 2010 - 07, 2008 .

Landes, William. 2*The Fire of Truth: A Remembrance of Law and Econ at Chicago2.* JLE, 1981.

Lee, H. "Antitrust fines in the era of globalization". OECD Global Forum on Competition. París , 2018.

Leslie, Christopher. *"Antitrust Amnesty, Game Theory and Cartel Stability".* Journal of Corporation Law, 2006.

Lianos I., Jenny F.; Wagner von Papp, F.; Motchenkova E., David E.; Thepot F., Masmann; J., Jay Strader, M. *"An optimal and just financial penalties system for infrigements of competition law: A comparative analysis."* CLES Research , UCL Faculty of Laws, 2014: Series 3.

López, Hernán Fabio. *"Instituciones de Derecho Procesal Civil Colombiano".* Vol. Tomo I. Bogotá D.C.: Editorial ABC, 1993.

Macculloch, A. *"The Cartel Offence: Deffining an appropiate "moral space"* "European Competition Journal , 2012: 8 (1) 73 - 93 .

Marcos, Francisco. *"Antitrust Damages Claims in Spain".*14 G.C.L.R., Issue 1. Thomson Reuters and Contributors. 2021.

Marcos, Francisco. *"The Uneven and Unsure Playing Field for Competition Damages Claims in the EU: Shortcomings and Failures of Directive 2014/104/EU and Its Implementation"* Max Planck Institute for Innovation and Competition, Munich 2021.

Martín Aresti, Pilar. *"Tema 2, Relaciones entre el Derecho de la Competencia de la Unión Europea y el Derecho Nacional Español de la Libre Competencia."* En *Manual Práctico de Derecho de la Competencia.* Autor junto con Curto Polo, María Mercedes; García-Chamón, Enrique; Martín Cervera, Pilar; Ordoñez Aresti, David Solís y Pérez Benítez, Jacinto José. Coordinador, Carbajo Cascón, Fernando. Valencia: Tirant Lo Blanch, 2017.

Martínez Arellano, Marta. *"Innovación y crecimiento. Opiniones".* Disponible en: https://leereflexionayopina.wordpress.com

Marvao, Catarina y Spagnolo, Giancarlo. *"What Do We Know about the Effeciveness of Leniency Policies? A Survey of the Empirical and Experimental Evidence."* En *"Anti-Cartel*

Enforcement in a Contemporary Age, Leniency Religion", 56-79. Oxford and Portland Oregon: Hart Publishing, 2015.

Miller, Nathan H. "Strategic Lenency and Cartel Enforcement". American Economic Review , 2009.

Miranda Londoño, Alfonso y Deik Acostamadiedo, Carolina. *"LA COLUSIÓN EN LOS PROCESOS DE SELECCIÓN PARA LA CELEBRACIÓN DE CONTRATOS ESTATALES"*, Universidad Javeriana y Grupo Editorial Ibáñez, Bogotá, 2018.

Miranda Londoño, Alfonso y Gutiérrez Rodríguez, Juan David. *"Fundamentos Económicos del Derecho de la Competencia: Los Beneficios del Monopolio vs. Los Beneficios de la Competencia"*. Revista Derecho de la Competencia. Bogotá (Colombia). Volumen 2. 2006.

Miranda Londoño, Alfonso y Morales Hernandez, Luis Daniel. *"Analisis de las modificaciones introducidas al programa de beneficios por colaboración por el decreto 253 del 23 de febrero de 2022."* Centro de Estudios de Derecho de la Competencia. Disponible en: https://centrocedec.files.wordpress.com/2022/04/analisis-del-decreto-253-del-23-de-febrero-de-2022.pdf.

Miranda Londoño, Alfonso y Morales Hernandez, Luis Daniel. *"Análisis de las Modificaciones Introducidas al Derecho de la Competencia por la Ley 2195 de 2022"*. Centro de estudios de Derecho de la Competencia – CEDEC. Disponible en: https://centrocedec. files.wordpress.com/2022/03/analisis-de-la-ley-2195_2022_final.pdf.

Miranda Londoño, Alfonso y Uribe Piedrahíta, Carlos Andrés. *"Capacidad Sancionatoria del Derecho de la Competencia en Colombia. Una Visión Comparada."* En *"Abuso del mercado, una aproximación desde el derecho comparado"*. Coordinado por Muriel Ciceri, José Hernán; Zamora, René y Hefendehl, Roland. Bogotá: Pontificia Universidad Javeriana, 2021.

Miranda Londoño, Alfonso; Gutiérrez Rodríguez, Juan David; y Barrera Silva, Natalia. *"El Control de las Concentraciones Empresariales en Colombia"*. Bogotá : Grupo Editorial Ibañez, 2014.

Miranda Londoño, Alfonso; Morales Hernández, Luis Daniel; y Gómez Portilla, Karoll. *"Análisis Jurídico y Económico de las Modificaciones Introducidas al Derecho de la Competencia en el 2022"*. Primera Edición. Bogotá. Pontificia Universidad Javeriana, Facultad de Ciencias Jurídicas. IJ International Legal Group. 2023. Colección CEDEC No. XIX.

Miranda Londoño, Alfonso. *"Anotaciones sobre el derecho antimonopolístico en los Estados Unidos de Norteamérica"*. En *"Revista de Derecho Privado No. 11"*. Universidad de los Andes. Facultad de Derecho., Diciembre 1992: 139-142.

Miranda Londoño, Alfonso. *"Chapter 14 Competition Law in Colombia."* En *"Competition Law in Latin America A Practical Guide"*, de Peña, Julián & Calliari, Marcelo. Wolters Kluwer, 2016.

Miranda Londoño, Alfonso. *"EL CONTROL JURISDICCIONAL DEL RÉGIMEN GENERAL DE PROMOCIÓN DE LA COMPETENCIA Y PRÁCTICAS COMERCIALES RESTRICTIVAS."* En *"Compilación documentos de Derecho de la Competencia"*, de Pontificia Universidad Javeriana, 145. Bogotá D.C.: Centro de Estudios de Derecho de la Competencia, 1999.

Miranda Londoño, Alfonso. *"Impacto de la criminalización del derecho de la competencia sobre los programas de clemencia o delación."* En *"Derecho de la Competencia: Actualidad y Retos".* Universidad Externado de Colombia, s.f.

Miranda Londoño, Alfonso. *"Origen y Evolución del Derecho de la Competencia en Colombia. La Ley 155 de 1959 y su Legado."* En *"CEDEC. Revista de Derecho de la Competencia",* 2011: 56 - 148.

Miranda Londoño, Alfonso. *"Perspectiva del Sector Privado sobre la aplicación de las Leyes de la Competencia por parte de las autoridades antimonopolísticas nacionales, en un contexto de comercio internacional."* En *"CEDEC II - Centro de Estudios de Derecho de la Competencia",* 1998: 241 - 245 .

Miranda Londoño, Alfonso. *"Reformas Necesarias al Derecho de la Competencia en Colombia. Recomendaciones para el cuatrenio 2018 - 2022."* Centro de Estudios de Derecho de la Competencia - CEDEC, 2018.

Miranda Londoño, Alfonso. 2*El Derecho de la Competencia en la Comunidad Andina de Naciones – CAN. Análisis y Propuestas".* Centro de Estudios de Derecho de la Competencia. 2019. Disponible en: https://centrocedec.files.wordpress.com/2020/07/derecho-de-la-competencia-en-la-can.-pdf.-1.pdf.

Nussbaum, Martha C. *"Anger and Forgiveness: Resentment, Generosity, Justice."* Editado por Oxford University Press. Kindle Edition, 2016.

O'Brien, Ann. *"Leadership of Leniency."* En 2*Anti-Cartel Enforcement in a Contemporary Age, Leniency Religion",* editado por Beaton-Wells, Caron y Tram, Christopher, 32 - 42. Oxford and Portland, Oregon: Hart Publishing, 2015.

Organisation for Economic Co-operation and Development (OECD), *"Roundtable on challenges and co-ordination of leniency programmes – Note by Mexico".* DAF/COMP/WP3/WD(2018)9. 5-06-2018. Disponible en: https://one.oecd.org/document/DAF/COMP/WP3/WD(2018)9/en/pdf

Organisation for Economic Co-operation and Development (OECD). *OECD "Competition Trends 2022".* 2022. https://www.oecd.org/daf/competition/oecd-competition-trends-2022.pdf.

Organización para la Cooperación y el Desarrollo Económicos. «OCDE.» *"Derecho y política de Competencia en Chile. Examen de Acceso".* Disponible en: https://www.oecd.org/daf/competition/sectors/47951548.pdf.

Organization for Economic Co-operation and Development OECD - DAF/COMP/LACF. *"Foro Latinoamericano y del Caribe de Competencia. 2016."* Disponible en: HYPERLINK "http://www.oecd.org/officialdocuments/publicdisplaydocumentpdf/?cote=DAF/COMP/LACF(2016)7&docLanguage=Es" http://www.oecd.org/officialdocuments/publicdisplaydocumentpdf/?cote=DAF/COMP/LACF(2016)7&docLanguage=Es

Organization for Economic Co-operation and Development OECD. *"Recommendation of the OECD Council Concerning International Co-operation on Competition Investigations and Proceedings",* 2014. Disponible en: https://legalinstruments.oecd.org/en/instruments/OECD-LEGAL-0408.

Ortiz-Baquero, Ingrid Soraya y Solano-Osorio, Diego A.. *"La aplicación pública de las normas de libre competencia en la Comunidad Andina y sus países integrantes."* En *Vniversitas*, 2016: 311-348.

Palacio Hincapié, Juan Ángel. *"Derecho Procesal Administrativo"*. Bogotá D.C.: Libreria Jurídica Sánchez, 2004 .

Palacio Hincapié, Juan Ángel. *"Derecho procesal administrativo"*. Librería Jurídica Sánchez, 2004.

Palacios Llerás, Andrés y Gutiérrez Rodríguez, Juan David. *"Una nueva visión sobre los orígenes del Derecho de la Competencia Colombiano."* CEDEC - Revista de Derecho de la Competencia, 2015: 137 - 176.

Parlamento Europeo y Consejo de la Unión Europea. *"Directiva 2014/104/UE Del parlamento Europeo y del Consejo."* Diario Oficial de la Unión Europea L349/1. Estrasburgo, Alsacia, 26 de noviembre de 2014.

Pedraza Gutiérrez, Jorge Hernando. *"Comunidad Andina #50 años de Integración."* *"V Simposio Internacional. Nuevas fronteras para el desarrollo económico y la integración en la cuenca del pacífico"*. Bogotá, Colombia: Cátedra Asia Pacífico: Universidad Alberto Hurtado (UAHURTADO), Chile; Pontificia Universidad Javeriana (PUJ); Universidad Iberoamericana de México (IBERO); y Universidad del Pacífico del Perú (UP), 2019.

Portafolio. *Juan Valdéz Descansó*. 25 de marzo de 2009. https://www.portafolio.co/economia/finanzas/juan-valdez-descanso-302962 (último acceso: 01 de 07 de 2020).

Presidencia del Consejo de Ministros. *"Exposición de Motivos Decreto Legislativo 1034"*. 2008. Disponible en: http://spij.minjus.gob.pe/Textos-PDF/Exposicion_de_Motivos/DL-2008/DL-1034.pdf, 24 de noviembre de 2008.

Rama Legislativa del Poder Público, *Gaceta del Congreso No. 583 del 16 de noviembre de 2007*. s.f.

Real Academia Española. *Diccionario de la lengua española Versión 23.3*. 2020. Dispsonible en: https://dle.rae.es

Real Academia Española. *Diccionario de la lengua española*. Vers. Versión 23.3 en línea. Real Academia Española. Actualización 2019. https://dle.rae.es

Salinas Siccha, Ramiro. *"Conducción de la Investigación y Relación del Fiscal con la Policía en el Nuevo Código Procesal Penal"*. En Revista JUS-Doctrina No 3. s.f.

Secretaría General de la Comunidad Andina de Naciones. *"Decisión 425 de 1997 Reglamento de Procedimientos Administrativos de la Secretaría General de la Comunidad Andina."* Montevideo, Uruguay , 1997.

Secretaría General de la Comunidad Andina. *"Resolución 2006 del 28 de mayo de 2018"*. Expediente No. 002/LC/SJ2016. En Gaceta Oficial del Acuerdo de Cartagena No. 3292 28. 2018.

Serrano, Felipe. *"Programas de clemencia en América Latina y el Caribe: Experiencias recientes y lecciones aprendidas."* Ciudad de México, 2016.

Shakespeare, William. *"El Mercader de Venecia"*. En William Shakespeare, Obras Selectas. Traducido por Borrego, Cristina María. Madrid: Edimat Libros S.A., s.f.

Stadler, Arlette. *"The rise and fall of leniency applications in Europe: What is next?"* Thesis Supervisor: dhr.prof. dr. mr. Rein Wessling. University of Amsterdam.

Sullivan, E. Thomas; Hovenkamp, Herbert; A Shelanski, Howard; y Leslie, Christopher R. *"Antitrust Law, Policy, and Procedure: Cases, Materials, Problems."* Carolina Academic Press, 2019.

Superinteendencia de Industria y Comercio (SIC). *"Resolución No. 7625 del 01 abril 2019 por la cual se resuelven unos recurrsos de reposición".* Radicado. 18-89805.

Superintendencia de Industria y Comercio (SIC), Observatorio internacional de Decisiones de Defensa de la Libre Competencia Grupo de Estudios Económicos. Boletín jurídico: *"Acuerdo anticompetitivo en el mercado de servicios de administración de fondos para el retiro en México"* – 4 Mayo 2017. Disponible en: HYPERLINK "https://www.sic.gov.co/sites/default/files/files/Boletin-juridico/2017/AFORESMX.pdf" *https://www.sic.gov.co/sites/default/files/files/Boletin-juridico/2017/AFORESMX.pdf*

Superintendencia de Industria y Comercio (SIC), y Gobierno de Colombia, *"Informe de rendición de cuentas a la ciudadanía PERIODO 2011-2018",* Disponible en: https://www.sic.gov.co/sites/default/files/files/Nuestra_Entidad/Control_Rendicion_de_Cuentas/Informe-Rendicion-de-Cuentas-2018.pdf

Superintendencia de Industria y Comercio (SIC). *"Concepto No. 94006125 del 17 de febrero de 1994."*

Superintendencia de Industria y Comercio, *Noticia: "Fiscalía y Superindustria firman convenio para fortalecer la lucha contra la cartelización empresarial y otras formas de colusión en contrataciones públicas".* Disponible en: HYPERLINK "https://www.sic.gov.co/noticias/fiscalia-y-superindustria-firman-convenio-para-fortalecer-la-lucha-contra-la-cartelizacion-empresarial-y-otras-formas-de-colusion-en-contrataciones-publicas" https://www.sic.gov.co/noticias/fiscalia-y-superindustria-firman-convenio-para-fortalecer-la-lucha-contra-la-cártelizacion-empresarial-y-otras-formas-de-colusion-en-contrataciones-publicas

Superintendencia de Industria y Comercio, *Noticia: "Superindustria reitera llamado a aumentar las multas por cartelización empresarial",* disponible en: HYPERLINK "http://www.sic.gov.co/noticias/superindustria-reitera-llamado-a-aumentar-las-multas-por-cartelizacion-empresarial" \h http://www.sic.gov.co/noticias/superindustria-reitera-llamado-a-aumentar-las-multas-por-cártelizacion-empresarial

Superintendencia de Industria y Comercio. *"Guía Programa de Beneficios por Colaboración."* Disponible en: https://www.sic.gov.co/sites/default/files/files/Nuestra_Entidad/Publicaciones/Guia_Programa_Beneficios_Colaboracion_VF_Para_Publicar.pdf.

Superintendencia de Industria y Comercio. *"Memoria Justificariva proyectode decreto "por el cual se sustituye el Capítulo 29 del Título 2 de la Parte 2 del Libro 2 del Decreto Único Reglamentario del Sector Comercio Industria y Turismo, Decreto 1074 de 2015, modificado por el Decreto 1523 de 2015".»* Formato Memoria Justificariva (versión preliminar para la publicación), Bogotá, 2021.

Superintendencia de Industria y Comercio. *"Noticia, Colombia y Brasil convenio para intercambiar pruebas e información en investigaciones de violación de la libre competencia."* Disponible en: https://www.sic.gov.co/Colombia-y-Brasil-firman-convenio-para-intercambiar-pruebas-e-informacion-en-investigaciones-de-violacion-a-la-libre-competencia.

Superintendencia de Industria y Comercio. *"Resolución 801 (Automóviles II – Caso GMC). 1996."*

Superintendencia de Industria y Comercio. *"Resolución 8917 No. del 04 de marzo".* 2013.

Superintendencia de Industria y Comercio. *"Resolución 925 (Automóviles I – Caso SOFA-SA). 1996."*

Superintendencia de Industria y Comercio. *"Resolución No. 08231 del 21 de marzo".* 2001.

Superintendencia de Industria y Comercio. *"Resolución No. 16562. 2015."*

Superintendencia de Industria y Comercio. *"Resolución No. 16562. 2015 ."*

Superintendencia de Industria y Comercio. *"Resolución No. 27263 del 15 de diciembre . 1999."*

Superintendencia de Industria y Comercio. *"Resolución No. 39869 de 2008."* Expediente No. 119024. 2005."

Superintendencia de Industria y Comercio. *"Resolución No. 40598. 2014."*

Superintendencia de Industria y Comercio. "Resolución No. 40835 del 09 de julio. 2013."

Superintendencia de Industria y Comercio. *"Resolución No. 43218 del 28 de junio. 2016."*

Superintendencia de Industria y Comercio. *"Resolución No. 43218 del 28 de junio de 2016 "Por la cual se imponen unas sanciones por infracciones del régimen de protección de la competencia y se adoptan otras determinaciones".* Rad. 13-266923.

Superintendencia de Industria y Comercio. *"Resolución No. 47965 del 4 de agosto. 2014."*

Superintendencia de Industria y Comercio. *"Resolución No. 47965 del 4 agosto de 2014 "Por la cual se abre investigación y se formula pliego de cargos".* Rad. 13-266923.

Superintendencia de Industria y Comercio. *"Resolución No. 54403. 2016".*

Superintendencia de Industria y Comercio. *"Resolución No. 69518 del 24 de noviembre del 2014 "Por la cual se abre una investigación y se formula pliego de cargos".* Rad. 14-151027.

Superintendencia de Industria y Comercio. *"Resolución No. 697 del 21 de enero. 1997."*

Superintendencia de Industria y Comercio. *"Resolución No. 69906 del 19 de octubre de 2016 "Por medio de la cual se deciden unos recursos de reposición".* Rad. 14-151027.

Superintendencia de Industria y Comercio. *"Resolución No. 7203 del 23 de abril. 1999."*

Superintendencia de Industria y Comercio. *"Resolución No. 83037 del 29 de diciembre. 2014".*

Superintendencia de Industria y Comercio. *"Resolución No. 8310 del 28 de marzo 2003".*

Superintendencia de Industria y Comercio. *"Resolución No. 86862. 2016."*

Superintendencia de Industria y Comercio. *"Resolución No. 8917 del 04 de marzo 2013".*

Superintendencia de Industria y Comercio. *"Resolución No. 90560. 2016".*

Superintendencia de Industria y Comercio. Noticia: *"Por cartelización empresarial para fijar los precios del papel higiénico y otros papeles suaves, la Superindustria sanciona a 4 empresas."* Disponible en: https://www.sic.gov.co/noticias/por-cártelizacion-empresarial-en-papel-higienico-y-otros-papeles-suaves-superindustria-sanciona-a-4-empresas-productoras.

Superintendencia de Industria y Comercio. Noticia: *"Por cartelización empresarial para fijar los precios del papel higiénico y otros papeles suaves, la Superindustria formula Pliego de Cargos contra 5 empresas."* Disponible en: https://www.sic.gov.co/noticias/pliegos-de-cargos-contra-5-empresas-por-cártelizaci%C3%B3n-empresarial-en-papel-higienico-y-otros-papeles-suaves.

Superintendencia de Industria y Comercio. Noticia: *"Por presunta cartelización empresarial para fijar los precios de los cuadernos, Superindustria formula Pliego de Cargos contra 3 empresas".* Disponible en: https://www.sic.gov.co/noticias/por-presunta-cártelizacion-empresarial-para-fijar-los-precios-de-los-cuadernos-superindustria-formula-pliego-de-cargos-contra-3-empresas.

Superintendencia de Industria y Comercio. Noticia: *"Superindustria firma convenio de cooperación con la Superintendencia de Control del Poder de Mercado de Ecuador".* (Consultado (25/02/2021), Disponible en HYPERLINK "https://www.sic.gov.co/slider/superindustria-firma-convenio-de-cooperaci%C3%B3n-con-la-superintendencia-de-control-del-poder-de-mercado-de-ecuador" *https://www.sic.gov.co/slider/superindustria-firma-convenio-de-cooperaci%C3%B3n-con-la-superintendencia-de-control-del-poder-de-mercado-de-ecuador*

Superintendencia de Industria y Comercio."*Resolución No. 48092. 2012."*

Superintendencia de Industria y Comrcio . *"Resolución No. 40598. 2014."*

Supreme Court of the United States. "Abert vs Herald co." 390 U.S. 145 No. 43. 1968 .

The Organization for Economic Cooperation and Development (OECD). *OECD "Competition Trends 2020."* 2020. Disponible en: http://www.oecd.org/competition/oecd-competition-trends.htm.

Tribunal Contencioso Administrativo de Cundinamarca, Sección Segunda, Subsección A. 23 de febrero de 2015. *Expediente No. AT-2014-00616-01.* M.P. Rengifo Sanguino, Carmen Alicia.

Tribunal de Defensa de la Libre Competencia de la República de Chile. *"Sentencia No. 160/201".* Rad. 6422. CASO CMPC Y SCA. 2017.

Tribunal de Justicia de la Comunidad Andina *TJCA.* *"Caso de Angelcom S.A."* Proceso 05-AN-2015. 2017.

Tribunal de Justicia de la Comunidad Andina. *"Interpretación Prejudicial No. 78-IP-2018".*-TJCA , 7 de septiembre de 2018.

Tribunal de Justicia de la Unión Europea (TJUE). *"Toshiba Corporation (Asunto C-17/10)".* C-17/10. 14 de febrero de 2012.

Tudor, Elena Cristina. *"La causalidad en Acciones de Daños Antitrust a la Luz de lo dispuesto en la normativa 2014/104/CE."* En *"Revista de Estudios Europeos No. 71"*, enero – junio, 2018: Páginas 250-258.

U.S.C. *Sentencia de multa.* U.S.C. 18 § 3571.

U.S.C. *"Antitrust Criminal Penalty Enhancement and Reform Act"* of 2004, Pub. L. No. 108-237, § 215, 118 Stat. 665, 668. 2004. Codified as amended at 15 U.S.C. §§ 1-3.

Valdés César, Juan. *"Alegato sobre la clemencia"*. Porcia, en el mercader de Venecia de William Shakespeare" Juan (Blog) Disponible en: HYPERLINK "http://juanvaldescesar.blogspot.com/2011/08/alegato-sobre-la-clemencia-porcia-en-el.html" http://juanvaldescesar.blogspot.com/2011/08/alegato-sobre-la-clemencia-porcia-en-el.html

Vidal, Patricia y Capilla, Agustín. Título VI *"De la compensación de los daños causados por las prácticas restrictivas de la competencia"*. En *"Comentario a la Ley de Defensa de la Competencia y a los preceptos sobre organización y procedimientos de la ley de creación de la Comisión de los Mercados y la Competencia"*, de Massaguer Fuentes, José; Sala Arquer, José Manuel; Floguera Crespo, Jaime y Gutiérrez, Alfonso. Coordinadora de la Quinta Edición, Encina Rodríguez, Ana. Cívitas - Thompson Reuters.

Werden, G.J. *"Sanctioning Cartel Activity: Let the punishment fit the crime."* European Jornal, 2009: 5 (1) 10 - 36.

Wils, W.P.J. *"Efficiency and Justice in European Antitrust Enforcement"*. Hart, 2008.

Wils, W.P.J. *"Optimal Antitrust Fines: Theroy and practice."* World Competition, 2006: 29 (2) 1 - 32 .

Índice de tablas

Índice de ecuaciones

Índice de gráficas

Índice de entrevistas

---

[477] Gabriel Ibarra Pardo es abogado javeriano, con Maestría en derecho (LL. M.) en International Business Legal Studies de la Universidad de Exeter, Inglaterra. Es socio de la firma Ibarra Ramón. Fue presidente de la Asociación Colombiana de Derecho de la Competencia entre el año 2015 y el 2021. Fue presidente de la mesa de Defensa de la Competencia del VI Foro Empresarial de las Américas en las negociaciones del ALCA. Así mismo, fue profesor titular de la cátedra de Derecho Económico Internacional en la Pontificia Universidad Javeriana del año 2003 al año 2013 y profesor de la cátedra de Competencia y Derecho Empresarial en la especialización de Competencia y Libre Comercio de la Facultad de Ciencias Jurídicas de la misma Universidad. Igualmente, fue miembro de la "Comisión de Reforma al Régimen de Beneficios por Colaboración en Infracciones a la Libre Competencia" creada por la SIC para incluir modificaciones al Régimen de Beneficios por Colaboración (2014- 2015) y participó como Asesor No Gubernamental de Colombia ante la Red Internacional de Competencia – ICN (por sus siglas en inglés).

[478] Luis José Díez Canseco Núñez cuenta con estudios de Derecho e Historia en la Pontificia Universidad Católica del Perú, es Magíster en Derecho Comparado por la The George Washington University Law School, Washington DC. Ha sido funcionario internacional de la Organización Mundial de la Propiedad Intelectual–OMPI–y de la Conferencia de las Naciones Unidades sobre Comercio y Desarrollo -UNCTAD–Ginebra-Suiza, coordinador general del programa de Competitividad del Banco Mundial en la Presidencia del Consejo de Ministros de Perú, vocal de la Sala de Competencia del Indecopi, presidente del Tribunal de Justicia de la Comunidad Andina con sede en Quito Ecuador. Es Decano de la Facultad de Derecho y Ciencias Humanas de la Universidad Tecnológica del Perú, Socio Fundador de Diez Canseco , Abogados, Y recientemente ha sido nombrado por la Comisión Europea para presidir los tribunales de solución de controversia en el marco de los Tratados de libre comercio suscritos por la Unión Europea y otros países.

[479] Felipe Irarrázabal es Director de CentroCompetencia de la Universidad Adolfo Ibáñez (CeCo). Abogado Universidad de Chile, LL.M., Yale University (1997), Vi-

competencia chileno. Disponible en: https://youtube.com/playlist?list=PLcZQSM
p7CBByFwd7AVm_9OSb2ysTRRF85

Entrevista a Entrevista a Carlos Mena Labarthe[480], por Alfonso Miranda Londoño: Los
principales retos de los programas de amnistía, clemencia o delación en el derecho
de la competencia mexicano. Disponible en: https://youtube.com/playlist?list=PL
cZQSMp7CBByFwd7AVm_9OSb2ysTRRF85

---

siting scholar Stanford Law School (2018). Becario Fulbright. Ex-Fiscal Nacional
Económico. Ex-Socio de Philippi Prietocarrizosa Ferrero DU & Uría. Ex-Asociado
extranjero en Cleary Gottlieb Steen & Hamilton LLP, Nueva York. Profesor de
Análisis Económico del Derecho, Universidad de Chile (2000 a 2013). Profesor
de libre competencia Universidad Adolfo Ibáñez desde 2020. Columnista permanente del diario El Mercurio.

[480] Carlos Mena Labarthe obtuvo su título de Licenciado en Derecho por el ITAM
con mención honorífica en 2003. Asimismo, obtuvo una maestría en Derecho de
los Negocios por el Ilustre Colegio de Abogados de Madrid en España con mención de notable en 2004, y otra maestría en Regulación Económica por la London
School of Economics and Political Science del Reino Unido con el premio al mejor desempeño de su generación en 2005. Es profesor titular en el Instituto Tecno-
lógico Autónomo de México (ITAM) desde 2007, donde fundó los diplomados de
Derecho de la Competencia Económica y Derecho y Economía de la Regulación
y es coator d ocho libros especializados en Competencia Económica, regulación y
energía. Es miembro del International Cartel Task Force de la sección de Competencia de la American Bar Association, miembro del Comité Editorial de la revista
Global Competition Review y columnista de El Financiero y de Competition Policy International. Trabajó por más de diez años en la autoridad de competencia,
en donde fue el primer titular de la Autoridad Investigadora, Director General de
Investigaciones de Prácticas Monopólicas Absolutas y Jefe de la Unidad de Planeación, Vinculación y Asuntos Internacionales. Trabajó en la Federal Trade Commission de Estados Unidos de América y fue representante de México en diversos
foros internacionales, incluyendo la OCDE, la Red Internacional de Competencia
y la reunión de países BRIC.